蔡廷锴自传

（上）

人民出版社

出版说明

　　蔡廷锴将军是我国近代著名的爱国将领，曾率部参加北伐战争和"一·二八"淞沪抗战，并策动福建事变，从事抗日反蒋活动。本书详细记录了蔡廷锴将军在 1945 年以前的经历及其所思所想所感，对宣传蔡廷锴将军的爱国精神和事迹、弘扬社会主义核心价值观、助力振兴中华大业无疑具有积极意义。本书根据其在香港出版的《蔡廷锴自传》整理而成，有一定的史料价值，但由于时代和作者认知的局限，对部分历史问题的看法只能代表写作时作者的认识，故请读者在阅读时注意鉴别。

目　　录

蔡廷锴自传

自　序

　　在过去，我从来未想到要为自己作传，因为我是一个贫农出身的军人，自幼失学，兼以当了三十多年军人，时刻在枪林弹雨中生活，难得有空旷心情和时间来写长篇文章。

　　但是，由于什么样动机使我动笔来写这部长篇自传呢？说起来也是十分偶然的。当"七·七"卢沟桥事变时，我正漫游菲律宾碧瑶，乍听之下，心甚忿愤，乃束装归国，兼程进京，欲尽微力为国效劳。但以当时政府当局对事变仍抱隐忍态度，未具抗日决心，我当时虽受任为军委会特任参议官，见政府当局犹豫于和战之间，自己又没有实力，心虽怏怏，亦无奈他何。

　　"八·一三"事起，日寇得寸进尺，愈肆猖狂，政府当局以战祸既不能免，全国上下又一致呼号抵抗，始下决心动员抗战。多年志愿既见其实现，正待以微弱之躯为国效劳，不意撞车伤足，被迫南归疗治。辗转十月，始告痊愈。

　　时日寇在华中得手后，已续行南侵，省垣告急，得粤当局电邀赴省，参襄抗战大计。当即兼程赴省，不料方抵陈村，省城已告沦陷。敌机为侦察我撤退军民，四处肆虐，省垣附近城市均被轰炸扫射，无辜民众被惨杀者实日不止千百计。当我抵达陈村时，正遇该地被敌机空袭，由省垣撤退的军民惨遭轰炸扫射，我杂于群众中，亦被弹片穿伤右肋，不得已只得西返高要疗治。当时粤省形势甚为危险，西江无兵扼守，而地方防务又甚重要，遂电四方求援。不旬日，桂省当局已派兵东下肇庆，张达军亦由琼岛开到一部，我又奉派统一指挥西江南路团队。地方方告安定，敌人亦始终未敢正视西江。为时三月，以经费关系，各团队奉命遣散，中枢并将粤省府改组。我遂辞职，旋又奉召赴陪都。初以为可休养，抵陪都后，始悉中央已派兼任第十六集团军副总司令，驻广西贵县之南山寺。

时桂南战局已过，各线均无战事发生，除勉所部加紧训练外，事务不繁。饭后与各同事闲谈，每涉自己平生经历，同事间屡请录出，以公同好。自己虽为军人，不善于运用笔墨，以各同事诚恳敦促，也只得于公余勉强执笔撰述。所叙各节均凭记忆，遗漏之处自在不免，文笔亦复简陋。但以自己既无意于使此书流传千古，因此也就不怕贻笑大方了。

蔡 廷 锴

于广西贵县南山寺

民国二十八年（1939 年）六月八日

我 的 故 乡

在西江南岸，有一条支流名叫泷江（亦称南江）。这泷江极其迂回曲折，终年淤浅。夏天水涨时，短时间内可以航行浅水电轮。除此时期外，所有交通运输，就只有狭小的篷船。近年沿江筑有公路，交通较为便利，再不如从前要坐四五天篷船回乡了。溯江而上，有一百二十里远的地方，就是我故乡的县城——罗定。可是我的故乡离县城还得走七十里旱道，假若搭船走水道，就得费两天工夫，现在亦筑有公路，可直达故乡了。由县城南行三十里，一排高山挡住去路，如果没有两条践踏滑熟的山径——金山径与牛路径，或许会疑惑是跑到荒无人迹的深山。沿山径，两旁都是峭壁，蜿蜒曲折约有五里；行尽山径，便豁然开朗，无限的原野满是青葱的禾稻或菽麦。除了树林村庄，再不会有阻隔视线的山岗。罗镜河、太平河就在这大原野当中的官渡头汇合成为泷江，奔向东北，横穿一排蛮山，成为奇隘的双喉马埒。

双喉马埒为乱石河床，水道狭窄曲折而湍急，蛮石当中，几不知水道。篷船顺流急驶，无法可使稍停，如船夫技术不纯熟，篷船必为乱石所碎，是以一般行旅，都不敢坐船经此奇险的双喉马埒。可是罗镜船夫却具神妙的驾驶术，当篷船将到双喉马埒，船夫便请搭客一律卧下，他们便放下船篙换取两块小木桨，站在船头，目不转睛地看着当前，用手向掌舵的做着手势。那时篷船顺流急驶，有如奔马，直奔屹立河中的蛮石，真是间不容发；而站在船头的船夫，就使出绝技来，不知怎样拨了两桨，篷船就转弯在石前擦过，才渡过这奇险的双喉马埒。罗镜船夫的绝技在别的地方我想是很难见到的。

罗镜古为泷水县城，旧城址至今还未湮灭，后来县城迁址，易名罗定，罗镜则变为一圩场，现属罗定三区，而商店数百，还算是罗定的繁盛市场。龙岩双轮角离罗镜圩东南八里，有潭名帝瓮，为罗定八景之一，我的家就在这帝瓮附近的村落里。

说到帝瓮，真是使我忘不了。层叠矗立的高山，环成一广阔幽谷，一条曲折山涧蜿蜒重山间，宛若一条出洞大白蛇。涧流至谷的正面，飞跃倾泻而下，如十丈白练，洼而成潭，称帝瓮，潭水深数丈，清可见底。瀑布奔腾，幽谷回响，澎湃若海涛，偶听如雷霆乍惊。潭水左折百余丈为第二瓮，复右折十余丈为第三瓮，始流出原野，这景致实为罗定八景之冠，即在粤省也是难得的风景。我曾环游各国，所见风景诚极华丽，而多为人工做成，不若帝瓮之天然美使我爱恋。民国二十二年（1933 年）春，日寇侵我热河，我请缨派健儿北上援热，当日我意想抗日胜利，如能生还，则退居于帝瓮以让贤路，因而在二三瓮之中间，正对瀑布，建一小房，而取己号——贤初的贤字，寓以上述意思，名此小屋为"退避贤庐"。二十七年（1938 年）秋，因足伤回乡，在此屋疗养，复在瓮侧石壁题"东南一景"四字，以示自己对此故乡风景之满意与留恋。

我 的 家 庭

我曾祖父成贵公娶郑氏太夫人，生我祖父锦源公一人。祖父娶彭氏太夫人，生我父亲及姑母二人。我父名天明，字晚东，虽然是两代单传，但因家道贫穷，到二十九岁才娶圩口彭氏女为妻，生我姐弟四人。家姐乳名大妹，二弟名达锴，三弟为朝锴。姑琢嫁水摆许姓。我父母生长农家，从小勤劳，都是很壮健的农夫农妇，都具有中国农民的苦干精神，插田、割禾、种菽、种麦、种芋、种薯……农作之外，还须割草砍柴，真是一年到末没有一天得空暇，没有一刻不在工作。

我父亲除了力事农作之外，他还学习几种业艺，他自幼学习了裁缝，自学堪舆及医药。虽然他没有怎样念过书，可是凭他自己的智慧与努力，终于能研读几本医药和堪舆的书籍，行医于乡中。虽不能称为名医，但在穷乡僻壤的农村里，已算是难能可贵了。他疗治过很多穷苦农民，使他们不至因穷病而牺牲他们唯一的财产与工具——耕牛，所以附近农民对我父很是恭敬，每届年冬时节，农民们便给他送来不少馈赠的食品。我父既学有几种业艺，一年中不是忙这样就是忙那样，有着四个孩子的穷家庭，不如是怎能生活！

在生活重压下的我的父母，每日都是拼着命在工作，除了因为孩子们的事情有时会辩论几句之外，什么事都可互相谅解。父亲的能干，母亲固然敬爱；母亲的刻苦耐劳，父亲也非常体恤，所以我的家庭很温和。民国纪元前二十年（1892年）三月十九日辰时，我就诞生在这种简陋而又艰困的农家里。

出 麻 种 痘

民国前十四年（1898 年）

六岁时候，我已稍懂人事，那时的事迹，印象最深，到现在还历历如在目前。

曾祖父葬在帝瓮背狼狗要附近，曾祖母葬在云沙罗屋侧，祖父葬在文屋背，祖母葬在潮水上侧，又名大捅背。这些坟场离家很近，清明那天，父亲和堂叔天华、天良等带着我去扫墓。每到一所坟场，父亲必对我说："这是某祖父，那是某祖母，你要记着。"当时我正欲知先祖的事迹，遂问父亲："太公在生时候，是干什么事业？"父亲似乎为我的说话所刺激，他叹了一口气，才说："由你太公（我之曾祖）到你阿公（我之祖父），都是耕田掘地的，长年辛苦，都是揾朝无晚（俗语两餐不继的意思）。生时却十分和平，对叔侄及邻村的人，都十分和蔼，很得乡人敬爱。到我手上，也是一样穷，有钱的人家未到二十岁就早早娶亲，我到二十九岁才娶你母亲回来，当时仍要向人家贷借三十千钱方能成事。而今养你们姊妹兄弟，也是很辛苦的，所以你要听话听教。"我忽然又想起别的事情，又对父亲说："阿哥（乡间有称父母为哥嫂的，大约因为宝养儿女关系）！怎么隔邻人家拜山（扫墓），穿起长衫戴着红须帽，坐轿坐马来，而我们却要行路呢？明年，阿哥照他们这样，好吗？"父亲像讨厌我的多嘴，发怒似地说："小孩子！不要多管人家闲事，你不知道，我们是穷家呢！"我真不知道父亲为什么会发怒。父亲说了两句之后，态度似乎恢复和蔼，他对着天华叔和我说："你们长大之后，努力去做世界，就可以坐马坐轿来拜山了。"这几句话我永不会忘记。到现在还好像是在耳边似的。

到曾祖父坟场，我十分高兴，因为在坟场上可以纵目远观，下瞰原野，罗镜、太平两支流横在眼底，如两条白带，村落树林星罗棋布，一簇一簇的很是好看。我指着这些景物问父亲或天华、天良叔："这是何村，那是何庄？"他们便会远远指着告诉我，这是罗镜，那是太平，这是我们的家，那是外婆的村。后来，每到扫墓，我总愿意在曾祖父坟场多留一些时间，眺览这广阔的远景。

这天扫墓，大约行有四五十里，六岁的我自然跑不得这么远的路程，由天华叔抱我走了约十里左右路程，黄昏时候才回到家里。母亲在家已煮好了晚饭，她见我们回来，便很欢喜很关切地问我："肚子饿了没有？"我见着母亲，便扑到她怀里，撒娇地说："肚饿不要紧，我的脚却是走痛了。"母亲马上替我洗身，洗完身才食晚饭。

跑了几十里路，十分困倦，我很快就熟睡了。可是到半夜醒来，感觉不大舒服，头在作痛，口在作渴，即起身爬到床头，叫唤母亲："阿嫂，我要粥水！"母亲摸摸我身体，她说："你有点发热，不要吵，好好地睡。"母亲起来给我一碗粥水。第二天早晨，我的头好似给什么箍着，痛得非常厉害，口亦干渴，周身像火烧一般热。我没有起来，在床上哭。父亲便来抱我，他见我周身发热，便抱我到光亮处查看我的病状，母亲见父亲抱着我，便说："大约又诈娇吧！"父亲既知医理，平日尤以小儿科最拿手，他知我是真病，很怪责母亲刚才的说话。他命令似地说："小孩明明有病，你不关心，还要乱说。快点抱他回床，不要给风吹着！"母亲听说我真病了，倒着急起来，赶紧从父亲手里接抱我，立刻放到房里床上。父亲说我是出麻，即开药方，教家姐拿药方到罗镜买药。我听说要饮苦药，很是害怕，打算一声不响睡在床上。不久家姐买药回来，母亲立刻拿去煲。一刻工夫药煲好了，母亲用碗盛上来，要我饮。我看着这碗又黄又黑又发臭的苦东西，即发急啼哭，咬着牙齿不肯饮。父亲见我不愿饮，怒气冲天，大声喝责，母亲则劝诱着说："饮过就好了！"这碗黄黑苦药，终于被威吓强迫饮下去，这臭苦味的确难受。第三天早晨，我还是发热，周身起着小红点，连眼也睁不开，心里非常难过，躺在床上只是哭。父亲见我这样，很温和地对我说："虾毛仔（我的乳名）！你是出麻，不要紧的。你不要哭，好好地安睡在床上，过三五天就好了。"母亲也是用同样的说话来抚慰我。不多时我又熟睡了。我这样时哭时睡地躺在床上过了三四天，红的小点渐渐隐去，也不见发热，再过三四天，已和平常一样，麻病算好了。可是父亲又说，要替我们种痘。

三月中旬，有一天，父亲带了一位生客到家里来。生客和父亲差不多年纪，姓名不知道。父亲招呼生客坐下，就叫我和家姐来，父亲说："你们今天种痘，大姐先种。"我听说种痘，莫明其妙，只站着看那生客，看看父亲，又看看母亲、家姐和堂叔天华。我见家姐站在母亲面前，不知什么时候已将衫袖卷到膊上，露出两条清白的手臂。那生客走到家姐面前，执着一张雪白锋利小尖刀，他捉着家姐的手臂，笑微微地说："不要怕，不会痛的。"他把尖刀在家姐的臂上乱刺，刺一下，家姐的手就缩一下。我看见这种情景，知道不是好玩，便推说小便，溜出门口，向大华山直跑。父亲发觉我跑开，便着天华叔追出来。我跑到大华山脚，已精疲力竭，才被天华叔追到，他轻轻地把我捉住，一面对我说："种痘是不会痛的。如果你不听话，不回去种痘，将来出了天花痘，就会花面。满面痘皮的人，是多么丑怪，到那时，即使你有钱娶老婆，都不会有人中意你、嫁给你。"天华叔这样说了一大堆，我虽然有点怕痘皮，却也不情愿这样就回去。天华叔见我不怎番蛮，便抱我回来。他们见天华叔抱我回来，大家都说："不会痛的，快过来！"母亲便从天华叔手里接抱着我，也和家姐一样把我的衫袖卷起，父亲捉着我的手，天华叔捉着我的脚。我虽然吵闹，但也无法挣脱。尖刀刺到臂上，当时略觉微痛，恍若被大蚁咬着一样。种完之后，我仍然不服气，不管什么，一面骂痘师，一面又飞跑出去。母亲见我跑去，亦不追赶，她说："你怎么这样蠢笨，我煲有虾米粥，阿姐快要食完了，你系精乖的，就快些回来。"我听说有虾米粥食，就赶快跑回。当我回到厨房时候，的确，有一煲煮好的虾米粥，家姐已在取碗装粥。母亲说："你们食了虾米粥，明日的痘，就出得很好了。"家姐素来痛爱我，她还未先食，见我回来，便笑微微地问我："种痘痛不痛？"我说："好似大蚁公咬着一样痛。家姐！你痛不痛？"她说："有点痛。"我们姐弟两个便欢天喜地地一同食粥。

过了两天，我们种的痘发作了。两条手臂上刀尖刺过的地方都红肿发痛，身体微微发热。再过三四天，红肿的痘已不觉痛，只觉发痒，也再没有任何异状，母亲叮嘱不可用手抓破。到了十天之后，我们的痘已痊愈了。

夏天到时，我终日和隔邻差不多年纪的小孩——黎静火、黄火仔、黄乌佬等，三五成群，在附近玩水玩泥沙，过日极易。不久是大暑前后了，家家都准备割禾。

我家耕有两担种田，有一亩田是祖父遗下，但父亲娶母亲时已典当给人，每年纳利，田仍归自家耕。其余的田都是向人家批来的，母亲周年都是五更起床，夜深休息，终日做着苦工，数十年来如一日，没有一天间断过。即使在最忙的六月，也不会雇请工人帮做，只有和邻近的邻人互相驳工，你帮我做，我帮你做。父亲有着兽医、医药、地理、裁缝等业务，虽然有时会帮母亲做田地工作，但帮的时候也很少，所以我家两担种田的耕植工作，都是母亲一个人独当。母亲从无推诿怨恨，对父亲很是尊敬，有时也会责怪父亲太过痛爱我们。她说："做父亲的对儿女若是痛爱，是纵娇儿女，最不好的，会耽误儿女的终身。"当母亲这样责怪父亲时，父亲从不发气，也不会说什么。

我家割禾了，母亲特别繁忙，家姐也无一刻空暇。她虽然还未到十岁，却已帮着母亲做成人的苦工——插田、割禾、担水、挑禾草、煮饭……她都做得来。那时煮饭工作，就是家姐一个人担任，我有时也帮烧火煮饭及做其他轻微工作。家姐极勤快，食完早粥午饭，放下碗又到田间帮母亲割禾，从不推懒。我则跟母亲、家姐到田间去玩水捉田鲤鱼（乡间利用水田养鱼，春间下鱼种，多属鲤鱼，割禾时已大，有三四两重）。每捉得一尾，都非常高兴。这些鲤鱼就是我们最美味的，而且是收割时唯一的菜肴。回家时候，我也跟着母亲、家姐挑几束禾草。乡间生活特别艰苦，虽然终日苦做，而三餐都是稀粥和芋薯夹着食。即使是富有之家，每日也只有一餐是饭。但在春耕及上下两造收割时候，则无论贫富，正午一餐，都是食饭。我家这几天割禾插田，也得饱饭几餐。但是不几天割播完了，我家又要再揸稀粥了。但为食饭这件事，我却给母亲骂一顿。

割插完毕之后，已是立秋，天气转凉，玩水玩泥沙，已感到无甚兴味，没有得玩，时常会想到食这方面，事实一天三顿稀粥芋薯也太不充实，很想母亲煲一次饭来疗饥，一天盼一天，而母亲却像是若无其事。有一天，我的确不能忍受再食这些稀粥芋薯了，便对母亲说："阿嫂，隔了这么多日，怎不煲一餐饭给我们食？"母亲听了不甚欢喜，而且很生气地说："呵！你瞰排场（俗语阔绰）！有粥你食，都算好了，你还想食饭！如果食了这些谷，恐怕连粥都无得你食，到那时就要乞食了！"我当时见母亲生气，就不敢再说，只肚里寻思，母亲为什么这样悭，煲一餐饭都不肯呢？

我们这样一餐粥一餐芋薯度日，不久又到八月十五中秋节了。有钱人家都忙着挑食品向亲戚故旧送节，大路上一担一担的往来如梭。我家贫寒，亲戚也非富有，送节自然不像人家大担来小担往那样阔绰。可是因为父亲在乡间行医，平日疗治过不少乡人，因而也收到不少乡人馈赠的鸡鸭和月饼（乡间人情，病者请医生疗治痊愈，在这年的中秋节，必买食物给医生送节，以示感恩谢德，普通是送两盒月饼，有钱的就多送一对鸡或鸭，那就了不得的出色）。我家平添几只鸡鸭和十几盒月饼，我和家姐都很高兴。

到八月十六日，姑母来了。姑母年年在这天必来一次。姑母对父亲极其亲切，痛爱我如珠如宝，她每次来都带着饼食及别的东西给我。我也很爱姑母，她来的时候，我总不愿意她回去，有时我随她到她的家里住十天八天。姑爷对我亦十分亲热。姑爷姑母还没有孩子，他家虽非富豪，却比我家裕如，常会稍稍帮助我家。

立冬时候，全垌一片金黄色，下造禾又得收割了。母亲要父亲添购农具，准备割禾。到开割那天，母亲什么都准备了，她给我一把镰刀，要我跟着去学割禾。食了早粥，我便跟着母亲、家姐到田间，这是我第一次学习。母亲教我用右手执着镰刀柄，用镰柄勾集分散低垂的禾穗，然后用左手把已勾集的禾穗握着，翻手用镰刀在离泥近处正对成束的禾穗用力一拉，禾穗便给割断。这简单的工作，一学就成功了。割了一日，不觉得怎样辛苦。母亲见我能够割禾，异常欢喜。到第二天，母亲对我说："虾毛仔，你能帮我割禾，做完工之后，每日煲一餐饭给你食。"我听母亲这样说，欢喜极了，天天都跟着母亲、家姐一同割禾。有时和家姐比赛，看谁割得快，但家姐比我长三岁，我总是赶不上她快。这样割了七八天就割完了。时间逼着来，割完禾跟着要种麦，那时用不着我做，只母亲、家姐多忙几天，就将麦种完。

在屋里摆着五六担谷，已经晒干风净的了。但这几担谷不全是属于自己，大部分还要送给田主老爷，因为我家是佃农啊！父亲和母亲秤了几担风净的谷，赶着送去给田主，因为如果送得稍为迟缓，田主老爷们便会如狼似虎地到来催促。假使今年欠他一石租，到明年就无田可耕了。所以父母都很怕田主，永不敢欠租，一种完麦，即刻将晒干风净的谷拣上好的送去，永不敢欠租得罪田主老爷。

麦种了，租送了，但耕牛冬天的草料也得贮备。乡间住屋狭小，没有贮放禾草的房，贮草的办法就是架禾草棚。四周竖四条石柱或木柱，中央竖一条丈多长的木，在石柱或木柱横上几条木，排成一个井字，然后把禾草用禾叉叉上去，堆起来像一座小山，这样就可以保存禾草至相当时间，不至败坏；系牛棚下，它可以避雨，亦可以自由取食。架禾草棚的时候，最少要两三个人帮忙。这天必煮糯米饭磨豆腐。帮忙的人不用给工钱，只是饮食。我家人手少，架禾草棚，要请两三位乡邻帮忙，很快就架好了。架好了禾草棚，一年耕种的苦工算是做完了。但母亲不给自己空暇，她与家姐还要去探山草。母亲很是壮健，力能挑司码秤一百二十斤重，家姐虽然年纪小小，也能挑三十多斤。母亲和家姐每天都挑百多斤草回来，有时将多余的草挑到石灰窑铺去卖，百多斤也换得二三百钱，这是母亲的打算。

当母亲、家姐上山的时候，只我在家里看门及抱达错弟，我终日在门口附近与邻家儿童放纸鸢，放孔明灯，有时打拐锤（乡间儿童游戏，以长尺余的木棍为拐锤，四五寸长的为拐指，置拐指于地，以锤扑之起，击之远，轮流击出，计远近以为胜负）。那时虽然过了中秋，但我们正醉心于放孔明灯。有一天，各儿童都没有找到纸张，我将父亲两本药书拿来做，做好之后试放，却被火烧掉，十分可惜。父亲回来，找不到药书，问我是否拿去，我直说拿去做孔明灯给烧了。父亲生气极了，他骂我为何要拿药书去做孔明灯，他到处在找东西，找到一支竹枝；我见父亲这样恼怒，十分害怕，但又不能跑开去，遂向父亲认错。父亲愤怒极了，他不以我幼稚无知，即用竹枝打我，竹枝抽到身上，疼痛异常。父亲一只手提住我，逃又逃不得，只有哭喊乱跳，父亲从来未有此次愤怒得这样厉害，竹枝一起一落，抽得我周身疼痛，那时真是上天无路，入地无门，只有望着母亲希冀她来解救。可是母亲并不劝阻父亲，也不来抢救，只看着我微笑，而且说："好！好！打得好！"我真恨极了。后来天良叔才来劝阻，替我说情，他抢去父亲手执的竹枝，父亲这才饶恕了我。是晚我总是哭，连粥也不食。到第二天早晨，父亲再教训我，他说："以后倘若仍不听话听教，要比昨晚打得更厉害。"打过一次的我，想起还怕，只得再对父亲认错："以后不敢如此了。"

寒天到来，我们穷到连棉衣也没有，我只穿着破补双重的三件单衣，怎能抵御割肉刺骨的北风，只得终日与邻童拾树枝拣干草根来烧火堆，烘火取暖。除此之外，我则常常带着火笼（竹织一篮，中置一小瓦盆，盛火炭俗称火笼），搂起前面破衣，将火笼推入里面，这样就不畏寒冷了。我们穷人家，如果没有这火笼，真不知怎样度过这隆冬寒天！

十二月二十七日、二十八日两天，人人都说新年快到了。父亲母亲都很忙，说是办年货，买了些纸宝香烛回来。到二十九日，又说劏年会猪（乡间习惯，大家做一个会，平时科谷或科钱，贮放着等到过年时候则买劏猪来分肉，叫做劏年会猪，我家每年都做一份年会），父亲分得四五斤猪肉回来。年三十晚说是团年，父亲母亲都十分高兴，我和家姐更不必说。辛辛苦苦做了一年工，这天是最兴闹的了。父亲到罗镜买了些冬蟥粉丝回来，母亲则忙着劏鸡拜神。晚餐时，除了饭之外，还有白切鸡、卤猪肉、煎豆腐、煮粉丝……最特色是冬蟥煲猪肉，这一餐菜肴，比平时节日多几倍，算是一年最丰富的了。我和家姐食得很高兴。临睡时候，母亲还在做这样做那样，她拿着红绳穿钱，她说："你们明早要同你阿哥给我拜年，我给你们这个'利事'。但是到天早你们不要乱说话，过年要讲好话，不得说死说生。"我听了很欢喜，想着明天过新年、做"利事"。

看 牛 割 草

民国前十三年（1899 年）

　　元旦那天，还未天亮，父亲就叫我们姐弟起床，说要拜神。家姐和我起来，洗过面，穿好新衣服。母亲问向何方拜神？父亲说："看通书，今年东南方都有利，就向东吧。"父亲母亲摆好三牲，烧着香烛，很隆重地跪下去叩头，又叫我姐弟跪下去叩头。天亮了，母亲教我姐弟向父亲、母亲拜年，也是跪下去叩头。母亲给我们每人一个"利事"。这天，在一年中算是最得闲，最高兴。父亲没有出去，母亲、家姐也不上山割草，大家都在家里带着欢喜的笑容。大人们碰面总是笑微微地拱着手，必定说："恭喜，恭喜，万事如意，添丁发财。"有时大家同时说，有时一个人说了，别一个就跟着说："大家都这样话。"可是当小孩给大人拜年时，说话就换了，他不说添丁发财，而说"快高长大"，怪有趣的。我和家姐常常拱着小手，学着说："恭喜恭喜，快高长大，添丁发财。"

　　乡间习惯，年初一至十六年宵期间，是探亲访戚，大家包粽做糕，一盒一盒地或者一担一担地挑来挑去，比中秋节那时热闹得多，隆重得多。有时我和家姐跟着父亲或母亲去探亲戚，但多数是在家里和邻童拾那烧不完的纸炮来烧，的确很高兴。

　　有一天，父亲对我说："虾毛仔！你今年七岁了，大一年要听话才是，人家有钱的，早就送去读书了，我家穷到如此，未能送你读书，或者过两年家中稍好的时候，送你读几年认识几个字。"父亲好像很颓丧很苦楚似地说了这几句话，可是我不觉得怎样。父亲说完我也不声不响，便又到外面找邻童去玩了。

高兴热闹的新年过去，辛苦的工作又来了。开始春耕了。父亲托犁赶牛去犁田，母亲和家姐去捱石灰草（这时期所捱的山草，是专为换石灰而捱，所以叫捱石灰草），一百四十斤山草可以换一百斤石灰。有时因为下雨多了，山草价钱也略高，但也换不得多上几斤石灰。

我家的田是向田主批来的，上文已经说过。就是耕牛，也是向别人租来的。我家每年要给三担谷做牛租，所以每年收获，除了田租牛租，多余的谷就很少了。有一天父亲犁完田回来，对母亲说："长久租人的牛实在不是办法，倒不如自己设法买一头。"后来，父亲母亲不知怎样设法，真的买得一头水牛稚回来，听说用了二十五千钱（即二十五元），得姑母帮助才买成的。买了牛稚后，我却辛苦了，因为父亲母亲要把这牛稚交给我看。当第一天拉去看时，我十分怕牛稚会咬，有些胆怯，我说："此牛会咬我否？万一咬我，如何打算？"母亲说："此牛很驯熟，不会咬的，你勤力看它就是。"我看了三五天，牛稚确实驯熟。我每天拂晓起来，拿一张小草镰，到山上割那肥嫩的春草，割满一担，便挑回来喂牛稚。那时母亲也从田间回来食早餐——稀粥或芋薯，食完休息片刻，母亲、家姐复出田间，我则拉牛到山上或坑坝田基去食草。到中午回来食午宴，此午宴不是食饭，只是早上食剩的冻粥或冷芋薯。午宴完了，我复拿绑挑一小麦担，去绑草皮回来填牛栏，这些草皮经过牛的屎尿溃浸相当时期，将来可担去作肥田料。我天天做这样刻板的工作，从不间断。

庆幸得很，二月十五日，三弟朝错出世。是早，黄三伯来帮我家犁田，他问我昨晚母亲生的是弟是妹，我答不知，只昨晚半夜听闻母亲房里有呱呱的哭声。到食朝（乡间分朝、晏、晚三餐，食朝即食早餐）时候，母亲叫我入房，给我一碗饭，我十分欢喜。我问母亲今早为何有饭食，她说："你勤力看牛，故此叫你食一碗饭。"我说："阿嫂，今早黄三伯问我，阿嫂生的是弟是妹，我说不知道。阿嫂，究竟是弟是妹？"母亲笑微微地说："不是弟妹是狗仔。"当时我半信半疑，后来才知道母亲是说假话。但为什么母亲要如此说，我则不明白，至今我仍不解，做父母的为何对小孩说此种诳语，或者以生孩养育困难，故以狗比之。食过饭，母亲令我出房，但叮嘱我勤力看牛。我拉着牛甫抵门口田边，见父亲由罗镜圩回来，我即跑向前对父亲说："昨晚母亲生一虾仔，今日母亲不出门。"父亲听我这样说，满面欢容，他一手携布遮，一手执猪脚入屋。我仍然看牛，到晚回来，全家人及黄三伯都有饭有菜，十分高兴。翌日，外婆担几只鸡、一篮白米及猪脚等物到来，我与家姐及二弟欢喜异常。外婆替家姐煮食，家姐则出去带工。过了五六天，母亲见春耕紧要，自己要出去做工，父亲不肯，母亲却硬要去，她说："请人做工不合算，种禾迟缓，必会失收。"母亲终于不听父亲劝告，到田间工作了。想起母亲当日情景，当日的说话，今日我家青年男女，不知作何感想，行文至此，尚有余痛。母亲不独勤苦，又复撙节。五五端节，三弟已识微笑，母亲终日背抱着他，耕作不离。但此时正当青黄不接，父亲在罗镜圩赊米二斗、猪肉半斤回来过节，母亲却说："现在米贵，今日虽为'五五'节，亦不可光以米煮饭，可往菜园摘些豆角回来同煮。"此种煮法，乡间称为豆角饭。食饭时候，母亲仅分给我们姐弟瘦肉各一块，留下肥肉作油。后来每餐煮菜，母亲即以残余肥肉放入烧热的锅，只翻两翻便铲起来，然后放下去，"吱"的一声，菜就煮熟了。母亲的撙节，可为极矣。

食完午节，我说要去睇龙船，经父亲母亲许可之后，便十分欢跃地与邻村小孩同往龙船庙。到达时，见庙内有不少迷信的善男信女，醮会的信士，用五光十色的布扎成一条龙，到石狮庙河边去舞。同时有许多道士在喃喃地唱着。听说这种陋俗，现在已经废除。我们睇龙船，就到河边去游水，一直到黄昏时候才回家。在回家途中，有一顽皮的乡村童子，比我大三岁，率领几个童子，挡我们要打架。当时来势汹汹，而我们亦不甘示弱，即用脚踢那稍长的童子，并推他下坑。对方一人对敌数人，知不能敌，便作鸟兽散。我们恐他再纠人来，立即跑回家，时已入晚。父亲见我回来，问我看见什么，有无和人打架，我就把所见所闻的从头至尾全对父亲说，却隐着打架的事不说。

过了端午节不久，早禾又将收割，全村都准备着下田，我则仍然以看牛为主要工作。当时，我对牛稚，有若宝贝，喂看不稍懈怠。有一日，母亲对我说："今年时年较好，我们本造多割谷四五担，如下造亦如此，照现在用途，我们的谷米，可食至明年交接。你较前时勤力，不枉给你食。"母亲每晚以一筒米煲烂饭，除喂三弟外，所余的则给我及二弟各一碗。家姐虽较大，则仍食稀粥。割完早禾，跟着插晚禾。不久，又过中秋到九月重阳了。

九月重阳，水摆姑母处做大醮，并有菩萨出游，母亲许可我们去探姑母，看大醮。并叫家姐率领我及二弟一道去，当时姐弟三人十分高兴。我们行抵距姑母家还有一里远，姑母已来候接。她见我姐弟行近，状极欢快。她抱二弟，我与家姐同跟在姑母后面，走了一会儿，不觉间已到姑母家。姑爷这时去饮炮会（烧纸炮庆祝神诞的会）不在，回来时看见我姐弟三人，甚为高兴。食完午饭后，姑爷即带我姐弟去看戏。姑爷说今日的戏叫做"八仙贺寿"，伶人出台，拱手作揖。我看来莫明其妙。但到戈矛打架，打大翻，翻筋斗时，却十分有兴趣。黄昏时回姑母家，姑母所预备的酒菜已摆了满台。姑爷带领我姐弟食饭，姑母则招待其他客人。第二日菩萨出游，家家户户都隆重地准备着迎神，乡民均穿着新衣裳，红红绿绿，每当菩萨经过，就拜神烧鞭炮，其热闹情形有如元旦。是晚，姑母复带我姐弟去看戏。姑爷说当晚节目是"夜魔偷盗"。但所做所唱，我均能明白。当戏做到一伶人将辫子拴在戏棚木梁，全身吊起离台板数尺，摆来摆去时，许多人都紧张地喝起彩来了。好看自然好看，但伶人却极辛苦。当时印象极深，四十年后，尚历历如在目前。住了两天，醮散戏散客也散，食了早饭，姑母便送我姐弟回家。还没到家，就见母亲在坑边接了。姑母到了家时，就对母亲说："炳南（我的乳名）这孩子，只八岁有胆有量，顶顽皮，木南（指二弟）就公道。炳南终日与姑爷玩，又与人打架，醮场人多，恐怕有别故发生，被人践踏着，如何是好。"母亲听了话，就摆出母亲的威严，扬起手，好似要打我的模样，一会儿却又自己笑起来。姑母虽然讲我，但她仍旧疼爱我。她说："以后不可太大胆了。"我也只笑笑。父亲看脉回来，见到姑母极为欢快。我对母亲说，要同姑母回去，母亲就发怒似地说："小孩子！姑母处系你家吗？羞否！愧否！不准你去，快快去看牛！"听见母亲这样说，当时我就有点灰心，但亦无可奈何，便牵牛出去。临行时，我对母亲说："不准姑母回去。"母亲只好允诺。怎知翌早，姑母却说要回去了。我很不安，几乎要哭出来。姑母便诸多地抚慰我，说数日又要来，教我要听话，并给我数文铜钱。我负气不受，母亲便代我接下来。姑母终于分别回去，母亲送她到数里外才回来。

姑母回家之后，我虽然有几天不高兴，但仍然做我看牛割草的工作，每日都到后山。那时已届立冬，满垌都是黄熟的禾穗，被夕阳返照着遍地金黄色，煞是好看。收割完后，全垌复又种麦。到阴历年底，麦苗怒发，数十里纵横，一片碧绿。古语说"春雨忆江南"，而我则四时思故乡。的确，我曾观光江南春景，但春夏秋冬的故乡景物却使我比江南更爱恋。

离年关已经不远，父母百般焦虑，都是为钱。我家欠高利贷债约三十千钱，是父亲娶母亲时借下的，每千钱每年要纳利谷一斗五升（十五斤），总算每年要纳谷四担五斗，到那时已纳利十三年，共纳谷五十余担。那时谷价每担值二千余钱，算起来，本利五倍矣。每年将债还清，父亲母亲才松口气说："还清此债，我家可以安逸一下了。"其实，过着这样贫穷生活的，又何止我一家！那年还清债，母亲又给我做了一套新衫。

跌 毙 耕 牛

民国前十二年（1900 年）

过了新年元宵，一切工作仍旧。三月十四日那天，是乡间做庙日，杀猪祭庙，祈求风调雨顺。父亲上庙分取猪肉，我与家姐则拉牛上松树岭。姐弟到岭之后，我们便开始采薪，任由牛稚食草。我们两人一面工作，一面谈笑，忽然间，一只蜂不知在牛稚何处刺了一下，牛稚掉头便跌下了山。我和家姐见状都禁不住大惊失色，连忙赶下去，但太迟了，牛脚已经跌断，无法拉回家，只有雇人抬回去。初以为父亲会医，我与家姐都很放心。怎知父亲归来，见两条牛眦骨均已折断，说无可救药。我与家姐听说救治不得，全无心神，见母亲痛哭，也跟着哭喊。父亲并不责骂我们，只对母亲说："今年时运不吉，故有此事，哭也无用。"当即将牛卖与屠行，当牛肉出卖，得钱二十千，亏去血本五千，而当时耕牛市价，可三十余千。母亲悲痛异常，都因为家道贫穷，失去唯一的宝畜——耕牛。

六月收割将到，农家无牛耕田，是一件最痛苦的事，母亲终日愁闷，时常说起那条被跌毙的耕牛。但因为家道贫穷，无能力再买。当时姑母养有母水牛，且生有牛稚，已可耕田，知道我家这种情形后，便将其送给我家，对外人说是卖，实则是赠送。因她虽无儿女，仍有亲族，恐怕被人家说闲语，是以如是。母亲有了新耕牛，愁苦也就减少了。她仍旧把牛交给我看管，只是细意地叮嘱我们："以后不得牵上山放草。"我遵母训，以后看牛时也十分谨慎。

八月间，天良叔的父亲——七叔公患病甚重，卧于公共大厅，病状极苦，终日喃喃作呓语，枯槁无复人形。有一日，我到厅中见其合目无语，有似死状。不料其突然而起，我虽赶快跑出，但已大受惊吓，几乎失了三魂。当走报父亲及天良叔，将七叔公的可怕情状告知。两日后，七叔公便逝世了。七叔公身后萧条，遗下天良叔及四姑兄妹两人。时四姑仅十四五岁，均属幼稚，殡葬七叔公，因成问题，无可奈何，父亲母亲逼得出来设法筹款殡葬七叔公。此后，天良叔、四姑兄妹则由我父母携带（后来天良叔帮人做长年，每年工钱一石五斗谷）。我家人口虽增，但天良叔及四姑，轻重田工都可做作，颇得父亲母亲欢喜。做完自己的田工之后，母亲、四姑、天良叔仍去帮人做散工。母亲说："帮人做工，人去口去，若到十月收割，亦能如此，家境就不会坏下去了。"割插完毕，母亲带同天良叔、四姑、家姐四人上山探草，每日都能探到三百多斤草回来，我则仍然看牛及在家看抱达锴弟。到十月收割完后，母亲说："四姑到十一月初出嫁，今年幸得各人都勤力，时年又特别好，割得十多担谷，我们的债务去年已还清，家中较安乐。现在有媒人写年庚来，明年可与虾毛仔担定（即定婚）了。"我听得母亲说替我担定，亦无什么感觉，但不知为什么竟有羞愧之状。

十一月十九日，四姑出嫁，家中少去一口了。父亲从外归来，终日和母亲打算盘，筹备来年耕作的事。父亲说："本年百般顺利，已渐入佳境，可安心过年了。"十二月二十七日，天良叔从罗镜购得一担年货回来，我见各物品与往年不同，亦复比往年多，我与家姐都极满意，欢欢喜喜准备来过新年。

启　蒙

民国前十一年（1901 年）

　　我家既还清债务，天良叔又应允了人做长工。我家可以多剩儿担谷了。过了新年，我已是九岁，父亲想让我认识几个字，便和母亲商量，打算送我读书，三年前父亲对我说的话是实现了。

　　树里有一间蒙馆，是邻村叶姓的，他请一位姓唐名叫楚卿的先生来教，是年收有十几个学生。每个学生的书金是一担谷、两斗米、二百钱。一年间唐先生就是靠这十几个学生的书金过活。听说唐先生是考过试，但没有入学，所以他只是教幼童。平时，我就听说唐先生很是严厉，他有一条戒方，专用来打学生。如果学生顽皮，背不出书，唐先生就会将戒方敲到他头上去，或者叫伸出手来打掌心。如果认不得字就画眼圈，打架就罚跪。村里的人都说唐先生好，会管束。

　　正月二十日，早起，父亲对我说："今日送你去开蒙，要勤勤力力地读书。"父亲封了一个小利事，说是敬仪，带着几支香烛，一本《三字经》，一管笔，一条小墨，一个墨砚，几张白纸。我们到了书馆，父亲看见唐先生很是恭敬。唐先生吩咐拜圣，父亲帮燃点香烛，就教我跪下去叩头。拜圣之后，父亲又叫我拜先生。先生拿《三字经》翻几翻，从中间找出几行，用手指指着教我读："幼而学，壮而行。上致君，下泽民。扬名声，显父母。光于前，垂于后。"我跟着读完这几句，先生便将书合上。开学的手续，这样就算办完了。和我同时开学的有几个人，他们都是和我一样拜圣，拜先生，读那几句"扬名声，显父母"的书。第二天，父亲仍送我上学，同学总共有十二人，都是隔邻平时一同玩水、玩泥沙、看牛割草的小朋友。父亲先回家，临行时，嘱咐我要听先生教，勤力读书，不可打架……。

先生开始教书，但不是像昨天由中间翻出来教，而是从第一页"人之初，性本善"起，依次序读去。先教一页，先生叫我们要用手指，一个字一个字地点着慢慢读。先生读一句，我们跟着读一句，这样读了十多遍，我们才自己读。先生说："要认明字，要熟读，食朝回来就要问字，读不出的留堂，认不得字要画眼圈……"我们大家大声读，不协调的声浪，像蜜蜂出巢似的，满书馆都是嗡嗡声。读到忘记了，就走出去问先生。

食了朝回来，先生替我们在字簿上写一页红字，先生说要我们用墨笔来填。我们拿出墨笔来，磨墨时，有些人放上满砚水，尚未填字，我们的手、衣服和书台，已洒上了不少污墨。我们不会捉笔，更不会填字。大家捉着笔乱画，有的填成一大点，有的画得弯弯曲曲好像一条蛇。后来先生一个个的捉着手教捉笔，教填字，很是费力。

写完字，先生问字了。先生叫我们一个个的上去问，我们站在先生的台前，摆着书，读了一遍，先生用手指点着字问，初是顺着点，后来是倒着点，再后才挑问中间的字。好在我读得出认得字，先生叫我坐回书位。同学们有些读得出认不得字，有些连读也读不出。如黎静火，他读了一句"人之初"，下句就读不下了。先生再教他一次，他仍不能熟读。先生又教第二页新书，也和早上一样教法。这样天天上学，一个月很快就过了。我已读完三本幼学，也不再填红字，而印"上大人孔乙己"的字格，我已能抄《三字经》了。一个月内，许多同时启蒙的同学仍然读《三字经》，受先生责罚，打手掌心，跪圣人……幸我每次都背得出，写得出，不致受罚。

这样读了三个月，同学黎静火最是愚蠢，几乎没有读得出认得字，总是受先生处罚。他因而有点怕读书，他情愿退学回家去看牛，上山采草砍柴。我劝他"读书好"，他总不以为然，终于退学归去，我少了一个同学。黎静火退学后，我已开始读《四书》了。

六月时候，放禾假，我自然一样看牛，一样跟母亲、家姐去割禾插田。

父亲母亲已替我说合了亲事，是邻村大竹村姓彭，彭庐先的女儿。听说人也不错，定金要二千钱。

父亲择定九月初八为我担定（定婚），到时姑母也来了，合家都很欢喜。所有的仪物，都是由姑母指示分载各盒。姑母教我每一样仪物拿出一对表示好意，才得各盒分装成担送去。母亲则忙着各种事情。晚饭时候，亲戚故旧都高高兴兴地饮酒，母亲却对我说："今日替你担定，用去三十多千钱，你要勤力读书看牛，帮助你姐做各种事。"家姐年十二岁，已像母亲一样做工。三十多千钱，不知要父亲费尽多少心血，母亲捱尽多少辛苦，才积蓄起来。这样便用去了，无怪母亲心痛。但是父母为着儿子，是很乐意用的，不过母亲借此来教训我，使我警惕，亦一苦心。

我天天上学读书，放学回家则看牛，不敢偷懒。很快就读到"学而先进"。唐先生虽然极严厉管束学生，但我始终没有逃学，而且天天都可以背书默书，所以唐先生很疼爱我，打手掌，罚跪者没有我的份。到了十二月初十，先生说散馆，教我们回去告知父母。我回家照先生所吩咐的告知父亲母亲，父亲听我说完，只说："好，好。"

我虽然读了一年书，所读各本，都能背能读，可是一点也不懂得什么是"人之初，性本善……"的见解。

九岁的时光这样就过去了。父母、家姐依然是一年辛苦，同样是捱饥抵饿。

稍 知 人 事

民国前十年（1902 年）

元旦过后，年宵将完，父亲要我继续读书。我感于父亲的训诫，同时亦已稍知人世。于正月十六日，父亲带我到郑屋祠堂，拜圣人，拜先生，都与启蒙时相同，只先生不是唐先生，而是姓郑。先生名梓材，仅二十余岁，白白净净，严肃则不如唐先生。

《四书》读过，我继续读《孟子》上卷。先生开始教书，第一章是"孟子见梁惠王。王曰：'叟不远千里而来，亦将有以利吾国乎？'……"当时我只跟着先生读，初读时毫不知意义，到后来，始知孟子、梁惠王都是人，是战国时人。

郑先生对学生很随便，不若唐先生之管束严厉。同学写字，常会画公仔，飞纸团，……背不出书，他会提上句，默书错字，也极少打手掌，因而同学对先生不十分怕，读书写字也较随便。听说先生所收的书金，每人每年仅六斗谷，较唐先生少收四斗，怪不得不及唐先生。或者父亲因为这四斗谷关系，才送我到郑先生处读书。

同堂的五叔公，夫妇均已七十多岁，家道贫穷又无儿子，仅养一个螟蛉子名天就。天就叔不务正业，好食懒做，所以五叔公晚年生活很苦。五月时候，五叔公夫妇前后仅隔一月，相继逝世，一无所遗，天就叔连殡葬五叔公的棺木钱也没有，又是连累我家。虽然我家也穷，但无办法时，也要父亲想办法，用了二十多千钱，才把五叔公夫妇殡葬。

由家中到书馆，要经过一条大坑，平时水浅，随时可过。六月间，有一天大雨，我放学回家，行到大坑，水已涨满，当时自己持着能游水，以为有把握渡过，怎知落到水里被湍急水流所冲，立脚不住，遂被冲流数十丈，几乎被水淹死。幸能游两步，才勉强渡过；但全身衣服和书籍，都湿透了。抵家，母亲见我若是情景，即问我因何弄到如此，我将情形告诉她，母亲甚怒。她说："你若是胆大，怎不浸死？"即用竹枝打我，责我赶快除去湿衣，并诫我下次不得如此。我只有认错，向母亲请恕。

因为郑先生不善管教，是年读书，不若在唐先生处之有心得，因而无甚进步。但自己年纪稍长，见识略增，凡事已稍具理性，对于交朋接友，颇知礼貌；对家庭状况亦颇明了。我家因为父母家姐之辛勤，年来禾造亦丰收，所养家畜，又都无意外，真是样样顺利，百般就手，债务早已还清，积蓄渐增，景况渐好，父母皆悦。母亲说："我家明年不忧谷米不足食了。"我与家姐听到非常欢喜，因为家境稍好，过年时，母亲特给我姐弟每人各做新衫一套。

家遭剧变，母亲长别

民国前九年（1903 年）

我先天十分充足，后天又复从幼勤劳，身体发育，因亦加速，虽仅十一岁，而体魄已若十三四岁童子了。年龄渐长，知识渐增，于人情世故，亦颇晓达，每见母亲、家姐终日做苦工，亦同捱稀粥，心颇难过。是以年宵热闹虽如昔，而我高兴心情已低减了。元旦两三天，循假例稍为休息，过此则助母亲、家姐工作，冀稍分辛劳。但到正月十八日，父亲又叫我往邻村叶分泰先生处读书。我每天放学回来，均助母亲、家姐工作。是年读《诗经》，我很勤力，进步甚速，而且叶老先生教书，极有条理，教我比别人快，到了五月，首卷《关关》、二卷《缁衣》，已经读完。

四五月间，瘟疫流行，邻村染疫数人，均病不数日便死去。怎知不幸得很，这瘟疫竟传染我家。五月二十日，我放午学回家，母亲摞草归来，又去菜园锹泥覆盖芋头。我即取锹到菜园帮助母亲。走到菜园，见母亲面色似乎不甚愉快，当我走近时，母亲说头痛，右肋下起一个疠核，十分痛苦，我说："母亲既然如此辛苦，不如回去休息休息。"母亲的确受不住，逼着回家。在平时，母亲有了小小毛病，是不甚注意，依然是带病做工，永不会休息。如三弟出世时，不几天，自己又去做工。那次竟要休息，自然是厉害。我跟母亲回家，刚到家里，母亲即倒在床上呻吟，我姐弟大为惊恐，手足失措。此时父亲不在家，我们更为焦急，家姐立刻去追父亲，我毫无主意，满面愁容，站在床前，呆看着母亲在痛苦呻吟。不久父亲归来了，即替母亲看脉。母亲的确病重，父亲亦悲愁万状，立刻开药单叫家姐赶去购药。可是母亲食了药，仍然不见功效，终夜呻吟。父亲、家姐和我均守在床前。我坐到深夜，十分疲倦，不知何时已熟睡了。早上醒来，母亲病状更厉害，父亲束手无策，不知谁去报知，姑母亦赶到。她对父亲说，母亲已怀孕九个月，可否用药催生？父亲听后，即着人再请医生商量，开催生药给母亲食。到晚，母亲产下一小孩，惟到地已气绝。母亲病中分娩，病更沉重，父亲及姑母忧心如焚，家姐及我极为颓丧。二十二日晨，母病更甚，父亲及姑母均谓无办法，只守在床前，说话已带泣声。到午后，母亲叫我姐弟们齐到床前。她含泪伸手向我们抚摸，并说："我的病不能好了，但你们这样细，我怎能放心，你们要听话……"我们听到此语，已泪如泉涌。母亲仅说此数语，叹了数声，便长辞人世了！时母亲年仅三十四岁。我姐弟数人，放声号哭："阿嫂！阿嫂！"父亲及姑母亦大恸，看着我们，更为悲号，真是全屋悲声，惨不忍闻，此情此景，今犹在目。执笔至此，心如刀割，酸泪复涌。

当时我家毫无余钱，只两年来积有几担谷麦，父亲、姑母商量，只得叫天华、天良叔雇人挑往圩场去粜，换得钱即买备棺木等项回来。外婆及其家人均来，虽然悲痛哭泣，但不量力，不为我家设想，吵着要替母亲做什甚大斋，什么超度死者。父亲、姑母均谓无钱，外婆不悦。而当时瘟疫流行，乡间迷信，染疫死亡者均不许做斋张扬，因而免去。母亲究死于疫抑死于病中分娩，至今我仍怀疑。二十三日午，父亲、姑母指点殓殡事宜，各种均由天华叔等办理。入殓时，父亲、姑母甚为悲切，而我姐弟见母亲已在棺木里，当棺盖上加钉时，便放声大哭，惨切欲绝，可谓生离死别，过这一分钟后，便永不能再看见母亲的面了！母亲出殡时，我捧神主，家姐先行放纸钱，二弟担幡，三弟则由别人背着，匍匐哀号，送母亲遗体至坟地安葬。归时已暮霭四合，四野人静，惟夏虫唧唧，如泣如诉，情更凄切。抵家时，父亲、姑母仍相对悲叹，唉唉之声不绝。我们见此悲惨情景，且睹物思人，又复悲泣。

事过数日，各人稍安，姑母云须返家。那时三弟仅五岁，以无人料理，暂由姑母抱去抚养。我照常上学，家中各事，全由家姐主持。家姐年仅十四，而任母亲所做工作，亦云苦矣。

是年亢旱，早造失收，晚造亦无所获，我家既失慈母，复值天灾，情状之惨，不言可知矣。家姐两造辛苦，又无收获，中夜每自悲苦，然而，我家苦况实不过正在开始。

自母亲去世后，父亲日夜困守家中，如工作须离家稍远，均不愿往。父亲已不如当年的风采了。十月收割完毕，各亲戚均劝父亲续娶，俾可处理后事，照顾孩童。父亲接纳了各亲戚朋友劝告，睇合大茜村黄氏。此时我家因母亲变故，余资用尽，又值天灾，谷食无多，续娶之资，筹措匪易，父亲逼得又将祖父遗下一亩田典当给人，得钱三十五千，即以之为续娶之资。十一月初三日，黄氏继母来家，家中百事，便由家姐移归继母处理，三弟亦由姑母家回来。居处一月，相安无事，而后，我姐弟却慢慢地吃起苦头来了。

后母虐待前儿，为乡间俗谚，亦家庭悲惨事。黄氏继母，到家一月，迥异母亲。理家做工，既不若母亲之辛勤；对我姐弟，更无丝毫关切，甚至视若路人。无理责骂，固属常事，稍不如意，则加毒打。或强迫繁重奴役，或时不与食。二、三两弟，虽属幼孩，亦无幸免。年长如家姐，亦惟泣饮忍受。我素性顽强，继母对我，有理则受，无理则反抗，继母更为忿怒，但亦无可奈何。父亲处此境地，也有悔恨之心，对子女虽有骨肉之亲，而继母凶恶，为家中安宁计，亦无可如何。

姐弟四人，一人受打，均相含泪，家姐及我，又时对泣，当时惨况，无谁可诉，仅能追忆亡母，怨艾其舍离我们过早。那时母亲去世，已将七月。继母不良，过年时自非昔比。

自学与失学

民国前八年（1904 年）

我既家遭变故，复受继母虐待，生趣索然，虽年宵亦不能使我高兴。家道艰困情形虽日以为甚，父亲仍拟送我继续求学，多读一年书，多认几个字。而继母存心不良，屡加反对，谓家穷至如此，何来书金？父亲因之又复迟疑，我则愤火中烧，怨恨继母，然亦无可奈何。但我求学心切，遂不理继母反对，于正月二十一日，暗自禀知父亲，径往门口叶姓家馆上学。叶屋所请先生乃不第童生姓陈名尔谦，有半秀才之名。陈先生向教大馆，此次在叶姓书馆，亦分甲乙两班。甲班学生皆属年长已读书十年者，彼等是开解作文；乙班学生全为蒙童，仅教读写字而已。那时我年仅十二，只入学三年，故仍在乙班。我所读之《诗经》，尚余文王半卷未完，先生接续依次教去。

读书三年，先生如是教，我则如是读，读而背，背而默，既不涉及字义，亦不讲述词理。间有以字义问诸先生，先生则答以"尚未开解"。我惟死记字形，暗自摸索，有时书句浅白，则可一知半解，然亦妄自揣测耳！我的邻座同学为甲班学生，先生教完乙班则转甲班。其对甲班教法不同，稍读一两次，便释字义讲句解。同学不独背书、默书，更要复讲。当先生讲解时，我亦静听，听其所读所讲，均属我两年来曾经读过的书，其解虽不甚了了，但亦略有领会，甚有兴味。其后我见先生之书面写有"四书备旨"四字，我犹记得当先生讲"子曰：学而时习之不亦乐乎"时，先生一面讲，学生一面注，其注解为："子，孔夫子，曰，话也，学而时习之，时时温习无间断其功……"我自偷听先生讲书之后，心甚欢喜，每日除自己应读的书外，必偷听讲书，及同学复书，日日如此并无间断，甚有进益。

阳春过去，炎夏到来，存谷已食完，新谷未登场，正是所谓"青黄不接"之时。当此时期，穷家或典当衣物，或高利借贷，甚至卖儿鬻女，换钱籴米，情实凄惨。我家虽未至鬻儿卖女地步，而我读书事已为继母所卖了。因为去年亢旱，谷米腾贵，母死再娶，家中存谷已罄，继母对父亲说："家中食完谷米，还要等一个月始有禾割，倒不如叫虾毛仔退学，与大妹同去山揬草换米。"当时我非常愤恨她，但也不敢怎样说，惟希望父亲不允诺。怎知父亲毫无主意，终于给继母说服，他即往见先生，说因家贫，要我回家做工，不能继续读书，因而来请退学，请先生见恕。从此之后，我便长辞书馆之门了。辍读之后，我只好日与家姐替山大王剃头（俗语去山割草）。有时忆及母亲，姐弟则在山上对泣，辛酸苦楚，莫此为极。收割完了，亦复如是，而继母则优游家中，终日闲荡，比诸母亲刻苦辛劳，诚有天渊之别。然而天生磨折，夫复何言！

八月间，有一天，父亲的朋友罗君来家闲谈。他说：日本鬼子欺凌我国，我国出兵与战，带兵官刘义（即刘永福），非常勇武，杀了不少日本鬼。听说刘义曾打败番鬼（当时乡人称外人为番鬼），又说打台湾，打日本，绘影绘声，说得极为动听。我当时听得津津有味，甚为钦仰这位刘义先生的英勇。却又自恨年幼，不能学刘义。这个故事给我的印象甚深，对我后来从事军业活动影响亦大。

下造收割完毕后，罗镜圩时有戏做，我每经工作做完，就常往看戏。当时所演多为三国故事。赵子龙一身是胆，他的威武使我甚为向往，因此后来我常看《三国志》。

捱苦愈多，心情愈变倔强，我因发育迅速，体格极为壮健，遇事不畏，俨然一野蛮童子。十二月初，族人因打官司，县差时来骚扰，说要捉人，抄家。他们每到则索差钱，捉鸡劏猪，有若土匪。此事不知怎的竟波及我家。一天，县差到来，竟欲捉我家的猪鸡，当时继母噤若寒蝉，不敢出声，平日吆喝我姐弟的威风已不知何处去矣。我愤县差之骚扰，复不忍己之牲畜被夺，因而起与争持，以石头掷击县差。该县差恼羞成怒，说拉，说绑，说捉，我则毫无所惧，他就将我家的鸡猪放还，旋即离去，后亦无事。一经此之后，我心愈横，胆亦愈大，但揬草耕作，仍不稍懈怠。盖家庭贫穷，年关在即，不辛勤无以换钱度岁也。

习艺与学医

民国前七年（1905 年）

　　继母不良，年宵自然冷淡，但我总算度过十二岁的悲苦日子，而踏进十三岁新生活了。年龄渐长，入世亦即渐深，见家庭若是艰难，继母又复不良，辄自沉思，神态忽忽。父亲自娶继母后为其蛊惑，对我姐弟已不若往昔之亲痛，但亦慈心未泯，每当继母他出，即对我姐弟婉言慰勉。我性本倔强，遇事不屈，年来受继母之压迫，倔强之性更为旺盛。幸父亲时加慰勉，不致日趋乖戾，反而立了志气，竖起脊骨学做人。当时听人说，有"少壮不努力，老大徒伤悲；将来竹老难屈"之语，使我更为觉醒。但朝夕苦思，亦无做人之法，心甚郁闷。新年初二、初三，春耕已至，自思不如学犁田耙田，遂对父亲说："我已长大，现值年宵得暇，不如教我犁田耙田，省得春耕雇请工人。"父亲听后，非常欢喜，即着我托犁到田间去。父亲教我如何把定犁，如何摆开泥土，并关照不可太深或太浅，提防犁伤牛脚……。教了三五工，已可操纵如意，父亲赞我精明，使我真是喜出望外。不上半月，我家两担种田，已由我全数犁好。继母见我如是能干，对我似亦稍好，不若往年之歧视矣。时达锴弟已十岁，性较我钝，而干看牛去山，及其他零碎工作，亦可帮做。犁田之后，我与家姐继以种地，搭田基，下秧。直到二月末旬，又赶速插田，终日辛劳赶做，而继母则终日闲坐家中，优游无所事，故其为人，终使我愤恨；邻人及各父兄，亦看不过眼，均说其不是。到插田工作紧张那几天，她始稍微帮忙。

　　插田过后，耘田未到，乡间习惯，月余劳苦，例稍休息两天。但我心正奋发，休息反觉无聊，当时甚愿学得一艺，而又可兼雇耕种。偶而想及父亲的裁缝，遂决心随父亲学习，即对父亲说："我家如是穷困，终日辛苦，亦不得一饱，不如随父亲学裁缝，既可帮助父亲，亦可稍补家中米饭不足。春耕来时，又可在家帮助耕作。"父亲听了，甚为愉快，立予赞同。此后我又多一手艺矣。

三月中旬，父亲得缝衣工作，携衣料回来。父亲先教我直缝，后来教我其他工作，不及半月已可上手，父亲甚慰，勉励我说："虾毛！我幼时学裁缝，两年始出师，今你仅学了二十天，就能上手，实属难得。如此看来，我家过了一年之后，不忧米饭矣。"当时我答父亲说："手眼功夫，容易耳，有何难学之处！"父亲微笑。然而在学习缝事当中，我又值一愤恨的事。

四月初，邻村豪劣叶某，请我父子到其家中缝衣。叶某素与父亲相善，父亲见其邀请，自然欢喜，即携我同往。做了两个月，毫不间断，共有一百二十工，当时每日工资六十钱，总计可得工资七千二百钱。我正满心欢喜，怎知到清算工资时，他对父亲说："你孩子系初学缝工，本应不发工钱，不过体恤你家穷苦，你孩子每日则支工钱二十文。"父亲说："我儿子做工，或者比较慢，但我每日均多做两点钟，代我儿子赶工，今缝了三四十件衣服，照件数计，亦须缝一百二十工始能做成，任何人亦是如此做法，请你给足！"怎知叶某不仁，不独不肯给足，反而诸多责骂，说父亲不知足。在豪劣势力压迫之下，却也只得忍气吞声，唯誓不与其来往而已。

六月收割时，我照常做田工。收割完毕，则不用去山摞草，日随父亲帮人家缝衣，不至在家常受继母之气。而家姐及二弟、三弟却依然在家苦做，且常受继母责骂。父亲有时带着我去学医牛，教我诊断牛的病症，分别各种草药。我这样随父亲工作至年底，缝衣已能熟练，医牛亦可用药了。十三岁的日子较易过，我家虽然仍欠人债，但不久就渐渐清还。谷米一项，可渡过难关矣。

独 立 生 活

民国前六年（1906 年）

新年时，所有年宵一切玩习，我俱不近，同年的童子均笑我似大人。诚然，因为家境不好，又受多年磨折，自己要担当家庭责任，对于无谓的孩童玩习，自不感到兴趣。当时，我的确全脱孩子气而具大人神态。当他们笑我似大人时，我则答说："我家贫穷，难像诸位。"仅到年初三，我已替人缝衣了。姐弟年纪渐长，均可做田工，即三弟朝锴，亦可看牛铡草皮。到正月末旬，与家姐带着两弟，赶做春耕，工作勤快，不久就将田插完。

我的缝衣手艺已算出师，到三月，可自己单独替人缝衣，当时不独自己欢喜，父亲也非常满意。那时缝工起价，待饭也有八十钱一工。父亲自我裁缝出师之后，所有人来雇请缝工，父亲均教我去。他则专替人家看脉，及做地理师，有时替人医牛。我帮人家缝衣，三个月已得工资六七千钱，父亲看脉等利事，又有十余千，即将债务还清，家中又算渐入佳境了。六月，我和家姐合力收割耕插，做完之后，又与父亲分途缝衣看脉。除了继母之外，全家人差不多都没有停歇过合力与生活搏斗。八月初二日，达锴二弟之定婚费用，均是父亲及自己积蓄下来的工资。

继母心虽狠恶，但她自过我家以来并无生养，且我姐弟陆续长大，家姐任田工，我复能缝衣，家中事务大部归我姐弟处理，无须依赖于继母。我以自己既能独立生活，对继母之无理取闹，更不甘屈服和让步。遇有虐待幼弟，我必挺身反抗，继母至此亦无可奈何。父亲见我姐弟均勤敏，不独不偏袒继母，疼爱我姐弟一若往昔。从此，继母即稍敛其狠毒气焰，对我姐弟，不若往昔之肆意摧残了。

　　秋收完后，父亲依然看脉与做其他事业，我则管理家务，凡事独当一面，除了有时随父亲为人医牛外，终日都是替人缝衣，直至十二月底，始回家整理一年来数目。是年收入较往年增多两倍，父子缝衣工钱，共进三十多千；看脉、医牛、地理等利事约三十千；所养猪鸡，卖得二十余千；添补农具，购买肥田料及家中杂支等项，用去二十余千；再除偿还高利贷债务及赎回父亲娶继母时典去的田之外，余下的钱，则为达锴二弟定婚用去。至于耕种收获，那年时年虽属平常，但除去食用外，仍存有谷麦十余担，可以勉强维持至翌年交接。即使翌年饥荒，亦不忧乏谷米了，眼见当时情况如此，我心中十分欢喜，即把各项收支一一登记列清，直至夜深将数目弄清楚交给父亲过目之后，才算完了我一年管家的责任。父亲看过数目，满面笑颜。他见我姐弟成长勤勉，家事顺遂，稍有余蓄，怎不欢心乐意？我高兴万分，时已近三更，即请父亲早睡，自己将各物收拾之后，亦就寝，可谓欢心乐意过新年了。

家 姐 出 阁

民国前五年（1907年）

因受家道困迫与继母压逼所刺激，使我努力学做人。十四岁的好景报酬，不独使父亲欢快，自己也惊奇起自己的能力来了。年关过后，自己盘算，十四岁已能如是，十五岁当可使自己家境青云直上。为生活的雄心所驱使，我更决心努力工作，发奋做人。

我的裁缝业艺，自父亲教我之后，已有两年实习，我又留心从事，当时虽仅十五岁，却已成为一个熟练的裁缝工人。不独工作精良，而且工作效率极快。邻村乡人闻名均争相雇请，大有应接不暇之势。当时我除了上门造论工计算的缝衣工作之外，还接有不少估件的衣服。为着生意，亦即为着工资，自己不得不白天上门，夜晚回家赶工，可说是忙苦极了。在工作忙迫时候，自己每想找一个助手。因为自己想起父亲当日教自己裁缝时，不及一月，就能上手，这样容易的工作，我就想收徒弟做师傅了。自己心里打算，请一个徒弟，教会之后，可以帮着缝衣；在收割紧张时，也可帮做田工，实属上算。遂即与父亲商量收取徒弟，父亲甚为赞成，而且允诺由我自己意思选择，我即选得邻村黄火仔。他是我幼时玩水玩泥沙的好朋友，当时订明两年出师，未出师前每年支工资十千钱，平时空暇及春天工作忙时，则帮助耕种。我居然也做起师傅来了！

至于我之兽医学识，也因我之经验而增加，所用草药，有时不泥于父亲所授之药方，每因牛之病状而增减转换，大有青出于蓝之势，凡经我医治的病牛均十愈其九。因此，我也成为缝工而兼兽医师，收入更多了。

未到一月，黄火仔已可随我上门缝衣，做完了三月春耕，我即带徒弟上门替人家缝衣。那时人去口去，家中既可省去两人米饭，又可得缝衣工钱，真是一举而两得了。做到五月底，停工回来赶做收割工作，计这三个月收入，比往年增加了许多，两人一月的工资，就有四千八百钱，三个月内合得工资一十四千之多。医牛一项，也得利事五六千，这样巨量的收入，怎不欢喜哩！

六月割插完工，秋天将到，父亲说家姐到八月行聘礼。但那时距聘礼日子还有一个月，我想不如带徒弟再上门帮人缝衣，多做一个月就可多得四五千钱人工，然后再回来替家姐办理报聘物品，亦未为迟，遂再携徒弟上门。

光阴荏苒，日月如梭，瞬间已到八月，我即携徒弟返家办理家姐报聘事宜。当时我曾告诉父亲说："我带着徒弟上门缝衣，及医牛等项收入，已有二十多千，家姐聘礼及将来过门，不忧无钱买物。"父亲听后微笑。他说："如此，即开购物单交你办理。"我即请父亲开出应购物品，父亲开好购物单，即照所列购买齐备。

八月十二日，是家姐报聘日子，各亲戚故旧都到来，家姐在这天不做工，总是畏羞地藏着，怕亲戚故旧取笑。男家来了聘礼，礼金二十千钱，酒水（各种节仪统称）十千，即以之开支是日酒食及各项杂支，所剩无几了。

报聘之后，家姐仍然照旧去山採草，处理家务，勤谨一若往昔。家姐出嫁的日子快到，但对于嫁妆的筹备，却还成问题。普通人家嫁女，必先于一年或半年前预备妆奁。而家姐之嫁期，仅距三月。嫁女贴本（乡间嫁女无论穷富，妆奁费必超过礼金，甚至典当借贷，故称赔本）。固属必然，但继母不良，对家姐出嫁事毫不关切，是以筹备嫁妆就颇成问题了。但我终不仰赖继母，将自己积蓄的工资，为家姐定购各种嫁妆物品，并购备衣服布料。因为赶办家姐嫁妆，我不能离开家中，只能终日与徒弟在家赶做，到十月初将近收割时，才将各物赶齐。我家本非富有，家姐妆奁，自然不及有钱人的阔绰，但亦备办了大小衣服三四十件，比普通人家嫁女也算不少了。如是备办继母心中虽然嫉妒，但亦无可奈何。赶完了家姐嫁妆，秋收已到，遂和家姐合力收割。

十二月初三，是家姐出嫁日子。临出嫁前两天，姑母及外婆处均有人来。家姐躲在房里只是哭，声甚悲切。我忙着办理各种事情，有时听到家姐的哭声，心亦悲痛，细想与家姐从幼到大，同出同归，终日勤劳，十余年来如一日。自母亲去世后，继母不良，又同受摧残。家姐含莘茹苦照料我兄弟，于我更时加慰勉，亲痛之情，有若亲母之再世，目下将别，怎不叫我心酸泪涌哩。出阁那天，家姐号哭更苦，她挣扎着不肯上轿，她不愿离开住惯了的家庭，更不愿离开相处十多年的三个弟弟。当时，我兄弟也跟着号哭，所谓生离死别，其痛切情形，正如当年母亲逝世时候一样。家姐虽非死别，但是生离则更令人心伤。兼以继母不良，家姐去后，家中少人照顾，两弟年幼，怎不使我愁虑？

家姐嫁后几天，在家中过日子总是觉得不惯，常有郁郁不欢之感，至于对各种工作亦不甚起劲去做。时已年近岁晚，各家均忙于准备过年，邻村许多人请我去缝衣，为人情为工作，亦只得仍带徒弟上门。工作时却仍时时惦记家中细弟，不时幻想继母会乘我不在时虐待幼弟。因此每晚归家，必静察家中情形，抚慰两弟。均幸多日并无事故发生，心始稍安。到年二十九，结束工作回家，购买年货，团年后复计算一年数目，各项收入均已足敷家姐出阁备办妆奁及酒席之费；耕种收获亦丰。父亲见我所列数目，收入有了增多，十分欢快。

从军与娶妻

民国前四年（1908 年）

　　家姐出阁，我如失珍宝，即新年之兴会，亦无法改变我郁闷心情。元旦循例，于拜神之后，亦不出外探访戚友，闷处家中，亦只能作无聊之沉想了。自家姐嫁后，因家中管理乏人，一切大小事务，今非昔比，继母不良如故，亦不以家姐之嫁去稍习勤劳，依然坐食山空，视我家若非其家，毫不关切。父亲年将半百，两弟亦复年幼，二弟需上学，不能助工作，三弟仅能看牛，家中事务，惟自己一人独当。每思及此，心痛如割，然亦无可化解。然事已至此，谁教自己生为长男，惟有咬着牙根，拼命做去。因此，在年初二即又带着徒弟上门为人缝衣。

　　正月初八，家姐满月回门，我停工归来，姐弟隔别虽仅一月，然以骨肉情切，便有若隔世重逢之感。家姐归宁时，我趋前迎接，姐弟相见，均有说不出之快慰。家姐入门，见过父亲、继母及各叔婶，即抱三弟备加抚慰。其他各人，亦均围绕家姐，问长问短，我则忙于备办饭餐，招待家姐。家姐现已非家人而为客人矣。家姐回来，仅住六日，又欲回转夫家。乡间习惯，新嫁回门，女家须包粽做糍……送其回去，所以在此六日中，我又忙着备办各种仪物。到十四日，吃了早饭，家姐要回去，别后新聚，又复分离，亦实使人难过。当回门各物均已装备促行时，家姐即哽咽不成声，两弟亦告同泣，我虽酸泪夺眶，但以家姐终必归去，只得又复倒吞酸泪，请其遇有空闲即回家探视，家姐亦忍泪抚慰两弟，到门外犹依依不舍。我送家姐至村外，家姐不许我远送，才含泪分手。我停立目送，犹见家姐频频回头，我一直到望不见她后才回家。翌日，我照常带领徒弟上门缝衣，到二月初，才回家赶做春耕。

两年来上门缝衣，或到罗镜，常常听到别人谈古论今，而说得最多的，是刘义打番鬼，法兰西占安南，日本矮鬼吞我台湾、高丽故事，谈论者又大肆抨击满清政府如何腐败，带兵官不打仗，自己的兵船和日本兵船见面便逃之夭夭，甚至不打而自沉兵船；西太后临难逃走，割地赔款，和人家订了许多不平等条约……人家讲时，我总是静静听着不愿离去。听过之后，心必愤恨，恨满清腐败，恨带兵官无用，恨吴三桂卖国事仇，恨日本仔强横无理。

春耕完毕，照例休息两天。有一日，我到罗镜圩买物，见许多人围看一张告示，说是招考征兵，我亦逼近去看。看过之后，自己意想投考，遂与邻村两三知心朋友商量。友辈中，有同意亦有反对的，自己因亦犹豫不决。回家后，欲禀知父亲，又不敢开口。日夜思想，仍是徘徊两可之间。后来，想想家庭情形，想想征兵前途，想想高丽人的惨状，想想刘义的英勇。理想的美满前程，使我不甘于当时的艰困生活。又思若不及时痛下决心，必定坐失时机，误了自己前程。因之遂立定主意，候机商请父亲同意。

有一晚，父亲在家十分高兴，我即对父亲说："家中如是艰难，两年来苦做，仅可糊口，长此下去，也不过如此，绝难求得发达……。清朝腐败，屡屡打败仗，赔款割地者已不止几十次，将来难保不会割去我们罗镜。我想去投军，将来或者有发达时日。现在政府在招考征兵，听说是操洋枪，将来可以做带兵官……。"父亲听了我这番断续的话，大不赞成。他只慰勉我说："你有如此志气，虽然很好，但你当大，一家数口均系望你担当，你去投军，谁来带养两个幼弟？谁来管理家事？而且我年将半百，早晚说不定要……；万一家内发生变故，谁来替你照顾家内？你要三思才好。"我听了父亲这一大堆伤心话，投军决心又已立下，真是徬徨无主，不知所从了。细想父亲的话，虽亦合理，父老弟幼，继母不良，固是离家困难，但投军打仗，做带兵官，自己的前程却更要紧。当时不敢逆父意，只闷在家里，没有上门缝衣，终日看《三国志》，赵、关、张之英勇，使我非常乐意，曹操之奸诈，使我非常愤恨。看至曹操败走华容道时，甚惜关公之不杀曹操。

投军事情，再经过一两日盘算，为将来美好前程所吸引，我又充满雄心，决意不顾一切投考征兵。三月十三日是报名日期，为避免父亲的梗阻，到十二日，我对父亲推说往探家姐（家姐家在罗镜圩背），遂往罗镜圩暗自报名。到二十日考试时，我又托故前往应考。我身强力壮，一考起来自是样样及格，揭晓时竟名列第三，心中暗喜，回家并不说，依旧勤谨做工。父亲虽怀疑我去投考，但也不十分敢相信，见我勤谨，也不介意。不几天，招兵员布告，取录征兵，限四月一日集中罗镜往省城。当时我心绪十分纷乱，如何安慰父亲，如何处置家事？终于决定暂不使父亲知道。到三月二十九日晚，自己暗中写好一封信，大意是说家中困穷，不得不去投军，请父亲安心携带两弟，不要挂念……。当时，自己十分悲切，几乎要哭起来，但恐怕父亲知道，只得忍泪慢慢将信写好，写成之后，即将所存金钱及物品都偷偷地连信放入父亲衣柜。到第二天，又暗对两弟推说去探望家姐，十日内可回，就这样偷偷地离开家走了。离家时，虽然有无限悲痛，为前途，亦只有硬着心肠。

四月二日晨，一大群人排列成行，离开罗镜向罗定州（当时系知州）出发。大家均有依恋故乡之情，可是在说说笑笑转谈到未来的光荣前程之后，也就心安理得了。到罗定，即下篷船，翌日离罗。在篷船内，大家谈谈家中情形，省城情景，有时到船旁看看岸上风景。四日午，远远地见着一座塔屹立在岸边，大家都说已到南江口了。一条比南江阔几倍的西江，横流东下，我到此，胸襟不禁为之一开。船刚停定，我的姐丈及表哥已在岸上出现了，见着他们两位，知道必是父亲派来追自己回家的，知道投军不成了。姐丈、表哥的神态甚为悲苦。他们两人见了我便说："炳南！你因何要如此，你怎能如此，忍心抛开你父亲及幼弟跑出来，你真的不顾你的家，真要让你两个幼弟饿死吗？"但我仍不愿回去，我说："姐丈，表哥，我家如此艰苦，不投军，怎有前途？在年轻时候，不去跑几年，到年纪大了，恐无希望。还是请你们两位回去告诉父亲，我不回去，请他不必挂念。"他们又说我父叮嘱，无论如何要带我回去。说时，他们将父亲的亲笔信取出，我即拆看，看到其中最悲惨的两句："儿若不回，则家散人亡了！"使我不得不心软了。当时，表兄、姐丈又说："当你离罗镜时，父亲知道，几乎要自寻短见，幸各邻人及叔侄诸多劝慰，然后才着我们两人立刻追来。他叮嘱到州不见，追到江口，到江口不见，追到省城，无论如何，要追到你回去为止。"姐丈、表哥如此说，父亲的信又如此写，心里非常纷乱：回去不回去呢？一时委决不下。回去，则恐征兵员不准，不回去又怕父亲难过。姐丈、表哥在旁催促，只得将父亲来信送给征兵员看。征兵员——黄寿山先生，人极平和，看见我呈上的信及来追的人，问我几句，不说准也不说不准。同来的征兵，许多是相识的，均合口同声对我说："你未得家长同意，就是做事，亦不安心，不如请黄先生准你回去。"我此时的确毫无主意，失神地在岸上徘徊着，看着滚滚的流水，总不出声。大约有两点钟之久，黄先生派人叫我进去，很客气地对我说："你父亲既然必要追你回去，你不如回去把家事安置妥当，待第二期征兵再来。"这一来，我的命运决定了，即叩谢黄先生出来，姐丈、表哥知道准我回去，均欢天喜地，我则依然默默无语，随姐丈、表哥返家。三人行路到四月七日抵达，父亲见我回来，十分欢喜，即着我劏鸡还神。我将经过情形禀告父亲，父亲无怨言，反而安慰我。他说："你当大，要理家，而且年纪轻，怎能放心你去。"我惟唯唯。

　　经过这一场风波之后，不数日，我又复理旧业了，但心中仍牢存着投军的念头。父亲因为恐怕我离家投军，就想尽了方法想来打消我的投军意念。他决定要替我娶亲，以为我娶了妻室之后，就可以使我不生远念，困在家内。五月底回家收割时，有一天晚上，父亲很慈和地对我说："你今年十六岁，年纪已不小了。你继母又不中用，我与你又常常离家外出，你两弟年幼不懂事，家内若无一个妇人管理，是不甚方便的。因此，我决意替你娶亲，已择定八月十六日为你行聘，九月初八日成婚。"我听了这番话后就说："如此紧逼，家中百无准备，各种费用从何出处？"父亲说：

"你不要担忧，我已想好了方法。你的工钱已存有四五十千，我决定起一个四千钱的义会，邀二十五份，就有一百千钱，预算百四五十千钱，就可替你做完这场婚事了。现在我已邀好会友，过几天请饮开首会，以后六月、十月收割后开会，我家做会首。要加二供会，每季供四千八百钱，十二年就可本脱利脱，一齐供完了。"父亲说后，我只有默许，其实也无话可答。到收割完竣，即照父亲意思，邀开首会，得到会钱，便备办各种木器仪物。

父亲说过为我成婚之后，我便屡欲一见未婚妻之面。未婚妻家离我家有四里，迭次求媒人约定地点，而媒人却推说我未婚妻不允，终不得事前一晤（当时乡间习俗，未过门女子要趋避未婚夫，即使夫家亲属亦避面不见，生拉强合的盲婚，就此不知葬送了多少青年男女的幸福）。当时也无可奈何。行聘期近，先通知姑母及家姐，请其早来备办聘礼。过了中秋节，八月十六日清早，姑母、家姐已到，关于应行应备的各种事宜，我均谦虚地请姑母、家姐代办。聘礼过后，距婚期尚有二十二日，虽有姑母、家姐在旁帮忙，但姑母、家姐究竟是出嫁女，必须归去，不能样样为我安排，两弟年幼，不能得当各种事务，结果样样事情只有我自己一人担当，其苦可想而知矣。

九月初七开厨，姑母、家姐先到来，随后各亲戚亦陆续到来，房屋本来就狭小，突然增加了这许多人客，真是地无立锥了。吹打手在吹唱，人客在嘈吵，自己则走东走西，忙这样忙那样。父亲为我预备的房间，门高不及五尺，俨然一土窑，当时就使我想起平贵回窑的情景，尤属兴趣。是晚忙至半夜，各事始行备齐。到初八早，打发新轿去后，稍微安静一点。到黄昏时候，新妇将归，又复热闹了。姑母、家姐促我准备迎接新人。当新娘到家，我穿起一件蓝布长衫，遵从姑母、家姐的指示，循俗例由门外接了进来。当时，亲戚叔姊均向我取笑，谓我行礼简单。在他们的笑声中，我也只好笑着回答："如果是我做主，怕你们酒也不得一杯饮。我可直到她家里把她带回来，事情简单，不用如此麻烦，不要诸位劳神。"当时，可说是最高兴也是最辛苦的时候。新妇入门以后，各女戚均拥去看她，我自己则抽身出来办理事情。入夜，又是洞房闹新房，取笑的话更多，你一言我一语，实大有使人应接不暇之概，直闹至四更时分才得略微安静一点。

人说娶妻安乐，我则适得其反，筹备数月，紧忙数日，均由自己一人担当，有何安乐可言？幸我妻为人尚称贤慧，婚事完后，又要收割，她颇勤敏，竭力以赴。虽属新妇，家内各事均自寻头路处理，稍微使我安慰。收割完后，嘱妻料理家中未完工作，便又上门为人缝衣。转瞬间，不觉又是一年时光了。

兼做小商人

民国前三年（1909 年）

娶过妻室，总算是成家立业了，继母再也不敢对我无理取闹，却转移目标于新归之吾妻。继母向不理事，所有家内大小事务自然属诸吾妻。惟吾妻新娶，各种事务不甚熟手，虽勤慎将事，终不能尽如继母之意。继母于吾妻，不惬意处，初尚仅现诸色，稍久，则诸多责骂，喋喋不休，使人难忍。吾妻以新为人妇，唯有忍气吞声，暗自饮泣。归后三月，继母之责骂有加无已，吾妻至此忍无可忍，对外略出怨言，我为宁息家庭计，惟抑制吾妻，善言化解。当时我说："继母虽蛮横，但并无生养，家事终需我们料理。家姐未嫁时，我与家姐合力管理，我姐弟何尝不受继母磨折？家姐嫁后，则由我独力支持，而今你回来，家事自然交你，望你不要因继母而放弃不理，务须隐忍。至于两幼弟，自母亲逝世后，家姐及我已带领五六年，我今常常出门缝衣，望你特别关切……。"吾妻听我劝告，始终隐忍，终日捱饥抵饿去做，虽在新正，亦不使自己有片刻余暇。

年宵期间，缝衣工作甚为繁忙，年初三，我已受雇带同徒弟上门照常工作了。父亲为人看脉，亦无间断。当时自己打算，家内田工，除犁田外，已有妻室独当去做，不用顾虑，自己可以乘机替人家多缝几件衣服，到三月春耕，便可以得一笔钱以备不时之需了。到二月底，师徒两人已有工资八千多钱，即归来赶做春耕。吾妻既凭空多了一对帮手，工作自是进展甚快，三月中旬，耕播已完了。

春耕之后，正值清明扫墓，家姐来探。姐弟对谈，谈及家中事务，家姐对我说:"你终年辛苦,无一日空暇,不如趁清明得闲,到罗镜行数天。"我顺家姐之意,即与家姐同往罗镜。到罗镜后,我即与二三朋友,随便游玩,互说家世。一友对我说:"你如此聪明能干,在乡间做生做死,仅能养家糊口,终不是办法。"我叹说:"我亦想到在乡做活,不会怎样发达,所以我去年才决心投考征兵。可是我父亲不赞成,教姐丈、表哥到南江口追我回来,而今父又替我娶亲,使我又多一重累赘了。"他说:"你自居长,令弟尚幼,你现在要担当家内责任,你父亲当然不许你去投军,就是你自己去也去不安乐。"我听他的话,与我父亲、姐丈、表哥各人当日所说的话正不言而合。我望着他,却并不打断他的话。他继续说:"我以为你最好是做生意。"我说:"我家如此穷苦,谁肯借本钱?"他说:"做生意不一定要大本钱,多少人白手兴家;本钱多的做大的,本钱少的做小的,你自己既会做裁缝,不如在罗镜墟开一间缝衣店,兼做各种杂货,既不用大本钱,又可兼顾耕种。且你父亲会行医,就在店中挂块招牌。一则可兼顾店中事务,再则又免得来来往往上门。"我细想朋友所说,都是关切我的话,所说各件也极有情理。即回家与父亲商量,父亲亦赞同,遂决意开店铺,做小商人。

可是自己的积蓄仅得二十余千钱,买了家私,则不能办货,办了货则不够买家私。想将谷麦粜去,那时正值青黄不接,存谷无多。左思右想,想不出方法。后来与家姐商量,家姐甚喜,借给我二十千。有了这笔钱,我的商店才开成功。既筹足了本钱,即到罗镜墟筹备。先行在墟内租一间小房,雇一位泥水木匠稍微修理一下,布置了一张缝衣台,一张小柜台,一个货架,准备些油盐酱醋咸淡杂货。父亲择定开张日子,多雇一位杂工,写好招牌,到四月初四日,小店铺便开张了。招牌是"昌源号"。自己带徒弟,杂工住在店里。父亲早来晚归。此时正值淡月,生意平常,但缝衣工作,一样不停手。六月收割时,我与徒弟轮流回家帮助收割,吾妻勤而力大,两弟亦已渐大可以帮做。赶完农事,即返店。收割之后,生意较前为旺,我又添几种货物。稍微有点积蓄,即为三弟朝锴定婚,用去四十多千。在秋天三个月内,生意好转,日入渐增,但开销亦较往时为多,赢利有限。所谓乞儿米，有分有数。当时颇恨无大资本。秋收将到，吾妻催添置农具，又不得不费数千钱了。

自"昌源"开张以来，虽稍赚钱，但店中及家内开销亦大，毫无积蓄，手头仍紧，而各亲戚朋友不明内情，以为我已赚了大钱，常来敲竹杠，说赊说借。我虽婉拒谓："手作工夫，不过仅是赚工赚食，我既属穷苦人家，人口又多，何来余钱借给人，接济你？"但是，无智乡人，蛮不讲理的亲朋，借钱如讨债，他竟会说出："你有店铺开，我则无。"此种蛮强的话实在使你笑骂不得。其实自己的店铺，可以说是最下层最辛苦的手工业了，然而乡人亲戚总不原谅，依然纠缠不清，又向父亲啰嗦。父亲乃一忠厚长者，难以为情，示意我借若干给人，有些无借与的，便说："你不借钱，则代我赊一单货或米……"日日如是，不胜其扰，结果为亲戚故旧所累。时我正血气方刚，粗鲁与任性当在不免，每因亲戚乡人之纠缠，常生龃龉，吾妻屡谏，劝我勿开罪于人；当时虽稍从劝告，不几时又故态复萌。此不因我之刚烈，亦亲戚乡人无理纠缠，使人难忍耳。秋收过后，店中生意亦好，及至十二月，年近岁晚，各店催账，自己所代赊欠各账，亲戚乡人均倚赖置之不理，若无其事。往促其清结，则云无钱或请先垫。我虽愤恨，亦无可奈何，逼得代其清结。吾妻说："开店铺既无大钱赚，又要代人结账，你又常常得罪人，如此伤神伤情，不如收盘返家较为合算。"当时年关在即，缝衣工夫既多，生意亦旺，我说："在此紧忙时候，即使真要收盘，也要做到年晚方可。"

年三十日，早上极其热闹，到了下午，各人均已购物归去。人去街静，我亦检齐备办的年货，交吾妻先挑回家，自己即结算一年数目。那年收入略增，而支出亦浩大，亲戚赊欠各货，代垫不少，结果亏去本钱二十余千。一年辛苦，一无所获，反使我不讨好于亲戚乡人，奈何！

团年饭后，检齐账目，留一店伴看店，到二更，始离店返家。即将店内收支情形报告父亲，并说明年须收盘。父亲无甚意见，只说："由你意见。"此时已过三更，吾妻说："明早五点钟要拜天神，时候不早，可睡了。"

复 入 军 籍

民国前二年（1910年）

　　亏本受气，小商人究不易做。我开了一年"昌源"店，损失去二十多千钱，想起一年的辛苦，到头还要亏去血本，此血本不独为自己数年来辛苦所得，亦为家姐十余年血汗积蓄，不免愈想愈气愤，愈想愈心痛。欲继续开张，希冀赚回血本，则必须增添本钱，万一又再亏下去，则更辛苦。如要收盘关门，便须即清街账，自己所有资本，除清还欠账之外，家中便无余钱，也是困难。是以虽当元旦，亦闷闷不乐，暗自打算，真是万分苦恼。吾妻见我郁郁，即说："事已至此，想亦无益，还是说知老爷（指父亲），早日收盘好。"自己既无好办法，只得与父亲商量。父亲亦无甚意思，只教我自己打算。夫妇再三商量，终于决心收盘，结束小商店。决定之后，禀知父亲，到年初四，即往罗镜墟将所存货尾求善价而沽。当我到墟将存货求售时，各人知我收盘，于是债主临门，逼取欠账，不容稍缓，若恐我逃债。而自己贷出各账，则无法收取，人心侥薄如此，心虽愤恨，亦无可如何，惟哑忍而已！不数日，存货零沽，恰偿所欠，即遣散店伴，经营一年之"昌源"店遂告关门。我之小商人生活亦从此结束，永不复干矣。

　　"昌源"收盘后，即返家中，时春耕未到，终日无所事，正觉无聊。做惯了事的我，诚不甘休闲，坐吃山空，固非所愿，亦不是计。且徒弟黄火仔行将出师，再过三月便须离去。自己打算，还是多做些工，多剩些钱，较为上策。遂决意带徒弟上门为人缝衣，恢复当年生活。韶光易逝，转瞬又是三月春耕了。

徒弟黄火仔人颇勤慎，惟天性稍钝，学师两年，手工平平，然亦可独自生活。春耕过后，黄火仔学师两年之期已届，我即取出其应值工钱，对他说："你来学师，帮助我不少。现在你已经出师，可以单独帮人缝衣，此是你今年工钱，带回去可以买家私自己做活。"黄火仔甚为忠厚，他说了不少"多蒙携带""多谢"等谦恭的话才离开我家。此后，我少了一个助手，又少一份入息了。

自母亲逝世后，几年拼命苦做死捱，家境不见得如何好转。虽然自己娶了妻室，家中可以多一个人帮做，但自今黄火仔出师归去，却少了一份工钱，想着以后，不觉心灰。有时对吾妻诉说："两年来，我家六七口人均肯勤作，入息稍丰，但使用亦粗，以至尚无积蓄。去年，以为做生意可以赚些钱，怎知开了昌源店，为亲戚所累，反而亏去血本。而今黄火仔已出师回去，二、三两弟现在读书时候，又不能确实帮做，两夫妇如何捱法？"吾妻知我不欢，遂即慰解。她说："现在家中并不十分艰难，谷米够食，做生意虽然亏本多少，但我们勤力，总可以做工赚回。你早年亦不怕辛苦，如何今日又说出此种话，请你不要灰心，总之大家勤力去做，将来定有好日子过的。"我听到吾妻如是慰解，亦不再多说话，但终不满此种死捱艰辛的生活。那时满清将亡，政治昏乱，已失其统驭能力。盗匪不时出没，革命党人又甚活跃，有统领何仁山，带有一营新军，说是来三罗清乡。我听说有新军来，两年前的投军心情又复勃发，认为时机复至，再不可失。遂即往罗镜墟闲游探听。不两日，新军开到罗镜墟。当入墟时，队伍甚整，个个精神抖抖，使我更为羡慕。适有一朋友与新军十长何生相识，何生欲做衣服，我友即介绍我为其缝衣，工作十余日，与军营中人渐渐相熟。我本蓄意投军，得此机会，不时向营中人探询营中情形，知营中生活远胜家居，投军之心更为坚决。工作将完，即向何十长商请入伍，十长谓入伍不甚容易，彼亦不能做主，须禀知队官，待队官先见过人，如属合格，再寻担保，方得入伍。我恳十长代请诸队官，十长又谓彼等两日后调防船步，此事须到船步方可，如欲投军，不如先随往船步，然后同见队官等语。我听了心甚欢喜，决心随营出发，即赶回家，禀知父亲及告知吾妻，假说船步有人请去赶做嫁妆，翌日即须前往，不敢直说随营。船步距我乡仅三十里，在平时，离家一二十里做工甚为平常，所以父亲及妻室亦不思疑，我即检拾缝衣器具，准备随营往船步，是晚久不成寐，幻想入营生活，心甚愉快。

晨起，带备缝衣器具，告别父亲及妻室，约期回来收割，即赶到罗镜墟，寻到何十长。十长见我到来，知昨非假说，彼亦欢喜，谓必代我报队官，准我入伍。当队伍开往船步时，我即随队伍往罗镜。到达船步，何十长对我说："你入伍事，今晨已报告队官，队官吩咐今日下午带你往见，你可准备。"我闻此话，知目的可达，心极欢慰。惟自己平生未见过官，不知见官要如何，即问何十长，见队官时要怎样？何十长说："你见队官用不着什么准备，若队官问你，你直答可矣。"我听从十长指示，时间已到，十长带我往见。自己为一乡下人，不知营中礼节，当时甚为慌张。而队官周发祥面容态度并不使人难堪，当我行近立定时，彼对我从头至踵看过一遍，即问我姓名，我亦照答。继问我何处人氏，我亦照答。继后又问我因何要入伍从军。我则答："我见当兵生活好，我愿意当兵为国……"队官不再问，只说："好！好！准你入伍，你跟何十长出去。"我遂辞出。翌晨，何十长叫我入营，见面时，十长说："队官说你体力强健，当兵合体格，着我叫你入营。"我即随十长入营而为正式军人了。数年来所具之志愿，到这时方始达到。

满清经几次战败，乃效法外国军队编练所谓新军（与征兵相同），所以新军服装甚为整齐，待遇亦甚优越，军纪训练均效诸外国，其军容精神迥异昔日差勇。当时，新军关系直属于提督李准。入营时，十长叫我填写姓名、三代，保人则写何十长。换过土佬衣服，穿起军装，甚为高兴。下午，随各人到操场出操，十长先教我立正、稍息，又教我举手见礼，鞠躬见礼，彼说那是陆军之室内室外礼节，见官长见同事，均须行礼。我留心记着说话，留心学习动作，每日两操两讲，入营两星期，已操正步及跑步了。十长见我操法容易进步，常加勉励，再过三星期，队官见我精神活泼，操法纯熟，遂升我为正兵；我的月饷，亦由四两二钱，增至四两五钱，比入伍当副兵时增三钱银。那时，除伙食二两外，尚余二两五钱，值大洋三元多，比上门缝衣工钱多一倍，心甚欢喜。我出操格外留心，有一天，何十长对我说："队官想做几套秋天便衣，我说你会做衣服，队官吩咐就叫你缝，你可去做。"此后，我一面出操，一面为队官缝衣，小心谨慎，队官对我更为赏识，入伍仅两月，已升为上等兵，月饷又增多五钱。不几天，队官之衣服已成，队官给我三个大洋，我喜出望外。因为照工资计，两三套便衣，工钱不过一两千，值不到三个大洋，或者队官不明地方工值，照省城工价给与，或者是队官恩赏，但我多了三个大洋，则万分感激了。入营将三月，我以醉心学习，且生活有常，待遇复优，并不如何思家，及见遍地禾熟，船步已开始收禾，始忆及自己投军，乃瞒着父亲妻弟，收割已到，不得不回去一转，免其思疑。先商何十长请假，何十长着呈假单与队官，遂写假单向队官请假四天。队官略为询问即批准。那时，我已存有余饷八个大洋，替队官缝衣，又得三个大洋，合共十一个大洋。假单一批下，我即换过衣服，带着假单及十一个大洋，离营返家。临行时，何十长嘱准期回营销假。

抵家，父亲妻弟见我依期回来，甚为欢喜。我交十个大洋与父亲，交一个大洋给吾妻作零用。父亲见我得如是多钱回来，心甚欢慰。他说："你去不过两个多月，怎有如此多银？"我即以安排好的话回答父亲。我说："我在船步收一个徒弟，每月支他工钱三十文，我又赶夜工，所以存得这么多回来。"父只微笑，虽见我态度有些改变，但见我如是说了，也不深究，不再问三问四。可是吾妻则寻根究底，当我入到房里，她说："你的确有些不同，我不相信你系在船步缝衣，许多人都说你在船步当差，是不是？"我听吾妻如此盘问，恐怕露出马脚，即故作镇定，而且用坚决的说话来答。我说："的确是在船步缝衣，你可以查，勿听人乱说。如果是当差，现在怎能回来？"当时吾妻听到我如是坚决否认，亦不再如何盘问，我想她心里仍是狐疑的。

入营的事，终于为吾妻揭破，而且证实。当我回家之翌日，家中开始割禾，达锴二弟年纪已十五岁，轻重工夫均可帮做。我做了两日，见假期已到，不得不回去销假。我逼得又向父亲推说："船步的工夫，乃系嫁妆，要赶日子，徒弟未能单独工作，我要再去。二弟可帮做收割工作，我去亦不要紧。"父亲无甚言语，但吾妻则大抛浪头，我入房时，她在暗笑。她说："你去，我们亦不去割禾了！"我说："为什么？"她说："你都不要，我割来做什么？"当时，我给吾妻难倒，无话可说。吾妻见我难过，即笑说："你不要恼怒，我并非真不去割禾，玩笑而已。"我说："你为何如此作弄我？"她说："你因何瞒我？你的事，老爷或者不知，而我已完全知道。你的确是入营当差，因何对我不讲实话？"当时我尚欲否认，但见吾妻已如是说，逼得将入伍情形及当兵好处对吾妻细说。吾妻亦不表示反对，只怪我不讲实话。我问吾妻何以知我当兵，是否乱撞。她说："什么乱撞，现今有凭有据，老早我就知道，你未回来时，已有人对我说你在船步当差。你回家时，我即问你，而你总不肯实说，而今我已得证明，再不能瞒我了，你看（她拈着我的假单），这就是证据。"我见着假单，即问："你怎能得到此物？你未读过书，又不识字，怎知道这是我当差的证据，你是否给人看？"她说："我虽然不识字，我昨日在你衫袋摸到这张字儿，与平时数目单不同，我就非常思疑，故此问你。现在你已经说明，我不会泄漏你的事，亦不敢强留你在家，不过，你不对我说实话，我是不服的！"吾妻既知我当差，而且不阻止我入营，较为安心。四日假期已满，即告别父亲，嘱咐吾妻及二弟勤慎计理家事，并约一两个月后即可回家。一场小风波平静度过，我更安心入营。

返营之后，照例销假，照常出操。何十长对我甚好，各事均尽心指导，在休息时，常谈到外界事情。谈到中日战事、日俄战事、义和团等等。谈到所学操法时，他说："现在的操法，是向外国操典学来。"我问："向何国学来？"他说："是向东洋学来，所以叫做东洋操。"我又问："何处是东洋？"他说："东洋即是日本国。"我听说是日本，心就不明白，我说："人家欺凌我国，侵略我国土地，为何还要学人家的操？"十长说："学操是一件事，它侵略我国又是一件事。人家如此操法能打胜仗，我们想强国，就要向人家学。而且皇上（指清室）规定，与我们何干？"我不敢再问，惟有默然，惟有日日勤力出操，专心学习。有时，各官长叫我为其缝衣，入息较前月增两倍。

十月收割又到了，我入营已半年，营中规则均已明了，虽当收割，亦不敢再请假。可是父亲来函说有病，要我回去，我接信时心甚焦急，逼得将原信呈上队官，恳求请假。幸队官对我好，准假两天。准假之后，即带所存十三个大洋回家。父亲的病不甚要紧，他已知我入营当差，但不若从前之固执反对，见我回来，而且有十三个大洋，亦甚欢喜。吾妻及两弟询问营中情形，我则大略答说，与吾妻及两弟割了一日禾，十分高兴。但仅一日，我又须离家回营了。

十一月，在营接父亲来信，谓吾妻已分娩，产得一女，嘱我最好回家一次。当时自己想，请假太多不好，而且回家亦无事。遂复信与父亲，说现在不回去，到十二月底必回家一行。怎知到了十二月中旬，何统领被撤职消息已在营中遍传，大家都探问究因何事，但谁也不知何统领究因何事被撤。不数日，令已到，本营调防省城，队官宣达命令，大家准备出发。听说调防，我又发生动摇，父亲年老，妻室分娩，两弟年幼，调防到省又不知如何，各种不安定的思想均涌上心来。当时甚愿回家一行，又不敢言。适队官问我出发如何？我即乘机诉说："我甚愿追随队官到省一游，以增加知识，将来为国效力。但是我父亲年老，妻室分娩，两弟年幼，我想请十天假回去处理一下家事，然后再追返队伍，可否照准，听凭队官训示！"队官见我如此说，知我忠实，略为沉吟，即说："若如是，准你十天假回去处理家事，但要依期回营，如过期，我就要另行补人。"我见队官如是体恤下情，自己在营又甚有兴趣，听了队官的话，反为迟疑，但终于决定照队官意思暂行返乡。翌日，全营出发，我则转回故乡，与相处十月的同事暂时告别，以为十天后可以再相见，怎知从此东西分飞，永不再面！

时已十二月中旬，挨近年晚，我抵家，将情形告知父亲及妻弟，各人均甚欢慰。假期将满，我说要追上队伍回营，父亲却说："队伍已去了十天，不知到省后又到何处去了，你怎能追得上？或者你队官见你不返，已另行补了别人，即使追上，也是无用。况且何统领又不知因何撤职，队伍调省，又不知如何，而今年近岁晚，你妻分娩不久，较不如暂时在家，等过了年再算。"吾妻亦说："老爷说得不错，我而今要抚养小孩，做工不若往昔，二叔（指二弟）犁田又未十分纯熟，较不如在家暂住。"父亲及吾妻所说的话亦颇近理，父、妻既不愿意我远去，只得写信寄给队官，诉说不能回营的理由。此后，在家教二弟犁田及缝衣，有了三十多个大洋过年时心满意足、合家欢快，为我有生以来所未历之好景。

老父逝世，清朝亦亡

民国前一年（1911 年）

营中归来，我以家庭牵累，为父、妻所梗阻，不能复返军营，随队往省，心颇悒郁，且自己已经过十个月训练及交接同事，见闻既多，知识亦日增，我之心志亦随之而雄远。我既习惯营中生活，归家之后，目睹家中生活之单调与艰困，似难自耐，思欲重理旧业，而上门缝衣工钱，日仅八十文，较之在营所得，相去甚远，亦不屑为。当时，实确有"大鸡不食细米"之慨了。然而终日筹算，年宵将过，犹无善策，既不敢商诸父、妻，又不能自寻开解，精神之痛苦，至此为极。一日，苦思闷甚，即回房稍眠，以冀心绪宁静。吾妻见而惊讶，急问何事。我不欲吾妻知我愁苦，即答以无事，偶感不适耳。吾妻即以手按吾额，觉无异状，便说："你不是病，身体并不发热，你如此不安，究想何事？我想你必有苦衷，你想回营从军乎？抑或有他事乎？再不然，是我开罪于你乎？请明言！我或可为你分忧，向你谢罪。"说时语音微颤，情实堪怜。当时吾心颇难过，即答说："并非，我诚无别事，我非为想回营从军，你亦无开罪于我处。我的确不甚舒适，然亦无碍，此或因近日多食油滞所致。"吾妻再不多问，她说："倘如此，则煲神曲茶给你。"遂离房而去。不久，果持一碗神曲茶来。神曲茶乃平常消滞药，饮亦无妨，为慰吾妻，虽无病，亦一饮而尽。

经此之后，吾妻虽不知我为何而闷，却知我心在苦，不时对我慰解。自己亦感空愁无济于事，亦不再事苦思，神态因亦宁复。两三日后，吾妻见平静无事，欲借工作之忙使我减去乱想，乃对我说："二叔尚不熟犁田，不如趁你在家空暇，教其犁田，省得春耕到时，又要雇人。"吾妻平素勤敏，现又为家中设想，如是周到，若自己再事固执，未免辜负彼之诚意与苦心。遂复振作精神，叫二弟拉牛托犁，到田间教彼犁田。二弟性稍钝，然教了十余工，亦可勉强独犁。二月将尽，二弟已将田犁完了。

春耕未至，困守在家，无所事事，自念长此拖延下去，终非善计。二弟曾习缝衣，虽未熟练，已能粗成，若仍守株待兔，诚恐养成怠惰，却亦坐食山空。遂决心挈弟上门为人缝衣，候机再作第二步打算。即嘱二弟检拾行头，准备上门。吾妻见我忽宽忽紧，即笑而问我："往日若是松懈，而今紧到若是，究竟是何宗旨？"我亦笑答："神仙也不能知我心。"吾妻似微愠，继说："怪不得我回到你家三四年，都不知你心，男人心真是海底针。"我即以一笑置之，遂别妻挈二弟离家上门，直至三月春耕，始挈二弟归家，合力耕插。

我夫妇操持家事，已有数年，各种事务均可应付。两弟年纪渐长，各种大小工夫亦可帮同操作，不用父亲操心。春耕后一日，父亲对我说："现在你兄弟均长大能做工，你妻亦勤慎，有她在家中料理，甚为放心。不如我往罗镜墟批一间小铺，专门行医，你们兄弟时常出入亦方便。"父亲此举我甚赞同，即答："父亲既有此心，甚好，甚好。"遂往罗镜批铺，在西墟批得一间狭小店铺，设备甚简单，不若往年之"昌源"。因为仅是父亲个人住宿，无其他生意，所以并无店号，亦不雇工人。有时继母前往料理，到墟期，我弟兄亦轮流到去问候。父亲住墟之后，我与二弟仍上门缝衣，二弟工作虽欠精，已可独自为人缝衣了。

父亲以为我兄弟长大，吾妻勤慎，可以放心离家住墟，怎知父亲离家，竟成永诀，父亲之放心，竟舍我等永去。我兄弟生长于艰困家庭，受继母所苛待，甚为痛苦，所幸父子兄弟，亲切爱敬，吾妻归来，翁媳、叔嫂之间，亦甚相得，是以生活虽困苦，继母虽无良，情亦颇乐。奈天公偏妒，竟横夺我老父，使无母之孤雏，更失慈父，痛哉！

罗镜商店密迩，街巷渠道狭窄，既无卫生设备，犹复随意倾倒残剩废物，因而年年发生鼠疫，流行全墟。商民之染疫者，日有死亡，厥状甚为悲惨。父亲心在救人，不允迁离罗镜，日出看病，在疫区奔走，与病疫相接触，他既不趋避，亦不知防范，日以为常，不幸竟受传染至不可药救。当其病重，不能步履，即雇轿扛回家中。那时，我正为人缝衣，离家颇远，父亲患急病，自己犹无所知。迨五月十三晨，二弟达错始奔驰来告。当时二弟面容惨淡，极为难看，我即问其来为何事，二弟语未出，而泪珠已滚滚下坠。我更焦急，促问究属何事，二弟始以手拭泪续答说："父亲在罗镜得病，……昨夜深更始雇轿回家，……今晨病更沉重，……大嫂请兄速回。"我闻弟言，似陡闻疾雷。时吾心已碎，魂飞魄散，苦泪盈眶矣。主人睹状，惊问何故，我仅答以父亲病重，即挈弟办离，急奔回家。抵家时，父亲呻吟厅中床上，我心志已乱，哽咽而前，父亲见我回来，亦老泪纷涌，喃喃欲语。那时，我心如刀割，惟默祷上天，求其庇祐；然而父亲病重，已无回天之术了。夫妇、兄弟跪近病床，哀请遗训。时姑母、家姐亦闻讯赶到，同声哭泣，情更凄惨。父亲强睁病眼，泪夺眶出，盖彼亦知病无可挽。我们见其唇动，即饮泣静听，父亲语甚微弱，音仅可辨，父亲说："你们不要哭，不要吵，听我吩咐，我的病是不会好了……"

我们听此数语，更为悲苦，有若万箭穿心。父亲略微停顿，继续说："我家贫苦，但我一生勤俭，一世行善，今日竟染此恶病，恐不久要与你们长别了！"父亲说至此，虽不能动，亦泪如泉涌。他呆看着我又说："我死之后，惟望长儿炳南及大嫂带其幼弟，坚心做人，做世界；吹烟、赌博切不可近。"父亲又望着二弟、三弟说："你两个要听你大兄大嫂教，你兄嫂极精明，你父亲又无田地遗给你们，惟望你们知自爱，勉力做人，你父死落地下，亦安心矣，我……"父亲欲继续说下，但气已急喘，再不能说话了。那时我们手足无措，惟号呼哭泣而已。父亲在我们悲痛呼号声中，微微叹了一声，咽其最后一口气，便瞑目长辞人世了。呜呼痛哉！彼苍者天，妒我如是！吾父、吾母素为强健之躯竟均亡于疫，伤哉！痛哉！那时，姐弟恸哭，阖家悲切，姑母哭至失声，惨痛之情，我迄今四十八岁，行文至此，犹泪流如雨。当时我们惟知恸哭，已至昏迷，堂叔天华、天良睹此情形，即来劝慰。他说："你们兄弟，年纪也不少，为何你们只顾哭而不顾办丧事？你父已去世，既死不能复生，你们哭极也无用，关于丧事，究如何办理，亦应决定。"我听两叔之语，即说："家中只剩十余千钱，现正青黄不接，借贷亦难，惟有几担家口谷去粜来做使用。至于各种物品，可到罗镜相熟商店暂赊，收割后清还。"天华、天良叔即照我意思备办丧事。十四日早，棺木已抬回，我们呼号悲切，看着父亲入殓，至十五日晨，始出殡、安葬。此后，我们成为无父无母之孤儿了。十六日丧事办完，亲戚散去，姑母悲不能行，即雇轿送其回家，家姐亦含泪归去，只我夫妇、兄弟披穿麻衣孝服，悲切对父灵。数日凄苦，我们已面黄骨瘦矣。

我们遵例守孝，日对父灵，不时悲切。自念家道既苦，父丧又用去五十多千钱，妻嫩子幼，两弟未长，自己既无入息，又乏亲戚故旧之助，生活无靠，夫妻相对，日惟唏嘘叹息而已。时当收割，只得含泪出田间，日则做工，晚间仍对灵守孝，那时亦云苦矣。收割完后，父亲七七之期亦满，我们虽不再哭灵守孝，而我兄弟仍守旧礼，暂不上门为人缝衣。继母对我夫妇、兄弟素不关切，自父亲去世后，彼以为家属无味，遂于父亲七七之后，即将父亲平日让其保管之钱物，尽搬往其外家寄住。继母虽不良，但我夫妇、兄弟礼念父亲之情，屡请其归，奈继母终不返。

我家因遭父丧，用去巨款，早造收获，除偿债还账外，所余仅能支持至下造收割。为家中生活计，不得已又挈二弟上门为人缝衣。

九月初间，闻省城纷乱，有谓革命党攻督署，有谓温生才炸孚琦，传说纷纷，各地方无不风声鹤唳。那时人心动极，满清大势已去，我投军之念又重复活跃。自念当此离乱之秋，正为吾人建功立业之时，若长此困处穷乡僻壤，株守困苦家庭，虽一世苦做，亦惟捱饥抵饿而已，遂打定主意决心投军。当时，我认定投军为我唯一出路，缝衣归来，即商诸吾妻。我说："现家中若是困苦，缝衣入息微薄，较不如重入军籍，倘能顺遂，扶摇直上，自然是好，即平平稳稳，亦可以薪饷接济家中生活。且二弟达锴已十六，三弟亦有十二岁，均可帮助家事，耕种田地。我留在家，亦不过为人做奴，终无发达之日。且替人缝衣，我平生最恨，只为生活万不得已耳。"吾妻虽不反对，但仍不愿意我离家远去。她说："你的话不错，为你将来，我不敢阻止你。但你去得太远，万一家中有事，你又不在家，教我靠谁人处理？总之，如果一二日能够通知得你回来，任你投军也可，做什么事也好。"她既不坚决反对，自己从军之心更决。那时武昌起义，且已推倒满清，建立民国，统领贺蕴珊驻三罗，亦独立称三罗警卫军，我即决心投入该部。当离家别妻弟时，嘱吾妻管理家务，面对两弟则说："我现在出门，或投军，或做其他，都说不定。总之，我赚钱回来养家，你们在家要勤谨，要听你嫂说话……"我赴罗定入营，在连长区祝三处当兵。从此，我又复入军籍了，时乃十月。

警卫军专从事剿匪，驻地无定，因而训练亦少，我以曾经受训十月之军人，自然欢迎，所以，入营不甚困难。我随营剿匪，三罗道路几无不走遍。当时该军在三罗，虽无训练与讲求军纪，而剿匪则颇著成绩，我以距家时远时近，有暇则请假回家，一看家内事。比及年底，我已入营三月，积存薪饷十五元了（那时已改两为元，月饷每兵最少十元），即请假回家过年。吾妻得此十余元即说："今年谷米，仅敷食至明年三月，不如趁现在谷价平，将此十余元多买几担谷。"对此提议，我亦赞成。

风 灾 塌 屋

民国元年（1912 年）

　　在警卫军三个月，军中管理不若新军之严格——在当时，若要请假，只需向班长说一声，不用呈假单，则可行动自由，可以时常回家看顾妻弟。但月饷微薄，除伙食外，所剩饷尾，寥寥无几，不足以应付家庭之艰困。自父亲逝世，家中少去一份入息，又因办理丧事，先使未来钱，妻弟虽然苦捱苦做，其所得合并自己数月之饷尾，仍未能补偿不幸之使费，处境之困，较之当年母亲逝世时更甚。忆当年母亲逝世，继值凶年，家无余谷，父复续娶；于此时也，家庭非不艰困，但自己尚属幼年，家庭琐事，有万能之家姐料理，一切困难，均有刻苦之父亲担当。虽然同捱苦楚，究非自己持家，所受痛苦，不若父亲、家姐之甚。迨父亲逝世，所有家庭负担，自己无可推卸，妻虽苦做，而稚女在抱，两弟尚幼未能独立，辛酸苦楚只有我一人独当。三月仅得十五元，毫无进展，家庭既不因以好转，前途犹是茫茫，欲辞差归去，旧业又不堪重理，进退维谷，遂作他图之想。闻省城生活易求，赴省之念，甚为坚决，当时虽无确实把握，但以为到省之后，或工、或军，总胜于常在警备军中当一名小卒。年宵时，归家与吾妻筹商，怎知吾妻表示，使我非常失望。她说："老爷去世后，尚未升座（附祖），孝服未脱，且家内一切均靠你一人，你能放心远行乎？"吾妻如是表示，我亦无语可对，惟吾心则更抑郁不安。时家中存谷，仅能食至春耕完毕，四、五、六几个饥荒长月，非设法籴米买谷，不足以度过。家境若是，远出谋生之计，更难实现了。遂得安慰吾妻勉其勤慎，自己则复归军营，重过着十元一月之小卒生活。

回营后，自念家境困难，即极力撙节，所得薪饷，不敢妄用一钱。存至四月，已有十元。时距收获尚远，家须籴米两月，始可度荒，遂将此款携带回家，为妻弟活命之资。比及六月，新谷已登，数月之担忧，始稍慰释，然而祸不单行，未几又遭飓风毁家。

七月将末，狂风大作。翌日，接吾妻来信，谓昨遭狂风，住屋倒塌，家私、谷米什物，均被瓦砾掩埋，幸各人均平安，请郎回家料理等语。我接信后，心甚焦急，即报告班长请假回家。抵家时，见妻弟正在瓦砾场中挖掘，情甚可悯。自念若重新建屋，非二百元不行，即盖茅或搭木皮，最低限度亦需百余元，如此巨款，将如何筹措？辗转思量，肠为之断。继思食谷被埋，遂即多雇两人，帮助挖掘，先取谷食，后捡家私，然后与吾妻及二弟商量如何盖屋。当时自己之意，暂行捡拾破残砖瓦，垒成一间暂住。而吾妻则说："横竖要再建，现在如此垒法，既不稳固，又费工钱，较不如重新建造。今年早造丰收，家存有谷二十担左右，现在所养的猪，亦值十余元，如果你能筹得一百元或七八十元，再将晚造收获的谷，全数粜出，则可购买瓦、木、石灰等项。至于印泥砖，担沙泥，我与二叔可以自己做，到冬天，则可以实行盖屋，现在我叔嫂可以到邻村暂行借住。"吾妻所说，甚有见地，即依其意，嘱其与二弟先将塌屋残砖瓦砾清理，准备地基，并嘱其候至冬天，待自己回家才兴工。如此处置之后，即作别回营。途中暗自盘算，或者向同事商量，亦可筹得三数十元；本年尚有七个月，极力撙节，每月除伙食外，一毫不用，亦可得四十元；合起来，则可适合吾妻预算之数。但向同事商借，未必有把握，则此四十元饷尾，仅得半数，此半数又将如何筹措，诚不得不预先筹到。归营后，日夕筹思建屋之资，终无善策，屡欲向同事商借，而同事之与我相稔者，穷困情形亦一一如我，借无可借。其稍为裕如者，却又乏深交，难于启齿。商借于同事之念，实属绝望。想至极无办法之时，又想起罗镜墟有两间商店较为熟识，虽然相识，与其借现款，恐亦不容易，赊取货物，或者尚有把握。遂打算向其赊取建筑材料，即写信回家，询建筑所需各种货物若干。而吾妻复函则谓："建屋所需，除买瓦、木外，均系人工钱，桐油、铁钉杂物所费，不过二十元。其他材料，我们非建大屋，均不合。"接信后，知此法仍是无济于事，此又不成，那又不济，即使想胀了脑，亦无法可想。父亲逝世，妻弟捱饥，风灾塌屋，举家无所，我之劫运，真不知何时止境！黑夜自悲，正若俗语所云"听天由命"而已。

韶光不为汝留，建屋之资未有着落，而晚造禾稻已收，吾妻来函，谓已择定十月二十日兴工建造起梁，促我归家料理。遂即携带筹得之四十余元依期返家。吾妻见而询所得，我则告以仅得四十余元，能赊货十余元。她闻言，促眉无语，状甚愁苦，良久始说："你而今只筹得四十余元，盖屋师傅说：盖一厅三房，最少也要二百元左右。今家中早晚造存谷，即使全数巢卖，合计至多不过百二十元，大姑处能借十余元，相差四五十元，如何出处？"我早已料及，但到此境地，不建又不得，我只得安慰吾妻，说设法筹划。遂一面兴工起梁，一面筹划款项，可是总想不到办法。到此山穷水尽之时，已无可踌躇，惟有放厚面皮，向人乞借。但左借右借，都借不到，无法打破难关。即与吾妻及二弟商量，我说："现在已兴工，向人求借，总推说无钱，我想有钱的人，定是见我们无抵押物，所以推说无钱。世态炎凉，即使我们如何乞怜，也是借不到了，不如将祖父遗下的一亩田，典押给人，或者可能借多少。"吾妻听我如此说，眼中已泪流如雨了，我只得安慰妻弟。我说："我们将来好景，总可以赎回。"处境如此，妻弟亦只有忍痛听从。

我痛定思痛，即托邻村叶某（教馆先生）做中人，向其族人某商借三十元。有了抵押物，一说就有。中人叶某归来回复，他说："某某有钱借，但要有田典押，至于利钱，每元每年纳利谷二斗，你们如何？"我见有钱借，稍减忧心，即说："利息太贵，请你商量减多少。"经过一两度磋商，减为每元每年纳利谷一斗五升。我夫妻兄弟商议，惟有忍痛借来，以成此事，即收定十元。怎知事又中变，我写好田契，签了名字，二弟亦署一个名，三弟年幼，尚未入过书馆门，遂不签押。我对叶某说："三弟朝锴未读过书，不识签押，区区三十元借款，有我两兄弟签押，可以相就了。"而叶某不允,他说:"倘不会签押,可以打指模。"当时我愤极了,即说:"三十元借款,不用叫小孩打指模,我以人格担保,明年本利还清给你,可以吗?"讲来讲去,叶某终不允诺,我以不能忍受此种羞辱,决意不借其钱,愤怒而说:"不借就算。我大胆说一句,三五年后,估不定谁人有钱!世事轮流转,何必如此为难。"叶某见我发气,但仍摆其财主架子。他说:"唔借就罢!"我说:"不借,不借!"他似乎极其藐视。他说:"借不借都好,你拈定的十元,须加一利息,作一个月伸算交回来。"我气愤已极:"两三日本利还清给你。"我说了此话,即不辞而行。细想此等人,有几个钱便如此作恶,誓必发奋做人。抵家,吾妻见我悻悻,不知何事,她即问:"你返来何以如此怒气?"我说:"借不到人的钱,反要受人羞辱。"我将当时情形告诉她,她默然,只有叹气。我想求人总非办法,还是向家中打算,家中尚有耕牛可卖,即与妻弟商量,出售耕牛。我说:"现在向人借贷,已绝门路,不如将牛拉去卖,亦可值三十余元。"吾妻亦无奈何,遂挥泪答说:"至今无办法,亦惟有如此,胜过受人气。"十一月初一,是罗镜墟期,我即拉耕牛趁墟,卖得三十六元,胜过低首下心求人借贷多矣。

翌日,带十一元往还叶某。十元款,数日间纳利一元,诚不值,然为势所逼,亦无可奈何。既见叶某,即交还定金及利息,向其讨还我及二弟曾经签押之典契。我接收典契,看过无误,即当面撕烂,盛气放入口中咬溶,并愤愤而说:"以后只有人借我的钱,我永不再借人钱。请!请!"连说几十个"请",才负气而出。不及十年,天地循环,叶某家境中落,我之前言竟成预言。后来吾妻说:缘叶某以事向借数百元,她慨然惟与,借收取最低利谷,以为当日情景之一种讽刺。

饷尾、粜谷、卖牛、家姐借款,合并约有二百元,建屋之资,已可敷用。惟明年之米饭,及春耕之牛只,则又不知从何出处?建屋之事虽成,心实烦闷,只得如俗语所云:"做一日和尚敲一日钟",到头来再算。筹款之后,回营苦捱,薪饷既不敢妄用,空暇复为邻人缝衣,冀获多少以补家用。到十二月中旬,归家察看,屋已将成,款项勉强敷用,颇以为慰。

而吾妻则说:"屋已建好,但家中谷米及芋薯,仅可捱至明年正月底,至于耕牛及以后米饭,又不知如何了!"此种情景,早在筹算中。我只有安慰她说:"到二月初,我必买回耕牛。至于米饭,可将晚造谷种先食,到六月,我买回谷种。三月以后米饭,则惟有辛苦你,请你与二弟去山捱草,换米帮补,我每月定可剩多少回来接济。"吾妻见我若是安慰,而且事已至此,只得极力撙节家用,不独不敢妄耗一钱,即养命之米,亦不敢多食一粒。全家均同捱稀粥,有时无米,则摘一搭清菜回来炒黄豆茶,作为一餐之粮,到过年,才食一顿饭。当时苦境,实惨过吕蒙正。吾家人困苦过程,非笔墨所能描述,乃为不良之社会制度所压迫,可为尽矣,极矣,无以加矣。凡我所生儿女及后裔,读至此,须掩卷立正,向吾妻彭惠芳默念三分钟,方是我之真正儿孙。

毙匪获奖

民国二年（1913年）

二月春耕将至，耕牛不得不赶速设法复买，否则春耕无牛，人力焉能拖犁拖耙，农时一过，唯有束手待毙而已。当时我只有饷银十余元，而中等耕牛，每头价亦需二十多元，即使将自己私人被服典当，亦不过三五元，于买牛之数，仍是不足，除非向姑母、家姐各借二三元，否则不能成事。计划决定，遂放厚脸皮，亲往姑母、家姐处商借。姑母、家姐虽非富有，为以姑侄、姐弟之情，一问即成，不至难堪。合计已集得款项二十五元，心始稍慰。二月初，即往罗镜墟买牛，水牛价高昂，自不敢问，有一沙牯仔，索价三十元，我则还价二十五元，结果二十七元成交，即照例交牛价八成，牵牛回家（乡间习惯买卖耕牛，必须包水草。即在成交时，先交牛价八成，留二成作担保，俟过两个墟期，该牛食水草无异状，始将牛价给足）。吾妻见我买得耕牛归来，欢喜异常，即问："多少银？拉去试了？"我见吾妻神态，与先数日判着两人，当无款买牛时，则焦急万状，蹙锁眉愁，及见耕牛买回，则满面笑容，有如小孩之见慈母。我说："二十七元，贵不贵？"旋叫二弟托犁牵牛，到门口田间试犁。稍犁两行，甚为满意。奔走借贷，虽感汗颜，幸而事成，我家有牛，差可自慰。买回耕牛，心中少去一层担忧；草草处置家中，即复返营。第念耕牛虽有，而存谷已尽去，家中米饭仅可食至做完春耕，即使再继以谷种，亦不过稍延几时，支持到三月底而已。若不接济，必有断餐之虞。如值天雨，妻弟不能去山割草，家中苦境，更不堪设想了。苍天减残酷，不肯稍减磨折，三月中旬，竟不出我所料，阴雨连绵，十日不绝，想妻弟必不能去山採草，不独无以换米，即自己家中燃料，亦属困难，家中苦况不知如何了！遂向稔友借两三元，请假回家一看，时阴云四合，细雨濛濛，踯躅归途，倍觉愁苦。抵家，妻方自园中摘菜归，妻弟皆面黄肌瘦。吾妻说："我等已食薯汤三日，今晚亦是食薯汤菜茶，你能食否？抑或叫二叔去罗镜墟籴二升米回来煲饭你食？"我听说之后，心里非常难过，即说："你们都可以食，我怎不可以食，不必去籴。"是晚，夫妇、兄弟共食薯汤菜茶，以充肌肠。语云："巧妇难为无米之炊。"吾妻却能做无米之炊，一家数口，四五日不知米味，对身体营养，实不无妨害。遂着二弟将自己带回之三元钱，持往罗镜墟购米。当二弟买得四斗五升米回来时，我对吾妻说："数日未食米，不如煮一餐饭。"吾妻撙节，却说："煲够你食好了，我与叔等食粥惯了，可以食粥。"我想，家中不煮饭，已不知多少日，若自己离家后，家中食饭之期，更不知何时何日了。遂自己动手量米煮饭，饭熟共食，饥肠久悬，一顿藜藿，亦同珍馐。饭后，离家回营，途中想及三四斗米亦不过多捱十天八天，至多可捱至四月初，又须设法接济了。而自己饷银，又须归还友人借款，欲再向姑母、家姐借，而买牛时向借未久，诚难再容启齿。自怨自艾，真是欲哭无泪。

幸而苍天虽酷，究未予我以绝路。归营未久，贺统领率全部赴西山运廉一带剿匪。时匪首盘志标啸聚六七百人，盘踞西山运廉、那霖等处，劫掳焚杀，极为猖獗。当我军到时，竟分头抗拒。我当时不畏枪弹，不知生死，即打前锋，见有匪数人扼守高山，我即挺身冲上山顶，击毙一匪，余即逃去，获六八枪一支，复搜查匪尸，捡得时表一个，双毫二十余元，即携枪报诸贺统领。统领见我勇敢，又是高长大汉，甚为欣悦，即赏我五元，并将我升为班长。念得此二十多元妻弟可以度饥荒，暗自欢喜。不数日，将匪剿平，复返原防。时我已别家一月，有此救命之款，即请假返家。归家途中，我想家中在此一月中，不知饥饿至如何境地了。

及抵家，妻、弟正担草换米归，见我回来，甚欢跃。妻、弟说我略有不同，我问有何不同？妻、弟说："你前次回来，总是皱眉苦面，今次回来，见你眉开眼笑，格外宽容，究竟何事？"我笑说："自然啦，前次回家，不知费了多少人情，始向人家借到两三元回来。今次不同了，我跟贺统领去剿匪，发得土匪洋财二十几元，又升了班长，自然高兴。但我此次返来，见你们也与以前不同，你们因何如此微笑？"吾妻说："你回营之后，天时极好，我与二叔、晚叔（指三弟）日日去山揪草，每日均能换米六升。若果要等你的钱回来养家，全家人都会饿死了。我各人欢喜，系庆幸天时好，现在你又得如此多银回来，自然更欢喜。"我即将二十多元交与吾妻，并说："明日乃罗镜墟日，你们可以休息一天，不必去山。乘墟日，将这些银去墟籴几担谷回来做米饭。"吾妻说："我们趁墟籴谷，你可在家多住一天。"久困得此，合家欢快。是晚，吾妻不用吩咐，亦煲饭共食了。翌日，妻弟赴墟，至下午各皆满担归来，而且还买几两猪肉。从此之后，数月的饥荒难关便可安然度过了。

安心归营，终日随营剿匪，无时间断。至七月终回防，接吾妻来函，谓早造已收割，晚造已插下，时年颇好，但晚叔之未婚妻家，说家穷不能抚养女孩，催我家接归了……。那时，三弟十四岁，弟妇仅十一岁，未到结婚年龄，既不能娶，又不得不接。遂归家与吾妻商量，决定将弟妇以童养媳要回来，将来长大后，始行完婚。吾妻说："虽然决定接回来，各种仪物虽简单，照计算，各种使费，最低限度，也要四十元方可办妥。"当时我仅存得六七元回来，比预算之费，相差尚远。然事已至此，逼得将存谷，除出可以食至晚造收割之数，全挑往墟籴卖。那时有谷七八担，籴得之款，合起来勉敷使费。我待接弟妇事办妥之后，始复归营。刚有剩余，又需用去，家中终无积蓄，不过此种生活，久已习惯了。

九月将末，吾妻来函，云在九月二十一日产一女，且秋收将到，促我回家料理。我接信后，即请假回去。时已十月初旬，吾妻所产第二女孩，以家穷失于调理，不及二十日得病夭折。时正收割忙逼，我抵家时，吾妻已出田间，照常做工作。我见其产后不久，恐发生毛病，即劝其暂勿出田工作，稍事休养。可是吾妻却说："我不出做，又要雇人代做。我产下女孩，虽然夭亡，而我身体无事，自己能做一日，则可少雇一工，明年饥荒，可多一日米粮。今年上半年因无粮之苦，你忘记了吗?"吾妻产后苦做，虽堪怜悯，但彼既如此说，亦无法阻止，惟有佩服吾妻之刻苦勤俭而已！细想若自己稍有余蓄，如邻村有钱之家，妇人产后，辄休养数月，杀鸡食肉，调理身体。而吾妻产后，既无食物调补，而且不满一月，即出田苦做，自己家无恒产，又不能挣得钱，致使吾妻受苦，心甚怨恨。忆当年三弟诞生时母亲所受之苦况，前后相映，如同一辙，言念及此，无时不痛心疾首。

在家三日，收割已完，即复回营。时匪风已戢，营中无事可作，惟与好友陈顺、蔡标、陈福初等谈天说地，以度时日。时已十二月中旬，各家均纷忙筹备过年，一年辛苦，还有十余天，便可挨过了。到年二十九日，请假归家，家中年宵各物，妻、弟均已备办完全，心甚欢慰。除夕之夜，合家欢喜，同祝翌年家境好转。

辞 差 负 贩

民国三年（1914年）

　　新年时候，家家户户仍是兴高采烈度年宵，自己因家境贫困，为生活，又不得不离家了。年初二，食过早饭，即与妻、弟告别回营。沿途穿着新衣的探亲男女，均带着新年的欢笑走路，极少像自己此种终年愁眉不展的人。返到营中，一班要好朋友正在兴高采烈猜拳饮酒。他们见我回来，都以笑脸相迎，招与共饮。挚友陈顺更是欢悦，他竟满斟一杯，一手持杯，一手拍着我的肩膊，极亲挚地说："你回来最好，请你饮一杯。"他即将杯送到我的口唇。自己本来素不饮酒，见朋友们如此高兴，难于推辞，即将陈顺手中的一杯酒，一饮而尽。大家均喝彩哄笑，互相劝酒。我未终席，已不胜酒力，颓然醉倒了。当我酒醒之后，朋友们对我说，谓我醉时不绝叹息，问我心中究因何事不快活，又询我家中景况如何。我听到朋友的慰问，想起连年家中叠逢事故，弄到家无余粟至于断炊，不觉悲从中来。我说："我父母辛苦一世，没有剩落多大田产，幼年时，母亲染疫死去，大前年，父亲又不幸染瘟疫逝世。那时，我仅是十九岁，一个妻室，两个幼弟，一个在抱的女孩。继母既不理，又无余钱，逼得将养命的家口谷全数粜去，再后赊借，始将我父遗体殡殓。继母又回她的外家，我带着妻、弟拼命死做，才挨到十月。我见家境若苦，才又跑到此地入营。时年稍好，我在此又有数元钱一月，家境刚刚稍微好过。怎知前年七月风灾，吹毁我的屋，全座倒塌。可谓'死人兼塌屋'，阖家失去住所，逼得筹款复建，不独自己养命的谷全数粜去，就是耕牛，也因借钱受人凌辱而拖去卖。现在屋虽然复建了，但家中仍无隔宿之米，幸得各位借我几元钱来接济，不然，我妻、弟已饿死了。后来因为那次去西山剿匪，我击毙一匪，搜得二十多元，始救我当时家中困难。刚刚渡过难关，人家又催促我接三弟妇归门，逼得又将谷食粜去，家中现在还是左拉右扯，紧手紧脚，年来的艰难困苦，我是受够了，我常常记在心，使我常常不快活。”朋友们听了我这些话，十分同情，并安慰我，叫我不要愁。他们说：“我们现在不过二十多岁，世界当会循环，我们终会发达。”我说：“我们在此已有三年，毫无进展，不生不死地生活，挨下去终不是计。我决意再挨几个月，则辞差归去，别图办法，各位又如何打算？”朋友们均是挨了两三年的，都依然如故，他们听了我说的话，大家均有辞差之意，尤以陈顺为最坚决。他说：“若果你辞差，我一定请长假。”自此以后，我们谈话均是以别图为中心。

三月时候，吾妻来函，云二弟之未婚妻家，催促迎娶，并拟于四月初行聘，五月二十日结婚。但对方不愿受聘金，所有台椅及新人之衣服等物均需我自己办理，至于酒水，则折三十元。家中使用可极简单节省，若能筹得三十元回家，便可办妥了……。我接信之后，又自筹算，三十元之款将如何筹措？当时，自己不过有饷十余元，仍需要筹十余元，方足三十元之数，逼得又得走借贷与典当的老法门。那时天气已温暖，被服可以拿去当，当时当得五六元，再向要好朋友各借三两元，凑足三十元之数，才请假回家。家中自然又是粜谷揲钱，到五月二十日，弟妇归来，家中自然又热闹了两天。

三弟妇既以童养媳迎归，二弟妇亦已迎娶，那时，我家已是七口之家了，食用大增。幸而两弟年渐长，吾妻及两弟妇均能做工。自己家中耕插收割，不独不用雇请帮工，而且还可以帮助他家。但细想家中虽然口增，手增，究竟毫无余蓄，终不是个办法。自己当差已将三年，饷既无多，又无进展，遂决心辞差回家。迎娶弟妇之事办完，即回营请长假，将所得饷尾清还各友欠款之后，回家将所余之款以数元购鸭仔百余，作养鸭生涯。当时邻人及朋友，均向我取笑。我由“十长”升为“百长”，我亦微颔而笑。时收割未到，我每日或捉虾，或捕小蛙以饲鸭。吾妻则率两弟及弟妇去山揶草。收获时，阖家合力收割、耕插。人多手多，工作较他家特快。田工完毕之后，我仍日持鸭篙（赶鸭用），驱我百余鸭兵，到禾田获取食物。有时三弟也帮助看鸭，我妻弟及弟妇依然为山大王剃头（割草），换取石灰及谷食。鸭兵长大，竟赚得二十余元。是年禾造丰收，家中稍有余谷，但人口增多，食粮亦加，消长之数相差无几。

秋收之后，田间无水，不能再事养鸭，而好动之我，又不能闲居无事。坐食山崩，终非生活之计，遂复作离家谋生之想。然而茫茫前途，究不知如何是好。辞差新归，入营之念未复活，欲为人力作，所偿无几，欲营小商店，当年"昌源"店之倒闭情景犹尚在目，不敢再踏覆辙。心中时刻盘算，委决不下。后来，闻说高州方面生意可做，许多人贩物往卖，均能获利。遂与吾妻商量，决作负贩生涯，即探询能销何种货物，何种货物好赚。时将近年，纸料易销，遂将养鸭所赚作本，购办纸料、年货等物，挑往高州所属之黄堂、石骨等墟售卖。在各墟场则收买山货、头毛、鸡鸭毛等物回罗镜墟发售。当时七八天可来往一次，每办货三五担，亦获微利。如此负贩生活虽稍获利，而终日奔走，无时休息，生活亦良苦矣。

农历十二月二十三日，吾妻分娩，举一男，后定命绍昌。家人均喜悦，而我又多一负累了。时已近年，遂终止负贩，筹办家中年货什物。禾造既丰收，谋生亦顺遂，为弟娶妇，己复得男，年关无债主临门，一家数日，可以无饥，颇为高兴。

远 行 从 军

民国四年（1915年）

连年磨折，都为生活所苦，幸而两造丰收，辞差之后，养鸭负贩，都能获利，家境稍微好过。夫妇、兄弟、婶姆之间，均能敬爱和睦，年宵期间，颇为欢快，可是人口日增，家中杂用，较之昔年多费数倍，不得不预为绸缪，以免临渴掘井。于是在年初四，夫妻、兄弟、叔嫂无事闲谈，谈及家中景况，吾妻说："我家人口增加，虽然使用大，但多一个人，就多一双手，可以多做工作。而今叔婶均能刻苦做工，家中现在虽困难，若果大家合力去做，相信三五年后，我家必定会兴盛。"吾妻对于她自己所说的话似有无限信心。她说完之后，对着我兄弟再说："你们信不信？"我微笑说："或者你会猜中。"二弟达锴说："除去谷食，我们不用使何种钱，做下去，总可积蓄多少，家中事务，惟听大兄大嫂意思调度。耕种的事，我与大嫂可以完全担任；三弟朝锴读书已有三年，已能认识几个字，今年可以停学，在家帮助做工。"吾妻说："我们现在只耕两担种，我家五六个人做工，实在人多田少。而且二叔二婶，人大力大，做工又快，不如向人家多批几坵田来耕！"她略为停顿一下，又继续说："昨日，我闻得姓陈的有一批田出批，大约有八斗种，但每年额租谷要六担，一次过批头要二十元，八斗种六担租，亦耕得过。若果你兄弟认为合意，我即刻去交批头给田主。"我听吾妻所说甚有道理，而且八斗种每造总有十多担割，除去交租，每年亦可多得二十余担，怎不赞成？我说："你算度过，耕得就批。"二弟也十分同意，吾妻即取钱往交批头。

过了年宵，兄弟、姊姆料理春耕，各人均怀着家庭好转的希望去做，勤恳而快，叔嫂、姊姆一面说，一面做，很有兴致，看样子似已有转运的气象。如此下去，吾妻所说三五年后必会兴盛的话的确会实现，纵使不能成为财主，自给自足的中等人家，总不会不成。我见此情形，心中甚为欢慰。时已二月，春耕极忙，家家户户无人不在田间，吾妻亦背着出世仅一月余的婴儿，到田间工作。我见婴儿太嫩，背着往田间不适宜，而且背着做工，也未免太苦，遂对吾妻说："你背着小孩子做工，实在太苦，不如将小孩交我在家看抱。"吾妻同意，即将小孩交我。怎知未解奶的小孩，到我手抱不及小一时，已呱呱大哭，任我如何抚慰，终不停声，此时，我就不耐烦了。吾妻痛爱小孩如命，见其哭喊，即向我要回抱去，小孩回到母亲怀里，就不哭不喊了。我对吾妻说："我抱他就呱呱大哭，何以你抱就不声不响？"吾妻笑说："俗语话：生儿容易抱儿难，你都毫无心机去抱，怎么不哭？这样容易做人父亲？"我说："不如你在家看抱小孩，待我去插田。"吾妻说："做不做由你，小孩我要抱，工我也要做。"我开玩笑似地说："田工，我当然去帮做，但是做完春耕之后，你想我同你去山割草，那就不能了。"吾妻以为我生气，即说："谁敢叫你去山？你系一家之主，你做不做无人敢说。"我恐大家误会生气，也就不说，吾妻终于背着小孩到田间去。

春耕完了，妻弟们去山採草，我则闲居家中，欲再作负贩生涯。而年关初过，纸料等物的销路正是淡月，高州等处自然不能往，家中的耕作已有妻弟负责，自己却变成一个无事可做的闲人，反感无聊。在闲中，却就想起挚友陈顺来，他是与我同时请假辞差回家的，他家住蕾白，与我家相去不远。自辞差归家之后，自己没有得到他的消息，不知他半年来在做何种事情，自己就趁此无事可做的时候，去探访他，并询问他过了这个时候又打何主意。遂与妻弟说明，往探挚友陈顺。

挚友陈顺，是一位胸襟广阔、秉性豪爽的人，他有胆有识，敢作敢为，而又和蔼可亲。他没有忧愁，他永远是兴高采烈地生活着的，但是当朋友不快乐时，他却表示同情，而且用振奋的话安慰朋友，如"忧愁是无补于事"，"我们大把世界"，等等，均是他常说的话。他对我有若胞弟，我也把他当作亲哥。在何统领当部下时，他教导我不少，缓急时接济我不少。每次向朋友借钱，必首先问他，他亦必解囊相助。那时我往看他，他见我到来，甚为欢喜，互道别后情景。我将半年来生活情形告诉他，他就说他辞差归来，也是养鸭，有时帮人家做短工，得闲就看书唱戏，所以亦感无聊。陈顺既无父母，亦无妻子，更无同胞兄弟，他简直是寡人一个。他自己手上虽然积蓄有百余元，但均已借出给人。我问他何以不用来娶妻？他说："我本有此想，但自己仅有此百余元，娶得养不得。俗语说：娶妻容易养妻难，而且我几百个钱，连一块田地也无，万一娶得一位不贤良妻室反会累着自己。若果我有你如此家境，老早我就娶妻了。"他说过之后，似乎不甚快意，我立即将谈锋转到别种事情去。我问他现在作何打算，在乡间困守，抑另行别图？他说："再过一个月——到五月中旬，我决意想到大江边走走，多捞百十元，然后回来成家立业，亦未为晚。"他说完反问我："你又作何主意？"我说："我跟你老大哥一道去，好不好？何处是大江边？请你告诉我，是省城，抑是海边？"他知道我从来未远行过，见我如此问，就说："普通讲大江边，是指广府属各地，总之离开我们南江，都可说是大江边。你我是同生同死的知己朋友，种种均无问题，倘你能放心离开你家，同往当然极好。"两人说此谈彼，非常投机，我住了两天，始告别回家。

自探访陈顺回家之后，心中时常幻想大江情景，恨时间不快过，立刻就可以离家去。然而时光依然照常运行，那时距远行之期还有一个多月，闲居无聊，就想寻些事情做，俾易度日，欲再负贩，而办纸料往高州仍是不能赚钱，较不如养鸭，尚可赚多少。遂决定再复养鸭。四月初，即往罗镜墟，买得百余鸭雏回来。但事前我未与妻弟说及，吾妻见我担鸭仔回来，她便说："你还未和我们商量，就买鸭仔回来，你自己看养吗？"我知道吾妻有些不乐意，我故意说："未与你们商量的事，当然是我自己做。"吾妻亦无话可说。可是自己的心已不在家，更不在看养鸭雏，所以起手两天，还颇有心机，再多几天，就不能耐烦了。欲待不看，又不好意思说，自己只得仍然继续下去。有一日，我赶鸭仔在门口附近看，有十余个鸭仔离群别走，总不回群，我当时愤极，火性一发，将鸭鞭一扫，十多只鸭仔就死去了，我亦不管。到晚，我赶鸭仔回家，吾妻见鸭仔数量与昔日不同，似乎看不合眼，即点鸭仔数目，得一百零几只。她说："你买一百二十只鸭仔，现在点数得一百零几只，为何失漏如是之多？"我笑说："大约是今午被人家的狗咬死。"吾妻见我言语支吾，她已明白了几分，遂说："我不相信，有人看的鸭仔，安有狗会咬？"邻家一班小孩见我夫妇在辩论，他们插说："今午大兄用鞭打鸭仔。"她始又说道："我都话不是狗咬，一定是你发气，将鸭仔打死。你的性情，哪可以看鸭？还忧无钱！你以为去年看鸭赚到钱，须知去年的鸭，不是你一个人看，而是大家看的。你如此性情，明日不用你看了！"我正在不能耐烦看鸭，吾妻如此说，正合我意，我说："明日，我不看你看吧！"翌日，所剩一百零几个鸭仔则由三弟赶去，但有时我也去帮着看。

过了端午节，初六日挚友陈顺到来，问我已否决定同行下省。我答："当然同行，我老早已决定，我时刻都盼望早去。现在，几时可去？"他说："我拟十六日启行，到时你先到我家。"我答应依时到。我要陈顺在此，即对妻、弟说明我两人同往省城寻事。吾妻说："你既决定与陈先生去，我也不敢阻止你，留你在家。惟现在家中人口众多，使用不少，若无特别事故，总可支持。但是你们去后，要小心顾身体，多写平安信，若有钱，亦要寄些回来。"陈顺见吾妻如此说，亦甚满意，两人笑容满面。陈顺要回家，两人遂同出，我送他约一里远方分别返家。

到五月十五日，自己满心欢喜，即对妻、弟说："我明早出门，家事都归你叔、嫂两个料理，大家合力耕作，要和气。我出门做何事，尚未定，若果有钱，我必定寄回做家用。"妻、弟说："你去后，家中自然是我们理，但你要小心顾自己身体，有钱则寄回来。"

十六日绝早，吾妻料理早饭，我食完饭，即捡拾行李。那时正是暑天，什么也不用携带，只捡几件汗衣，即与妻、弟作别。初次远行，大家都似乎有些难过，免不了有依依不舍之情，吾妻还送程一里，远去回看犹见吾妻伫立翘望。我到达陈顺家，彼已伫候门前，两人相见，稍微寒暄，即踏上东北大道。两人且谈且行，不感跋涉之苦，下午四时，已抵大湾（离罗定十余里），即搭篷船顺流而下。在篷船内两人闲谈，我问："现在我们先往何处？"他说："先到新会属猪头山，我的旧上官何乃益在做行营主任，驻在那里。"我本毫无目的，惟听陈顺说东则东，说西则西。十七日午后，南江口对岸之番塔已可见了，使我想起考入征兵时，被父亲派姐丈、表哥追回家的情状，番塔如故，江岸亦如故，而慈爱的父亲，却若江流之水一去不复返矣！我将当日征兵情形告诉陈顺，说到我父因我入征兵焦急之状，他向我笑说："如果你父亲而今还在，恐怕也不愿意你跟我同来。"时已傍晚，闻江中汽笛放响，砗碎之声划破江面沉寂，远见一小船，船顶出烟，拖一五光十色之大船顺流而下。我因处乡间，并未见过如是灿烂的渡船，当时非常惊奇，指而问陈顺。他说："是火轮肇都渡，你不要如此外行，似山佬出峒，你不识勿多言，恐人耻笑。"我亦不敢多说，只暗中观察而已。是晚即搭此轮往肇庆，到拖船之后，各种情景虽然都使我惊奇，但怕人家笑我外行，亦不敢再问陈顺。惟探头沿途瞻望。时见两岸火光闪闪，时闻气笛声声。十八日拂晓，船抵肇庆城，泊水街码头，熙来攘往，热闹胜于罗定。陈顺说："我们须上岸转渡，但江门渡绝早已开行，要明晨方可趁搭，入栈用钱较多，不如叫一小艇，既便宜，搭船亦方便。"我是一无所知的，任由陈顺摆布。陈顺即向各兜接生意之疍家妹讲价雇艇，住至江门渡开行，疍家索价八毫，陈顺则还价四毫，购来讲去减为六毫雇成，即将行李放下小艇，两人往水街下级饭店食四毛钱饭，稍为充饥。到下午，又买裹蒸粽两个，各食一个。江门渡已到，即搬下渡船，天未亮已开行。我们坐在白鸽笼似的大舱里，局促而污浊，幸尚可用目四望，不至难过。到后沥峡，天已大明，船又靠岸，见数人登船，各带一条铁枝长约四尺，一头是一个圈，一头则尖锐，他们一上船就各处窥察。我低声问陈顺："这是什么人？"陈顺说："乃后沥厘金庵查关员。"我说："何以如此架势；个个都是派派然？"他答说："办厘金的人，所赚的钱，确实难以计算，无一不作弊，无一不赚钱。若果各渡船不送钱孝敬他们，他们就诸多作难，使你不得不送钱，所以他们个个都是派派然。"行不到两点钟，经广利三水马口，再经两点钟，到甘竹滩，不下滩而折右行，不久便到猪头山了。陈顺说："我们已到埗，要上岸了。"遂登陆。

上岸之后，寻到一间小茶店，放下行李，陈顺说："我去见何主任，你在此等候。"陈顺即往见何乃益，我则留在小茶店。不及一小时，陈顺已笑微微地走回来。我见他回来，即赶着问他："见到主任否？事情如何？"他说："见着，现在主任着我在卫队连当副目，你则当上等兵，今晚在此（小茶店）住一晚，明晨可入营。"我听说事情已有着落，心中甚为欢喜，是晚就住在小茶店里。

入营之后，陈顺每月有十四元，我则有十二元，主任津贴伙食一元，自己食三元，每月可剩九元，比诸前时在警卫军贺统领部时较为优越，我颇满意。猪头山乃一内河小岛，因何会设立一个行营，当时我确不明白，后来才知道因该地海盗极炽，时常掳劫轮渡船只，在前清时候，尤为披猖，所以设一行营驻此清剿。所有清乡缉获要匪，均解该处讯办，凡解到之匪，十死无一生。当时，我们卫队连的任务，除了早晨出操之外，就是会堂审犯，日日如此。许多同事，每一个月则请假往江门一次，已似成惯例。我入营之后，不时记挂家中妻弟、幼子，不久接到妻、弟来信，说家中各事如常，各人均平安，我始放心。到了十月，我已存贮得二十元了，便寄回家去。

猪头山为一小岛，四面均是河道，时已深秋，江风凛冽，萧条景象，惹人悲愁。入夜凉风侵肌，使人难寐。我离家正当五月炎暑，既未带冬衣，入营之后，亦仅发单、夹军衣各一套，萧萧秋风，怎能抵御？遂与陈顺商量，购置寒衣。当时最时髦为绉纱夹祄。即自买布料棉花，自己缝制，陈顺则代我公务。不数日，已各成一件。我与陈顺穿起夹祄，互相端详，十分欢慰。陈顺笑说："我们穿起此夹祄，那时髦女子必不似从前轻视，必定另眼相看。"当时我们有强壮的青年体躯，穿起夹祄，的确威武。我与陈顺同住、同食、同行，许多人说我两人是一对雀。的确，我们两人是患难之交，生死朋友，我一生最要好的朋友，也赶不上我与陈顺的交情，他的容貌举止，使我永远不忘。民国十年（1921年），当我在粤军第一师任连长时，他在宝安属因戍地方充当看基围队头目，我知道后即去函，邀其来连充当班长，他复函说："闻你军军纪甚严，饷又不发足，我在此差事安闲，每月有饷二十元，且已娶妻，环境种种使我不能舍去。待你再有上进时，我再往投……"对于饷银多少，我对他本不成问题，彼已若是复函，我亦不再勉强。后来，我升至营、团长，欲再邀其来部，而挚友陈顺已在宝安去世。我查悉，不胜慨叹，不快数日，至今想及，犹深惋惜。

我与陈顺自到猪头山，不觉半年，时已近年晚，即将所存之十余元寄回家。不久吾妻来函云：前后寄回之银，均已收到，家中各人亦平安。我对陈顺说："我家今年稍微好过，我已不若往年之忧愁了。"陈听说，也是高兴。

起首阅读报纸

民国五年（1916年）

　　我与陈顺自到猪头山，虽已有六个多月之久，两人却并未试过请假往江门。许多每月均请假往江门玩的同事，在闲谈中，他们说江门如何热闹，如何好玩，使我心为向往，正欲到江门走走，观光观光地方人情。新年初过，新正亦空暇，即与陈顺同请两天假往江门。初四日，搭江省渡离猪头山，两人穿起唯一的夹袄，神气奕奕，满怀高兴。船行一点多钟已到北街，再行半点钟，已是江门了。此次搭船，我已不若离乡初来时大乡里的模样。在猪头山半年，所见所闻，增广不少，俨然是一位久经世故、阅历甚多的人。到达江门，即上岸寻一小旅馆居住，两个人同住在一个房间，两张床位，每日房租一元。开房之后，即到街上游玩。江门乃四邑中一个最繁荣的商埠，四邑人到外洋贸易最多，华侨出入必过江门，即各种内地产品，如柑橙、香蕉、蔬菜、葵扇……亦必经江门，才运往省及港澳。年间，华侨汇款归来，为数甚巨，而生果、蔬菜、葵扇……之收入亦不少。当时正在年宵，游人特别众多，且均穿着齐整，满街尽是红男绿女，五光十色，使人目为之眩。我们缓步游行，随意所之。肚饿时，则步入小饭店。平日听说最出名之江门白菜、江门豆腐及荷塘芥兰，亦一一尝之。住江门两日，大街小巷，几乎走遍，十分欢乐，而以看戏为最痛快。时江门戏院做省城班，三等戏票每张售价三角。我那时从未看省城班，即与陈顺购票同往看戏。是日正本为《醉斩平西王》，衣出头为《薛仁贵摆龙门阵》。衣服既新艳，唱功做手均为前所未见。游江门两日，两人食宿之费，虽共用去五元，却增加不少知识，意甚值得。游罢归营，照常供差，而我的生活却有了个改变。有一天，何主任对我们说："你们若是空暇，为何不看报纸？读新闻，可以增加不少知识。"以后我便学习阅看报纸，见载有社会种种新闻，颇感兴趣。我对陈顺说："我从前在新军时，教育非常严厉，得益甚多，但均不及我们现在上官。他更会教我们看报，想起我们在警卫军当差三年，除领得几元饷钱，此外一无所得，反而懒惰了身，殊为不值。"陈顺说："何主任很好，他从前也带过征兵，在高州办过善后，他的军事学甚好。"我又说："自从何主任教我们看报之后，我每日都拿报纸来看看，极有兴趣，惟未得要领，不知如何看法，从何看起。"陈顺说："报纸所载，国内、国外、地方的新闻都有，甚至偷窃打架的新闻都登载。听说看报要先看国内、国外的政治、军事新闻，然后再看地方新闻，尤其要看社论。"我说："我虽然读过三年蒙童，但报上所载的，我不尽明白。"陈顺说："若果不明白，可请问师爷（录事）。"这之后，我一有空暇即看报，看不明白，则问同事或师爷。有时互相谈论报纸所载新闻，看报遂成为我的日常功课，每日几乎连广告也读完，知识因而日增，生活也不若昔日之游荡无聊了。年宵时期，妻、弟并无来信，心里记挂着家中，颇为不安。二月中旬，忽接吾妻来函，谓二弟因家境困难，时与二弟妇发生龃龉。新年无事，二弟日与邻村叶某游荡，信人唆摆，竟于二月初私自离家，远走南洋。临行时，既无只字留下，只对人说："家中各事，已有大嫂及三弟料理，可不用我管。我去两三年，赚得三几百元，然后回家，请转知我大兄大嫂，不必惦念。"我接到此信，五脏欲裂，甚恨二弟之听人唆摆。回忆当年父死弟幼，自己含莘茹苦，独力支持，尚能度过，今家境稍好，而二弟未得我同意，竟瞒着家人弃家远走南洋，殊属不体谅我夫妇之苦心孤诣，辜负我寄托家庭的重任。欲拟请假回家一行，而往来川资不少，筹措匪易，若果不回去，又恐吾妻及三弟不安。那时处进退两难之间，心甚郁闷。即向陈顺问计，将吾妻来函给陈顺看。陈顺亦为之叹息，默然无语，沉默约五分钟始对我说："你家中如此，诚为不幸。现在你二弟已是去了，你家向来是由你妻管理，你三弟亦已长大，已可帮忙，我想不会如何大不了。你而今请假回去，来往川资既不少，回去看看，于事亦无补，较不如到今年冬，观察情景如何再定。"我听陈顺的话甚合道理，遂决意暂不回乡，即复函吾妻，谓二弟未得我同意，远走南洋，实出意料。现在二弟既去，势难追回，惟望携带三弟及弟妇等照常理家，勤慎去做，不要灰心。并说及来往不易，须到年底才能返乡一行。我虽然如此写信安慰家人，而自己仍不时惆怅、烦恼，自怨做人难。陈顺见我不快，时常向我慰解，一月之后，始稍去怀。到五月中，复接吾妻来函，谓自二弟去后，家中如常，各亦平安，谷米亦可食至交接。心始稍慰。自念二弟远游，一时断难追他回来，只有自己极力撙节使用，希望存得四五十元，到冬天再回家。

时欧洲大战正酣，我国内亦纷纭。龙济光握粤省大权，对于革命党，大加杀戮。当时我从报纸上及听到的传言，知道在北京方面，袁世凯收买、强压国会议员，推彼为皇帝，向日本屈膝，承认"二十一条"。蔡锷在北京出走，到云南与唐继尧准备起义独立。那时，人心极为浮动。秋后，龙济光派其弟龙觐光统兵西上，说往云南，后来桂军又大部东下，驻在肇庆三水。传言日甚，情势极为混乱，我当时仅为一个士兵，所有新闻均自报上及一般传闻所得，对于其余情形，则等于俗语所云："半夜食黄瓜，不知头尾。"

到了十一月，情形更严重，何主任又不在部，陈顺对我说："现在省城甚为严重，何主任返与不返，尚未有定。前时你说到冬天请假返乡，照现在如此情形，我想你请假一定不准，但我们看时机如何，再为打算。"听陈顺如此说，自己亦决定与陈顺一致行动，遂将所积存之三十多元寄回家，并写信给吾妻，说明因时局紧张，暂不能回家。再过十余日，各处民军蜂起，就是猪头山左右两岸各小墟，亦时见有白旗发现。双烟筒兵舰常来梭巡，却不见有若何举动。同事们说，所有竖白旗的地方均属革命党孙中山、陈炯明的人。我当时甚恨袁世凯之想做皇帝，卖国行为，及龙济光之残杀我粤同胞。心里不时希望猪头山亦竖白旗，响应革命党。我暗中对陈顺说："龙济光盘踞我们广东数年，残杀我们广东人，刮我们广东的民脂民膏，不如联络本队各人独立，并向竖白旗的密商联络，你说好不好？"陈顺说："时机尚早，看何主任回来不回来再定。"我说："现在预早筹谋，到那时临渴掘井还来得及吗？"陈顺略微想了想说："你的想法虽然好，但现在各方面都无动作，只有少数民军，怎能敌得过龙济光？且本队官兵非常复杂，安知龙济光不派侦探在此？万一不慎，泄漏消息，此处四面皆海，并有兵舰四周巡视，怎能发难独立？失败后，又向何处逃走？我们必须先有预定计划，才能实行，现如此时局，你说话也要小心。"我听陈顺所说甚有见地，不敢鲁莽。每日惟听省城消息，并与本队弟兄联络，探询各人口气，有时佯言埋街买物，实则往新墟探各民军实力与动作，并与其联络。当时所见各民军，多属流氓、土匪之辈，无甚实力，自念与其联络，利用一时则可，若靠其成功，则万万不能。我不时与陈顺商讨，终不敢有所举动。迨至十二月初，时局更为严重，每日运兵、运物在猪头山经过的来往船只，非常频繁。我问陈顺："此时大局究如何？"他说："昨晚何主任深夜回来，亦不闻说有什么，不久他又他往，我想再过三五日，定有确实消息，你不可太着急，否则反为不美。"我当时全部心绪已为时局吸引，时刻都跃跃欲动。而陈顺则镇定谨慎，时相劝戒。再过数日，报载北京袁世凯筹备登基，孙中山、蔡锷、唐继尧等极力反对，蔡、唐已在云南独立，出兵攻四川。有一种报纸载的消息，却又不同，它说蔡、唐在云南失败。当时，我们不知哪种消息真确，只是暗中摸索。的确，那时年纪尚轻，思想幼稚，既无眼光，亦无政治头脑。既不知有何党派，亦不知何人属何党何派。只不欢喜袁世凯既做总统，又勾结日本；只知龙济光在广东不良，盼望本省人执广东政权。如何是封建，如何民主，更是弄不清楚。

十二月底，时局依然混沌，不见有若何大举动。而猪头山则兵威森严，各同事不若昔日散漫了。时近年关，回家过年希望不大了，虽然二弟弃家远行，使我稍为忧心，而家境与自己环境稍好，则颇多欢慰。

策动兵变，事败他逃

民国六年（1917 年）

时局一日紧似一日，传言也一说紧似一说。猪头山素为西江内河交通孔道，船只来往有如过江之鲫。在平常，当年初一、初二，各轮渡暂停航，到初三、初四，才恢复常态。那年情形却不同了，年初三、初四，猪头山河面，依然沉寂，不见多大船只来往。有说是因时局纷乱，船只走避，有说船只都被军队封用。那时，连省城报也没有，我们驻在孤岛上，一点真实消息也不知道，但想情形如此，省城纷乱是必然的了。我心里不耐沉闷，当旁边无人时，即问陈顺有没有确实消息。时局似乎纷乱了他的心，他皱着眉略为沉吟，才说："据何主任的亲信说，听说主任受嫌疑，已被扣留。有说主任因办禁烟事被撤差，乱说纷纷，莫衷一是，总之，何主任是不会来了。"陈顺的态度似乎与平日不同，他本是高兴的人，而那时说话却沉重而又似在默想。我听了此消息，即说："究竟我们如何行动？"陈顺的目光向周围一扫，他低声说："我正在与知心头目密商，据二爷（何主任的胞兄）意思，乘新主任未到，明日下条子放我当正目，你当副目，并想联络我们西江人，预备反正。我本想到明天告诉你，关于联络反正的事，你须严守秘密。"我说："当然守秘密，但何时动手呢？"他说："联络好了，到时再说。"我听陈顺说将来有此举动，心里非常兴奋。翌日，条子果如陈顺所说的下来了，自己则暗自筹算，如何联络，如何举事。

当了副目，就要派更。有一晚轮到自己派更，那时正是正月中旬，万里无云。月光明净，猪头山被包围在月明水光中，更为阴森庄严。我派更之后，遇第六班副目何卓南（何为香山人，平日与各民军甚接近），两人遂坐在山坡上谈论时局，说到反正事，他亦甚表同情。他说："我某叔亦是革命党，但半月来未接他来信，未知现状若何。你们如何做法，我必同道。"我更欢喜。时万籁无声，四周沉寂，只我两人之低语欢笑，随飒飒江风而飞扬。自己满心欣悦，认定举事之后，必有发展。

到了三月初，时局急剧变化，讨龙军兴，岑春煊已在肇庆就任两广都司令，梁启超为参谋长。又闻李烈钧已率滇军攻韶关，桂军大部陆续东下，听说江门也有军队独立。我想情形如此，时机已到，再不用犹豫了，遂与陈顺密商行动。陈顺说："闻本部昨接电报，龙济光派其亲信来接任主任。我想我们乘机拒绝，立刻反正，你说好不好？"我说："我就因为时机已逼，想同你商量即刻举事，你说如此做法，极好。但是我们兵不多，粮不足，且孤岛无援，民军又不足靠，我们应妥为筹划，方可举事。"陈顺说："究如何筹划？"我自当副目之后，日夜筹思举事步骤，我即将筹思所得结果，对陈顺说："我们宣布独立之后，最好即刻渡江。我们在此四面皆河，一定会被围困死。渡江之后，第一步开往天河墟，第二步开到鹤山沙坪，然后再向前途接洽。我以为如此，计较为高，你的意思如何？"陈顺听我如此说，甚为高兴。他说："我当初以为你年轻性急，而今你却说出如此周详计划，确有见地，令我非常佩服。我们就决定如此做法吧！"我说："现在情势一日严重一日，万一事情发动，我们须要推定一个人总其成，方不致应付困难。我们连长是何主任旧部，人虽老实，但胆小如鼠，实不堪以任大事，我意思推举二爷。"他说："他也是无胆匪类。"我说："在四个官长中推一个好不好？"陈顺摇摇头，表示不赞成。他说："各排长均存五日京兆之心，时刻准备走路。你看他们日日不在营，而今三个外出，仅一个在此，万一有事，如何应付？"陈顺说的话亦是道理。我说："连长既胆小，何二爷亦胆小，四位官长又无能，究应如何？"陈顺肯定说："事实上，他们均不成，惟有在我们九个头目中公推一个。"此意见我亦赞成，商量决定之后，即进行活动，准备反正。

　　怎知我们的密谋竟有内奸向省方告密，我们还未举事，龙济光已派江汉、江巩等大小兵舰到来监视猪头山。兵舰驶到，陆续除去炮衣，炮口正对着我们。当此紧张时期，许多无胆同事，均弃械他逃，去其大半，仅余三四十人。即推陈顺为指挥，准备抵抗。但所剩之三四十人，平日既少联络，又无深挚感情，结合当然不十分坚固，大家亦无坚决抵抗意志。惟事已至此，不干又不成。我对大家说："事已至此，缴枪我们决不能，只有硬干。"后来，兵舰派人手执白旗掉小艇过来，当时，各弟兄意尚犹豫，我即乘此做成事实，即开枪向兵舰扫射，数弟兄亦跟着开枪，江汉舰即向空发两炮示威。我见各弟兄均无若何决心，知事不可为，入夜，即与陈顺密商。我说："事情不妙，我们究竟如何行动？"陈顺说："我们能同生死的不及十人，其他似都愿意投诚缴械，希望发两个月饷。"我说："若如此，大势已去，我们几个断难投诚。三十六计，还是以走为上计，等到明日，事情不知如何了。"陈顺亦同意，即邀约几位同生死朋友设法逃走。那时，兵舰因水浅不能靠近，我们得以从容从事。我们在猪头山驻了年余，各艇家均是稔熟，我对陈顺说："事既如此，我决意将你我两人之驳壳枪，及几个知心的长枪，今晚乘夜深水乾时，叫艇渡过南岸。所有枪用绳系于艇底，我们坐一艇，系枪于另一艇，即使兵舰发觉，亦无危险。"陈顺见我如是摆布，极为赞同。是晚十一点钟，即将枪支及重要衣物带放下艇，叫一艇先渡，无甚动静，各人然后再渡。有三位游水过河，我不甚诸水性，惟有坐艇。艇距对岸数米达，被兵舰发觉，兵舰以排枪向小艇扫射，我即跃入水，手攀艇边，小艇倾侧，我脱手下沉，旋即灭顶。幸离岸不远，水不甚急，脚踏浮泥拼命挣扎，始挨近岸。

　　我们六人平安到达对岸，互相庆幸，即将枪支捞起。此时艇家不能回头，又无处可遂，叫苦连天。我安慰他们，各赠十元为酬劳，并叫他们顺流放艇。艇家无可奈何，只得顺流而去。我们数人换好衣服，佩起武装，天尚未明。因兵舰之放枪，几乎将我淹死，心甚愤恨。我说："不如向兵舰报复，放两排枪再走未迟。"各人均有是心，遂向兵舰密放数十发，兵舰跟着向我们发三炮，降落甚远。那时天还未亮，即到疍家寮煮粥。食完，天已大白，我们恐兵舰派人追踪，即依原定计划向天河墟前进。到达该墟，找寻从前之相识朋友，暂时休歇。天河墟有民军十余人，欲缴我们枪支，但当时我们的朋友麦某，在本地颇有势力，且我们有了六支枪，亦不示弱，各民军遂不敢向我们为难。在朋友家住了两宵。我想，长此住着，终不是计，遂与各人商量。我说："而今我们仅得六个人，六支枪，力量如此薄弱，向人接洽，不会有若何好处，即使收容我们，亦不过想我们几支枪。我们如此辛苦跑出来，得不到好处，与其如此将枪送给人，较不如送给我们朋友麦某，我们也得个人情。而且麦某是有钱有势的人，断不会白受我们的枪，他一定会送给我们多少水脚。"各人听我如此说，均表示同意。我即向麦某表示。我说："我们现在无别地方可去，各人都打算暂行回家，但是我们带枪不方便，现在多得你收留我们在此，我们的枪就送给你。"麦某略为沉吟，他说："你们如此艰难奋斗得来的枪，送给我，我是不敢受，若果是备价，我则愿要。"我见麦某如此表示，自念每支枪总会送回一百或八十元。我即说："各弟兄均愿意将枪送给先生，至于枪价不枪价，那是不成问题。先生喜欢如何就如何好了。"麦某说："究竟是你们一场辛苦，你们回去也要水脚盘费，我而今打算每支枪送还你们八十元，驳壳枪则多送二十元，算是我给各位的川资。"我说："听凭先生处置。"我回来将麦某意思转达给各同事，各同事均满意。即将枪支送给麦某。当时因时局纷纭，各地匪风甚炽，自念我们得了此款，又无枪支自卫，难免不为人涎劫。我们商量，惟有请麦某派人送往九江，方可安全。我遂向麦某请求。我说："各弟兄恐路途不平静，拟请先生派人送到九江。"麦某说："可以做到。"翌日，麦某将枪价交给我们之后，即雇一艇亲送我们到九江搭省梧渡（该船挂外国旗）。下船之后，麦某始和我们握别。一场风波，到那时才算结束，我们也到那时才安心。后来闻说猪头山兵营被兵舰缴枪，各弟兄则给川资三元遣散。

我们六人到省之后，大嚼一餐，同宿一宵，始各散西东。我与陈顺则仍在仁济街某行居住。那时乃是我第一次到省，每日惟行街看剧，而于报纸，亦必买来看，不稍间断。时韶关已被李烈钧攻下，济军退源潭。西江

84

方面，桂军、肇军已占领三水，逼佛山。激战月余，济军败退，缩短防线，北路退至高塘石井，广三路退五眼桥、三眼桥。相持约两月，济军仍据近郊固守。我与陈顺商量，我说："现在时局如此，入伍无甚意义，较不如待时局复定再打算。"陈顺亦同意。时北廷袁世凯已倒，黎元洪为大总统，派朱庆澜为省长，南下调停，济军调琼崖，陆荣庭为粤督军，各省取消独立。时局平静，各轮船复航，陈顺说要往宝安找朋友，我则决意回乡一行。陈顺去后，自己即购多少物品，搭船回乡。在省两三月，除购物及旅费使用外，仍存有七十余元，心甚欢喜。

到家时，已六月中旬，正在收割时期。我离家两年，妻、弟见我忽然归来，甚为欢悦。吾妻说："你由省来信，说返家未定期，何以忽然返到？"我笑说："出门人说不定，行动随时不同，不是呆板的。"吾妻复向我询问外间风土人情。她说："你去已两年，别处的地方与我们乡间同不同？究竟省城各处有什么好处？你对我们讲讲，待我们发了财之后，也往省城行行，开开眼界。"我见她如此高兴，即向其取笑，故意说得神化。我说："我去了两年，好处正多。我个人知识，固然增加不少，我的性情，或者都有改变。至于省城各处地方，与我们家乡实在不同；就是比之罗定城，也是天差地别，万万赶不上。在省城各大埠头，有钱不用行路，又不用坐轿，有灯不用燃点，自然会着火，有水不用人担，便会流来。铁做的船不用人掉，不用人撑，自己会走，且快十倍。街上无日无夜不是火光焰焰，可似我们乡下做大醮、出会景一样，男男女女都穿着花花绿绿的衣服，非常之靓，好过我们新正头。"我说得天花乱坠，吾妻听了十分惊奇，却表示不相信。她说："你欺人未到过省城，就乱说哄人。究竟为什么有钱不用行路，有灯不用人燃点，有水不用人担？我不信，你讲。"我还是微笑地说："不是乱说，的确是如此。省城有电灯，透一条铁线到屋，灯就会着火光亮。有自来水，透一条铁喉到屋，水就会流到。有汽车，开制就会走。有脚踏车，两个轮前后摆着，坐上去也不会跌倒，踏起来走得很快。用铁皮装的船，安上机器，自己会行。到夜晚，电灯亮了，全城全埠都五光十色，直到天光。我不是讲假话，你不相信，可以问问去过省城的人，看我是不是车大炮。"吾妻微笑着，却说："我不信。"但也不再问了。

达锴二弟远走南洋之后，家中只接过他两封信，甚为记念。我料想他去时无钱，必定是入栈卖猪仔。曾闻过埠的人说，凡是自己无水脚过南洋的，都是要卖猪仔，最低限度要捱两年，才可捱过赎身，两年内都是有食无工资。工头对新猪仔客非常虐待，其苦不堪闻问。自己想着二弟如此去捱，不无为二弟悲，然亦无可如何。

我自省城回家之后，日中无事，惟有看看书，抱抱小孩，不觉已到八月底。接陈顺来信，他云在宝安县当游击分队长，叫我带一二人同往，并写明路线。我接信后，细想自己离家两年，虽无大进展，却有多少钱寄返家，亦多识几个人。家中谷米可以自给，无用忧虑，若果自己仍困守在家，用完这些钱也不是办法，而且自己前途不会有希望。陈顺既有信来邀，何不去走走，遂决心往宝安。即对吾妻说："家中有你料理，三弟亦能犁田，我在家无事可做，我想到十月初再往省城找事情。你的意思如何？"吾妻见我出门两年均平安，且时常有钱寄返，亦颇满意。她说："你去也好，不去也好，但是你去不可去得太久，最好每年返家一两次。"我见吾妻若是表示，出门之心更加坚决，即复函陈顺，说到十月初即可抵宝安。时间飞快，到十月初五，即偕邻村叶富、陈鼎两人离乡。初七到南江口，即依陈顺所写路线，往搭香港船到香港。叶、陈两人是初次出门，一如当年自己跟陈顺出来时之惊奇于所见者一样，我亦照陈顺当年对自己的情形，还诸叶、陈。当到南江口时，我对他两人说："凡事不明白，不可大惊小怪，大声张扬，免他人笑我们是初出门的大乡里。"他两人亦服从。港梧轮系单行船，较拖渡为速，不及一小时已到香港。香港情形比省城又不同，绿色的水一望无际，邮船、战舰比以前所见宏伟得多。堤岸整齐，马路上汽车之外有电车，比在广州又见识得多了。叶、陈两人见此景物，更觉惊奇。登岸之后，即埋小客栈，询问往后海之船何时开行。询得之后，即到街上观光，顺便到开往后海之停船码头看看。巍峨的洋楼，整洁的马路，高傲的西人，凶恶的印差，温文的小姐少奶，使我非常钦羡，却又不免自惭形秽。初九早，即往搭后海船。该船乃单行船，仅航行三点钟，已抵后海，但船不能靠岸，即叫艇登陆。后海离宝安城尚有八里，我三人各携带行李，依大道向县城进发。约行一点钟，已抵县城，略询道路，即到县署传达处找陈顺。陈顺即来相见，各均欢喜。陈顺带我三人安放行李，复带我们三人到外面食午饭。我与陈顺久别见面，自然问长问短，互道别后情形。午饭后，陈顺补我入游击队为班长，月饷有十六元。叶、陈两人则补为一等兵，亦各有饷十一元。我即寄信回家，说在此甚好。

入营之后，与各同事渐稔熟，闻说宝安原是新安所改，与东莞、虎门、太平接近，即香港亦宝安属。因鸦片战争林则徐守广东，英人不逞，转攻宁波，陷乍浦，逼金陵，前清畏惧，遂议和，赔偿军费，贬林则徐，割香港。闻说之下，心甚恨惜。在宝安，每日均出操，一面学一面教，两个多月的时间瞬间便过，又是新年了。

调任警长，重游省城

民国七年（1918 年）

自与叶富、陈鼎到宝安投奔陈顺之后，为时已三月。每天除出操场及派更勤务外，都无别事。游击队驻在县署，自己亦甚少外出，与外间接触不多，知识因亦无若何增加，静极思动，颇有厌倦之心。细想游击队非正式军队，名义既不甚威武，做班长虽有月饷十六元，但局促在一个县里，发展机会不若正式军队之多，为前途计，遂生他图之想。年宵时候，与陈顺等到城外游玩，东拉西扯，且谈且行，我乘机吐露我之意思。我说："在此已有三个月，照差事论，月饷既优，事情又清闲，可算极好了。惟想到将来前途，则不如到正式军队去较有希望。"陈顺说："在正式军队里当差，发展机会虽然多，但无好上官栽培，也是极难，等于无前途，不如在此等候机会，慢慢再图发展。"我见陈顺如此说，知他不甚同意，而自己与他如此要好，他既如此说，自己就不好意思说走，然又无言可对，只得岔开说话。我说："我们自到宝安，日日都做着勤务，甚少外出，现在我连东南西北的方向也不清楚，不如到大新街（距城二里）行行，看看年宵光景。"陈顺允诺，遂同往大新街游玩。

南头——宝安县城街市地方，虽无江门之繁荣，但在年宵期间，却比江门更为热闹。红男绿女，均艳妆华服往拜赤湾庙成群结队，络绎道上，种种色色，美不胜数。尤以疍女及省港之神女更为迷信，彼等远道而来，耗资跋涉，亦为一拜此木偶泥像，可谓愚矣。而最使我惊奇可怜的，则为南头之贫苦妇女，我到各地所见轿传伕，均为男子，而在南头，则全为妇女，为我二十六岁来第一次所见，怎不惊奇！宝安近海，海产极多，尤以沙井蚝为大宗，荔枝亦年出不少。县民好斗，姓氏宗族观念甚重，大族欺小族，强房压弱房，每因小故即成械斗，焚杀之惨，甚于兵燹匪祸。近日风气渐开，闻不良之械斗风尚均已无形消灭了。

闲游数日，稍解积闷。时至二月，队长羌某调大鹏城任警察分所所长，陈顺保我往当警长。我犹豫两可。陈顺说："去做警长胜现在当班长。"我说："我不懂警政，怎样去？"陈顺说："做警长，也不怎样特别，你去做就得，我们不一定专做一种，凡事学学就会。"我见陈顺若是挚爱，遂答应往做警长。交代了班长职务，即随羌所长往大鹏。我们仍搭后海船到香港，过九龙，搭火车到大埔，下车复转小火轮到叠福埗岸，再步行二十多华里，经王母渡始到大鹏城。所长接任后，我亦接警长职。警兵十三人，而枪支仅有七八支毛瑟。我见此种枪支，就不开胃了。警长月薪二十元，警兵则十元。对于警政，我固是外行，就是所长也不知警政是何物。警长、警兵简直是所长的卫队，平时则收收警费，有案则传票，此外则一无所做，实在亦不用如何学习。中国的政治，就是这样不能因才录用，使各种设施因而停顿，失其政治原来作用，或反而起相反作用。是以政治至今未能上轨道者，各公务人员之不能因才为用，诚一原因也。

大鹏城负山面海，对面为东山东涌、西涌两坑，山后为惠州属，越山行三十里则为淡水，而距南头城则一百七十华里。由南头遵陆至大鹏，须经深圳沙头角，沿海边行，道路崎岖，步行甚苦，故一般行旅，均改道经香港，而大埔，而叠福。大鹏耕地极少，村民多以航海及捕鱼为业，往南洋者亦不少，年间以出产咸鱼为大宗。前清时候，以大鹏近海，且为边界，设有守备，而我们到时，则为十四五人之警分所矣。大鹏地方偏僻，风气闭塞，人烟稀少，文化未开，村民虽和平易处，究无可交游，无所增益。到大鹏两月，终日浑浑，无所事事，生活虽不苦，而好动之我则颇感无聊。平地少见人伦，惟有登山临大海以舒胸怀。有时登高远望，见大海茫茫，白浪滔滔，不知何处是岸，不免触景伤情，感怀身世，自念家境若是困难，二弟又远走南洋，目前生活虽不甚差，究非发展之所。光阴迅速，年龄已非少，渺渺前途，不知如何登程，又如何归宿！四月，吾妻来函，云二弟有信回家，说两年后必回，我料二弟乃卖猪仔出洋，虽已两年，必无若何好景。不过有平安信回来，亦稍慰思念。那时，报载宝安县县长更动，所长一职固属换人。警长之席，虽非好缺，但俗语云"一朝天子一朝臣"，我亦准备收拾行李了。

五月一日，新任县长已到任，派来大鹏之新所长谢某，亦于初三日到大鹏接事。新旧所长交接后，我亦呈请长假。当时自己甚讨厌大鹏生活，亦不欲恋恋此不生不死之警长职位，甚希望批准假单，可以远走高飞，另行他图。怎知事出意外，新所长对我甚为客气，当我呈上假单时，他说："听说你在此办事甚好，我初到此，各种情形均不熟悉，必须留你帮忙。"我说："我本军人，不谙警政，若贪图此位，终为盛德之累，恳所长准予所请。"他说："你不要再客气，就在此帮我忙好了。"自念新所长意似诚恳，彼既不准走，若果自己硬要走，未免太难为情，只得忍讨联任，以待时机。后来，谢所长对我的确不错，不独每月加薪五元，而且要我同席食饭，情极亲切。我自离家做事，所过均属士兵生活，不遭官长白眼，已是万幸，而谢所长对自己若是青睐，实为我出门以来第一次之遭遇，心甚感激欢慰。

谢所长对我既好，我亦不若往昔之沉闷，度日甚易。吾妻五月二十九日来函云："五月二十三晚分娩，举一男（即二男绍辉）。经数日，大小平安，若有钱，请寄些回家。"我接信之后，心甚欢喜，细想家庭虽困，而两年来生活不错，今得一男，虽不足为荣，所谓财丁两进，亦窃窃自喜。即将存饷五十元寄归家中，并写信嘱吾妻，对于家内食用不可太过撙节，免使营养不足反为致病误事。上官既若是知遇，家庭又不用忧虑，数年来处境，未有当时之顺利。

谢所长不独忠厚和蔼，学问知识，亦颇丰富，我自蒙他知遇之后，除办理公务外，日必与谈天。我无所不问，彼亦无所不答，下而社会琐闻，上而国家大事，无不剖析解说，尽其所知，使我增益不少，相处数月，遂成知交。后来我当师长时，屡按旧址去函访寻，终不见复，至今引以为憾。我两人既相得，时间亦容易过，不觉又是中秋。有一天，报载宝安县长因事调职，自然我们又要准备引路了。当我们在闲谈时，我说："现在的县长，到来还未够四个月又更换，不怪得做官的人，都存五日京兆心理。"所长说："其实到任四个月做得什么事？中国弄至如此政治，确实无法弄好。"此时，我决心离开大鹏，即对所长说："前次所长到来，如此恩典，留我在此，数月来，又得所长教导，我实在感激不浅。而今所长交卸，我亦不愿在此做，而且来接的人，不知性情如何，断不会有所长对我之好。万一他待所长去后，故意作难，嫁灾移祸，那时不就更糟？我想请所长先准我假，较为妥当。"他说："大约他来不会如此，留得你也不会如此无心肝，到时再算吧！"九月初一，新所长来了，谢所长率我们到三里路外地方迎接，对新所长礼貌极周。交接之后，谢所长复请新所长食晚饭，叫我作陪。当食饭时，谢所长对新任说："我到此四个多月，均得蔡警长协助。蔡警长乃前任所用留下来，非我带来的人，而今蔡警长拟同我一齐走，未审阁下之意如何？"新所长黄某见谢所长当面如此说，不好意思当面说什么，即顺水推船说："如果蔡警长仍允在此，我甚欢迎。"当时，我见新所长同来有四五个人，闻说都是亲戚。我想仅是一个分所长就带四五个人，若不是将旧的撤换，如何可以安置？警长一职，自然不能免，与其恋栈被撤，较不如趁旧所长未去，自己请假为妙。遂即呈上假单，新所长依然故作假惺惺请我去问。他说："你真是请假吗？"我说："真的。"他说："你为何不在此？"我想，他带着几个人来，还做出如此虚伪态度，实在可笑。好在我是打定决不再留的主意。我说："我到此已八九个月，我家因为二弟出洋，无人处理，屡次写信催我回去。前月我妻产子，我本想即请假回家，听说新所长就来，所以我等到交卸后再走。我实在要回家去看看，请所长批准。"他的官僚气摆出来了，他听我说后，对我望望点点头："唔，你真要请假，你先下去。"我见他如此气焰万丈，反使我对他生鄙视心。刻薄地说，看他口唇黑黑，一定贪污兼做贼。不久，假单批准了，我满心高兴，立刻交代警长职务，与谢所长一同离开此偏僻而又人烟稀少的大鹏城。

我们依照来时原路步行到叠福，转搭小火轮到大埔，乘火车至香港。到香港后，两人住在近海边一间中等客栈。住了两天，谢所长说要往上海找朋友，他问我如何行程，我说上省城游几天则返罗定故乡。临别时，大家都似怅然若失，谈话亦不若平日之起劲了。谢所长到大鹏四个月，经我所收得之警费，除去各种开支，所剩不过四百金。他无家室顾虑，是以对于钱文不甚重视，我们在香港，所有食宿使用，均由所长支付，他并送一套十余元的西装衫料给我。他知我穷困。临别之日，又赠送我三十金。他说："你无钱使用，此钱送给你做川资。"我真是感激万分（以前我之上官，谢所长第一个待我最好）。两人早饭后，即检拾行李，我送他搭船，到太古船时，已近黄昏，及呜呜开行，始辞别上岸。船离码头，我扬巾送别，不觉黯然神伤，故人分别，从此后会无期了。

送谢所长去后，我即回栈。距省港夜船开行时间，尚有两点多钟，即写一信寄宝安给陈顺，将自己在大鹏辞差情形及到港后行踪，告诉给他。九时，往搭港船返省，大舱位收港币五角，颇为便宜，惜黑夜行船，未能瞻眺沿岸景色，虽有新月，究是朦胧，终不能一看我粤珠江口之咽喉——虎门与黄埔，尤以为憾。翌晨六时，船抵白鹅潭，眺望沙面，堤岸整齐，绿树、广场、洋楼使人钦羡，与广州仅隔一沟，便判若两地，诚可慨叹。七时，船已泊定西濠口，即登陆往回拦新街某行寄住，每天食宿费收五毫，以月计则收十三元。

当年离猪头山时，曾到省城居住两三月，相隔年余，情景亦殊。当日观音山及近郊各处，均属军事要地，禁止市民游眺。自龙济光倒台后，各地均开放，有此机会，我遂决定在省城逗留一星期，遨游各地，始返故乡。抵省城第二日，早饭后即与三两同乡往游观音山。抵山麓，见一天桥由半山直通督军署，甚为愤恨。龙济光当日在粤，凶残苛敛，粤民无不欲得而甘心。彼住观音山上，日须回督军署，恐出入为人狙击，特做此天桥。闻山上有一隧道，通别地甚远，此天桥、隧道总共耗去款项千余万元，究未知事实如何。龙严密自防，终归溃败，徒耗民脂，空自扰耳。抵山顶，均败瓦颓垣，所遗二十四生的大炮，犹搁置炮台上，而机件已损失，不堪用矣。当时闻人说，该炮射程可达虎门，心虽不信，亦惊其伟大。龙氏住所在镇武楼下一黑穴，人云是隧道，漆黑不见底，游人无敢试探。我立山顶，俯瞰全城，屋瓦嶙嶙，珠江如带，甚为壮观。复登五层楼，纵目更远。归时已将晚餐，夜往游东园，游客甚多，或憩坐树下，或缓步喁语，红男绿女，掩映灯光下，与花卉争妍，花香粉香，到处皆是。

第三日往游白云山，参观瘦狗岭龙氏所建炮台，在沙河食著名之炒粉。回时，到黄花岗瞻仰七十二烈士陵墓。细想当年烈士为民族而牺牲，其奋斗勇敢之精神，摧毁数百年根深蒂固之满清政府，建立民国，其丰功伟绩，使人钦仰。我行三鞠躬礼，致敬后，行陵碑一周。农林试验场距黄花岗半里，西南护法军政府即设于此，那时，总裁为孙中山、岑春煊、唐绍义、伍廷芳……。回想当年倒袁讨龙之情景，犹萦绕脑际。回栈时，已近黄昏。是日步行疲倦，晚饭后不复外出，即就寝。

海幢寺为粤省著名寺院，占地甚广，僧徒甚众。我于抵省后第四日往游，早饭后与同乡区某搭艇过河南，过海艇每人仅收四银钱，登岸后，即遵道到海幢寺。游喜佛殿，游观僧院，佛像罗列，颇形壮观。河南街道狭窄，比河北更形肮脏，无可玩游，遂返寓。晚饭后，与三两同乡到海珠戏院看粤戏，三等票价收三毫，是晚，出头为《士林祭塔》，著名之花旦李雪芳饰白蛇精，服装新艳，且配景色。时乾电初用，即以之饰舞台，名伶出台，光彩夺目，当时叹为观止。看至深夜，始行归寓。城隍庙在惠爱街，九流三教之徒，尽汇萃于该庙。庙内庙前，修脚、补鞋、占卦、算命……约数百台，各向游客兜揽生意。卖唱之盲公盲婆，亦各拉其不协调之二弦，唱嘶哑之时曲，向人乞钱，状极可怜。鬼王殿内乌烟弥漫，而时髦之太太小姐，则摩肩擦背，跪拜于其中，祈求丁财。参神之后，复穿插于九流三教之中，立坐于盲丐流氓之前，听凭品评议说，亦不以为羞愧，可为怪社会中之怪现象。在二十世纪中仍有此污俗现象，执政诸公，仍不以为耻，尤为可怪。大佛寺以大佛名，亦一往参观。我返省后已逛五日。这日到大佛寺，见和尚数十，在佛堂拜跪，呢呢喃喃。我一生与佛无缘，仅一瞻望各大佛像，便往西关十八甫等处游行。晚饭后，复请两同乡到东关戏院看戏。当到东堤时，一列十余座洋楼，每座均灯光明亮，绿窗红帘，五光十色，锣敲笙歌，几响遏行云。我对同乡说："那边也做戏，去看看好吗？"他们却笑说；"那边唱戏，唱法不同，非有百十元，都不能看。"我莫明其妙。我说："为何要如此多钱？"他们说："那处就是东堤大寨；住的都是高等神女，乃二世祖、纨绔子、官僚所到之地，我们亦能有此妄想？"他如此说（我素来不服气，在民国十三、十四年时，与邹某一班到该处观光观光），我点点头，即到东关戏院买二角钱一张的三等票三张。是晚做《夜送寒衣》，系千里驹伶以男扮女。人云其做作甚好，其实做作肉麻，我却看不入目，不终场而返。

逛游六日，平日所闻名之地，几已游遍。时归家之心已急，清早起来，即往购衣物，清栈租，下午，搭省城拖渡，西上回家。未抵家，天已入黑，及抵家门，大门已关上。听门内小孩哭声呱呱，我长女、长儿则叽叽咕咕，当我叫门时，长女在门内问："哪个？"我答以："我！"吾妻再问："你系哪个？"我说："我是大兄。"吾妻知是我回来，即抱着四个月的小孩绍辉儿出来开门，他还未停哭。我初见小孩，甚为疼爱。我说："等我抱抱。"吾妻说："他刚睡醒，正在烂哭，你怎好抱。"我抱过来，小孩竟停声不哭。吾妻笑说："这小孩确实奇怪，或者他知你是他父亲。"时各人正在食晚粥，吾妻叫弟妇煲饭，三弟则倒水给我洗身。饭毕，已三更时候了。是日由大湾登陆起岸，挑四五十斤行李，跑八十多里路程，身体极为疲倦，下床不久，便已睡去。吾妻问我别后各事，我只是含糊以答。翌晨起来，觉周身骨痛，脚面稍肿，此乃疲劳过度所致，遂不出门，在家休息。吾妻说："此次你去了一年，顺境不顺境？"我说："过得去，现在大约有五六十元回来。"吾妻说："还有两个月就过年，现在各处土匪四起，你今年不要出门了。有你在家，我们全家人都较安心。"我说："我暂不他往，我住在家，有何事可合我做否？"吾妻笑说："去山耕田你都不会去做，除此只有抱仔啦。"那时我家正在种麦，各人都去工作，无形中是我看屋抱仔。

妻、弟、弟妇等均能勤俭，年来家境渐渐好转，自己出门亦颇顺境。

惟二弟未归，心时记忆，稍为不快。我返家之后，冬耕已完，农事既过，甚为安闲，我有时在家抱抱小孩，有时亦锄草种菜，或携粉枪打猎。时间飞快，不觉已是年二十六七了。即往罗镜墟购买年货，家境稍好，自然各种也齐备，而且我在省城买了些布匹，大人小孩均做一套新衣，自己亦做一件长衫。我穿起谢所长赠我之企领西装，派派然，俨然具有富家外表了。

办商团起首做官

民国八年（1919年）

自大鹏辞差归后，妻弟辈以时近岁晚劝留，已亦以辞差方归，稍事休息，遂赋闲家居。我既不用做田地工夫，亦无若何忧虑，日惟抱儿、打猎、看书，亦颇能悦心养神，自得其乐。两个多月时间，忽忽过去。年宵时候，姑母、家姐及各亲戚故旧都来相探，甚为高兴，尤其是姑母和家姐。

三罗自民元以来，盗风正盛，虽屡经警卫军及肇军驻剿，而军队去后，匪又复起。时罗定驻兵均调下省城，土匪遂乘机蠢动，截劫行旅，掠村掳杀，时有所闻。罗镜为罗定之一大市场，商业既繁盛，货物及行旅之出入，因亦众多，金山迳、牛路迳、双喉马吻等险要地带，又是盗匪出没之所，罗镜商人遂有设立商团之议。谊弟区宗麟为人侠义，素得商民信仰，此时，各商民均拟请其办理商团。商民亦知我从军多年，颇具胆识，因亦请我与区合作。初十日下午，罗镜商会来函，约于旧历正月十一日到罗镜商会开会，讨论治安问题。同时也接到区宗麟来信，邀约赴会。接信之后，我尚犹豫，继念事关本乡治安，且家居无事，遂决意赴会。十一日早，即到罗镜墟，先访区宗麟，后到商会开会。各商民均推我及区宗麟负责成立商团，维持治安，并推定区为正队长，我则副之。我两人即从事组织，三日内已集合四五十人并筹得枪械。成立之后，驻罗镜墟内，派队保护河道及通罗城之交通大道。那时，队长月薪三十元，我则二十元。商团成立之后，我与区得地方人士信仰，地方痞棍不敢作恶，即三五土匪，知我与区之勇敢善战，亦不敢有所动作。间有顽冥不灵之徒，欲图抢劫，亦必为我两人剪除。不及两月，罗镜附近及来路土匪，均被消灭净尽，地方治安因而平静，而我与区宗麟在地方上更露头角了。我们所带商团，虽非正规军，但每日均须出操。训练两月，各弟兄之身体精神，甚为壮健。各商民见此情景，无不叹羡佩服我们两人。

我办理商团，既毋须远离家乡，声望亦好，心中窃自欢喜。除捕匪及出操外，间有应酬，而看书阅报，亦日不间断。时报载消息，省城时局又有扰攘，调驻琼崖之龙济光仍望死灰复燃。那时龙济光受北京政府笼络，令其渡海攻雷州，来势极为凶猛，不及月余，陷高雷、电白、两阳，四邑、江门有旦夕危殆之势。后粤桂大军往援，击溃济军于阳江，电白、水东、茂名各地相继收复，济军残部据雷州死守，为时三月，终于被根本肃清，其在琼州之实力亦无存，龙济光则只身走北廷。溯其盘踞我粤多年，作威作福，刮削民脂民膏，不下数千万元，为当时军阀之最富者，当日之雄，确睥睨世，结果还不免如此下台。

有一天早晨，我刚在看报，得接密探报告，谓有龙济光散军六七十名，武装齐备，已窜到信宜边境北永、定塘等处，观其来势，有窜扰罗镜墟之意。我接到此密报后，即与区队长密商，为防止其骚扰罗镜，即派队前往堵截。我们未到达目的地，该批散军已陆续将枪售给民间与土匪，当我们围缴时，仅获枪十余支。我们恐枪械落于匪手，再追缴其出售之枪，共获三十余支，且皆为良好七九。经此之后，罗镜商团之实力更为雄厚。当时商团之力，除保护商民水陆交通外，可维持五十里内之治安。五十里外，则以团员过少，力不能及了。

肇军自返省后，仍设留后方于罗定城，其后方主任为梁燕南。那时，该部奉命在罗定成立肇军游击第一、二、三营，直辖于统领部后方，分驻三罗，专负剿匪之责。罗镜商会得此消息，即与我及区队长商量，欲请肇军驻罗后方，将商团改编，以减轻商民负担。他们说："他们维持地方如此得力，我们虽用去大批团费，甚为值得。惟长此支出，商会无能维持，若果解散，你们出了如此力量，有如此成绩，不独对不住你们，而且十分可惜。以我们见解，不如趁此时机编为肇军，既不用解散，又可减轻罗镜商民负担，而且是驻在罗定，依然可以维持地方治安，此实为两全之策，未知两位以为如何？"我听他们如此建议甚有道理，为公固应如此，即为自己打算，改为正规军，较之商团实在好得多。而且入正规军当差，乃自己夙愿，自然允诺。区队长亦甚赞成。商会得我们同意后，即与肇军驻罗后方商洽。商妥之后，后方派员到罗镜将本商团结束，改编为一连，以区宗麟为连长，我则为中尉排长。当时因为枪支尚不足一连，欧雄、欧搏鹏补充枪支若干，则委以二、三排排长，暂驻罗镜训练。从此之后，我为正式军官了。

不久，本连奉命移驻连滩，上峰委陈铭枢任营长，邓世增任营教官，训练甚为严格，连教练员亦极认真。我虽出门从军多年，操场动作稍知一二，而对于步兵典范令却是门外汉，甚为惭愧，惟恨自己当时未受过军官教育耳。做军官不识教练，实在是一件最丢面的事。当时，同连官长均未受过军事教育，对于学术科我尚且如此，其他则不问可知矣。在连滩训练数月，以罗定属之金鸡土匪猖獗，本连遂调驻金鸡。剿匪期间，亦从未停止教练员之严格训练。在金鸡驻防三个月，又调驻罗阳分界（罗定与阳春交界处），从事清剿西山之匪。清剿后，地方安静，我亦请假回家一行。

那时官兵生活甚苦，每日只发伙食，官长毛洋四角，班长两毫半，士兵二毫。改编已有十个月，依然一样。我们终日如此捱，亦无怨言，只希望将来有饷发。怎知一日过一日，一月望一月，终是空盼望，此种待遇，究竟是上级规定，抑或中级克扣，或军需打虎头，至今依然是谜。我在当时做了十个月排长，不但无钱返家，反而要向家里拿钱来用。昔年之积蓄，已为我用光，家中境况又转困难了。当我抵家时，吾妻对我说："自你改编为正规军任排长以来，丝毫未带返来做家用，反而要从家里拿钱去，究竟是何缘故？"我说："上头未发过饷，自改编以来，官长每天只发伙食四毫，每月除去伙食，所余仅得四五元，安有余钱回家？"吾妻亦无言可说。那时良水（即绍辉）已能行走，初识叫人，甚为有趣，家中虽苦，有小孩之天真为协调，亦觉快慰。我在家住了两天，又须返营。深秋风冷，即捡旧存寒衣两套，与妻弟告别。

回营之翌日，接密报谓河朗（阳春属）有土匪百余啸聚，四出劫掠。闻报之后，连长不在营，即由我率全连往剿。将到河朗，土匪竟以数十人拦路抵抗，我即以一排兵力突前，将其击溃，旋即直逼河朗，搜索前进，不及两点钟，已将土匪击毙过半，余匪则据河朗附近大村庄碉楼抵抗。我即令一排搜索小村庄，另一排分守各通路，以围困匪巢。观察清楚，知某屋有匪即断然进攻。为时两日，我军逐步攻破有匪之屋，土匪缩据数屋，至第三日，有匪之碉楼，只存三座。我军愈逼愈近，匪拼死据守顽抗。当时我军仅有步枪，知硬攻不易得手，遂筹毁楼之法，即令阳春县属民团及绅士，在半天内搜集土药三百斤，土人农锄数十柄及棉胎等物。筹集之后，即令士兵持锄靠近碉楼，以台面张湿棉胎为掩护，掘楼脚约五尺深，埋土药十余斤，以沙纸为导火线，"轰"的一声巨响，烟尘弥漫，碉楼全座倾塌。其余两座，依法炮制。不及半天，三座碉楼，均全炸毁。匪无险可据，遂被我尽行歼灭，百余暴匪除在山中逃走少数外，余均被击毙或生擒。是役获枪七十余杆，我部亦伤亡士兵十余名。经此之后，罗阳地方即告安静。我将经过情形呈报营部，营长陈铭枢甚为嘉许，赏全连官兵一百元，特赏我三十元，并记功一次。我做官第一次建功受赏，甚为欢悦。

时船步附近之八排山亦有匪盘踞，出没无常。该山延绵广阔，极为雄伟，附近人烟甚少，官兵往剿，东来则西窜，西来则东窜，极为困难。罗阳安静之后，我连奉命往剿，搜索三日，收效极微。后来全连开往八排驻剿，以该殷匪日则隐藏深山避而不见，夜则四出劫掠，夺物绑票，山深林密，无法搜索；兵去匪来，剿无可剿，颇感棘手。寻思兵少山大，围攻固不易，挺进又失目标，惟有施以调虎离山之计，或可收效。计决之后，即佯言离八排山，稍为撤离，专派数人侦察匪之夜间通路。经一星期后，已侦知土匪之往来小路，我官兵亦熟识附近地区，我即派兵在夜间伏守谷口隘路截杀。有一夜，匪大出肆掠，竟中我计。我本分四处堵截，有三处截获，是晚被我部击毙或生擒之匪七八十名，已为该批匪之大半。余匪四散，不敢再在八排山藏匿，附近得以安宁，我部则回驻船步。迨后陈营长对我另眼相看，时加慰勉。击溃八排山匪后，事务稍暇，我又回家一行。

那时正当下造收割，我抵家时，吾妻弟及弟妇等均已出田间工作，只我三个儿女留在家里，他们正在门口玩泥沙。二男绍辉尚未满两岁，我甚少在家，与我不熟，他见我行近，便睁小眼呆望，似畏生面。当我伸手欲抱，他却走避，直至他母亲由田间回来，始敢返家。他倚在母亲怀里，极天真地用手指着我，向他母亲发问："阿嫂，这个是哪个？他想抱我，我就走开。"吾妻对我微笑："好啦，仔都不认父亲了！"我说："因为我甚少在家。"吾妻复对二男说明，他也似乎懂得关系，当我伸手去抱，他就再也不走开了。后吾妻对我说："此次有钱带回来否？"我说："饷银则无，惟剿匪有功，营长赏我三十元，现在已带回来，但此后又不知何时有钱返家了。"整年不发饷，我须能捱，而终年食粥苦做之吾妻，则意颇不耐。她说："无饷发的官，你为何仍要做？倒不如返家抱小孩，让我多做些工还好。"乡村妇女自然眼光短浅，而当时军饷竟成年不发，无怪军人家属之有怨言。幸我当时心志坚定，不因生活之艰难而稍灰心，不为吾妻之烦言而沮志。我只有向她慰解说："现在虽然无饷发，将来定有发给。如果我辞职返家，无事可做，也不多食家中几担谷种，于将来自己前途反更困难，还是捱下去好。"吾妻所说，不过为一时气愤之语，见我若是解释，她亦不再多说，只说："随你意思，我不强你。"在家住了两天，又复回营。

罗定各地土匪经几次清剿之后，无所依据，地痞、流氓均不敢捣乱，地方亦渐安静。我返营后，日惟训练士兵、看报与读操典。入肇军一年，当无饷之义务官长，经济生活虽极困难，而上官之挚爱与学术之增进，精神上却极为愉快。

入陆军讲武堂

民国九年（1920年）

　　我自加入肇军以来，与全连弟兄同度无薪无饷、无衣无服的孤寒日子，同捱爬山越岭、出生入死的辛苦生活，整整一年，可为无片刻舒适，无一日愉快。新正时候，家家户户都高高兴兴，大鱼大肉来举杯欢慰自己一年的辛劳，即使至贫至苦之家，也开怀痛饮一两天，而我们却依然寒酸过日。当时我和连长区宗麟，本拟筹十元八块来犒赏全连弟兄，聊作慰劳加菜之资，怎知竟无可筹。身当连、排长，在过年时候无法筹十元八块来慰劳弟兄，实亦为千古奇闻，我相信只有肇军的游击营才会如此。但后来我在某处与前肇军兼司令李子云先生闲谈，谈及当年肇军游击营之艰苦情形时，他说："安有不发饷之理？该部军饷不独领足，而且领长，如果你们无薪饷，就是他们克扣。"证诸当日××之奢华生活，在省城建大洋楼，一妻六妾，尤还花天酒地，与克扣之事实相吻合。为一己之奢华生活，而令数千部下无一日温饱，此种贪污克扣上官，至今谈起，仍不灭我在当时对彼之怨恨。时罗、云交界之富霖地方土匪又复猖獗，本连奉命往剿，全连官兵如此可怜的刚度过新年，又须往捱冰天雪地爬山越岭之剿匪生活了。

　　时连长适返乡，全连由我指挥。正月二十日，全连开到富霖，我即探询匪情，知土匪六七十人盘踞富霖附近石山洞。探悉道路及附近地形后，即部署围剿，向匪巢进攻。匪借山石掩蔽，凭险抗拒。硬攻两日，无法接近，匪仍恃险顽抗、不思逃遁。当时心颇焦急，熟思接近之法，遂就地取材，搜集禾草山草，分束重叠，以方台数张盛禾草山草于其上，作为掩体。禾草湿水重叠，颇可避弹，且不甚重，容易移置。我们借草束掩护，逼近匪穴，匪无可逃，遂被我们一网打尽，无一幸免。而我当向匪逼近之际，却不幸被流弹创伤右足下部，幸未断骨，后来医治二十天，便又痊愈复原。肃清该批土匪之后，我连开回金鸡驻扎。

足伤痊愈，已是二月底。清明时节，我回家扫墓。抵家，吾妻又照旧问我："有钱带回来拜山否？"我笑说："有。"她说："有多少？"我说："二十毫。"吾妻笑不复问，掉头而去，对此无薪之官，吾妻实已不耐。她行不数步，复对我说："我以为你当了官，总会好过旧时，谁知你做了一年官，却未见过你一分一毫，而今脚又伤，何苦仍在此捱！"我听她说后，甚为难过。的确，在肇军十四个月，除了剿匪所得犒赏三十元带回家之外，并无分毫带回过。但当时自己决心为前途奋斗，遂又慰解吾妻。我说："我在此捱，非为目前的官及钱，一来剿匪是为地方安静，同时是为自己将来前程，你不要固执只看目前。"吾妻见我若是坚决，亦不再多说。扫墓后，自己带回两角钱作沿途茶水费，一百二十里长途，一天赶回金鸡，空肚跑路，亦云苦矣。

返营之后，闻省城又有纷扰。后阅报载，知省长李耀汉及翟汪出走香港，省当局派林虎为肇罗镇守使。林军西上扼峡口，逼肇城，不数日，事已解决，八年来的肇军，从此解体了。驻扎金鸡之我部，当时奉命调回罗定城听候改编。到罗数日，林军长派帮统杨鼎来罗收编，我游击营改为护国第二军陆军游击第四十三营（我们"游击"两字，始终不脱，似乎我们是常惯游击，讨厌），我连调连滩，我排则分驻古蓬，经持河道交通，不久又调回罗镜。那时肇军不战而溃，虽有收编，而散于各地亦多，当时罗定就日有溃兵发现。因时局影响，各地散兵土匪乘机活动，我连终日绥靖地方，无时空暇，捕获要匪亦甚多。

有一日，我解匪往罗定营部，营长陈铭枢对我说："你办事努力，剿匪有功，送你往陆军学堂读书好不好？"我在肇军捱了十四个月无饷的排长，不过是为着将来，每想起当排长不识学术的痛苦，时常都希望得一个机会来学军事学术。那时，听说营长要送我入陆军学堂，我满心欢喜，即答说："我不归连，就此前往好不好？"营长说："你既欢喜去，不要急，还有一个星期才启程，你回去将你的职务交代清楚，然后出来再去未迟。"翌日，我即回罗镜，将送入陆军学堂之事告诉各同事，各同事甚赞成，且预祝我的前程。我之排长职务，营部已派员来接充，交代清楚之后，即返家一别妻弟。我将被选送入陆军学堂之事告知，并说明入陆军学堂之好处。我说："在此做一个排长，自己无军事学术，发展是不容易。现在入陆军学堂捱年余，总可以得个根底，同时也可以多识几个朋友，将来做事也较容易。"妻弟听了我话，亦甚欢喜。吾妻说："横竖你做了一年排长都无钱回来，去陆军学堂还好。"吾妻弟如是欢喜赞成，自己更是满怀欣悦。稍谈家事，亦不住夜，即匆匆返罗镜连部，与各同事话别。翌日晨，行路往罗定，即谒营长。营长说："你入陆军学堂后，要努力求学问，不要怕辛苦，不可中途灰心。你的排长缺，虽然已另派人，但你毕业之后，不一定在你本连或本营，有了学问，到处都可以做事。现在本营共选送五名，他们已先行一日，你明日就可起程，不要再耽搁了。"我听了营长吩咐之后，亦无何种感想，惟一心一意盼望早日到省城即入学堂。

第二天绝早起来，整理行装，搭船离开罗定。到省时，即往长堤，到当时约定的某客栈找先来的各同事。到栈后，先来的同事高建候、刘绍汉、国芬荣、谢树强、宋鸣伍、沈载英各位均在，相见甚欢，我就和他们同住在该客栈。翌日，我们同事七人，步行同往小北飞来庙讲武堂报到，旋往指定之某西装店量做军服。时已旧历七月末旬，是月二十三日，绍基女出世，距开学日期不远，我们遂迁入讲武堂。

八月初一日，讲武堂开学，礼甚隆重，来宾甚多，堂长林虎亲来训话。礼毕即编队，学员三百余人，分为两大队，每大队辖三个区队，共六区队。我以身体硕长，编在第一大队第一区队第一排排头。寝室循队列号，我住在第一寝室。当时规定我们的肄业期间为一年半，扣足十八个月。教育长胡谦，战术主任谭联甫，兵器主任朱兆熊，筑城主任许兆熊，算学主任欧阳琳，大队长潘岱宗，我队的区队长吕梦熊，助教翟瑾、姚纯，其他各教官，或为士官学生，或为保定学生，各具相当学识。各种教材，亦甚丰富。当时各学员均感满意。而我对各教官则无感情可言，当日之军阀教育，实亦令人不满，处罚随各教官之喜怒，动作稍不如意，则或拳或脚，不管是否要害，乱打乱踢，指挥刀亦随时劈到学员身上。真是当学员如牛马，将操场作刑房。而使我最不满意者，则为教官之偏袒。同学中不少军、师长、司令之公子哥儿，教官对此等公子哥儿则特别客气，不十分管束，即正系军队送来之学员，亦另眼看待。而对于我们改编军队送来之学员，则全看不上眼。管束严厉，尚易接纳；而白眼相看，则难极忍受。我素性倔强，处此情景，屡起不平之念，继思身在学堂，乃在求学不是求气，心难愤恨，亦只有哑忍。若有同学或教官看我不起，我则更自高傲，看他不起。当时，各教官会有若是短视与冷热心肠，诚不可解。

开学翌日，即开始各种教练。我虽从军多年，亦曾受严格训练，而于小动作，仍间须改正，而许多未受过军事训练的同学则更苦矣。教官教他们动作，俨如新教牛稚犁母一样，一周之后操正走仍有不少犯左手左脚的毛病。那时功课每天三操三讲，夜晚自习，一天到晚。几无一刻空暇。初尝此种严厉教育，颇觉艰苦，然为自己前途计，亦只有坚忍强学。两星期后，徒手教练已完毕，则持枪出操。枪与刺刀时常会碰着自己或同学的手脚，如此经一星期，加上假弹及弹盒，多了几斤，较为辛苦。入学两个多月，不能受苦的同学已私逃十余人，因病而退学者亦有数人。我是从小劳动惯了的穷小子，不比其他公子哥儿，饭量既不减，出操日无间断，不独无病无苦，反而更为壮健。有一天，教官对我们说："今年的四个月是新兵教育，第一期三个月基本教育过去之后，第二期军士教育就好了。"可是三个月后，我们更是辛苦。我们不独背枪、弹盒、假弹，还要加上背囊、大褛、工作器具、黄皮鞋、便服、饭盒，全副武装约重三十余斤。初背上出操，甚为辛苦，跑步时枪压着膊头，背囊摩擦背门，皮肤损破，被汗渍尤为痛苦。时已操至野外动作了。当时，我对于军事学术功课，不感如何困难，惟对于学习官话，则甚痛苦，诘屈声牙，竟不知如何出口，尤其当着全队同学，更为难过。初学时不独说不出一句官话，一个月后，亦仅能稍听一二。上堂时如系两广教官，听辨较易，倘是外省人，则仍是听不到一句，此诚为当日最苦之事。

讲武堂待遇学员甚优，若是本军选送学员，除照普通学员供给衣食、书籍、纸笔外，堂长更每月津贴零用各六元。我自入肇军年余，家中积蓄为我用光，那时在学堂功课紧逼，甚少出街，自己亦力事撙节，所得津贴六元，至多用去一元几角，月存五元，则寄返家中，入学两个月便已寄十元回家。吾妻来函，云晚造因风，收获甚少，而于我寄返之十元则甚奇怪。她说："你做官时无钱给家中，而今当学生反为有钱寄返，确属奇怪。"当兵有钱回家，当官无薪反用家中的钱，当学生却又有钱寄回，确是新闻，无怪吾妻之惊异。后来我将情形复信给吾妻，并说："我今有书读，每月又有六元津贴，而且能撙节出五元寄返家，实属庆幸之事。"

我因为是穷小子，教官和同学们都不和我要好，而且我素性倔强，也不愿卑鄙巴结人。初入学堂第一个星期日，自己独自外出，后来有时同谢树强同行。因为堂规严格，学员不得外宿，亦不轻易准假外出。若偷自外出则革除。假期如是宝贵，所以到休假日，无事亦到外面走走，或到回栏新街某行，找三两相稔同乡谈天，询询乡间情形。时间到了，便又返堂。这是我当日的习惯。新历元旦例假，我依样外出返堂，一个同学却突然问我。他说："何以你出街，总是单独一个人，亦不见你如何活动？"我说："在军我不是正系军队送来的学员，在家却是一个穷苦百姓。在这世界，什么都要讲钱、讲势、讲面，你想，我是一个无钱无势的学员，谁认识我，又谁肯同我来往？古云：'锦上添花到处有，雪中送炭却无闻'，你是同学，试看我们学堂不是如此吗？不须讲你亦可知矣。"那同学听我说了这篇话，十分表同情，连说"是，是，……"几十个"是"。我想他的环境也一定和我一样。我入学堂差不多四个月了，还有十天就可以结束第一期新兵教育。那时一面出野外，一面考试，功课特别紧张，旧历新年亦不放假。我们住在学堂为学生，对于旧历新年，已不若昔年之关怀了。

粤军回粤，提前毕业

民国十年（1921年）

在新年正月，一般民众正是最清暇而又最兴闹的时候，我们陆军学堂学员却是最忙而又最苦的几天。背上三十多斤的武装，整天的野外训练，严格的考试，再加上各教官刺人的白眼，辛酸苦辣的生活，的确是难忍难受，而又不得不忍受。幸而在最难过时候，却得到一件差堪自慰的消息，以资调剂此枯燥艰苦的心情。吾妻托友人带来她在十二月写来的信，她告诉我第一个消息，是去年分娩的女孩（即绍基三女）经已学行，家中大小均平安；第二个消息就是我那弃家走南洋的二弟——达错，不日返国。她说："二叔有信回来，云三月初可回国。"我接信之后，异常欢喜，即复函安慰她，并将在学堂辛苦情形略为详述。

正月十一日，新兵教育期满，堂长要来一个总检阅，在北较场行阅兵式、分列式，堂长并邀请许多高级官长来参观，情形极为隆重。是日，我们均小心整理背囊，格外用功地擦拭枪支刺刀使之发亮。我属第一大队第一区队第一排，而且站在排头，惟恐错误，当堂受罚，不独自己丢脸，全体也丢脸，因而格外小心听口令与做动作。分列式完毕，堂长训话，大意为："第一期新兵教育完毕，就是诸位第一期勤苦已过。今日检阅，诸位表现的精神与动作尚不错，甚为满意。但有几个同学的精神与动作上还差一点，希望以后自己努力补习。……"检阅完毕，各同学才松一口气。是晚堂长犒赏加菜，大鱼、大肉摆满一台，我们均兴高采烈，食得十分痛快。

第二天放假休息，以补一周来教官的疲劳，我们也到街上走走，舒舒气。回堂后，我们纷纷往领第二期出操军服，夜晚自习时，则领各种课本书籍。第二期分步、骑、炮、工四科，任各学员选定填入志愿选科表。当时军队甚少有炮使用，实习的炮也不多，炮科是选不得。欲选骑科，而南方山地，骑科也不适用。骑、炮两科既不中选，只有在步、工两科较量。步科是军队的主要力量，本是最合选的一科，可是工科也有步科的课程，而工科可以多学一种技术，遂决定入工科。那晚，我就在志愿选科表上填定了入工科。

第二期是军士教育，学术科与第一期不同。学科授四大教程，均由各科主任上堂，比诸第一期各下级教官教典范令时，真有大巫之于小巫。主任讲授与解答各问题，都非常透彻动听，态度严肃中带有亲切，并无下级教官短视偏狭的卑鄙动作。在术科方面，连教练由区队长担任，排教练由助教担任，至于班之动作，则由各同学轮流教练，颇有兴味。尤其是当星期三、六，野外勤务习侦探、尖兵、排哨及识别地形等动作时，更有兴味。比诸第一期枯燥之新兵教育，有若普通文学堂之小学堂与中学堂、大学堂之比。我们除了上各科各自的课程外，每星期会操及共同作业也有六堂。

我们完了第一期吃苦的新兵教育之后，第二期比较有趣的军士教育，也开始一个月了。不能吃苦的同学均已逃去或请退学，学员心理已趋安定。我是一个穷学员，自然是忍耐苦受。在三月末旬早上，接到仁济街某行寄来一信，云："有蔡达锴由南洋回来，住在本栈。他说是你的令弟，请你出来会面……"我读信后，万分雀跃，恨不得即往相见，遂向值日官请两点钟假。怎知值日官不准。他说："今天已是星期六，明日星期日例假，不必请假。"既不邀准假，拟打电话，但不知如何打法，心甚怅恨，颇愤值日官之不通融，但亦无可如何。终于到翌日例假始克与二弟会晤。那天晚上，心里非常难过，却又非常兴奋，回想二弟幼时的面影与家庭的困苦生活，摹拟二弟的近状，隔别四五年，一定改变许多，变成十足的南洋客了。若果赚有多少钱回来更好，即使无钱回来，也足快慰。如此想着，那晚入睡的时间，总比平时迟一两点钟。

翌日清早起来，即赶着整理内务，留心折叠床铺，诚恐不整齐受禁假处罚。内务检查之后，我即跑到仁济街某栈，二弟果在。二弟已不若青年面色，衣服虽然光鲜一点，而苍黑的肤色与不活泼的神态，已可概想他这四五年来是度着怎样艰苦的生活了。当时我们兄弟相见，那种欢悦亲切之情，实难以描述。我问他近状，并询他有没有钱带回来。他说："我是卖猪仔去的，初去三年都无工钱。最近一年得一二百元，除还前借人之款及回来水脚，仅存四五十元。"去了四五年，白挨三年苦工，仅剩四五十元回来，此种苛酷的奴隶生活，实为世间最悲惨者。我略为安慰他，劝他早日回乡。我说："我在学堂要到年尾始能毕业，你还是明日搭船返家，帮同你大嫂管理家务。"二弟允诺，决定翌日搭船返乡。兄弟遂同出街购买些零星物品，除去买物，他仍有四十多元。他即交四十元给我汇寄返家，余则他自己带着做使用。

为学堂的规则所限，我与隔别四五年的二弟相晤不及半天，便又分别返堂。二弟虽无大把钱返来，而久别无恙，家中各人定必欢喜如我。怎知事隔不久，恼人之消息又复到来。吾妻来函说："二叔回来，初尚欢喜，住不几天，又是皱眉蹙额，不是说家中穷，就是说家中苦，与二婶仍不和睦。初时，我以为他刚刚归来，不会再想出门，我常劝他住些时，帮我理家。怎知他回家不及半月，在四月初四又离家去了。不知他是到省城抑或复往南洋，至今仍不见他有信寄返。"我读完来信，如失珍宝，神态突变，细想二弟性极忠厚勤谨，为何竟不能耐守家中，归不半月，又复离去？而且赴南洋四五年，苦捱苦做，亦无甚好处归来，究不知他受何种刺激，真是百思不得其解。当时我虽然照常上堂，但数日间所做学术科，都是有心无神。一日教官问我，他说："你生病吗？看你无精无神，好似生病样子。"我说："没有病，若果有病，我请病假了。不过心里有些不舒服，大约是有多少热气，亦无甚关系。"教官见我如此辩解，亦不再问。过了一星期，接到二弟由香港来信。他说："家中贫困，我在家坐食，只有使家境更加艰苦，实在非计。我而今再往南洋，实为不得已始出此，如稍有积蓄，必即回国，请勿为念。……"二弟竟以家境贫困复弃家远走南洋，再度其牛马生活，自己虽然伤心，但二弟来信已有数日，料其必已返洋。即使他接到自己阻止他行程的复信也不会中止。满怀郁抑，只有徒呼奈何而已。

"世间不如意事，十常八九"，不快意事竟连续降到我身上。刚刚忘记二弟弃家远行之事，又接到谊弟区宗麟的噩耗。本连司务长区乃庄来函云："区连长于五月初急症身亡，丧事均已办妥，所遗连长一职，上峰已派陈某代理。……"读信之下，酸泪为滴。回想数年知交，一场拜把，患难与共，情同手足，竟一旦长别，能无悲痛？且其老母在堂，供奉乏人，处境至此，又能不心伤？然而相去千里，万难往奠，既死不能复生，逝水无可西返，惟有去函慰其慈母，劝其勿过悲伤而已。时当六月，正是大暑前后，天气特别酷热，郁闷至极，又复受此精神刺激，心情可知了。

此时，我们功课甚为紧迫，虽在伏暑，犹须往太和市一带练习打野外。打野外是我们紧要课程，实习过去所学。我们清晨既出发，由小东门出，经沙河龙眼洞、石门洞。那天课目"假设敌人败退，我军进击"动作。我们便一日赶至从化，背着三十多斤武装，当此炎夏，徒步一百三十里。我是平生跑惯路的，不成问题，同学们却落伍甚多了。翌日，绝早起床，所下课乃"假设敌人大部增援反攻，我军退却。"我们即经花县城出新街，沿途跑步行进，是日约行一百四十里。下级教官也是跑路，落伍更多。到白云山脚时，许多教官同学已颓丧万分，俨然真的是打败仗退却下来一样。回到学堂，已是三更时候了。教育长胡谦复着集合训话。他说："此两天打野外，或者会有许多人说苦，其实如此进退，不算什么一回事。如果真是打仗，前进或退却比现在更苦，将来你们回到队伍，就知道了。"他讲完话，嘱咐我们用热盐水洗脚，洗后，我们卸下武装，各人的脚底均已浮水泡了。翌日，放假休息一天。

我们困在学堂，对于外间的消息甚不清楚，野外归来往白云山脚时，听到哨兵吆喝"口令！""口令！"甚为森严，当时虽觉得奇怪，但以为夜深有此戒备，亦不介意。到放假出街，碰到外面的朋友，他说："陈炯明、许崇智已由福建回攻广东。"各处街头巷尾、茶楼酒馆都窃窃谈论此事，但省报却无登载。此种传说，使我半信半疑，回堂之后，同学间也谈论此事。翌日，我嘱杂差买一份香港报来看，见大字标题，"粤军先头部队已占领大埔县属之某处"，我始信传说之不谬。那时我虽然如此穷苦，每日亦必购港报一份看阅。过了一星期，粤军回粤之事实已无可隐讳，省报亦公开登载，但消息却与港报所载相反。省报所载，都是说桂军击败粤军的消息，而港报则说粤军占某地，攻克某县，消息总无真确。那时，本堂也受时局影响，堂长见烽烟四起，遂通令我们提前毕业，由一年半改为一年，各同学看见通令，皆大欢喜。而有些有眼光同学，则说不幸。他说："提前毕业，我们的学问也减少了。"

七月初一，第二期的军士教育结束，亦举行一个完结礼。来宾甚少，似因时局关系，礼节也不若第一期教育结束时之隆重与热闹了。第三期教育开始，学科无甚变动，术科则均属野外。及战斗教练动作，每日由教官分配，各同学轮流习排教练及尖兵排与排哨动作。因为提前了半年，课程赶速，大家都非常用心，但时局纷扰，同学心理也受影响，有时不免也松懈。

八月初，时局日趋严重，据报载，粤军已占领潮梅，桂军大部增援东江，而粤人占粤之空气亦日嚣尘上。本堂迁往肇庆，住肇庆戏院，每日照常上堂，以绘图作业配备等功课为多。但当时情势日紧，粤桂两军相持于东江、河源、海陆丰一带，人心浮动，各同学亦为战事消息所扰，不安于学。到九月即考试，连试三天，我们算毕业了，大家领取一张文凭，便辞别学堂各奔前程。我们由去年八月一日入学堂，至是年九月十日毕业，刚刚一年光阴，虽不敢云得到如何高深学问，但下级干部的任务，也略知大概。毕业之后，我们自然是从何处来，则回返何处去，可是我们的原营已离开罗定，调往别处。当时在肇庆探不到消息，几个同营的同学商量，决定先到省城，及到省城，才知道本营调往阳江。那时因时局严重，我们不敢在省逗留，旋搭船赴江门，到江门，适随营行李船由江门开阳江，营长陈铭枢亦在船中。我们喜出望外，即下船谒营长。营长略为安慰，着我们随同出发。到阳江后，局势大变，粤军已攻下淡水、惠州，全省民军四起，粤人治粤之空气更重，时受桂军节制之魏、李两部在省城独立。我们的帮统杨鼎中，知环境不同，亦自动放弃职责，所遗全部四营人，则交陈铭枢统率。陈即在阳江独立，改为粤军第六军第一纵队，陈任司令，归第六军军长李耀汉节制。当时，我在司令部任上尉副官。粤督军知大势已去，事不可为，遂出走。粤军开入省城，桂军残部退西北两江。陈炯明占领省城之后，稍事整理，复调军追击。不久，我军奉命开西江截击桂军，我们用船运送，到高要属永安登陆，即往四会、连塘等处。时桂军虽败退，而肇庆一带仍麇集甚多，其势强于我军，激战两日无甚进展，遂退守原阵地待援。不久，粤援兵开到，并力攻击，不数日占领肇城，桂军溃退，我军蹑后追击，直至德庆。后开入连滩整理，时兵食不足，省方未能接济，竟在连滩作乞食乞钱之举，吹喇叭、担旗列队游行，随街乞钱。此情此景，可笑亦复可怜。李军长旋以派别关系辞职离去，我军则归西江善后处叶某节制，改编为粤军第五十四统领。陈铭枢任统领，我仍在统领部任上尉副官。改编之后，奉命调阳江驻防，我因离家年余，心欲回乡一行，待改编完妥后，遂向统领请假一月。同行有梁茂南，我们由阳江经阳春、合水、湾江、归江、那霖、寨江等处，搭民船及步行，竟费了八天始抵家。时已旧历年底了。我久别归家，吾妻弟儿女，相见甚欢。我自回部队虽升了阶级，但军中仍是穷鬼，我只存得四十元带回家，吾妻亦无话可说。

愿降少尉，擢升连长

民国十一年（1922 年）

　　我自十九岁正式从军，虽已十年，但十年当中，时出时归，都是暗中摸索，东撞西碰，混来混去，从未寻到一条生活大道。迨后被送入陆军学堂读书，经过十三个月之艰苦奋斗，饱受人间白眼，才算挨得一个日后谋生基础，当时心甚欢喜。家中虽然仍属贫困，但我已是久经磨折，早已饱尝贫苦，无复记于怀而忧于色。自阳江返家，再过三天就是旧历元旦，久别归来，且值新年，自然高兴。当时我带有三四十元回家，在平时必尽交与吾妻，那次我却留着。因为正当年晚，吾妻久处贫苦，习于搏节，恐其在新年也一毛不拔，未免过于吝啬自苦，将带回的钱，仍自安放。到年二十九日，即与三弟同往罗镜购办年货食物，各色各样都比往年增多，用去十多元。当担年货回家时，吾妻见购了如此大宗什物，她有点心疼。她说："用不着买这么大宗什物回来，你用去多少钱？"我说："离家日久，今年回来刚值过年，所以我多买些大家受用。若果不是我回家，你不知如何悭法，过年都不肯食一餐，未免太过。现在仅用去十多元耳。"吾妻说："该死啦，你带返原本三四十元，现在用了一半，还说不多，明年你一定有钱寄回吗？到饥荒时你已离家去，我们则不知如何是好。"见吾妻若是担忧，我说："明年一定好景，你不用担忧，到饥荒时我必定有大把钱寄返给你。"吾妻微笑说："又要到那时候才知，你忘记前年做了十四个月官，都无一个钱回家的事吗？"我也笑着说："现在不同从前了。你不信，到那时就知了。"吾妻不说话，惟颔首微笑。我们兄弟妻子欢天喜地过了年之后，姑母、家姐知我返家，年初四来探。姑侄、姐弟久别相见，十分亲切，我家各人更为高兴。

世态炎凉，乡间尤甚。在年宵时候，家居无事，我亦随俗携儿女往探亲戚、访朋友，亲友们均以为我赚了大把钱回来，态度亦比昔年来得亲切。这个说恭喜你升官，那个说恭喜你发财，谈下去总是说："旧年总有三二千回来过年吧？"我则莫明其妙。我想，或者他们见我买了大宗年货便如此估计。我说："何以见得，请诸位明以教我。难道你们见我在去年底买年货太多了不成？那不过一时高兴。我见妻弟们终年挨苦，过年都不肯赚一餐大把的来食，才如此耳。"他们说："不是，不是见你多买年货就如此说，你去年由阳江返来，不是有两条担吗？人人都说这两条担是白银，总有三两千。"我听了他们的话，不觉自己暗笑。我去年在阳江返家，向统领部领得九响毛瑟一支，子弹数百，回来时，沿途的侠脚都是梁茂南先生代照料。我说："那是统领给我的枪及子弹，我刚毕业出来仅两三个月，焉能来如此多银？若果有二三千白银，两条担怎担得回来？"怎知我的话他们却一点不相信，硬要说："你恐怕我们向你借钱耳。"乡人的短视如此，也只有由他们忆度，我亦不再作强辩。

正月十二日，接统领部自阳江来函，云本部全部调省改编，嘱我不必往阳江，可直到省城。我接到此信，即将来信大意对吾妻说知，吾妻亦甚欢悦。我笑问她："你为何也欢喜？"她说："你说旧年由阳江回来，行了八九日路程，若果现在要返阳江，路途不知是否安静。而今既不用去阳江，去省不过三四天，你既不用行路，又可以在家多住几天，是以欢喜。"我笑说："做军人行几天路算得什么，你倒替我担心，如果你见着我们行军，不知要担忧到若何程度了。"吾妻说："谁说我们不担忧？慢说你行军辛苦令人担心，就是你一离开家中，我们就无时不记挂了！"

一个月假期已满，正月二十二日即离家往省，二十五日抵达省城。我军正在东堤一带驻扎，统领部就在我从前入去看过戏的东关戏院。我即往统领部销假。当我谒见统领陈铭枢时，观察他的神态，似乎没有往昔的关切。他见着我便说："你回来了吗？本军现在改编为粤军第一师第四团，暂编两营（缺第三营），你改充中尉旗官，上尉缺已另委罗某了。"我听了他吩咐，亦无话可说。退出后，自念自己在本部追随多年，只有记功并无做错事，而且刚从学堂毕业回来，不升级反为降级，另委别人充自己的原职，难道统领认我学识不及人？但是同学中学识比我还差且无劳功的，也任连长，难道是因自己当时请假？但请假是经他批准。是晚辗转思索，不得其解。后来才探悉因人事调整关系，接充上尉副官之罗某，学识不见得如何高超，但他与本部一二中级官员有同学之谊，故将我降级让位。命令如此，自己心中虽有不平，亦只有忍受。时陈铭枢仍为团长，少校团副为戴戟（后升中校），营长为陈济棠、李时钦，我担大旗，各人都叫我做旗官，但仍须协助上尉副官职务。编完之后，我们即开往北较场四标营训练。官长薪饷六折发给，我是中尉，每月有三十元。

十年摸索，虽已寻到生活之道，可是荆棘满途，还得自己忍耐与努力来开辟。我自降为旗官之后，亦不愤闷放弃，反而更为努力于自己职责，为时月余，甚得各官长好评。有一日，同学刘绍汉与我商量，他在未改编前任连长，改编之后降为少尉排长，他认为太不好看。他说："我由连长降为排长，似乎太难为情。若果你愿意带兵，与你对调差事好不好？"我当时犹豫，不作若何表示，盖因官阶差一级。后来自己熟思考虑，做副官人人都说是饭桶，对自己前程颇大关系，若调排长，目前虽然再要降一级，但日后发展容易，而且可以试试自己所学，遂决意与刘绍汉对调。我说："对调亦好。但我是中尉，你是少尉，官阶不同，怎么办？"他说："若果对调，我宁愿将多一级的薪水交回给你。"我答应了，即请求团长对调。团长许可，营长陈济棠亦愿意我在其营服务。翌日命令发表，我接第一营第四连第二排排长职。不及两月，我由上尉降而为中尉，再降而为少尉，亦宦途中少有的现象。不过既为自己情愿，不特不难过，反而高兴。我即降为少尉，薪水也少了六元，虽然刘绍汉允补回给我，但收受此区区六元，同学同事间未免笑话，后来我绝不提及。

我毕业后第一次做带兵官当排长，我将自己在学堂所学的课程实施出来，特别勤谨，惟恐比不上别排。我的直属连长李绍钦，乃我陆军学堂的同学，第二营营长李时钦之堂兄。他以前当过差，但对我甚客气，各同事亦甚和洽。时师长邓铿练兵极严，我第四团各官长均属青年，颇具革命思想，对军风纪及操场动作极为认真，是以当时第四团颇享荣名。那时团长陈铭枢介绍我入中国国民党，我于是遂又成为国民党党员了。

训练三个月，散兵、野外、射击教范……。新兵教练完毕，而粤桂之争又起。孙中山先生在五月五日就任非常大总统，以陈炯明为粤军总司令兼省长，邓铿兼参谋长，率兵西上援桂。时桂军已攻陷南路高、雷、钦、廉，本师为总预备队。后来沈鸿英攻陷连阳，本师出发往剿，不数日克连阳，将沈军击溃，凯旋归防。是役我团立功，归后即成立第三营，以缪培堃（邓演达荐）为营长。我亦调升第三营第十一连连长，由少尉擢升上尉，心甚喜悦，做起事来就更加勤谨。时所属排长为张世德、陈景云、苏顾林，文书区寿年（后升司务长），均甚相得，合力训练。时援桂军已攻下南宁、桂林要地，大总统驻跸桂林。我团当时无特别任务，照常训练，注重野外动作。

此时，吾妻来函云："家中房屋狭少，非增建不足居住。家中已存有银百余元，谷米可供建屋食用，惟各种材料工钱，须多筹百五十元寄回，方足支用。"我接信后，颇为踌躇。我家人口增多，那年因风灾倒塌，复建之一厅两房，诚不够住。但自己做连长，月薪不过四五十元，一次筹百五十元，的确困难。即复信给她说："添建房屋，我极赞成，惟要我一次筹足一百五十元，则难以办到。若分三个月陆续寄返，或可勉强筹得。"不久，复接吾妻来函，说："现已择定九月二十八日起梁兴工，约四个月方可完成，你三个月寄银回家，亦可应付。晚叔（三弟朝错）屡欲去你处当兵，但你不愿意，他现在勤食懒做，将来不知又弄到如何田地了。"我读完信，极为愤怒。回想二弟复走南洋又已年余，仍未归家，三弟竟又变成懒惰，恨不得当面批其两掌，即写信给吾妻及三弟慰勉，并嘱吾妻对三弟劝解，使其翻改。怎知墨迹未干，三弟朝错竟由懒惰而至弃家不顾，听人睇摆，被奸棍骗卖猪仔往南洋了。当时接到吾妻提及此消息的信时，心甚悲愤，颇为郁郁。自念自己十五岁时，家姐出嫁，在继母虐待之下，我均听父亲训示，勤做苦捱。父亲逝世后，我夫妇刻苦持家，提携两弟，日盼其长大。而两弟竟无情至此，不思父母当日艰苦养育之恩，亦不念兄嫂十余年劬劳关切之情，在家境稍为好转之时，遽然远去，实出意外，梦也梦想不到的。我平生本最痛爱我姐弟，而两弟不体恤我之衷心，弃家远去，尤其是三弟，正当家中建屋之时，不顾而去，可算得为手足乎？当时我虽然愤愤，但事已至此，欲责骂不能，只有自怨命苦而已！过了数日，吾气稍平，即去函安慰吾妻。我说："三弟不听劝教，弃家不顾，虽属可惜，然彼既远去，无可追还，听之而已。望你在家带领弟妇，抚养幼儿，勤勉做人，将来定有好日子。"我寄信之后，见两弟如此不肖，无可再想。其实想亦无用，遂置诸脑后，一心一意忠诚服务，为国家效力，为前途求上进。

十二月底。吾妻来函云："增建之屋，已将落成。但寄返之八十元亦已用尽，仍不敷七八十元，到正月初，便须清找工钱等项数目，望即寄银返来！"接信时，我仅存三十元，向同事移借不成，不得已将衣物质当得二十元，移挪伙食三十元，始合足八十元寄回家中，完成建屋一事。

我自当连长为时已半年，驻扎省城，交游渐广，见闻亦渐多。上官之训话，朋友之交谈，于社会于政治略有认识，思想亦日以变易，家庭观念日趋淡薄，而做事心情，反而与日俱增。那时虽受两弟弃家刺激，而旷达心怀，已蔑视一切，不若昔年之抑郁不快矣。

首 次 北 伐

民国十一年（1922 年）

自建国以后，我国改用阳历，但积习一时难除，民间依然沿用阴历，阳历则仅行诸军政各机关。当阴历元旦时，热闹犹昔，我们军政界则将其改头换面，名为春节。春节，我们休假三天，师长、团长、营长均出资犒赏，每官长酒肉费一元或五角，每士兵或三毫或二毫。是以那天都是大餐酒肉，兴高采烈，比诸当年在肇军游击营时，那种寒酸乞丐情形，真有天堂地狱之感。过了三天春节之后，我们照常训练，人人勤勉，个个努力，各自想训练自己的部下成为全师、全团或全营最有成绩的队伍。的确，在那时团与团、营与营、连与连之间，均有训练竞赛、争取第一的心理，因此造成第一师在陆军中的荣名，培育不少军人为党国立业。师长邓仲元领导之丰功伟绩，诚万古不灭。

我以生长于贫苦之家，深知人生艰难，遂养成勤廉自持习气。自从军以来，无论为兵为官，所得薪饷必按月寄返家中。自任连长后，月薪较多，家中亦稍为好过，吾妻甚欲来省观光。她来信说："所寄返之八十元已收到，新建之屋已落成，所有工资各项，均已支妥。省城热闹，我拟于二月初间，与舅父往省一行，增增见识。水脚经已预备，毋庸寄返，你愿意我去否？望即复函。……"我接此信，念吾妻在家终日苦做苦捱，她既醉心来游，亦不忍固却其意，即复函着其来时挈绍辉二男同来，并嘱其沿途舟车过艇须要小心，何日启程，则先来函通知。复信之后，日盼吾妻儿来临，惟那时值正月中旬，与吾妻行程尚远，惟日日积极训练，度日亦易。

忠勇能干之士，每招人妒，辄遭残害，在我国历史中已有不少此种悲惨事迹。而此种不幸之事，竟发生于我师。一日，营长对我们说："师长昨晚由香港乘车返省，在大沙头下车时，被刺客行刺受伤，现在生死未卜。"我官兵闻此不幸消息，无不惊骇愤恨。不及两日，我们的师长已无可救治而长辞人世了。我们失去一位伟大的领导者，不独是本师之不幸，亦我党国之一大损失。那时，孙大总统本拟由桂林出师北征，扫荡军阀，因邓师长被刺身死，粤局大变。陈炯明调其嫡系军队离桂东返，而在桂之其他部队，则不再予接济，北伐军遂不得不稍为延缓北上，先行东下。当时局正在纷乱之际，吾妻适于此时携绍辉儿到省。二月中旬某日，堂舅父彭焕南到四标营访我，他说与吾妻儿同来，现住城内仙湖街某旅馆某号房。我听说妻儿已到，即请假出街，到某旅馆，见吾妻正拉着绍辉儿在其房门口闲看。绍辉儿已六岁，虽相别一年，彼仍认识我，他见了我，甚为快活。吾妻所住房间甚狭小肮脏，蚊帐板凳满是臭虫，爬行如蚁群。住了两天，吾妻儿之手脚均被臭虫咬至红肿，绍辉儿竟因而致病，作寒发热。此旅馆房租每天三角，包饭八角，虽属便宜，但如此不卫生，反会因小失大，我虽穷苦，为妻儿平安计，亦只得迁往较为清洁旅馆居住。迁居之后，绍辉儿旋无恙。我暇则请假出来与他们游玩或看戏，住了一星期，妻儿甚乐。时省局严重，北伐军东下，已陆续抵达，本师奉命卫戍省垣，以梁鸿楷为师长，而陈炯明则避地，星夜走惠州。我见情形如此，即筹数十元打发吾妻返乡，并挈她们到各大公司略购用品。临行那天，我送妻儿往搭船，船开行时，绍辉儿犹屡呼："大兄，我返去啦！"我望至船行不见始返营。

妻儿归后数日，我师奉命参加北伐，即补充军实。四月底，补充完毕出发，我们到西村乘火车北上。开拔时，官兵奋发异常，个个精神抖擞，大有不灭楼兰誓不还之慨。输送五日，北伐军已全数集中韶关，许崇智为总司令。我军即向始兴前进，到达始兴。我团复分途右翼，向水口集中。到此，陈团长对我们训话，阐述北伐意义。那时正当盛夏，晴则酷热，汗流浃背；雨则衣服尽湿，如落汤鸡，且路途泥泞，举步艰难，然而军人须吃苦，亦惟有努力奋斗而已。翌日向铁石前进，闻第一团已与北军接触，激战至黄昏，将北军击败。惟第二团消息不好，我团则星夜向黄坑前进，而敌已不支，向信丰方面退却。我军蹑尾追击，我营前卫改为前哨。抵达信丰附近，敌仍无抵抗，时已入黑，但须占领前面距信丰十里三千尺标高之高地，我连即搜索速进，占领高地后始休息。是日行军一百一十里，饮食担赶不上，我们全体官兵只得空着肚准备作战。夜深十二时，遥见通赣州大道灯火数百，浩浩荡荡而行，似是敌人退却模样。我即一面报告营哨，一面派资深班长率领士兵一班前往作武力侦察。该班摸近敌退却路时，即以排枪扫射，我遥望，亦见其火光混乱。那时已是五更天气，伙夫已煮好昨晚之晚饭送到，侦察班长亦派一兵回报，说敌人确已退却，我再报告营哨，并令各官兵食送来之冷饭。饱食之后，天将拂晓，即率全连向信丰突进。到达西北门外，有北军之收容队四五十人撤退不及，被我连袭击，敌稍抵抗即被我缴枪，俘获辎重甚多，遂进占信丰城。到上午十一时，各友军始开到，后来，师长查问袭占信丰城之部属于何营何连，着团长具报。团部照实呈报，我连获赏五百元，我则记功一次，全连官兵更为奋发。

在信丰休息一天，复向赣州前进，本团向立赖墟大埠为右侧卫。翌日，进占风洞山，该山甚高，虽在炎夏，亦如凉秋。时敌之最前哨在三板桥附近之高地，是日大雨，且已黄昏，遂一面派兵监视当面敌人，各官长均往前方侦察地形。翌日拂晓，我连奉命驱逐当前之敌，我即以两排攻击前进，以一排为预备队。敌顽强抵抗，激战两小时，未能将敌驱逐，我即将预备队增上，终于用完预备队始将敌之连哨击溃。敌连长被击毙，俘获人枪二十余，我连亦伤亡二十余。驱逐该地之连哨、营哨后，继续向赣州攻击前进。时敌为北军第九混成旅方本仁部（该部在北方素称劲旅，享有盛名），在距赣州十余里之黄八岭布防，筑有坚固工事，其阵地亦好。我全师展开向前扑攻，激战三日，敌仍固守顽抗，时我军伤亡甚多，营长李时钦亦殉职阵亡。师部见三日攻敌不破，令各团选敢死百余人，归工兵营长邓演达指挥。本队选我为敢死队队长，我即率全队官兵百余人归邓指挥，向敌弱点进攻，上午四时，即冲近敌人防线，奋勇突击，七时，已将敌人一部防线攻破。敌稍退，时我团有连长李文鸾，当前线火力搏战最激烈时竟胆怯慌乱，私自退走，沿途并大呼"前方打败仗，后方各人执行李"之语。营长陈济棠误会亦以为然，被其牵动退风洞山，后来派人追回，始知为其所误，即返原阵地。团长即将李连长扣押送师部。李乃保定生，平日在营，自以为呱呱叫，了不得，目中无人，怎知一到战场，便惊慌如此，实属令人可笑可恼。后来，营中均以"前方打败仗，后方各人执行李"作为军中笑柄。李连长临阵退缩，摇动军心，本应枪毙，后以彼有人事作靠山，始获幸免，但终于因惊成病而至于死，颇为可惜。我敢死队击破敌防线一点后，继续攻击，后续部队亦陆续增加，激战至晚，敌开始溃退。我军恐黑夜中伏，且伤亡亦大，进占黄八岭后，亦不追击。是夜敌远退，我军于翌日进占赣州城。该城三面皆水，形势甚险，易守难攻，古有"铁城"之称。我们在赣州驻了一星期，左翼已占万安、太和，右翼已至兴国，本师亦渡河前进。

我们连战皆捷，军心雄壮，均以为可以长驱北指，犁庭扫穴。怎知事适相反，军阀未除，而后方之叛变已起，北伐军不得不回师返粤。当我师离赣州渡河前进，行了一天，到达江口时，见各高级官密谈密语，似有重要事故发生。但我们下级官则仍懵然，不知他们在做什么东西，搞什么鬼。有人说陈炯明在后方造反，但知其一又不知其二，究竟如何，终不明了。我们同事中都互相探询，而大家都用"不知""不甚清楚"这一类话以对。我们到达江口，本应向兴国前进，可是第二天却转弯向信丰江行，我们心更狐疑，究是陈炯明造反，仰是敌情改变？我们既不明了敌情，亦不知粤局究如何，上级始终不对我们说明，我们亦只有暗中忖度。是晚驻茅店，即奉到翌日行军命令："回驻信丰。"到信丰后休息一天，既听不到粤后方消息，亦不见上级说及敌情。翌日由信丰出发，命令是向定南天花寺行进（连"前进"两字也不说了），我们亦只有闷在葫芦里，遵令前进。后经贝岭回驻龙川。到龙川数日，始明了粤中情形。陈炯明围攻总统府，大总统蒙难下永丰舰。时本师第一团去向不明，第二、第三两团则已受陈炯明运动加入陈军，在韶关、马坝、翁源一带与北伐军激战。北伐军由许总司令指挥，不幸战败走闽边。时陈团长铭枢态度犹豫，我团及邓演达之工兵营驻河源不动，后陈炯明派小政客黄某（陈之挚友）来游说，我团遂开新丰，出翁源，截击北伐军。我团到达翁源，距许部北伐军不及三十里，即按兵不动，亦无敌对行动；见许军亦不开火，任由许军安全退去。俟其远退后，陈团长始率全团蹑尾缓进。然日行亦只三十里便休息，我甚不解。不数日，我团复循原路回师河源，陈团长则只身赴省城。旋闻其辞职往南京学佛，我第四团则交陈济棠统率，属第二旅陈修爵节制，仍归第一师长梁鸿楷，调肇庆训练，我连则驻龟顶山脚。那时，我堂弟蔡石因行军酷热，不幸染肠疾扶斯症病故，他是一孤独子，我甚悲伤。

北伐军许部入闽后，粤垣稍定。我连以北伐时几度作战略有伤亡，须募新兵补充，我即乘暇请假回乡一行，并募新兵。我已年余不返家，家中情形又改变了，多建了一座新居，各儿女均长了许多，第三女也有五岁了。我抵家时，吾妻不在家，只各儿女在家玩跳，他们见我归来，均欢天喜地，跑近我面前叫："大兄返来啦！"我问绍昌儿："你嫂呢？"他说："阿嫂看牛未返。"他即催其大姐快去叫他母亲。他说："阿嫂在大坑边，快去叫嘛！"这种孩子的天真，使我非常愉快。不久，吾妻拉牛返来，还未入门，我的儿女已跑跑跳跳，跑到他母亲面前争着说："大兄返来啦，大兄返来啦！"活像一群小鸟。吾妻笑说："大兄返就返，你估佢好有功，买好多东西回来给你们，你们唻欢喜！"此种景象，诚堪回味。抵家后，想起两弟弃家远行，见家中各事均吾妻及两弟妇苦做，心甚不安，更愤两弟。吾妻却反向我慰解。她说："他们不顾而去，你又何必日夜忧闷？我相信他们迟早必归，你更何必惦念！现在，家中百事有我们做，我今年春天因为请男工不到，我已学会犁田、耙田了。"我听吾妻如是说，心中虽然稍慰，但不信吾妻竟学会犁田、耙田。我说："我不信你学会犁田。"她说："若果你不信，横竖现在要种麦，明天，我犁麦坑、耙麦地给你看。"我犹半信半疑。翌日，吾妻果往犁耙麦地，我亦亲往观看。而她竟同男子工作一样。我在家住了七八天，新兵也募到二十余人，我又须归营了。我归家时，带有款二百余元，除出新兵伙食四五十元外，所剩百余元，尽交吾妻存放。临别时，吾妻儿已不若从前之依依不舍了。

返肇后，即将新兵补入，训练不半月。调往都城。那时，梧州仍属粤军势力范围，而滇桂军受孙中山先生命，在白马会议誓师东下逐陈。粤为增厚梧州兵力，派本师第二旅增防，旅长陈修爵召集团、营长会议，半日不归。我们各连长均怀疑，以为我团、营长因我团有通孙中山嫌疑被旅部扣留，恐受包围缴械，各连长遂举团附戴戟率领，全团向大坡山前进，直开梧州。翌日下午，团、营长等赶到梧州，始知误会。然事已至此，理无复返，即与滇桂军联络，留梧三天，与联军东下，暂归刘震寰指挥。我军循西江南岸而行，到达马口时，陆兰培转变，放我军入马口，粤陈军稍抵抗即败退。我军进占三水，粤陈军无斗志，纷纷败退，东窜惠州。我军依铁路前进，沿途无阻，即到省城，驻观音山脚之执信学校。那时滇桂军气焰逼人，军纪极坏，动不动则说："广东是老子打回来的。"对民众、对友军蛮横不讲理。省垣大军甚为混乱，时粤人多有怨我们有"引狼入室"之讥。不过为了革命前途，在当时我们亦惟有哑忍而已。

攻英德重伤右手

民国十二年（1923年）

联军东下逐陈之后，省垣大军混杂，秩序甚为紊乱。各军之间均有芥蒂，时存吞并独霸之心。实力较为薄弱者，甚至被友军缴械，亦无下文。是以当时各首要无不懔懔各寻靠山与实力。特派员邹海滨先生派员来与我团接洽，团长召集全团连长以上官长开讨论会。团长提出"我团应向何方接洽为宜"一问题。那时，我们的心目中只认定第一师，是以大家都赞成"本团仍归第一师，团结一致"。团长见我们均如此表示，亦无异议。那时正阴历年十二月末旬，雨雪纷飞，寒风萧瑟，我团官兵在都城发难之时行李尽失。当此时期，一面要抵御刮肉砭骨的风刀霜剑，一面要提防如狼似虎的野蛮友军惨苦难过情形，不问可知矣。后来上峰发给官兵军毡各一张，始稍解决严冬之威胁，而对于横霸友军则仍须时刻提心吊胆。

沈、滇、桂军到省后，视广东为征服地，上下官兵骄横强蛮，无恶不作。"妈你屁，广东老子打来的"的蛮横语时刻都可以听到。在江防司令部会议时，竟横蛮至将魏邦平、胡展堂等扣留，逼第三师魏部缴枪。至于对待市民更为苛酷，奸淫掳掠，无所不为。买物不给值，乘车不给钱，甚至假装携物在街上行走，故碰路人，自跌碎其所携玻璃瓶等，向路人勒索……凡此种种，不一而足。真是天怒人怨，然当时对之亦无可奈何。不久，孙中山先生返粤设大元帅府于河南，而沈、滇、桂军仍蛮横如故。有一日，谭启秀属下有小部驻于观音山，无缘无故，竟被沈、滇、桂军包围缴械。谭部亦不示弱，激战数小时，谭军一部突围冲出，余部被其缴械。

当时我团仍驻观音山脚执信学校，闻警以为其光顾我团，全团官兵无不愤慨，立刻佩起全副武装，扼守附近数街口，严阵以待。事过后，众议驻在市内终属非计，为避免暗算，于是晚即移驻东较场大沙头一带，以避沈、滇两军。驻不数日，复开往江门新会一带驻防整理。那时，第一师已割裂分化成数部，去者自去，来者亦多，第一、二两团则归梁军长，改编为两独立旅，第三团则早已归陈炯明，本团（第四团）及工兵营共五营，则编为第二旅。新入各部连张发奎部编独立团为第一旅，旅长卓仁权。第二旅旅长陈济棠，第三团团长邓演达，第四团团长戴戟。梁师长升军长，参谋长李济深接任第一师师长。编配完毕，已是阴历年底，我们就在新会度阴历新年。

我军有过去之历史，军纪亦好，驻在四邑，声誉日隆，而投机之陈德春部则倒霉了。他割据四邑数年，屡次政变，他均以投机手段保其地盘，截收税饷。当时，该部虽归大元帅府收编为某军，但四邑之财政，不允交还，致使政令不行，友军伙食拮据至有朝无晚，元帅府遂密令我军将其缴械。我营奉令负责解决其狗山脚老巢。我军合团时，该处守兵顽抗，激战四五小时，始将其解决缴械。其分驻各地的陈部，或投诚，或缴械，半天工夫，已将盘踞数年之陈德春部扫除净尽。经此之后，四邑各属始收归大本营行管直辖。我们既除小霸，又须往击大凶。四邑安定后，盘踞省城之沈、滇两军，因争地盘而火拼，沈军不支，退守西北两江，我军奉令与滇军合攻沈军。那时粤局四分五裂，陈炯明盘踞惠州、潮梅、东江一带，滇军则盘踞省垣，沈军则退守西北两江，诚纷乱至极。

我军奉攻沈军命令后，即由江门乘船开三水登陆，向清远前进。行抵木棉，我前卫营被滇军缴械，几经交涉，无法解决。后来滇军派代表来，说是误会，各将领坚要其交还枪械，滇军即将其十九世纪之烂枪调换交回。此种烂枪，不堪使用，亦等于不交还。当时上级将领以大敌当前，亦只得忍痛收回。抵达石角，即渡河进攻清远。沈军距清远二十里迎战，激战两昼夜，始攻破清远城，在城驻宿一宵，复跟踪追击至琶江口。沈军大部援兵到达，向我反攻，肉搏数次，我军伤亡甚多，卒以无援，败退鹿和墟集中整理。时沈鸿英投降北廷，勾引北军方本仁、陈光远等部数万人，到达韶关，同时西江方面，沈军黄镇邦、张希拭所部，有乘时由肇东下压省垣之势，情势吃紧，我军奉令转西江作战。

我军乘船至广利登陆，探悉黄镇邦、张希拭等部约万人，仍盘踞肇城，其先头部队则在后沥峡口一带布防。我军登陆后，即向肇城前进，我任前卫连长搜索至后沥，即与沈军前哨接触，敌稍抵抗即溃退，我军乘势直扑肇城。敌退守肇城龙顶岗一带高地，顽强抵抗，攻击两日，始将城外之敌肃清。惟敌主力仍死守城内，围攻一星期，城仍不下。乃分配官兵离城百米远挖掘隧道，以炸药轰城墙。复挑选攻城先锋队，我被选为先锋队队长，即在本营选勇士百五十人，在距爆炸点约五十米远处准备冲锋。当炸药爆炸时，轰然一声，地为震动，城墙被炸毁两处，阔约一米远。我即率冲锋队向破口处突击，敌亦增援与我格斗。我部有进无退，奋勇冲击，争为先登，立刻占领附近城墙，纷登城顶。我军见我先锋队已得手，士气更振，纷纷爬城而上。沈军既失城墙，无险可守，经一度巷战，张希拭率数百人冒死突围逃脱外，所余七八千人均被俘获缴械。敌将黄镇邦因下令纵火焚市民房屋数千家，其残暴如此，实为军法不容，俘获后即将其枪决。是役，我先锋队伤亡过半，排长张世德在冲入城时受重伤，事后师长赏先锋队三千元，我得三百元。伤亡士兵另从优抚恤，赏金则给与两倍，我遂升为少校连长。

解决肇庆沈军之后，西江平静无事，而北江仍吃紧，我军驻肇不及半月，奉命调北江增援，复由车船轮送至英德。当时据报沈军主力据大坑口、沙口一带，我军即往河赖向大坑口前进。滇军沿铁路为中路，我军为右翼。抵达沙口，即展开向大坑口之敌攻击。扑攻两日，敌据高地险要不为所动。我军甚疲，敌施反攻，我军即退河头，再退子贡岭下步墟、连江口等处。团长戴戟在大坑口之役失踪，我军退子贡岭后，稍整理又施行反攻，争夺英德城三得三失，双方伤亡甚众。第四次反攻，营长派我兼指挥十二连，攻城西冬瓜山，冲锋肉搏四五次，始将该山占领，英德城相继克复。受我指挥之十二连连长赖建勋不幸阵亡，同时我右手亦中弹。当时我心甚雄，不知有死，伤手时仍率领冲锋，后知伤处筋断，心颇悲痛，以为从此变成残废，则前途绝望了，即回省入博爱医院疗治。到院时，我连排长张世德伤仍未愈，见我又受伤，不胜叹息。我入病室，医生来诊视，说我创伤虽断筋络，但无妨害，心始释然，安心调理。

我返省之后，北江军事胜利，闻自经第四次反攻英德得手后，我军连战皆捷，直逼韶关，至八月，已将沈军肃清，我军则回驻西江一带。

师长李济深乃广西梧州人，素与黄绍竑、余作柏、夏威等友善。时黄等在梧州独立，驱逐沈军残部，易帜归革命政府，不久李宗仁、白崇禧等后起之军亦与黄、俞等合作。李师长协助黄等肃清梧州附近之沈军残部，其余在广西割据之沈军，则由李、黄、白、余等整理，于是当局转而注意割据东江之陈炯明。自肃清沈军后，滇军仍骄横如故，终日索饷，大元帅调其往攻东江，而滇军索得钱时，只敷衍打两仗，无钱又按兵不动，是以惠州城始终攻不下。陈炯明却乘机反攻，滇军败退，陈军直逼省城，攻至龙眼洞，省垣动摇，岌岌可危。幸湘军谭延闿、豫军樊崇秀入粤增援，始击退陈军，省垣转危为安。滇军之势亦稍杀。

我自返省入院医治月余，手伤已愈，不成残废，亦云幸矣。出院归队，接吾妻来函说："闻你在北江受伤，久未接你来信，家中各人非常忧念。"我受伤入院后，本拟写信回家，但所伤乃右手，不能执笔，拟请友人代写，又恐家中更加怀疑惊恐，是以受伤之后，并无写信回家。我接到家信，即将经过情形复信吾妻，并将攻肇时所得赏款等项一千元，寄返家中。我想她一生贫苦，得此大宗款项，必欢喜异常。有此千元，在我乡间已是中等人家，再不用揸菜茶、乞人借钱受气了。不久，吾妻复函，云银信均已收到，言词中甚表欢悦。

陈军屡犯省垣不逞，复退东江一带，或攻或守，不时骚扰。时已隆冬，我军奉命讨陈，出发东江，在博罗派尾一带，与陈军激战，支持甚久，双方均无进展。后敌反攻，滇军则作壁上观，我军遂撤退西江整理。时失踪之团长戴戟脱险归来，调西江讲武堂为堂长，本营营长缪培堃接充第四团团长，所遗营长缺，我第四团全团官兵均向我预祝，以为必属于我。盖我系少校连长，且已记功三次，在当时同事中，尚无资深于我者，自己亦以为舍我莫属。怎知事实不然，所遗营长缺，上峰却向外面物色，以蒋光鼐接充，一场热腔顿作冰消，心极难过。自念在该部已有七年历史，冲锋陷阵，不下数十次，为本团本营立下不少功劳，且自己既为少校连长，升迁竟不及已，即使再继续下去，亦必无望。我虽深知军人以服从为天职，惟不平则鸣，若鸣则非走不可，自己心里有"朝里无人莫做官"之感，不免心灰意冷，遂决心辞职。乘营长未接团长之际，即呈请长假，但却未蒙邀准。时旅部一同事对我说："某高级官说你妄想升营长，所以你请假不准。"我得此确实消息，听到"妄想"两字，心甚愤愤，即将全连枪械、金钱等物，一一点交排长廖木云等点收清楚，并写一封信与营长，才与各同事告别。当时年轻气盛，竟与各同事说了几十个"请"字，即下省梧船。后来，某高级官及我之团营长，知我负气离营，各派人到船追我回去，说调我接某营或机枪独立连，由我选择。我当时既决心离去，任何职位均不愿回去。我想到"妄想"两字，更为愤愤，我即对各官长说："各位一番诚意，我甚感激。但俗语云：'好马不食回头草'，我既自行离营，万不能因将我升调，便又回去。各位试想，我在本团历史，不谓不久，我对本团是如何努力，我怎样是'妄想'？各位都深知，各位都有眼看，是如何的不平。我是决不回去了。请各位回营，后会有期。"各同事知无可挽回我的去志，遂作别归去。而某高级官所派来的同事（乃某高级人员的大哥），则仍留船中，不久船开行，他亦不上岸，遂同往省。沿途相谈，他仍有劝我回部之意，我表示决绝。到省之后，拟住数日即回家一行。时团长邓演达驻沙坪，他对我印象甚佳。他见我每次战役任敢死队、先锋队，知我英勇。当时他知我离营，即函邀我往彼团服务。我接信后，知邓团长爱我，且他素来是赏罚分明之人，遂复函云：迟些即往供驱策。数日，我复返肇，住于某旅馆，邓世增来访。我与邓自在罗定同事后，甚为友善，当他到访时，心甚欢悦。那时，他任大本营补充团第一营营长，归李济深节制。当我们见面时，他说："你现在往何处？不如来帮我。"我说："我已答应邓泽生（即邓演达），怎能又去你处？"他说：

"我和泽生是叔侄，又是朋友，你来我处，他不会怪你的。"我笑说："你处是新兵，枪支又劣。"他说："督办已备价买枪，不久就到，不愁无好枪！"我见他如此诚恳，遂决意到他那里服务，即致函邓团长，说为邓营长所邀，不能追随。入补充团后，邓营长以我担任一连，在经济上不加限制，但我亦不敢超出限度。我虽降级训练物资较劣的新兵，但邓营长若是诚挚，精神甚为痛快，有时想起在第四团几次战役，冲锋肉搏几乎牺牲性命，而竟得如是不平待遇，甚为愤懑。

擢 升 营 长

民国十三年（1924 年）

　　我自脱离第一师第四团，入大本营补充团邓营任连长后，以邓营长之诚心待己，颇为痛快。的确，邓营长乃军人中之忠厚长者，不独我对他如此恭维，就是第一师的同事，谁都说他的公道话。他对朋友固然和蔼可亲，就是对部下也不摆架子。有功必报赏，有过必处罚，真是赏罚严明，无偏无袒。他当时在第一师师部兼任军械处长，李师长对他极为信任。因为他是兼职，事务纷繁，自我到任连长后，他知我可托，便将全营的训练事宜，交我全权处理。训练两个月，枪械虽劣，而士兵之精神与军纪，却博得李师长之好评。那时，我仍未与李师长直接见过面，谈过话。有一日早操，师长到来巡阅，营长不在，我则照例将出操人数跑前报告。报告完毕，师长问我："这些新兵训练有多少时间？精神尚不错。你因何不在第四团？"我说："已训练两个多月，各官长颇有朝气，我们训练，先纠正班长动作……至于我离开第四团，邓营长深知我。"经此之后，我更加奋发努力。李师长对我似有认识，不久，我的机会便来了。

　　桂军刘玉山、陈天太部，来粤以后不得意，又欲异动，该部由东江开回，借故开高雷，实欲占据西江、梧州等处。该部由船输送到都城登陆后，旬日不动，截留都城税收，反象已呈。我军密向大本营请命将其缴械，批准之后，督办即令桂军由梧东下，一部出大坡堵截，派张团（时卓仁机旅编归梁军长，张发奎团改为第一师独立团）及第二旅之某团均向都城前进。我营归张团缪营指挥，我们乘船西上，到都城附近登陆，密约时间包围都城，而刘、陈两部已在都城附近抵抗。缪营长见我连枪械旧劣，令为预备队，当时我心甚不快。但我见机动作，当前方火力激烈之际，缪营长亦往前线，我见敌军侧翼空虚，见有机可乘，不及报告即取捷径向敌侧击。刘、陈部腹背受敌，即行溃退，有五六百人逃退不及，遂被我包围缴械。是役，我以一连劣败武器之新兵，竟俘获人、枪四百余，实出意外。盖我把握瞬间之时机，不肯放过。假使我当时呆板听令于缪营长始动作，安能有此结果？在战场，我即令各官兵将前发之土杂枪一律调换，尚余好枪二百余支，全连官兵无不欢快。刘、陈在都城溃败后，则窜向大坡山，均被黄绍竑等部缴枪。我军各回原防，我连开返肇庆时，全连官兵及所获枪械辎重独乘民船一艘，沿途高唱凯歌，不胜雀跃。时各友军（桂军除外）一无所得。抵肇登陆，民众见我连劣枪去好枪回，并见搬运所获敌械辎重，甚为惊奇，上级亦甚为赞许。

营长邓世增知我爱我，见我为他争不少面子，亦甚欢喜。但他是一个忠厚长者，不欲我之功劳无赏。他知我在第四团屡次建功，已获枪甚多，那时见我又立此奇功，便有将其营长让位于我，而他则专任师部军械处职务之意。而督办却不如是办，他将邓营长升为补充团团长，以我接其遗缺为第一营长，复编广西民军的一营为第二营。我接营长后，即调广利驻防训练。我请委李五云为营副，刘绍汉为军需，区省三为书记，叶少泉为司书。不久，李五云调任连长，刘绍汉继为营副，叶少泉升为军需。我军驻防西江后，军饷十足给发，我习于节俭，略有积蓄，我家不若从前之困苦了。时吾妻携绍昌、绍辉两儿来肇相叙，甚为欢快。在广利驻防两月，以郁南匪风猖獗，我营奉命调郁南剿匪与训练，到都城，战役又开始了。

我营到都城后，探悉苍郁边境及桂墟附近有土匪六七百人，不分昼夜四出劫掠。我到都城席犹未暖，各方告急请剿匪之呈函，源源不绝。时匪首偷牛贼、生鸡精两名收集陈天太散兵，率大批匪占据桂墟，我即率全营向桂墟前进搜剿。将到桂墟，匪竟以大部占村庄及附近高地抗拒，扑攻终日，匪凭碉楼顽抗，我无炮兵，至晚仍攻不下。我即以当日在阳春河朗剿匪之法，派官兵挖掘楼脚。但工作未完，桂墟之匪大部来援，屋内之匪乘机冲出，变成混战，终于毙匪百余，我亦伤排长两员，士兵伤亡三十余。匪退窜聚桂墟，我即追踪进剿，以两连包围桂墟。但桂墟素来防匪，各要道街口均建有碉楼堡垒，用步枪攻击，不收效果，即电师部迅派炮兵带七生五炮两门，赶速到来协剿。我则令全营官兵将桂墟全部围困，不得松懈。围困两日，匪见我军无若何动作，以为无奈他何，毫无畏怯，仍不知其死之将至，竟在碉楼杀猪宰牛，大饮特饮，大猜特猜，说拉弹唱，极其快乐。匪复以粗言臭语向我讥骂："高佬蔡，你入来啦，我处有酒有肉，有女人，非常漂亮。……"我亲闻此种讥骂，当时恨不得一网成擒，又恨山炮不即到。我一面做定炮兵阵地，一面令各官兵于桂墟外挖掘壕沟，阔两米达深一米达五，以阻匪之突围。各种工作做完，山炮已到，我即指挥炮兵向碉楼轰击。第一发命中时，匪知死日之将至，不复大呼小叫了。第一座碉楼经四炮已毁塌，所余多座，依次轰击，到黄昏，已全部毁塌。匪无险可据，竟在白昼结队冲出。幸我已事先布置，包围严密，匪虽拼死突围，而逃脱仅少数，击毙百余，生擒二百余，获枪百余支，起获被掳男女百余人。匪首已被击毙，逃脱之匪亦星散，生获之匪则就地枪决。但我营官兵伤亡亦大，阵亡排长一员，伤三员；士兵伤亡竟达六七十名。困兽犹斗诚厉害过两军对垒，当时若非事先布置与官兵镇定，难免不为土匪冲溃。我将桂墟之匪肃清后，留一连驻桂墟，与各方团绅办理绥靖善后，我则率队返驻都城，搜剿各地残匪。不久，郁南属内土匪尽被肃清，少数残匪则出没于苍郁边境之大坡山附近。我以省界关系，未便往剿，即请示师部。师部派第四团香营长翰屏率部与我营往大坡山会剿。不久便亦肃清，苍郁始告安静。我营仍驻都城附近训练。前第四团团长陈铭枢，自河源离部辞职往南京学佛后，分别已将两年，那时闻他已由南京返肇庆，我即请假往肇谒见。彼此相见甚欢，我略将别后情形报告。我在肇住数日始返部，当时风闻陈有回一师当某旅旅长，其中有人反对，是以未有命令发表说。

当我返部时，搭港梧船西上，可恶的船上买办竟借外力欺压我。当我上船时，买办要将我卫弁缴械始准登船，我力争不允，他竟呼印兵到来，声势汹汹。我更愤恨。我对那买办说："西江是我内地内河，你挂外国旗做生意，已不知羞耻。你明明知我识我是一个中国军官，竟借外人将我羞辱，不知人间尚有羞耻否！你快叫印兵走开，否则我先枪毙你。"他仍是啰嗦不休。他说："你要知我船行规则，凡搭客有武装，不论是官是民，都要解除。"我说："我不知你船上甚么规矩，条约是何物，我问你是不是中国人？我是中国军官，在我内地，我就不肯解除武装。"他听说我问他是不是中国人，他就满面羞愧，恼羞成怒，竟说李督办李济深搭船，都要将卫队的枪缴下，何况你区区一个营长！我听他如此说，愤火冲天，我即掴其一掌，再教训他。我说："你说李督办搭船也要缴枪给你，你以为好大面子，那是有辱国体，你知不知？现在我再掴你两掌，枪我也不缴，你去告我。"那时，全船搭客均鼓掌，喊打之声不绝于耳。我制止各人不要吵，并解说买办之不要脸。买办经我掴后，乘人声嘈杂和印兵走避了。他虽不来干涉我，我心却仍忿忿。船抵都城后，我不准驳艇开船接驳，并令各商店货物不可搭那轮船。如是消极抵制经一星期后，那买办恳请商会向我调解，我提出两个条件："以后凡我营官兵因公来往或解犯人，应照我国规定军人乘舟车办法不收船脚。买办辱我，须要买纸炮三万由码头烧至营部，若他能办到则算了事。"买办答应照办，我始平心中之气。后来，我派官兵押解犯人往肇庆，适搭该船，买办亦不敢啰嗦了。

返都城不久，接师部通令，第二旅四团团长缪培堃因病身故，其所遗团长缺，调我团团长邓世增接充，所遗补充团团长缺，则以徐景唐接充。那时的补充团，有若横水渡，凡升团长的人，必先令充补充团团长，然后他调。徐团长到任不久，又调第三团团长，而以黄镇球接其遗缺。那时已是秋去冬来，人事迁调仍是未已。孙大总统北上，陈铭枢已确任第一旅旅长了。张发奎之独立团改为第一团，蒋光鼐为第二团团长，但第二团无兵无械，廖仲恺先生却拨六五枪一千杆，除分配三百给第一团补充外，余则拨给第二团。第二团以我营（缺一连）为第一营，我任营长，黄固为第二营营长，黄质胜为第三营营长。我营因黄镇球留一连为基干，是以缺一连，我则请委区寿年为第三连连长，着其返罗定招募。编改完毕，全营调驻肇庆训练。不久，都城、封川等处又有土匪出没，我营则调封川一带驻防，积极训练。元旦在封川开士兵运动会，举行各种竞赛，极为高兴。

歼灭沈陈，回师讨伐刘杨

民国十四年（1925 年）

    在元旦举行过运动会后，又照常训练。惟新领六五步枪士兵使用尚未十分纯熟，即令各士兵多做架上瞄准，复在封川江口举行实弹射击竞赛，赏射手之最优者。举行两次，成绩极佳。那时，广西沈鸿英残部企图死灰复燃，在贺县、平乐等处纠合，大有进犯梧州之势。而东江方面，同时吃紧。我军第一旅（缺我营）由许老总、蒋校长率领出发东江，第二旅及补充团（缺一营），出发广西贺县，我营奉命归补充团黄团长镇球指挥，在旧历正月末旬依原定计划向目的地进发，第二旅由梧州往犁木根出动。我营及补充团由封川江口经木双墟到沙头集中。各部抵达后，第二旅向信都前进，我营及补充团为后卫，向左侧后警戒，占领信都。敌且战且退，我们即向信都跟进。当时确报沈军以一部联合林进庭残部，在柳州与我友军李、黄、白、余、夏各军激战，其主力则集中贺县，布防于山心、马练迳、三步梯等处。我军为策应友军，有先扑灭该处敌之必要。命令区分第三团为前卫，我营归徐团长景唐指挥，随前卫后向山心、马练迳攻击前进。但前卫展开，我营增加右翼，激战至午后，尚未得手，迨至黄昏，全线冲锋，始将敌人击溃。是晚因雨天暗黑，且地势均是崇山峻岭，崎岖难行，道路不熟，故不追击，即在高地露营。夜寒风凛，官兵又无饭吃，如果身体羸弱，真会冻死。拂晓，饭才送到，同时出发的命令亦达，我营归回黄团建制为后卫，第四团邓团长世增为前卫，向三步梯一带之敌攻击。前进后，接我方侦探报告，敌军大部在三步梯一带高地布防，沈鸿英亦在贺县城。但我军不能变更命令，继续前进，前卫抵达三步梯附近，即与敌激战。第二旅全部展开，激战至午，几乎不支，有动摇之势，幸两团长镇定，不至溃退。即令我营跑步前进，赶到时，已十分危急。某高级官当面命令："如你营能冲破当面之敌，即赏你营官兵二千。"我即集合我营官兵宣达，立刻展开两连向当面之敌攻击，约一小时，已攻至敌火线五十米达之处，但仍未收效。后我亲率预备队一鼓作气，猛向敌冲锋，敌遂溃退。追击至半里，恐队伍紊乱，即令营副刘绍汉集合后跟进，我则率士兵约三十人合归邓世棠排向敌退路追击。时已入夜，见敌人秩序大乱，我兵力虽少，仍能以少击众。我抵达三步梯，前面遇敌援队。哨兵喝问口令（我早已对士兵说："如果前面有人问口令，则答说是落伍兵，随便说沈军某营某连……"），士兵依嘱咐答以系落伍兵，遂通过步哨。把大部敌人休息所在地侦探明了后，即令士兵向敌休息所在地以排枪快放。敌不及还枪即行溃乱，向贺县城奔窜，火光萤萤如星点，我即率三十余士兵向前摸去。草地上遗下辎重堆积如山，我被枪尾准星横着脚，始知遗弃枪支不少。我一面派兵数名向贺县警戒，令向火光处射击，并令排长邓世棠占领房屋数间，开凿枪眼，即派士兵一名追刘营副绍汉带队快来。时至夜深十二时，尚未到达，心甚焦急，怪责刘营副太慎重。到二时许，有数人携灯两只向我警戒线来，便将他们喝住，原是投诚的。我便询问他军中情形，他们说："沈鸿英及其队伍已在半夜由贺县向八步逃去。我等系属机关枪连，乃吴佩孚前在湖南派来协助沈鸿英。现我等不随他走，特来投诚。"我说："若你们真心投诚，我即派徒手兵两名随你回去，先将机关枪带来，至于队伍，则待明晨过来。"来使允诺照办，即派兵随其去。那时已是五更，刘营副率队到达，我心始安。当时，各连官兵对我说："昨晚总未食饭。"我说："不食一餐，不要紧。如果我昨晚不追击到此，袭击敌军使其溃退，那时敌军援队已抵达，今日更辛苦了。"遂令一连搜索战场，以一连向敌退路警戒，我则率队进城，布告安民。将午，第二旅各部始陆续到达。是役我收编敌机关枪一连，缴获步枪约八百支。第二旅一无所得，官兵颇不高兴，悔失时机。黄团长镇球到来，我即将经过口头报告，黄团长欢喜异常，我军即在贺县休息数日。我营是归补充团指挥，但我团枪械已足，所获枪械辎重，除留机关枪连及七九步枪一百支外，其余概缴交黄团长收受。黄团长犒赏我营官兵一千元，特别赏我三百元。

可惜得很，第三连区连长寿年队里，补入有贺县附近土匪六七人，有一晚放排哨时，竟将排哨长范某捆绑之后，携枪械潜逃。区连长不守连坐法，竟外出不归，我即率队跟踪追去。追至距贺城二十里，发现逃兵正在山坑用盥口盅煲饭，竟开枪与我追兵抗拒。经数小时，始将逃兵数名击毙，我追兵亦被伤六七名，殊属痛恨。连长区寿年、排长范某事前失于防范，各均革职留任。受伤士兵，命排长格外抚慰调理。

接本团团长蒋光鼐来电："东征军已占领惠州，本团已抵淡水，该营速旋师归还建制。"我接电后即往商诸黄团长准备东下。翌日，即由贺县城经信都犁木根向梧州行进。抵达梧州，闻说孙大总统在北京逝世，噩耗传来，遐迩哀悼。痛失党国领袖，全营官兵皆为之不欢。我营在梧休息一天，即乘船东下，至大沙头车站集合，补充军实。逗留两天，后方主任邓瑞人交涉车辆已完妥，即送我们上车。输送至龙江站下车，是晚，就在龙江墟宿营。接团部来电，谓："我军已占领河婆、棉湖，续向兴宁、五华追击。"翌日，我营继续跟进，经淡水、平山、三多祝、布心、公平，日行八九十里极顺利。抵达公平墟，休息一天。友军后方均集于该墟时，得前方捷报："我旅与敌激战于兴宁城外辰光山，俘获甚多，并已占领兴宁城。"各官兵闻报，奋发异常，恨不得即日追上，加入作战。翌日，即续向河婆、安流、魏碑、梅县前进，每日行军百里，到达梅县，始赶上我团，归还建制。那时，旅长、团长均在梅县城，我即向团长蒋光鼐报告随友军作战经过，并将收编投诚之机枪连归还团部，直辖于旅部。团长对我官兵甚为嘉勉，并犒赏酒肉费百余元，在梅县休息三天。时陈炯明部已退走粤闽边境，我旅奉命开往松口、三河坝等处整理候命。

那时值夏春之交，雨多水涨，三河坝等处已成泽国，我营驻此几被水困。有一晚三更时候，我正酣睡之际，陡闻鸣锣告急，我不知是何事故，时护弁已来报告，谓梅江水涨已至营门。我即出营一看，遍地皆水，有似汪洋大海，且雷电交作，雨落倾盆，三河坝地复低洼，所有居民，均被洪水淹浸。有楼之屋则避诸楼上，有钱者则雇船，贫苦之家惟搬至附近山岗。我军驻地均受水淹，虽在深夜，亦迫得搬走，上背后之松山暂避。待至天明，天虽晴，而潦水更涨，我即请示团长，开往大麻墟暂驻。在大麻墟约驻一星期，我全团奉命开往潮州城驻扎。潮城地方辽阔平坦，风景艳丽，不少洋房大屋，庙宇祠堂遍地皆是，驻兵之所无忧矣。

部署妥当后，慕汕头之繁盛，即请假到汕一游，寄寓旅社。不久，旅长、团长亦到，闻说是蒋校长召开秘密会议，我亦不便追问。在汕两天，遍游汕头附近古迹。假满，即搭车返潮州销假。不久，团长蒋光鼐由汕归来，召集营长秘密谈话。他说："我军不日凯旋，做回主人，但现在要绝对守秘密。"我闻团长说后，知不久之将来，又有一番表演，心中甚为欢喜，日日静听消息。有一天，我略对各连长稍露此意。我说："此次我军东征，已收复东江、潮梅等处，而滇桂军杨、刘各部在同一旗帜下，何以他们不来参加？"各连长答说："杨、刘入粤以来，只知收税索饷，他们不会参加东征。"我又说："收拾彼等好否？"各连长以为我平常说笑话，皆懵然不觉，我亦不敢过于明白表示。知各连长均恨杨、刘，便不再提。不久，我军无敌情通报，只命令全行军开往揭阳。在揭阳，驻扎两天，向普宁前进。到达普宁以后，行军命令就不同了。

在普宁城休息一天，我军限五天内往葵潭、海陆丰、梅陇、赤石，向稔山、淡水等处集中完毕。蒋校长即在樟木头召集少校以上官长训话。他说："各位同志，杨、刘入粤以来，无恶不作。此次东征，竟不参加，反而勾敌通敌，此种障碍不除，广东永不会统一，革命亦无成功的希望。……"我们听了这一番训话之后，勇气百倍，各官长即各回部候命。翌日，我旅向樟木头前进，是晚，即宿于樟木头。接上级命令，略谓杨某、刘某盘踞省垣数年，无恶不作，最近勾结北廷，企图反叛中央，须即扫除。某军向某处前进，会攻省城之敌。我团奉命后，即沿广九铁路左侧，经石龙、石滩前进。是日抵达石滩附近，我营为营哨，向新塘方面警戒。是晚九时左右，据连哨报告，在黄埔方面有炮声，时疏时密，后查是我黄埔学生军及海军舰队已与敌在黄埔附近接触。天将拂晓，我军早膳之后即向省城前进。午后三时，抵达乌石车站，转向铁路又停止，向龙眼洞方面特别警戒。晚膳完毕，接上级命令，略谓："学生军教导团由增城向龙眼洞前进，我军为左纵队，向瘦狗岭上下圆岗攻击前进，须于拂晓前进入攻击阵地。"我军依命令计划部署妥当。翌晨拂晓，第一团即展开向上下圆岗之敌攻击前进。本团为预备队，随第一团跟进。激战至上午十时，敌增援反攻，第一团告急，我团奉命跑步前进，向第一团延伸增加，攻击敌之右侧背。双方肉搏数次，我军奋勇冲击，敌遂溃败，我军即占领瘦狗岭。敌失阵地，溃乱异常，纷纷向省城退去。那时，我军心雄壮，争为先入，虽无上级命令，各部竟自向敌蹑尾穷追，团、营长均无一兵掌握。此虽为军中最忌，亦无可奈何，只得跑前。我抵达燕塘金娇坟附近，遇第一团团长张发奎，我即问第一团的部队冲至何处，他却反问："你们部队又冲至何处？"我说："我营已掌握不住，连预备队都追上前头了。"他说："我团也是一样。"我说："前面炮火激烈，如果敌人反攻，我们怎样办？"他说："此时惟有跑上前，能揸回多少就算了。"我即跑步前进，到马房，第三连的士兵约两排还未冲入市内，连长区寿年右手受伤，正在此敷药。我留区连长暂在马房休息，即亲率该两排向惠爱街前进。时我各连均在双门底一带与敌巷战，甚为激烈，排长邓模阵亡于城内大新公司门口，士兵伤亡亦多。当时，在长堤之敌退回甚多，竟不顾生死拼命冲回，肉搏至下午四时，始将敌人肃清。我复令士兵在附近各街道警戒搜索。至广府学宫前，见我第二连士兵数名在学宫门口将枪向内作瞄准姿势。时我仍距该士兵约数十步，即跑上前看，见屋内敌军约四五人，仍作持枪以待神态。时我营各连尚未归队，第三连两排已沿途派在各街口警戒，一时无兵使用，适第一团朱营长晖日率兵一连经此，我即与他商量，将该批敌人解除武装。朱营长所见亦同，但说明所获枪械须两营均分，我亦同意，遂与朱营长喝令该批敌军缴械，否则开枪扫射。该敌军仍言语支吾。他云："愿受收编，不准缴械。"我两人恐时间延误非计，严令其速缴，敌军无奈，即将枪一批一批地送出大门。我们将枪收完分妥之后，朱营长他去搜索，我始派各连传达往找各连，一面往请示团长今后该如何处置。是役，我营缴获好枪三四百杆，杂枪无数，但却阵亡排长两员，伤亡士兵九十余，不胜令人惋惜。但将杨、刘扑灭，亦一快事。

杨、刘两军自入粤以来，骄横不可一世，杨军尤甚，路人为之侧目。结果不堪一击，根本扫除净尽，无一漏网，吾粤三千余万同胞至此始得重见天日。肃清敌军后，团部及二、三两营驻观音山附近，我营则全驻于高州会馆。以为可以平静无事，怎知杨军胡思舜部约二千余人由东江窜回，到达观音山附近，我团尚未发觉，及敌向我警戒兵射击，始明了是敌人。我二、三两营即展开向敌逆击，机关枪、步枪声大作。我甚疑惑，以电话询团部究竟何事。团长说："残敌向我们反攻，到观音山背面山脚始发觉。"我即紧急集合，率全营向观音山增援，为我团预备队。激战三小时，我二、三营将其大部缴械，敌不支溃退，向白云山背黄茅村逃窜，被我由北江南下之第二旅部队截缴殆尽。

收复省城后，大军云集省垣。时各部队尚未区分负责警戒，遂有残敌胡部之扰，万一当时该残敌直入市区，虽不能如何作恶，秩序之纷乱，实不堪设想。击溃胡部之后，又不见高级司令部将此事训令各军知之，我至今莫明其妙。的确，当时我们对于各方情形均不明了，即我所知，亦只限于团部情形为止。

我军驻省数天，亦不见有若何动作。有一日，旧同事沈光汉来访，欲寻工作，我遂将他介绍给团长，请委他为第三营营副，营长黄质胜也同意。沈光汉从此在本团服务了。不数日，我军调广三铁路一带驻防训练。第一团驻佛山，本团驻西南，我营分驻三水河口。那时，各部在整军经武，对于军风纪甚为注重。到达河口之后，我接家书，吾妻云不日来三水。接信不四天，吾妻已挈绍昌、绍辉两儿同来，遂在三水租一小屋暂住。她已往来省城数次，不若从前初下省时之胆小无识了。买物等项，亦不要我麻烦时时料理了。约住一月，我团奉命调中山，吾妻则挈两儿返乡，那时我积存有千余元，全交吾妻带回家用。

我团开抵中山后，我营驻小榄，每日除出操训练外，余无所事，终日惟游水扒艇，有时往石岐一行。不久奉到上级密令，略谓："现驻中山及小榄吴某所部，包烟庇赌，军纪甚坏，着该团将其缴械。……"我团奉令之后，即区分部署，二、三两营直接由团部指挥，小榄方面，则由我营负责，限于某月某日将吴部解决，缴械遣散。我奉密令时，距限只有一天，即召集各连长来部密商，指示机宜，各连长明白任务之后，各即回部带同各该连之排长前往侦察是部各部驻地情形。翌晨，即依密令向吴部动作，时吴部在小榄仅一营，惟驻地甚散。我则以两连兵力分配给各连长指挥，向吴部各驻地围缴，而抽出四排为预备队。围缴时，吴部略有抵抗，不及两小时已围缴完毕。是役，营部特务员陈敬阵亡，第一连连长李五云受重伤，士兵亦伤亡三十余人。时团长见我数小时未有报告，甚为焦急，派副官来小榄联络。副官到来，略谈石岐及小榄情形，我即将受伤官兵请该副官送往石岐调治，并缮报告请其带呈团长。后来，团长来函慰勉说："吾兄独当一面将吴部解决，殊堪嘉勉。送来受伤官兵，已由团部派员送石岐医院妥为料理，至阵亡官兵，希具报来部，以便请恤……"解决之后，中山各处土匪蜂起，我团分头往剿，不半月便已肃清。

粤局粗定，当局抱革新政治与军事之旨，所有不守纪律军队及贪官污吏陆续剪除。从此，改正为真正之国民革命军，由第一军编至第七军。我粤军第一军则改编为第四军，仍以李师长济深任军长，陈可钰为副军长，陈铭枢为第十师师长，陈济棠为第十一师师长，梁鸿霖为第十二师师长，徐景唐为第十三师师长，张发奎为独立旅旅长，我团改为第二十八团，归第十师节制。那时各师虽有番号，实力尚缺，各师所辖或一团或两团。我师则以前旅部之独立营及许老总卫队营编为二十九团，以孙纯任团长。那时当局之整理军政，亦仅限于势力所及。时东江陈炯明残部复起，南路邓本殷等军又乘机在两阳活动。我团即奉命由中山调江门，驻两日，复乘宁阳火车开台山属之白沙墟、阳江方面警戒。当时，第十二师梁鸿霖部本是协同向两阳前进，可是梁师态度不明，师长梁鸿霖不能掌握，自己出走，其所部反与敌方勾结，向我团压逼。我们接此千真万确的消息，连夜向公益、单水口前进，并在单水口布防。我营担任左翼，第三营为右翼警戒，第二营为预备队，部署已妥，即赶速构筑工事，以半村落式成两线，取攻势防御。我们的工事刚构筑完成，敌苏廷有部及梁部叛军共六七千人，声势汹汹，竟来犯我单水口阵地。激战三昼夜，均被我击溃。时我友军吕焕炎部约一团已到，我二十九团有两营亦已到达司前墟。敌军攻我数日不逞，知其必疲困已极，我即献策团长，请以全团出击，团长亦赞同。计划决定，即于第四日拂晓全线出击，激战两小时，已将敌击溃。我营跟踪追击，至开平城附近始停止候命。我自任中下级官数年以来，在村庄取攻势防御，第一次成功以少胜多。是役，我军俘缴敌枪千余，而我团则仅伤亡二百人。

那时接我东征军捷报，在紫金等处大获胜利。当局为同时肃清东南两路残敌起见，派朱培德为南征总指挥，即将我南征军各部编成战斗序列。我师及吕焕炎部编为左纵队，陈铭枢为纵队长，向恩平之残敌攻击前进。抵达金鸡、电白、水东，残敌不知自量，竟向我反攻。我团为前卫，本队尚未展开，敌便溃不成军，向阳江方面逃窜了。我军势力雄壮，不分昼夜穷追，不两天，克复阳江城，残敌向电白水东溃散。我军既已完成第一步计划，遂在阳江休息，听候朱总指挥到来进行第二步计划。休息两天，朱老总率第九师到来。时据报南路残敌倾巢而来，有作孤注一掷之势。旋探悉敌确在高州、梅菉等处布防，我军为迅速肃清该敌完成任务起见，即跟踪追剿。我团为先遣支队，先一日出发，向织簧、儒洞、电白、水东前进。我团到达水东附近，残敌与我前卫营稍抵抗即逃窜。后继续向梅菉搜索前进。查梅菉残敌不多，我先遣军未抵达，梅菉残敌已先逃。我团先遣任务以到达梅菉为止，遂掩护我大军集中，听候师长到来。

我军集中梅菉后，则分两路前进。朱总指挥率第七师及由桂边入粤之俞作柏部夹击高州之敌，本纵队则仍向钦廉攻击前进。我团仍作先遣支队。经安铺山口墟到达白沙，残敌倚河抵抗，相待数小时，我军即分一部迂回包抄，敌狼狈退窜合浦。我军则在公馆墟露营稍歇，三更造饭，饱餐之后，复跟踪向敌穷追。是日午后七时，先头部队已克复合浦城，残敌向钦州方面溃散。我先遣队是日行军一百六十里，官兵极疲乏，到翌日晨始全部到达。团部命各连区分警戒，时闻师部等始到公馆，须明日下午方可到达。我营有此充裕休息时间，遂令各连官兵洗澡、洗衣服，一清数日之风尘汗垢。师部到达之后，我团进驻江口（距城约十五里）休养整理。残敌自向钦州溃散后，已到山穷水尽，无可为力，逃亦无可逃，或请收编，或被缴械，盘踞南路之邓军，从此消灭了。

那时，我师仅得我团完整，二十九团两营尚不足，是役收编缴获人与枪械，概交给二十九、三十团两团补充，各团即分区绥靖。到新历元旦，我乘暇向团长请假二十天返乡一行。团长批准，并假我港币二百元，我即挈护弁四名搭汽车往北海，略购些什物，雇大眼鸡船一艘往安铺。时值风平浪静，船行两日夜，始抵安铺。在安铺住宿一宵，即搭民用车到高州城。抵高州甚早，乘机一游城厢内外及附近地方风景。舟车数日，颇觉劳顿，欲早寝休息，以便翌日赶程，怎知邻房住客男女数人，终夜叽叽咕咕，有时拉其不协调之弦索，有时又弹唱咸水歌，嘈杂吵耳，厌烦之极，使我终夜不能入梦，最为可恨。到天刚放亮，即离高州，取道向信宜，是晚住镇隆墟（距信宜城约三里），值罗镜福享老板刘某派来店伴，他见了我即说："本拟到廉州寻营长，而今途中相遇，不至错过，最好了。"我即问他有何贵干，他说："有罗镜墟叶某，乃在叶大森处充某军官，某日带军队数人，将福享刘老板架去，现勒索一万元始肯释放，所以特寻营长想个办法。"我说："待我返到罗镜，看内容如何，当可秉公解决。"翌日，继续行程，经东镇、怀乡、贵子、咸口、分界，顺道先探最痛爱我之姑母。到水摆，即入姑母家，时她已七十五岁了，正是所谓风烛残年。那时，她正卧病床中，见我甚为兴奋，抚摸我手，泪流如雨。我则婉言慰解，并将自己携带数年的北丽参，分量炖水给姑母饮。饮后不久，姑母似稍精神，拭泪与我长谈。她知我这两三年来家境稍好，颇为欢慰，谈及我两弟之不肖情形，她复流泪。我见姑母如此关心，为免其伤情，即假言慰说："二、三两弟最近亦有信回家，说大约明年正二月可回国，请姑母勿念。"姑母听了我这一番话之后，不若初见我时之凄苦了。时已午后三时，我须赶路回家，即取白洋五十元送给姑母，姑母却不受，我即交给表哥（螟蛉子），并嘱每日买姑母能食之物品给姑母食，小心奉侍。时夕阳将下，我返家仍有十里，即向姑母辞别。将抵家门，见我儿数人在门口放纸鸢，约闻辉儿的声音，他说："阿哥仔，大坑边大路有兵勇来，我们快回屋闩大门啦！"我带护弁愈行愈近，他们愈走愈快，已回家关上大门了。我到门口叫门，他们闻悉是我声音，始开门出来，见了我个个都说："大兄渠！大兄渠！"喧闹不已。我问绍昌："你嫂去何处？"他说："往苏屋就返来了。"瞬间，吾妻回来，见我如前，隔别未久，亦不如从前之问东问西了。

是日早饭时，我不见二弟媳，即问吾妻她往何处？吾妻说："她今年甚少在家住，均去外家多。前两月派人回报，说渠在此久候十年，丈夫不归，再不能守，已改嫁了。"吾妻对我说后，回想不肖之二弟耽搁于人，弟妇之改嫁，诚亦不能归咎于她。那时已旧历十二月二十七八，我即往罗镜墟购买什物，并将叶某勒索福享事解决。过年时，妻儿一家团聚，颇为欢快。

二次北伐，连升二级

民国十五年（1926年）

我自请假返乡，家居七八天，正值旧历新正，日子易过。旧历年初四，家姐来探。家姐自嫁区姓十余年，已养了五六个小孩。是日，她带着五六个外甥到来，全屋都是小孩，热闹非常。我家境稍好，家姐亦欢快，终日谈天说地，不若前时到来之苦口愁眉了。家姐住了两天才回去。我的假期将满，亦须准备行程了。拟走黄麖跟旧路，但须步行七八天始能返部。若出罗定城，搭船下省港，转北海船，则较为便捷。与吾妻谈及，她十分赞成经省港转船。她说："倘你由罗定出江下省转船，我送你至省城。"我遂决定由水道返部。旧历正月初八，即与吾妻离乡赴省，抵省寄寓南园。住了两天，须下港转船。吾妻说："我再送你到港，然后搭港梧船返乡，不用返省，亦属快便。"翌晨，遂与吾妻搭早船下港，在港宿一宵，吾妻早上即搭船返乡，我亦于下午搭廉州船赴北海，陈励芗、陈维周等同船，不感寂寞。船经七洲洋，虽有小浪，亦不觉什么。船行一天已到海口，停船数小时，货客登陆后，又复开行，翌午将到北海，我倚栏远眺，见右前方一小高山，我指而询诸同船搭客，搭客说是北海之冠头岭。不一刻，船将傍岸，我即回房检拾行李，吊桥已下，遂叫一小艇埋街。艇家索价一元，我照价给足，艇妹心满意足，笑微微代我送行李到栈，再给以四毫，艇妹更千恩万谢。在北海住宿一宵，接合浦师部电话，谓本团于前几天开往钦州，我不用到廉城。在北海多留一天，翌日搭钦州小轮回部。中途，该轮发生小毛病，蒸汽四喷，全船似为云雾所盖，有三四位少女惊恐过度，竟伏近我身，呼我救命。我说："凡事有定，在此茫茫大海，自然同舟共济。你不要惊慌，悲哭亦无用处。"船即下锚，船主用棉胎数张将喷口塞住，慢慢将船驶近岸边浅水之处。时蒸汽已将泄完，船亦停驶，各搭客始得安定。这时，几位少女惊魂复返，对我微笑，似有羞态。经两小时，船已修复开行，少女们问我往何处，我答以往钦州，她们又问我做何职业，我则照实对。我亦反问她们往何处，她们说是在北海读书，现返钦城家里，这样，我们便开始谈话。我说："刚才轮船稍坏，你们为何如此惊恐？"她们说："当时我们已魂飞魄散，不知如何是好，竟会抱着先生，船定醒觉之后，亦自知糊涂。"我说："诸位或者误会我是你亲人。"她微笑不答。时天已入黑，船主说翌晨八时始可到钦州。是夜我与少女们都不眠，谈笑至天亮始稍休歇。八时左右，船抵钦州，已下锚停泊，我们仍须叫小民船再经十五里水程始可驶入县城。我即叫一小船，并请几位少女不必另雇就同坐入城，她们也允诺，即同下小船。船家说："现无风使帆，须下午始能到城，各位要食饭就须买备米菜。"我即交两元给船家备办，邀各少女一同早餐。我们说说笑笑，时间特别快过，到钦城虽已是午后一时，却好像刚正下船。泊岸后，诸少女告别回家，我即返营部，稍休息，便往团部谒团长销假。我离队伍将月，恐本营军纪废弛，日日早晨亲往操场积极训练，官兵精神更为焕发。那时东征军已凯旋，我第四军以张发奎部收复琼州各属，陈济棠部收复雷州各属，并清剿徐闻土匪，粤省始告统一，革命政府拥有两广力量，根基已固了。

我到钦州半月，除积极训练本营士兵外，暇时则往与政治部主任李某研究政治问题，有时两人争辩甚烈。大约李是社会主义者，而我是一个国民党员，是以见解不同。当时两人虽激烈辩论，却无恶意，过后如常，有时亦到团部与团长谈军事，团长对此亦极感兴味。因此无形中得着不少进益。

有一日，我在营部闷坐，颇感无聊，忽接到一封字体不常见的信，拆阅之后，始知是同船回钦州少女写来的。她写着："别后甚念，贵体好吗？我父母甚欲请你来我家吃便饭，如蒙增光，请你答复。"我读之后，十分怀疑，自念与少女不过是萍水相逢，为何突然会请我到她家里吃饭？满腹狐疑，百思不解，赴约与不赴约未敢遽然答复，即出街向当地朋友一访究竟。据友人说："该少女乃世家黄某之女，自幼随父外出，两年前她父亲乃当某县县长。"我探悉内容，即急归复函答应赴约，并以人生路不熟，请她到来同去较为方便。到了约期，黄小姐依约到来，我即换穿便装，与黄小姐出营，携手同行，转弯抹角经两条横街，已到她府上了。登堂之后，黄小姐介绍其父母相见，前同船之两少女亦在座。寒暄之后，黄先生及其夫人说："此次小女等蒙先生护救，殊为感激，特请先生到舍增光，又蒙不弃来临，更觉荣幸。"我说："小小事情，何须挂齿。"自念搭船时，轮机不过略有损坏，少女胆小惊慌，情急呼我救护，以至造成此邂逅机会，亦人生寂寞中解闷快意之事也。饭后，黄小姐及其三五女友即说："打麻雀啦。"我说："我素来不知麻雀如何打法。"她说："你不识我教你，我们不是赌博是玩牌。"黄小姐硬要我坐位，当时我非常难过。我说："夜深我不知口令，回去更困难。"她见我如此说，才不再强，我遂告辞回营。后来，我与黄府时相过从。每逢星期六下午，黄小姐必来营邀我外出游玩，或在她家中晚饭。有时闲谈，黄小姐问我家中景况，我说："家中有糟糠之妻，子女已三四人，我是一个穷官，什么都没有。"她听我如此说法，唯微笑。我与黄小姐不时来往，同事朋友中略有闲言，但我与她亦仅作友谊之交往而已，疑我者未免少见多怪。

两广统一，革命已踏进第一阶段。时北方军阀内讧，湖南唐生智反戈，派代表刘文岛来粤接洽输诚。刘与师长陈铭枢有深交，当局派陈铭枢、白崇禧往湖南与唐生智接洽，结果完满。那时，北廷以大军压逼长沙，唐生智部奉我革命政府命，退守湘南衡阳等处，改编为国民革命军第八军，唐生智任军长。湘省既归我革命政府，且有唐军为屏藩，遂筹备雄师北伐。师长陈铭枢由湘回部，将往湖南接洽情形对我全师官兵讲述，本师亦奉命筹备北伐，各件筹备妥当，而人事上略有变更。当时有人对我说："你不久升团长，恭喜你。"我说："不要取笑，我自知学问种种均不及人，现任营长已属过当，有何能力任团长？请你不可造谣，若在第二旅时传我将升营长一样，那么，使我更难过了。"这回不是谣传了。不久，师部转来任命状及训令，略开："二十八团蒋兼团长光鼐（副师长兼团长）因事务太繁，团长一职，不能兼顾，遗缺以该团第一营营长蔡廷锴升充。递遗第一营营长缺，以该团第三营连长陈国勋升充。该团第二营营长黄固调本部中校参谋，所遗营长缺，以该营连长李耀武升充。又，二十九团团长孙纯另有任务，该团团长缺，以该团营长范汉杰升充，所遗营长缺，以张世德接充。"我奉命后，蒋副师长即集合全团官兵在钦县较场行布达式、阅兵式并训话。一星期后，我军出发北伐之命令已到达，我团遂在钦州口乘船到安铺登陆集中。惟乘船部队并无联络，由钦州启程，船行五日始到齐，集中安铺后，即步行军至水东乘船。全团官兵约二千人，以两轮船分载，奉命到广州黄沙西村候命。抵达广州，即补充军实。那时政府派蒋校长为国民革命军总司令，即誓师北伐，以第四军为先遣队，由副军长率领第十师陈铭枢、十二师张发奎两部先行出发。我团因驻钦州等处集中困难，抵广州时，仅距我军出发期五天。我到省后，吾妻知我北伐，带两儿到省送行。

数日间，我团已补充军实完毕，遵令在黄沙车站乘车北上。抵达韶关，下车步行，往乐昌九峰塘村良田行进，到达郴州，我们已行军六天。在炎夏酷暑中体力虽稍疲劳，而沿途民众对我革命军莫不箪食壶浆，翘首以迎，精神特别旺盛。到郴州后，我令各部休息一天，浣洗衣服。是日，接前方捷报，我军在醴陵大获胜利，着我团兼程前进。我即下行军命令，翌晨出发，经永兴、攸县向醴陵跟进，连行五天，始达醴陵。进入宿营地后，找得师部所在地，即往晋谒师长，面报本团由钦州开拔至醴陵经过情形。师长略加慰勉，他说："醴陵之役，若果你团同来，敌军唐师必被我消灭。将来立功机会甚多，现在尚有时间在此逗留，快把部队整理好。"我谒师长后，即回团部，下令各部卸装休息。我军既占领醴陵，唐生智部亦克复长沙，掩护我北伐大军集中，同时，闻我第七军李宗仁部已抵湘西宝庆，一、二、三、六各军亦在途中。我军在醴陵驻了二十多天，并无出击，敌亦不敢来犯。我在二十多天当中，每日除出操外，暇时则与三五同事逛游。

醴陵风景甚佳，交通教育都甚发达，民众开通。除省会长沙外，人谓以湘西桃源为美，而我则认醴陵为湘省之冠。我军驻醴陵经有三旬，后续各军陆续到达。时探悉敌人增兵平江，我军即向浏阳前进，行军两天已抵达。浏阳亦比美醴陵，我团进驻浏阳城东古港小埠，离城约二十里。不久，总司令已抵株州，下令动员总攻。七、八两军为中路，向汨罗江、岳州攻击前进，后续部队则推进醴陵。我军担任右路，由原地向平江之敌攻击。时我团为右侧卫，即向献钟前进，当时命令限在某日以前占领献钟。我率队行进，炎暑酷热，乃行军常有，但山高岭长，道路崎岖，至整日爬山越岭，汗流不已，真有"万众梯山似病猿"之感。我终于挨过行军以来最苦的两天，进入献钟阵地，完成任务。抵目的地后，接前方侦探队长报告，已与敌排哨接触，得此报已明了敌情，即区分各营严密警戒。

翌日向平江攻击前进，我团任右翼（独立战斗），向淡江中洞岭之敌攻击前进，展开向敌猛攻。扑攻数小时，敌仍顽强抵抗。时右翼第三营战况甚烈，我即派第一营区连增援，始将敌击溃，而正面第二营的攻击却毫无进展，我以预备队向前猛冲，敌遂溃退，我即占领中洞岭。不幸，我在冲锋时左手受重伤，痛苦异常，即令团副蒋严博着全团归其指挥，并令其从速收集部队清理战场，自己即回绑带所敷药。时前方捷报我军已占领平江城，敌将陆云自戕，是役俘获甚多。我左手受伤特别疼痛，据医生云神经管已断，非休养一月不能痊愈。后到平江城，副军长陈可钰见我手伤甚重，慰勉之后，即嘱军需给我医费若干，送我往长沙湘雅医院调治。我到医院后，闻我军已占领通城，七、八各军亦占领岳州向羊楼司前进。我进院数天，伤口渐愈，惟五指渐渐弯，医生则以树胶将我手指夹直，当时痛不能忍，医生即以吗啡针注射，痛稍止旋眠去，可是醒来疼痛犹昔。迨经数天后，始稍减痛苦。

我军自占领平江后，继续前进，闻各军已在汀泗桥、贺胜桥激战甚烈，受伤官兵来院甚多。不久，团长戴戟、营长马少屏、黄庆藩亦受伤到院。时捷报频传，我军已占领汀泗桥，吴佩孚亲率主力部队及大刀队，均被我军击溃，俘获甚多，残敌溃退武昌城，我军继续追击。那时我伤口虽未复原，但已稍愈，雄心奋发，拟即出院返前方作战，而医生却不许，谓仍须休养。再经数天，我军已围攻武昌城。我心焦急不可耐，决心请出院，医生允许。惟手伤未全复原，仍觉麻痛，以绑带吊起挂颈上，稍为舒服。出院后，在旅店住一夜，即搭车往前方，乘车两日始达南潮。询知我军在东门外洪山寺，即往师部谒见师长。师长对我慰勉，意甚勤恳，见我手仍须绑吊敷药，即嘱我仍回后方休息。我说："武昌残敌顽强，围攻半月不下，我手伤虽未痊愈，但不甚痛苦，不如返部队。"师长见我如是坚决，亦俯允。是晚，我团调武胜门作第三次爬城冲锋，又不得手，各军伤亡甚大。再过一星期，敌一部拟投诚，我方答允。接洽妥当。投诚之敌旅长何某，守南门，即将城门开放，待其部队出城之后，我团即扑入城。当时，其他敌人尚不知悉，我团扑入城后，敌始发觉，与我军巷战，激战至午，已将敌全部万余人缴械，敌将刘玉春等均被擒获。围攻月余之坚固武昌城，此时才攻破。是役，我师缴获步枪、机关枪共七千余支，辎重无数；我团缴获二千余，可谓破天荒之大胜利。攻下武昌，遂抚定武汉三镇，西南半壁河山，全入我革命军手了。

收复武汉后，本师师长陈铭枢奉派兼武汉卫戍司令。吴佩孚几度战败，精锐尽失，已无能力再事抵抗。惟我军因围攻武昌月余牺牲甚大，暂在武汉补充整理，而当时南浔方面却来告急。缘孙传芳自称两江皖赣闽五省联军总司令，统军十余万，与吴佩孚合拒我革命军。但孙、吴貌合神离，互相利用，无切实关联。迨吴佩孚溃败，孙传芳为地盘计，始倾其十万之师与我主力一、二、三、六、七各军激战于南昌附近，血战月余，胜败未分。是以总司令即令第四军之第十、十二两师各编足两团成混成师，归师长张发奎、副师长蒋光鼐指挥，向南浔路增援。我军即兼程开往，与敌激战于马回岭、德安之线。敌溃败，遂为我截断后路，不旬日，孙传芳之主力已被我击溃，俘获人枪数万。孙亦无能为力了。但福建李厚基却率队向我粤边骚扰，掠我梅属松口等处，企图牵制，却为我何军长应钦率队迎头痛击。敌军败退窜闽，何军乘胜追击，不及一月，歼灭李敌，收复福建全省，我革命力量日见膨胀，国民政府之幅员亦日扩大。

我自在湖南左手受伤后，伤口虽愈，但垂直即觉麻痛不堪，身体日见孱弱。师长陈铭枢见我如此，即令我再入院休养，并假我大洋千元，送我入汉口同仁会医院调治。入院后，医生以电疗法疗治，麻痛日减。时师部参谋长朱一民因胃病亦入该院，彼此有伴，终日闲谈，颇不寂寞。留医一月，手已复原。将出院时，接吾妻来函云："闻你在湖南受伤，经痊愈出院，今又闻你伤口复发，家中各人甚为忧念。晚叔（朝锴）在本月（十月）初旬已由南洋返家，我拟同晚叔往汉口看望你，大约月底可到……。"我接信后，心中十分欢喜。自念二弟出洋数年，不顾家室，实属荒谬已极，但究竟骨肉之亲，手足情深，一旦归来，不无欣慰。两周后，我出院返部，吾妻与二弟亦到。妻弟问我手伤如何，我说："就是前两天出院，已痊愈了。"我见二弟，昔日的积愤发作，待他坐定后，即以重言责备。二弟亦觉惭愧，吾妻从旁劝解，我才停口。吾妻为欲解吾之愤怒，捏词以说："此次晚叔出洋，有几千银返来，金子亦多，你说晚叔不乖，我说晚叔最好。"当时我听吾妻如是说，知是假话，复见吾妻说时微笑，更证实她为二弟文过饰非。我即问二弟，吾妻却先截说："晚叔话啦，是真的啦。"二弟心虚急说："银是有多少，返到家只剩两毫子。"吾妻却对二弟说："我嘱你认说有银返，何以见你大兄就怕。"我不客气地对他们说："如果朝锴都会有钱返来，我即挖我的眼珠放下长江流去。"后来，我租一小房屋给妻弟居住，我每日回去必将二弟训诫数分钟，十天内无间断，二弟亦稍驯服。那时天气寒冷，终日围炉取暖，但煤烟滚滚，我则抵受不住。

我革命军收复武汉、闽、赣，吴佩孚、孙传芳溃败无以为患，我国民政府即由粤北迁武汉。时北京仍属官僚军阀盘踞，若不扩充军队，充实革命力量，则不足以应付革命需要。当时第四军屡战必胜，功劳特多，民众誉之为"铁军"。即升陈铭枢为十一军军长，以第十师分编为两师；蒋光鼐为第十师师长，范某为副师长；戴戟为二十四师师长，我为副师长；张发奎为第四军副军长；黄琪翔为十二师师长，缪某为副师长；朱晖日为二十五师师长，叶挺为副师长；后黔军杨某亦编为十一军二十六师师长。各军编配完妥，仍驻武汉训练。

吾妻弟来武汉，已住了二十多天，时正隆冬严寒，冰天雪地，寒暑表亦降至四十余度。南人北来，吾妻不习惯此种气候，且幼儿稚女均在省城，亦不放心，她即欲南归。我留她多住三五天，乘暇挈她外出游玩。到黄鹤楼，登高远眺，风景在目，尤以枯树干枝，一片白色的雪景，特别美丽。我问吾妻："南方好？北方好？"她说："我们未到北方以前，人人说北方怎样好处，而今我由上海到武昌，除上海租界外，沿途所见，并无特色。船过各埠，所见下级男女均衣衫不整，而中年妇女且皆缠足，看其挑水做工之时，惨苦之处，甚于我们在乡间去山割草。来到武昌，全城之大，又看不出有什么不得了之处。有一日，我往隔邻屋主处看看，他们的生活更不入目。城内房屋街市虽多，均属残破，以我所见，万不及我们省城。"吾妻乃一乡间女流，且未读过书，而所见观感，亦略与我同。吾妻既不耐烦久居武汉，即购备船票送其过汉口候船。在汉口住一天，即搭太古船往上海南下。吾妻弟归去，我亦回师部办公。每日虽有工作数小时，惟上有师长，下有幕僚，不若当团长时之麻烦了。

国府迁都武汉，力事扩展各种设施，尤注意完成军备。时军事当局拟以大军东下，收复金陵。惟不祥之兆——革命之分裂却显现了。有一天早上，我返师部，见满街满巷都贴有"打倒蒋某，拥汪复职"等标语，我心甚不安。细想为何在此革命紧张时期发生分裂？倘双方不能消除成见，革命前途诚堪忧虑。那时蒋总司令请政府迁南昌，而武汉方面则不允，意见各执。那时却苦了我们纯洁的革命军人，究不知他们袖里乾坤想演什么把戏。处此境地，我心甚为愤恨，即欲辞职南归，而各同事则加劝阻，日惟闷闷，而时局则日趋严重。当局派陈铭枢先生往谒总司令。陈去后归来，又不宣布其结果。有一日，我问他往南昌结果如何，他亦含糊以对，使我莫名其妙。不数日，事情已经明朗，武汉方面，国共合作，要蒋下野；在南昌方面，则在分共清共，各走极端。那时，武汉方面握军权者为陈真如、邓泽生、唐孟潇、张向华等先生。有一天，我问邓泽生："我们究竟如何做法？"他挺起胸膛，突起双眼，如狼似虎地答说："不拥护农工，不足以言革命。不打倒老朽昏庸分子，革命永不会成功。你系革命军人，应要明白此理。"当时我听他说了这一大堆严重说话，心甚怀疑。我也老老实实地直言答说："孙总理一生努力革命，尚未成功，不幸逝世，不知牺牲了若干同志，才有今日。现在，大半河山已入我革命政府范围，若中途递变，实非革命之福。最好能使各方成见消灭于无形，则为至幸。"他见我如此表示，亦不再答，我即告辞回部，与戴师长闲谈。戴师长无坚决断语，他只摇头叹说："我军被逼，陈军长有出走意。"他对本师亦无若何处置，似听任自然演变。当时我还不相信陈会离去，再过数日，陈军长果然离汉出走，我们只得到汉口送行。陈军长去后，我军失去重心，遂成进退维谷之势。蒋副军长兼师长即召集团长以上秘密谈话，提出两个问题："一、为保存革命力量，则全部服从武汉政府，归张军长向华统率；二、如果你们不同意第一项办法，只有不顾一切，向鄂城、金牛方面逃归蒋总司令。"当时，各将领大多数表示取第一项办法。他们说："第二项虽然是好，但现在四面受敌，张、唐两军已对我严密监视，若勉强行军，必自相残杀受大牺牲，实无必要。"蒋副军长见各官长如此表示，已心灰意冷，不两天，他不辞而行，秘密出走了。戴师长亦继续离去。那时，群龙无首，只剩我一人维持，真不知如何打算。陈、蒋、戴走后，张发奎收编本军，张兼十一军军长，即调我为第十师师长。我当时为严重的局势所纷扰，头脑混沌，心颇犹豫。时正阴历年底，乘机休息两天，考虑应付当前问题。

擢升师长

民国十六年（1927年）

我以时局突变，极感烦恼。在阴历元旦几天中，与三五同事只是狂饮消闷。忽接武汉当局委我为第十师师长，任命状已到，欲退还又恐上级误会，遂与三五同事磋商，结果以革命事业为重，决意就任师长职。就职之后，武汉当局拟顺流东下，幸当时各将领均认北伐重于一切，故而作罢。时南京亦成立政府，与武汉对峙，双方力量匹敌，互相攻讦，但仅见诸文字，尚无以兵戎相见，亦云幸矣。

宁汉分裂后，双方均以北伐为重，武汉方面力量已伸展至豫南武胜关一带，南京方面则收复上海江南一带。时北伐军已占领滁州，河南靳云鹗部在豫中响应我革命军，并发出宣言，反对北廷。武汉当局即乘机令唐生智统大军北上，各军限期集中驻马店、汝南、遂平、霍山等处。各军照原定计划集中完毕，我师尚缺副师长，我即请委许智锐为副师长，协助出发。时我师奉命归黄琪翔指挥，集中老君庙休息数日。值大雨滂沱，泥泞深至数尺，我军皆属露营，上无掩蔽，下无立足之所，真是坐立不得，行又不能。拟令各部进入村庄暂避，但河南一带公家场所固然缺少，就是民居，小小一间，已住有老百姓十余人，不及两井地的草屋，骡马猪鸡狗，……与人同杂于此，安能再可驻兵？是以我军仍露驻树林下，任由风吹雨淋。当地民众见我军连日受雨，寒风凛烈，辛苦可怜，更深时候竟开门请我军入其屋暂避。我军既无命令许可，且驻地不能分配，只有却其请。当时革命军之所以得人民拥护，所向无敌，军纪之严肃，不扰民而爱民，实一大原因。

时北方奉军张作霖派张学良统军南下开封、郑州，与我军对抗，前锋已抵临颍、周家口一带，我军即令各部开始攻击前进。我主力侧重于铁道，我十一军为右翼，本师由老君庙出发经汝南前进。时汝南城内有杂牌军数千，已与我上级接头，订明我军经过不入城，两不相犯。怎知我军经城边过之时，城内杂牌军竟向我军开枪射击，我军即还枪将其包围两日后双方派代表商洽，始和平解决。我军继续前进，接前方确报，奉军大部已抵达上蔡城，并在上蔡构筑工事。时我第四师朱军为左翼，本师为右翼，行抵上蔡附近，接朱师通报，我军在上蔡与敌激战，由晨至晚，战况激烈，请我军火速增援。我接得此通报，即命张世德团（二十九团）跑步前进，余则随张团跟进。我抵上蔡城东门外时，敌骑兵旅由东洪桥向我张桥团右后方袭击，我即令黄质胜团（二十八团）赶上，始将敌骑兵驱逐。我即以二十九团攻击由西洪桥来援之敌，二十八团则向东洪桥方面警戒，师部直属队及三十团则为本师预备队，位置于城南门外。是日敌大部增援，战况异常激烈。奉军炮多，射程颇准确。激战至天明，始将敌击退。时我十二师亦增援到达，我军即以朱师团攻上蔡，余则向东、西洪桥之敌攻击前进。激战半天，占领东、西洪桥，俘获甚多，残敌溃退临颍、西华一带。第四军及贺龙部向临颍攻击前进，我师则向周家口、西华之敌攻击，旋占领西华。时我十二师在临颍城外与敌激战，情形极险，我师奉命增援，即跑步前进，抵达十二师位置之后，敌开始溃退。我十二师因伤亡甚大，我师奉命追击，即占领临颍城，时已入黑夜。是日奔驰不下二百里，官兵极疲劳，落伍甚多，至午夜十二时，始集中完毕，即开往临颍城东北十余里地方警戒。翌日休息一天，我师继续出发，经扶沟、朱仙镇向开封攻击前进。抵达朱仙镇，时已黄昏，接前方探报，敌是日开始溃退，我决心星夜向开封追击。遂一面报告张军长，一面集全师官长马匹得五十余匹组成先遣队，归参谋处长丘兆琛指挥，先行前进。各部晚饭后则按行军序列向开封进发。行至天亮，尚距开封城二十里，丘兆琛已有报告，我先遣队已占领开封城，西北军冯焕章之骑兵亦同时到达。我接到此报告，即集中部队整顿队伍，命三十团向开封、归德，二十八团向道口、黄口严密警戒，二十九团及师部直属队则入驻城内，维持秩序。克复开封城两日后，张军长来到，即令后续部队就地停止，并令我师卫成开封。时西北冯军已大部到达郑州，南京方面之北伐革命军亦占领徐州，前锋已抵山东临城。我军在开封十天，各政治人物、革命元老在郑州开秘密会议。当时我虽任师长，而于开会情状却一概不知。风闻揣测，大约是将河南地带交由西北冯军负责，我武汉革命军则回军武汉，作第二步计划。会议之后，不及三天，我军奉命凯旋了。

我军回师，集中临颍候车输送。当时输送序列，唐军先行，第四军次之，我师为后卫，须待各师输送完毕，始到本师。当时政治部某种分子犯幼稚病，专事挑拨离间，冀拆散我革命军力量。那时他们对我说："你师回到武汉，必被第四军缴械，即使不被缴械，你的师长地位亦会更调，……现张军长派有侦探在你师了……"而在张军长方面他们却说："第十师时与陈铭枢秘密往来，迟早必会反动……"诸如此类，使人不寒而栗。后来，我与二十六师代理吴师长密谈，我说："此时我军处境极苦，此时往南京好？抑或随张军长好？请大家一致行动。"他说："环境诚苦，等我今晚回去想下再答复你。"翌晨他来答复，他说："目前如是纷乱，到何处都苦，不如返武汉观察情形再定。"我见他亦无坚决表示，只得同意返武汉再作打算。回师武汉后，我师仍驻武昌城内。在临颍与吴仲禧所谈之事决不重提，部署妥当之后，拟辞职归去，而张军长却屡批不准，心中非常抑郁。时胃病大作，即请病假入汉口天主堂医院调治。医生检查，谓我胃虫过多，即以药驱虫，入院十余日胃病痊愈，不复作痛了。

病愈出院，本拟不辞而行，后因团长张世德等来师部慰问，他说："奉张军长面谕，请师长无论如何不可灰心，须继续努力。……"张军长既若是诚意挽留，我始打消离职之念。他们密报本师军官有十分之四已受陈铭枢运动，十分之三为腐化分子，今日请换某某，明日请撤某某。同时，各级政治部工作人员纷来要求带兵。我说："你们都未受过军事教育，安能带兵，又怎会训练、教操、做动作？"但是，他们仍日日要求，不胜其扰。他们醉翁之意不在酒，我是十分明白，因之他们之计始终不逞。后来，更出最毒辣的手段，专伪造陈铭枢、蒋光鼐的信，从邮政寄来，密交张军长或交给我，信中内容，说得似模似样。不数日，二十八团中校团副魏某，乃浙江人，被奸徒中伤，竟不审讯明白，即被提往枪决。那时我师官长人人自危，自念当时张军长或已受小人麻醉，欲言不得，迫使我更为灰心。

我军回师武汉，即令赶速补充，不及一月，便已整理完竣。时宁汉由分裂而至兵戎相见，不久，武汉当局下动员令，决由武汉东下。唐生智总军权，以张发奎为第一方面军，他部为右翼，向南京攻击前进，以二十四师叶挺部为前锋，先占领九江、湖口掩护大军集中，我师归叶挺指挥跟进。到达九江后，叶挺与我密商，他说："我们攻下南京，亦属互相残杀，于革命前途确无意义。且唐之革命比蒋相差更远，不如我军回粤休养为高。"我听叶挺如此表示，正中下怀，深表赞同。过了数天，各军集中完毕，张军长已到，令叶挺率我师及贺龙部先占领南昌。占领南昌后，张军长即召集师长以上人员在庐山开谈话会，汪精卫亦到。所谈结果，仍拟分两路由皖南、浙南向南京攻击前进。我在庐山住了两天，即回九江，率师部直属队由火车输送。车抵乐化站，贺龙部在该处据守向北警戒，我即下车问警戒该处之团长，他说："我奉命任何车队无叶、贺命令，不准通过。如果想返南昌，即要打电话通知许可方能通过……"我见此情形，自念若不回去，则我师更为危险，遂打电话向叶挺请示。叶接我电话，请我即返南昌。返抵南昌，叶、贺已将朱培德、程潜驻南昌部队缴械，即召集会议，在南昌成立临时军政府。驻留数日。复开会议，结果决定返粤。那时，南昌临时政府加给我的衔头为"军事委员会委员、第十一军副军长、第十师师长兼左翼总指挥"。时闻第四军二十五师在马回岭发生变故，将张军长驱逐。叶、贺急于回粤，即令我师先行出发，限三天内占领梧州。我即率队由南昌向进贤县前进。行抵距南昌六十里宿营时，我召最知心的二十九团团长张世德来密商。我对他说："我师现在已脱离虎口，今后行动，应有妥善之计划方可。如果随叶、贺返粤，他是共党，不会合作到底。欲听张军长消息，又不知何时始能联络。为今之计，只有先与共党脱离关系，再作第二步打算。惟本师不少共产党员，三十团团长以下全团官长都是共产党员，二十八团、二十九团亦不少共产党员，倘此时不清理清楚，将来更是麻烦。"张团长听我说后仍懵然不知。他说："范团长孟声及全团官长都是共党，我想不到。该死啦，我团亦有，我确不知某某……都是共党，而今该怎样办就怎样办，总凭师长慎密处置，我是十二万分服从。"是晚想定翌日行军计划，命二十八团（我基本团）为前卫，三十团在中央，二十九团为后卫。密令张世德监视三十团之行动，向进贤前进。二十八团到达县城，即须占领各城门内外，三十团入驻城内，二十九团到城边附近，须监视三十团。计决之后，即一面下密令，一面下普通行军命令。翌日，继续向进贤前进。时天气酷热，士兵落伍不少，且辎重尤多，行动颇缓，至第三日晨，各部始完全到达进贤城。上午八时，我令特务营布置师部警戒后，复令三十团架枪休息，全团官长即来师部听候训话。一面选定二十八、二十九两团非共党官长接充三十团各级官长缺，以刘占雄为三十团团长。时三十团原团长范孟声已率领该团官长及政治部人员到齐师部面前空地集合，我即对他们说："国共合作以来，相安无事。我北伐革命军抵达长江，伸展至黄河流域，竟告分裂，此乃最不幸之事。分裂经过之是非太复杂，此时我不加批评。但我是一个国民党党员，且由最贫苦的农工出身，任何牺牲，我都可以，任何艰苦，都能忍受。若不顾信义，口是心非，我是不敢苟同。前月，政治部报告二十八团中校团副魏某，说他通陈铭枢，伪造书信，使张军长不加审察，就提往枪决，此乃极冤枉极阴险之事。当时不特我抱不平，就是全师官兵，无不愤愤，使人不寒而栗。自魏某被枪决后，各级官长忧心如焚，纷纷向我请长假。我问他们为何请假，他们说怕枪决。他们说师长都不能保障我们，在此生命是朝不保夕，如果政治部再报告说我们通陈铭枢，一千条命都不够死……，这样现象诚使人难忍。所以为保全本师，我不得不请本师共产党职员暂行离开，各人的薪饷，当然发给，并且护送各人离部，使各人安全。"我讲完话之后，即令副官处发给川资，并派兵护送一天。这样，很和平地清理了内部共产党员之后，在进贤驻两天，复召集营长以上官长会议，解决本师今后之行动及给养、驻地问题。对于今后之行动，我提出三点：走南京？返粤？或候张军长之消息跟回张军长？当时，除陈团长芝馨表示候张军长消息外，全体官长意见都以张军长现无消息，就是有消息，将来难免又若过去之糊涂。结果，主张独立，然后寻出路。至于给养与驻地，当时据军需叶少泉报告，只有现金一万元，在汉口、南昌所领之钞票，均不能行使，所以伙食也成问题。旋议决即开赣东河口、上饶等处就食。那时，南京方面蒋总司令下野东渡，孙传芳残部乘机渡江反攻，幸第七军李、白所部英勇逆击，歼敌于龙潭、栖霞山等处。我师闻此消息，即开往河口集中，以待时局演变。抵达安仁，团长陈芝馨仍欲追随张军长，但早经众议不赞同，且我师乃由共党势力下逃出，并非反张，我对陈团长说："倘你决心追随张军长，我亦不敢强留。"陈去志既决，我即派兵一连护送他回南昌，我并送他二里许始分别。陈去后，我即委沈光汉代理二十八团团长。不久，缪师长率部到南城，与我通电，商讨合作。事经两日，我用电话告辞，各分途扬镳。我师即经贵汉、弋阳向河口前进。抵达河口，即部署驻地。时我师既无接济，复缺现金，给养无着，逼得召集各县县长及地方绅商来河口会议，解决此急切之问题。赣东十属各县长及绅商依期莅会，决议头等县先筹足一万五千元，二等县筹一万元，河口税收筹五千元，在一星期内筹足。会议后，各县长遵照办理，不及十天，已如数筹集解到本部，即以八折发给各部。我师每月饷项本需十四万元，但当时各官兵深知困难情形，虽以八成发给，亦颇满意。

第一步难关虽已冲破，但第二步又将如何？我军到达河口，已将一月，蒋总司令既已下野，陈军长铭枢亦出洋。时闻福建的民军头张某，任新编军第某师师长驻于玉山、光山等处，他竟妄想收编本师，带些款项来与我商收编事宜。见面时，我问他是否系奉蒋总司令的命令而来，他支吾含糊，并无总司令与上级一纸一函，我绝不相信。且他是一位民军师长，我确也看他不上眼，他不得要领，颓丧回去。再经半月，前十一军副军长蒋光鼐带有伙食费十万元由沪到来，并代表陈军长慰问我全体官兵。我对蒋副军长本甚拥戴，即请示他今后应如何行动，他表示决服从南京中央政府。那时本师实力甚充足，我将人马枪械报后，并建议恢复十一军，将本师分编，成立二十四师。以本师特务营、独立营及各团侦探队编成三营，成为第七十团，委区寿年为团长。以浙江警备师约六七百人，成立第七十一团，委符岸坛为团长。当时蒋副军长仍犹豫不决，但我已将各部编配完竣，即请蒋副军长恢复十一军司令部。军部成立后，即商量驻地问题。赣东弹丸之地，大军确难久驻，我建议入闽返粤，蒋副军长甚赞同。即计划入闽返粤，将部队编为两纵队，以张世德为第二纵队长，令七十团（区寿年团）属之，归其指挥，经铅山入闽，向崇安前进；军部率符团在中间，我率第一纵队随后跟进。我军以辎重过多，行了三天始抵崇安县城。在崇安休息一天，待大行李集中后，再行前进。时福建土军师长卢兴邦拥兵数千人，盘踞闽北，态度不明。为防备计，即下令战备行军，照原定计划向建瓯前进。抵建瓯，卢军却掩旗息鼓，并派代表来欢迎，我们即与委蛇周旋。在建瓯驻宿一天，复向延平前进。我军将到延平，卢（地方人称他为闽北王）率其喽啰数千人在二十里地迎接，但其部队皆徒手，我当时甚为突兀。后来闻一商人说，卢恐我军缴械，已早三日将所有械弹搬往深山藏匿，我始恍然。我军抵达延平，以军容整齐，纪律严明，深得民众爱戴。闽北王卢某及地方各界，大犒我军，我全体官兵领他们的诚情，甚为感谢。时盘踞福州之匪军谭某来电："延平蔡师长，闻贵军假道回粤，究取何道，请即复，以免误会。"我接他挡驾之电后，即与副军长密商，决心到福州，遂复电谭某，声明取道福州，并请闽北王代准备船只输送辎重。我军在延平驻留四天，适值闽北王做生日，得参与这罕有的盛会，增不少观感。离他生日早三天，他先将他的师部以王宫式布置，所有闽北各属文武官员均到来朝见，大饮特饮，召集闽江所有野花到来陪酒，并雇北京女戏班助兴。生日那天，闽北王的部下绅商戚友，入门时由赞礼官导引至后座，卢某则坐在一张高五尺的特制椅上。各人到时，则由赞礼官赞礼行礼，俨然皇帝登极，诚滑天下之大稽。我军饮完闽北王的生日酒后，即下令各部向福州出发。时闻谭某拟在水口等处布防，欲阻我军。谭某匪军虽有七八千人，但均为无纪律无训练之匪军，怎抵挡我北伐百战百胜雄师？遂令各部以步行军向福州出发，先抵达水口集中候命。到达水口，谭部已撤退。据探报，彼在福州城郊严密戒备，惟福州民众各团体已派代表来水口，欢迎我军往福州，谭某亦派员来接洽。我想我军入福州，虽不成问题，但孙子兵法有说"兵不厌诈"，我仍须提防暗算，所谓"有备无患"。遂密令各部以战备行军，向福州前进，抵达洪山桥候命，并监视谭部匪军。我抵达洪山桥时，前卫团团长沈光汉报告，谓谭部均撤回城内，但营房则戒备甚严。既明了当时福州情况，即令各部驻城外，官兵在营休息，军部、师部及直属队即进驻城内。是日，各界民众数万人沿洪山桥入城马路站立欢迎，并在西门搭盖欢迎棚。我和蒋副军长乘马到达，民众各代表即请我们上台演讲。当时各代表将手执之小旗打开，直书"打倒谭某，欢迎十一军武装同志，解除福州人民痛苦"等字样，革命空气异常浓厚。那时谭某亦在座，确令他难堪。我则看机应付，以大义勉各界代表，对谭某则示友好，并善言安慰，一场风波始暂平息。时已黄昏，即散会返部。翌日，各界代表仍来向我军请愿。他们说："谭某收编土匪不下万人，糜烂福建，人民敢怒不敢言。贵军若不援救福建人民，则福建人民永无生天之日。我们各界代表因欢迎贵军，恐亦死无葬身之地矣。"我听各代表说后，心颇不安，惟对各代表慰解，着其先行回去。我即往军部与副军长密商，密查谭部在福建究如何？经五日之调查，获悉谭部自到闽以来，收编土匪，杀人掳掠，无恶不作。遂将调查所得密报副军长，并商应付，决将谭部匪解决。惟匪军驻地甚阔，恐兵力不及分配，万一泄漏机密，反为匪军先噬。我即对副军长说："军部职员复杂，如解决匪军之时，不必下命令，恐机密泄露。匪部亦有七八千人，若他先下手，更难应付，不如由我自行负责解决。在未动手以前，对谭某仍虚与委蛇，使他不注意为妙。"副军长甚以为然。我即进行调查匪军驻地，召集团长以上秘密会议，申述须将福州匪军缴械区分责任，并嘱各团长回去召集所属营连长秘密侦察匪军驻地，依我密令所定日期动作。此计划进行颇为顺利，不几天实行向匪军围缴动作时，匪军虽略有抵抗，但在严密迅速动作中，不及一小时，已将匪军全部解决。时在正午，街上最为热闹，市民闻此短少的枪声，以为是在放电光炮，并无惊恐扰攘，就是军部职员也不知情。迨围缴完竣，福建民众始知是我军将匪军缴械，人心大快。是役，缴获匪军枪械好劣共计约五千杆，机关枪十余挺，弹药辎重亦甚多。时我军虽增两团，而二十四师则尚未成立，即以所获枪械充实二十四师实力，并商请副军长委本师副师长黄广胜为二十四师师长。副军长俯允。编配完毕，成立二十四师之后，我复商请副军长电请陈军长铭枢回闽复职。时陈军长在日本，接电即回国。船抵马江，福州各界开盛大之欢迎会欢迎陈军长，我亦赴马江迎候。陈军长回部复职后，与广东分会李主席济深联络甚密切。时南京自蒋总司令下野后，政府成立特别委员会，情形甚为复杂，直如无政府状态。李主席济深电请我军旋师回粤休养。各官兵久别故乡，闻此无不雀跃。陈军长即召集我们商议回粤事宜，对于福建之善后，决请省主席杨树庄办理，并请新编之师长某回闽驻防。我们决定后，即筹备动员旋粤。正当此时，忽接第四军军长由粤来电，云彼军已返抵粤休养，情形如此，我军返粤，不免略成问题。我即向陈军长报告，略谓"第四军现已先行返粤，倘双方不谅解，难免又生内争，那时粤局更不可收拾了。"陈军长说："你所说甚有见地，但我向各方运用，或可不至内争，请你放心。"陈军长既决心如此，我军准备完毕，即动员南旋。我师奉命先行，由福州出发经莆田、仙游、泉州、同安，抵漳州集中候命，军部及二十四师继续跟进。步行八天，始达漳州城。惟我军返粤，尚未与各方接洽妥当，时李主席济深与汪精卫北上仍在途中，而返粤后之第四军已有动作，将粤省府改组，桂军黄绍竑部后方及李公馆等处均被缴械，情形甚为复杂。同时第十一师陈济棠部击败叶、贺两部后，屯驻于潮汕，究如何，我尚不大清楚。那时，粤局已成混乱状态，李主席命我军速回救粤，我师即继续向粤边推进，令三十团刘团长率部经诏安到大埔县集中，我则率二十八、二十九两团经南靖、水朝、和汉、适中前进。抵达适中，休息一天。时龙岩城之匪军陈某，闻风先逃，我即派副官长邓志才率兵一营，到县城威力侦察陈某匪部之行动。翌日，接邓副官长之报告，谓陈某匪部约二千人，闻我军到达适中，已星夜逃连城。我即令邓副官长在龙岩向匪军警戒，我即率队向永定前进。同时，三十团亦已到达大埔。当时我师尚未奉令深入粤境，军部及二十四师亦未到达，遂在永定城暂驻候命，令各部整顿队伍。永定县长乃一土劣，甚贪污，我暂驻永定，地方人士不少向我告发。惟我军不欲干涉地方行政，且属经过暂驻，虽欲整理以拯斯民，时间亦来不及，遂置之。我军驻永定一周，复奉命开松口，时驻防松口之友军为钱大钧部朱师。我师开抵松口，彼此联络，甚为融洽。旋接汕头来电，军长已由福州乘船抵汕头，着本师在松口候命。我奉令后，即令各团切实整理训练，以免士气颓落，军纪废弛。

当年第四军内部共党分子甚多，尤以教导团官长几全数均为共党党员。当该军返粤改组粤省府之后，该军正从事驱逐桂军出境，省防空虚，该军教导团即乘机暴动，占领省垣各机关。然不数日便平复。第四军自知在粤不能立足，遂退走北江。而李主席济深即令十一军及十一师统帅陈铭枢指挥，由东江旋师返省，经梅县、兴宁、五华前进。抵达兴宁，闻第四军又改道经东江，拟占潮梅，分两路迎面而来。我师继续前进，抵达五华，而四军许志锐及黄镇球两师之先头队已抵蓝口，我则仍然率队经企岭向老隆前进。当时据确报，第四军由缪培南率领，其主力已抵紫金、华阳附近，许、黄两师则将到龙川。我师抵达老隆，军部及二十四师尚未到达，遂暂在老隆休息。是日正午，接前哨营长报告，谓第四军前头部队已抵龙川、东山附近。本师避无可避，我即令各部占领前进阵地。不数小时，前哨已接触，不得已之自相残杀无可避免，我遂展开向东山之敌攻击前进。许师来势极猛，由下午三时起，双方肉搏至夜深十二时，始将许师击溃，俘获人枪千余，一营向我投诚，许志锐手亦受伤，向紫金方面退去。许志锐前乃本师之副师长，在河南回师武汉，始调接二十六师师长。当彼调升之时，曾调本师干部三十余前往补充，此次自相残杀，所掳获及阵亡官长多为本师之旧部，当时见之无不痛心流泪。扫除战场之后，我师继向河源前进，时陈军长亦随本师同行。到达义合，不知何故，钱大钧、陈济棠等又迫我师火速回头。当时对方有兵力五师，有作战经验者三师。

而我方兵力只有四师，有作战经验者只有一师，有两师完全未打过仗，有一师虽曾经过战役，而师长又是常败将军。在武器方面，对方比我方犀利，且我师官兵疲劳已极，我甚不愿以疲兵再战，走回头再来自相残杀。但总帅陈铭枢不知如何那时竟无战略的坚决，不顾犯了"不知彼不知己"的战略错误，而接纳了他们的要求，命我师即开回老隆。我当时极不满意，虽欲建议于上级，但命令所在，不敢有异议，只有遵守"军人以服从为天职"之义，不得已，星夜率队赶回老隆。接前方探报，第四军主力已达五华属淡江墟集中，大有向我攻击之势。我即展开，以十一师在企岭墟占领阵地，钱大钧部则在蓝关，我师则在桑头岭鹤市一带占领阵地，以兼二十九团团长张世德先展开向敌警戒。张世德素性鲁莽，部署未定，即向敌人攻击，竟深入敌阵谷口被包围。当时战况激烈，我不得不使用预备队，即令沈光汉率其二十八团增援。血战三昼夜，冲锋肉搏不知几百次，而在企岭蓝关之友军却不战溃退，又不通报我军，敌方即移其全力向我师攻击，我师伤亡至三千余人，遂被突破，败退守紫金。可是背进至蓝口朱仙墟之时，本师已距敌追击队四十里。我见官兵疲劳已极，只得令各师就地宿营，严密警戒。但兵败如山倒，指挥已不能如意，敌稍接近放冷枪，各官兵则惊魂不定，风声鹤唳，心虚乱窜。不得已星夜冒雨行，秩序大乱，损失甚大。当时，自知此次作战运动欠善，勉强一试，便即撞板至于蒙此损失，然也由于此次经验，使我多得一次教训。主将既犯了如上的战略错误，复有如下失策于战术，作战地形区分，处处无主力，处处无预备队，更无联系，进退不协调；高级指挥官位置不适当，指挥不灵活，既昧前方作战情形，复无后方接援部队，战略战术都犯了不知己、不知彼与被动的极大错误，哪能不溃败！假使当时主将取主动的战略，虽人数、武器及作战经验的对比不如人，若能运用兵贵神速的战术，亦足制胜，即不胜亦不至溃败如此。当初抵达企岭、老隆，击溃龙川许部之时，敌方主力尚未运用得宜，本应以强有力之一部乘胜追击，而主力则顺流而下，集中河源、紫金之线，如有机可乘，则协同友军向敌主力攻击，万一不得手，敌来反攻，我亦可分兵集结抵御，以劳其师，然后再行反攻，当可操必胜。而主将却舍此而就彼，使疲兵回战，弃主动为被动，诚自取溃败。我军退抵紫金时，所有归陈军长指挥的部队，都不知逃往何处。幸我援军徐景唐、黄绍竑各部与第四军决战于五华附近淡江墟，结果第四军失败。师长许志锐阵亡，殊为可惜。那时，正在阴历年，四军残部已退入江西境，我师则经忠心坝开赴五华。在五华休息两天，即开往梅县。后奉命清剿各属散匪，即令各团向安流、紫金各处进剿，约半月，已将土匪肃清，即经紫金、河源回师惠州。抵河源，稍为停顿，整理补充，我则回省城。三十六岁的艰难困苦才算度过。

搭 船 遇 险

民国十七年（1928年）

　　我从河源返省后，即往晋谒李主席，将两年来经过简单报告他，李主席甚为嘉许。谒过李主席后，始返家。时吾妻弟及儿女在文德东某园租楼下一厅两房，与陈主任福初眷属同住，可谓床连灶灶连床，地方狭窄，湿润不堪。我问吾妻："为何租这样的屋居住？"她说："这样的屋，每月租金也要二十四元。自你任团长北伐以来，每月都有二百元伙食，到宁汉分裂，人人都说你与张发奎合作，后方即停止发给伙食，并宣传你是共产党。当时我怕人难为我母子，便带儿女逃往澳门，从前节存下来的千余元，都使用净尽。若果你不回来，我本想过了新正就回乡。"我说："我就是做了共产党，人家也不会害及你们，用不着逃往澳门，都是你无常识无胆量。"她说："若果人家原谅你，不难为我们，为何又停止发给你的后方伙食？"我听她所说，亦言之成理，而怪上级办事的人眼光太近视，即使我就是造反，未到相当时期，也不应将每月给后方家眷的二百元立刻停止发给。未免太看重金钱，轻视事情，可谓未脱世态炎凉的浅见。

　　那时李主席升兼第八路总指挥，重新将军队编遣改组，划分善后区。以陈济棠任第四军军长兼中区（广府西江四邑）地方善后委员，徐景唐为第五军军长兼东区（潮梅惠）地方善后委员，陈铭枢为十一军军长兼南区（高电钦廉琼崖）地方善后委员，王应榆为北区（南韶连）地方善后委员。当时如是编改，本师团长以下颇有不平。盖上级并非论功行赏，无战功历史之徒，竟亦升迁掌握大权，实无怪乎当时各将领、各干部，甚至士兵，都窃议高级之赏罚不明，偏袒徇私。我军既负责南区，本师奉命调往琼州，即由河源经惠州，开返省城集中，用船输送，为时一月，全师始达海口。时琼岛匪风猖獗，焚杀掳掠，时有所闻。我即分配兵力积极清剿，一面令各团挑选优秀士兵成立一教导营，从事内部的整理工作。可是对于进剿土匪一事，为时两月，我剿彼窜，无甚成绩。我即以抚剿兼施，以贼杀贼之法，经五个月之工作，颇著成效，而我则无一日宁暇，以在文昌、琼山、乐会等处特多。迨后匪首张某、冯某、莫某无路可逃，甘愿投诚，为除患计，即许其投诚。但地方人民以各匪平日荼毒地方，恨之入骨，对我军之收容各匪似有不满。但彼等又安知内中计划，为人民、为地方，我只有忍受此种暂时的不良批评。后来时机已到，即将收容之匪一网打尽，匪首张某亦不能幸免。全琼人心始大快，琼岛之旅外华侨，更大加恭维，却已苦够我的用心了。肃清土匪之后，琼岛安静，我以离省甚久，甚欲返省一行，即将本师责任交给副师长张世德、参谋长温克刚全权处理。船期已到，我即召集营长以上人员来部聚餐，勉以今后努力工作，并谕以须服从副师长之命令。餐毕，我即与海关监督傅炳坤同往搭英商太古德安船，各同事及武装卫士送至船边。时已二更，各同事及卫士回去，我与傅监督上西餐房，我住六号，傅监督住十二号。到船不及一小时，船即起锚，然而不幸的大祸来临了。

我和傅海关监督炳坤在船上正闲谈间，忽闻船舱人声嘈杂，侍役面如土色，见状我即知有异。问侍役何故，他不知所答，瞬间，已知是土匪劫船。土匪将船上印警缴械及破坏无线电台之后，即来光顾我们西餐房。突见土匪三人手持左轮手枪，来势极凶，俨然是杀人不眨眼的魔君。即问我："你是蔡师长大司令吗？"我很镇定答说："我不是蔡师长，我是蔡师长的参谋，蔡师长在对面某号房间。"匪即往找某号，我即闪身跃出船面烟筒附近。当时真所谓"上天无路下地无门"，四面海水茫茫，自念与其被土匪架去受辱，毋宁自杀。生死一发，心神紧张，却发现一窗口，我即以手抓住窗口缘边，若柔软体操钢架之曲弧悬垂，又若画眉之跳架，一级一级地陆续跳下，见有烧火工人二人，始知跳到舱底。我即对两工人说：

"若有匪来寻，请说是你们同伴伙计，并请借一件烧火衣裳。"他们说："你不似烧火工人，反会为匪认识，最好钻入煤炭舱。"烧火工人即将煤舱口的煤扒开一孔，我即钻入煤里，除留出口鼻呼吸外，周身均以煤覆盖，像被人活埋一般。他们将我埋好之后，送给我一碗茶饮下。不及一小时，匪即来查问："蔡师长有逃下来否？"我听工人说："没有人到来，我处地方若是狭小，你一眼就可以看见；蔡师长怎会逃来此。"匪稍张望便离去。隔半点钟，匪又来盘问。工人答说："刚才你们兄弟（指匪）来搜了一点钟，甚么地方都看过，我处确无客到来。初时，曾有一人拟来此，我不准他下来，他即复上去，在船边好似跳水模样；或者那人会游水，跳水上岸说不定。"匪再不追问，旋离去。那时船已开行，驶经木栏头出海，烧火工人说："天已将明，土匪均有晕浪模样，匪嘱船主将船开往汕头……"我钻入煤孔已有十二小时之久，被煤块埋着，十分难过，欲转动则须叫烧火工人扒开煤炭，又恐怕撞着匪徒下来，只得忍苦一时。但最难受的却是从楼上（不知是厨房或厕所）一滴一滴的臭水，正滴在我口，的确是惨苦难忍。我叫烧火工人找一毛巾或其他可遮的物给我盖口，他却拿一簇拭机器的烂布给我盖口，这簇烂布的油臭，更属难受，但也无可如何。至翌午，烧火工人说："船将到香港，贼匪均已睡醒，已将搜劫的物件捆好，大约不久就会登陆。你可放心了。"我听他说后，心稍安定。是日下午三时，船经香港而不入口。有英舰泊此，见该船不入口，知事有可疑，即打旗语问。船主为匪所挟持，不能答，英舰即开驶追来。船内贼匪惊恐万状，大声疾呼："如果船主不阻止兵舰驶近，即将船火焚，大家一齐死。"贼匪在船头船尾均放备火油，船主无可奈何，即将救生艇两艘放下，贼匪即将赃物并掳客人十余由救生艇逃上浦亚士湾山上。英舰即以快艇直追，上山数里始回。那时烧火工人将上述情形告诉我，遂扒开煤块，将我扶起。那时我心里虽灵醒，惟头晕不能行动，眼盖亦跌破。烧火工人即抱我出来，给我一碗鸡粥，并扶着我以热水洗身。但我之衣物已全被匪抢去，身上所穿的内衣，亦已变成黑炭，烧火工人即赐我一套薯莨布旧衣服。洗完身，换过衣服，略为休息，我的精神稍渐恢复，手足已能活动自如。船泊九龙货仓，香港政府的侦探、军警都来船询被劫经过，我即上岸。随从副官翁魂廷寻到，他亦被匪烧什么毒药粉，眼睁不开。那时两人均无钱入栈，香港亦无熟人，幸得唐人侦缉梁文，见义勇为，当时我们本不相识，他竟给我港银数毫，并介绍我到大中华酒店住宿。到了旅馆之后，我向店老板暂借款项购置衣服，并拍电给李主席、陈军长，请其派员来港照料。翌晨，总部、军部均已派员到港，陈军长亲来慰问，吾妻亦携齐儿女到来。那时，香港各报均以大字标题登载此事，各同事均来电慰问。我因经四十小时的饥饿与煤块的埋盖，精神极度疲倦，且头部跌伤，眉际略肿，颇不舒服，幸得烧火工人极力卫护，始能化险为夷，庆得生还。好事者说，我若不是三代祖宗积德，乐善好施，哪得如此脱险！及后陈军长为我送给烧火工人数千元港币，聊以作酬劳。后来查得抢德安船之土匪乃东江及琼州之土匪所为，闻因我办匪太厉害，故出此策合而谋我，以图报复。我待衣服做好，即携妻儿返省休养，经过数天，精神仍疲倦，身体似甚孱弱。请西医诊治，今日说我有肺病，明日又说我是心脏病，要我照 X 光。我自知无病，不过因在德安船煤舱埋藏太久的影响，遂使心绪不宁、胃口不好而已。遂有易地休养之想，但想不到适宜地点。有友人对我说："现值炎暑酷热，最好是往九江牯岭。"我遂决意赴牯岭休息些时，即赴港候轮北上。抵港两日，值某总统船开行，着随员购头等船位，时票价仅八十元港币，于我却是破天荒第一次破费。下船之后，遇几位相识朋友，旅途有伴，稍减寂寞。有时同往水池游水，在晚餐后看西人男女揽腰狐步，我初出茅庐素未习此，见此种西洋舞蹈，颇觉没趣，真是看不入目。船将到上海吴淞口外，我即在船旁倚栏眺望，见吴淞炮台数座屹立，惟均属露天装置，不禁叹息，如此重要口岸，仍然装置此残废不合时宜之武器要塞，万一敌人来犯，安能抵御？惟恨亡清及北洋政府执政之不修国防。黄浦江能行驶三万吨大船，亦可谓伟大之江河。船将靠岸，我即回房检拾行李。我未到过上海，初次观光，俨如老乡出城，幸有友人来接船，不至有什么困难。待海关检查放行，我即与友人登陆，同往南京路某大旅社暂寓。是晚，吴铁城先生邀晚餐。翌日，迁静安寺路某旅社，与邓瑞人同住。邓带我往各街市、各大花园游玩，夜往跑狗场一看跑狗，第三晚复请我往看外国影片。在上海住了四天，虽然是走马看花，却也有多少印象。号称五百万人口的上海，外国人仅有十万，而政治、经济都因不平等条约的束缚全受帝国主义者支配，官僚买办富人们都是穷奢极侈，另一方面穷苦民众则度着牛马不如的困苦生活。有一晚，我独自一个在街上游行，抵南京路已近三鼓时分，见满街满巷站立不少少妇。竟有一少妇走近问往何处，我说返静安寺路。她则说："现在已十二点钟，电车都停了，不如返我处，明早送你返去好吗？"我听她说要我同她返去，心里才明白她是卖淫妇。我胡乱答几句拒绝的话，怎知她愈行愈近，我知不是好玩，便赶快飞跑，叫一部汽车回静安寺路。抵寓所，邓瑞人犹未睡眠，我即将刚才所遇告诉给他。他说："你够运气，能知跑脱，否则必上那种'野鸡'的当，到明天恐怕再看不见你的钱物了。"我听他说后，毛骨悚然。两人闲谈，知道上海一些黑暗内幕，真可谓罪恶之薮。

第四日，我须离上海往九江了。是日晨，吴铁城先生送来一封介绍信，请我到九江他所开设的商店和昌号寓宿。我往九江正苦无相熟地方，有此介绍，自然欢悦。到九江，在和昌寓一宵，即坐汽车到莲花山脚，然后坐轿往牯岭。到和昌支店稍歇，即到某旅馆寄寓。我初到庐山，人生路不熟，独游无甚兴趣，后识粤同乡李倬、陈静涛等多人，终日游山玩水，甚为痛快。牯岭的气候、风景迥异他地，令人可爱，恍若另一天地，空气清新，远避尘嚣，实为牯岭之特色。李倬说："从前我患肺病已入第二期，父母命我到此建屋休养。我到此住，并不请医生，也不食药，身体一天好似一天，不数月已痊愈，可见清新空气胜于一切药品。而今我在太乙村已住了十年，我的身体也恢复了健康。"我在牯岭住了十多日，虽然住的是下级旅馆，食品简单，但早眠早起，借清新空气的力，身体亦渐复原。隔三五天便到李倬家游玩，心神颇为愉快。太乙村乃李倬经手建设，现有房屋十余间，均属粤人所建，如翁纫秋、曾晚归、张劲、熊素川等均各建一所。当时我见各友均建屋于此，我亦凑热闹，请李倬代为计划建一小房，用去国币一千八百元。但落成至今，我从无机会往住。恐正如俗语所云"前人种竹后人荫"了。我在庐山牯岭住了两月,附近地方风景均已游遍,身体已恢复健壮。吾妻与副官翁云廷来接我南归。她到牯岭那天,适我往太乙村,和昌支店的店伴带她到来,就在李倬家寄寓两宵,吾妻不耐烦,即回牯岭。时仅阴历七月中旬,而山上气候已是寒暑表六十度了,稍感寒冷,吾妻复急于南归,遂向各友辞别下山。到九江游玩一天,即搭船至南京,挈吾妻一览城内外风景。吾妻感无兴味,即乘火车往上海,仍寄寓静安寺路某旅店。邓瑞人却叫我往杭州一行。我说:"杭州究竟如何好法?"他说:"中国唯一名胜——西湖,就在杭州,凡物皆艳。"我即挈妻搭沪杭快车前往,到达杭州,寓于湖滨某旅店。翌日,雇一人导游各名胜,岳飞坟、灵隐寺、雷峰塔等地均一往观赏。我见亦无若何特色,吾妻更无兴味。住了两天,即搭车返沪。车经嘉善、嘉兴等处,见小茅屋顶满挂之金瓜与农妇的勤苦工作,吾妻特别叹羡,恨惜不已。回沪之后,日夜均赴宴会应酬,吾妻不服水土,染病数日,愈后即买棹南归,又适搭前次来时的某总统船。我试磅重量,已比来时重十磅。船抵香港,本师后方人员及我的儿女已在九龙码头迎候。我在港住一天,购些物品,即返省向总部销假。那时,我家仍在文德东路某园租屋居住。

有一日,因为天雨,我没有出门,在家与三弟闲谈。忽闻有人叫开门之声,我以为乡人又来敲竹杠,即嘱三弟看清系何人始可准其入屋。我在内见来客脸面油黑,装束是南洋客模样,三弟问他是谁,找何人?他说:"我是木南(二弟达锴)。"三弟说:"你是二兄吗?"即开门让二弟入来。分别多年,二弟的容貌言语确已全改,不独三弟认不得,就是我,若不留意,也分辨不出。当时兄弟相见,十分欢慰。二弟坐下之后,我问他怎知我的住址。他说:"大嫂前几个月有信通知,说两侄在省城河南南武学校读书,我回来即到该校寻两侄。绍昌见着我十分镇定,将住址一一告诉我;二侄绍辉则畏生面,不敢行近。他对绍昌说:'哥仔,不知他是不是拐子佬,不可行近他。'我依绍昌侄所说地址,才找到这里。"不久,吾妻从外归来,叔嫂见面,欢喜异常。我问二弟此次赚得多少钱返来,他说:"在南洋开设一间车衣店,资本约有千余元。此次回来只带备水脚,现在除使用外，仍有港银七八十元。"二弟归来，家中大小都极欢喜。兄弟欢聚住了十多天，即着二弟回乡结婚，劝其不必再往南洋，就在乡料理家内一切事务。二弟返乡后，我以离军日久，亦须返琼回部。行期决定，吾妻送我往港候船。在港住了两天，我记着当时遇匪的德安船，便候搭该船回琼。吾妻送我下船，我即寻当日所住之房及逃出船面下跳之处，逐一对吾妻说知。当日危险情状犹历历在目，但如何能跳到烧火处，则已记不清了。船将起碇，吾妻及送船人员辞别登陆，船即离港向西南驶。船行二十六小时，已抵达海口，停泊海中，离岸十里。值狂风，波浪甚大，船身摇荡，船主恐搭客下驳艇时发生危险，即以绳系各搭客两胁下始敢下吊桥，俨然以天秤起货物牲口一样。驳艇为最古之齐头式，平常水平无风，泊岸亦须半天，若值风浪，为时更久，且驳艇摇荡，时有晕浪，我国交通陈腐，危险与费时于此可见。是日正午停船，离岸不过十里，黄昏始泊岸登陆，我即回师部。副师长张世德率各官佐在师部站候，行致敬礼。是晚，在师部会餐，会餐时向官佐训勉。旅途劳顿，稍感疲倦，九时便就寝休息。

翌晨早起散步后，副师长张世德来谈。他说："自师长离部之后，各属残匪均告肃清，惟各部驻地太散，对于管理教育，殊感不周，可否召集少校以上官长来部会议？"我以离部日久，且各部从事剿匪亦欠缺训练，恐各部日久玩忽，即令参谋依副师长所说，定某日召集少校以上官长来部会议。是日下午，到教导营向学生训话。抵达该营，即先检查内务一切，然后讲话。我将此次搭船遇险经过情形，及在各处参观所得，向学生训勉。讲话约两小时，各学生站听，精神奕奕，毫无倦容，心甚欣慰。训话完毕，到善后处晤参谋长黄莫京，谈数分钟，告别返海口。时已入黑，赴商会之请，往晚议。

军官教育会议完毕之后，即出巡各属，向各驻地部队训话。为时一月，始巡毕返部。我军到琼，忽忽已经十月。十月当中，都是剿匪工作，阵亡官兵二百余名。为纪念亡者及勉励生者，即令副官处筹备开一壮烈的追悼阵亡将士大会，并在海口建一阵亡将士纪念墓。回想往日的琼岛，遍地土匪，遍野哀鸿，经十个月官兵的努力，土匪根绝，商旅为安，农村以宁，为全琼民众解除灾难，我牺牲之二百余壮士，完成了他们的伟大使命，虽死亦光荣。

琼岛地近赤道，但属海洋气候，夏昼极热，但每日下午必雨，入夜则凉，隆冬时候亦甚温和，甚少穿着棉衣。惟以生产丰富，求食容易，性较懒。惟地近南洋，男子多赴南洋谋生，他们之赴南洋，如我们之赴省城。琼人派别纷歧，且好讼，衔恨构陷，互以盗匪攻击，执政者若不审慎处置，极易上土豪劣绅的当。我驻琼一年，遇事谨慎熟虑，不至大错，稍可自慰。返琼月余，秋天将过，积热已除，气候温和，有空即往府城（旧琼州府）善后公署与黄莫京谈天，说起琼岛山禽野兽特多，遂引起我们狩猎之心。迨后，时与黄莫京去打猎，有时自己亦率一二卫弁同往，颇有兴味。我射猎虽不如莫京之熟练，但猎无空归，不致扫兴。

那时全国已统一，国军奉命编造，归我指挥之独立团谭启秀部却奉命解散。旋接消息，宁汉又起分裂，党国复成纷乱之局。时粤政治分会解散，李济深调参谋总长，仍兼第八路军总指挥，陈铭枢调充粤省主席，在武汉之第四集团军与中央意见不能一致，情势恶劣，战事大有一触即发之势。

阴历十二月二十九日正值年底，我以本师编遣尚未完成，即搭船往北海军部就商于蒋副军长。抵达海口时，军部人员均已返家过春节，四处找人不着，即往某酒楼住宿。是日，该酒楼亦以度岁停止营业，店伴各散返家。当时已在下午八时，食肴馆均无开馆，问该酒楼留守人，他说："今日是年晚，各店伴均返乡，不特无饭可开，菜亦无可买，即使有菜，也无人煮饭。"我听他如此说，知无办法，愈等候愈深夜，只得着护弁随便买些干肴自己煮饭。幸买得多少猎味归来，但食完饭已天交三鼓了。出门二十年，闹了这样一次笑话，亦属好笑！

遨游北地，转战桂粤

民国十八年（1929 年）

　　我到北海，以适值阴历除夕，找不着人，在酒楼闷度一宵。翌晨，军部人员知我到来，蒋副军长派人来旅馆接我到他公馆食早饭。他住在监务处，相见时，他说："你为何不到军部，又不来我这里？"昨晚的狼狈诚使我愤恨，我见他问，便笑说："昨晚到军部，可是除两名卫兵外，鬼都不见一个。欲寻你贵公馆，又说不知，可谓高兴而往，扫兴而回。怎知到酒楼，因店伴各人都归去过年宵，不独没好酒菜过年，几乎连饭都弄不到。后来由护弁自动煲饭，菜也没有，吃完一碗饭已是三更，水也没得洗。护弁整夜叽叽咕咕说：'丢！真衰，年都无得过，在家虽穷，也有杯酒、有碗饭，有件猪肉，今年连饭都无得食，真衰！'我听着也好笑。"蒋副军长听了我的话，即以电话责问副官处长，询他为何不派人接船？他说："昨询船公司谓该船昨晚不能到，故有此错误。"再询他昨日下午值日为何也不在此，他则无言可对。后来查悉副官陈某竟不负值日责任，回家过年，将其撤差。身为军官，如此不负责，殊属荒唐。饭后，监务处长许锡清等来坐谈。各家庆祝元旦，炮竹声不绝于耳。我们相对无事，便作掷升官图之戏。当时我不明白，他们告诉我，德、才、功、良、柔、赃，依说明升迁调降，颇觉兴味。过了元旦，第二日蒋副军长在师部召集师长及参谋长开秘密会议，讨论本军缩编事宜。我军既缩为师，师变为旅，决议平均减缩，每师缩一团，另编一教导团。当时我颇不满意。因为本师（第十师）自民国十四年成立以来，陈铭枢、蒋光鼐先后继任师长，宁汉分裂，我苦心孤诣保存本师，在本军有五六年深长历史，南征北伐建立不少功劳，虽不敢谓独占鳌头，但当时全国革命军二十五师当中，本师确不落人后。本军的二十四、二十六两师乃由第十师分成，原来的二十四、二十六师早在武汉时已非本军所有，后十师脱险入闽，再由十师产生恢复二十四、二十六两师。以历史言，以功绩言，十师应不可与二十四、二十六两师同样缩编。且又另新成立一教导团，裁旧成新，平心而论，太蔑视了十师之历史与功劳。但五人会议，他们都主张平均缩减，我一人又怎好反对？即使说出来，也不会如愿，反会使同事间发生意见。为本军计，只有服从多数，遵从决议。而后来本师官兵竟因此对外生怨言，诚不解我当时的心境。

会议结束之后，我即搭船离北海返部，缩编事务交由副师长张世德办理。本师改为旅，三团缩为两团，邓志才新接二十九团，即将其团部遣散，然后平均每团缩一营，每营缩一连，每连缩一排，每排缩一班，全师编余官兵两千余人。由师部在素来积存我所应得的师部行军费项下，发给编余各官兵恩饷两月，遣回原籍，并开一盛大的欢送会。各编余官兵虽领恩饷退任，但共事多年，一旦离去，不无依依，然亦无可如何。编遣完毕，我即搭船返省，将本师缩编经过情形向总指挥报告。那时中枢召集执监委员会议，李先生济深北上开会，不知因何意见不同，被中枢羁留。时局因又纷乱，宁汉之争眼见其不可避免了。中枢遣大军西上，武汉之第四集团军亦不示弱，在汉口下游黄梅、阳新左右两江布防。双方正在展开战争之际，四集团之李明瑞、杨腾辉却在前线脱离李、白，归诚中枢，同时唐生智又往北方，分化当日被李、白收编之旧部。第四集团军因而瓦解，华北武汉敉定，而两粤之争又起。

中枢羁留李济深先生后，即特派陈济棠为广东军事特派员兼第八路军总指挥。陈在海虎舰就职，将省各军缩并为三师，陈自兼第一师师长，以徐景唐为第二师师长，蒋光鼐为第三师师长。我旅改为第二独立旅，我任中将旅长。各军编遣方完成，李、白、黄却由广西率兵东下。时第二师师长徐景唐以政见不同，早已离部，由邓彦华接充第二师师长，惟邓不能掌握所部，该部队叛离附桂。海军又在三山南石头等处独立，内部纷乱，桂军乘势进攻西、北江，其主力进占至赤白泥，邓彦华之叛军亦抵石滩。当时省垣已陷四面楚歌，陈特派员也手忙脚乱，穷于应付。时我旅在琼，先调回之四营已抵三水，惟我因身体发烧，在颐养院留医仍未出院。当海军宣布独立那天，蒋师长光鼐拂晓来访，他说："大局已去，想无可挽回了。今晨海军独立，桂军已攻陷赤白泥，第一师溃败，邓彦华部脱离粤当局，集结石龙、石滩，与桂军合作。戴戟旅今日未到，情况极为恶劣，为保存本军革命力量，望你即与邓益能接洽。"我当时蛰居病院，虽然稍愈，亦不知战况及其他情形，蒋师长此番说话，究不知是出于真诚，抑或是因我与邓益能友好，特来探我态度。但我素性率直坦白，不假思索即对蒋师长说："前几天，我们粤省各将领在长堤东亚秘密谈话时，各人均表示讨厌内战，并决定如果桂军及其他各军不犯我，我们决不犯人，否则全粤军团结应付。今邓部将领如此不守信义，我愿任前锋，即抱病出院返部，今晚上三水集合我部，听你指挥，往东江与不守信义之军决战。"蒋师长见我如此坚决表示，略为宽容，再谈片刻，他即辞去。是日正午，我即出院返家，匆匆往晤军事当局，照与蒋师长所定计划进行，黄昏即往三水，向本部官兵训话，令各部星夜以车输送到大沙头，转乘广九车到新塘集合。拂晓，我旅四营已集中完毕，蒋师长率陈维远旅在后跟进。那时接前方侦探报告："李务滋率主力四团已达石龙，其先头一团已占石滩，继续向我方推进。"我得此确报，时蒋师长之陈旅未到，颇感孤单，但究不能让敌推进，惟有断然处置。即派强有力之一部向敌方作威力侦察，余则集结新塘一带，劳即带同各官长选择阵地。部署妥当而辎重未到。至黄昏，陈旅仍未与我联络。当时我只有兵四营，而敌方则有四团，对比悬殊，似无甚把握，惟暂守原阵地。深夜，接蒋师长电话，谓陈旅已抵大沙头，已命一团明晨到新塘为我之预备队。我即下命令翌日向石滩攻击前进，命沈团率所部（缺三连）为前卫，我率特务营及刘占雄团（缺三连）为本队，蒋师之一团当时未到，请其火速跟进。下了命令，略为休息，已到前进时候了。

上午八时，我前卫营与敌遭遇于距石滩数里，激战数小时，敌军溃退石龙，我即令前卫乘胜追击。时蒋师之一团仍未跟上，我行抵石滩附近，见自己的飞机在翱翔，十分雀跃。怎知张惠长、陈庆云的鲁莽鬼，竟在石滩附近向我狂炸，我的护弁数名被炸毙，连我也几乎被其炸死。当时我正怨我们的空军无用，炸自己不炸敌人，后来问张惠长为何会如此，他说："奉命轰炸石滩，你虽有符号，但对方的符号亦相同，谁知你攻进得这么快？你只可怪上峰疏忽，与我何关？"的确，对方叛变不过两天，服装符号都属相同，且我部不一天便进占了石滩，后方当局又怎能料到有如此神速？陆空未能密切联络，无怪有如是之误。一场虚惊之后，我继续前进。追至石龙，敌收容队稍抵抗，即向樟木头方面溃退。那时已黄昏，我即令前卫停止，就地宿营，而蒋师长率陈旅始抵新塘，相距八九十里。我为迅速消灭敌人计，决心不候蒋师长到来，先占领惠州，令各部继续沿广九路向樟木头追击前进，请蒋师长兼程速进。前卫抵樟木头，敌退集惠州，我即令追击队经惠樟公路严密搜索，始可前进。我到樟木头已是黑夜，即令前卫停止前进，就地宿营，须严密警戒，本队则在樟木头露营。晚饭后，接鸭仔步追击队电话，谓惠州敌人已于是日下午开始渡河，向七女湖方面溃退，有敌收容队二三百人拟向我投诚，我既明了敌情，遂决心不候蒋师长命令，即令我追击队星夜向惠州追搜前进，本队则于午夜十二时以急行军跟进。我到达鸭仔步，天已大白，我追击队已进占惠州城，遂令其停止候命。本队于十一时到惠城，前卫沈团已经将敌之收容队二百余人收编妥当。自新塘至惠州，相距三百里，我军步行追击，三天便占领惠城，后方当局与蒋师长都想不到我会有如此神速。时蒋师长与陈旅尚在石龙，我即令各部扫除战场，并严密向敌方警戒。驻惠两天，蒋师长率陈旅到达，时探报敌约一团退集泰尾，有向我反攻企图，我即将敌情向蒋师长报告。同日，接省当局来电，说北江战事失利，幸戴旅到达增援反攻，可望将敌击破等语。有此情况，我们不得不详细讨论本军的处境与动向。时我旅及蒋师虽非完整部队，但有陈旅及我旅四营，实力不算如何单薄。我和蒋师长商讨点余钟，如北江战事胜利，我军应解决当前敌人；如北江战事失利，我军亦应决心向潮梅打一条出路，终于决定须向敌人攻击。我接到命令后，即渡河集中，蒋师陈旅（缺一营）亦归我指挥。翌日，本旅为前锋，经七女湖向泰尾攻击前进，陈旅为总预备队，在后跟进。我前卫刘占雄团抵达距泰尾约二十里之处，与敌前哨接触。该部不按战术原则，不知占领优势地形掩护我军主力开进，一接触，便即展开攻击前进，犯兵家之最忌。我率沈团仅抵达距前卫五里，接前卫报告，知前兵在泰尾附近接触，我即令刘团赶速占领阵地，候命攻击前进。惟该团长以为前卫营战况激烈，竟不占领两翼优越地势之高地，便即将该团之预备队盲目向前增加，该团主力深陷敌阵。而敌复以主力占领左右两高地，已处优势，我后续部队展开攻击，亦来不及抢救该团之危。我前卫刘团即陷重围，损伤甚大，终于溃退。为挽危局，谋补救之方，即令沈团赶速后退十里，重新布防，并占领两翼优势地形，一面收容刘团，一面追蒋师陈旅火速增援。由拂晓激战至正午，敌即以优势兵力向我冲锋，我率沈团在谷口拼死挣扎。当时情势极危，幸蒋师陈旅之区寿年团赶到，我亲率该团肉搏冲锋数次，至黄昏战局稍转。陈旅长亦率丘团赶到，我即以丘团攻敌之右侧背。是晚，战况更激烈，至天明，敌方伤亡甚大，火力已减。我侦察一般战况，明了敌方无能反攻，我即选沈团伤亡较少之营协同区团，以中央突破法向敌反攻，并以我之特务营及蒋师陈旅钟经瑞营之新兵为追击队，归区团长指挥，准备乘时追击。我军猛冲约两小时，敌即不支溃退。我追击队即乘时穷追，令沈团搜索战场，我则率刘团残部继续跟进。抵达泰尾，敌两翼在高山之部队不能退下，或缴械，或投诚，全数解决。敌遗在泰尾之辎重枪械十余船，均被我追击队夺获，敌残部五六千人则向河源城方面溃退。我军继续追至河源附近，时已夜深，即就地露营。翌日拂晓，继向河源推进，上午八时，进占河源城。蒋师长仍在惠州，我即以电话向其报告，并请示一切，他命我军在河源休息整理。那时北江战争甚激烈，我蒋师戴旅已加入作战，胜负未分。不久，北江战事已获胜利，桂军退回桂境，我奉委为广东编遣区第二师师长。我不愿就，蒋师长来电致贺，我即覆电蒋师长及军事当局辞谢，决不就职。战局既定，敌军大势已去，亦无能为患，遂乘暇返省，与当局磋商今后善后办法。吾妻在旧历四月二十三日分娩，为纪念其在庐山怀孕，取名绍庐，尚未满月。我返省后，敌军见我军不进，复占潮梅，企图死灰复燃。当局为根本肃清起见，即令及早将其解决。但当局及蒋师长见我病后奔驰将月，未免疲劳，令我暂为休息。蒋师长亲率队伍向揭阳前进，不及二周，已克服潮梅，残敌四五千人向闽边上杭逃窜。时天气炎热，蒋师长身体亦欠健，我即请其休息，自己即往汕头，率本旅及蒋师之陈旅向敌跟踪追击。我奉命为追剿司令官，蒋师长派参谋长华振中随同出发。我军集中松口，敌回蹑前窜蕉岭，我追抵蕉岭，敌又窜兴宁。我敌相距百六十里，我追彼窜，无以为计，极为烦闷，拟派员向其接洽收编，但他们亦无诚意。那时当局来电，令我切实追剿，务根本消灭敌人。我奉令之后，即令各部向兴宁、罗岗前进。到达罗岗，敌又窜背岭，并占阵地，有与我军决战模样。我侦知敌方企图，即以两团迂回背岭，以两团向正面佯攻，敌方见我军接近，整日不进，知为迂回，星夜逃窜赣边之鹅公墟。我军即蹑尾追击，追抵鹅公墟，敌则向安远溃窜。那时我敌相距仅五十里，即急电省当局，请速派兵出信丰堵截。我抵安远，敌向通信退去，我以连日追击，官兵疲劳，即在安远休息一天，并侦察敌之逃窜方向。侦悉敌确窜信丰，我即令各部以急行军向信丰追击。是日行一百二十里，抵达距信丰仅二十里，我由北江开来堵截之友军，亦同时到达。残敌逃无可逃，遂缴械于友军，我军即进驻信丰，休息一天。敌既消灭，我欲返省一行，即令我旅各部归陈旅长指挥，循原道回师东江惠州，陈旅则回驻梅县。我即往南雄，坐民船到韶关，乘火车返省，将追剿残敌经过情形向当局报告。

东江残敌虽然肃清，但散军土匪遍地皆是，蒋师奉命驻防潮梅，我旅则负责驻惠属剿匪。我部开回惠城之后，副旅长张世德调蒋师独立团任少将团长，我即向当局请委沈光汉为副旅长。分配驻地妥当后，即令沈副旅长为惠属剿匪司令，切实清剿，不及两月已根绝惠属土匪。我旅本为独立旅，已有步兵三团，那时复奉命扩编补充团一团，以谭启秀为团长，以廖木云、梁佐勋、罗湘云为营长，在东较场成立训练。不久，中央调整全国陆军，即将粤编遣区各部改编合中央军次序番号，陈济棠为第八路军总指挥；余汉谋为五十九师师长；我旅改为六十师，我任师长；蒋光鼐任六十一师师长；香翰屏为六十二师师长；李扬敬为六十三师师长。那时各师均为步兵两旅四团，惟六十一师因前十一军部队过多，则为三旅。当时我军只编两师，而他军则编三师、再编独立旅、独立团数个。我与蒋师长当时只企求真正统一，完成国民革命，无心计较我军之编成多少。

粤局既定，各部队亦编并妥当，惟广西仍属支离破碎之局，中央决心整理，委俞作柏为广西省府主席，令李明瑞统兵南下回桂，令粤军协助收拾残局。俞、李入桂后，力量尚未能遍及广西，粤方派兵一部到梧州助其整理。当局为变换各将领环境，遂令我及李扬敬、余汉谋、陈庆云诸位赴京、沪、北平等地作考察旅行，以增阅历。我们搭省港船下港，再搭邮船往上海。我们既有数人为伴，且有几位女士谈谈笑笑，船中不感寂寞。船行约五十小时抵沪，惟适值潮退水干，不能入口，我们只有停船等候。高楼大厦在目，不能即登，心颇焦躁。候了一点多钟，始驶进傍岸，友人邓瑞人等已在海关码头迎接，即赴静安寺路沧洲饭店寄寓。是晚，中央监委杨啸天先生请餐。杨为沪上大绅，邀约许多大家闺秀共席，颇为热闹。餐罢已九时，三数好友遂邀往外国的交际场所观光。我怀着好奇的心情欣然而往。见许多披着金黄色头发的碧眼娘儿，满堆着笑容，以谄媚的态度、婀娜的姿势来招呼。她们心中不外为着金钱而已，中外风尚大致一样，我不懂他们的言语，毫无兴趣，兴尽而归。在沪住了三天，晚晚都是赴宴应酬。第四天，我们搭十点钟的夜车往南京，抵达下关车站，天已大白，我们下车乘总司令部派来迎接的汽车赴励志社暂住。是晚，蒋总司令邀请晚餐。在京中游玩两天，为避免应酬，我即与余师长乘津浦车北上，作青岛之游。当日无特别快车，即搭普通客车。我们虽然坐的是头等车厢，可是车厢内的臭虫如蚁，余师长半卧半坐，成群的臭虫咬得他周身红肿，我则不敢合眼。那时恨火车不即刻抵埠，可是普通客车逢站都停，我只得每到一站，即下车一行，以避臭虫光顾。车行二十余小时抵济南，即往城内某旅社住宿。休息一刻，余师长夫人与其亲属到来，余师长介绍相识。余夫人乃济南上官云相的亲妹，那次到济，有上官云相君兄弟关照，各种都不感困难。是晚，上官家为余师长洗尘，我亦奉邀作陪。翌日，由余师长亲戚导我们游览济南风景。在济两天，我们往游青岛，余师长挈其夫人及姨妹同行。抵青已傍晚，寄寓于青岛大旅社。该旅社颇清洁，空气亦好。翌晨，我们即往郊外游玩，并参观德国在三十余年前所建筑之炮台。欧战时，日寇欲伸张其在山东之侵占势力，遂乘机对德宣战，围攻青岛。时德炮台兵及当地德商不及三千人，竟能借该地之炮台抵御日寇两三师团之围攻，使日寇束手，迨后若非德当局令其守军投降，日寇则须付更大的代价始克夺占。三十多年前的德国军事科学如此进步，回看我们有四千余年历史文化的祖国，诚有天渊之别。前清政治腐败，丧权辱国，固然是使我们深恶痛绝，但民元以来二十余年，军阀官僚执政，终日争地盘争权利，所有国防军事要塞，如虎门、汕头、厦门、福州、宁波、吴淞、胶州、大沽、江阴、马当……所建的炮垒，也无一能及三十年前德国在租借地所建的炮垒。我国参谋本部及要塞的人员不知在做什么？条约上束缚不许吗？不！财政上国库支绌吗？不！究竟为什么弄至如此田地？一言以蔽之，轻外侮重内争，根本就是执政者自私的结果。苏联革命时的国力比我国薄弱，人力、物力都贫乏，文盲比我国更多，而今仅十余年，试看今日苏联如何？又如土耳其，凯末尔将军领导民族革命，战败希腊，复兴土国，其时间亦甚暂，而国则甚兴盛，可知事在人为耳！

青岛风景艳丽，而租界景物尤佳。与余师长闲谈，彼此似有无限感触。我们游青岛三天，即搭胶济铁路夜车返济南，在济宿一宵，复搭车赴北平。余师长之夫人及姨妹亦偕行。车经洛口、德州、天津，我们都没有下车，及抵旧京某门，即下车寄寓某大饭店。该饭店甚贵族化，房金亦昂。稍歇，余师长说他的亲戚请食晚饭，特通知我。他云该北京馆是中国菜第一家，可是我却感觉菜式虽多，古老非常，除烧大鸭白菜外，无一可取，这或者因我尝惯广东口味。餐后，我欲独游市街，无朋友引导作伴，人生路不熟，又不好意思对余师长说，扰他拉人作伴。余挈家人往看京戏，我感看戏无味，即却谢就寝。

翌晨起来，余师长尚未起床，我即叫黄包车往游故宫，所见古物甚多，数不清，记不尽。封建时代的昏君居此宫殿，只知搜括民脂民膏，穷奢极侈，不问天下事，遂使我国弄至国将不国，一蹶不振，而至于不可收拾。游遍宫殿之后，即归旅舍。时报载驻鄂西宜昌之张发奎部，有异动南下之说，我料桂局亦将有变动，决先南归，遂向余师长告别先行。在故都住了一宵，直是走马看花，一无所得。抵京，闻俞作柏确已在桂发出反动宣言，蒋总司令知我返京，即召我面训。是晚，搭夜车赴沪，候轮南归。在沪逗留两天，始有船南下抵港。以情况吃紧，遂即返省。粤当局召集会议，决议出兵应付事变。当时据确报张发奎与俞作柏早有联络，张部已由鄂西直趋公安、石首，先头部队已抵湖南湘西浣江等处。湘军态度犹豫，不加抗阻，粤军奉命西上，集中梧州。时桂军师长吕焕炎反正，复归中央，中央即将俞作柏免职，派吕焕炎为广西省主席，联合粤军，讨伐俞、李。我军集中梧州，而俞、李等部尚散处各地，吕焕炎反正后，俞、李更无能东下，我粤军即沿江西进抵达濛江。而俞作柏部内哄分裂，俞已出走，第七军及十五军大部，由李、白、黄收回，集中桂柳一带。时我师本奉命进至荔浦，迨侦知杨腾辉态度已变，虽仍与我军电讯往来，企图掩饰骗取军饷，暗袭本师。但我从军二十年，俗语说"人老就精，鬼老就灵"，我怎会轻易上杨某的当？而杨某犹以我为可欺，竟来电询本师到荔浦的预期，我即覆以某日可抵荔浦。杨以为本师孤军深入，便即派其所部在漾山埋伏堵截，意欲乘我不备，立可解决。我待其队伍将到濛山时，即令本师隧续撤退藤县，杨部急行军跑了几日，却扑一个空，奸计不逞，枉作小人，可笑复可怜。

俞作柏虽然出走，而李、白、黄所统桂军与张发奎联合，声势浩大，我军仅三师约十二团，情势改变，战略政略不得不重新规划。为缩少地区，避免为敌各个击破计，各军即集结梧州附近，听候中央命令。张、桂两军，遂乘机由桂柳东下，我军以兵力单薄，撤退西江下游，择险防守，候中央军到达，始行反攻。那时各将领都有厌战心理，但对方之骄横气焰却使人难忍，终于难免战祸。

张发奎到桂之后，在恭城发出通电，责备粤军各将领，并谓该部数年整军经武，不日东下与诸君周旋；洋洋大文，骄横之态，不可一世，逼人气焰，溢于言词。当局获此通电，即将全文通令各部，官兵阅读，均无不愤愤，谁肯低首下心？各将领愤激之下，誓决心与张、桂军作殊死战，除以小部在西江前线布防外，所余五师约二十团均集结于北路军田之线，以待敌人。时中央军朱绍良部三师亦已到达，即以之为总预备队，任务区分完毕，各师赶筑防御工事，本师奉派守赤泥中峒山之线。中枢复派何部长南下，全权指挥。部署妥当，张、桂两军分三路来犯，一路由四会、清远渡河，占三水属之芦包，控我左翼，一路沿粤汉路南下，攻我正面；一路由琶江渡河，经鳌头犯花县，攻我右侧背，来势极凶。猛攻两昼夜，中央军第三师及谭道源两师守花县两隆墟，有不支之势；蒋光鼐师加入作战，伤亡亦大。激战至第三夜，敌势仍盛，省垣为之动摇。时张军已占太和墟，我军总指挥设于花县之新街，在情况最吃紧之际，欧阳惜白即打电话问我，可否抽调一团增援右翼，我答以不可分割抽一团，抽一旅，则我可亲率前往。当时惜白见我如此表示，转知军事当局，当局更为欢悦，我奉命后，即决定率沈旅增援右翼蒋师，而留区寿年旅守赤堀。黄昏时即移动，至午夜十二时，到达新街，旋接蒋师长电话，谓前线战况甚危，请火速率部增援。时当局令张之英团（新兵）及张达之教导团归我指挥，我即率各部星夜跑步前进。到达花县属之上下岭，天已拂晓，我即令沈旅赶速派兵占领上下岭，我亦亲到前线布防。我搜索兵仅抵达上下岭，敌军已抵山麓。我初到达，不明地形情况，且天未晴朗，我仍以为友军，喝问口令不对，始知是敌人。我军既占上下岭，地形上颇占优势，惟敌方占九传湖一带亦不易攻击，是日午前八时，双方开始攻击，我暂取攻势防御。双方激战甚烈，归我指挥之张团以全属新兵，稍接触，便溃不成军，张团长受重伤。后张团长派陈鸿才团归我指挥，我留预备队五营待机使用，令沈旅独立作战。沈旅长屡次请兵，我均拒绝，并严厉吩咐："万不能增兵，如失上下岭，即以军法从事。"沈旅长无可奈何，只有奋勇支持，任其如何紧急，亦不敢再要求增兵。激战至下午，敌终不逞，及至黄昏，敌竟全线向我冲锋，我即在山麓督率沈旅竭力抵御。待敌人冲至相当距离时，即令张达、陈鸿才两团同时出击。敌人冲至上下岭附近，我预备队已先占优势地形，敌方冲近，失去掌握，进退不能，我预备队猛烈反攻，复令沈旅全部出击，敌全线遂被击溃。时已入夜，我亦不作穷追。击溃该线之后，敌不得逞，是晚遂总溃退，本师区旅即调归建制。区旅之曹营初归沈旅指挥，时亦归还区旅，怎知因黑夜行错方向，经我军正面警戒线，竟发生误会，曹营长不幸丧生。曹营长不死于冲锋而亡于误会，殊深痛惜，只得厚为抚恤。拂晓，本师即向花县前进，并扫除附近战场，即奉命集中新街。

敌即溃退，当局即部署追击，令朱绍良部向琶江方面蹑尾前进；余、香、李各师则经芦包渡河，向广宁四会方面追踪；本师则奉令肃清三水及西江沿岸残敌，相机进占都城；蒋师则随后跟进。本师抵达三水，残敌数百人仍顽强抵抗，我即令一营迂回贝水青岐之敌，敌受包围，悉被缴械。据俘虏官长供称，敌沿西江布防之兵力约一团，因为距前线遥远，无电话交通，不明了前方战况，是以未能及时撤退。我军抵马口，即协同海军司令陈策沿江搜索西进，沿途缴获甚多。我见沿途敌无抵抗，即与策叔商量，迅速克复德庆都城，然后再定进止。策叔同意，即由策叔派两条金鱼（小战舰）载我步兵一营及他的陆战队先行，沿江边搜索。我和策叔则乘中山舰率舰五六艘，载我师随后跟进，前锋海陆部队进抵德庆，即来电报告，谓德庆都城已无敌踪。接此报告，我与策叔即决定心猛进，到达都城再作第二步计划。及抵罗傍，前锋由都城来电，谓残敌约七八百人退封川江口布防。我与策叔决定继续推进，抵达都城，已是夜深。中山舰吃水太深，再不能上驶，即换乘浅水舰，令沈旅派兵一团，在长江登陆，循北岸向封川江口搜索前进。翌日，侦知封川江口敌已撤退，我奉命进占都城的任务已达。时蒋光鼐师尚未到，自念若我军滞留都城，听凭敌军主力退回梧州布防，将来攻击，又要费九牛二虎之力，较不如乘其退集未定，蹑后进袭，先占梧州，对政略、战略都于我有利。决心之后，复与策叔商量，策叔拍掌大喜，是晚，即进驻封川附近。我即部署攻击梧州，令区旅经豆腐坑、大坡山附近向梧州火山攻击前进，攻敌之右侧背，限是日正午十二时抵达火山附近，确实占领火山，向戎墟方面严密警戒；令沈旅派一团由江口原地出发，经鸦山，沿河北岸搜索，向白云山攻击前进，相机占领白云山；所余一团及海军陆战队统归沈旅长指挥，随本部及海军司令部跟进。下达命令，我与陈策同署名负责。部署妥当后，策叔即令其浅水舰先向界首、鸡笼洲沿河探进。当时我不知策叔火气比我更为鲁莽，当我在兵舰官房稍睡休息，却闻策叔终夜咪咪妈妈之声不绝于耳，我即起来问他何事。他仍然发其牛气："丢那妈，有某舰迟迟不进，似是怕死。"我请他不可太负气，他亦不答。我即笑对他说："策叔，你咁好火气，怎不去学小武，最低限度你一年都可赚得几千银工钱。"他听了我这句滑稽话，才收口对我笑说："你只契钩，火气比我还大，你又不去学小武？你看某舰接了命令，仍推三推四，迟迟不进，你话发火不发火呀，契钩？"兵舰沿江西上，搜索探进，前锋兵舰由鸡笼洲来电，谓梧州敌军已纷向梧州上游退却，惟鸡笼洲前面航线有木排堵塞，拟即派陆战队扫除，想亦不难通过。我们接电后，即令前锋兵舰相机进占梧州。不久，闻前方略有炮声及机关枪声，一刻，复归沉寂。不久，前方来电，我浅水舰已进占梧州，陆战队已经登陆。我即令预备队火速前进，占领三角嘴，向抚大两河警戒，并派兵占领白云山炮台。是日上午十一时左右，我沿南北岸两路部队亦同时到达，广西之第一重门户遂为我军占领。此役，未得高级司令官之命令，我与策叔擅作冒险行动，诚不足为法，但有机可乘，且无违反整个战略，亦不为过。我军占领梧州四天，蒋师尚未到达，那时正值隆冬，雨雪纷飞，行军自然较为困难。闻我余、香、李各师始到广宁、四会，中央直属之朱绍良部仅达四会附近，若是迟缓，以我个人见解，是役之追击战略，似有错误之点，但高级司令官或另有企图，则不可知了。姑将我个人的见解写出，听凭军事家之批评。

当花县击退敌军时，我意以一小部或特种队肃清战场附近，而派强有力之部队（两师至三师）蹑尾向敌穷追，如能在北江南岸解决敌军一部，自然是好，若敌仍急退，则仍派两师强有力部队轻装追击，既减士兵疲劳，亦可神速。其余主力则利用水道运输，急向梧州前进，由梧州往犁木根、沙头墟侧击退回信都之敌；如敌以行军困难未抵信都，我军亦可收夹击或邀击之效。敌军所败，既减锐气，远道急退，官兵疲劳，更无斗志，我乘战胜之威，蓄锐之师以逸击劳，无论侧击、夹击、邀击，都可击溃敌军，收相当战果，收拾桂局诚易如反掌。但当时军事当局却派六师部队在交通不便之地域追击敌人，运动迟缓，实无解决敌军主力之机会，有失战略要领。我见如是，仍盼军事家予以指正。

我军进占梧州一星期后，蒋师全部到达，本师归蒋师长指挥，仍驻梧州。时因天气不佳，行军甚困难。据探报，敌仅退至怀集、连阳等处，我追击队先头部队亦只到达广宁。我军主力未集中，本师如何使用，仍未确定，只得暂时分区防守，乘暇训练。蒋师负责警戒抚河北岸，本师则以一部控制火山，其余主力则开戎墟警戒与训练。时阳历新年已过，已是阴历年关了。我们军人本无所谓阴历年，惟民间习惯未改，仍以阴历年为最兴闹节日。元旦那天，街上停市，连蔬菜都没有，我们军队也依惯例乘时过春节，大饮大食。

擢升军长

民国十九年（1930年）

　　本师自进占梧州，瞬已月余。接余、香、李各师长在信都来电通报，谓各师均已抵达沙头、信都之线。本师又将行动了。不数日，本师奉命由戎墟原地出发，经人和墟斜出抚河，向马江前进。在行军那几天，终日北风细雨，真是冰天雪地，兵弁数名竟被冻死，抵达马江，抚河似将结冰，河中十余斤重之大鱼，亦被冻死浮于河滩上，官兵拾获不少，以之佐膳。当时本师官兵各仅有军毡或毛毡一张，诚不足以抵御凛烈寒风冰雪，不得已通令各部购柴炙火，借以御寒。由师部发给每连每日柴炭费一元，团、营部人数较少，且有充裕公费，则不发给。驻马江十天，我军朱绍良部及余、香、李各师已占领贺县八步，本师为掩护我军集中，即进占平乐，以一部占领昭平，并派强有力之一营向蒙山方面佯攻。我军占领平乐后，战略上稍有变更，以朱绍良为右路总指挥，率中央直属之三个师及一独立旅向荔浦、阳朔方面攻击前进，我粤各部则调集梧州，向浔郁方面攻击前进。即以余师附一独立旅占领大河平南江口之线，向浔州佯攻，以李扬敬师为总预备队，控制于梧州附近。蒋、香两师及本师为主力部队，归蒋光鼐指挥，经戎郁公路向岑溪攻击前进。当我军各师尚未集中戎墟，而敌军黄绍竑部约两师计六团，已集中北流融县，其先头部队约一团，已抵南渡、岑溪，向我方推进，张发奎部亦由南路窜北流会合黄部，张部之三十四团已经容县属之六荫向南渡前进。探悉敌情，指挥官蒋光鼐即令本师先肃清至容县沿公路之敌。我奉命后，即依计划由戎墟出发，经新地墟、牛岭界，向岑溪攻击前进。据报牛岭界发现敌人约数百，我即令前卫先行驱逐。后侦知敌方只派少数敌兵占沿公路各要点，企图掩护其主力集中北流，我即派强有力一团，沿公路驱逐。我军占领岑溪后，俘获敌兵数名。据供称岑溪之敌乃黄鹤龄所部，师长黄鹤龄亲率兵一团在岑溪稍抵抗即向南渡退了。俘虏兵所供情形，与我方侦探所报大致相同。时前哨电话报告，谓敌兵约一团在南渡南岸凭河布防。我即令区寿年旅翌晨派队驱逐，占领南渡后，即向杨梅前进，并驱逐六荫附近少数敌人，待蒋、香两师到达集中，再候命攻击。我军肃清杨梅附近少数敌人后，敌方张部之一团已向容属之灵山、大伦方面退窜。旋接探报，敌黄绍竑、张发奎两部约十二团，在北流据险构筑工事。蒋指挥官到达六荫即下达命令：以六十一师、六十二师经西山民乐墟攻击北流敌之左侧背，以本师由杨梅原地向灵山、大伦攻击前进，占领大伦，即转攻隆盛，向北流攻击敌之右后方，并断敌之退路。我奉命后，即令沈旅为前卫，其余为本队，依作战命令前进。是日天雨不停，沿途泥泞，军行半天，不及二十里。前方官长侦探回来报告，谓敌军张部之三十四团退至隆盛后，仅留一营向我方警戒，余两营均向北流退去。所留之一营四处找寻宿营地，谓张发奎部大军万余人今日即到。我得此报告，判断敌人必是施诡计，欲吸引本师主力到隆盛，使我军多走两天，企图以主力扑攻我蒋、香两师。惟我不堕其奸计，明知该路无敌情，怎会傻头傻脑再绕此道？我即决心命沈旅派兵一营向大元隆盛武力侦察，并令其多设宿营地，以乱敌探耳目，其余各部则即日向容县西山前进。改区旅为前卫。抵达西山，已入黑夜了，蒋指挥官及吕光奎均在。蒋说："我今晚本想发电请你速率部回来，但你为何变更你师行军？今晚能到部队若干？"我说："因我派往隆盛侦探之官长回来报告，谓该路原有敌军一团，但仅留小部在隆盛，余均窜回北流。我恐我军无预备队，故决心即时撤退，随我军跟进，以厚主力，或许别人当师长不敢变更行军，但我明知遵令依那条路行进会堕敌人诡计，怎肯明知故犯？且本师能追及我军为预备队，主力集结，即使错也可补救。"蒋、吕两人听我如此说法，即说："从军十余年，朋友中鲜见有能如此敏捷之带兵官！今见者，惟兄耳。"我听他们的赞奖,只谦虚作答。我们闲谈间,民乐方面,香师追救急,我为顾全战局计,不惜官兵是日行军百二十里之疲劳,即令区旅长寿年率该旅驰赴民乐(距西山二十里)增援。区旅抵达,香师正与敌鏖战作拉锯式冲杀,香师有不支之势,区旅加入,得挽危局。拂晓,敌仍不断向我冲锋,香师及区旅伤亡甚大,我即率沈旅出发,上午八时驰抵民乐,即令沈旅刘占雄团增援,我复亲自督率冲锋,向敌之中央突击,敌之第一线被我占领,但仍增援,我亦令沈旅陈国勋团准备冲杀。激战至正午十二时,敌不支,全线崩溃。我即令沈旅长率全部追击,令区旅包围民乐附近据守村庄之敌。不久,据守之敌约数百人自动缴械投诚。是役,本师伤亡千余,但俘获人枪亦有千余,适足补填。我军追敌约二十余里,奉蒋指挥官命令停止追击。当时我颇怀疑,敌人确系在战场上崩溃,但为何不蹑尾穷追,使我十分不解。后归来闻友人说:"蒋指挥官对上级略有不满。"一说:"蒋指挥官在早一晚得一不佳之梦,故不追击。"究不知真因如何。

北流击败敌军后三四日,蒋师及我师继续经兴业向贵县攻击前进。蒋师驻兴业一带,我师令沈旅驻桥墟,以一部占贵县城南岸,监视贵县城敌人。当时我军追击迟缓,残敌已恢复疲劳,在贵县城北岸扼守,附近民船均为敌收藏,无可为渡,遂成对峙之局。时闻友军朱总指挥部激战于荔浦附近,中敌诱伏,被击败,退平乐整理。我军自追抵贵县南岸,屯兵月余,欲渡河,又无材料,真是望河兴叹,对峙愈久,官兵愈觉懈怠。我军驻贵县南岸之罗泊湾,与北岸隔河仅一百米达,双方步哨亦无放枪,竟时相对谈。敌方警戒兵乃湖南唐生明部,全属湖南人,我方亦有湖南兵,双方对谈。拂晓相见时"老乡早晨好",食饭时亦说"老乡食饭",俨然各表友谊,毫无敌对的介意。我军警戒排长乃湖南人,假装士兵与敌兵交谈,探询敌情。一日,敌方一班长说:"数月无发饷,烟丝也没得吸。"我方排长问他是湖南何处人,他则说是某县某村,与该排长同乡。我排长为探敌情,拟游水过去,并送以纸烟,而对方班长初乃拒绝,后来我排长卒游水渡河与其接谈。据该排长回部报告,谓:"桂军及张发奎部不久往攻湖南,现大部陆续向桂林集中,大约唐部在一星期内亦会开动……"

我当时半信半疑，但亦转报上级。不久，接粤当局来电："张、桂军确趋湖南，其先头部队已过全州……"扼守北岸之唐生明部不久亦撤退。当撤退时，警戒兵以"老乡，后会有期，家乡相见"之语，向我方士兵告别始退去。军事当局既明了敌情，即令余汉谋师来贵县接防，蒋、李及本师奉命即东下。驻梧之六十三师李扬敬部先行，蒋师次之，本师待余师接防后，即经东津向大安墟集中，乘民船以小火轮拖送至黄沙车站登陆。我以部队过大，运输稍需时日，即先搭商轮返广州，与当局接洽一切。抵达省城，晋谒当局后，暂居文德东路家内。我将我军将复北上情形告诸妻弟。在省住了三天，本师各部已陆续抵达，待蒋、李两师输送完毕，继续输送本师至韶关。时中央来电，谓张、桂军已陷衡阳，促我军北上，急如星火。接电后，蒋指挥官命本师到达韶关，不得停留，限六日抵达郴州候命。我奉命即令各部（以团为单位），抵达韶关则经乐昌、九峰、塘村、良田向郴州前进，到达郴州候命。我到达韶关时，接蒋师通报："蒋、李两师已抵郴州，前锋亦抵耒阳，而桂军已陷株州、醴陵，湘军不战溃退……"本师依命令六日内抵郴州，达到任务。到郴州后，奉蒋指挥官命令："我军为截断敌人归路，决先占领衡阳、攸县之线，六十一、六十三两师经耒阳、廖田铺向衡阳攻击前进，六十师（本师）由郴州原地经永兴，限某日占领攸县。"我奉命后即令区旅为前卫，其余为本队，经永兴向攸县前进。我军前头部队仅抵耒阳、永兴之线，闻张、桂军已陷长沙、醴陵，中央军夏、李两师已抵岳州、汨罗之线布防。我军得此消息，仍继续北进，由原地出发，不四天克复衡阳、攸县。我偶染病，身体发烧，抵攸县时，极不舒适，甚感痛苦。但大敌当前，职责所在，不甚放心，是以虽为病困，亦扶病亲往四郊侦察地形，并令沈旅派一小部向皇土岭侦察。我侦察地形回部，蒋指挥官的密电已到，他说张、桂军确已回向我军推进，其主力已集中醴陵。同时，本师的侦探官长亦回报，敌情相符。旋复接蒋指挥官电令："我军为歼灭敌人，须迅速集中主力，以逸待劳，与敌决战于衡阳。着六十师（本师）限于某日由攸县撤至耒阳，并向常宁严密警戒。"我获电令，即紧急处置，令沈旅派兵一团为后卫，其余急行军向耒阳进发。我师到达该处尚未休息，而桂军由永州来犯常宁之黄旭初部约四团，其前头队已抵龙门隘。我即令沈旅长光汉率全部向龙门隘之敌迎击。将该敌击退后，亦不追击，即集中全师经廖田铺向衡阳跟进。抵达衡阳，即往谒蒋指挥官，商今后作战计划，李师长扬敬亦到。商谈结果，决在衡阳取攻势防御，惟南岸究取何处为抵抗线，商谈数小时均无决断。后来蒋、李提议以一师兵力配备廖田铺之线，我则极力反对。因我曾侦察廖田铺地形复杂，无险可守，且战线过阔，配以一师兵力（约四团），已无预备队，而与衡阳又不能切实联系，兼以背水作战，万一被敌人冲破，退无后路，实不合战术上之要求。蒋、李见我坚决反对以廖田铺为抵抗线，复建议衡阳南岸归六十师（本师）负责防守，北岸归六十一、六十三两师布防，并赶速构筑工事。此建议颇合我意，商定之后，蒋指挥官即下达布防令，准备恶战。

我奉固守南岸之命令后，即带病坐轿带同各官长往前方侦察地形，见前方地形愈不好。侦察结果以湘江东岸较为适合我之企图，该线正面不广，前面多属水田，视界广阔，且由左至右成两线式的波状地，标五十尺至一百尺，以四营兵力，便可配备控制来犯之敌。侦察归来，我决心扼守湘江东岸，即令沈旅长率刘占雄团附以云应霖教导团归其指挥，一面布防，一面令全师协同构筑工事，并预备民船数十艘，泊下游合水口，每船以排为单位，若果确被敌冲破，除收容队拼力逆击敌人外，余则可分路依次从容退下民船。当时夏天水涨水落甚急，顺流下驶，便可回归北岸，即使战败，亦不会受大损失。部署既妥，惟蓄锐待战。时前方侦探回报，谓敌军大部已抵耒阳、常宁，前锋将至廖田铺。我即令沈旅长率部进入阵地。翌日拂晓，张发奎部约万余人竟来犯我阵地，我守军迎头痛击，激战两昼夜，敌不逞，知难溃退。我即令区旅派兵一部蹑尾追击，是役毙敌千余，俘获人枪数百。

张、桂军湘江东岸被挫败之后，即转换攻击目标，由常宁窜祁阳、洪桥、七塘，攻我衡阳西北五塘等处阵地。时中央派何部长到长沙主持一切军务，并令李抱冰师归蒋光鼐指挥，为我军右翼部队。那时我主力有步兵四师约十八团，与敌方兵力对比相等。我军取攻势防御，以李抱冰师为右纵队，李扬敬师为左纵队，蒋指挥官自兼中路纵队，本师因在湘江东岸激战不久，改为总预备队，控置于中路纵队之后。我军区分完毕，敌主力已达洪桥，我方即反守为攻，分左右中向七塘攻击前进，与敌遭遇于探山一带。敌先占探山等处，地势颇优，双方展开主力，激战两昼夜，冲数十次，敌方伤亡过半，其师长梁重熙亦战死，我六十一、六十三两师伤亡亦甚大。敌开始溃退，旅长张世德亲率队伍冲击敌之收容队，竟中弹阵亡，殊为痛惜。时双方冲至筋疲力竭，蒋指挥官即令本师派一旅加入中央阵地，与敌收容队稍接触，敌全线即崩溃，向洪桥方面退窜。本师奉命进击，甫抵洪桥附近，我军右翼李抱冰师亦至，双方误会冲杀，伤亡数百人。指挥官竟如是不慎，诚堪叹惜，而敌却得此机会，以裕如时间脱险退去。发觉误会之后，敌已退至洪桥，我赶速追击，追至洪桥，敌狼狈异常，纷纷向祁阳退却，不及退去之敌方炮兵及收容队，均向我投诚缴械。是日我军在洪桥宿营，翌晨继向祁阳追击，截获敌之辎重无数，残敌仅余数千人，向永安州方面逃窜。我军奉令就地停止，即令各部扫除战场，处置俘虏。是役本师夺获步枪千余支，机关枪亦甚多，俘虏二千余。但本师伤亡亦不少，即以俘虏填补各部缺额，亦能充实。时探报敌已退过黄沙河，主力消失，无能为患，一场恶战，暂时结束。然而此战方息，他战又起。

我军击溃张、桂军后，正拟回师，而蒋总司令来电，除李扬敬师凯旋回粤外，着本师与蒋光鼐师火速集中衡阳，所有辎重用民船输送至长沙，部队则步行至汨罗江，乘长江船，经汉口至浦口集中候命。奉命后，我军即遵命开拔。那时我估料必是陇海、津浦两路情况紧急，我即先到汉口探听一切。抵汉口后，所得情况竟不出我之所料。在汉口住了两天，部队因运输船只缺少，颇为迟缓，我遂乘暇乘民航飞机往南京，蒋师长亦同时到达。我暂住安乐园，蒋师长则住中央饭店。翌晨，李仙根、古勤勤两先生来访，正午，行政院院长谭延闿着我及蒋师长到行政院谈话并午餐。我们依时往谒，谭院长接见我们时，情甚关切，语多嘉勉，且雍容诚恳，令人感佩,诚有政治大家风度。午餐后,我们即向谭院长辞别,蒋师长返中央饭店,我则回安乐园。时我军先头队只有一团到达浦口,其余仍需三五天始能集中。我旅居无职,与三两知交往各地方作闲游娱乐的活动,借以消遣军人终年在沙场生活,其生命不知下一秒钟是如何,及时休息行乐,谅战友们不以此为不法。

我留京四五天,我军已在浦口集中完毕。蒋师毛旅以驻防潮汕,未加入在湘桂之战斗,奉召先到达。以陇海、津浦两线同时告急,奉蒋总司令命令先开归德,以扰乱敌人耳目。该部抵归德后,即经虞城向津浦路邹县归还蒋师建制,本师仍归蒋光鼐师长指挥。我军由浦口乘车至邹县集中,抵达邹县时,陇海方面冯军攻至归德附近,亳州又未克复,津浦方面,晋军已陷兖州,曲阜等处亦同时失守。我当局为迅速扑灭津浦路之敌人起见,即令我六十师、六十一师由原地出发,经泗水迂回大汶河及泰安敌之左后方。我军经泗水时,友军第十一师陈诚部在泗水布防。我军日行八九十里,因采买米粮困难,各官兵均须自背米粮四天。过了泗水之后,沿途均属山岭,道途崎岖,交通颇为不便。后方辎重粮食均不能赶上,而所到各宿营地亦无米粮补充,不得已下令将各官兵自背的四天米粮陆续先食。每日抵达目的地之时,即由值日官带同特务长向各官兵抽米,这情形似若我乡间遇水涨崩堤时,乡民齐往堵塞,各自携米煮食一样。我军行了四天,敌军闻风先逃。抵达泰安,距城东南约五十里,探报敌兵约一旅在某镇布防。我以六十一师尚未跟上,即令各部就地停止,并令沈旅派兵一团驱逐正面之敌。是晚接蒋指挥官来电,谓行军困难,粮食又不继,并问敌情及我师情形。我即将敌情及乏食情形复电报告,中有"我军到此苦境,已成进退维谷之势,此时惟有努力先占领泰安,则任何困难都可打破"之语。

时正面之敌已为我沈旅驱逐,但我右翼某镇之敌,仍据寨防守不退,而我各官兵背带之四天米粮已将食罄,全师大有在陈之叹。当时蒋师虽未追上联络,我唯有破釜沉舟,以最速时间攻占泰安城,即令区旅先扑攻我右翼某镇之敌。由晨午激战六小时,始将敌攻破,敌几尽为我掳,旋改区旅为预备队，俾资休息，以均劳逸，而令沈旅全部向泰安城郊之敌作猛烈攻击。激战一昼夜，尚未得手，沈旅稍有伤亡，兵力不及，即令教导团云应霖部归沈旅长指挥，向铁路猛攻。不久，泰安车站九里山一带险要地带均已占领。惟敌约一旅退入城内死守，小部仍据泰山，遂令区旅先行驱逐泰山之敌。区旅得手，城郊险要及泰山既被我占领，城内残敌遂成瓮中之鳖了。同时，大汶河等处之敌五六万人归路为断，不战而溃，退窜济宁道口逃黄河北岸，有一部向泰安西北之东平逃窜。蒋总司令为迅速占领济南解决全局起见，来电令我军速占济南，并颁赏令谓：若能在十天内占济南，则犒赏该军一百万元。时泰安残敌千余人已派代表来接洽投诚，而当局复派马师接替泰安防务。命令重于一切，我即置泰安敌不顾，即欲即趋济南。惟马部军纪甚坏，竟将我缴获放在后方的敌枪千余支及伙食大洋万余元抢去。当经理处向我报告时，我甚为愤激，即用电话报告蒋指挥官。我说："限该部于三小时内将抢去之枪款物品交还，否则先解决该部然后出发。"蒋指挥官见我若是生气，不好说辞，他说："我负责将失物交还，若该部不交还，由我垫回给你……"我见友军若是不良，形同土匪，非该部送还各物，实不足平我全师之愤恨，又见蒋指挥官无逼使该部迅速交还各物之法，我即令各部立刻包围马部，限即答复交还失物，并不得弄乱我的枪支款项。约经一小时，其师长马某亲来道歉，将枪及款送还，并带抢我枪款之营长马某到来，请我枪决。失物既归还，我为友军面子计，请其将该营长带回，我亦不向蒋总司令报告，一场风波始告平息。我即以电话将解决情形报告蒋指挥官，他答说："当时你如此刚烈，我亦无话可阻止你。刚才拟电告蒋总司令，今既解决无纠纷，亦不幸中之万幸。"本师交防完毕，蒋指挥官下达向济南前进命令，命本师由原地出发，先攻泰山背长城岭之敌，向党家庄前进，并须切实占领党家庄，断敌归路。令六十一师由原地经山口向仲弓镇攻击前进，占仲弓镇后，即速攻占济南，左翼与六十师（本师）右翼切实联络。奉令后，即令各部晚膳后先进出明日行进路约十五里之地，向敌警戒。当日晨，我连哨已与长城岭之敌对峙。翌晨拂晓，我即令沈部向长城岭之敌攻击，激战至下午二时，始将敌攻破，占领长城岭。我视察长城岭一带阵地，形势极险要，倘守者为稍有训练之军，必不易为人破，但当日晋军稍战即溃，实出乎我们意料。是役俘获敌枪千余，而我仅伤亡五六十人，如是微少牺牲便占领险要地带，可为便宜之极。

我军占领长城岭后，长城岭以南地区敌人均告肃清，残敌向铁路方面溃散，我蹑尾追击。据追击队报告，敌援兵约万人已在占领党家庄以南一带高地，复接蒋师通报，该师已抵达仲弓镇附近，与敌激战。时已入夜，我即令追击各部就地停止，露营，并占领阵地。沈、区两旅长来部报告，谓各官兵所带之四天粮食又将食完，而当时占领地区均系崇山峻岭，甚少村庄。即令副官处长汪鸿猷设法补充，而汪说在此村少人稀，确无法可补充。大敌当前，断不能因粮食之不济而滞缓致误戎机，即星夜下令各后方，如明日无粮，得准各部就地征发米麦、面粉、高粱，但不得征及牲畜。征发队到村庄，须以温和态度，若有屋主，即以价购买，无主之家，亦须书明某队征去某粮若干，请到某处取价。征发令下，自然不免骚扰百姓，惟总司令部的兵站不能达到任务，不分缓急，对进展极速之我军待遇愈薄，致使我军粮食不继，下令征发，亦实逼处此，免我军因饥饿疲乏而至溃败贻误全局也。倘当时办理兵站者说我负气，而事实如是，我不得不说明。

大敌当前，粮食不继，是晚终夜不成眠，而参谋长李盛宗熟睡如猪，鼾声震耳，终夜不停。我即起床亲下翌日作战命令，令区部于拂晓向当面高地之敌攻击前进；令教导团云应霖部从右翼迂回攻敌之左侧背。翌晨拂晓即开始攻击，敌据天险之地形顽强抵抗，激战至正午，始将正面之敌攻破。惟右翼教导团却无若何进展，我即亲率特务营两连向云团跟进。到达云团位置，见其攻击精神远逊各团，我即令云团长切实攻击，限其一小时攻破侧面一敌，当面命令之后，即以号音令该团全团冲锋前进。该团官兵见我到达督战，精神焕发，奋向与该团兵力相等之敌猛冲，不及一小时，已将敌军击溃，俘获甚多。时区旅已继向党家庄南一带高地攻击，云团亦在右翼推进。我率沈旅随区旅后跟进。区旅抵达党家庄附近，即与敌激战于各高地。查敌约万余人，但战斗力甚薄弱，惟最讨厌者，泰山东北一带山地，半属山石，由东北向西南，均有大道上川，由西南趋东北，则无路可行，且均属危崖峭壁。但我军奋勇前进，爬山石以登，敌稍接触，便即逃窜。战至黄昏，高地之敌尚未肃清，欲夜间继续攻击，惟限于地形，只得令区旅云团相机攻击，其余则就地露营，以休劳顿。怎知半夜大雨，官兵尽如落汤鸡，衫裤尽湿，情形极惨。

我军自入山东，沿途作战，已属困苦，而最苦者，莫若遇雨，村疏屋少，且皆浅窄，官兵时多露营，一遇下雨，便无地可藏。且地多溪坑，无雨则烟，下雨则涨，湍急万分。路途泥泞，军行困苦，越渡溪坑，更要万分小心，稍一疏忽即为潦水冲淹。我军在泰安附近曾为潦水冲淹伙食担及挑夫十余人，足为戒心。

是晚大雨过后，汪副官长征集粮食回来报告。他说："是日征集得米甚少，麦及粟则可维持三天。各部征集时，均以钱购买，且任其索价，民众见我征发队公平守纪律，甚为乐意交易，是以能迅速征集。"我见粮食无忧，稍为放心。那时已将拂晓，我即以电话，询区旅长前方情形。他答说："已派兵一营向党家庄前进占领车站，并令该营长将铁轨破坏，但现尚未接到报告，未知能否达到任务。"看时表已四点，天快大白，我即在帆布床稍憩。约过三十分钟，区旅长电话来了，谓派往攻占党家庄车站之营长报告，该营已占领车站，惟无工作器具，未能破坏铁轨，至被敌之炮车及运兵车一列通过，殊为可惜。该列炮车退至距车站数里，开炮向我射击，现拟于拂晓派两营迂回攻击敌之右侧背，必定得手。我即将此情况电告蒋指挥官，并请界首方面友军陈诚师速向前推进。时天已大明，我即带卫士十余名往高地观察区旅之攻击动作。抵达高地不及三十分钟，我左前方机枪声大作，我即用望远镜眺望，见配带钢鼓帽之官兵猛勇前进，知是我军正在进行攻击。冲锋肉搏约一小时，已将敌之右翼阵地攻破，敌似全线动摇，区旅长已率全部向敌包围。我即令沈旅派兵一部向敌之左翼抄击，敌即全线崩溃。正午闻仲弓镇方面枪炮声甚密，但未接蒋师之通报，心甚不安。我为援助六十一师迅速歼灭敌人计，即令区旅扫除战场，听候陈诚师抵达接防后，即向仲弓镇跟进。我即先率沈旅向仲弓镇方面赶速推进。中途接蒋指挥官命令，着本师即分兵一部向仲弓镇方面增援六十一师。我接此电令，更为着急，枪炮声又甚密，我恐六十一师被敌反攻，即令沈旅派黄茂权团跑步前进。我抵达仲弓镇附近，枪炮声已渐疏，当时我甚疑惑，不知敌我谁胜谁败。我即令前卫团向前探进，不久接前兵连长报告，我六十一师已将据仲弓镇一带高地之敌攻破，入占市镇。卧虎山亦已有敌军布防。时天黑，又值大雨滂沱，溪水暴涨，不知深浅，我即令沈旅就地停止，露营。我则率特务营一连涉溪入市。但溪水甚急，深者没顶，浅者亦浸至胁下，我行至溪中，水忽深，支持不得，被冲流丈余，幸卫士力大，拖着我，不至浸死，亦云幸矣。

抵达市镇，即往竭蒋指挥官。六十一师部驻市内天主堂，我到时已九时了，尚未用晚饭，蒋指挥官即令副官处着人弄饭。我将在长城岭、党家庄等处作战经过报告，蒋指挥官亦将仲弓镇作战情形告诉我。他说："今日十一时左右，敌反攻甚烈，十一时半我即发通报给你，请派兵增援。但仲弓距你师位置四十余里，你为何跑得这样快，一下子就到此？"我说："正午时闻仲弓方面枪炮声甚密，我又不接通报，时我师已攻下党家庄，诚恐六十一师被敌反攻。我即留区旅扫除战场，待陈诚师抵达接防后即跟进，我即率沈旅及教导团向仲弓赶进。中途接得通报，我即令黄茂权团跑步前进。但我愈近枪声愈疏，我甚怀疑，及到卧虎山附近始知我军胜利。"蒋指挥官听了我的报告，甚为嘉勉。他说："如果是别师，必不能做到此种动作。今后望我们两师时时以此精神作战，必操胜利。"彼此闲谈，至十一时，卫士已摆上饭菜，我即食夜饭。饭后，复与蒋指挥谈翌日攻击济南动作。拟由本师先行攻击，惟区旅在党家庄尚未跟上，遂决以六十一师先行，本师为总预备队跟进。时六十一师的前头队已进至离仲弓镇三十里，距济南仅四十四里。同时接探报，济南似有动摇，有一师兵力在城南高地布防。即令我军各部于晨三时前完毕早膳，向前推进。上午七时，我六十一师前卫团已与在城南高地之敌接触，激战数小时，已被我蒋师某旅击溃。时敌军大部由党家庄等处溃退回济，我军即截出车路，惟我军无工兵，不能破坏铁轨，敌铁甲火车拼命冲过济南城车站。敌极混乱，我六十一师各部即乘机冲击，勇不可当，冲入济南与敌巷战。各部奋勇冲杀，六十一师全部脱离蒋指挥掌握，颇为担心，他即严令我切勿将本师使用。不久我区旅跟到，我掌握有五团兵力，略为心安。当时本师各官兵见我按兵不动，多窃窃私语，似有负气。他们说："明知敌人溃败，却不许我们追击，都是蒋光鼐偏心，由六十一师单独捞野。"我观察情形，知各官兵有此心理，本拟充耳不闻，后见各官兵似不耐烦，即令以旅为单位集合训话。我即将用兵之利害与按兵不动理由说明，各官兵勿误会是蒋指挥官之偏心。解释之后，各官兵始不再若初时之焦燥。午后三时，我军已确实占领济南城，残敌大部溃退洛口，中央即令蒋指挥官为济南警备司令，令本师以一部向胶济路东段搜索前进，抵某村严密警戒，其余各部调驻城东南整理。是役俘获甚多。我军自泰安出发，仅六天便占领济南，但官兵甚苦，在泰安各带面粉三天，面粉食完，则食杂粮，官兵不习惯，均闹肚痾，面现病容。幸攻下济南，已有大米吃，大家听到均喜形于色。

我部署任务妥当后，稍为清闲，则与航空署长张惠长乱跑乱撞。有一晚撞到某地方，我也不晓得，入门时数女子向我们跪接，我才知是我素所最憎恶的敌国女子。她们也说得几句山东话，她们招呼我两人坐后，即开啤酒给我们饮，是晚我们就宿于此。翌晨开单来，我至今还记得有一项是奴若干名（银若干元），我后来知道这处是某国的"御料理"地方。我与张飞天功德完满之后，绝早就跑回旅馆，食过早饭才回部。

在部闻素来最灰色最奸滑之带兵官韩复榘由胶东率部万余来济南。韩某事前不抵抗而退，我军克复济南，彼却回来，当时中央却利用他，将蒋指挥官之警备司令让给他。不久，复以他兼总指挥及山东省政府主席。中央如是处事，如是用人，怎可以服人，怎可以对有功的将领！当时，我和蒋兼师长只有服从命令，毫无怨言。我乘暇请张飞天将军派飞机一架飞回南京消遣。留京两日，即返济南，中央以蒋师长兼指挥官为十九路军总指挥，以我为十九路军军长，但我不就职。蒋总司令之一百万赏款已到，我们即照两师人数按官兵阶级分配，我得数千元。后来，蒋总司令复特别支给我个人数万元，这就是中央对我军的酬赏。

我军占领济南后约一星期，蒋总司令由陇海乘飞机来，在济各将领均往机场迎接。总司令下机后，笑口微微，见我特别欢喜，旋到省府召集各将领开谈话会。总司令说："济南克复，大局已定，惟陇海残敌未肃清，尚有碍统一，望各将领仍须努力……"下午，总司令即乘机返陇海，我们复到机场送行。

我军由极南的广西而北，冒暑远征，转战万里，克复济南席犹未暖，又须向陇海方面进发。时蒋师长已就了总指挥职，所遗六十一师师长缺，请委副师长戴戟接充，但中央却只以代理六十一师之名义予之，蒋总指挥意似不痛快。那时已属秋天，气候渐凉，士兵服装以转战多日汗渍所污，均脏臭不堪。我师补充团长谢琼生已率全部到济南，官兵精神，比诸各团，不及远甚，但该团成立伊始，训练时间不多，也可原谅。我军既须开往陇海线，我即令各部准备出发。是日接总指挥命令，我军奉命由原地按六十、六十一师次序沿津浦路南行（因大汶河铁桥被炸毁），至兖州乘车至归德集中。我军遂与我军所克复之济南辞别。我奉命后，即以普通行军命令各部按次序前进，步行五天始抵兖州，我即在兖州乘首列兵车先行。到达归德，蒋总司令在列车召见，就在列车休息，并请晚饭。我在列车驻宿两天，总司令常召见训勉。本师各部到齐，总司令不用等候六十一师，即令我率部先行，向睢县、陈州、鹿邑方面前进。

我军遵令出发，正值大雨，北方泥土见雨成浆，行军极苦，但放晴则泥坚如铁，路若敷碎石，官兵足趾破烂，尤感痛苦。行了四天，抵达陈州，有新编某师之河南土军驻扎，但军风纪甚坏，民众畏之如虎，我辎重连连长区某在陈州行街，竟被该土匪军抢去身上伙食数百元。后来被我查知，即严令该部官长，勒令该土匪军将款交还。经过数小时交涉，土匪军旅长王某即将抢去之款送还并道歉。我为息事宁人计，且值行军，只将其斥责一番，便算了事。

我师继续向周家口前进，抵达之后，暂归何军团长成濬指挥。在周家口住了三天，六十一师尚未到达，何军团长请我时到商会坐谈。周家口乃我旧地重游，我与各界相见甚为欢洽。不久六十一师陆续抵达，我即与蒋总指挥光鼐乘飞机往漯河晤刘峙总指挥商谈军事，商谈后复乘飞机返周家口。我军奉令开漯河集中，抵达漯河，暂归刘峙指挥。时冯军大部仍据守兰封（陇海）、平汉、新郑、豫西等处，我军在漯河驻了三四天，奉命向汝城攻击前进。抵达汝城附近，六十一师派一部围攻固镇，经三四天尚未攻下，我即派教导团云应霖部监视汝南城之敌，令区旅长寿年率全旅攻新郑之盘古寨。当时蒋总指挥决心攻击敌之主力，而放弃围攻固镇，遂令六十一师全部约七团向新郑北之牛集攻击前进。到达时，敌主力仍散布新郑附近各堡寨顽强抵抗，六十一师围攻三天，占领各堡寨，我师同时占领郭店，已截断敌之归路。敌退集新郑约三万余人，向我军投诚。我军各将领即会议，分配缴获之敌枪，我十九路军以各战役缴获枪炮甚多，此次所获枪械，概交友军自行分配。是役，我十九路军俘获甚多，尤以区旅为最，而我两师亦伤亡官兵千余，六十一师第九旅团长蒋光鲁阵亡。我军扫除战场后，即在原地休息整理。

有一日，我由郭店往牛集，起程时天气甚佳，及至中途，远望北方（大约是内蒙）天空，由暗而黄（想是沙漠狂风），瞬间狂风袭来，沙尘蔽日，骑马坐轿均不能。那时我军不惯北方生活，无备风尘眼镜，当时我欲行不得，只得坐下等候。后来总部见我久行不到，知为风尘所阻，遂派人带同风尘眼镜来接，始能行动。牛集距我师部仅三十里，我由上午九时起程，至下午五时始抵达。少一风尘眼镜便耗去大半天时间，殊为可叹。

晚饭后，蒋总指挥即召我及戴师长商量今后行动。总指挥拿出总司令来电给我们看，我军又须向豫西前进。我们看完总司令来电，虽然转战各地奔驰劳顿并无休息，亦各无异言。总部即令本师集中牛集，我军奉命由原地向巩县攻击前进。按六十师、总部、六十一师次序行军，向三李进发。我们离牛集不及三里，已无村庄可睹，即行人亦不见踪影，真有如入无人之境之概。是晚露营于某地，翌晨继向三李前进，沿途均属洼道，若在雨天，两边松土时有倾覆掩埋行人之虞。是日下午抵三李墟，见小商店数十间，冷落不堪。我只率一旅及师部直属队驻墟内，水亦不敷供给，人民仍过数千年前的穴居野处的生活，自然谈不上什么文化。

是晚接命令，我军翌日休息一天。翌晨，我往四处散步，见一群一群的百姓均肮脏得鬼不似鬼人不似人，男男女女老老幼幼纷向我各部乞食，每有驻兵之处乞食者比兵还多。我当时颇怀疑，在中古时代，河南本为我国的政治文化中心，为何到现在还是这样的人民？即使封建昏君时代，不顾老百姓，但推翻封建建立民国已有二十余年，而政治文化竟还如此落后，对这个有四千余年历史文化的堂堂大中华民国，实在令人不解！负政治责任者实亦不能辞其咎。我回部之后，即派一参谋往寻当地团绅到部一询究竟。不久，参谋带一绅士黄某返部，他见了我便说："师长到来，失迎失迎。"我逐一向他询问地方情形。他说："地方狭小，数年来遍地土匪，生意固无可做，一般民众连杂粮也没得食。稍有积蓄，都给地方土军或抽或劫，是以穷到若是，可谓民无死所。"我又问他："为何人民仍在泥穴中居住，男男女女都是如此污秽，在太平时候也如此吗？"他说："穴居乃数千年来的习惯，有钱的人都是如此。至男女身体不洁，那是懒惰所致，确实失礼。"我又问他当地有没有小学校，他说："前年曾开办一间小学校，但后来因无公款便亦停止了。"我听了黄某所说，甚为感动。在二十世纪的中国，竟仍有无文化过牛马不如生活的人民在中部，诚堪怜悯。我听后，即令副官赏黄某数元归去。

在三李接总司令电令，谓我军已克复开封、郑州等处，各处残敌均向中央投诚，着我军停止西进，即回许昌候命。我军奉命后，即回驻许昌。时东北军张学良部亦入关抵平津，阎、冯通电下野。连年党军自相残杀，在陇海、津浦大战年余，双方伤亡不下三十万，耗民脂民膏不下数千百万，到此才告结束。

我军集中许昌后，旋奉命调湘南醴陵、萍乡一带集中。未开动前，我已请调沈旅长光汉为副师长，所遗旅长缺则以刘占雄升充。各种运输部署妥当后，交由副师长指挥部队南下，我则乘飞机返汉口。我以久战稍暇便作归思，遂转乘飞机到沪转粤。抵家时，已是阳历十二月底了，我遂在省度过新年。

百 战 余 生

民国二十年（1931年）

　　我自奉命北征，离粤甚久，当时返抵粤垣，各友都来慰问，设宴洗尘。我终日忙于应酬，颇感疲劳。时中央派文官长古湘芹先生来粤慰劳，授我以二等宝鼎章，军政当局特设宴为我洗尘。我素怕赴正式拘谨之宴会，当时勉强赴宴一次，其他均辞谢。我以疲劳过甚，在家休养一星期，后来则往长堤某酒店开一大房，日与三五知友谈天说地，有时在无聊时，则与沈、香数人作非政治的活动，借以消闷。我素性鲁莽，嗜讲笑。有一天，我到西横街某私人俱乐部（陈某特设此），沈、香诸人正与女同志数人在谈笑，我登楼时，他们谈得最浓。我当时以为各女同志是交际花，我毫不客气地一上楼就粗言粗语乱说。香君见我失言，便仰起个头，睁大双眼，努长个嘴向我示意。我见沈、香两人陡变声色，自知失言，即加紧脚步，三步并作两步跳出骑楼，面向街心。女同志不去，我亦不敢回顾。当时我十分惭愧，而沈、香更要捉弄我，女同志数次要辞走，沈、香都将她们强留，故意将我刁难，罚我立在骑楼两小时，确属可恶，我却无可奈何。女同志去后，我即向沈、香两个阴湿鬼捆其两巴以为报复。后来他们仍将我开玩笑。当时他们说："以后若有女同志在座时，我们以咳嗽示意，你就不可乱说了。"但后来他们又以此将我开玩笑。有一次，我刚上楼梯，就听闻香君大声咳嗽，我以为在座的几位女士又是忠实同志，便不敢再闹那次的笑话。我十二万分地镇静恭谨向各女士致敬，一位曾经我领教过的女士，她知道沈、香的捉弄，见我竟有这种拘谨态度，"咭"地一声笑起来，我才明白沈、香两人又搞鬼向我开玩笑。

我返省很快就过了十多天。接沈副师长来电："本师部队已抵醴陵，但经过汨罗附近时，教导团云应霖部被红军萧克部邀击，损失二十余人。"我即复电沈副师长，嘱以后行动务须小心，集中萍乡时，对于军纪训练尤须特别注意。

我在酒店玩了十多天，似觉厌烦，遂回家住数日，后又往沙面中国电报局，与李卓贤局长、张亦东等同住。每日午饭后，必与张、李出街寻访好友，若遇天雨，则玩十五湖（纸牌），有时亦返家一行。居沙面十余天，颇不寂寞，日子亦易过。那时前方复来电云：我军由醴陵经莲花、永新、泰和、万安中途，曾与红军接触，无甚伤损，现已于某日抵兴国了。我亦不甚关切。我自返省后，心志日见怠惰，常拟摆脱职责，屡请而当局均未邀准。自念从军二十年，辗转战场，已饱受惊险与风霜，悠然遐想，便有退休休养之意。时与各友谈商，而各友均劝我努力向前，意甚闷闷。一日，我极抑郁不快，即以百余金预备晚餐，邀约深交男女数人在沙面电报局狂饮，冀舒积闷，我素不善饮，但当男女同席，杯觥交错，恣意言笑，毫无拘谨，遂亦多饮数杯，女友们更来强劝，我遂醉倒。不知各友何时散去，及酒醒，见四处厅房均无人，只一与我深交之异性守候服侍，情极殷殷。醉后逢知己，亦人生一件快慰事。

闲适的生活又须结束了。蒋总司令来电令我即回前方。同时，沈副师长光汉也同样来电催促。时总指挥蒋光鼐已返省，以己身体羸弱拟暂休养，面嘱我先行返部。那时我已辞无可辞，惟有拼挡行装准备出发。当自己预定出发日期行将到时，即离开沙面回家。吾妻问我何日启程？我则答以一二日间北上。自计前方伙食仅可支持至二月底，为免将来运解，即令两师后方筹足三四两月份伙食带往。各种准备妥当后，即向当局辞行。各长官及各友好馈赠食物甚多，尤以欧阳惜白赠我"三个九"香烟三打（使我第一次食上好香烟），披酒狐褆皮褛一件。唐监督海安所赠红皮大衣一件，亦同时寄到，使我非常感谢。

二月十七日晨，我率卫士队及补充兵在高沙车站搭车北上。临行时，军政当局热烈欢送，情甚殷挚，待装载完备，已是八时三十分了，即与各官长、各亲友及吾妻握别。汽笛鸣后，车向韶关进发，广州市的高大建筑物渐渐向后消失了。是日天气甚冷，坐在车上，寒得更难受，见沿途农夫农妇三五团聚，拾取枯枝炙火取暖，瑟缩道上。车抵英德，我下车散步，见周围高山积雪如银，风景不俗，午后五时，已抵韶关，即令补充兵就在车站附近宿营，我亦住在车站。

十八日寒风细雨，天气仍冷，七时早膳完毕，即率领新兵向始兴进发。那时公路尚未通车，我只得步行乘马。时值元宵时候，乡人探亲来往频频，不时遇见新婚夫妇，艳装淡抹，或男先女后，或男后女先。男则穿其蓝布长衫，戴半新不旧之毡帽，女则满头首饰，俨若灯坠，但都春风满面，状极愉快。有时同地休憩，我故意问他们何往，男子答语含糊，女只微笑。我问他们是否新夫妇回门，男子答是，女则掩口而笑，意似含羞，村姑本色极为自然，毫无都市妇女娇揉态。我们愈行愈北，愈行愈冷。手脚为之麻木，我亦不愿乘马，步行七十里，至午后四时，始到大调墟宿营。

十九日，雨止仍阴。六时起床，用膳后，七时半继向始兴前进。寒风凛冽，官兵甚苦。每到休息，官兵均拾取干枝烧火取暖，有时我亦行近同烧。午后三时半抵始兴城，县政府已派员料理宿营地。晚膳后，县长黄某带同地方团绅来见。略询当地情形，并勉努力维持地方治安，坐谈约一时才辞去。我以行军稍倦，八时许便就寝。午夜，梦中忽闻枪声出自隔邻新兵驻所，我即问卫兵何事。而新兵官长已前来报告，谓："有北江兵两名挟枪潜逃，即率队追截，而逃兵竟向我追兵开枪拒捕，不得已将其击毙。枪已得回……"我即诫他严为防备。后查该逃兵两名乃北江土匪，因地方上严剿缉捕，无路可逃，遂潜入我新兵招募处补名，怙恶不悛，此等不良分子实死有余辜。

二十日，又复寒风细雨，六时用膳后，冒雨向雄南前进。是日行程虽有百一十里，而道路平坦，下午五时已抵达。县长龙某开大规模的欢迎会。初以为该县长颇具能力，旋查得他不过是一个粉饰之徒，且极贪污。

他恐怕我以其劣迹报告省方当局，故出此下策，冀掩其真面目。但事实是事实，坏不能说好，他欢迎尽管欢迎，后来我仍将调查所得关于他之污点报诸省当局，终于将其撤换，颇快人心。是晚，韶州的挑夫要求回去，我即令该县长募集挑夫代替，准备翌晨出发。

二十一日，依然寒风细雨，天气阴冷。本决七时出发，惟县长代募雇的挑夫仍不见一人到来，而韶州来的挑夫，为维持诺言，断不能不顾信用强其再挑，只得稍候。不久，该县长到来，谓雇夫困难，未能如命办到。我则不客气，大加申斥，责其回去赶速募集。当时已是十时，不得已下令休息一天，派员调查雇夫困难情形。后调查所得，因县府不将我们规定之夫价向民众公布，使民众怀疑，不敢应募。我知此情形，即令该县长将我所交之五百名挑夫之工钱，分给各地方团绅，负责交应募之挑夫。照办之后，不及数小时，应募者争先恐后，五百名挑夫已全募集带到。我为挑夫方便起见，即令其归去，约定翌晨六时前到来，各挑夫甚为乐意。后来，我查得县府代雇挑夫均有克扣，是以民众不愿应募。地方官如是贪劣，怎能使民众信仰！

二十二日五时起床，见天气稍霁，但仍细雨蒙蒙。早餐后已六时半，各挑夫依时到来，即向大庾前进。行约三十里抵珠玑巷，我们先祖均由此南迁。再行二十余里为中讯，往大庾已半途了。是日因休息一天，且挑夫亦属新雇，军行极快，不久抵梅岭，我即令官兵休息，鉴赏名胜。全山雄伟，控制大庾，蔓延横亘，仅梅岭通道，形势天险，如在古代，真是一将当关万夫莫开。当时雪满山谷，一望如银，惜梅花未放，有色无香，不无遗憾。瞻眺良久，始过梅岭关。过关后，即顺大道下斜坡，再行二十余里，便是大庾了。我到城郊，由兴国派来护接的区旅邓团，已由邓团长志才率领站候路旁迎接。我久别队伍，复睹我久经训练的官兵在冰天雪地站立，精神奕奕，非常欢慰。我入城后，即到邓团长预为布置的宿营住宿。是晚，马旅的中校团副陈某请我食便饭。陈某知我，准备甚简单，但他不来同食，我独食无味，邀邓团长同食，而邓团长却拘谨客气，毫无意味。饭后，即以最热水洗身。是日行军一百一十里，颇觉疲倦，面示翌日行军时间、地点后，即就寝。大庾受红军骚扰数次，有产者多逃亡，生意固凋零，市民也逃亡过半。

二十三日，虽属风雨，仍照常于七时出发，多了邓团，行列甚壮。沿途见来往人民，体格甚强，途中乞钱、乞饭者甚少。后查该处（大庾附近）有锡、铁、钨等矿，人民多为矿工，且耕地甚广，足可自给，是以甚少失业。人民因亦良纯，畏官如虎，尤怕县长大老爷。惟当地均属自耕农，无大富大贫之悬殊，现象较好。午后二时抵南康城，宿于县政府。该县县长官僚习气甚深，其态度令人憎厌。他以官僚式宴我，我则拒绝。午夜，略闻枪声，据报有红军数百故意骚扰。我们久经战场，枪声犹如家常便饭，司空见惯。邓团同行，虽有枪声亦置之不理，至天明枪声平息。

二十四日，依然阴雨，无减寒冻。六时起床，身体似感不适，但亦继续出发，向赣州前进。军行无阻，下午三时已抵达赣州。第三军旅长马某率各团体候迎于道。我总部驻该城，参谋长郭思演亦出相见，隔别多时，相见甚欢。是晚马旅请食饭，友军之诚意难却，欢然赴席。军行多日，决休息一天，是晚宿中山公园图书馆。郭参谋长来谈，他欲带我往外游玩，但我怕寒冷，不欲外出，只得作罢。参谋长回去后，我回想民国十一年首次北伐，驻军于此，我粤军第四团阵亡将士墓亦建于此，忆及前情，辗转不能入寐。决于翌日亲往致祭。

二十五日，以当日休息，七时半始起床。起来见天气稍晴，即着副官唐漳购备花圈祭品，并令邓团长率全团官兵于上午十时，到粤军第四团阵亡将士墓致祭。我依时到祭，向阵亡将士致敬后，即将当年北伐经过历史报告，各官兵甚为感动。烈士坟墓十年来无人拜扫，牛马践踏，极为荒芜，为革命而牺牲的健儿，白骨孤坟，竟无人理，殊堪痛伤！祭毕，我回总部休息，与郭参谋长思演商谈，我私人出款数千元，请郭参谋长计划，估价雇工，将该墓建成小规模坟场，以慰忠魂。郭参谋长欣然允诺。午后赣州各界开欢迎大会，我往参加。我演说时略述当年首次驻兵赣州情景，勉励军民切实合作，扫除一切革命障碍。赣州文化较赣南各城为高，人民尤为纯洁，当日男女学生在大会久站三小时，毫无倦容。大会散后，我即返图书馆休息。下午六时，赴郭参谋长晚宴，酒前饭后颇感快意，至十时始尽欢而散。我归后即定出发时间，令邓团准备翌晨出发。

二十六日，率邓团向兴国前进，天仍微雨。八时渡江，继续进发，沿途村庄空无人烟，满目荒凉，极为悲惨。国家政治不良，致使政治斗争害及善良，良深慨叹。下午四时抵达江口，即宿营。忆民国十二年（1923年）时，我军曾经此地，当日繁荣现在已成过去，全墟商店三四百间都关闭无人，满是颓垣败瓦，触目凄凉，叹今非昔比。晚餐后，红日已西下，即以电话令邓团准备明晨七时出发。夜寒难耐，静寂惨淡，只有与行军床亲密。

二十七日，天已放晴，惟严霜遍地。起床时手足麻痛，早餐后，邓团长已率队在前进大道集候，我即在前卫营后行进。军行约十里，闻纷炮声甚多，似是在欢迎我军，其实是各地赤卫队的警号。当时我观察所得，似是当国军在相当距离时，则数号炮一声；国军再接近，则连放数炮。号炮响后，附近村民都一齐躲避，一若现在寇机来袭时所发警报一样。当时，我料度此乃清野之法，颇叹其组织之严密。用此法，使全体民众奔避，使深入之敌如入荒山，无可施展。当时我们继续前进，约行二十里，红军在两旁高山放枪，即由前卫予以驱逐。我观无大队敌人，仍继续前进，但沿途险要道路，均已被赤卫队破坏，行军颇感困难，行进迟缓。我沈副师长知我是日可到，派刘旅黄茂权团出兴国三十里掩护迎接。午后三时，我始抵兴国城，戴代师长、沈副师长率各官佐及各地方团体在西门外迎接。我久别队伍，当时相见，甚为快慰。

二十八日，天气又复寒冷。早餐后，与沈副师长、李参谋长、陈参谋处长往六十一师师部晤戴师长，旋往城郊侦察城郭阵地。当时红军每日在黄昏后时向我军骚扰，殊为讨厌。我们除在兴国附近三十里内以两师平均分配构筑工事、巩固防务外，我决心先肃清赣兴通路及附城五十里内的红军势力，并令各乡村公正或有为的青年办理地方保甲，限一个月完成。

自规划整顿兴国之后，进行颇顺利，不及一月，有显著进步。附近红军被次第彻底肃清。其赤卫队兼苏维埃地方主席亦率赤卫队百余投诚，城厢治安告一段落。残余红军则退据龙岗头、莲塘、城岗、方太、崇贤、高兴等处，我则每日派队分途截击，由近及远。到兴国月余，每日均做此种"游剿"工作。

一月底，蒋总指挥来电，谓渠旬内可到前方。我接电甚喜，三月四日，蒋总指挥可抵部，我即率两师官兵约万人出城二十里迎接，彼此相见甚欢。时总部仍在赣州，总指挥则驻六十一师师部。他到部后，即召集两师少校以上官长开军事会议。不久，我军奉命进出阵地，先占领龙岗头、方太、崇贤以东之线，我军即遵命进占。第一步计划得手后，则剿抚兼施，令各部构筑工事，我隔日则巡视，各官兵颇为努力。时各民众大部回归，惟时局又不定，不久，我军又须离兴国了。

我中央大军第一次向红军"进剿"，"进剿"的主力部队为张辉瓒、公秉藩等师，我军奉命协助。我军仅行一日，接各方通报，我友军在龙岗富田附近被红军击败，张师长被俘去。时我军以相距有三四天路程，无可援救，且红军素来避实击虚，虽再前进，亦无能挽当时颓势。张师既覆灭，我军亦奉命停止前进，回驻兴国，余则屯驻城岗、方太等处，候第二次大举"进剿"。

当时，我国在表面上已是统一，许多人都认为若将共产党扑灭，真正统一是可能。怎知共产党未灭，而国民党的内讧又起。我们回驻兴国不久，接京中及各方来电，谓蒋、胡发生政见冲突，胡已为中枢软禁于汤山，有请我及蒋总指挥去电中央援救者。但我两人远处赤区，究不知弄何把戏，置之不理，暂亦不表示态度。念自民国九年（1920年）以来为革命而奋斗，所率领的官兵辗转战场，经百数十次征战，不知牺牲了多少头颅，才有今日局面。民国十五（1926年）年北伐，革命势力已膨胀至长江、黄河流域，又因意气权利而分裂，在青天白日旗帜下互相残杀，延长统一时间。阎、冯解决之后，局面渐入统一途径，而领导者又发生争执，使统一之局又告分裂。

当我们在愤闷之时，接粤方来电，谓自胡案发生后，京中及各地方当局亦有反对此种处置，孙哲生、古应芬先生等相继南下赴粤，陈济棠响应孙、古等通电反对中央。陈铭枢时任粤主席，以环境不同，贲夜走香港。宁粤对峙之局已成，国民党之分裂遂不可挽。粤陈本奉命围攻广西，那时却与广西合作，联而拒宁。国事如是，我军之处境，因亦日益困难。时粤既驱逐陈铭枢，复围缴省保安队枪械，一面却派香翰屏为代表，欲与我军联络，此种矛盾举动，诚难使我军同情。香君与我在私人友谊上，确甚密切，但我不能因私而有所偏袒。当香君将抵赣州，我即往接，抵赣州后，即与香同赴兴国晤蒋总指挥。在赣启程后，与香纵谈国事，只有感慨。我察香君个人，亦深知义理，惟环境所逼，亦无可如何耳。及抵兴国，即同往晤蒋总指挥，公开谈判，商讨两日，均无结果。当时我虽不知蒋、戴心里如何决定，但我始终表示反对内争，投粤更属不能，香君不得要领，知无可联络，旋归去。当时大局如是，我们均心灰意冷，对于"剿赤"任务，亦只得放弃。我与蒋总指挥即决心回师赣州，静观时局之演变。治理数月方告别安定的兴国，亦只有忍心别去。当时兴国民众闻本军将开动，市井绅商即发生动摇，随军逃亡者极多，悲声载道，惨不忍闻。我军亦无可奈何，那只好怨所谓党国要人、党派领袖之争权者，不恤民众。当时，我颇感不应以个人私见之争，使兵戎相见，任政见如何，未见其利已先见其害矣。

我军既抵赣州，粤方复派代表来做说客，同时陈铭枢先生由东洋来电，谓即日返国。我们接此电报，蒋总指挥即召集各将领开会讨论时局，结果决定我军行动待陈回到赣州听陈决定。不两日，陈已乘民航机到赣。陈稍休息，即召集各官长谈话。他说宁粤纠纷，中央决由政治途径解决，本军仍以"剿赤"为要务。各官长均无异议，旋奉命开赴吉安集中。陈、蒋先行，我则率队于四月三十日由赣州出发，经万安、泰和向吉安前进。五月四日抵达吉安，中央派陈铭枢为右集团军"剿赤"总司令，我军同时扩充一师，以区寿年为七十八师师长，黄固、翁照垣为该师一五五旅、一五六旅旅长，六十师邓团长志才升旅长。当时我感觉环境不良，即乘暇往南昌一行，拟一谒蒋总司令。但当我到南昌时，蒋总司令已返京，我颇失望，在南昌住了两天，与范志陆见面后，心仍不安，即决赴我所素爱的庐山一行。

五月八日，我乘南浔车赴九江，抵埠时已黄昏，即寄寓某大旅社。晚饭后，独坐无聊，即往河堤散步。那时正值盛暑，酷热异常，行坐不安，九时许复归旅社。即欲就寝，溻卧床上，见蚊帐内臭虫爬行，连续往来，有如蛇形，即起欲卧方桌上。但看见地板、墙壁无处不是臭虫，不禁毛骨悚然，不敢再睡。欲再出街捱过此五六个钟头可怕的时间，而街上已阒无人迹，只得坐在椅上频烧香烟。捱至翌晨四时，即呼侍役取水洗脸、结账，叫一野鸡车直开莲花山。抵山麓，食了一碗稀粥，转乘三人轿上牯岭，暂寓九十四号。休息两天，则往太乙村看看我用去二千元建造的小屋。回来时，蒋总指挥光鼐也到来。他刚住了一天，患冷热病，随即乘机赴沪医治。我见他病势颇重，隔一天亦乘民航机赴沪，探其病状。抵沪时，蒋总指挥已入同济医院了，我即与邓瑞人前往慰问。据医生云，蒋是患肠炎，病势极险，那时蒋先生不愿多说话，状极痛苦，我们惟请医生妥为料理，便带着沉郁的忧愁，离开医院返沧州旅店。过了两天，蒋总司令及陈铭枢先生来电，催促我即回前方。来电急切，不得已辞别上海各友，即乘民航机回九江，不事停留，即搭南浔车赴南昌。到南昌时已入黑了，即往某大旅社与范志陆同住。翌晨，由南昌行营派飞机送我到吉安。时我军除留七十八师区寿年部在吉安外，其余六十师、六十一师及归我军指挥之韩德勤师，均已渡赣江向富田前进了，我即往谒陈总司令铭枢。

我自奉委为第十九军军长后，并未就职。那时，蒋总指挥病留沪上，不能回部服务，指挥无人，经蒋总司令及陈铭枢先生屡责，我为一时从权，不得已在吉安防次就军长职。复奉派为"剿赤军"第一军军团长。奉派后，即依"剿赤"计划进行，在吉安驻两天，即向陈总司令告别，向富田前进。

五月二十六日，天气晴朗。早膳完毕后，即率总部参谋处长赵一肩及特务队官兵二百余人，渡赣江向富田前进。是日行军顺利，无红军骚扰，惟天气炎热，仅行六十里，各官兵已颇疲劳，即下令在某村宿营休息。时沈光汉奉命代理六十师师长，而六十一师师长毛维寿因病请假，暂由副师长张炎代理。沈、张来部谒见，商谈"剿赤"，我面授以机宜，并令其明日须占领富田。至九时，沈、张辞去，部署已妥，我亦休息。

二十七日晴，令沈师长为前卫，拂晓已向富田搜索前进，总部及六十一师则继后跟进。正午，接沈师长报告："前卫团已于十一时占领富田，红军约千余人，略有抵抗，现已退往九寸岭东固方面。"我接报告后，即令沈师除严密搜索外，并须构筑富田附近工事，总部及六十一师即进至距富田二十里地宿营。富田经红军占据年余，民众逃避一空。我军虽克复富田，但地方情形不熟悉，且红军时来骚扰，粮食极成问题。我遂决心先把富田至吉安一带之红军肃清，俾得运输自如后，再行前进。办理十余天，已逼红军他窜，后方接济顺利，即令沈、张、韩各师先以水南、龙岗之行进路为目的前进，每日行军二十里，沿途储备半月粮食，然后向红军主力攻击前进。为时一周，各部已照命令备足半月粮食，即令韩德勤部从左翼向藤田前进，我则亲率六十、六十一两师由原地向水南前进。各部占领目的地后，接南昌来电："我左翼已克复广昌，红军主力确在宁都附近，现寻我弱点伺隙袭击，着该军小心，务必稳扎稳打。"我接此消息，即在水南召团长以上会议，结果决定：（一）各部储备之半月粮食集中水南。（二）实行稳扎稳打。（三）韩师全部及六十师邓旅，归韩师长指挥，向龙岗墟前进，其余六十师（缺邓旅）及六十一师为预备队，随韩师长跟进。（四）各官兵夫自背粮秣三天。会议后，即照各决议案下达进剿命令。

六月七日，我军开始运动，韩师并率邓旅先出发半天，向龙岗"搜剿"前进，预备队随后跟进。是晚，接韩师长报告："沿途行军，仅有少数红军抵抗，无甚敌情。"同时，接朱总指挥绍良通报："探确报，红军主力已至广昌附近，一部至闽边，企图未明。"我仍依原计划行动。

八日拂晓，继续前进。午后一时，接韩师长来电报告："我军已于正午确实占领龙岗墟。"我即复电嘉奖，并令其迅速构筑阵地，邓旅归还沈师建制。旋据报，敌主力扑攻刘和鼎师得手后，复向西窜，其先头队已抵老营盘。我拟以主力向其攻击，以期一鼓歼灭之，遂请行营派队接龙岗防务。蒋总司令复电："龙岗防务由第五师周浑元部接替，韩师归还该军团建制。"周师接防后，韩师为本军团总预备队，我即令沈、张两师先攻占东固，如得手再定计划。

十三日，向东固攻击前进，以六十师为左纵队，六十一师为右纵队，我率韩师居中。我军抵东固附近，红军及共产党地方武装约二三千人据险顽抗，我令各部奋力攻击，三日始将其攻破，红军向泰和南岸撤退。我军虽攻破东固，惟所带之半月粮食已尽，后方又无切实接济，即有亦不过一二天之粮，终非进军之计，且有绝粮之虞，当时无善法，即令各部入山搜索粮食。幸天不绝我，不久，各部报告，在深山搜得红军所储谷米油盐甚多，足可支持半月，闻报大喜。时据报，红军大部已退至泰和南岸等处，我决心与敌主力接触，拟即斜出崇贤截击，欲一网将其打尽。为稳扎稳打计，即令各师先占领良好阵地，然后以品字形成犄角之势前进。但沿途崇山峻岭，军行甚缓，由东固至崇贤仅六七十里，竟行两天始到达目的地。那时，红军时以小部扰我，冀惑我军耳目，但我用兵素具决心，任红军诡计百出，亦不能动摇我决心，改变我军行动。我军到达崇贤，即派强有力之一部向老营盘邀击，但红军以一部掩护，其主力已过老营盘，大部抵达高兴墟。我军即蹑尾"追剿"，惟部队过大，运动上颇感困难，追至龙岗头附近，已失敌踪。那时地方群众在共党势力范围下，或逃亡，或随红军行动，欲雇挑夫固不可能，即寻向导带路亦无一人，至于侦探更一无所得，变成盲目。"剿赤"数月，战备行军均如此，亦云惨苦矣。

我军既被红军免脱，又无确实探报消息，惟盲目前进。二十七日，即遵敌行进路"追剿"，以六十师抄出城岗墟，我则率六十一师及韩师经兴国附近，向欧阳村、龙岗头"追剿"。二十八日抵达欧阳村，闻东边莲塘附近枪声甚密，当时我判断必是敌与我友军接触。入夜接前方警戒部队报告："莲塘方面，我友军四十七师及郝梦麟部被红军缴械，有徒手散兵数千人频频向我军方面退来。"我即令散军绕道返兴国。我军往援已无效，即传散军问战事经过。据说："晨七时，与红军在莲塘等处接触，激战至午，遂被缴械。"我又问友军部队若干？则说有两师约万人。拥万余人兵力，本不甚弱，但北方部队不惯爬山，不适合山地战，虽有万余人，终为飘忽强悍的红军所算。我既知敌踪，且友军之溃败实亦影响士气甚大，为迅达任务起见，仍向敌"追剿"。

二十九日，向城岗前进，当时我料沈师清晨必已占领城岗阵地。午后我抵达城岗，沈师长报告："我抵达该处时，仍有红军掩护队一小部与我军抵抗，支持约一小时，黄昏便向良村方面溃窜。我以黑夜道途不熟，未便穷追。"旋接前方威力侦察之我军回报："昨与我友军在莲塘激战之红军，大部仍在良村附近，有向我反攻之势。"我得此报告，即带赵处长一肩及各师长往城岗附近一带侦察阵地，令各部严密布防。到二更时候，红军竟向我各阵地袭击，但我早有戒备，红军虽悍，终被我击退。

三十日早六时，红军退二十里，我即令各部分途出击。以韩师附张励旅为左翼，我率沈师及张炎旅为右翼，左右切实联络，由原地向良村齐头并进。当各前卫抵达距良村三十里之一带高地，红军据优势阵地与我军拒战，苦战至午后二时，始将红军击退，夺获枪械甚多，俘数百人。据俘虏供称："该批红军系由广西经湖南来之红军李明瑞部，约三千人，合红军一部二千余人，而大部红军则已向宁都方面退去……"此新投赤之李明瑞部均两广人，闻我军各部讲两广话，携械来投诚者约二三百人。红军既退，我即令各部蹑尾"追剿"。抵达良村，天将黄昏，即令各部迅速占领阵地。当地村庄甚少，舍营匪易，惟有露营。而天复作难，大雨滂沱，官兵衣服尽湿，亦无可奈何。更有甚者，早两天在该处作战双方之尸首，尚未掩埋，在盛暑时候，极易腐坏，臭气熏蒸，官兵两万余人无不作呕。不得已以重奖金令各部卫生队星夜将尸首掩埋，始殄臭气，度过长夜。但当时附近各处尚有小部红军埋伏，明日行军，颇不安心，即以电话令各部翌晨先肃清附近埋伏之小股红军，然后再进。

我军"搜剿"埋伏，由晨至午均闻枪声"卜卜"，有时机关枪声亦大作，当时我不知是何缘故，及询各部官长，始知散敌藏匿山谷或森林，当我军"搜剿"时，散敌即向我军射击，是以间有机枪声。是日，"搜剿"搜得红军缴获我友军之枪二千余支，俘虏数百人，但所搜获枪支，均无枪机。后来审问各俘虏，一俘虏供称："此乃共党计划，将缴获枪械，枪身枪机分藏，搜得一部均无用。我乃看守零件者，如果官长赐我返乡，我可带你们到某山岩取回枪机零件。"听俘虏所供，似非虚语，即令特务队带同该俘虏前往搜取，结果在山岩搜得步枪机二千余个，机关枪及无线电机器、电油等甚多，即将所获物品交俘虏兵挑运。是役所得代价不少，时红军主力已进至黄陂附近，我决心继续"追剿"。

七月一日，我军分两路向南北坑前进，沿途搜索，枪声连绵不绝，由晨至午后三时，行军不及四十里。抵达南坑山麓，后方大行李尚未移动，而天已将晚，我即令各部在原地露营，部署之后，即往高地观察一般情形。见一片崇山峻岭，森林密密，自念倘赤敌晚上来袭，又须麻烦了。侦察完毕，即返营地休息。仅半小时，红军四来骚扰，但我军司空见惯，且有戒备。到了夜间十时之后，枪声更密，我尚未入梦，即以电话询各师长以情况，据答，所有枪声均为红军所为。是晚，我星夜不眠，天将大白，枪声亦稀。早膳完毕，各部照原定"进剿"命令行动。

红日已上三竿，我各部武装同志浩浩荡荡奔向高三千尺之南北坑高地，红军约千余人退入深山。我军既占领良好阵地，即令各部沿山脉严密"搜剿"。江西山岭虽高，但到达山顶即如平地，且必有少数村落。时各部官长报告，我军粮食仅可支持一日。我得此报告，为之失惊，后方接济已属无望，若无办法，必有在陈之叹。不得已仍旧搜索粮食，遂令各部一面占领优势阵地，一面向各深山搜寻粮食。

是日，我全军均在高山休息。正午时候，我方飞机两架飞来盘旋侦察，愈降愈低，我军即以白布铺"丁"字形符号，免其误会，怎知机师不慎审察，竟放下三弹。当时我军官兵仍以为是抛下公事或食盐，皆大欢喜，拍掌大笑。怎知笑犹未完，炸弹已爆炸，"轰轰"连发两响，震耳欲聋，幸落在队伍的一枚没有爆炸，不然，我军不知要死伤多少了。不死于敌人，而死于自己的飞机炸弹，那正有冤无处诉。后查所爆炸两弹仅微伤两人，亦云幸矣。当时，各官兵被想不到的炸弹所震动，多面如土色，各庆幸运。时无线电已架就，即发电南昌行营，转饬飞行员，以后须小心审察，始可轰炸。旋接韩师长电话报告，谓红军主力已向君埠移动，我即令各部准备迎击。午后六时各师长报告，是日各部搜索粮食，成绩极佳，米粮可支持五天，油盐亦不少。天不绝我，心为稍安，即决翌晨向君埠攻击前进。

四日晨，天气晴朗。六时饭毕，即分两路向君埠"搜剿"前进。红军沿途据高地抗拒，均被我军击退。午后五时，我前卫已占领君埠，红军向黄陂方面退去。是日渐获甚多，缴得枪械亦不少。夜半接朱总指挥来电："红军大部已退到黄陂，与我军激战甚烈，我某师现有不支之势。"我接此通报，拟翌晨向敌夹击，怎知我军仅行三十里，而我黄陂友军已被击破，退守广昌。红军行踪飘忽，不知又进至何处。我以未明敌情，即令各部暂在君埠附近整理，并"清剿"附近散敌。

在君埠休息三日，各部粮食又罄，即令各部官兵将稻收割，所得谷米作为军食。驻守十天，粮食已补充完备，惟食盐则已缺三四天。据各官长报告，各官兵因缺食盐，足已酸软，行动似甚困难。我即电吉安总部设法输送，复电即派区师云应霖团押运白盐数千斤约某日可到。我为云团行军安全计，即令韩师派出一团前往掩护，云团到达，食盐无虞，官兵皆喜形于色。

综合各方情报，红军以一部在黄陂、君埠等处为疑兵，牵制我军，大部红军则西进崇贤、高兴等处，我决心与红军主力决战，欲聚而歼之，遂决向敌"追剿"。

七月二十一日，天气酷热，时雨时晴。晨，各部经风坑、龙岗墟前进，到达龙岗，令各部大休息。友军第五师周浑元师长请我到其师部午膳，不期而会见我阔别十年的陆军学校老师姚纯。姚老师在该师任第十旅旅长，相见甚欢。餐罢略事休息，已耽搁两小时了，即告别继续前进。午后值大雨，爬山越岭，泥泞满足，举步艰难，至入夜九时，始到齐龙门等处宿营。

二十二日，继续向东固前进，道路崎岖，均属羊肠隘道，欲分道前进，则须多行两天，且不能联络，在苏区行军，实为最忌，逼得由一路前进。至午后一时，前头师始行通，后续队正开始行进，至午后八时，前中及总部到达目的地，而后卫师仅行十余里，只得令其就地露营。二十三日，俟后卫师前头队抵达东固，联络已上，我前中及总部即向枫边前进。查由东固至枫边，约七十里，但天气酷热，又时雨时晴，行军极为困难，即令后卫师先炊晚饭，然后跟进。午后二时，接到师长张炎来电谓："该师前卫已占领枫边，且已占领阵地，严密警戒，红军地方武装虽沿途骚扰，均被我驱逐。"我接电即率沈师急行军欲早到达，惟天不从人愿，午后倾盆大雨，路途为积水所阻，队伍挤捅，时行时停。当时若红军知我军行动如此困难，在两边高山猛勇向我袭击，不知要弄到如何田地，纵然不会受大损失，秩序的紊乱，确实难免。是晚虽然十一时始到枫边，幸无虚惊，至十二时半，始得食晚饭。

二十四日晨各师长报告，谓昨因大雨，官兵落伍甚多。当时后卫韩师尚未到达，我即令各师在原地休息，并补充粮食。当日接南昌行营来电云："敌主力已窜抵泰和万安南岸之间，企图未明，着注意。"惟我尚未接得确实报告，我军数月追逐奔驰，军行甚苦，总不能打击敌主力，心甚郁闷。当时惟努力探确敌主力行踪，与其决战，免至我追彼窜。是日正午，韩师抵达，即着其征集五天粮食，以备进军。晚饭后，邀各师长一同外出散步，到一樟木森林，树干巍峨，枝叶荣茂，丰草如茵，诚天然公园。我们遂席地而坐，随意闲谈，颇觉畅快。

枫边地方虽横直平坦仅数里，因地亦不少，且四面高地围绕，有如金城，自然风景之美非人工造成所及。村庄密集，均为旧式古老大屋，祖祠庙堂尤为伟大，实兴国精华繁盛之区。而十万分之一军用地图竟无列入，诚使人不解。负责测绘者及地方政府如此疏忽，上级用人如此，令人感慨！我们在森林闲谈，又谈及我军此后种种，当前最要之件，则惟米粮与食盐。当时各师长说，食盐尚可支持十天，惟米粮则只有一天，又无可征集。情形若是，不得不全盘打算，即令各部收共党所标明的公田稻谷没收，以济当前之急。在枫边驻了四天，粮秣已准备妥当。时据我便衣侦探汇报："红军在兴国、高兴西北一带地区麇集，约三四万人。我陈诚军已抵达富田附近。"我为求收夹击之效，即决速向红军合围。

七月二十九日，天气放晴。我军分两路向百丈岭前进，以副师长张炎率全部为右纵队，我率沈师为左纵队，相距二千五百米达，齐头并进。韩师则为预备队及担任后卫跟进。正午抵达百丈岭山脚，红军约二三千人据高地抗拒，与我前卫激战。至午后四时，将红军击退，我遂占领百丈岭各险要。时已黄昏，又值大雨，遂令各部在原地露营。是夜红军复来骚扰，枪声终夜不绝，至天亮红军退去无踪。

三十日，查知各部因昨夜大雨无法弄饭，各官兵多数饿着肚子，即令各部确实早膳，然后前进。上午八时，各部报告饭毕，即依命令向崇贤、方太等处"攻剿"前进。各部前卫团尚未行及十里，已有红军抗拒，但我进彼退，沿途虽有枪声，料想无大敌，午后三时，已占领目的地。是日我军严密"搜剿"两旁深山，搜得红军医院数所，伤病兵数千，男女临时看护百余，我友军被俘去的军医数人，辎重枪械亦不少。

我军不停"追剿"，日夜奔驰，官兵极度劳苦，且食盐不济，各官兵都面带土色。那时各方又无确实情报，遂令各部暂驻休养，即区分任务，令各师构筑强固阵地。屯驻约一星期，各部粮食等项均已补充准备妥当。接南昌行营来电："西南政府竟出兵北上，粤军前头队已抵乐昌，桂军亦抵黄沙河，着本军韩德勤师接防兴国，其余主力即向泰和集中。"我接读来电，心中极为惆怅，回想连年不断的内争，使民不聊生，外侮日逼。以西南兴兵，使"剿赤"之师将前功尽弃，稍有良心的军人与政客，莫不痛心疾首。但吾人既侧身军籍，惟有服从命令。生在乱世之秋，我虽不欲杀人，人岂容我？惟谋国家之早日统一，遂决心遵命移动。

八月十日，晨起即令韩师长德勤率该师向兴国接第九师蒋鼎文部防地，并令沈师准备出发。早饭后，着参谋处长赵一肩通知各部上校以上官员来部开军事会议。正午开会，即将南昌行营来电对各官长公布，各官长对粤方之举动均表示不满，内讧已成，我军为正义而战，虽有内争之嫌，但衅开自彼，亦无可奈何。翌晨，即令张炎率六十一师向高兴东北地区前进，我则率六十师正向高兴墟，以邓志才旅为前卫搜索前进。正午，邓旅抵达目的地，我与卫士队亦同时到达，后续各部距该墟尚远，我即往墟外侦察地形。接邓旅长报告："今晨第九师已由此间向老营盘。现高兴以北地区发现大部红军，刻向我前进，准备迎击……。"同时，我亦发现大部敌人推向我方，我即令传达速催后续各部跑步前进，并令张师（六十一师）设法向高兴靠近。惟当时高兴已被敌人包围，交通线均被截断，传令兵无法达到任务，而敌人已蜂涌而来，愈接愈近，只得即令卫士队散开，向敌迎击。不久，沈师部及刘占雄旅赶到，即令其向当面之敌猛攻，敌势始稍杀。黄昏时，敌复来攻，战斗激烈，时我之无线电站已与各站联络，六十一师张代师长来电报告，谓："第九师今午在老营盘附近为红军邀击，先头旅损失约两团，刻已与该师取得联络。惟红军主力现已向南（高兴墟）移动，职部在激战中。"我接电后，知欲六十一师之来增援，已属无望，只得率沈师（缺邓旅）及区师之云团、谢琼生之补充团共四团，集结于墟内外与敌决战。入夜，红军不断向我作猛烈冲击，双方均用刺刀肉搏不下数十次，杀至天明，战事更为激烈。敌分数路冲来，势极凶猛。上午九时，敌冲近墟边，以为得手，愈冲愈猛。我则在散兵线率部沉着迎击，与敌相持。时邓旅已扫清截我交通之敌，已派廖木云来增援，我即令廖营归我直接使用。战况十分危急，我即令该营两连散开加入作战，而令张展鸢连在散兵线后，嘱其无我命令不得行动。激战至午后三时，敌以其最强悍之部队及彭德怀之军官队，向我猛冲。我军突受此强力压逼，全线略为动摇，六十师沈师长及师部不明前线情况，又不沉着，在此千钧一发之际，竟受溃兵之影响，擅自向兴国方面退去十余里。甚至总部人员及我之随从亦有逃跑，颇为紊乱，无线电亦放出紧急电。当时我见此情景，危殆万分，愤欲自杀以殉，惟念横竖一死，未到敌将我俘虏之时，先死殊不值，即决心与敌再拼一个你死我活。遂率李金波营残部及张展鸢连拼死向涌来之敌抵御。时红军摇红旗呐喊，高呼"士兵不打士兵"，我官兵亦答以"士兵不打士兵"。红军便以为我军士兵缴械投诚,纷向我散兵线快跑,当其跑近相距一米达时,我即下一个快放冲锋的口令,我军残部一鼓作气争先出击,擒红军五六百,进约二十米远,即令暂停,以一部回原线,防备敌之再反冲。红军气势虽盛,但经我此次猛烈冲杀,势略衰,及将黄昏时,敌复作最后之死拼,猛冲数次,均被我击退。七时许,敌方火力已薄弱,我料敌屡冲不逞,必退却无疑,即令刘旅长占雄派团长刘汉忠集结兵力两营,向敌出击。九时,距墟二十米远已无敌踪,枪声亦不闻,我出击队追出约一里许地方严密警戒,一场恶战方告停息。是时不沉着的沈师长及各官兵,亦已陆续归来。我邸令沈师邓旅向高兴墟靠拢,六十一师向邓旅接近,切实联络,并嘱其将高兴情形通告蒋师长鼎文。我既重新部署妥当,敌即再来反攻,更为欢迎。

经此场恶战,我三天内日夜不曾合眼,但精神也不见若何疲倦。部署之后,已夜深三更,即调沈师长来部问话。查其退却系出于误会,姑念其从军多年,追随有日,从轻处罚,斥责之外,并记大过两次,以观后效。斥责沈师长之后,即令发电告捷。盖当日曾发出数次告急电报,行营及吉安总部必甚担忧也。诸事处理完毕,赵处长一肩等均请我睡眠,我遂往行军床稍为休息。稍寐,亦不能入梦,不久天又大白,即起床令各部打扫战场。

十四日上午十时,第九师师长蒋鼎文来晤,并问我军今后之行动如何。我则答以现在伤兵若是多,拟先回兴国,再定行止。蒋师长别后,旋接行营电,令韩师归蒋鼎文指挥,取捷道回泰和候命;令我军即回兴国。接电令后,即令六十一师先派一部回兴国接防,其余各部则在高兴整理,然后出发。时伤兵甚多,又无夫可雇,即令各部派士兵扛抬,为奖励各弟兄之热诚,凡能扛抬伤兵,均照平常夫价发给。输送两天,始将伤兵全运兴国。我抵达兴国两天,当时尚留后方的六十一师师长毛维寿,说病已愈,由吉安乘飞机来兴国,并带命令回来,见面时,我对他训勉一番,仍令其回任六十一师师长。这次高兴之役,诚我军生死存亡之战,当时我个人亦以为十死无一生,幸各官兵努力,奋不顾身作殊死战,得转危为安,转败为胜，我庆得生还，可谓百战余生了。

行营接捷报后，极为嘉奖，除赏给本军国币拾万元，分配各部为酒食之资外，并记我大功一次。

我军在兴国驻扎两星期，整理补充，均已就绪。旋接行营来电，谓入湘边（彬州永州）之粤桂军，受我空军之威逼，于俭日（八月二十八日）开始撤退，我中央大军亦准备完成，不久向粤桂推进；并着本军准备向赣州移动。时红军虽无力与我军主力决战，而骚扰袭击仍有余，我为万全计，先令各部将伤兵移入安全地带之七坊，并令驻赣州马旅长准备船只，到江口接运伤兵及辎重。可叹，兴国又要放弃了。

九月十日，天气晴朗。我军开始向赣州移动，令六十一师派一团为右侧卫，余则正向七坊移动。抵达七坊，先将伤兵护送下船，我军遂在七坊停顿两天，然后推进。为掩护水道使伤兵安全计，即令沈师邓旅沿兴江右岸为掩护。我军因无长夫，且伤兵及辎重甚多，行动上大为不便。九月十八日，始抵江口附近渡河。时距赣城约八十里，翌晨续向赣城推进，是日因道路狭隘，行五十里便宿营。是晚十一时，接军政部来电："昨晚及今晨，日寇竟犯我沈阳等处，此次突然事变，实出意外，中央决以外交途径解决……"我陡读此电，极为愤激，念敌既以武力侵我土地，为何不答以武力，而以外交途径？恐敌占了土地，终难解决，旋着赵处长通知各部，明晨出发时先在本部门前空地集合，听候讲话。

二十七日晨，各部集合完毕，我即率同参谋、副官等人员赴集合场。当我将军政部来电宣布之时，各官兵无不愤激动容。我旋对各官兵训勉，使知国难当头，今后的责任更重大。讲了一个钟头，才面令各部向赣州城行进。正午十二时抵赣城外，即着赵处长区分宿营地，而马旅长已带同地方各界代表来部慰问，寒暄之后，我即将日寇侵我东三省情形略告，各代表均愤形于色。

我军到达赣州后，接各方来电，宁粤之内争，或因沈阳事变可避免，闻各名流纷作调解，此诚国家之幸。当时我军未接行军命令，遂暂驻赣州整理训练。

我军在苏区核心一年，终日奔逐，关于训练与军纪，不无稍为松懈，为抵御外敌，捍卫国土起见，惟有乘时加紧整理训练。即着赵处长草拟训练课目表，令各遵表积极严格训练，特别注重军纪及技术，先限三个星期完成。整顿既具眉目，我以征战将年，无半日离军，精神、身体颇感困乏，遂欲乘暇离繁华城市，择幽静地方休养句日，即着随从副官唐璋往离赣城十余里的通天岩佛寺找一幽静房舍。据回报云：已找着房舍一所，且布置妥当，气候亦极为适宜。

二十五日，天气晴朗，在晨光熹微的时候，一阵阵轻松的秋风向我吹拂，十分爽快。随从护弁等已准备行装，八时即踏上往通天岩佛寺的大路，及抵达岩前空地，佛寺各和尚对我合十唱阿弥陀佛，表示欢迎。我亦还以军礼，和尚前导入预先布置之房舍。随从甫卸行装，而主持和尚已来请食早斋，我欲不往，而诚意难却，遂同往。早斋后，主持导我遍游岩寺风景，游罢回房稍憩。觉秋风渐冷，四壁寂静，颇有寂寞之感，不禁喟叹，惟此处于我无所恨所爱，秋风且励，惟有与我携来的秋被亲近。上床不久便已入寝，直睡至午后四时始醒。当方醒觉时，护弁行近，我即问他："天明否？"他说："就得食晚饭了，请洗脸。"我始知酣睡昏迷，醒来错记时刻。晚饭后，往外散步，回来洗澡之后，本欲九时就寝，奈日间睡眠过多，总不能合眼，思潮更不断涌来，时钟已由十二时而一时，仍不能入寐。遂起而外出小解。月白风清，秋虫悲吟，记唐诗有"举头望明月，低头思故乡"之句，对此凄凉情景，无怪古人之兴叹也。复登床欲眠，依然辗转不能成寐。及闻鸡鸣犬吠，知不久将晓，愁思未已，鸡犬声徒使我憎厌。旋闻晓鸟噪鸣，更为聒耳，我不能再眠，即起坐床内，作和尚之打坐。不半小时，鲜明的太阳已照射我的床前，便即起床洗脸，一夜不寐，总因独自不堪寂寞，此亦人类天性，非我独异也。

洗脸后，即外出散步，呼吸清晨之新鲜空气，一刻回寺，见和尚参拜念经，颇有兴味。主持见我仅穿土布单军衣，便问我冷否，我答以颇冷，他即给我一件最新洁的厚布夹袈裟，我即欢悦接受，并向他道谢，即穿起来暂作和尚。随从等见我穿起袈裟，均现微笑。主持问我食不食斋，我则答以多谢。我属军人，不惯食斋，食了一餐便不可耐，且我的简单厨具已准备妥当，早餐已是荤菜了。上午十时，沈、毛、张各师长均来游玩，闲谈数小时，便又归去。当归去时，他们鬼头鬼脑喃喃细语，似说"如此愁闷，无人代其想方法"之句。是日决不午眠，四时晚饭后，带护弁数人外出游玩，复作跑步运动，冀使身体疲倦夜间易于入寐。游罢归来，洗浴就寝，果然奏效，下床不一刻，已入黑甜乡了。五更醒来，和尚们的木鱼声、吟哦声已不绝于耳，我即起来饮一杯冷茶，旋披起袈裟到佛堂，看和尚们诵经参拜。我不会诵经，站着似无意义，遂亦学和尚们合手参拜；他们是诵经，我却自作打坐，颇有意味。后来天天如此，随从们亦不以为怪了。

二十八日，天气清爽，接陈真如先生来电："国难日亟，全国须一致对外，现中央派枢为代表，日间南下，与粤当局面商团结大计。"我接此电，甚为欢悦，惟驻大庾粤军范德星部仍向我军森严警备，我即将国难及真如先生返粤之情形电彼。并请他准备来赣州接防，他复电极客气。此后，双方常通消息，不致有若何误会。

二十九日晴，离部数日，恐部内人员怠忽，早饭后，即带护弁数人回赣州一看。巡视之后，复着参谋处通知各部，定后三日检阅，行分列式，并作野外大规模演习。午后返通天岩，再过三日，又须搬回赣州了。

三十日，天气晴和，晨早即往外散步，见村里的男男女女已在田间忙着工作。想此情景，使我又想起我二十年前的生活，不免感叹。九时回寺，早膳后，总部送来陈真如由粤来电："枢抵粤，与各人接洽，结果良好，日间返京复命，但兄的责任重大，枢抵京再告。"复接粤方传来消息，有调本军卫戍京沪之说，是否属实，还须待下文分解。

我在通天岩又住两天，可是无事可办，颇感无聊，即执笔书数十言聊赠给主持作纪念，并给大洋二百元作招待费。主持恭谨接受我这不通顺的字，而于所赠之款则拒不愿受，后多方强其收取，始尤接受。是晚检拾行李准备翌晨回城，计刚有十天因缘的通天岩便又须离开了。

十月四日，天气晴朗，六时起床，七时离寺。主持及大小和尚数十人在寺前路旁合十站立欢送，我亦答之以礼，彼此欢笑而别。主持赠我佛书一本，后来翻阅，感文理深奥难解，又无佛学老师解释，阅看不得要领，终使我与佛无缘。及抵总部，已将九时，即食早餐。沈师长来部报告，准是日下午四时请检阅该师部队。沈去后，我即上办公厅批阅重要公文。午后一时，午眠约三十分钟，毛维寿、张炎来谒，即起与谈，询他们十余天的整理成绩、精神如何，他们则作有秩序的报告。我嘱咐准备明晨检阅该师，毛、张旋辞去。午后三时，提前食晚饭，饭罢，即着赵处长一肩率同总部人员到南较场。我依时到场，当我行抵操场附近，沈师长光汉乘马跑来向我报告。报告完结，照阅兵规定引导，我即带同全军官长向列兵检阅，旋赴阅兵台稍憩。开始举行分列式，经一小时，分列式动作完毕，即令全师集合，向其训话。我重复将东三省失陷情形报告，复指出东三省之失陷，乃带兵官之失责。各官兵听我激励之报告，无不义愤填膺。是日检阅六十师的总批评，以刘占雄之黄茂权团，邓志才之梁佐勋团为最精神。至午后七时半，始阅罢回部。是日以站立过久，身体略感疲倦，洗澡后即就寝。

五日阴，六时半起床，洗脸后，进白粥一碗，食完，即偕赵处长往南较场检阅六十一师。八时抵达，一切动作与检阅六十师同，以郑为揖及朱炎晖两团为最活泼，余各部精神亦佳。检阅完毕，乘时对全师训话，亦无甚毛病批评，十一时始回部休息。午后二时，即令上校以上官长来部，面授以翌日两师野外演习事宜。着沈师晚膳后全部开往城南二十里之黄八岭宿营，以便翌日之攻守演习。我晚饭后赴马旅长处坐谈，并邀其翌日同往参观演习。谈了两个钟头，始回部就寝。

六日，六时起床，天气甚佳。是日六十师、六十一师野外演习课目为师对抗。六十师为攻，以赣州为目的，六十一师则取攻势防御，假设吸引来犯赣州之敌主力在城南十五里之地区而歼灭之之策。遂以一部附炮兵一连在某处险要据守，晨即构筑工事完成，主力则控置于右后方待机出击，图扑灭来攻之敌以达成攻势防御之任务。六十师则假设敌我兵力相等，敌在赣州城南十五里之高地布防，我以攻略赣州为目的，晨即以强有力之一部附山炮一连，向敌弱点阵地猛攻，得手后，则以主力向敌右翼抄击，图攻破敌主力后不使敌有整理机会，跟踪猛追至赣城而扑灭净尽。双方布置完备，九时开始战斗，我亦同时到双方交战处之观测所瞭望。十时，双方开始激烈战斗，十一时，六十一师主力已展开，拟向敌出击。但六十师之攻势极凶猛，致使无出击机会，竟被攻破数据点。六十师即乘机以主力向右翼抄击，六十一师为保存主力图反攻，即先以一部后退赣城布防，始全线退却。六十师发觉其敌动摇退却，即开始追击，追至赣城附近，其敌六十一师已布防完成亦图反攻。演习至下午一时，双方均停止于城外附近。我即集合两师，将我所见演习情形对其讲评。是日演习精神，尚属不错，但六十师攻破敌人据点之后，追击动作迟缓，且无秩序，致使对方有充裕时间退守城垣布防，能顽强抵抗，且可反攻，实失追击要领。六十一师演习课目，本系攻势防御，据点之一部为敌人冲破过早。主力使用不合机宜，致使不能达成反攻任务，幸能知先以一部退城郊布防，力图反攻，使敌不能前进占领赣城，施用战术所谓逆袭敌人，颇为适宜。讲话完毕，已午后四时，即令各部收队。我见官兵数月来"剿赤"奋勇，现整训亦勤慎，心中甚慰，即令犒赏每师酒肉费二千元，总部直属三百元，并放假一天。官兵十分高兴。

七日天气阴，下午微雨。是日我在部休息无所事事。晚九时，接陈真如先生电，谓赴粤已返京，中央将发表他为京沪卫戍司令长官，我军则调京沪卫戍。但未接总司令蒋命令，虽有消息，亦只有准备一切而已。

八日，天气乍晴乍雨，接南京总司令蒋电令，着我军准备调京沪，除留一师待粤军接防，马旅归还建制外，其余则调吉安候命。接此命令，惟遵照移动，我军又离赣南了。

九日阴，起床后，即用电话通知各师长及马旅长来部面授机宜。决以马旅先行，六十一师次之，沈师则待粤军接防，然后出发。我军自南下入赣，时间几一年。在一年当中，除在赣休息十余天得安静外，其余时间，无时无日不在枪林弹雨中生活。此种自相残杀的内争，又当外寇入境的时候，至今追思，尚有余痛。我们堂堂一个大中华民国弄到如此地步，负责当局不知何以自解，我们国民又何以自拔！是晚即下命令，着各部准备一切。

十日天气甚佳，惟秋风渐凉，最合行军，是日，全军在部休息，并准备行装，我即电粤后方，转知吾妻携昌、辉两儿来南京一晤。膳后出外散步，行经曾经我整理之前粤军第四团阵亡将士墓，便在坟前行敬礼。当时自念此次敬礼之后，又不知何时始有相逢之日了。回部稍憩，因翌晨出发，遂提早就寝。

十一日，马旅先行，总部在中，六十一师殿后，大行李及伤兵则用民船输送，是晚抵达万安附近宿营。初复行军，秩序似稍紊乱，官兵落伍亦不少，想是天气炎热之故。到晚，副官长梁维纲报告，谓当日我伤兵船经赣江时，东岸共产党地方武装向我伤兵船射击，被击毙士兵数名。我闻报甚愤，亦无可奈何。翌晨，仍照行军前令续向吉安前进。抵达泰和休息一天，复继续进发。军行五天，始抵吉安城。七十八师翁旅在吉城南一带驻防，知我军回师，旅长翁照垣率全旅在马路附近站队迎接，区师长亦率其师部人员在城外候接。在吉安住了两天，接赣州沈师长来电，谓粤军尚未接防赣城，电文似甚焦急。又接总部来电，着本军先调一师回南京拱卫，余无下文。我接电后，心颇抑郁，盖未知将本军如何分割也。即去电请陈司令长官铭枢答复，复电仍无具体办法。本军各将领即请我往京请示，竟是如何。那时，粤当局似仍是向南京讲价还价，京中元老见国难临头，亦诸多迁就，经过多方责难，粤方始稍有合作表示。

二十日，天气晴和，起床后即带同随从坐电轮往南昌。八时开行，驶至峡江附近，南岸共产党地方武装向我火轮射击，我即令大副开足马力速驶，一会儿便冲过危险地带，船中人员均无伤损，亦云幸矣。

二十一日，天气甚好。八时经樟树镇，下午二时，已抵南昌城，寓某旅社暂与范志陆同住。抵旅舍休息片刻，即赴行营谒杨秘书长及贺参谋主任，谈了三十分钟，始告别回旅舍。是晚，范志陆主任请晚饭，但我返京之心甚急，即电九江民航站留飞机位，准备翌晨乘南浔车往浔，未十时即眠。

二十二日，晨起见鄱阳湖均为云雾笼罩，我带同随从数人乘车至九江。车刚抵达，而由汉口飞来的民航机已到，天空为轧轧的机声所冲破，机亦渐渐下降江边。我下车后，即嘱唐副官带卫士回南昌等候总部，我恐时间赶不上，即跑步雇黄包车，促其快跑赶到堤边水机场，仅有四分钟时间，飞机便要起飞，可谓幸运了。

我登机坐下，机即向江中驶去，瞬间，已离水面翱翔于空中，旋向东飞，那时云雾已散，机沿北岸，飞行甚低，我时下望地面，农夫牲畜均可辨，左右两旁高山连绵，江水蜿蜒有若长蛇。世界上有名的长江，在我国不加治理，遂使年年泛滥为灾，诚属可惜。那时已届初冬，仍见不少村庄浸在泛滥的江水中，灾情之惨重，便可概见，负治河之责者，见此不知作何感想了。飞行约一小时，已抵安庆省城，便降下，稍停又继续飞行，经芜湖不降，继航一小时，伟大雄壮之紫金山，已巍峨耸然在目了。旋降下关水机场，时已午后一时了。我下机，吾妻及朝锴弟手拉绍昌、绍辉两儿在岸上站迎，隔别一年，相见甚欢。登岸后，即同乘车赴城内某大饭店暂寓。我以连日舟车劳顿，略感疲倦，抵旅舍稍坐，便稍眠休息。是晚，总司令在励志社训话及邀晚餐，陈真如先生亦在座。我乘便向总司令请示本军之行动。总司令对我慰勉之后，并面令本军陆续向南京输送，由总部补发命令。是晚十时始回旅社，妻儿仍在房守候，吾妻见我精神太疲，促我早眠。

二十三日晨早翳雾，我八时始起床，早餐后，接总司令命令，着本军调京沪，同时沈师长亦来电云：粤军已允接防赣州。我即电吉安总指挥部，令各部即开京沪。毛师先行，余按总指挥部、七十八师、六十师次第输送，并指定六十一师以一旅接防龙潭、栖霞山、镇江一带，余一旅则驻兵房训练，总指挥部驻两广宾馆，六十师驻苏、常一带，七十八师则驻淞、沪、南翔等处。电令拍发之后，自念十年来征战之苦，从此可稍为休养整训，心似稍慰。午膳后，与妻弟及两儿乘车往汤山等处游玩，至黄昏始归。是晚，陈真如先生请食晚餐。谈起宁粤问题，他说，粤方要求以我军拱卫京沪及蒋总司令下野。当时我认粤方未免过于苛求。对于总司令下野之事，我曾对真如先生说："下野之事我认为不可，万不能允粤方之要求。若然，结果又是分裂。"陈先生见我如此表示，微笑不答。九时，我辞回旅舍，洗澡即眠。我住京三天，恐应酬纷扰，遂准备赴上海，稍作休养。

二十六日，天气甚佳，我休息数天，精神已复原，起床极早，食完面包，问妻需购用何物，她说无物可购，我们即准备下午三时乘特别快车赴沪。是日我亦无特别事情，只在旅舍谈天，到一时十分，即挈妻弟及两儿往下关搭车。三时十分，火车鸣汽笛后徐徐向东驶，愈行愈速，瞬间已抵栖霞山脚。吾妻询各地名，我则告以某地、某站。沿途风景甚丽，我问妻儿苏州好抑广东好？她无所可否，只说："为何所见沿途中年妇女均缠足，看其工作及行动均不方便。"我说："这是旧陋习，近来青年女子均改良不缠足了。"车行约一小时，已到现在的江苏省府镇江，车站较各站宏伟。我本拟到苏州下车住一宵，一游名胜，吾妻却不赞同。大约她是南方乡妇，根本不知名胜为何，常识不及，是以不感游览兴味。车在镇江稍停复东开，经常州无锡，已近黄昏。沿途见农夫们忙于种麦；均穿着长棉衫、布袜工作，或犁或耙，妻儿见以为奇。抵苏州，天已入黑，惟见电火炎炎，车外景物已不可睹了。在车数小时，有妻弟幼儿等为伴，不甚寂寞。九时抵上海北站，即雇汽车往英租界静安寺路沧洲饭店寄寓。邓瑞人先生招待甚殷。晚饭后，妻儿因坐车疲倦即就寝，我与邓瑞人、沈子良则作外游，至深夜一时始归，而妻儿则早已入黑甜之乡矣。

二十七日晴，我因夜游过久，是日九时始起床。洗脸后，即往探望蒋总指挥。隔别三月，相见甚欢，但他因久病精神尚未复原。他说："这次患病，医生诊治说很危险，几乎不能药救。今能脱险还生，确系够运。"我待他说完，我亦将负责"剿共"经过情形，及高兴之役我军遇难情景向他报告。我亦说："那次不为共党杀死，亦确属够运。"复报告我军已奉命调京沪卫戍，并请其返部领导。他答说："现本军既调返京沪，我在部与否均属一样。"是日，他留我食午饭。晚间陈真如先生请客，我亦被邀作陪。午后四时，我即先往他公寓，诸昌年先生亦在，相见略作寒暄，稍坐似不舒服，觉寒冻，似是生病，或者因为我习惯俭朴，那时还穿着我那不合时的企领秋衣，入到不惯住的高楼大厦，便觉寒冻。即使真病，我亦不管。即着他的工人代我购一件稍薄的羊毛衫，穿起羊毛衣，稍为暖和。七时入席，我复感乍冷乍热，当时拟顶硬上，毕竟病魔纠缠，无法支持，不待完席便告辞先走。回旅寓，吾妻即以热水给我洗身，并施以乡下疗治法，叫我上床用双重棉被密盖，一忽，感身体由微冷转热，全身大汗如淋，汗止而体温已烧至一百零二度了。吾妻及各友见我如此，均以为我的病厉害，其实，我素来不病，病则惟发烧，食中或西的凉药一二次，必能痊愈。但他们见我体温太高，似甚慌张，即请中西名医来诊。医生们却乱说，这个说病甚重，那个说是肠炎，纷纷纭纭。各人手忙脚乱，我却十分镇定。我对他们说："我的病不甚要紧，最多两天便可痊愈，请给我一剂泻盐及清胃的药，其余医生所开的药方，一概不要。"到了三更，热度降低平复了，吾妻又以旧方法用热水刮身为我治疗，不久我便入寐了。

二十八日，晨七时起床，冷热已退，但见头晕，不甚舒服，即往草地散步，觉脚步虚浮，稍休息，仍回卧床上，各友仍嘱请名医诊断。我说："我的病，明后日必可痊愈。"惟恐转成疟疾，即着侍役往购金鸡纳霜丸吞了两粒，料当日或仍有寒热，但相信翌日必会止截。我平日相信生病多由肠胃不消化，一有病必戒口，不食两日，只饮白滚水，或鲜奶、番薯水、粥水，不食其他滞胃的因体，定可自愈。所以我常常敬告朋友们及本军官兵，要注重卫生，勿乱食生冷杂物，身体自然无病。是日午后，复感微冷，约一小时又复发烧，但已无昨日那样辛苦了。昨晚所食的泻盐已生效力，午后大泻，经两小时，寒热亦退，身体稍为舒适。不食两天，觉肚内空虚，甚欲食饭，但寒热方退，勉自抑制，八时即眠。

二十九日晨早起来，觉比昨日好了许多，我即请瑞人兄代叫一乘汽车到汇丰花园游玩，回来觉得肚子实在饿得难过，即叫茶房给我多士牛奶，食完颇为精神，即与吾妻往南京路购些物品。十二时回来，见谭启秀（时启秀为副师长）在床躺着，他已等候两点多钟了。他说："队伍约三天内可有一部抵上海。"他见我仍穿着不合时的衣服，便说我"孤寒"，说我这次的病也因寒不加衣。他的话我也相当承认，在九江到南京均穿一件军衣，乘飞机那天，确略见寒冻，我的病，或者就是那天冷着。我留启秀午餐，饭后启秀出去了，不久，他带着洋服店的店缝师同来，问我做什么样式衣服？我说："我们军人除做企领中山装及军服两种外，反领西装我怕烦打领结，做也没用，就是做了穿起，也不合时宜。人家见我们穿着如此摩登，像一班浪漫追逐异性的青年，必定讪笑，就是你赠送给我，我亦不要。"吾妻见我对谭如此说，即叫缝师量身，做两套杂绒，谭亦不再勉强。量完身，谭回去，我复感微寒，稍睡，亦不觉如何辛苦。晚饭后，与瑞人往南京路与陆文澜谈天，至十二时始回。

三十日天气转寒，八时起床，早餐后往蒋光鼐先生处闲谈。正午回来，接六十一师来电，云该师前头团已抵京。上午偕谭启秀往谒邹海滨先生，我与邹无甚渊源，虽初次见面，谈亦欢洽。闲谈约一小时，所谈均是国难问题。回来时，吾妻说，小儿们要回广州读书，请我购备船票。适翌日大来公司有总统船南下，即定购船位。是晚，邓瑞人请吾妻晚饭，我自然同往，但我仍有约，回来复与友辈外出，逛至深夜始归。

十一月一日阴，妻儿是日午搭船，起床即与共捡拾行李，复与妻儿外出购物，回来时已十时了。午餐后即送其下船，上船不久，船即开行，遂与妻儿告别。回旅舍时，顺到陈铭枢先生处谈天，陈说："中央决开四全大会，南京、广州、汪改组派均开会，各选出委员，然后归并中央。"我说中央只有一个，又何必粤、宁、汪均开代表会，如此看来，是不是他方亦是中央。陈答说："现国势险危至此，中央或许迁就。"谈了半小时即辞出，细想党内如此分歧，党纪如此废弛，使吾人确实心灰意冷。时南京当局已恢复胡汉民、李任潮两先生自由，表面上似较以前为团结，实则依然各谋势力。我思连年为党国奋斗，结果如斯，心中也有弃职之意，第念数万貔貅无衣无食，怎能遽去。蒋光鼐总指挥当时见政局如此，表示消极，我真可谓进退维谷，懊恼无聊，部队又正在输送，我真不知如何度日。赌嘛，却失人格；嫖嘛，又怕梅毒。上海是一最易使人堕落的城市，住沪的一般男女，任你操守如何，住久了也会变坏而堕落。我想有识之士不会否认这句话。我在沪真是走投无路，日中除食饭、大便之外，惟到瑞人公馆谈天说地，有时过着不规则的生活，甚至被一班好友拖去作狎邪之游。

我军到齐京沪驻防，区分完备，四全大会闻亦筹备完妥，定某日开预备会。我是广东省及本军的执行委员，是本届大会代表之一，蒋总指挥光鼐亦然。但他愤各方面对党太随便，虽被选为代表，亦置之不理，不出席。我亦欲不出席，惟陈铭枢先生硬要我出席，使我不得不敷衍，届期遂往南京出席。开会时，陈先生请我预选段某等十余人，我亦照填。我请陈先生转知其各友不可交换选我，其实，我也无资格为中委。开会四天，蒋总司令及冯焕章先生演说，言甚得体。开会完毕，我回本军总部住了两天即返沪。闻粤方同时开会，汪的改组派则在沪大世界开会。同是一党如是分歧，党格何在！后来又规定由第一届至第四届所有被开除党籍的执监委员，除二三人不能原谅外，其余被开除的委员，均为当然委员，至于反对本党的北方军阀，一经投诚，亦是党的执委。党的机构如是糊涂，凡忠实的党员都有此批评。细想由孙总理创造的党，第一届执监委员仅三四十人，那时一增为二百余人，如是滥竽充数，乃地球上所仅见。当时我本不应批评，但事实如此，且我是　个为党奋斗十余年的党员，批评是应有的权利，虽党中要人读此会说我荒唐，那亦只得由他说了。

中央四届会议及粤、汪各自会议开完之后，国府改组，蒋总司令履行条件诺言，即下野。未产生政府以前，以林森代主席，陈铭枢代行政院兼卫戍司令长官。后中央政治会议改组国府，林森为主席，孙科为行政院院长，各部略有变更。胡先生以养病为词，南下住港，虽多方敦劝其入京主持，彼亦不愿入京，或者他有他的苦衷，我系局外人，亦不知其底蕴。汪派见国府改组不得意，也在沪借词攻讦南京政府。观察当时情形，名为合作，实则争权夺利。现在所谓合作，依然是貌合神离，所谓党国要人，党国已到今日田地，仍不精诚团结起来救国，又何以服众！即使有宿怨，在党国生死存亡之秋，亦应化除私仇，合力为公。

十二月政府改组后，蒋总司令下野返奉化，孙院长组阁。可是十多天尚未能打开僵局。尤以财政一事，毫无办法，甚至本军伙食亦无着落。军需署发下期票二十余万元，均为空头支票，幸当时宋子文先生及粤方接济若干，不然，军无粮则不聚，本军不知如何生存矣。孙院长见无法打开僵局，又有退让之说。

那时国府真是有等于无。只见孙院长与财部长黄国梁仆仆京沪，均是商财政。闻当其在无办法应付时，则往奉化就商于蒋先生，不久汪亦往见蒋，孙遂决意引退让行政院长于汪。时汪精卫确有入京消息，各报均有发表，但以后如何，下文再说。

接粤后方来电，谓吾妻日内可到。唐副官已租定法界爱麦虞路金菊村某号，我即往一看，并嘱唐副官购买些家私应用物品，我遂退房迁往暂寓。那时天气严寒，终日在家烘火。吾妻携幼女绍庐到了。女仅三岁，活泼天真，不独吾妻钟爱，我见了亦极欢怀。但她们到了，家内器具甚缺，即着随从添购，经过一天时间，始稍有秩序。那时我见时局不良，终日抑郁不安，每日上午在家与女孩玩笑，电灯放亮，则心不在焉了。

陆文澜是我好友，他是宋子文先生信用的人，他在南京路大东旅社特别开一间房，我每晚必到。蒋总司令下野已半月，我因种种关系，未能前往慰问，特请范志陆先生带我亲笔函，往奉化请示我军今后之行动。范回来将他见蒋之经过对我说："蒋先生对兄表示甚好，但兵久驻京沪，军纪甚易废弛，宜着各官长留意。"我得到范君代达蒋先生之意后，我也恐我军日久玩生，在沉闷不安之时，亦拟回部将蒋先生训示转达各官兵，即电各部，上校以上到苏州会议。开会时除将上述训示各官长外，会议事项还有：（一）军风纪须严格维持。（二）注重士兵体力与技术。（三）近代兵器进步以体战为主，须留意训练。（四）筑城的改良。（五）官兵射击的准备。（六）经济困难应如何撙节。（七）官长无特别事不得赴沪。（八）限五日内各部军需须将经济状况呈报总部。（九）士兵棉衣军政部尚未发给，据总部军需报告，向上峰请领棉衣无望，即着各师由公积项下办理。（十）军官军服依军政部规定标准灰绒各做一套。（十一）日寇不断向淞沪各地挑衅，各师班长以上须轮流侦察淞沪各地地形，但须严守秘密，其交通费准由各师公项核销。会议一天便结束，我住车站附近某饭店，暗中访问我军纪律，但所得都是说好，我仍未十分相信，后派便衣官长常川在苏沪一带查察，亦不闻有不名誉之事发生。我在苏乘暇往游虎丘、狮子林诸名胜，无甚特别可纪。在苏逗留两天即返沪。每晨看报，十分注意东三省消息，据载马占山、丁超、李杜等部略有抵抗，嫩江桥一役，马部抵抗数日，倭寇不能长驱直入黑龙江，全国人心格外兴奋。那时政局仍属在不生不死状态中。我们侧身军界，生在半殖民地的中国，若穿军服入租界，帝国主义者的在沪军人见着都投以鄙视的眼光。是以我们国中军政人员，非换便服不敢入租界，即到也不敢抬头，实是可怜可叹。在死气沉沉当中，我甚欲卸责结束军人生活，否则愿率健儿赴东北一拼。即召本军旅长以上来沪商谈今后大计，拟将本军志愿官兵由我率领往东北援马，其余不出发的则缩编归还中央。各官长到沪，即在我家密商，各将领亦赞同，并选出张炎、翁照垣为独立旅旅长，中下级军官及士兵均以志愿为标准，稍有猜疑，则不许其加入，并嘱各师限十天内选定报来，以便搜集各种辎重分配。是晚，我请各将领晚餐。各将领散后，我即到南京路将此事与陆文澜等密商。并请其转达宋部长，探其意见如何。后陆君回说，宋先生不赞成也不反对，因他仍是在野之身，故不敢决定，惟此事重大，军政部方面则请陈真如部长向何部长疏通，惟蒋先生处则不知如何应付。但事已决定，即以书面报告。蒋先生见解，当然与我们不同，其同示说："其勇可嘉，其事必败，千万不可行！"但我们热血沸腾，且当此无政府状态之时，在沪多一天则多一天烦闷，那时我决心要去的时候，任何命令恐不能阻止。不久，各师已选出志愿官兵，六十师选得官兵二千五百，六十一师选得二千七百，七十八师选得二千四百，合计超出预定名额。即令各师各减为二千，由张炎、翁照垣分配，并编成山炮一连归我直接指挥。人员虽已选定，但北方寒冷，非有皮衣、皮绒帽、皮手套不行，决由各师公积金备办，并筹足四个月饷项。上海各友，如邓瑞人、范志陆等均筹捐若干，寒衣伙食既有着落，队号及出发之手续，亦须缜密预为考虑。后与陆邓诸友商谈，均认为如用十九路军名义，中央必不承认，且会惹起国际视听，似不适宜。后再三研究，我是中央正规军军长，欲避免为中央所派之意，则须先辞去军长职，然后以国民资格组义军，如此对外对内都较适合，遂预名志愿赴东北之队号为"西南国民义勇军"，我则自任总指挥，而编成两独立旅、一特务营，旗帜、印信均由军需人员秘密办理，准备翌年正月底出动。我到时即准备自动辞去十九路军军职。

七十八师驻沪经半月，但所派出密查其军风纪的人员报告甚少，我为保持本军令誉计，似非亲自巡视不可。我到沪月余，尚未到过吴淞炮台，万一有军事行动，未免要负疏忽之咎，即电赵处长，肩带参谋数人同来沪侦察地形。赵等到来，我便连日同往侦察淞沪一带地形，所见地形复杂，防区辽阔，万一有警或日寇登陆，殊难应付。而吴淞口及狮子林等炮台均露天，所有大炮亦为百年前的旧式粉炮，炮台兵不及五百人，且均老弱不堪。我国要塞如此，真是"笑死老番"。地形虽复杂，而军政部何部长命令我军决定之抵抗线，以地图及地区配备兵力，与我之力量及我理想，亦无大出入，只嘱赵处长精密地修改一下，训令区师长遵行。上海防务大致部署妥当，我久居上海颇觉厌闷，即决定返京总部数日，办理公务，并探听京中内容如何。据负责者放出消息，孙院长决引退，汪精卫上台似成为事实，到京两天，中央政治会议发表汪任行政院长，粤方组西南执行部，名为统一，其实仍是半独立。情形如此，更令我们军人愤怒。我本拟在京逗留数日，但亦无心留恋。

我军是月伙食毫无着落，前孙院长在粤给我军伙食，又已用清，军需当局又无人负责，政府毫无办法。倘士兵因无衣无食而叛变，则不知属何人负责，此诚令我不解。我跑往问陈真如部长有无办法。他只有仰起头，似亦无甚办法。到这时，我的鲁莽性又发作了，以最难看的声色向他发气几句，便扫兴而别，即搭车回苏州住夜。适陈部长、李君佩先生也来苏州，同寓旅社。他两人往乡间寻石瑛先生，邀我作陪，我亦同往。到达石先生家，他不在，不得晤面而回。陈、李赴上海，我亦同车。再三天就是国历元旦，我即电总部照例犒赏，我则返沪家中过新年。这年历诸多艰难，幸苦斗得留残生。高兴墟之役不死，或者死于白山黑水之间亦未定，其实，为国牺牲乃我们军人的本色。

"一·二八"率部抗日

民国二十一年（1932年）

元旦日，军政界照例放假，我食早饭后往宋部长及陈部长处庆贺新年，并到邓公馆食午饭。是日午后气候转冷，寒风微雨，无处可游，胡乱消磨了半天的时光，即返本寓。

二日晨，天气严寒，吾妻说在此不惯，拟返粤，我亦无词。正午天气转晴，较昨日为暖，偕内子出街购皮衣一件及零星物件归来，适黄琪翔君来访。彼此隔别多年，谈笑甚欢。我问他革命行动委员会仍有进行否？他亦开诚答说继续进行。约谈一点钟，黄君辞去，我食饭后即出外游玩。

三日晨阅报，知汪精卫已入京，大批改组派人马皆弹冠相庆，准备袍笏登场。但我忙于筹备北上抗日，对此政治上不感兴趣。午后，往蒋总指挥光鼐公馆闲谈。

四日上午，吾妻捡拾行李，准备下午搭皇后船南下。所有亲友家眷都来送行，又经一番热闹，一番麻烦，一番惜别。

五日，起床即看报，除看日内瓦开会情形外，余无重要新闻。我早知弱国无外交，任你奔走呼号，也不能引起国际同情。那时英法正在袒日，尤以法国最可恶。中日问题欲以外交方式解决，已无望了，惟有希望新人物上场，组织新政府（汪派）能有新办法。但这不过是一种希望而已。午后，照例往南京路。

六日天色晴和，起床后往龙华检阅七十八师钟绵瑞团。十时回来，区师长早到听候，即留他午餐，同往拜会上海商界巨子及地方领袖，以联络感情。

七日气候寒冷，上午不出门，无事可办，只有看书，阅报。午后赴淞沪警备司令部会戴司令，与戴略谈时事。

八日天晴，早八时，张炎、翁照垣两人到来报告北上部队人员各级已分配妥当，并呈各文件请我批准，遂逐件审察，批准照办。下午，同往大场、浏河、嘉定等处巡视防务，是晚在嘉定住宿。

九日天气甚佳，张、翁各已返防，我即返沪。本军军需处长来报告军需署仍未发给伙食，各部公积金最多维持至本月底，不知将来又如何打算等语。情形如此，倘本月底政府当局仍无办法，惟有请求解散，遣归田里，免我久共患难的官兵流落他乡。下午三时往谒宋部长。

十日天色晴朗，七时起床，照常看报，在苦闷抑郁的时候，长此困居堕落之地亦非善策，决定由本日午后起，往京沪沿途巡视驻军。查得各部尚守纪律，颇堪告慰。至十三日午始抵京，即往交通部官舍访陈部长真如，将检阅部队经过及本军伙食无着情形向其报告，并请其代为设法。他说："现在政府正在改组，新上台人物尚未到齐，凡事均无头绪，你最好向何部长敬之暂想办法。"但军政部的军需在一月前已宣告破产，就是中央直属部队，亦对我们说一样的困难，何能维持我军？我想陈部长亦是对我敷衍了事，未必会能替我们想办法了。正在谈到最紧要关头，忽有某部次长来会陈部长，我遂不得要领而回。

十五日，天气寒冷，九时往谒何部长，并将本军驻地及训练情形向他报告。他态度闲逸，很自然地对我表示关于本军伙食问题尚无确实办法，但又以轻松的语调嘱我放心："军需稍有着落，即先给你部云云。"我见他如此说，虽一时未有办法，心亦稍慰。午后，往紫金山陵园等处闲游，黄昏始返。

十六早，气候如前，接龙华来电，谓警备司令部据探报，日寇有扰沪企图，寇陆战队不时向我武装警察挑衅等语。得此消息，即往卫戌司令长官部向邓参谋长益能询问，他同时亦接此电报。因此，午后即搭车返沪，到戴司令公馆，与戴面谈。他说："时局较前稍为严重，因他（日方）派其所谓和尚与我三友实业社工友打架，故意闯祸而借词挑衅也未可料，但我军亦须时常注意。"

十七日天气晴，但因雪融，冻得更厉害。九时，往邓瑞人兄处围炉取暖，林梓浩等亦在座。闻我就将北上，竟以佳肴款待，开怀痛饮。林君言语极诙谐，时谈风水命运，津津有味，有时趣话甚多，我只有捧腹大笑。午后四时同往饮茶，瑞人君等则与交际大家某女士大跳其舞。我是门外汉，且对此揽腰狐步素无习惯，约坐一小时，不胜其烦，拟离开此处。他们兴致正浓，一味推延，直待外边电火四射，始停止活动，又往某菜馆食晚饭。某女士亦同席，她有无限风骚，春意撩人，我守身如玉，不涉遐想。到十时左右，各男女朋友分道散去，我则返金菊村公馆。

十八日天晴，寒冷如昨，据龙华司令部张参谋长仲昌来电话，谓日寇放出种种空气，且要求条件甚苛，恐有借此骚扰淞沪之势，戴司令意拟明日请军长（指我）召集上海驻军官长举行座谈，以便应付事变。我当时应允，并往蒋总指挥光鼐处坐，并请蒋总指挥出席明日之会议。

十九日天气阴晴，看完报纸，依期往龙华司令部，由蒋总指挥主席开会。结果：（一）最近敌人或有骚扰，我军须无形的戒备。（二）万一有事发生，第一线兵力之配备若干，区寿年师最低限度死守五天。（三）各防区赶紧构筑工事，后方各驻地亦须预选抵抗线。（四）六十、六十一两师增援时，须于战斗开始后五日内到达上海附近。（五）对上海租界决定态度。（六）由明日（二十日）起，各部官兵除因公外，一律不准在租界往宿。以上各条务须严守秘密，并决抱人不犯我、我不犯人之本旨，对于敌国人民亦不可损害分毫。会议完毕，戴司令请食晚饭，至九时大醉而散。

二十日晨往吴淞侦察防线，观各要点工事仍属简单，屡向当局请领各种材料又甚艰难，因此，我嘱区师长先购各种器材，但以四万元为限。午后往谒宋部长，他对我说："敌寇领事因三友实业社事，有向当局严重抗议说，大约三两天总可明白。"现上海谣言四起，较往日更为严重，北上之事我虽有决心，恐会因此而不能成为事实。但仍积极准备，倘十天内上海无特别事故发生，准于二月一日乘津浦车北上。午后往孙希文先生处，请其代拟自动解除军职通电。孙君甚喜，谓一天可拟妥。是晚，在陆文澜处谈天，深夜始回。

二十一日天微雨，晨早接陈部长真如电话，着往他公馆。我八时前往，他说："两日来所得外国人传出消息，日寇有向我上海骚扰企图，三友实业社事，他向市政府严重抗议。但京中尚未具体向其答复，约二三日内答复书可发出。"我问他："万一敌人向我侵犯，我军取如何动作？"他答："当然不客气，武力抵抗！"我又问："政府有无抵抗决心，你是中央一大员，亦会知道一二？"他答："看那时国际环境如何始敢断定。"上述情形较前更为紧张，吾身为军人，负保国卫民之责，断不肯屈辱。午后参观龙华兵工厂，该厂机器均是旧式，所制兵器如沪造七生半的山炮，发射多不准确，且厂内规模甚小，日出兵器不多，与沈阳厂相较，确有天渊之别。看完即回，与谭启秀同往七十八师司令部食晚饭，再回公馆，已高朋满座了。

二十二日晨看报，敌领事向市府提出无理要求，条件甚苛，最难堪的，就是要本军撤退三十公里。我见报章如此披露，即以电话询问上海市政府吴市长铁城。他答："敌的无理要求已报告南京，必不会承认，请放心。"同时又接警备司令部张参谋长电话通知，昨晚发生一件意外事，因区师在某处之警戒线，于昨晚十一时有一奥国商人与一姘妇乘汽车经过步哨线，不肯停止检查，被哨兵击毙，诚恐惹起外交问题。幸该奥国人与外国妇女系诱奸事，正在被人告发，无人理会他，我军道歉了事。午后，往真如看区师实弹射击，黄昏始回到陆文澜处，探日方消息。

二十三日天色晴朗，我北上在即，沈师长光汉偕刘旅长占雄到来面谈，问我何日启程，并以该师全体名义赠我北上纪念金牌一个。我以首途日期未定，上海又在严重时期，拟不收受，沈、刘恳切强请接纳，故受之。留他们午饭后，带他们往龙华司令部谒戴司令。沈、刘临行时，嘱其对全部将士格外留意，他们已返苏州，我返公馆。叶少泉处长来谈，北上官兵皮衣约一星期可办完，义勇军旗帜等亦秘密造好，我军伙食本月份仅领得十万等语。是日午后，因伤风不出门。

二十四日早，接南京长途电话，谓今午何部长敬之到，着我在家守候。午后一时，接何部长电话，请我到张静江先生公馆谈话。我遵命即往，见何部长与张先生正在厅中谈笑，何旋介绍我与张握手，即开始谈话。何部长愈谈愈近上海纠纷问题，继而直说："现在国力未充，百般均无准备，日敌虽有压迫，政府均拟以外交途径解决。上海敌方无理要求，要十九军撤退三十公里，政府本应拒绝，但为保存国力起见，不得已忍辱负重，拟令本军于最短期间撤防南翔以西地区，重新布防。望兄遵照中央意旨，想兄也同意。"我听了何部长的训示，拟即拒绝，但违抗上级命令，亦非所愿。乃对何部长说："本军自到沪驻防以来，军风纪尚佳。对于国际租界人士均守文明，在沪中外人士尚无不满意之表示，且驻地均是我国领土，也不接近日寇地区，要撤退，殊无理由。倘政府要撤，请不可限于敌方之要求，最好调我全军离开京沪路，我当绝对服从。"他见我如此态度，向我极力慰勉，约谈一小时，辞回公馆。

二十五日，天气甚佳，因昨日与何部长谈话受了无限刺激，昨晚失眠，故九时始起床。请区师长到来面商撤退事宜，但尚未接获上级命令，不过一种准备。区师长听了我言，皱眉苦脸地说，不作军人了，回去作农夫，免至受辱。我安慰他，小不忍则乱大谋，能屈能伸方是大丈夫。食完午饭，偕他同往蒋公馆，谒见蒋总指挥，并将昨日何部长所示撤退问题向他报告。蒋公听了，亦是叹息无语，最后则说一句："遵照政府命令就是。"我决心北上，亦无其他可想，只候政府命令撤兵。午后，即请三五友好到某处消遣，以散心闷。

二十六日，天气阴晴，寒冻异常，阅报载日寇要求的条件大略如下：（一）驻上海之十九路军应遵某日通牒，限于本月二十七日以前撤退三十公里，并不得有敌对行为；（二）查封上海《民国日报》，并取缔抗日分子；（三）日方被三友实业社工友打伤人员要赔偿恤金；（四）上海市政府须向日方道歉；（五）此后不得再有类似事件发生。看报未完，政府的撤兵命令已到了，即转令七十八师区师长准于本月二十七日撤退完毕，但宪兵未到接防以前，须留小部仍在原阵地警戒。命令转下后，相信上海局势会由此紧张而和缓了。国家屈辱如此，我为军人，殊觉无味。阴历年关在即，北上之军尚须时日始可开拔，乃乘暇与我最好的朋友邓瑞人等玩玩笑笑，以求愉快身心。

二十七日，天气如昨，上午九时，市商会主席王晓籁及杜月笙、杨某等来慰问，当时我亦不知其来意。王、杜两君说："贵军长体念政府的苦心，遵命撤退上海驻军，以求息事宁人，保存上海数百万人生命财产，同人等无不钦佩。除代表上海民众慰谢外，并预祝军长北上杀敌成功。"王、杜之意我已明白，乃谢谢他的好意，谈约一小时，王、杜辞出。我午饭后出街访友，闻当局已答应敌方要求，所有苛刻条件均已签字接受，敌领事亦复牒表示满意云。各友互谈，以为一场风云可以消散。正谈笑间，忽有王志远君来说，英美法驻军纷纷以铁丝网在各街口要点布防，闻说日寇陆战队及在乡军人陆续集合，有向我闸北进攻之说云。当时在座诸友均以为他说谎，明明今日上午已签约接受苛刻条件，岂有再动干戈之理。不久回静安寺路十九号晚饭。入夜九时，近虹口花园各商店、居民纷纷搬行李逃避，闻敌方已吹号集合，我们仍属半信半疑，即派人坐车到虹口等处侦察，回报与上述情形相符。但我闸北驻军正在撤防，宪兵又未知到来接防否。即以电话询闸北驻军团长张君嵩，他说："现在虹口等处商民惊恐异常，宪兵尚未接防。据报敌寇今晚向我防区进攻，请示如何处置。"我示意他，倘宪兵未接防，仍须固守原来防线，如日寇无故向我挑衅，我军为自卫计，应迎头痛击。张团长表示遵命。再过一时，淞沪之难已到，国耻又多一纪念日了。十一时十分，接张启荣电话说："日军向我闸北进攻，现在枪炮声甚密。"我接此消息后，即向张团长说，如来进攻即加抵抗。即上三楼瞭望，闻枪声甚密，敌寇来犯已属千真万确。瞬间，蒋总指挥光鼐到来，稍谈，即同往龙华司令部与戴司令面商抗敌大计。到部时，戴君已在该处守候，即会谈，结果一面报告上峰，并令我军全部限三日集中上海附近，一面通电国内外同胞，并拟乘汽车往闸北巡视。据张团长云：通闸北公路情况未明，乃与蒋、戴步行，由北山泾往真茹车站。当时在冰天雪地之中，小路泥泞，滑而难行，至天将拂晓始抵目的地。

"一·二八"那时，总部设在南京，参副人员均不在此。即令七十八师区寿年部全部展开应战，我军部则设于真茹车站附近范庄。区师长接令之后，已陆续进入阵地。上午八时，闸北方面战况甚为激烈。据张君嵩报告，该团昨晚开始战斗，至今晨伤亡达六百余人，拟向我请增兵。当时我问他团全团官兵若干人数，他答有一千七百余人，现伤亡三分之一。我说，你团尚有千人，最低限度亦守三天后始可换防。他亦不敢再说。

八时三十分，疯狂的寇机向我闸北、真茹等处无目标地狂炸，商民牺牲甚大，敌军乘势向我各防线猛烈进击，幸我军沉着应战，敌屡犯均被击溃。正午，我即往闸北等处巡视，并向官兵训话，入晚始回部。是晚敌情无变化，区师各团均已集中完毕。

二十九日，天气寒冷，雨雪纷飞，昨晚只在炭炉附近烘火，接听各方报告，终夜均无合眼。早七时，敌机又来光顾，因天有雾，竟敢在一千公尺低空飞行。我方无制空权，又无高射炮及高射机关枪，任由敌机肆虐，见其太可恶，即令卫兵连以步枪排分若干组，在有效范围内向敌机射击。出我意料之外，竟被我步枪击落敌机一架，当时兵民鼓掌如雷，军心更为大振。十二时，军部赵参谋处长带同一部人员已到，即令其重新部署。下午敌情无变化，我军已攻至虹口花园附近。入黑，前方战况又转剧烈，至深夜十二时，枪声稍稀。接区师长来电话，敌黄昏后向我闸北冲锋数次，敌战车、坦克车被我手榴弹炸毁三辆，已被俘获。

三十日，天气如昨。在拂晓时，敌又向我攻犯，八时后枪声渐疏。我六十师沈光汉全部已达江桥真茹附近停止候命。同时接上海市长吴铁城通告，各国领事团体要求双方停战数小时，保护闸北虹口一带难民出境。内有云敌酋野村已允许，我亦即答应。拟定双方前线以万国红十字会人员阻止及监视哨兵。是日正午，停战三小时，难民退出，双方又继续战斗。午后战况甚激烈，战至深夜，来犯闸北之敌，均被我守兵击溃。据报，敌方又增兵千余人，战舰约三十余艘，均泊吴淞口外，明晨有攻吴淞炮台之企图。我吴淞等处陆军仅一团，兵力甚形薄弱，即令区师翁旅长率兵一团夜行，限拂晓抵达吴淞。即着翁旅长来部面授机宜，翁以为时间已八时，由闸北至吴淞且要经大场湾路约九十里，诸多推诿，即令其遵照拂晓前抵达，否则以军法从事。翁听我面示如此，即匆匆而去，率队前往，所有吴淞陆军归其指挥。

三十一日，天气晴朗，敌机在拂晓前已升空，轧轧声音惊震全市，吴淞方面炮声如雷。不久，接翁旅长电话，该部陆续抵达，敌舰及飞机十余架向我吴淞炮台总攻击，橡皮艇二十只向我狮子林、吴淞等处登陆，均被我守军击退。同时，闸北八字桥方面，机枪炮声亦烈，由寅至巳刻，枪炮声渐稀，接各方电话均告捷，俘获敌陆战队数十名，步枪数十支。午后战况稍沉寂，又接市府通告，敌酋野村因被我战败，敌政府派盐泽为指挥官，率久留米混成旅约七八千人来援等情。我军六十一师全部亦抵南翔，是夜，各方报告前方战况无异状。

二月一日拂晓，敌机十余架狂炸我军部及暨南大学，但前方双方无进展。九时，上海各界代表王晓籁、杜月笙、王炎培等十余人来部慰劳，并赠送米食及物品甚多。各代表去后，因敌方增兵，同时我军亦全部到达，仍须重新部署，即以六十师沈光汉率所部接上海市闸北、虹口、八字桥等处区师防务，相机向该敌出击。吴淞翁旅归沈师长指挥。区师（缺翁旅两团）及六十一师全部，则控置于大场、南翔等处，为总预备队。财政部税警团则在龙华方面警戒，并派一部控置于浦东，监视敌舰行动。下午战况如前，蒋总指挥率参谋人员往南翔设总指挥部，军部仍在真茹。入黑，炮声又复大作，接沈师长电话，敌人似增兵前线及换防。

二日，天气阴晴，市府通知各国领事团，拟请双方停战，敌酋盐泽亦有此意。同时接何部长来电云，战事可止即止等语，如敌人允撤兵，我亦不反对，除戒备外，暂行停止进攻。我方则派区师长寿年为军事代表，随吴市长前往某领事馆开会。结果敌方要求太苛，我军即拒绝。是夜，枪声甚少，为应付敌寇来犯，即令沈师长特别留意。

三日，天气又复寒冷，敌机照例拂晓即来光顾，前方战况亦无变动，但敌人援兵陆续已到，大约一二日内必有剧战，若不取主动地位，恐被敌先发制人。即与蒋总指挥密商，先以强而有力之一部扑攻虹口及杨树浦之敌。议定以六十、六十一两师为主攻。同时防守闸北等处部队亦出击。计划完妥，准四日拂晓施行，但六十一师须于当晚九时以前准备攻击前进阵地。是日，敌方除终日以炮击我闸北等处外，无激战。

四日，天气严寒，雪雨纷纷，雾又低，敌机不甚活动，我军依原定计划向该敌猛攻。接毛师长电话，我左翼张炎旅已将敌前进阵地占领，但右翼沈师攻敌之虹口花园敌司令部不甚得手。同时又接沈师长电话，所报相同。攻至是日上午十时，各线无甚进展，且伤亡甚大。据沈、毛报告，敌人阵地工事甚坚固，无炮兵，攻击甚困难。但敌人又不能向我反攻，双方均是对峙之局，入黑仍撤回原阵地。是日敌军伤亡颇众，我军因攻坚不得手，亦伤亡官兵千余人。据沈师长报告，敌人守兵甚强，但野战不及我军。

五日，天气寒冷，敌机数架轰炸我闸北等处，二十三架向沪杭路飞去，炸我杭州飞机场，回来又炸我龙华机场。闻我飞机在松江附近与敌机决战，但我方飞机劣而少，被敌机击败，机师黄沛泉阵亡，殊为可惜。午后，据前方武装侦探报告，敌人均向蕴藻滨等处活动，有向我反攻模样。即令前方部队注意，并令其准备迎击。入黑炮声甚密，但前线无异状。

六日，天阴晴，拂晓后炮声已停。据沈师长报告。在拂晓，敌人以少数兵力来扰，均被我军击退。九时，孙夫人、宋部长夫人等来部劳军，并慰勉，约一小时即辞去。顷叶少泉处长暨范志陆君来报，上海各界及各方慰劳品并汇来慰劳金甚多，拟在沪设处办事，以便应付。即委出范志陆为驻沪办事处主任，叶少泉、邓瑞人、杨建平、庄伟刚等副之，午后，王达天（即王俊）奉何部长谕来前方与我接洽。他对我说："如敌方允无条件撤回'一‧二八'前原阵地，我方亦不追击。"我即向他表示，如敌人确诚意撤兵，我军亦遵办。午后，前方枪炮声时疏时密，敌人除以机械化部队不时向我袭击外，并以飞机用机关枪向我守军扫射，应有尽有，施展其气球队向我防线侦察。我官兵沉着，敌人亦不得逞。酉刻，敌再来犯闸北，均被击退。

七日，天气甚佳，东方尚未大白，敌机数十架已在空中嗷嗷，向我示威。不久，吴淞及闸北枪炮声大作，尤以吴淞方面猛烈。据区师长电话转报翁旅长电话报告，敌人以陆海空军向我吴淞狮子林、宝山等处猛烈攻击，露天炮台均为敌机将炮炸毁，但敌陆战队向各据点登陆，均被我守兵击退。吴淞要塞司令邓振铨弃职潜逃，副官长某某阵亡等语。同时接沈师长电话，与区师长所报大致相同。当时要塞守备无人负责，则令七十八师副师长谭启秀暂行兼理，并将其炮台守备兵竭力整顿。是日激战至上午十一时，枪炮声渐稀。据各方报告，敌加久留米混成旅团向我各据点来犯，均被守兵击退，尤以蕴藻滨及吴淞桥头两点最为激烈。是日敌军来势甚猛，惟我守军努力迎击，敌伤亡甚大，我军据报亦伤亡一千人。

八日，天气如前，接各方来电慰劳甚多。七时以后，敌机数架向我京沪路威力侦察，我中央野炮兵一连（炮四门）已到真茹车站，着其在附近休息，入晚进入阵地，归六十师沈师长指挥。闻我八十七、八十八两师编成第五军，张治中为军长，已到无锡、镇江，日间开来前方增援。但仍未接通报，前方各线已成胶着状态，终日无激战。午后，永安公司郭顺先生送大量白兰地、六十年陈酒来劳军，但我不嗜酒，转赠各将领，尤以谭启秀、翁照垣两人特多。是晚夜深亦无特别情况，我孤独一个人围炉取火。

九日微雨，云雾甚低，敌机不能活动，卫士喜形于色，前方情况亦不甚紧张。十二时，接到阎锡山先生赠来十五生的重迫击炮数门，炮弹六百发。我军得此贵物，均甚欢喜，即着军械处分发各师炮连。是晚黄昏，令各炮兵集中炮火，向虹口敌司令部猛烈射击，敌军甚为动摇，尤以重迫击炮收效最大。是晚九时，据邓旅长志才报告，敌人坦克车队向我八字桥方面活动，敌兵继续向我来犯，激战一小时，敌退回原地，惟坦克车一辆被我击坏车轮，现停于散兵线前三十米达，俘获敌军上等兵一名等语。午夜十二时以后，各方无闻枪声。

十日，天气稍晴，晨七时，敌飞机二十余架向我闸北等处大举轰炸，平民伤亡甚大，我军损害则甚少。在大场附近又被我击落敌机一架，拂晓前后双方均有冲锋，敌亦无法向我进展。接各师书面报告，抗战至今，统计已伤亡官兵二千五百余人。正午，英国武官某某来部面晤，但我不识英文，由唐副官长德煌翻译，他英文不十分好。英武官来华多年，普通国语亦说得流利，谈话间彼此亦方便。午后，往吴淞炮台巡视，并赠白兰地酒两打与谭、翁。将抵吴淞，因潮水涨，敌舰高于地面，即以十五生的大炮向我乘坐之车及卫士车射击，极准确，两弹在距车十米达处爆炸，有一弹跌下我两米达远，幸不爆炸，亦云险矣。因坐车有目标不适宜，即步行抵吴淞，谭、翁出来带路侦察，我说带来好酒送你两位，请你们大饮特饮，并勉励他俩说："此酒是人民慰劳你们抗敌英勇的表示，你们不要辜负人民，应尽责任，死守阵地。"与他巡视各炮台，仅剩残壁颓垣，所有旧式炮也被敌机炸坏了。前所有炮台兵，均属老弱无能，满面烟容，颓丧不堪，有何精力作战！据翁、张所报，除派其为瞭望哨外，其余各重要据点，均是我步兵据守。巡视各地方毕，已入夜，即回部。据赵处长一肩报告，是日无特别战况，但敌人加强工事云。

十一日，天气晴朗，雪融甚冷。日上三竿，敌机已来临，炸我真茹军部，我卫兵已牺牲数名，军需及慰劳品亦有损失。九时，上海市学生队数百人来维持道路交通及军部附近秩序。该学生义勇队精神奕奕，极有胆量，敌机来狂炸时，面不改容，镇静工作。此辈青年乃是国家栋梁，将来复兴中国，必靠他们，惟全国教育不能普及，青年不能多数如此，殊可叹惜。午后往闸北巡视，至邓旅长志才旅部，着同时往前线侦察。到达最前线，看见敌兵作预备放姿势，我勇敢的士兵也如是，距离敌守兵仅四五十米达，我则躲在步哨侧边站立而望。因我身材过高，敌竟不客气连放数枪，哨兵则以最诚恳的态度请我不可太露目标。说话尚未完，敌以轻机枪扫射，伤及邓旅长护兵二名，我左胁下军服亦被射破。看完闸北，再往虹光路巡视，黄昏后即回，是日无剧战。

十二日天气阴晴，晨早敌机向我散兵线周而复始摄影，但飞得过高，我步枪射击无效，至为可恨。十时，法国武官某某来会，约谈二十分钟，他辞出，我则顺便说及法界附近（即中山路）敌人之某纱厂，有敌武装兵在该厂警戒，对交通大有妨害，即向各国领事交涉，转知限其撤退，否则先行解决该处敌人。下午接吴市长电话，敌方允令晚撤退，我则派兵一连监视其行动。忽接前方报告，敌人约二千余沿军工路向蕴藻滨移动。得报告后，判断敌人必有企图，即令六十一师张炎旅星夜向蕴藻滨沿河两岸警戒。入黑后，前方枪声转密，监视敌纱厂之连长谭启友报告，敌纱厂之武装入黑已撤去，此处我军交通已无阻，运输亦较方便。至九时，前方报告敌犯我八字桥已被击退。

十三日天气甚佳，拂晓前飞机、大炮、炸弹、枪声大作，炸弹声震如雷。据前方电话，敌向前线总攻，并放烟幕，蕴藻滨已被其架桥偷渡。据张旅长炎报告，敌人来犯凶猛，郑团长为楫受重伤，中校团副黄权、营长李荣熙相继阵亡，该团官兵死伤六七百人。现令黄镇团全部加入，正在鏖战中等语。我决心先扑灭偷渡蕴藻滨之敌，即令六十一师师长率张炎旅为该旅预备队，向大场方面推进，必要时向张炎旅增援。激战至午后二时，敌势尚未稍杀，我即带同参谋副官数人往庙行附近督战。至下午五时，我军略有进展，即令张炎率庞成团攻敌之左侧背，双方肉搏白刃战，至黄昏已将敌击溃，偷渡蕴藻滨之敌亦肃清。由开战以来，以此役为最激烈，夺获敌机枪十余挺，步枪数百杆，我军伤亡千余人，敌人增援之久留米混成旅，从此一溃不振矣。是夜九时以后，枪声沉寂。

十四日天气如昨，拂晓各方均是阵地战，但敌机不断地向我军阵地轰炸。闻敌人消息，因昨日被我击败，恼羞成怒，已向敌政府乞援，闻二三日内援军可抵沪。得此敌人增兵消息乃意中事，就是敌倾全国之师来犯，我军亦是如此抗战，总之尽我军人守土责任，战至一兵一弹为止。午后二时，接总指挥部命令要旨如下："我第五军张治中部八十七、八十八师归我军指挥，已到安亭。一部抵南翔，加入战斗序列，实行区分作战。十九军及税警团归蔡军长廷锴指挥，左翼由庙行镇起至龙华浦东之线属十九军第五军及十九军七十八师之翁旅归张治中军长指挥，右翼从庙行接十九军蔡军之左翼沿蕴藻滨北岸至吴淞炮台之线，属第五军负责，务于本月十七日拂晓布防完毕，仍将布防情形具报为要。"我接此令，即召集各师长及税警总团长王赓来部密商今后之处置，即下达命令，要旨大略如下："以六十师沈光汉部由闸北一带沿持志大学至江湾附近，左翼切实与六十一师联络，但以一小部突进杨树浦引翔乡，不时突击敌人；六十一师毛维寿部固守江湾，右翼与沈师切实联络，沿江湾至庙行镇左翼与第五军切实联络，并以一部控制于跑马场，相机截断敌交通路；税警团王赓部，以一部控制于浦东监视敌舰外，其余主力应控制于龙华，并担任后勤警戒；七十八师（缺翁旅两团）为总预备队，则在真茹附近整理补充。"命令下达后，并令各部限予本月十七日以前布防完毕，待命出击。是日敌兵甚疲，断无反攻能力，我军尤须切实整顿，故无大战。

十五日，天气又转风雨，拂晓亦无激烈战事。据我汇山码头坐探报告，今晨，敌援兵两运输舰约三千余人已抵达汇山码头登陆。接此报告，即转总指挥部。再接市府电话，敌政府因敌将野村盐泽屡战屡败，已派植圈谦吉为统帅，率两师团来援。此事系各国领事由东京得来消息，情势如此，我方万不可疏忽。午后，即往南翔与蒋总指挥及张军长面商。到达后，三人决议请政府增兵，为我军援队。在晚饭后，第五军陆续来南翔，我返真茹军部，据赵处长面报，前方无特别情况。

十六日天气甚寒，拂晓前略闻炮声。据各师报告，因昼间不能运动部队，今晚始可布防完毕，又据吴市长电话，今晨拂晓，敌增到三运输舰及炮兵甚多等语。余见汇山码头乃系公共租界，各国又无提出抗议，对敌甚为偏袒，决令炮兵全部集合一点，向汇山码头实行炮击，即令炮兵营长来部面示。十二时，敌机三十余架向我闸北、江湾等处狂炸，被烧房屋数百间，商民损失甚大。继而炮声大作，我前线部队已疏散，无大损害，惟沈师在沪淞路持志大学附近车站之一连，为敌炸弹命中，有一排完全牺牲。午后，敌以坦克车、铁甲车向我八字桥、江湾等处进犯，惟我外壕纵深未敢冲近，但铁丝网已被破坏。入黑，各方均无激战。

十七日天气如昨，下棉花雪，看见行人衣服披上雪花。拂晓后各师长报告，依命令布防完毕，正在令构筑阵地工作，前方均是阵地战，查我军士气甚盛，大约三两日内必有一场大决战。拟以全线出击，但敌方工事甚坚，且无重炮及飞机，徒然牺牲亦属不值，今晚决令沈、毛师派出强而有力之一部，经引翔乡攻杨树浦，如得手，即攻占汇山码头。下午，接第五军通报，该军昨晚亦布防完成。黄昏时，沈、毛各突击队归旅长刘占雄指挥，遵本日上午九时命令，向目的地前进。至九时接刘旅长报告，我突击队攻击甚有进展，第一层铁丝网被我冲破，惟缺乏工兵器具，第二层攻击不易等语。我军各部工兵除能造工事，只有作业工作器具外，有工兵之名，无工兵之实，等于步兵使用，我国兵种之设备，实比不上外国。十二时深夜，接前方电话，我军冲至敌之电流网，伤亡甚大，再无法前进，令其撤回原阵地。

十八日天气甚佳，拂晓已闻敌机声，卫士则报告寇机已在军部（真茹）打圈，请我外出。我即出门一望，敌机在毫无目标乱抛下数十枚炸弹，骚扰约一小时始飞去。前方枪声甚激烈，想敌人不是出击就是新增到敌兵换防。但接沈师长电话，敌兵由昨日起均穿黄绒衣服，似换防。九时接吴市长通告，敌统帅植田谦吉昨晚已到达，今晨向各国使节拜会，又有放出和平空气。我即答吴君，姑不论敌如何手段，我军只有不失守土有责的立场，敌方果有诚意，应将日军退回"一·二八"原地，始能谈和平。十二时，前方全线已沉寂，午后四时接市府转来敌酋植田谦吉哀的美敦书，措词甚为荒谬，已将敌通牒转报蒋总指挥，我置之不理，只嘱驻沪办事处以外交方式对其答复。当时各国对敌方通牒甚为重视，本日终日无剧战。

十九日，天气阴晴。敌方通牒明知我军不能忍受，敌机由七时起开始，向我上海附近所有镇市村庄大肆轰炸。可恶的汉奸胡立夫，受敌方利用，竟以小数的金钱收买江北流氓地痞，偷入我军防线与及驻地窥察，致使敌机凡我驻兵之处，均行轰炸。午后，敌机无活动，敌炮兵（重炮）密集向我据点猛烈轰击。五时接前方报告，已开始向我六十、六十一两师支撑点猛攻，但我军与敌接近，不过二百米达，敌炮兵及飞机已失作用，我军仍属沉着应战，双方肉搏数次，敌不得逞，仍退回原处。后确知敌向我佯攻，其大部沿军工路迂回，向我江湾庙行方面移动，即通知毛师及第五军注意。

二十日，天气如前。早晨四时，前方炮声如雷不绝，天明后，敌机协同重炮兵向我全线大轰炸，由六时至九时尤为猛烈。我即电知各部，今晨敌必先用猛烈炮击毁我工事，然后以步兵向我全线进攻，我军须先疏开，俟敌炮及飞机停止轰炸后即回原阵，但动作要迅速敏捷，伪装及散兵多多布置。各师长即遵照所示办法，敌炮及飞机虽属厉害，惟最猛烈之时，我守兵不多，故此损害亦微。到了九时，敌炮及飞机已停止轰炸，敌步兵以呆板的战术向我全线来攻。激战终日，均被我军击退，敌受创甚重，我军牺牲亦大。入夜后，敌已退回原阵地，我军追击至敌电网线被阻，亦撤回原线。

二十日，天气转寒。早晨略闻炮声，敌机照例来扰，但司空见惯，不足为虑。昨日敌我双方伤亡甚重，今晨只闻炮声，步枪声则甚少。据报，前方各部工事被炮毁殆尽，我官兵被生葬埋牺牲者亦不少。据卫生队昨晚挖掘至今晨，尚未完全掘完，近日杀人利器如此犀利，我当局尚未见改良，急转直追，仍以血肉作长城，纵为精神胜于物质，但无谓牺牲总是不值。是口，敌我两方均在收容整理，故无激战。黄昏，枪炮声又转烈。

二十二日，气候如昨。天明时，敌飞机向我京沪铁路沿途轰炸，清阳港铁桥被其炸坏，对我运输甚为不利。是日全线均有小接触，八字桥、江湾两方面较为激烈。接市府通知，今日下午六时，意大利代办齐亚诺来会，我为外交关系即答应，请其依期来部。他依时到来，诚恳与其周旋，他亦满意，对我直白恭维，并询我是否系政府命令对日抵抗，但我不懂外交体材，思索两分钟，即答他说："日本无故占领我东三省尚不足，仍向我沿海各大商埠不断地挑衅，我军守土有责，奉命卫戍京沪，外敌来犯，当然一面抵抗，一面报告。卫戍二字，就是保护疆土，就是命令。如果敌人无故侵犯入我警戒线，不抵抗即是失职，丧师失地，就要受政府军法裁判。未知贵国有此法律否？如何责任，我不大明了。"他大笑称是。他又问："何以日本侵占满洲，该处军队又不照阁下如此抵抗呢？是政府不允东三省驻军抵抗吗?"我为国家体面计,不想令东北当局难过,我再答他说:"当时东三省情形与环境不同,负责守土的最高级人员或有困难之处,也不可料。"约谈一小时,欢辞而去。不久,又接前方电话,敌人向我各据点来犯,正在激战中。至十二时,敌不得逞,枪声停止。

二十三日,天色晴朗。我因开战二十余天未得睡眠,晨早身体不适,敌机已在头上打圈,想必系光顾我驻地,卫士即急叫我出外,说话未完,炸弹已下附近房屋,我即匿于门口空地。官兵伤亡十余人,弹药被波及不少。约三十分钟,寇机已去,即回范庄休息。瞬间接市府电话,谓敌政府因植田失败,已派白川大将率两师团来增援。据外人消息,今晚可到等语。得此重要消息,即以电话报告蒋总指挥。敌大兵增援,一二日内定必有恶战。是日全线均有接触,但非激烈。

二十四日,天气晴朗。早晨接第五军张军长电话,敌舰向长江西驶,浏河泊有敌大小舰二十余艘,测量我各渡河点水量,料敌必有登陆企图,已令防守浏河部队注意等语。七时,吴淞方面炮声甚烈,并接谭司令启秀报告,敌舰十余艘及飞机十余架向吴淞狮子林炮台猛烈炮击及轰炸,屡欲以橡皮艇登陆,均被我军击退。即令努力防守外,对于蕴藻滨桥尤须格外留意。虹口及八字桥两处亦不时以机械化部队向我进犯。午后四时,据前方武装侦探报告,敌大部由杨树浦经引翔乡向江湾方面移动,入黑,敌人诡计百出,以机械化向我闸北、八字桥等处佯攻,企图牵制我主力,不能离开正面,明日必以全力犯我庙行镇,以其达成中央突破之阴谋。是晚,炮声终夜不绝。

二十五日,天气如前。拂晓前,炮声甚密,据沈、毛两师长电话,敌人向我全线总攻,现在以重炮百余门,向我八字桥庙行镇之线猛烈炮击毁我工事,敌机三十余架掩护敌步兵展开等语。本日天时太不利我军了,敌机活跃非常,至十时左右炮声渐疏,而步机枪声犹如阴历年元旦乡下人放鞭炮一样。据前方急报,敌人向我进犯,我军已准备出击。那时敌我两方已接近,飞机及大炮已失效用,就是我军杀敌之机会。十一时以后,双方冲锋肉搏,冲来冲去,我军士气甚壮。我即到杨家楼下督战,至午后五时，敌势稍杀，至入黑后，敌溃退原阵地，我军夺获枪械甚多，并俘敌少校一名。士兵本俘有二三百人，但当时士兵甚愤恨敌在蕴藻滨将我伤兵以火烧毙，故无法制止士兵之报复。八时枪声已停，我军伤亡二千余。

二十六日，天气微雨，云雾甚低，敌机不能活动，官兵甚喜。前方无激战，九时后，黄莫京、陈庆云即带同外国男女记者二十余人来部访问。食茶点后，即开始与我问答，谈话约二小时，各记者欢别而去。当时，因无敌机骚扰，人心及军人行动极为镇定。午后略闻炮声，令炮兵集中火力向虹口敌之大本营实施炮击，并向汇山码头敌人之登陆地点示威，黄昏后，前方平静。

二十七日，天气渐晴转寒冷。闻敌主力集中跑马场及江湾两处，判断第三批增援敌兵已到达，今日必有剧战。八时，英国武官带同翻译来部说："我昨晚炮兵向黄浦江射击，波及英国兵舰，伤亡英兵数名。"我不明白我们沪造野炮弹头仍铸有中国年月，即拟不承认是我炮兵所为。他则将手巾包来弹破片给我看。我即顺口向他道歉，并转知前方炮兵注意，他亦不甚追问，辞别出去。为应付外交计，即电驻沪办事处备花圈送死亡英兵外，是否仍须书面向他道歉，着范主任向外交家请示而行。十一时，又接市府电话，昨晚我炮兵向黄浦江射击，波及意大利兵舰，伤亡士兵数名，现向市府抗议。我说既然已波及，只有请吴市长向他道歉。午后，敌又向我全线以陆空军进犯，情况甚紧张，激战至夜，双方仍在激战中。但我前线稳固，仅庙行方面，据毛师长报告，略有动摇。是晚终夜激战。

二十八日，天色晴朗，拂晓时炮声甚烈，料敌人向我全线进犯。天明后，敌机数十架向我全线大轰炸，前方所报与我判断相同。八时，接吴淞谭司令电话，敌舰十余艘拖载民船三四十艘，拂晓经狮子林、宝山向西驶去，企图未明等语。即将情形通报张军长留意。至十一时，全线敌我两方冲杀甚烈，庙行被敌一度突破，午后五时，失而复得三四次。入黑，敌以机械化部队向我全线反攻，均不逞，双方伤亡甚大，敌林元大佐被击毙。又据外国人传出消息，敌政府又派蓼刘大将率援兵一师团，今晚六时已到沪，我即调税警团古鼎华团加入庙行作战。是晚终夜激战，至深更亦如是。

三月一日，天气如昨，拂晓敌援兵已加入作战，浏河方面亦闻炮声。接蒋总指挥电话，敌今晨已在浏河上游（七丫口）登陆，有向太仓前进模样。我军得此情况，知受到极严重威胁，蒋光鼐总指挥着我及张治中军长同到南翔面商。各人到达后，提出两个方案讨论：（一）为保持第二次抗战，应全线撤至第二防线，重新部署，候我援兵到达，再图反攻。（二）为维持我军光荣历史，则以最大代价与敌拼一个你死我活，在原阵地决战。（三）即将情形报告上峰。请示结果，接军事当局电令，因我援军不能赶及，着我军相机向第二防线撤退。本日自拂晓至晚，均是剧战，我刘家行杨家楼下已被冲破。是夜九时，奉总部命令云："因我后援不继，我军为保持第二次抗战接触，应由今晚起，开始将炮兵、辎重及笨重行李向正仪、苏州等处撤退，但炮兵通过昆山青阳港后，务须选择阵地候命。十九路军向南翔方面转进，其主力在青阳港右翼，由太湖起至左翼沿昆山至常熟接第五军右翼一带布防，并加强工事。第五军由原阵地撤退至常熟，左翼由长江南岸起至右翼与十九路军切实联络，并施设工事。区师翁旅通过嘉定归还建制，仍将撤退布防情形具报。"我接获命令后，即以最迅速达成背进之处置，简略如下：（一）敌人大部援兵已到，今晨已在长江常熟附近（浏河以西距六十里）登陆，企图有迂回包围我军截断我军后路；（二）我军为保持第二次抗战接触，第五军由原地转进常熟一带布防；（三）本军由今晚九时开始先将炮兵、辎重、伤兵先行向苏州撤退，但炮兵通过青阳港后选择阵地候命。六十师只强有力一部先行撤退，至安亭车站附近布防阻敌追击，务须有独立战斗能力，无命令不得撤退，其余主力撤至青阳港布防，并构筑工事。六十一师以一部经小南翔到达南翔附近布防，与沈师安亭部队切实联络，其主力撤退昆山右翼与沈师左翼与第五军取联络，七十八师翁旅通过嘉定归还建制后，留张君嵩团防守太仓城，其余撤退唯亭一带整理及构筑工事。税警总团应撤至龙华以南松江附近，严密向敌方警戒，我军及总部今晚上以一部到唯亭设部。（四）各部开始撤退时，须肃静，仍须与敌保持接触，拂晓后须停止行动。"是晚十二时，敌或侦知我军有移动，以飞机放流光照明弹四处侦察，但前方仍有接触，敌方亦不十分明了。

二日，天气晴朗。昨晚我则步行至南翔。拂晓，前线枪炮声甚密。午后七时，接沈、毛、区各师长报告，依照命令行动，除指定先行布防之强力部队已完成任务外，各部派出掩护收容队仍与敌在原阵地激战。我主力已距前线约四十里，现天已大白，即就地停止，今晚入夜可遵照到指定地点。午后敌侦知我军确已撤退，即向阵地猛冲，我收容队与敌激战至黄昏，亦陆续撤退。是晚枪炮略停，但看见前方火光冲天，料系放火烧屋为号，尤以庙行附近火光更焰。

三日，天气如前。昨夜我九时向唯亭行进，天明抵达。各部电话不适，又无接获各师长报告，心中甚为不安，前方消息更无所闻。至九时，区师长寿年来部面报，该部已照命令完成，但沈、毛两师尚未有报告。敌机不断地在南翔一带大轰炸，决再候至午后一时无消息，再往前方一行。到了三时，依然无报告，即带同卫士多人，乘小轿车到安亭附近，即看见我军六十师武装同志浩浩荡荡迎面唱军歌而来。沈师长继续亦到，即责其因何昨晚至今无报告。他云已有两封报告，或者传令兵走错方向亦不可料等语。各部正在煮饭，即令晚饭后今晚务须达到指定地点，我即返正仪总部。是晚九时，接沈师长电话，今日我收容队在真茹车站与敌追击队激战甚烈，我梁佐勋团伤亡甚重，刻已撤至江桥。所知各部均已部署妥当。今晚似觉疲倦，十二时，则在行军床休息。

四日，天气甚佳，据赵处长一肩接前方电话，拂晓我沈师收容队仍在江桥附近接触等语。八时，敌机沿京沪路侦察我军行动。九时，即约同各师旅长往青阳港、昆山一带视察阵地，并督饬其从速构筑主阵地，午后始回部。据第五军部通报，亦照计划布防，已与六十一师联络，我前方又变为阵地，在安亭及太仓前面不时接触。是晚前线安静，与蒋总指挥谈至夜深即眠。

五日天气转寒，微雨，敌机未见活动。八时，即往苏州视察，并令区师构筑城防工事，下午始回部，着赵处长令各部将上海战役伤亡官兵调查表及俘获表限一星期报告来部，以便转报。午后三时，张学长派代表何世礼及美国浅水舰长偕同记者来会，即着副官处在花园饭店招待，是晚请其便饭，至十时散会，他约明晨派员同往前方观察。

六日天气阴雾，着参谋处派官长与何世礼等往前线侦察。十时，与蒋总指挥面谈，上海各国领事团拟出面调停，或者有停战可能。我即问他究竟如何和法，或割地抑赔款呢？如果不以平等的和平，我个人甚为反对。他说："大约当局总会不至屈辱。"我说："汪精卫一班人素来亲日，他屈辱求和，为其个人地位亦不可料。吾人身为军人，本以服从为天职，但如有人甘心出卖国家民族利益，誓不与两立。"蒋总指挥见我如此表示，亦以为然。下午往区师翁旅训话，大意系说明淞沪之战，系为军人守土有责，成功失败，概不计及。现我军因战略上关系，且已取得相当代价，退守第二防线，希望各官兵此后更当努力。官兵听了极为兴奋，讲了一个钟头，黄昏后始回部。前方敌情无变化，十时后休息。

七日，天气温和，晨早起床，无特别事，即往外出散步，顺便到六十师观其作业。十时回部，身体发热，喉起红白点，甚是痛苦，即着军医处马处长到来诊断。他说："你烘煤火过多，已中了煤炭毒气，须静养。"午后，往昆山视察六十一师防务，到达之后，毛师长带我到前线侦察，各部官兵兴高采烈，构筑强固工事。晚饭后，九时启程回正仪。蒋总指挥是日下午往南京，我因喉痛，十一时就寝。

八日，天气晴朗，晨早敌机又来侦察青阳港，敌以机枪扫射我防线，幸无伤亡。安亭前哨有小接触，想敌方正在酝酿妥协，并不会向我进犯。但我喉症痛苦甚烈，即着唐处长德赶往苏州城寻医院休养，他回来报告，已找得苏城天主教会医院。该院长系美国人，对我军甚有感情，即将其私人房间请我明日到去休养。午后身体更为不适，终日卧于毡褥。是晚九时，接太仓张团长电话，午后敌小部来扰我前哨，被伏兵击毙十余人，生擒数名，获枪十余杆。

九日，天气甚好。晨早起床，即着卫士捡齐简单衣物，八时坐电轮往苏州博习医院。到达后，该院长美国人（因我不懂得英文，名字忘记了）

殷勤招待，空出私人房间请我住，并派两名特别看护来调理。据院长诊视我的喉症说，若不留心料理，就会变态。后来他用药水洗洁，两日内不许食菜饭，料理三四日，喉症较愈，惟发热尚未稍退，身体亦见孱弱。院长嘱仍须静养，不见客，十天可复原。但我处身在此环境下，不见客亦非易事，只嘱卫士择要而见，免至失朋友的情感。休养数日，身体比较舒适。但医生和女看护对我虽十分殷勤，却怀有恐惧。她本应给我食药，欲交卫士负责。后来，她来探热时，我不客气向她们诘问，她才老实说："蔡先生，人人说你很凶，我确实不敢多看你。现在你眼也红，毛发也长，我今天冒昧对你说，请你原谅我。"她说完话，我仍觉不满意。我说："你身为看护，应当要尽看护责任。"从此以后，她便不敢怠慢我了。每日除殷勤给我食药之外，如有空暇时间，她时常来向我开玩笑，有时又陪我到外边散步。大概她知道我不是一个单纯杀人不眨眼的武夫，而还有和一般文学士相同之温柔吧。我病日见痊愈，入院两星期，已出院返部。某看护也时常与我通信。前后战事已见停顿，成不战不和之局，令我确实讨厌，我即向蒋总指挥请示，如果三天内和战问题无一个总解决，我决定向敌反攻。他答说："凡事请不可看得太容易，请你平心静气，听候当局处置。他要我军进则进，万不可轻举妄动。"他既然如此表示，我亦暂置之。惟离开部队日久，决定分日检阅各部队。据各师旅长面报，各部（以团为单位）补充已有九成五，纵使万一谈判决裂，确可与敌再战，或者较前更强。检阅各师完毕，所见官兵精神仍属旺盛，面示各官长须在精神技术上加强训练，关于形式及制式，须力求减少，此次作战经过所得之教训，亦须一一对各下级官兵分析明白。

四月二日，晨接南京电话，行政院汪院长要来前方劳军，着我们要在苏州车站听候欢迎。我亦照例率总部人员并派队在车站迎候。至是日十二时，他已到了，专车停在月台边，我即上车向他行一个陆军军礼。他一见我，就很客气地说："贤初兄，辛苦，辛苦！"他嘱我令各官长各部队先返去，着我同车往青阳港巡视阵地。他对我军守兵集合训话，井井有条，言词堂皇，确不愧是一个大政客。我识佢以来，无时无日不讨厌他，陪他两点钟，他回京，我即回部。蒋总指挥等问我关于停战妥协有无问及，我即答他，因其随员过多，无从入手，观其态度，必有协调可能。前方无事，各部整理补充亦有头绪，接粤李宗仁先生令司徒非率领补充队千余人，拨归我军补充。但上海不能登陆，请其到宁波登陆，到杭州乘大潮船来苏州，暂编为补充团。查本军自补充旅已拨七十八师补充后，至今尚未成立，着谭启秀南下成立补充旅，粤方当局对我军虽有隔阂，拟不许可，但民众及元老对我军仍属爱护，故不至拒绝。

四月二十四日，接军事当局训令，略云："国联调查团抵沪后，已由国联令中日双方在沪停止军事行动，应由该团着英、美、法、意大使召集中日双方在沪开圆桌会议，解决一切问题。由四月二十五日起，中日双方在原地不得有军事冲突等由，准此。我国素以和平为目的，得外交国际之助力甚大，兹国联既有命双方停止军事行动，日方亦愿接受此议，我沪淞前线各军，亦遵政府之令，敌方不向我前进或炮击，我军亦不前进反攻，并严守秩序为要"等语。我军接此电令之后，为恐前方官兵不明了，即着旅长少将以上官长来总部会议。蒋光鼐总指挥早已入京，由我主持军事，即将当局训令对各官长宣布，各官长亦无异言。但情形如此，亦须顾虑敌方不守信义，嘱各师旅长亦须时常留意。我为明了政府态度起见，拟最近一二日内往京一行，各官长亦赞成。

二十五日闻上海停战会议已筹备，是日下午入京。九时抵达交通部官舍。适陈部长外出，未晤，即往旅社暂寓。翌晨，陈部长电话约到其官舍面谈，起床即往。他说："今日上海停战会议，军事方面因我军不能派出军事代表，故昨日与军事当局就商，已派黄莫京前往参加。此事憬然已知，昨日又用电通知你，不知你起翟来京，想你亦同意。"我听了他说派黄莫京，我并不反对，但究竟以我军如何名义，如何阶级，不甚明了。他又说："因十九路军尚无参谋长，故临时定他为参谋长职。开完会之后，仍以他为本军参谋长，好吗？"既然如此，与他辩论亦无谓，早膳后，即回旅社。午后，蒋总司令已改任军事委员会委员长，召我到励志社训话。除普通照常训勉数语外，不似从前北伐时得胜归来召见的微笑与欢容，最后更有力地嘱咐一句，以后须绝对听政府命令。我即辞别而去，坐车返旅社。沿途自思乱想，此次抗战，系出于诚心为国家争自由，为军人争人格，当时我军亦非挑战，何以弄至政府不满？思之无不为国家民族前途悲也。时至今日，多思多虑亦属无谓，俟军事停妥后，决心辞去职责。是晚汪院长请食饭，他对我们亦照其政客大家说话，无时不以其已往的手段，四方八面讨好，本拟不加批评，但我个人对他素来的一举一动，确有不满之处。是晚我在不高兴之中，默然无语，十时即回旅寓。

二十六日晨早起，即着茶房买报一份，所见报纸大字标题，上海会议事项，惟各问题尚不见登载。七时，接粤方来电，吾妻本日起程来沪，转来苏州。在京中亦无事可办，着黄副处长和春来面商后，决于午后九时乘车返苏州，至深夜三时始达车站。因时间太早，在车站附近某旅店休息，至十时回部。各处处长来谈，前方数日来安靖。观看今早报纸，上海停战会议已急转直下，想已不成问题，着副官处通知今日午后开部务会议。在会议时提出数个方案：（一）停战协定，想不久可实现，军事复员后，应如何改良教育。（二）应筹备开追悼阵亡将士大会，以慰忠魂，限两星期筹备完毕，由徐秘书铭鸿，计划筹备。（三）去年九月至今，欠下各部官兵饷尾八个月，应由海外国内慰劳金项下支拨发给，着电知上海范主任志陆照拨。（四）京沪驻兵，军纪易坏，应由总部严格训令各师切实注意遵行。以上各条，着参、副、经各处会同修正施行。是晚，总部全体职员会餐，至九时散会。

三十日晨，接上海长途电话，吾妻已到，日内偕范志陆乘长江轮来镇江，约五月二日可到。但念范等不熟识，派唐副官到镇江接船。观看今晨上海报，停战协定约三五日可签字，惟内容未披露，有无丧权辱国，未能探悉。

五月二日九时，吾妻及最天真的绍庐女儿来到了，现我住址未定，着其在某旅社暂寓。据范志陆兄来与我密谈："此次后方所办炸敌之某旗舰，因黄浦江潮水涨落未定，水手不知海底炸药已被水流横，爆炸已不准确，至为可惜。如果三百磅炸药不流开五米达，该敌旗舰就会片甲不留了。最可惜水手一名（最得力能在水底四小时），下水炸敌舰时一去不回，定必系被炸药波及阵亡。现在我们又有一个最好办法，如能成功，收效甚大。"我说，现在停战协定已将签字，如果系间接办理，不成问题，如系直接，恐事情不密，就会弄成国际交涉。他说："绝对间接与秘密，对我军毫无影迹，请你放心。"我们两人正谈得津津有味之时，忽然传达兵来报上海大帮记者来会，范君即收口不言，即着传达请其到会客厅，我随即与记者相见。各记者开口即问："上海停战协定就将签字，请问将军有何观感？"我说："停战协定乃政府事，吾辈身为军人，以服从命令为天职，此时亦无甚么意见发表。"他们又问："如果政府万一签订丧权辱国条件，将军又将如何？请见告。"我说："倘政府不顾国家民族主权，与敌签订不平等条约，我站在国家民族上，当然反对。"他们问："上海和平停战后，十九路军驻防有无变动，可见告否？"我答："关于军事行动，乃军事当局命令行之，此时我不敢发表。"他们问："闻共产军已陷福建闽南漳泉，外间说贵军不久调闽，未知确否？"我说："共军占闽确有此事，谓调本军往剿，现无所闻，大约系闽华侨向当局请愿，也未可知。"谈了一点余钟，记者辞去，我即偕范志陆君及吾妻等往外边食午饭。午后，往参观苏州名胜（狮子林、虎邱山等处）。吾妻乃乡下人，关于风景名胜，毫无兴趣，只走马看花，即回旅寓食晚饭。范志陆君晚上十二时乘车往京矣。

五月四日，起床看报，大字登载上海停战协定条款已披露，大致尚未见有屈辱明文，但有一条要根据上海未开战前，市府与其签订（上海三十里内不能驻兵）协定仍属有效，此乃未免令我无限悲痛。但政府已答应，我虽不满，亦无可如何。蒋光鼐总指挥亦无若何表示。

五月五日，上海停战协定签了。敌方由明日起开始撤兵，上海国际商团派来前方为中立军，监视双方不得再有误会。我亦接当局命令，转知各师及前线部队遵照办理。停战协定本规定某日内开始撤退，至某天撤完，但寇军不及一星期内已撤完。我派员调查敌方撤兵情形，据所报亦谓敌方提前撤完。情形既已如此，亦令各师复员，恢复平时状态，并切实训练，暂驻昆山、苏州、常州、镇江等处。总部决定驻苏州城内，各方面来助人员及义勇军亦给资遣散，追悼会约在本月中旬举行。我乘暇挈吾妻儿往无锡、镇江等处游玩。一星期回来，追悼大会筹备完竣，择五月十六日举行。政府派居正院长来祭，参加各机关民众团体约四万人，情形甚为悲壮。廖夫人何香凝在演说时放声大哭，我珠泪亦难忍，而全场亦极悲痛。祭文挽联极多（已载于追悼大会刊物），午后三时始散会。各种事宜已办妥了，我军为国家民族生存而抗战，可怜全国人民力竭声嘶敦促政府抗战，政府那时无决心、无准备，似属可恨。至于各党各派又无精诚团结，就是国民党本身亦四分五裂，叫人团结，谈何容易。我简单说一句，有亲日派混入政府里头把持，只有一天一天地破坏抗日情绪，并不会有人助成抗日的阵容。"九·一八"至"一·二八"，何者为抗日，何者为亲日，"七·七"抗战以来已揭穿西洋镜了。现在做汉奸的人们，当时何尝不在政府握大权，做大官！回忆"一·二八"前后亲日派的阻挠抗日，阴谋对我军不利，专寻我军的弱点向极峰挑拨，那时明眼人何尝不知！至今我还想食其肉而寝其皮。但事已过去，虽愤恨亦无济于事，不如又写我经过事业罢了。

追悼会过了三天，在部也觉得无聊，承挚友陆文澜君邀我游木渎，他说："该处风景甚佳。"有一日，晨早带同卫士多人，偕陆君、唐文启与"伯父"（忘记他姓名）同往，十点钟后就到了木渎。商业繁盛，男女青年知识甚高，男女交际亦极文明，此地乃明朝顶顶大名的风流才子唐伯虎的读书出身处。我到此观光甚为兴奋，山清水秀，所见百般无不心旷神怡。住了一宵，翌晨往参观某寺，午后始回苏州。接获军事当局密令，略云："红军大部进至闽南，漳州相继失守，同安亦危，着该军全部由海道输送进剿，所有装载船只，已由交通部备用，仍将开拔及到达日期具报为要。"接命令之后，即令按六十一、六十、总部、七十八各部序列装载，在镇江上船南下。六十一师在泉州口登陆，其余则在厦门、嵩屿、海澄登陆。命令下达后，即挈吾妻往沪，着其先回港，我仍在上海应酬甚忙。上海市民亦在商会开淞沪抗日阵亡将士追悼大会，邀我参加，情形极为悲痛庄严。那时，上海仍是复杂，唐海安君请我在其公馆暂寓，蒙其招待甚为客气。在沪住了十天，均蒙各界招待。据报六十一师输送将完，我须准备南下。那时又不知蒋总指挥受何感触，在沪秘密回港，转回家乡，此时令我心中烦闷。是日看报，国府褒扬抗日军人，我及蒋光鼐、张治中等均奖给青天白日奖章，同时我擢升十九路军总指挥，蒋光鼐调升驻闽绥靖主任。卫戍司令长官部撤销，所有长官部人员拨归绥靖公署，邓世增为公署参谋长，率同人员南下，公署设福州。我因敦请蒋主任光鼐回军就职，即在沪乘总统船南下抵港，同船有范志陆主任，并有银幕上最出风头的阮某及交际花某某等多人。抗战以来，数月之劳碌，在船中两日最为痛快。舟次鲤鱼门，《超然报》记者钟翰华最先登轮访候，及抵码头，万人来迎。为便利应酬计，即在告罗士打开两房间，日夜应酬不暇。华商总会两日均是请宴，并赠各纪念品，其他各团体慰劳物亦多，不能一一尽录。在港应酬数天，即上省。到省之日，各机关团体亦来码头迎接。我回本寓稍事休息，即往晋谒当局，形色比较以前为欢洽，骨子里仍有妒忌。翌日各团体在中山纪念堂开欢迎大会，请我演说。我因站在中央立场来讲话，各要人更属不满。在省应酬了数天，所得各方面报告的结果，"西南首要人物此时也不拥护中央，亦不完全反对。"以我个人观察其内容，系半独立式无疑。国难如此，所谓党国要人，尚不知觉悟，将来又不知要演变至如何程度！可怜者吾辈军人也。补充旅谭启秀部仍在广州，闽南雄已失，省方请谭旅增援。为应付友谊计，即令其开北江韶州协助，事毕即返广州，候命调闽。我在省数日，公私均已办妥，向当局辞行即返港。接漳州来电："沈师已全部抵漳州，毛师亦已布防泉同等处，共党林彪部已退守龙岩，区师全部约一星期内亦可到达嵩屿。"以我判断，此时红军尚不敢与我决战，我乘暇请范志陆主任来此面谈。范到后，即将在沪等处收得各界慰劳物款报告，他说："所收得慰劳金约九百余万元，均有收支账及征信录公布。"遂命其以最速时间造好征信录公布，印发感谢书，并由蒋光鼐、戴戟及我等审核清楚，并无贪污作弊之事，良心实感告慰。我自港返到厦门，群众热烈欢迎，美国浅水舰舰长与我相熟，竟放礼炮表示欢迎。在厦门住了一天，翌日，参观各处古迹后，即渡江到嵩屿乘车返漳州总部，并着参谋处长赵一肩重新部署"剿赤"军事。令六十师先行推进至龙岩，督饬地方民团协同四十九师"清剿"龙永散匪，七十八师在南靖等处集中训练，六十一师以一部推进永春，其余开赴泉、同、安三属"清剿"散匪。部署已定，绥靖公署设福州，惟蒋主任仍在乡间，未到就职。关于绥靖工作，实施无由，除请公署派员来漳州组织行署，以便实施外，我终日仆仆漳泉之间。且福建环境复杂，地方民众互相攻讦，你说我是某党某匪，我说你是贼，如果不查确执行，就会上土豪劣绅大当。至福建苛捐有二百多种，地方舆论亦不断地攻击，我是一个军队最高指挥官，只有指挥军事行动之责，无指挥行政之权，公署参谋长邓世增因蒋仍未就主任职，行使职权极为慎重。光阴易过，做事又不成，从此拖延下去，亦非善策，我即跑到福州，与邓参谋长面谈。他说："绥署成立以来，因主任尚未就职，屡电蒋主任请其早来或先代其通电就职，他始终未表示，办事甚为棘手，最好请你回去敦请。"邓君与我所见不约而同，到了福州两日，即回漳州。稍为揩挡，又往厦门搭船返港。请即往省，与当局面谈，请其将谭启秀旅归还十九路军，由海道输送来闽，并请将每月接济本军二十万元毛洋改为大洋。当局亦许允，我心甚感激。此时绍枝女出世，在省逗留两天，偕香翰屏军长往虎门太平，向蒋主任促驾。将到他故乡（南栅）附近，蒋主任则以优游闲适态度在郊外相迎，蒋说："你两位敢劳驾来到，请你食荔枝，但不准你们谈政治等问题。关于我个人行动，更请你不可多说，你们照我之意，我就令人备办几味土产好菜相请。"他预先知道我们的来意，使我们有点难以启齿了。香君即以老友的态度说："大约谈谈政治都得慨呀。"他则频摇其头，谈锋便转到别的地方去了。以后谈话到最高兴之时，先由香君口中把我的促驾意思说出，他说："贤初特来促驾，请你回军就绥靖主任职，以领导十九路军全体官兵，继续奋斗，并请以党国及部属为重，不可太过固执才是。"蒋说："阿香，你在演说吗？我此处系乡下地方，已经说过不准你们说及政治事宜，只可闲话桑麻。"他的态度坚决，说来说去，他均不以为然，我又没有如簧之舌可鼓，只得仍请

香君向其劝慰促驾。我与香君今夜决不返省，食完晚饭，香君力称其土产菜（如生蚝、蟹、鲜鱼等）甚好味道，他则欢喜异常。那时正在夏秋之间，气候仍是酷热，三人在其最可爱之荔枝树下（俗称糯米糍）大食其最新鲜之荔枝。谈到最高兴时，香君复摇其三寸不烂之舌："憬公，你是有历史有地位的人，你的责任完了吗？十九路军如此就算达到任务吗？据贤初兄刚才同我说，如果憬公不回，他返省后，亦返罗定，你可忍心吗？"这样一说，反把他难着了。他想了十分钟便说："点解你一定要拖我下水。贤初，点解又要消极呢？还请你早回军，我从旁帮忙好吗？"那时，我见他有了转机，便更强调说："好，憬公不回去领导本军，我回去独力维持，我亦确心灰意冷，明日返省后，即回我故乡罗定休养，此乃天公地道的事，我亦不敢再向你要求了。"他又说："你们不原谅，一定要我下水，明日与你上省，再定行止。"我与香君见他有此表示，心里便轻松了，就撇开此问题不谈，转谈别事。直至午夜十二时，便各向梦乡去。翌晨食了早粥，三人往太平参观其创办之医院后，仍乘浅水电轮南强号返省。午后一时抵达广州，再与粤诸要人面谈后，蒋憬公再不坚持不回闽了。此次再得他回军，乃香君之力。在省应酬三天，两人则下港乘荷兰支沙丹尼船回闽。到了厦门，稍事休息，他转船往福州，我亦返漳州总部。

我返总部，各幕僚官长面报："我军抵达月余，关于'剿匪'工作，甚为紧张。但最难办者，地方复杂，且交通不便，各属地方仍是土豪劣绅把持，杂牌军亦不守纪律，倘不彻底解决，为福建之患。最好电请公署拟定方针，指示我们办理，较为顺遂。"我听了如此报告以及建议甚有见地，即着参谋处拟稿呈请绥署核准施行。惟鉴于闽西各属连年经过兵燹、土匪、盗贼洗劫之后，非妥为整理不能善其后，又着徐秘书长铭鸿拟一闽西善后办法，俾我参考。我为全般计划，欲根本改造全闽，使之焕然一新，将闽西南起首改造，已达成我军来闽之任务。回来总部数日，复往泉州与毛师长面商。据云："陈国辉的匪军跋扈非常，现仍在永春、大田、仙游、莆田等处无恶不作，如仍由其自由行动，群众则永无宁日。"我得了他报告，拟根本解决，此时又无善法，欲就近往莆田往福州报告蒋主任。查常思岭公路尚未通车，故仍返漳州转往厦门，搭船前往较为方便。主意决定，到厦门电报局。本军后方办事处候船半天，即偕同随从搭商轮海澄号于下午启程，翌晨八时已抵福州马尾。福州各界民众团体代表到来欢迎，到达南台海军码头登陆，沿途军队与学生站队迎接，蒋主任及邓参谋长亦亲到。因蒋是我上官，我心里有点难为情。在蒋公馆休息片刻，即同往绥署。我即将闽西、闽南各属及杂牌匪军情形面告蒋主任，他思索了数分钟，说道："现省政府主席方某是只知食大烟，关于地方事宜毫不关切。他本来是我们朋友，屡请其留意，他大不以为然，如果再不理会，我军为绥靖地方计，应以断然手段处置。至匪军陈国辉部号称六团之众，只知苛勒民间，不知自己军人职责，若果他仍不知自爱，我自有绝好的计划制裁，请你放心就是。"那时，闽北方面有刘和鼎及周志群，因军费不充，月中在地方筹款补助，亦有所闻。至闽北王卢兴邦匪军，持其土霸盘踞永安、河县、大田等属十余年。勒索之举乃家常便饭，就是他的匪军究竟有若干，武装有多少，政府及军事当局始终不知。此种大恶不除，尤为闽北之患，若一时过于急切，他联合全闽匪军反抗，将来又更不可收拾，急办缓办我又须请示蒋主任。他说："总之便宜处理，既不急也不可缓。"我为善后便利起见，即令谭启秀旅开来福州永清一带驻防，直接归绥署指挥。我到福州住了数天，因闽南方面重要，即返漳州坐镇。那时红军大部麇聚汀漳各属，虎视眈眈，随时有侵扰我腹地之可能。我正在计划"剿匪"善后之际，而迅雷不及掩耳之手段，匪首陈国辉已被绥署扣留，全国人民无不欢声大快，尤以闽人华侨来电，请早日将该匪首枪决，以慰民望，情词激切。绥署遂将该匪首罪状宣布，执行枪决。但其爪牙甚众，我即令泉州毛师由永安向仙游，谭启秀由永泰向该匪军包围清剿，不及四天，已肃清。但该匪均属土著，其中亦多漏网，经过数月，始将散匪根除。

冬天已到，年关在即，我军入闽经有数月，在此复杂环境下，终日席不暇暖，今日调防，明日"剿匪"，但官兵严守纪律，亦算难得。惟

"一·二八"至今，已劳苦将近一年，着经理处于元旦日全军每官长犒赏酒肉壹元，士兵三角，以慰勤劳。今年的责任已告终，所做未完的事，只听明年大家发奋做去。光阴荏苒，日月如梭，转瞬间又已一年，国府公布命令："福建省府改组，以蒋光鼐为委员兼主席，蔡廷锴为驻闽绥靖主任。"时间无多，决过元旦后始往福州。

革 命 失 败

民国二十二年（1933 年）

元旦日早晨，本部及驻防附近各官佐来部礼堂行团拜礼。官兵济济一堂，余即席对他们勉励一番，礼毕，放假一天。是日，适值香港华南球队员男女十余人来漳州与本军球员作友谊比赛。我军球员训练欠精，经验缺乏，比赛结果，致一败涂地。两天后，华南球队更乘战胜之余威，往泉州向六十一师挑战，想该师球员训练亦是幼稚，何能与训练有素之劲旅为敌？

元旦娱乐毕，即召本部处长以上举行部务会议。决定以后应做之事宜：（一）交通运输；（二）闽西监务与米粮；（三）各师士兵缺额之补充；（四）注重战斗教练之改良与射击之准确；（五）为养成班长人才，决定成立军士教导队。以上各条，由参谋、副官两处将办法及细则拟定后开始实施。余即乘暇往福州谒见蒋主任，并决辞绥靖主任一职，请蒋兼理。他不特不答允，却反加责备。数日后，奉委座电召，赴汉受训。我因部内事须返漳整理一切，方能转船往沪。蒋主任则由福州先行返漳州。闻红军大部麇集汀龙附近，有相机而动之势。最苦者，幕僚长黄某新到任，各师长对其既无相当信仰，且对军事种种调动又属生疏，一旦有事，他当然无法指挥。故军事一切须我完全负责，精神上极感痛苦。在此困难之际，本拟择一师长升本军副军长，但三位师长又是资望平等，擢升难矣。后悉闽西情况已转和缓，余即往厦门搭船转沪。两天后，与宋部长面晤，旋即乘民用机飞汉，住中央银行。是晚，委座赐餐，翌晨八时召往训话：

"福建人事极复杂，办事须留心，以后宜多用闽省人帮忙。对军纪尤当切实整访，办过福建事的人，方知办福建事之困难。你回广州两次，陈伯南、李德邻等对中央态度如何？与你谈及否？"他训示毕，余即将本军一切困难情形报告，尤以省内杂牌军及军费情形，尽量直白，向其请示。至我回广州，与他们只是友谊的来往，并无谈及政治诸问题。后他说："你不及他们的策略，你不可太率直轻信外间一切谣言。既然今日可抵沪，你明日先回去，各种困难事宜，中央在可能范围内，尽量对你们设法。"继而我又将不能兼顾绥靖主任一职之理由向他报告，请另派贤能，或仍由蒋主席兼理。他又不许可。受训一小时之久，即辞别，回银行与陆文澜兄乘车往郊外玩游，并到武昌观察民国十五年任团长时围攻武昌之痕迹，不觉有所感。午后返汉口晚餐，定好飞机票，就寝。翌晨六时三十分，到堤岸水上飞机场，七时起飞，午后三时抵龙华机场。是日适蒋主任抵沪，明日他须赴汉，是晚宋部长请晚餐，九时散会，则与邓瑞人君外游至夜深归来。陈部长真如已辞职来沪，他说："因环境不好，拟旬内放洋。汪某执政以来，鬼鬼祟祟，极峰又不满，我不得不走。"明日，他又说："各方对十九路军均有妒忌，请你留意，今晚请你食晚饭再谈。"我说："我军'一·二八'抗战以来，各方面均无得失，为何人妒忌？那么我也辞职，好否？"他答："十九路军乃民众国家武力，责任重大，何须灰心？还是做好。"是晚，仍在公馆食饭，他仍是如此说法。环境不好，我也暂时置之不理，即返旅寓，请邓瑞人代购船票两张，以便明日蒋主席抵沪后同船返闽。抵达福州，蒋主席光鼐即接省府，中央发表孙希文为秘书长，范志陆为财政厅长，郑贞文为教育厅长，民政厅长仍由蒋主席兼任，同时我亦接绥靖主任职务。我即与蒋主席面商闽西行政事宜，决定成立闽西善后委员会。蒋认为该会应暂归公署指挥，并要我负该会主席职务。种种办理，已有端倪，在福州事务亦完，即返漳州。着徐秘书长铭鸿草拟闽西善后会组织大纲原则，然后开会逐条审查通过，以沈师长光汉、张师长贞及地方正派绅士为委员，组织成立。我们的口号是："实现三民主义，实行耕者有其田，计口授田，将共党所分田地，重新分配。"办理不到三月，已深得闽西人民之信仰。由此观之，群众心理，所求者以土地问题为第一，其他问题次之。闽西秩序恢复旧观后，即令七十八师区师长全部推进连城，各部"剿匪"成绩均甚佳好，那时稍觉安心，即回漳州坐镇。中央派黄季宽南下，与粤当局洽商"剿共"诸问题，我亦奉命回粤参加，粤方则请李德邻、白健生来省讨论关于"剿共"及拥护政府诸问题。所谈尚未切要，我即提出"剿共"不能合作，终归双方失败，应如何合作，敢请衮衮诸公决定。他见我如此说法，乃提出一个"剿共"方案，桂军允派兵两师入赣，粤派兵二十团往赣南，每月中央资助广西军费三十万元，广东一百万元，以陈济棠为浙、闽、赣、粤、湘、五省边区总指挥，我为前敌总指挥。我以为从此中央与西南之隔阂可消灭于无形。黄绍竑北上复命，我亦回闽部署一切。中央任命五省前敌总指挥关防已到，"剿共"招牌便挂起。但我想如此，他则想如彼，见仁见智，各有不同，双方仍未出于真诚，"剿共"之事，遂未能教效。所谓统一对外者如此，全国同胞热望对外者倍觉失望。那时，胡汉民先生不断派人来联络，用意如何，亦不可知。他虽高唱抗日之调，但无实际之行动，缘他非拥有实力，虽有任何好主张，亦属空谈，无补实际。悲愤之余，遂作闽西之行。抵达龙岩，召集政工人员会议。据沈师长报告各工作人员努力，兼得傅柏翠等之协助办理各事，均甚顺利。会毕，即往古田蛟阳（上杭属）等处巡察。途经大小池，行了两天羊肠小路，多见树木，少见人民之地，到蛟阳住宿两天。抵龙岩，接漳州电话："日寇已向热河榆关方面进攻，蒋主席请总指挥回汉，即往福州云云。"依国际形势判断，敌乘世界不景气，列强无暇东顾之时，占我华北，亦有可能。即着沈师长认真办理闽西，我返漳即乘车往福州，谒见蒋主席。彼此谈及敌进攻热河甚急，我军原为抗日鼻祖，应向中央请缨，纵不许我军全部出发，亦应以一部先遣策应，鼓励前方士气，并拟先在各师抽调志愿官兵编为两旅。我即回漳召集备师长会谈，众无异议，并决以谭启秀为援热先遣军第一旅旅长，张炎为第二旅旅长，各师及谭旅特务团编成六团，粤桂拟编一师，协同出发。后接广州陈伯南、李德邻来电云，编成抗日军两师归我指挥，即复电感谢。西南执行部命我为援热联军前敌总指挥，但我是南京政府官吏，不敢接受，后以公推方式归我指挥，似尚可行，遂从之。先遣军编配完成，即令谭、张取道东江到樟木，乘火车可减少七日路程，不料谭、张两部由永定入粤境，当局（广州）竟暗使地方党部反对我先遣抗日军过境，同时一面派兵监视行动。据谭、张报告："情势严重，请总指挥返粤向当局疏通解释，否则不能行军。"得此不良消息，心痛极矣。不得已，我即轻从回粤，就商于粤军统帅陈济棠，结果准我军迂回经老隆龙门出源潭，乘车北上，集中湖南郴州。那时粤当局一面赞成抗日，并答允派兵归我指挥，一面又暗中监视与挡驾，此种两面策略、虎头蛇尾行为，实令人愤慨。但军中重要人员仍与其往来，暗中仍有联络。我当时极不主张先遣军全部抵郴州。前锋抵耒阳，热河及各关口相继失陷，"塘沽协定"已签订，中央即令我军回闽。我军请缨无路，忍痛回师，再作抗日救亡之图。但此次行动白白用去二十余万元军费，结果扑了个空，回闽后，时已夏天，抵部不及一天，蒋主席电催我往福州面商要事。到达后，往三桥晚餐，孙秘书长希文与蒋主席交封电稿我看，如同意请签字。该电内容因对"塘沽协定"不满，言词激烈。继又接陈真如先生由巴黎来电云，日间归国，我等即去电赞成。他是我等十年来直接上官，就公谊私情皆应到港接船，以示敬意。陈先生抵港不及数天，他便对我说，日内同往福建，与各同袍一话阔别，并询问福建行政、军事、经济等甚详。他抵闽先往福州，我则返漳州总部。正在"剿匪"军事紧张之际，蒋主席来电催我往福州。我为避开一切麻烦，专心治理军事，电复蒋主席，请以密码指示。他仍催我，不得到。抵福州，有粤方代表与蒋主席商军事合作问题，邀我会商。粤方已拟有草稿带来，内容系以团结粤、桂、闽三省军事力量，抗日救亡为名义，既不拥护中央，亦不反对中央，实行军事互助，三省中任何一省被敌侵犯时，其他两省应以全力援助，师长以上均署名。我当时觉南京当局异视本军，实因淞沪抗战甚得人民拥护后，更令当局嫉妒，所谓怀不赏之功，戴震主之威。当时西南方面与中央貌合神离，所以提出与我们合作。但是否出于真诚，尚难臆断。左右思维，心中无主，适邓瑞人兄来闽，我即与其密商。

我说："现在我处境甚苦，拟辞职，上峰必不许，意欲挂印逃官，君以为如何？"他说："此举我亦赞成，但你的部下师长或参谋长能否选择一位代负你的责任，乃是大问题。"后我曾与各师长谈及，某师长答曰："若果你离开本军，相信不出一个月，就会搞出乱子。"又说："你走了，不出十天我亦走。"我亦感觉四个师长之中，论资格，论战功，都互相伯仲，实难选出一个全军指挥官，此事使我生无限苦恼。真公到闽后，活动异常，今日在某团体演讲，明日又到某军训话，对政工人员更格外留神，大有不抗日则不谈革命，则民族不能救、自身不能保的神气。我见情形如此，亦以我十九路军乃民族之军队不是私人军队，坦白地向蒋主席请示，他说："我们现在只有维持现状，现在时间未到，尚须忍耐。"蒋主席既有主意，我亦领会。那时正当炎夏，天气酷热，即往福州有名的牯山避暑。不数天，接驻军连城的七十八师区师长寿年电说："共党主力向连城进攻，外围部队均被其包围，请援救。"我复电着其死守。但区师有八团兵力，因何无力抵御，我甚愤怒。后两日据报，区师放弃连城，退守永安，损失约两团之众。即令其就地整理，命六十师沈光汉部向永安移动。不料共产党又大举进攻闽北，已陷将乐、归化等属。刘和鼎又请救援，乃令六十一师主力经大田向沙县集中，我亲率补充师谭启秀部经水口、尤溪口、西芹，解延平之围。共产党向闽北撤退，我坐镇延平，令刘和鼎师及周志群旅向邵武侧击红军，令沈、毛、区各师向将乐、归化一带肃清"散匪"。谭师集中延平，我即回福州。粤当局派何某来游说："西南拟双十节成立军政府，请福建方面合作，并请蒋主席回粤密商。"我问何某，粤方是否出于至诚，财政有无充分准备。他答："某方面说财政各项，均不成问题，请你们放心合作。"何某在此活动两天，多系与蒋主席商谈，我因怀疑粤方非诚意，故少与接谈。何某归去，蒋主席因其公子婚事，亦乘便回粤与其周旋。真公在闽日日仆仆途中，来往闽南、闽西、闽北之间，指示各种政治措施及发表抗日救国之演说，以唤起民众，又与共产党拉拢。

蒋主席由广州返闽，我即到他公馆会面，问他到粤后有无商得要领。

他笑笑说："你猜如何，请你先说，我然后道实。"我说："必无结果。"
他答："你确聪明，粤省此举，乃系一种敷衍，幸勿信之。真公欲另行一
种做法，此时尚嫌太早，我意暂观时势，凡事先有把握而后动较为有
利。"他此种态度确有理智。我即安心返漳州巡视。不及十天，蒋、陈又
来急电，着我往福州。我赶到福州蒋公馆，蒋主席对我说："贤初，我们
时机到了。我们要实行抗日，但要抗日，非革命不可。南京政府既不能领
导我们抗日，中华民族解放无期，中华民族必沦为日本的殖民地，万劫不
复。我今已答应真公了。"我说："真公究竟如何做法，关于财政、军事，
有何把握？"此时真公又到，他们合口同声说："孙中山先生革命时代，
手无寸铁，尚能成功，且革命不能计成败。"我说："成功失败，本不足
计。但如何做起，此乃大问题。"他说："现在决与各党各派联合组织联
合民主政府，李任公、徐谦亦赞同。"我当时即答了若确要如此干，当与
各将领说明白，并征求其意见，以得集思广益，坚定自己意志，齐一自己
步伐。乃返漳州，经长时间考虑后，即召集各师长以上讨论。那时，适省
府财政厅派出办捐税人员在闽南各属骚扰，若不纠正，无以对地方。即令
各税务人员来漳州总部，逐一审问。财政厅长范志陆见我生气，即逃往香
港，倘蒋主席不谅我苦心，便以为我迫走范君了。但我的措施全为解除闽
人痛苦，对范本人毫无恶意，彼（指范）既误会，我亦听之而已。在漳
数天，即往龙岩召开军事会议，将在福州陈、蒋两公所谈之事，密告各将
领，并征求其意见。他们均无政治头脑，心里纵有不满，亦不敢吐露半
点，亦是一样说法。真公曾对我说："我到龙岩与张师长炎、区师长寿年
谈及，他们极有革命性，且绝对服从。惟六十、六十一及补充师各将领头
脑比较残旧，也可改造。"我当时自知尚未充分准备，殊为难做，然大势
已定，中央亦已发觉，各省人士纷纷集中福州，革命精神已达最高潮，遂
于十一月中旬，由李济深、陈友仁、徐谦、戴戟、黄琪翔、李章达、萨镇
冰、何公敢诸先生及各党派要人，到福州齐集，并于最短时间开全国人民
临时代表大会于福州，决定立即组织人民革命民主政府，召集第一次全国
生产人民代表大会，制定宪法，解决国是等要案。通过人民权利政纲十八

条，第一条：中国为中华全国生产的人民之民主共和国，中国最高权力属于全国生产的农工及共同支持社会结构的商学兵代表大会。第二条：中国国家之独立，为不可侵犯之最高原则。第三条：全国人民不论种族、性别及职业，除有背叛民族剥削农工者外，有绝对之自由平等。第四条：实现农工生产人民之彻底解放。第五条：否认一切帝国主义者强制订立之不平等条约，首先实现关税自主。第六条：实行计口授田，以达到农业共营、国营之目的，一切森林、矿产、河道、荒田概归国有。第七条：发展民族资本，奖励工业建设，凡有关民族生存、民生日用之重要企业，概归国营。第八条：人民有劳动之权利义务，肃清军阀、官僚、豪绅、地主等寄生分子，及地痞、流氓等游民分子，肉体及精神劳工均受最大之保护。第九条，人民有身体、居住、言论、出版、集会、结社、信仰、示威、罢工之自由。第十条：公民有武装保护国家之权利义务。第十一条：否认南京政府。第十二条：号召全国反蒋、反南京政府之革命势力，立即组织人民革命政府，以打倒南京为中国中心之国民党系统。第十三条：于最短期间内召集第一次全国生产人民代表大会，制定宪法，解决国是。第十四条：求中华民族之解放，形成真正独立之自由国家。第十五条：消灭反革命之南京政府，建立生产人民之政权。第十六条：实现国内各民族之平等权利。第十七条：保障一切生产人民之绝对自由平等权。第十八条：铲除帝国主义，打倒军阀，铲除封建制度，发展国民经济，解放农工劳苦群众。更定上红下蓝中嵌五角黄星之国旗，成立中华共和国人民革命政府。以李济深、陈铭枢、蒋光鼐、蔡廷锴、戴戟、黄琪翔、萨镇冰、徐谦、李章达、何公敢、陈友仁为国府委员，以李济深为主席。下设政治、军事、财政、文化、外交五委员会，分掌军事、财政各事宜。更定年号，为中华共和国年号，首都设于福州，继续发布对外宣言。陈铭枢兼文化，陈友仁兼外交，蒋光鼐兼财政，徐谦兼司法及政治，并设军委会，我兼人民革命军第一方面军总司令。兹将十九路军改编序列如下：

总司令部直属官佐姓名一览表

兼 总 司 令	蔡廷锴
参 谋 长	邓世增
政治部主任	徐名鸿
参 谋 处 长	范汉杰
经 理 处 长	叶少泉
军 法 处 长	陈 权
副 官 处 长	谢东山
交 通 处 长	唐德煌
闽东警备司令	丘兆琛
特 务 团 长	李金波
独立团团长	马鸿兴

第一军

军　　长	沈光汉
副 军 长	
兼 参 谋 长	李盛宗
参 谋 处 长	陈心崧
政治部主任	魏育怀

第二军

军　　长	毛维寿
副 军 长	张 励
参 谋 长	赵锦雯
参 谋 处 长	黄 衡
政治部主任	陶若存

第三军

军　　长	区寿年
副 军 长	黄 固
参 谋 长	李 抗

参谋处长　　　李　扩

政治部主任　　林一元

第四军

军　　　长　　　张　炎

参　谋　长　　　余仲祺

参 谋 处 长　　高华麟

政治部主任　　郑　丰

第五军

军　　　长　　　谭启秀

参　谋　长　　　沈重熙

参 谋 处 长　　容天石

政治部主任　　谭冬菁

第一师师长　　刘占雄

第二师师长　　邓志才

第三师师长　　庞　成

第四师师长　　梁世骥

第五师师长　　云应霖

第六师师长　　张君嵩

第七师师长　　阮宝洪

第八师师长　　谢琼生

第九师师长　　赵一肩

第九师副师长　陈任之

第十师师长　　司徒非

第一团团长　　黄茂权

第二团团长　　刘汉忠

第三团团长　　梁佐勋

第四团团长　　华兆东

第五团团长　　汤毅生

第六团团长　　　谭　忠

第七团团长　　　石抱奇

第八团团长　　　廖起荣

第九团团长　　　黄　镇

第十团团长　　　丘昌朝

第十一团团长　　郑为揖

第十二团团长　　吴康南

第十三团团长　　丁荣光

第十四团团长　　云昌才

第十五团团长　　黄瑞能

第十六团团长　　邹　融

第十七团团长　　钟经瑞

第十八团团长　　赖芬荣

第十九团团长　　涤鼎新

第二十团团长　　杨昌黄

第二十一团团长　周士第

第二十二团团长　谭光球

第二十三团团长　郑星槎

第二十四团团长　梁美南

第二十五团团长　廖木云

第二十六团团长　曾涤平

第二十七团团长　萧　组

第二十八团团长　蒋静奄

第二十九团团长　孙兰泉

第三十团团长　　杨富强

　　编配完毕，候军事之发展。惟广东、广西、湖南、山东当局虽有代表接洽，但态度暧昧。共产党方面虽说合作，其实亦未见真诚。据报，南京方面已派兵三个师，经闽北苏区直入，不久必与我军厮杀，希望红军援助，恐亦等于幻想。这话我当时也对真公说过，果然不出我之所料。南京军始到浙赣边境，红军即撤退，让南京军长驱直入闽北。那时我名为高级指挥官，仍以虚心待人，关于战略战术，人各其说，意见纷歧，莫衷一是。初本拟以主力集中闽北，后有人谓要保护政治重心是福州。我明知福州四面皆水，我方缺乏海军，易攻难守，但众意要调主力返福州，我亦无可如何，只留谭启秀军一小部守延平、水口、古田各处，而主力调抵福州，战略又变更了，令我带主力向延平攻击前进。军抵白沙，师长司徒非在延平作战不力而降（因他走汪精卫路线），古田赵一肩师被围，激战三昼夜亦被骗而降。谭启秀在水口督战，兵力单薄，援军未到已被击破，谭即突围而走。右翼第二军毛维寿态度不明，其他各军亦无决战之心。预势如此，难以作战，即向李、陈、蒋建议，不如退守闽南，徐图后计。他们亦以为然，即开始撤兵。各党派一闻退兵，即行星散。我回福州坐镇，即令区寿年部先在峡兜渡河，向莆田掩护退却，在福州所存有的军米数百担则交地方公正绅耆及萨镇冰先生赈济灾民。各部已安全退却南岸，我即乘车往莆田。福州人民见我军纪严明，虽然退兵，亦举行欢送。全市贴满标话："十九路军的军纪天下无双"、"欢送十九路军"、"十九路军虽败犹荣"，我军至今尚留下福州人民以深刻的印象。我始抵莆田，区寿年军已开仙游，与南京军接触了，即令其努力掩护后，拟在仙游决战。但沈军邓旅畏战不前，毛军更甚，故令毛军先集中泉州掩护，沈军继毛军后行动，区军全部及后续张炎军统为区寿年指挥。后路虽被切断，但敌人不堪一击，我军全返泉州。我先行抵泉州时，即与毛维寿面商今后大计。我知毛已有异志，当时我着其派兵在洛阳桥等处布防，他亦态度暧昧。后我见机行事，向他说："我们做事为团体，为革命，虽败无憾，请你安心。十九路军除谭启秀新成立部队不能存在外，其余四军之众，均无损失，我全交于你，你可明日通电投降。我今晚乘机飞漳州，率残部退守龙岩，再作良图。"他见我如此表示，即眉飞色舞，洋洋得意，翁照垣、赵锦雯等亦无表示。时将黄昏，我即单人乘一练习机返漳州，即请军官补习所主任余华沐来面商，决于明晨将学员及周士第团退驻龙岩。是晚终夜不寐，晨早又乘机飞龙岩，傅柏翠等亦到，在龙两日，无甚消息。闻毛维寿已接受南京投降为第七路军，毛为总指挥，张炎副之。张不就，沈光汉、区寿年均为毛排除，翁照垣与宋希濂等接洽，拟乘机掌握十九路军又成妄想。现在龙岩零星武装部队，仍有三四千之多，急待善后安置。在未想妥办法之前，仍集合讲话，我军虽败，我志未馁，兴高采烈犒赏各官兵，经过长期的苦斗，无畏惧与灰心。

蔡廷锴自传

（下）

人民出版社

周 游 列 国

民国二十三年（1934 年）

我率残部进驻大小池，粤当局拟收编我残部，即由邓参谋长世增与其接洽。结果来电谓：日间由邓与黄副处长和春同来，一切事宜限时面谈。邓世增未到前，我觉无聊，终日游山打猎，候了十天，邓、黄到了。陈济棠令黄任寰收编，任黄和春为旅长。各事办理完后，黄和春旅调永定，我与邓到永定与黄任寰见面。住一天，由大埔汕头，逗留多日，吾儿绍昌、绍辉与叶少泉、翁云亭等来汕接船，遂同返港。我从军二十四年，从此暂时得释军人仔肩，而在淞沪抗日名闻海内外的十九路军亦宣告解体矣。抵港后，因在家中应酬繁剧，由谭启秀介绍到山顶道梁二姑家暂住。吾妻彭惠芳及各男女亲友均到慰问，他们以为我失败会灰心失意，惟事实适得其反，我自失败之后，无官一身轻，精神上反觉愉快，体力日好。最难忘怀者，被遣散之官兵抵粤后走头无路，即派叶少泉返省料理，并命其将十九路军收支数目对各级官长公布。闻黄和春部收编不及一个月，已被陈济棠下令缴械，周士第只身逃难，徐秘书长名鸿竟被枪决，军队解散不足惜，徐君被枪毙实出乎意料。徐君不过是我的秘书长，一个文人而已，竟罹此惨刑，冤哉枉也。但数年来冤枉之人不只徐君一人，生在恶势力范围内无法理可言，至今思之犹有余痛。

返港闲居一月，检讨以往，自问我学识浅陋，缺乏政治眼光，尤以性情鲁莽，开罪于人且不自知，是我一生最大的短处，乃思出洋考察，以增加见识，陶冶性情。决定后即筹备行装。丘兆琛、谭启秀也要求带其同往，我答应他们。那时正在三月初旬，吾妻又将分娩，不久闺女出世，绍昌、绍辉两儿见陈真如先生公子广生往外国读书，亦想出国留学。我见他中国文尚无根底，本不赞同，但吾妻见其终日苦闷，意准其去，我为顺妻意始首肯。我出洋衣服及护照已准备妥当，即请麦英俊为翻译秘书，偕谭启秀、丘兆琛、麦英俊一行四人搭意国邮船康德罗素（Conte Ros so）号放洋，戚友同事到船欢送者百余人，伍连德博士亦搭是船，尤不寂寞。

别矣香港

九时启程离港，风平浪静，心神怡然，一切烦杂尽付东流。回忆前日手握兵符，军书旁午，策划筹谋之日无暇晷者，其相去为何如哉！

海峡殖民地

十七日早九时，抵达新加坡（Singapore），星洲位英属海峡殖民地南端，气候稍热。船靠码头时，永安堂主人胡文虎君暨济阳堂诸位均派车来迎。侨胞方面，事前虽经我国外交官刁某制止，但自动前来欢迎者仍络绎不绝。余等接见欢迎各同胞及报社记者后，即乘胡君特备之汽车到永安堂休息片刻后，往会济阳堂诸父老。胡君着伙伴导余等往郊外游览园林，并参观联邦政府。正午返胡君住宅，见其建筑宏伟，陈设富丽，真不愧其为富商之巨宅，旋赴胡君俱乐部午宴。

星洲系英属南洋商业中心，马来联邦政府亦设于此，居民以中国人为最多，马来人、印度人次之，白种人实占少数。出产以树胶、锡、米为大宗，数年来因胶、锡价跌，商况极苦。英政府以星洲为其在东方重镇，与香港互相策应，为预防第二次世界大战计，已积极布置空防，建筑军港。完成之后，只见要塞防守森严，将不易为敌人所窥矣。

余等所搭轮船定下午三时开行，未便稽留，乃急返船。侨胞来船欢送者甚众，虽无严密组织，然其自动爱念之诚，更令余等深谢不已，所可惜者，因时间急促，一切芳名均被忘记。

十九日午抵槟城（penang），旧名槟榔屿，又名新城，亦系英属海峡殖民地之一。气候与星洲同，建筑物虽不及星洲之雄壮，而其天气、景致则星洲反觉不及。居民以闽及我粤南之潮、梅人为多，年来因胶、锡价贱，侨民生活遭受打击不鲜。余等偕伍连德、钱公使、李平衡诸位登陆游览各处名胜，闻有已脱国籍之侨民谢某者有华丽别墅，乃乘兴往游。抵达时，竟园林深锁，无法进观，不免扫兴而归。度谢某之意，以为骤来陌生十数，断不我利，而招待劳神，茶烟颇费，亦不合乎经济原则，故一律挡驾，此乃守财奴之常态，不足为怪。我国驻此领事某君虽格于情势，不敢露面招待，亦来略为寒暄。午后三时船将启程，有侨胞百数十人前来码头欢送。三时三十分钟，船乃向西驶去。

此次道经英属海峡殖民地，为时甚暂，登随时间合计不及一天，对该地印象尚不深刻。惟从走马看花中，时觉英人经营殖民地之精神可佩。

锡　兰

船离槟城后，航行较前为速，每日夜约行四百海哩，水波不兴，天气渐热。二十二日午，抵锡兰岛之哥伦布（Colombo），余为预防避免外国记者烦扰计，甫登码头，即行避开。外国记者果纷至沓来，探刺意见，因余规避，未得要领，直至黄昏，仍不散去。有问我曰："你是蔡将军否？"余即应曰："我非蔡某。"后有一记者转问码头上侨胞曰："究竟谁是蔡将军？"有指余谓彼曰："此即蔡将军也。"余斯时已觉无法再行否认，乃略与应对。

有老华侨林百存先生之公子及潮州花边店商数人，邀余等环游该埠，并到林君家中晚餐。林君父子与余素昧生平，今竟殷勤招待，令人感激。林君自云：侨此已三十余年，制售红花油，生意尚称稳定，家中人口二十余，土生子孙均未讲华语。九时，握别返船，林君夫妇均年老高寿，步履维艰，仍频嘱其公子暨侨胞数人欢送。

查锡兰当我国明朝鼎盛时曾自比藩属，岁来朝贡，现已归英，派总督直辖，并不隶印度版图。位居印度半岛之南，有珊瑚岛罗列，凝若长虹，诚壮观。出产以米、茶、咖啡、烟草为大宗，茶之产额日增，骎骎乎有夺我华茶市场之势。居民约四百余万。

哥伦布滨岛之西南海岸，为锡兰首府，英置殖民地总督于此，港湾深阔，巨舰可以自由出入，又当世界交通之冲，故英政府甚重视之。

孟 买

船启程后，沿途天色晴好。二十五日，抵印度之孟买，孟买又名崩碑，居印度西海岸中央，为水陆交通咽喉，人烟稠密，商务繁盛。惟地居热带，天气炎热，蚊蝇麇集，经过街市，俱系臭气薰天，逼人欲呕。余等约游数小时，已觉厌闷，不意以素重卫生之英人，对其殖民地之卫生问题竟如斯忽略，真令人百思莫解。

该埠闻前有华侨千余人，多为劳动界，近年因生活困难，转徙者多。余等驱车前往参观其花园、动物园，顺便经"中国城"（外人称华人居住地方），考察侨胞生活状况，及至，眼见老弱侨胞类多穷苦，垂头丧气，若不胜其忧郁者。

埃及金字塔

午后三时，船即离孟买，经印度洋入红海。天气更热，两天来，同船搭客均感坐卧不安。二十八日早，船抵苏伊士河口。余本拟偕潭、丘、麦诸君同登陆游非洲埃及之开罗等处，麦君适有病，未能同往。惟车票每人五镑则已先付，乃改请伍连德博士偕行。早九时开车，计行三点余钟，均在广漠中，沙尘乱飞，滴水不见。十二时三十分钟，到达目的地，即往通济隆指定之餐馆午餐，餐毕，仍由通济隆派车驶往参观金字塔。车抵山麓，转乘骆驼上山。在山麓待骑之骆驼排成一字形，四脚跪地，任人骑上，人既骑上，则起立前行。余身材高，骆驼亦高，其"相得益彰"之谓欤。以吾见解，骑骆驼究不若骑良马之舒适，但凡来参观金字塔者，舍此无以代步，人人如是，是亦可为不可避免之趣事也。

骑骆驼约行一刻钟，即到大金字塔。据云，塔系古时埃及国王之坟墓，基面广计三英亩，全塔共用青石二百三十万块，平均每块重二吨半。塔底每边长七百五十五尺，高五百尺，相传造此塔有工人二十万人，费时二十年。工程之大，可想而知。大金字塔附近尚有许多人头狮身之石像。现有人在此附近掘取古物。

金字塔参观毕，乃折回参观各教堂及昔时拿破仑攻入埃及时屯兵处，殊令人感慨击之。

埃及为西洋文化最早发源地，所以古物特多，博物院内所陈列者尤为丰富。有所谓木乃伊者，乃古代之干尸也。埃及人以为人死以后，必另进一个世界，所以将尸体裹起，置于可以永保不坏之地方；后人掘出后，以之陈列博物院中，任人参观。

引路人导余等至古董街，力劝余等购买。余等素无鉴赏古董闲情，故无此项嗜好，且无古胆，恐上人当，始终未购一物。引路人见余等未易上钩，甚不高兴，然余等成竹在胸，固不因其不高兴而稍迁就也。

余等既抱定不被"扭丁"，虽兜买者纷至纠缠，概置之不理。最令人讨厌者，兜买回教红帽子之黑鬼仔也，硬将求售红帽戴谭、丘头上。余笑谓谭曰："购一顶作纪念何妨。"谭竟以余为诱其上当者，随手将红帽掷地，命汽车开足马力，赶回旅店，至是始得解围，否则恐将发生无谓争执。

下午五时搭车往塞得港（Portsaid），九时抵埠，原搭轮船亦已靠码头等候。塞得港乃苏伊士河交通之总汇，仍属埃及领土。埃及名为独立国家，实则已归英国保护，所有要塞均有英兵驻扎。

埃及文化最古，昔亦强盛，乃不图振作，竟沦为人之保护国。我国地大物博，历史最远，秦、汉、唐、元、清初，俱各威震四邻；然时至今日，内讧日起，外侮日逼，国脉垂危，有如累卵，苟不及早猛醒，恐将求为埃及而不可得矣。

意大利——威尼斯

晚上，船向地中海西方驶去。沿途小岛如棋布星罗，及驶近希腊海面时，气候转凉，远望希腊大山，仍积雪如银。

五月三十日到意大利之那不勒斯（Naples），同船旅客亦有在此登陆者。余等则仍乘原船，四日抵威尼斯（Venice），登陆后往住丹尼利酒店，每人住房一间，日租一百里拉（Lila 意币名），约合港币二十元，饭食另计，生活程度甚高。余等初次到此，并无熟人，乃由旅店代雇一人带路，每天只数小时，工金须一镑。参观该地玻璃制造厂，规模宏大，出品式样亦极可观。余等各购玻璃瓶若干，以为纪念。

威尼斯系海岛，当波河口，多海滩，城市建于百余小岛上，架数百桥梁以相通；人物往来多乘舢板或小电轮，交通便利，风景极佳。

博物院搜罗极富，陈列兵器一部，尤为精彩。所有古代兵器，无论传自本国或得自外邦，均陈列其中。最奇特者，为古代官兵出征时，预防其妻与人有私，用以封锁下体之器具，亦陈列院内。查该项器具，系铁制成，形状略似我国乡村中之捕鼠机，惟铁齿向上，加以铁圈；大小恰合被封锁者之身材。封锁后，除整个破坏外，非原具钥匙无法开启。临别则施以封锁，回时则验明其是否完整，以断定其妻之是否恪守妇道。此项器具，大博物院既不嫌其琐屑而陈列，则余亦不以其琐屑而略述之。

我国派驻意国大使刘文岛君与余有交谊，闻余到达威尼斯，乃用私人资格由罗马电招往游。七日，余等遂应其邀前往，沿途村庄，极饶天然景致，物产丰富，棉、麦、葡萄尤为大宗。

罗 马

晚八时抵罗马车站，刘大使以私谊故，已在车站鹄候，下车后，偕往预为租定之旅店休息，并约余明日赴使馆便饭。余以立场不同，只有心领。盖余探悉刘君已接到南京外交当局电令，不得招待消息，雅不愿意使刘君左右为难，故婉谢之耳。

到罗马后，忽忆淞沪抗日战争时，意大利驻中国代办些那（Ciano），系意总理墨索里尼快婿，曾两次亲到战地与余晤谈，现余有机缘到此，自宜探访，乃用电话通知中国领事馆朱秘书，请其代为转知些那氏。些那氏现任宣传部长，得电后立邀余往晤，旧雨新欢愉快无比。余谓些那氏曰："余已无官，系一平民，前来贵国观光，焉敢过蒙招待。"彼回答云："有官无官，不关紧要，蔡将军人格，我极尊重，不特余欢迎你，想墨索里尼亦欢迎也。"彼乃用电话通知墨氏，并请余择日往见。余深致谢，答以待参观罗马城各名胜古迹后，定十五日午后前往会晤。

九日至十四日，连日参观各古物院，尤以天主教堂最为雄伟。教皇宫在大教堂附近，教皇卫队均执古代武器，服装颜色花杂，五光十色，精神奕奕，大有可观。古代地穴，白骨累累，谓系古代教徒受窘，在此饿死者。

罗马系古名城，且为天主教中心，故古迹特多，足供盘桓。十四日，我国留意学生三十余人请余讲话，并有茶点招待。

墨索里尼

十五日午后，余为实践前约，率同麦秘书前往拜会意总理墨索里尼于办公室。墨氏见余至，极表欢悦，紧握余手约数分钟，表示热烈欢迎。顾谓麦秘书曰："我能讲意、法、英、德四国语言，你愿意讲哪一国话？"麦君答愿说英语，略寒暄毕，墨氏谓："我为何要欢迎你，因我向来未见有中国人敢和日本抗战者，有之，惟蔡将军耳。不特中国人要崇拜你，即外国人也要崇拜你之英勇，我不管中国政府对你之态度如何，我今天要热烈欢迎你。"墨氏接着说："贵国或有人对你不好，但外国人一定尊仰你，我特将我的相片赠你，留作纪念。请将军回国之后，尤当努力救你的中国。"遂开柜取相片一张，亲自签名赠送，又问余要参观意大利何物，请余开一单子。约谈三十分钟，始行握别，墨氏亲送余出办公处大门外，情意诚恳。以余一卸职军人，竟优礼如此，不知对我们贵国之达官贵人，其礼貌将何如也。

余未谙英语，所有应对均由麦秘书传译，如有错漏，应由麦秘书负责。余叙述墨氏之语，原非自高声价，乃因在美国时，见某中文机关报故作反面宣传，谓余在意碰了钉子等语，希图混乱观听，毁我名誉，故不得不将当时实情叙述，以明真相。

科莫湖

二十七日往游科莫湖（Lake Commo）。湖在众山中，湖水清涟，风景幽丽，旅舍茶楼，罗列湖周，尤饶意致。湖中电船、舢板往来如织，诚意国唯一风景名胜也。

晚餐后，回米兰，余游意将匝月，蒙意国当局优礼相待，除军事秘密之处任何人不得参观外，余均到过，现已无逗留必要，乃准备行装，告别意国而往游"世界公园"之瑞士。

瑞士——日内瓦

二十八日，余等因有瑞士之行，米兰公安局派出武装稽查二名保护，华多尔君亦送余等上车始别去。午后四时，车抵瑞士国极西部之日内瓦

（Geneva）。日内瓦当日内瓦湖之南，风景极佳，气候宜人，游人不绝于道。余等到时，适我国外交大员顾少川、罗仪仲、胡世泽诸君来此参加缩军会议。顾等与余有交谊，时相过从。华人在国联任职者，有郑壁峰、吴少峰、郑彦芬诸君。国际劳工局则有陈宗城君，陈君兼我国分局长，此次亦同船回任。国际机关共有华籍职员二三十人，尤以粤人为多。日内瓦有侨胞五六十人，余等到时，亦曾开会欢迎。

国联举行缩军会议及毒物会议时，余曾前往参观。各国代表对于缩军问题，均以自己利益为立场，勾心斗角，结果会议失败。至毒物会议，各国代表多指责我国军事首要常有包运毒物情事者，国家体面扫地无余。我国代表只有哑口叹息，无从置辩。余曾以现在我国外交有无进展问我国某外交官，彼云：不特毫无进展，且日趋恶化。盖我国当局，对外敌侵略节节屈辱，自甘灭亡，人何能助？真无外交可言云。

最近，我国在此办有国际中国图书馆一所，藏书甚多，闻系胡君所主持者。

瑞士乃欧洲永久局外中立国之一。因全境概为阿尔卑斯山脉所盘踞，峰峦层叠，非列强角逐之场，瑞士人民又酷爱和平，刻苦耐劳，生息于此林泉中，各食其力，大有世外桃源与世无争之概；国际机关均设于此。

瑞士因国际地位安定，生产出超，民丰物富，出产以火柴、钟表为大宗。余留日内瓦约十日，各机关、名胜均曾涉足。六月九日，即准备离此他适。

奥地利——维也纳

六月十日，从日内瓦到奥国之维也纳（Vienna）。维也纳为奥国首都，临多瑙河南岸，从前市街繁盛，可比巴黎，称欧洲第四大都会。今则因国势削弱，工商顿衰，市况已极萧条。余此次打算秘密来此，漫游几天，不再烦扰我国驻此外交官。谁知竟被驻维也纳童代办探到消息，又以私人资格前来招待，并带我游览各地名胜。

到维也纳时，国社党正谋起事，掷弹炸库，层见迭出，京城地方日夜戒严，情势严重，如临大敌。余等以际此恐怖时期，不便久留，仅参观名胜及欧战导火线奥太子斐迪南大公（Francis Fordinand）于一九一四年六月二十八日被刺之遗物而已。

奥于欧战前，本一庞然大国，欧战败后，受和约限制甚严。全国常备军额仅准四万，陆军学校、战斗飞机及飞机制造厂均不准设置，所有领土竟被割去五分之四，且所存者，大都天然物产贫乏之境，日用所需尚感困难，更无余力以资建设，举目所见，均欧战旧物而已。

匈牙利

十五日早离奥地利，午后一时已到匈牙利京城之布达佩斯（Budapest）。市街建于多瑙河两岸，由布达（Brida）及佩斯（Pest）二市合成。布达居河右，系行政区，佩斯居河左，系商业区；有铁桥联络，市况繁盛，人口约数百万。

奥、匈为姊妹国，同为战败国家，全国常备军仅准三万人。欧战前，闻有人口二千万，现仅存五六百万，人民所受痛苦与奥国同。

匈国虽因政治主张不定，人心摇惑，然人民与政府深感战败之辱，尚能合作。所有公共娱乐场、花园等均用颜色不同之草，种成该国欧战前原有国土地图，及欧战后所存国土地图，两相比较，使人触目惊心。每逢星期假日，市民到此致哀，大有夫差誓报越仇之慨。

我国东四省已被日人占去，华北复濒于危，人民仍醉生梦死，当局则认贼作父，对此不知作何感想？

匈国乡村风俗服装与我国北方大致相同，市内街道，亦称某某胡同，更和我北平一样。

国会议场极雄伟，公共娱乐场及游泳场亦多。最近与意大利互订邦交。我国因无商务关系，尚未设置外交官。

捷克斯洛伐克

十九日到捷克斯洛伐克（Czechovakia）国之京城布拉格（Prague）。地居波希米亚（Bohemia）平原中央，古代建筑物颇多。我国已与订有邦交，所制步枪运入我国者尤众，使馆梁君系我粤梅县人，余等到达时，亦以私人资格招待。

捷克系欧战后新成立国家，领土均由奥、匈等国割来，即炮厂一项，亦系前奥国兵器精华之制造场所也。人口约一千三百六十万，百分之四十系从事农业，工业亦颇发达，精钢精铁尤为著名。华侨甚少，至华籍学生仅十余名云。

捷克政党甚多，各依人种而组合，与各国之以政见为组合要素者不同。人种众多，风俗习惯亦因之而异，民族间之纠纷常使政治随之波荡。故捷克至今，政局尚未稳定也。

德国——柏林

二十二日到德国之柏林（Perlin）。柏林位德国北部平原中央，水陆交通均极便利。余等抵埠时，我国驻德刘公使亦以私人资格招待。南京特别军事调查员杨杰君亦适在柏林，因与余有交谊，时常把晤，将调查欧洲各国所得告我，以资参考，并邀余及刘公使至其寓所闲谈。

德国历史古迹，我曾参观一二，惟闻博物院中陈列联军入我北平时，在我国夺去之古物甚多，此为我国之奇耻大辱，一念痛心，余不愿前往参观，以保持人格。

德国对华，故作恶意宣传，中级电影院多放映侮辱华人画片，如上海怪现象及褚民谊领导下之西北调查团，由德人摄取我国西北不良习惯及衰落情形等片，到处放映，纵情侮辱。

余住柏林两天，有几位报社记者来访，余责以中德邦交本极亲善，何故伪造习惯，专作恶意宣传，以厚诬中国？为维护中德友好起见，德国应严予取缔等语。奈德国舆论成见甚深，仍不能主张公道，真使余痛恨极矣。

德人故意侮辱中国，余实无限愤激，商办飞机厂、枪炮厂，虽函邀参观，均予谢绝。适当时德国政潮摇动，希特勒大捕反对党，情势严重，余住柏林六天，即准备他往。

我留德学生约四百余名，半在柏林，半散各埠，闻多系有力者及阔人子弟，蓝衣社亦极活跃云。

德系欧战祸首，战事结果，海外领土尽失，本国土地仍割去25903平方公里，应付赔款总额一千三百二十万万马克，痛苦达于极点。然其民族素富勤俭勇武精神，忍耐性与组织力之强，尤为他民族所不及。希特勒登政治舞台后，惨淡经营，国内一切已日渐恢复战前状态，最近且撕碎凡尔赛和约，恢复武力矣。

丹　麦

二十八日午后，抵丹麦京城哥本哈根（Copenhagen）。罗公使及夫人来车站迎接，并同游瑞典丹麦对海，不到瑞京。

丹麦概属低原，全国土地耕田占百分之四十二，以农立国，故农村建设最为进步。余曾参观其最著名农村，极有兴趣。又偕使馆秘书某君前往农村研究所参观，有中国学生三名，在此专门研究农村及合作社组织等问题，为将来回国改良农村之准备。所长与学生同桌用餐，生活简洁，余曾在此进食，乡村风味，倍觉优美。

余住丹麦两天，观其农村政策和我民生主义大致吻合。盖耕者有其田，人人有田耕，人人有饭吃，民安物富，国家升平，真乐园也。

全国土地面积仅十万余平方公里，人口仅四百余万，军备简单，街上汽车甚少，单车则触目皆是，无论男女老少多乘单车，闻统计每十人中约八人有单车云。

汉 堡

七月三日，由丹麦折回德国之汉堡（Hamburg），我国领事馆亦派秘书招待。汉堡居易北河（Elbe R.）下流，为柏林西北门户，工商业极发达，造船厂亦多，人烟稠密，商贾辐辏，商业之盛，不特占德国之半，且为全世界四大贸易港之一。

闻从前颇多华侨，近受不景气影响，多回中国，现留者仅海员工人一二百名而已，然多赋闲失业，贫病交困。据领署秘书言，此等失业侨胞，迭经提议资遣回国，但我国政府始终未有办法云。

余住汉堡四天，旧友邓演存、区寿年两君由柏林来晤。邓君自在上海别后，未曾见面，今竟在异国把晤，握手言欢，快何如哉。

荷 兰

七月六日，到荷兰之阿姆斯特丹（Am Sterdam）。地居海牙（Hague）东北，临须德海（ZuiderZee），人口七十万，为荷兰第一大市。市街建于数十小岛上，与意大利之威尼斯相似。

余到达时，侨胞数百人开大会欢迎。吴日静先生为主席，我国总领事冯执正君亦以私人资格招待。

十日，往世界万国和平会所在地之海牙，参观国际法庭及各名胜。时适荷兰女皇丈夫举行国葬仪式，余得有机会参观其军备武器。我国驻荷金公使招余晚餐，余因时间匆促，只有心领。

荷兰因地狭人众，人口密度占世界第二位，地方不敷分配，不得不与水战以图生存，故居民多习航海。我国侨胞在鹿特丹（Rotterdam）者约千余人，余往漫游时，亦曾开会欢送。华侨多以驶船为业，近因不景气影响，已多失业，转而业售花生糖、石仔等小生意；冀博蝇头之利，然屡被警局拘捕，大失国家体面。

比利时

七月十一日，到比利时国都布鲁塞尔（Brussels）。地居全国中心，市街整洁，有"小巴黎"之称，工商业亦繁盛。

我国驻此公使张乃燕君，曾在维也纳晤面，知余将游比，函其秘书陶君代以私人资格招待。陶君曾任上海某大报馆副刊编辑，知比国对华舆论，因受敌方反宣传所影响，对我国真相颇不明了，请余在国际方面多作真相之宣传。余觉陶君所言，甚为有理，当比国记者来访时，余便将日本帝国主义者强占我东四省及淞沪抗战经过，原原本本讲给他听，使之明了日本之强暴。余更将德国放映故意伪造事实侮辱中国影片情事之可恶，略为说出。

比国领土较荷兰尤小，约当我国江苏一省三分之一。一八三九年伦敦条约，公认为永久局外中立国，欧战爆发，德欲假道攻法，不惜破坏中立，受创极巨，一切建设尚少进步，卫生行政尤为腐败，唯铁道交通则极便利。

余曾凭吊前拿破仑在滑铁庐战败之遗迹。拿翁固一世之雄，而今安在哉！

法国——巴黎

七月十四日，到法国之巴黎（Paris）。我国驻法使馆萧代办亦以私人资格招待。

巴黎市街跨塞纳河中流，两岸以铁桥联络，市内建筑物壮丽华美，生活繁华，世所罕有。人口四百四十余万，列欧洲第二大都会，世界第三大都会。城周环筑堡垒，具世界著名要塞资格。

余到达之日，系法国国庆日，是日举行阅兵典礼，空军则飞机二百余架，在空中表演，陆军则步兵旅、坦克车队、装甲车队、骑兵队等，应有尽有，煞是大观。

十六日，往新式追击炮厂参观追击炮，闻炮力甚强，我国最近向该厂定造不少。法国常备陆军约三十余师，合殖民地兵约共五十余万。近来在德、比、荷边境，建筑最新式所谓马其诺要塞，其中秘密，除法政府要员及驻守兵能知外，无论何人不得参观，仅凡尔登旧炮台毁去一部准人参观而已，其余要点亦不开放。

巴黎有华侨连留学生在内约共六七百人，全无派别，余到达时，曾全体开一欢迎大会。

气候炎热，余留数天后，即搬往海滨避暑。

伦　敦

八月五日，到英国之伦敦。小儿绍昌、绍辉均来车站迎接，下车后，往旅店休息。余问昌、辉两儿，伦敦有何特别新闻，使馆我有信件否？答谓伦敦并无特别新闻，使馆有无信件则未知，惟前数天使馆方面通告中国学生，谓以后不再代收函电，为学生所反对云。

余未到英伦前，曾致函驻英郭公使，请代收一切函件，复函表示欢迎，及余抵伦敦时，适郭氏抱病，至未能面晤一切，殊属可惜。

华侨方面开会欢迎，东伦敦有华侨数百人，海员工人占大多数，亦开大会欢迎。余在会场演讲，痛述南京当局毫不抵抗、出卖东四省之事实。西伦敦亦有华侨数百人，学生居多，亦拟开会欢迎，但其中一部分有派别之人，要求我在大会中勿攻击政府，我面斥其如果言论无自由，何必开会？结果，会乃开成。有一位学生讲话甚爽直，彼说："宋朝徽、钦二帝被金人掳去，两位皇后迫得青衣行酒，为金人奴；徽、钦二帝不过以自己后妃献给金人。现在中国当局，那就不同了。北平市长袁良，想巴结日本与其他各国帝国主义者，请日使等在颐和园宴会，欲燕京大学女生充当招待。幸燕大女生嫉恶如仇，尊重人格，剧烈反对，乃作罢论。这不是献丑吗？这不是媚外辱国吗？这种无耻官僚，非杀不可。"言时激昂愤慨，举座感动。

华侨子女在伦敦生长者，多不能讲中国话，香港名流何东爵士特捐款五百镑，交其女公子何艾龄女士在伦敦创办小学一间，专教育华侨子女。余旅行到此，感觉此项工作至为切要，且深感何女士以富家名媛，竟如此热心教育，亦曾捐款相助。

留伦敦约十余天，参观博物院、动物园、伦敦塔及各名胜古迹。

伦敦建于泰晤士（Thames）河两岸，人口约七百六十余万，为世界第二大都市，欧洲第一大都市。其最大天文台，为地球子午线所通过，故国际经度及世界标准时，均以此为起点。

英人社会习惯极守旧，尤以绅士派为甚，旅店寓客食餐，仍须穿着礼服，晚上十一时，即无处就餐，十二时则公共汽车一律停止。

余在此间叠接美洲纽约侨胞团体函电，敦促赴美，情词恳切，不得不离英伦矣。

纽　约

八月二十二日离伦敦，侨胞到码头欢送者百余人。晚八时，搭英轮奥廉碧（Olimpie）号，船载重四万余吨，九时开行，直向大西洋方面驶去。

船行两天，狂风、暴雨、浓雾纷至叠来，波浪山涌。丘君不能行动及食餐，麦君则不仅不能行动进食，且面如土色。船头七层楼上玻璃，亦被水浪打破。麦君对余言，如斯大浪，不特彼怕，即船主亦担忧云。余与丘君只有一笑，日中四餐，如常进食，餐毕，仍往游戏场游戏。

二十六日，船已驶近美洲海面，风平浪静，已入佳境，丘、麦两君已能行动进食矣。二十八日午后六时，船将入口，见有飞机三架翱翔空中，表示欢迎。

是晚，因时候已晚，拟不上岸，但船抵海关附近之十四街五十六号码头时，我侨胞欢迎大会兼中华公所主席雷芳君暨各社团代表百余人已登轮迎接，移民局特别优待，海关亦不检查，请余先行登陆。侨胞在码头欢迎者达三千余人，各西报访员及各西人男女之到场参观者亦千数百人，汽车三百余辆。余致谢侨胞诚意后，与中华公所主席雷芳君同乘欢迎花车，由警察电单车为前导，各欢迎汽车依次随行，风驰电掣，直向华埠而去。十时许，即到中华公所，与各团体代表及侨界领袖一一握手为礼。时中华公所之会场，已有数百人，情形极为拥挤。迨十时四十分正，由雷芳君宣布开会理由后，请余演讲。余略述行期因雾所阻，以至迟到，使侨胞久候，殊觉抱歉，又略述出国旨趣。谭、丘、麦三君亦有演说，散会时，已十一时。散会后，乃由警探护送余至阿道夫旅店（Hotel Waldarf Astoria）休息。

二十九日早，纽约华人商报记者到余旅店访问，余略谓此次来美，蒙纽约全体侨胞以爱国之热诚欢迎，殊为铭感。余于五六月间在日内瓦时，曾读贵报。深觉极其精彩，余等之一贯主张，系在"抗日救国"，当局既然降日卖国，余等乃不能不根据一贯之主张，起而反对。人民革命运动虽然失败，但余等仍不失望，依然尽国民天职，尽忠保国，无论何时，如对日作战，余本人当携枪冲锋。诚以中国系四万万同胞之国家，抗日救国系四万万同胞一致之要求，如果战而亡，则四万万同胞自然负责，甘心承受，断不容许数人操纵国运，断送国土等语。

是日午后，全埠侨众举行大巡游。拜会纽约市长时，尤蒙优待。大巡行时，由警察电单车二驾为前导，由勿街中华公所门前出发，向柏路至市厅前转拉化逸街，经坚尼路街回勿街，复经摆也街、宰也街、披路街而回中华公所。所经各处，中西人士鼓掌欢迎，电影公司、照相馆沿途拍照。到勿街安良堂前，复舞瑞狮助庆。中西音乐，沿途吹奏，响遏行云，中西各报均谓为华侨有史以来所未见之欢迎盛况。

在中华公所休息十余分钟后，复乘车至华侨学校讲话。当余经摆也街时，竟有意国某商店亦烧放串炮，以表欢迎者。

三十日下午七时，全侨假座纽约大饭店（Hotel New Yorker），举行欢宴大会，与宴者七百六十人。八时半入席，主席雷芳君首致欢迎词如下：

"纽约全体华侨今晚假座纽约大饭店举行公宴大会，欢迎民族英雄蔡将军暨谭军长、丘司令、麦秘书等，鄙人忝为中华公所主席，谨以万分热诚代表今晚与宴及未与宴之全体侨胞对蔡将军等致辞。

"慨自吾国不幸，横遭日寇侵略，首占沈阳，继犯淞沪，当局者只知不抵抗而坐视国土沦亡，其能挺身而起，勠力抗敌，舍生为国者，除马占山将军及辽、吉、黑三省义勇军外，惟有蔡将军领导下之十九路军耳。而国威之得以一振，淞沪之得于保全，则厥功惟在十九路军，他军无与焉。是故蔡将军之丰功伟绩，薄海同钦，寰宇共慕，岂徒然哉。吾人今晚在此公宴欢迎，固未能表示景仰诚意于万一也。今者蔡将军等因环境关系，未竟抗日全功，遽然下野，出国远游，固属可惜，然来日方长，抗日救国之事功正多，则蔡将军等此次游历欧美，考察军事、政治，联络各地华侨，又未始不为他日东山再起，举师抗日之助也。吾纽约全体华侨对于蔡将军等之属望极殷，期望至切，今晚在此公宴，一面固为蔡将军等洗尘，一面期望蔡将军等继续奋斗，矢志不懈，努力抗日，民族生机，国运兴隆，惟蔡将军等是赖。吾侨欢迎蔡将军等在此，勉励蔡将军亦在此。最后，鄙人谨代表全体侨胞，举杯为蔡将军等寿，祝蔡将军等前途胜利，彼此共同奋斗，一致抗日救国。"

雷君致辞毕，即请余演讲淞沪抗日经过。演讲时，由青年会无线电广播，接驳者有广播站十五处，并有短波播音，以故港、沪各地，均能远听。余作如下演讲：

"兄弟此次来纽约，蒙各侨胞设宴欢迎，愧不敢当。本来抗日未竟，无言可说，但为感谢各位盛意起见，又不能不对各位作简单之报告。我十九路军于日入侵犯东三省后，原定出师关外，打倒日本帝国主义者，无意在淞沪作战。但后来奉命卫戍京、沪，不能他调，而驻沪日本海军又思争功，故意指使日道士与华人冲突，制造祸端，向我国大加压迫。当时上海市长吴铁城与外交界郭泰祺，竟与日本签约，接纳一切要求，解散抗日救国团体。此种协约已等于卖国，但当局以为还可苟安一时。不料日人蓄谋进攻，于'一·二八'之夜，吹号前进，我十九路军当时以守土有责，为中华民族争人格起见，乃一致准备为国牺牲，起而与日贼拼命。

"当淞沪战事初起时，我十九路军仅有一团应战，第一役已击毙日贼数百人，生擒数百人。日贼于是迭次增兵，前后共增五师团，人数约在八万名左右，大炮、坦克车、飞机、战舰等应有尽有。而我十九路军与义勇队，后来增加第五军抗敌者，最多时不过四万人，武器只有长枪、机关枪及手榴弹。我们军械不如人，兵数不如人，其所以能支持三十余天者，实因十九路军等忠诚爱国，以民族精神与敌作战，且当时国内外及上海同胞，皆一致以精神及物质相援助，我十九路军在全国同胞拥护之下，益为奋勇。

"自'一·二八'以后，吾人均以正义为作战目标，全体将领士兵决心牺牲到底，只有前进，不能后退。至后来之所以失败、未竟全功者，最大原因，由于孤军作战，毫无后援，我们迫得退至第二防线。退防时，秩序井然，毫无损失。退防后，仍准备再战，作孤注一掷。奈因环境不许，当局养兵数百万，既不遣大军增援，还借口准备未周，同时又因国联调查团督促休战，吾人于是无法可想，暂作忍辱，姑且休战，以待将来。

"休战以后，吾人奉命调到福建，仍不忘抗日。去年五月调兵北上，援救热河与华北，孰料师经湖南，又遭军阀阻止通过。不久，热河失陷，五月三十一日'塘沽卖国协定'又告签字。吾人知当局已无可为，于是决定反对无能的政府，而在福建酝酿新局面。当时江西"剿共"情形本极严重，当局竟派飞机两架，请我到南京磋商，十九路军将领均知其不怀好意，乃不主张兄弟前往。时汪政府已遣兵迫闽境，吾人于是不得不以革命的精神，在福建成立临时人民革命民主政府，促南京汪等觉悟，将政权交还人民，俾人民可以一致抗日救国。

"谁知我军还未发一枪，南京政府即以人民集资购买之飞机轰炸福州、漳州、泉州各地良民，试问此种害国残民之行为，应不应反对？此汪贼支配的政府，应不应打倒？

"兄弟当时目击此种情形，以一向主张枪口不对内，惟对日则愿绝对牺牲之宗旨，且十九路军不是政府军队，更不是军阀军队，而是全国民众之武力，所以将十九路军交出，通电下野。谁知南京汪政府与日密约立意消灭十九路军，于兄弟下野后，即全部解散，沪粤间凡有纪念十九路军抗日光荣建筑物之文字，俱遭涂改。

"总之，从今日起，大家要尽一分责任，努力向日本帝国主义者进攻，推翻卖国政府。兄弟绝非故意反对政府，如果政府真能保国卫民，兄弟愿牺牲一切，竭诚拥护。惟此种卖国政府，吾人又当尽力反对。"

余演讲毕，大会赠我金牌等物。美国人士之与会者，如复兴会外国语宣传部主任斯曰堡、众议员含罗域治、海军少将斯特灵、著作家苏考斯基等均有演说，且多过分恭维。纽约省后备军官委员会并聘余为该会名誉委员，派员赠余徽章及证书，尤使余感愧交集也。余之演词，再由英俊君译成英文宣读。谭、丘两兄亦相继起立演说。

余因侨胞过访者虽陆续不绝，然欲与余晤谈而苦无时间者，预料仍属不少，为公开谈话计，乃草一敬告全体侨胞书，刊诸报端，以代面谈，书云：

"廷锴此次偕谭启秀、丘兆琛、麦英俊诸兄出国游历，考察欧美各国之军事、政治与经济情况，所至各地，叨蒙侨胞热诚欢迎，愧不敢当。比于八月二十八晚行抵纽约，当晚既蒙数千侨胞踊跃欢迎，而连日以来，复蒙各团体设宴招待，盛意拳拳，爱护备至，尤使廷锴于感激靡既之余，不胜惭愧之至。惜以时间短促，到此未久，未能亲赴各团体拜候，更未能与全体同胞一一抵掌畅谈，爰先假纽约华侨各报篇幅，掬诚剖陈数事，敬告于我全体侨胞父老兄弟姊妹之前。

"窃念廷锴此来，除考察军事、政治、经济外，一面固要代表十九路军全体袍泽，答谢海外侨胞援助接济之热忱。一面因抗日未竟，辜负侨胞之期望，有失军人之天职，还请侨胞予以相当之督责。今侨胞不特不予以督责，反热烈欢迎若此，能勿令廷锴惭愧无地耶！回忆吾十九路军当时格于情势，厄于环境，外遭寇犯，内受牵制，以致功败垂成，此中苦衷，全体侨胞其已明察而为我宥乎。

"今国难方殷，寇氛益烈，抗日救国，自是吾四万万同胞一致之要求，尤是我卫国军人之天职。廷锴此世誓与日寇不两立，与国贼不共存，决心坚持一贯之主张，继续彻底抗日救国，矢志不渝，惟希我亲爱全体侨胞鉴原，一致捐弃成见，促进大规模之抗日救国联合运动，共同奋斗到底。"

余到纽约以来，无日不在酬酢中，金钱、时间、精神俱蒙损失，不得已于九月四日假报章登一启事，大意在希望以后彼此精诚相照，不必设筵招待，以免耗费金钱等语。然启事虽刊出，而设宴招待则仍旧纷至沓来，商会、社团竟轮流请宴无虚日。纽约每日新闻西报经理亦来招宴，并对余说，中华民族是优秀民族，中华人民是良好人民，中国总有希望，请余努力奋斗。末后，他并谓他极钦佩如我一类之军人，要我移住其家，休息数天等语，余因时间短促辞谢。

九月九日，余以私人资格往西点（West Point）陆军大学参观，一蒙该校校长康那（Gen. Connor）将军殷勤招待，并请午宴，全校职员教官作陪，餐毕，检阅学生军。

参观各种兵器及附近新旧炮台，校中有中国学生一名，闻系颜惠庆先生之哲嗣云。午后三时，应省防军团长之邀，到某团部参观，五时返纽约。

长岛（Long Island）陆军驻地，纽约警察厅及罗斯福飞机场均曾到过。

纽约位大西洋海岸中央，由布鲁林（Brooklyn）、斯塔腾岛（Staten Island）合哈得逊河（Hudson R.）右岸之泽樱城（Jersey）及荷波根

（Hoboken）而成。两岸市街有河底大洞道相联络，俨如一市。街上汽车，密如蚁阵。各城市中，铁路密布，或架天空，或藏地下，或敷地面，轰轰辘辘，息息相通。因工商业发达，地面价昂，楼屋有高至一百零二层者，洋房天面均有商标告白，其建筑之伟大，可想而知。

海口设一自由神，用以纪念美国开国以来人民之永享自由者。全城人口闻现已达九百余万，驾伦敦上，为全世界人口最多之城市。

余于离纽约时，于报章上发表告别纽约侨胞启事如下：

"廷锴此次以平民资格游历欧美，行抵纽约，叨蒙各团体、各侨胞热烈欢迎，勖勉备至，五内铭感。兹因各埠侨胞函电催促，不能久留纽约，经定于十四日离埠转往全美其他各埠与侨胞相见。只以时间所限，仓促首途，未遑亲到各团体辞行，更未能与我亲爱之纽约父老兄弟姐妹一一握别，至引为憾。谨泐数行，聊伸谢悃，并以志别，尚祈鉴原，所望我纽约诸侨胞坚持抗日决心，继续努力，则他日当重见于联合战线上，相与抵掌话旧也。"

波士顿

十四日上午十时，余等离纽约赴波士顿，下午二时半到达，中西人士环立车站，鹄候欢迎者数千人。余等出车站时，群众包围，已成水泄不通，后借警察数十人维持秩序，排开一条出路，始能解围。计来车站者，有欢迎大会主席阮本万君暨全埠侨众；西人方面有中美协会、军人联欢社等数团体；个人参加者，则有文学家柴比路（Chappel）、大学教授大卫博士（Dr. DaVie）、牧师施导士博士（Dr. Strauss）、中美协会副会长施哥费（Miss Scholfeld）女士、士摩路郁将军（Gen. Smallwood）等数十人中西乐队、舞瑞狮、学生队、汽车队等，浩浩荡荡作伟大巡行，沿途均有警察保护。中西人士鼓掌扬巾，欢呼之声，响彻云际。所经华侨区街道，商店住户门口均悬挂中美国旗，牵以五色电灯，举目焕然，有如祖国新春佳景。余自登车至中华公所，约费二点钟，立开篷车上，左鞠躬，右点首，无片刻暇，其辛苦实较淞沪杀敌万倍。到中华公所稍事休息后，又到各机关团体拜访。

晚八时，假座醉香楼大餐馆举行公宴大会。与会中西人士，极为踊跃，来宾中有省长之代表昃迩氏（Mayor Jackson）、西林市长（Mayor Salem）及高级军官甚多。昃逊市长即席演说，大意谓蔡将军英勇无伦，不独华人崇拜，全世界人士亦要崇拜，我以私人与市长资格代表全市市民欢迎云。

翌日，拜晤麻省省长暨各市长，蒙麻省省长赠送金质徽章一枚，西林市长则率市民百余人在市厅候迎，并赠余该市开市纪念章。

十六日，赴各界欢迎大会，晚间，则赴各社团宴会。间曾抽时间往哈佛大学参观。哈佛大学为世界著名大学，图书馆、博物馆收藏极富，我国学生留学于此者不少，在此任教授者则有梅迪君夫妇。

波士顿位纽约东北，城市建筑饶有古气，故有“古景都会”之称，闻来此开发者以英人为最早。

该埠有华侨三千余人，待余诚挚，馈赠甚多。余住此一星期，赴欢迎会，饮宴会，殆无虚时。

费　城

二十日到费城（Philadelphia）。该埠市长、欢迎大会主席、西乐队、男女侨胞千余人、汽车五十余辆，均在车站欢迎。余与欢迎会主席同乘欢迎花车，先到中华公所会见各界代表，然后往旅店休息。

二十二日，由当地华侨领袖导余等遍游费城名胜，如独立厅、博物院、美术院等，皆参观殆遍。

二十三日下午二时，全埠侨众假座李市街夹八街之西人大戏院举行欢迎大会。全埠侨胞仅一千三百人，而是日到会者不下二千人，盖附近各小埠之华侨，亦多闻讯赶来赴会故耳。主席钟修楚君宣布开会，李兆江君致欢迎词，英俊君及叶夏声先生演讲后，余则演讲抗日经过，并劝侨胞应精诚团结，决心抗日，以图救国。最后，黄丁君代表费城全侨欢迎会赠予金质勋章。

晚七时，又假佛兰克林大旅社举行欢宴，与宴之中美人士凡四百余人，情形至为热闹。

余因酬酢繁多，精神劳顿，乃避往海边休息，本拟不使人知，奈旅店侍役泄漏风声，该埠市长探得消息，邀余往市府茶话，并赠金质锁匙一柄为纪念。

在海边休息两天后，仍返费城参观美合众国开国元勋、第一任总统华盛顿与英战败后退却练兵处，又参观海军造船厂、飞机制造厂。海军废舰数百艘集中于此。我以为如将美之所谓废舰者驶进中国，恐将视为最坚固最鲜明之兵舰矣。

费城在纽约西南，跨得拉瓦河（Dolaware R.）两岸，距海岸虽远，然船舶均得长驱直入，所以制铁、造船、纺织等工业极盛，石油贸易尤为世界第一。人口六七十万，华侨前有二千余人，今仅存一千余人，多执洗衣、餐馆之业。

华盛顿

二十五日，下午三时零五分到美京之华盛顿。到车站时，见欢迎侨胞、西国士女、中西乐队、汽车七十余辆、人数千余，已在车站排成两队，手执中美国旗候迎矣。大会主席李仲云、李灼南二君即登车厢迎接。余乃偕同英俊、美堂二兄随李君等缓步出站，一一与候迎者握手为礼。登时乐声大作，登花车后，由警车及暗探数十人随同保护，向国会大楼进发。入扁沙丙寅，沿六街而上至华埠，绕行一周，然后过十街，复下至扁沙丙寅而至威勒大旅店八七〇一号房，略事寒暄后，各欢迎代表始散去。

在旅店休息片刻，应大会之请，到中央饭店晚膳。是夜，安良工商会亦设宴为余洗尘。九时许，李灼南君来余旅店谈话，交换意见，谈话如下。问："将军对于在上海抗日战争时民众之捐助，有何感想？"答："当时真是军民打成一片，军队要何物，民众即供给何物，余实万分感激。"问："海外侨胞之捐款十九路军是否全数收到？"答："海外侨胞之捐款，总数我不记得，总之凡接到十九路军正式收条及征信录有记载者，便归十九路军，其他我不明白。但伦敦有一处捐款云有四百七十镑，其实十九路军只收到七十镑，其余四百镑，系有财部签收之收条，捐款之落于何处，不问可知。"问："将军对孙夫人之抗日六大主张，有何意见？"答："孙夫人之主张，我已在报上看过，在原则上我极赞同，在实行上苟能做到，自当做去。我对孙夫人之人格及思想，素来钦佩。因恐有好事者疑惑我与她有何种组织，且我系在野平民，空空洞漏，发表意见，亦无补于时局。"问："现在国民应取何种态度，方能联合一致抗日？"答："在此国难时期，一切政党应化除成见，精诚团结，共赴国难，方有办法。致于政治问题，以我私见，尽可待至打倒日本帝国主义后再说。"问："华侨应如何联合抗日？"答："华侨应一致对外，所有姓氏、堂界等或有些小意见，都应化除，集中力量，共同救国。"问："上海抗日战争时，南京政府之态度如何？"答："当时简直无政府，既迁都洛阳，又谓恐共产党扰乱后方。须知中国共产党亦是中国人，南京当局果能决心抗日，我相信共产党必无扰乱后方之理，可惜政府毫无决心又无具体办法。"问："何以要成立福建人民政府？"答："因欲表示不承认签订卖国协约之汪政府，惟求国族生存，联合各党派建立民主政府，以促卖国政府之觉悟。"问："今后将军之政治主张如何？"答："我现只谈抗日，不谈政治；政治问题，可暂时搁置，待后来解决。"问："今后将军对抗日之计划如何？"答："我回国之后，当联合抗日民众及各党派继续奋斗。"

翌日，侨胞为余购备花圈，并谓在余未临美京以前，本埠欢迎会办事处已派员向美陆军部协商，请该部届时派员引导余前往参谒无名英雄墓等语。是早十时，美当局即派专员来余旅舍敦请，余乃以平民资格，随同美专员前往亚灵顿国坟场，向无名英雄墓华盛顿墓献花圈，以表崇拜爱国英雄之意。献毕，乘便参观白富艮附近古迹名胜。

午应莲园餐馆主人林雨君之请，到该楼午膳，晚七时，美京中国学生会在共和楼设宴欢迎，餐罢，由学生会主席尹葆裕君起立致词。大意谓："蔡将军为中华民族英雄，淞沪一战，暴日受挫，从此世人轻视中华民族之心理，成为之一变，中国之地位，亦因此而提高"云。末后请余讲话，余略谓："留学生为国家之栋梁，社会之柱石，可惜中国现在政治腐败不堪，政府机关均为有权势者之私匿所盘踞，考试制度等于虚设，真正人才无法录用。为要打破此种政治包办制度，纳政治于轨道，留学生应回国参加革命。"又指出革命之目的在民生，必要使大家有工做，有饭吃，如社会上尚有抢饭吃之现象存在，是谓之革命尚未成功。演讲毕，仍与各学生谈话，讨论至十一时，方行散会，警探数名护送余回旅舍。

二十七日午后，各界假余所寓旅店之顶楼大礼堂开欢迎大会。余应李灼南君在寰环楼午膳后，回至旅舍时，礼堂中已人山人海，西人约五六百，占全数之半。钟鸣二下，大会主席李灼南君及学生代表陈淑珠女士导余入礼堂。坐定后，由李灼南君主席致开会词，潘朝英君翻译；奏中乐，侨生唱打倒日本帝国主义及国耻歌；李仲云君读欢迎词。各代表演讲后，乃请余演讲，余因听众关系，仅从中美邦交上立论，并由英俊君传译英语。美陆军部特派李里将军（Gen Riley）参加，并与余作私人谈话。彼首先问余淞沪抗战情形，余乃将日本无故侵略我国领土之暴行，及余为保存国土与民族生存计，不得不亲率十九路军起而抗战之事实相告。彼又问："中国军队并无飞机、重炮、坦克车等，何能抗战？"我答："日本侵略我们，我们忍无可忍，不得不起而抵抗。虽无飞机、重炮、坦克车，亦无多大关系，吾人所恃者，民族精神耳。军事虽失败，民族精神存在，国家仍可不亡。"彼问："闻上海作战时，战壕工事甚佳，究用何种方法？"我答："只凭理想及经验，使敌人炮火炸弹不能及而已。"彼问："将军用何者为全军之骨干?"我答:"当然以陆军为骨干,海空军仅能破坏敌方战壕阵线,如无陆军,何能收战场结果功效?"最后彼又问:"将军以后如果再有机会与日本作战,要用何种兵器为主要?"我答:"仍以陆军为主要;如果海陆空各种均有,更好。"我觉得李里将军所问,含有极大之意思。

是晚,侨众复假座莲园大餐馆公宴。除侨众外,美国人士到者亦百数十人,由李培郁君主席,李灼南君致辞,余又起立演说,英俊兄翻译英语。余除述上海抗战之原非得已后,并谓为维持世界之和平,中国领土之完整,行政之独立,及保障中华民族之生存计,当倾全民族之力量,一致打倒日本帝国主义。散会后,又应英俊兄戚属谢护、谢和等之请,至共和楼夜宴。席间,宾主畅谈甚欢,至夜深,始由随从之西探数人护送回威勒大旅店休息。

留美京中国学生会潘君介绍几位大学教授及著名律师与余相见谈话,约三十分钟。彼等问,余答。问:"何者为中国对外问题?"答:"中国刻下对外问题,只有对付日本帝国主义者侵略我国问题,其余尚谈不到。"问:"设中国各实力派都能联合一致,共同对付日本,究竟能不能打倒日本?"答:"对日抗战,不是胜败问题,而是维持国家民族生存与人格问题,如果合力对付,未必一定失败;即便失败,而人格仍在。设使日本无端向他国侵略,我相信被侵略之国亦必不计胜败起而抵抗。"问:"设各国与日本联合起来,中国能不能抵御?"答:"断无此事,暴日破坏世界和平,神人共愤,世界爱好和平之国家,谁肯与之联合?即不出而裁制,至少亦不至助桀为虐。中国海岸线过长,海军又毫不中用,如果与日本作战,沿海一带,或不免失败,然中国苟能切实抵抗,亦足以制暴日之死命。"彼等聆言,连忙称是,告别而去。

华盛顿在费城西南,城中各部院建筑,宏大壮丽,纪念华盛顿之碑尤足惊人。闻有华侨四百余人,学生七八十人,有中华儿童学校一所,侨胞生活,与美属各埠无大差异。

巴尔的摩

二十九日，下午二时到巴尔的摩（Baltmore），当地市长率领华侨四百余人在车站欢迎。晚上开欢迎大会，继以欢宴大会，中美人士，感情融洽。欢迎大会由市长及陆军团长充主席，中西男女赴会者六七百人，情况甚为热烈。

三十日上午，余用电话通知安纳薄里海军大学，道达将往观光意思，该校麦校长（Modonald）表示欢迎，并亲出校门迎接。校中规模甚大，学生千余名。校长曾任远东舰队司令，远东情形甚为熟悉，对余招待尤见周到。

下午四时，仍返巴尔的摩。巴尔的摩市场亦称繁盛，人口亦众，华侨因受不景气影响，生活日感困难。余不愿在此多作逗留，烦扰侨胞，故该地飞机厂，亦未曾一往参观。

克里夫兰

十月二日晚离巴尔的摩，前往克里夫兰（Cleveland）。三日上午十一时半抵克里夫兰，有抗日会主席团阮本万、胡持保、方富杏、陈永生、陈凤杨，外交陈培、朱心诸君，及各社团代表男女侨胞二百余人，前来车站迎接。余等下车，与各代表相见，侨胞排列两旁，掌声雷动，余一一回礼。当时有警察及暗探在场保护，相见毕，各人登车，随由单车巡警引导，直至抗日会下车，略事休息，然后往各机关各团体拜访。华埠团体及各商店一律悬旗表示欢迎，街上中西男女参观者，人山人海，非常拥挤。

四日晚九时，假座安良工商会礼堂，开全侨欢迎大会，抗日会主席胡持保君宣布旨趣后，请余演说。余除致谢侨胞于淞沪抗日对物质精神赞助之盛意外，略述抗日经过，并勉励侨胞仍须继续努力，务达到中国在国际上地位之平等。听众凡数百人，末由抗日会主席方富杏君致谢词，毕乃散会。

五日晚六时，抗日会假莲园餐馆举行欢宴大会，该地市长、公安局长、军界领袖、社会名流被邀赴宴者百余人，华侨到会者亦百余人，由余庭悦夫人主席，用英语演说。各团体赠余金牌，市长亦赠金锁匙一柄，以留纪念。最出余意料者，即当宴会时，有现役陆军某团长起立发言曰"苟蔡将军回国再与日本打仗，我人愿将直辖陆海军交蔡将军指挥"等语。

余住此四天，各名胜亦略参观，该埠出口以机器为大宗，唯卫生方面则不及其他各埠。

芝加哥

七日下午三时离克里夫兰，乘纽约中央铁路车往芝加哥。八日正午到达，华侨各社团代表千余人、汽车百余辆、飞机两架、童子军、铜乐队、单汽车队、芝城市长代表顾利巴（Viotor Kledba）均列队车站欢迎。余下车与欢迎代表握手为礼，各西报访员争相摄影，出车站时，军乐大作，侨胞均揭帽举手欢呼，以示热烈欢迎。余乃偕市长代表及中华会馆主席李孔帘君同乘礼车，童子军乐队作前导，警察电单车沿途护送，各社团及欢迎侨众汽车队随后，由下埠起，绕经新旧华埠，沿途中西人士旁观者达五六万人。余抵牟埠时，市长杞理氏及其夫人已在该处预候，脱帽致敬，华埠商店均悬中美国旗，且有悬挂余小影者，鼓掌声、爆竹声、互相应和，热闹情形，与纽约相伯仲。到中华会馆后，即举行欢迎会，下午六时，假华英楼欢宴。

晚七时，赴夏丁公园全侨大会演讲，到会者三千余人，场内既无隙地，场外站立者亦人山人海。余演讲时，系专报告淞沪抗日经过。九时半散会后，仍回中华会馆，休息片刻，旋由大会职员数人与谭赞君送余回史蒂芬大旅店。

八日，由中华会馆代表及大会议员数位偕余拜访各社团。杞理市长于余抵芝城车站时，即派代表迎接。余车到华埠时，彼又偕其夫人在途欢迎，并指派得力警探多名为余护卫，隆情厚谊，得未曾有，乃亲往市厅回拜，以答雅意。到达时，市长亲自接见，表示景仰。下午四时半，赴协胜公会茶话会，会长伍雨生君宣布欢迎旨趣后，余即以精诚团结、抗日救国勉励该会同人。

芝城全侨于九日晚在广东茶园举行欢宴大会，到侨胞三百余人，当地官宪及外国来宾、访员二十余人。余于演讲时，除述日本的强盗行为外，并郑重声明中美邦交之如何亲睦，"九·一八"中国国难发生以来，美国虽未曾以武力相助，然以私人资格助中国者颇多，萧德（Short）烈士独自驾机为中国牺牲，是其明证。最后，市长代表顾利巴氏演讲，谓吾人欢迎真正勇敢之奋斗，并谓彼已学得几句中国话，即脱口而出曰"欢迎你再到此埠"、"欢迎你再来"、"多谢！"检察官卢先尼亚氏（Mliehael L. Rosinia）亦用中国话说："欢迎蔡将军。"尤足资助兴也。

十日下午，由旅店赴芝博会参观，随行者有侨商谭赞君等多人及英俊兄，由十四街入门，会长道尔斯氏（Prestident. R. C. Dawes）亲在总办事处客厅，待以上宾礼，请余题名于贵客名册上，并请余书字以留纪念。余即书"中美亲善"四字。道尔斯氏欣然色喜，请英俊见译成英文，旋即指派专员招待参观，乘特别电轮一艘，环游湖内。

既毕，乃转往科学馆、中国馆参观，馆内人员见余至，分头包围拍影。福建陈列部主任董焜藩君更以丝及漆制成之关羽像相赠，又参观美政府馆及农业馆，五时始散。

下午五时半，致公堂假万国酒楼欢宴，主席陈泽霖君代表该堂赠余金质徽章一面后，即宣布理由，勖勉该堂昆仲振起从前之救匡精神，余亦本此意思以相鼓励。继有中华会馆主席李孔帘君演讲，该堂总长司徒美堂君则详述洪门历史，至七时半，始尽欢而散。夜深十二时，城北石室楼餐馆主人周文彬君邀余夜宴，并有中华会馆职员及各社团领袖二十余人作陪，情形至为欢洽。

十一日，下午八时三十分钟，芝城温活街国民党分部在该部内设筵欢宴，到会者有党员及来宾百余人，由中国国民党驻美国总支部监察委员谭赞君主席，除申述诚恳欢迎理由外，并谓国难严重到如此地步，只有实行抗日，打倒独裁，才可以救出垂危之中国。又抗日救国，拯救我民族之存在，是民族主义；打倒独裁，系谋民权之伸张，是民权主义；蔡将军实行抗日，打倒独裁，是实行民族、民权主义，实行三民主义的人，即是同志。南京当局主张降日不抵抗者，是挂羊头卖狗肉，不是真正同志云。闻该党部系胡展堂先生所领导，气骨尚存，绝非徒作卖国贼之应声虫者可比。

余来此赴宴无虚日，各社团外，尚有谭赞、简侠魂、梅炯、梅雄起、周雨帆、蔡九峰诸君之私人请宴，又我国著名艺术舞蹈明星刘科伦女士亦柬请余及芝城侨团领袖二十余人，在东星楼欢宴，并亲自表演各种艺术舞蹈。查刘女士于淞沪抗日时，曾在罗省抗日会参与担任义务表演，筹款数千先汇助十九路军，此次随其父刘仕煊君来芝城各大戏院献技，闻余到此，特设宴招待。

芝城欢迎大会及各社团，或赠我军刀，或馈我金牌，均极名贵，谭赞君连日且亲自驾驶汽车，导游各名胜，尤令余感念。安良工商会又特别招待，永感不忘。

芝城位北部密执安湖南畔，铁道贯东西，河道通南北，交通便利，商业繁盛，为全美第二大商场，人口二百七十余万，华侨闻前有万余人，现仅存七八千人云。

华侨团体中，有安良工商会会所，建筑费达美金五十万元，外表系半中西式，堂中布设则完全中国式，西人常来参观，此次在该堂招待，格外隆重。

底特律

十六日晨九时十五分钟，准备离芝城搭车往底特律（Detroit）。八时许，余先往中华会馆与各社团代表及侨商数十人话别，下午四时五十分钟，直抵底特律。未驶近中央车站。当车离站约二三里时，已有余宝和、余礽章、梅祯祥、梅有炳、林举让、许炳昌、梅人睦诸君偕同陈翠芳女士，捧鲜花一札，先登车上迎接。抵车站时，欢迎侨胞、市长代表、西报记者、摄影人员、西铜乐队、武装警察、华侨男女童军等约千余人，汽车百余辆，拥挤车站。余下车后，与各代表相见，分别登欢迎车后，随由警察电单车为前导，从车站出下往来街，转限必罗街，入花冷伦街，下柏亚运，直下伙街，入往卑梨街之中华公所。所经市街，中西人士在街上参观者人山人海，均举手扬巾，脱帽致敬，侨胞商店休假一天，满挂中美国旗，情形热烈。

休息片刻后，全体举行拍照。时有一十龄华童趋前问余曰："日本军队攻我上海时，将军与他打仗，究竟杀死敌军几多？"余答："不计其数。"余反问彼曰："你何故痛恨日本人？"答曰："日本人无故占我东四省，打死我中国人，所以我痛恨他，待我长大，一定返中国当兵，报仇雪耻。"我问其姓名，他答姓罗名西就。该小童精神活泼，天真可爱，中英话尤流利，将来必非池中物。以十龄童子而爱国至此，不知媚外亲敌，出卖全国利益之要人，对之宁毋愧死！

晚十时，在美以美学校开欢迎大会，中美人士赴会者千余人。先出公安局长碧架氏（Picker）代表市长演说，大意系鼓励中美人民合作，并述上海战争时十九路军光荣历史，盼余回国再作抗日工作，希望最后成功云云。

十七日，福特（Ford）公司派车三辆并专员，前来导往参观，余等在公司内可乘车参观，不须步行。所制汽车，由制造机件起至合成一车止，均使用机器工作，规模宏大，设备周全。据引导员云：全厂面积约占地一万余英亩，厂内敷设铁道，约长九十英里，所用制车原料，如煤、铁、树胶等均系该公司自给，不必向外采购。从前豆油项，系向中国购买，近年该公司研究种豆方法，极著成绩，以后亦毋须向中国采购云。

出公司后，往福特模范村参观。该村建筑纯系古式，纪念福特及其良友大发明家爱迪生（Edison）所创事业，内有机器博物院，陈列古今一切车辆及电学机器；有爱迪生好友某君专任管理爱迪生最初发明之旧物。余参观时，蒙其逐项说明，并用最旧式摄影法举行拍照，四时告别。

晚十时，华侨全体开欢宴大会，与宴数百人，主席请余报告十九路军上海抗日后被消灭经过，直至夜深始散。

十八日晨，葵司吕（Chrisler Motor Co.）汽车公司又派车两辆，迎余往该公司参观。该厂各部独立分设，不若福特公司之集中一处，规模亦大，参观其逐年制出汽车陈列部，式样逐年改善，绝非"遵古法制"之守旧不变者比，参观达三小时，拍影而别。

是晚，中美人士联合欢宴，华侨方面以洪祯祥，美人方面以法官梅乃汉（Judge Maynihan）二君为主席。梅法官演说大意谓：今晚十分荣幸，得与中西人士共聚一堂，欢迎蔡将军。蔡将军在上海战绩，举世震惊，卫国守土，克尽军人天职，确值得中美人士欢迎。又此餐厅，役前曾欢迎过一位为国杀敌的法国将军，今晚在此欢迎蔡将军，尤觉先后辉映，此厅将成为历史上最有价值之地方。还有一事敢向蔡将军报告者，即旅居本省之华侨，很能安分守己，此间教育机关，尤欢迎中国学生入学，希望蔡将军回国时，把中美友谊精神带回去，并希望蔡将军努力救国，使中国得与列强并驾齐驱云。梅法官所言，真使余感愧交集。

晚上十一时回旅店，适值前底特律市长现任菲律滨总督摩菲氏（Murphy）之介弟来访，据谓彼于淞沪战争时，曾以私人资格，组织一航空队，打算到中国去协助中国作战，登报数日，报名飞行员已达五十名，均曾参加欧战，富有飞行经验之人员，后因上海停战，始作罢论等语。余问其为何如此热心援助中国，彼谓因恨日本军阀，无故侵占中国土地，残杀中国人民云。可知是非随直，世界尚有公论。

十九日，密斯根大学学生数人，来邀余往该校参加该校中国学生茶话会，一时出发，三时到达，闻校中有中国学生百人，颇有地域党派分别，当日赴会者约七八十人，余以精诚团结、力学救国之言相规劝，五时仍回底特律。

底特律与加拿大仅隔一水，工业繁盛，人烟稠密，华侨前有千余人，今则只存七八百人。晚搭夜车离底特律，翌晨再抵芝城，中华公所林主席、谭赞、周雨帆、梅炯诸君，均在车站候接。是日狂风大雨，不便外出，且将作别处之行，故在旅店休息一天。

圣安东尼奥

二十一日晨，由芝城乘飞机赴圣安东尼奥（San Autonio），下午五时五分抵埠，华侨各界代表及柯市顿当局代表与侨众到机场迎接者四百余人，市长衮氏（Kings）及南方八省总司令许葛（Gen. Hagood）均派代表到场欢迎。下机后，主席李朝恩，致公堂主席刘文晃，文书科主任朱仲辑、任锡平，外交主任伍平诸君及伍宝珠女士上前迎接。伍女士奉余生花一篮，余与各代表一一握手为礼，西报记者摄影，伍女士亦陪同拍影。余步出机场时，军乐大作，掌声如雷，登车后，由大会主席李朝恩、市长代表伍平诸位作陪，警队单车、飞机队单车、警探队车先行，军乐队继之，大会及各欢迎汽车八十余辆随后，由机场至华埠约十余英里，沿途观者如堵，咸鼓掌示敬。

六时，抵华侨学校大会场开会，李朝恩君主席致词云："蔡将军驾临本埠，朝恩忝以菲才，谬充主席，谨代表全侨致万分的诚恳敬意，致词于蔡将军。回溯蔡将军前年在淞沪抗日，血战月余，其一种为国家民族奋斗之精神，确为我全国同胞所敬仰，尤为欧美人士所称赞。今日特开欢迎大会，聊申全侨崇拜英雄之诚意，表彰蔡将军抗日救国卫民之功绩。中国有此抗日之英雄，自应雄视东亚，无奈南京政府之肉食者，甘心媚敌，惯于卖国，既签上海协定，再签塘沽协定，并附密约，务将中国大好河山，断送于日人之手，黄帝神明华胄，沦为日人奴隶，彼等国贼，令人痛恨。我蔡将军誓与国贼不两立，抵抗强敌到底，在入闽时，曾以堂堂之阵，正正之旗，声讨国贼，冀为全国同胞开一线生路。无如事与愿违，飘然出国，今日我侨众得有与蔡将军相见之缘，焉知非天之降大任于斯人耶！在座全侨诸君，今日在此开欢迎会，非系泛泛寻常交际者可比，须知今日之欢迎，大家要与蔡将军同站于抗日救国之战线，精诚团结，追随蔡将军之后，以图收复失地，同享共和幸福，则今日之欢迎会，方有价值。朝恩满腔热诚，不昧良心，只知有国家，不知有党派，只认识抗日救国之英雄，不顾念媚敌卖国之蟊贼，愿全体同心同德，齐起奋斗，做出一番救国救民事业，此朝恩所馨香祷祝者也。尤望在座全侨诸君，瞻仰蔡将军风采，服膺蔡将军言论，当作南针，则一城可以与夏，百里可以王周，朝恩材庸识浅，谨献一得之言于蔡将军之前，伏祈亮鉴。"李君致词毕，要余演说，余乃起立，作如下之言曰："廷锴读书无多，才识浅薄，又系出身农家子，对于世界大势，中国国情，都未十分深知，只有满腔热诚，尽心为国。自十七岁投笔从戎，经历三十余年，而至忝总师干。前两年驻兵淞沪，适值'九·一八'东省事变，日人不两日而侵夺我东三省土地；野心无厌，'一·二八'又寇上海，上海市长吴铁城奉政府密令，答允日本要求。廷锴是时留居上海，半夜，忽接本军团长电话，谓日军来缴我闸北军械。廷锴命令该团军士坚守防地。在廷锴之意，以为上海系我国最富庶区域，又为各国通商繁盛口岸，一有军事，糜烂何堪设想。无奈我不伐人，人竟伐我，本军守土有责，岂能袖手待宰？即电南京政府请命，竟置不答。廷锴斯时本军人天职，起而与日军周旋。因念不抵抗而土地必失，东三省可为殷鉴，抵抗还有希望，或不至于亡国。不料打了一星期之仗，正在得胜时间，军政部长何应钦来一严厉命令谓：'谁叫你打仗？'廷锴以将在外，决不受此乱命。忖思我十九路军多数系广东人，血性男儿，均主张与日寇拼命，在沪抗战三十二天当中，并无一兵一卒中途逃去。至第五军之七十七、七十八两师参加作战，原系出自各将领及中下级军官之热忱。军政当局原派该两师来接我防地，并监视我十九路军动作。无如民众多拥护十九路军抗日之宗旨，该两师军官，即到南京军政部请愿，加入作战，满腔热诚，士气激昂，嗣后该两师将士，果加入作战，其功不可埋没。我十九路军与日军打仗，越打仗越精神。无如政府畏日如虎，炮未响，即挟'夹必袋'向洛阳逃去，弃国都而不守，严令嫡系军队袖手作壁上观。如此政府，尚望其能抗拒外敌，收复失地乎！最无人格者，莫如汪精卫，从欧洲归国，主张先倒蒋后抗日，及至荣膺行政院长，政权在握，则又变其主张'一面交涉，一面抵抗'，及后再变其论调为'长期抵抗'，实则取消抵抗，变为亲日媚日之政府矣。在廷锴看来，汪精卫实为'无期抵抗''不敢抵抗'媚日窃位之汉奸，今且取缔抵抗者之言论，消灭抵抗者之军队，解除抵抗者之团体，近更倒行逆施，是非颠倒；前则严责张学良不抵抗，今则予以'剿匪'副司令之荣衔。张学良失三省而无罪，汤玉麟失热河而无罪，抗日军人之马占山、冯占梅、李杜、冯玉祥、方振武等则妄加罪名，从中监视，使其不能活动。世界万国政府之赏罚，无有如是之颠倒者。廷锴素抱抗日到底宗旨，政府对于廷锴，更视为眼中钉。廷锴此次赴欧美漫游，个人见识增加，群众赏脸欢迎，知人心未死，同情抗日者大有人在，其愉快为何如哉！惟最可痛心者，余在荷兰时，有荷兰新闻记者以嘲笑口吻询余曰：'敝国费数千万元始能填海地几万亩，寸土寸金，寸土不能让人；贵国地方辽阔，一旦失去四省土地，视为九牛一毛，不足轻重，可谓阔矣。'廷锴闻言，面红耳赤，无词以对。上海之役，浏河方面，军政当局如果事先派有两团以上军士镇守，日兵必不能登岸，则本军不至受后方威胁，而退防待国联调查团至。无奈不肖将官王赓失职，致令日兵乘虚而入。本军前后受敌，不得已退守第二防线。现在南京政府居然承认'满洲国'通邮通车，减低日货入口税，又划长城南三十英里为中立区，不准中国驻兵，设关卡以征'满洲'入口货税，如此而谓不承认'满洲国'，其欺谁，欺天乎？南京政府侈言建设，其实除拱手以国土让敌之外，别无何种真正之建设，可以餍我民望者。养兵二百余万，全不思收复失地，一味扩充个人势力。华侨诸君，今日不言救国则已，若言救国，大家应同一立场，站在同一战线，为国讨贼，为民除奸，廷锴不才，愿随诸君后，尽国民天职。区区之言，愿共勉之，谨祝诸君康健。"余演讲后，有市长代表圣安东尼奥市民，诚恳欢迎，并谓圣安东尼奥市欢迎外宾，此次实为创举云。

晚，在布利沙大旅店举行欢宴大会，西人来宾均系当地军政要人，如市长衮氏夫妇，南方八省总司令许葛旅长考仑（Hawland）等。市长演说大意谓："今晚得有机会和世界知名之中国军人蔡廷锴将军会晤，十分荣幸。鄙人以市长资格代表圣安东尼奥全市民众欢迎。蔡将军在上海抗日战争的伟大功绩，大家久已知道，不必再述，我希望蔡将军在此多盘桓几天，并祝蔡将军事事如意。"许葛司令则谓"余系军人，今晚东方军人与西方军人欢聚一堂，无限喜慰。蔡将军于一九三二年上海之役，抱着牺牲精神，能够以寡敌众，以旧式枪械抵抗新式兵器，尽军人卫国守土天职，不独兄弟个人景仰，即世界人类，亦是一同钦佩。中国有此等军人及民族精神，将来必能达到与国际平等地位的目的"云。

二十二日上午十时，余与李朝恩、廖宁、邓长、英俊诸人应许葛总司令之柬请，前往大军营观操。余等到军营时，兵士排列两行举枪敬礼，奏军乐。许葛氏亲自迎接余等至办公室外客厅，稍为休息，互道寒暄，随即命自由车驾余等环游兵营一周，气象严肃，所到各兵营，士兵均举枪示敬。各处军械储藏库、机关枪队营，无不参观。最后在大操场观操，兵卒步伐齐整，号令传达迅速，可称为共和国模范军。阅毕，同回办公室畅谈许久。据云，该军营可容十万人，现只驻陆军一师及数种兵团而已，最后拍影留念而别。

二十三日，上午十时应练努菲大飞机场（Marshield）场长罕氏（Hunts）之请，前往参观。该机场有学兵三千余人，横直约四哩之宽，一望无际，诚美国机场之王也。据云，现所训练者为侦察、战斗、驱逐三种。

下午一时，赴安良工商会宴会，六时，赴协胜公会宴会，余并手书横屏多幅赠与各社团，以留纪念。

该埠与墨国交界，为驻兵区，商业不甚发达，居民以西班牙人为最多，天气热多冷少，华侨约七八百人。当一九一六年墨国排华，美兵驻墨者因参加欧战，奉调回国，被排华侨乘机请允美国长官，随同参战。停战后，华侨因有功，遂邀得在美永远居留谋生之特许。刻居此埠者，多从事建造兵营工作，生活尚无若何困难也。

圣路易斯

余在圣安东尼奥，叠接圣路易斯（St. Louis）华侨欢迎前往电报，以盛情难却，乃答允前往。二十三日夜十一时，乘车赴作拉市（Dallars），转乘飞机往圣路易斯，是晚送行者有欢迎大会职员、致公堂、安良工商会、协胜公会、宁阳会馆、伍家公所、中华商会、华侨学校各代表。

二十五日，下午一时抵达林拨（Limberg Field）飞行场降下，侨胞到场欢迎者有抗日救国会主席梁传启君、安良工商会、宪政党、梁忠孝堂、龙冈亲义公所等社团代表数十人。余与各代表步出机场，与各侨胞一一握手为礼，后分乘欢迎汽车，由参利马路，经华盛顿街，转抒结街而至华埠。时有两篷车为先导，红绿灯均可直驶通过，并有西探数十名，严密卫护，沿途观者均鼓掌致敬。当车抵华埠时，爆竹声与鼓掌声同时大作，响彻云霄，一若当年淞沪杀敌时之炮声。下车后，有西报访员向余摄影，随登安良工商会稍事休息，四时，赴各团体拜访，六时，应抗日救国会在亚洲大酒店之宴。

二十六日晨，会客后，即驱车往郊外游览风景。下午七时，侨胞假杏花楼举行公宴大会，侨众赴席者非常踊跃。酒半酣，梁传启君领众起立，共浮一大白，并谓祝蔡将军将来返国，尽杀敌人，收复失地云。全场充满抗日空气，大有灭此朝食之慨。

晚九时，假座安良工商会大礼堂举行演讲会，会场人众，无立足地，后至者只得鹄立街外，幸有放音机，故街上侨胞亦可听得。余之演讲，系报告淞沪抗战事实。

堪萨斯城

即晚乘夜车往堪萨斯城（Kansas City），二十七日晨八时抵达车站，侨胞代表蔡君等数十人，汽车数十辆，已在车站等候。余下车与代表等相见后，即至华埠安良工商会休息，晚赴欢迎大会及公宴，至夜深始散会。

二十八日，上午拜访该地市长，蒙殷勤招待，拜赠欢迎书，语多恭维。十一时，陆军大学生何世礼君来邀余往参观。该校校长请余到其办公厅晤谈。校长系军界老前辈，军事经验丰富，彼此言谈，甚觉欢洽。彼问余带兵方法，并请余将淞沪作战经过略为叙述。余要世礼君任翻译，校长闻余对于军事及近代兵器之谈论，颇洽其心，益加敬仰，转谓其学生何世礼曰："我等在校所授课程及着你等注意各点，与贵国将军所谈者无一不同，你等以后应加紧努力，将来学成归国，追随蔡将军为国服务"云。余因时间短促，握别后往世礼君处午餐。该校乃美最高级军官学校，课程完备，在校毕业者均有良好军事学识。午后，回华埠，五时赴侨众欢宴会。

该埠华侨仅百余，蔡姓占半数，生活颇可维持，所执业则以洗衣、餐馆为多。

洛杉矶

晚十一时，乘夜机飞洛杉矶（Los Angeles），十一时半偕美堂、英俊两兄赴机场，十二时起飞。

日间乘飞机可以俯瞰一切，甚觉舒畅，若夜间乘飞机，不特不能安睡，且一切风景无法欣赏，偶一外望，只见电光闪烁而已。是夜，机曾下降两站，惜忘记地名。六时，天色已白，见飞经各地，均系山岭广漠，七时半复降一站，闻该站系专为民航机而设者，乘客均下机休息十分钟，再登机后，机上招待员分发咖啡、面包各物于乘客充早餐。八时，经过一高山即望见洛杉矶矣。

二十九日，上午九时到洛杉矶加兰姐飞机站。在站欢迎者华侨方面有中华会馆主席林忠、欢迎大会主席朱守仁、苗品三诸君，及各社团代表、男女学生、飞机三架、汽车二百余辆。西人方面有洛杉矶市长、公安局长等，人数约千余。余下机后偕市长及朱守仁君等登车，有西乐队充前导，欢迎侨胞及广汉瑞狮团等殿后。由机站起程，所经各处，店户均张灯结彩，旗色飞扬，街旁则人山人海，万头攒动，爆竹声，鼓掌声，震人欲聋，响若雷霆。至中华会馆后，由朱主席介绍余与各华侨领袖行初见礼，余起立致谢欢迎盛意后，即回表么大旅店休息。

晚六时，全侨假勃莱惠街美顺大戏院开欢迎演讲大会。该院分为三层，能容四千五百余人，座无虚位。由朱守仁君主席，宣布理由后，刘兆光君宣读欢迎词如下："今日蔡将军驾临本埠，朱守仁等谨代表本埠全体华侨欢迎蔡将军。一、欢迎蔡将军抗日之功绩。回溯'九·一八'以后，南京政府当局及东北军事长官皆持不抵抗主义，致令四省沦陷，日人愈逞野心，图占上海。南京政府当局又训令上海市长吴铁城签约退兵，决意将上海放弃，献媚敌人。幸十九路军诸将士识得军人守土卫国之道理，尽其职责，奋起抵抗，造成三十二日淞沪抗日之光荣战史，使世界各国动色相告，不敢轻视中国之军队，中国国家之资格，不致完全堕落，中华民族之体面，不致完全丧失，皆蔡将军等努力奋斗之赐。此属于既往之事实，我侨众今日所以欢迎蔡将军者一也。二、欢迎将军出国后之阅历。蔡将军受国内恶劣环境所逼，不得已而出国游历欧美，考察各国之政治军事国俗民情，接见各国人士与海外侨胞，学识日以增加，经验日以宏富，此实蔡将军成材之机会。孟子所谓'天将降大任于斯人也，必先苦其心志，劳其筋骨，饿其体肤，空乏其身，行拂乱其所为。'今蔡将军奋志抗日而志不得伸，为人民建设而愿不得遂，艰难困苦，出亡在外，当国难至急，外寇深入之时，以有用之身，投之闲散，假令志行薄弱者，必心灰意冷，不敢再谈国事矣。然而蔡将军所到之处，发为言论，慷慨激昂，抗日之壮志不灰，救国之热诚益著，此种不畏强御，勇往直前之精神，可敬可佩，真能当大任之材也。此属于现在事实，我侨众今所以欢迎蔡将军者二也。三、欢迎蔡将军负起今后救国责任。蔡将军既得民众之敬重，受民众之拥戴，则今后救国之任，蔡将军自当毅然负起，义不容辞。但中国环境之恶劣，往往能毁灭英雄，苟择交不慎，所信非人，蔽于明暗，隔绝众心，则惊天动地之伟业，可从兹毁焉，所谓，道高一尺，魔高一丈，蔡将军今日之地位，诚不容易处，望蔡将军磨利眼光，放开胸襟，尊贤容众，确定主张，内除国贼，外抗强权，然后不失为造就时势之英雄。此属于将来之事实，我侨众今日所以欢迎蔡将军者三也。以上三点，守仁等根据事理，不为谀词，谨掬诚心，质直贡献，幸蔡将军接纳，敬祝蔡将军康健，前途胜利，中国万岁!"

余对朱君等所致之词，万分感激，诚恳接受，后由朱主席代表洛杉矶侨众致送银鼎一座。

三十日早，蒙美军、政、商各界联合俱乐部晨餐会请宴，到会者二百余人，并有盛大之音乐队，中美男女歌咏队，诗歌助兴。下午，九江会所请宴，晚赴全侨公宴大会。

三十一日，公安局长约余午餐，餐毕，观其表演手枪射击，技术准确，如以一人口含纸烟一支，站立距离二三十尺外，以手枪射击纸烟，每枪命中，毫不伤人，余极称赞。其余职员警士技亦均精练。闻该公安局长系行伍出身，作事负责，对待朋友，义侠可风，余事前并未与其一面，今竟一见如故，招待周到，尤为难得。晚，航空会请宴。

十一月一日，晨往参观各电影制片公司，后播音台来邀往作三十分钟的播音讲话。晚赴中华商会之宴，宴毕，大埠欢迎大会主席何少汉君、圣迭戈埠代表，均来邀余前往，互争先后，余以双方盛意俱极可感，结果决先往圣迭戈，然后往大埠。

洛杉矶系加利福尼亚（Califarnia）省重要商埠，人口、商业均极繁盛，生果出产尤多。闻华侨盛时有二万余人，多数从事园艺，近因受不景气影响，多回中国，现存者只四千余人，所遗耕园及商店，闻多不愿顶承于华侨而竟落于日人之手者。

圣迭戈

二日晨八时，余与洛杉矶中华会馆干事司徒元发君暨圣迭戈（San

Diego）代表等乘坐自由车往圣迭戈，十一时半抵距离埠面十英里之玫瑰车站。已有中西人士数百人在站候迎，中有市长代表司理碧士（Parks），市议员金马伦（Commerland）及大卫臣，警察长斯亚士，驻圣迭戈海军陆战队上尉官、余之旧友体罗（Tailor），华侨各团体，墨国泰湾拿华侨代表二位及西报访员等，汽车数十辆。余与欢迎者相见后，仍乘车至中华会馆，该会即开茶会款余及来宾，随后又至上海楼午宴，宴毕，欢迎代表等即送余至依路哥地士大旅店休息。欢迎大会租定该旅店第十五层全层各房，以为余及美堂、英俊、司徒元发、梁桂岩、刘观华、谭宪谋、谭记、冯汝勋及洛杉矶政府所派侦探长等之用。

下午一时，开始往各处拜访，先往市政厅拜会市长，此后顺序往西商会、海军第十一区司令部、海军陆战队根据地等处。陆战队司令布律文近曾到中国检阅驻华之美国陆战队，历六个月之久，对上海等处情形颇熟，与余畅谈军事，历半小时之久。

三时，中华会馆开欢迎大会，余应请赴会。当时由谭茂君充主席，谭士珍君致欢迎词，关欣君介绍侨胞与余相见。五时散会，欢迎会设筵南京楼宴余及西宾，西宾皆埠中之军、政、商、学各界名流。当时演说者有已退伍之根氏少将、市长埃央士、国会下院议员波文、体罗上尉、商会代表安拿布、司理碧士、银行家大卫臣、海军副官沙文等。余与华人领袖亦有演说。晚十时，华侨在大东楼公宴，到会者二百余人，共二十余席，觥筹交错，盛极一时

三日早九时，罗锡格兰士（San Diogo Forts）炮台，请余往游。至时，港口要塞司令纪里芬中校出迎。纪里芬司令欲鸣炮十七响致敬，余以现无官职，又未穿军服，以平民资格来游，不敢受此重礼，力辞乃止。纪氏陪往参观半旧式炮台及位置，其余秘密新式炮台，任何外人不得参观，现在仍用泥土掩埋，恐人泄露。余知要点所在必有炮台，乃指谓纪司令曰："此间应设炮台。"彼微笑含糊以答，余亦随之而笑。彼乃云："将军真军事家也，所指各点，乃最近三年所筑之炮台，筑完后，用泥土掩蔽，并植草木其上，除本政府要人及本部职员得知外，余均不使知道，即本司令部

中新兵亦不知之。"午后仍返洛杉矶，至德堂，国民党等团体均请宴。

圣塔索

三日晚八时，搭车往三藩市，顺道经圣塔索（San Taso），侨胞到车站欢迎者数百人，汽车数十辆，高呼欢送口号。八时半，车即开行。四日早八时二十五分抵圣塔索，全埠侨胞不论男女老幼均到车站迎接。时有洋乐一队，汽车二十余辆，余下车后，各侨胞鹄立两旁致敬，首由周伯姬、陈金玉两女士各献余生花一束，同时洋乐大奏，侨胞鼓掌，乐声与掌声，互为应和。余与侨众一一握手毕，全体摄影，即迎往西埠之地晏沙大旅店开欢迎会。以洋乐队及警察车为前导，各欢迎者随后，鱼贯而行。道经各街，外国人士咸驻足以观，且有鼓掌揭帽致敬者。抵达旅店后，略事休息，即开大会欢宴。三藩市欢迎大会派来迎接之代表周锦朝、雷坚磐、陈文洽及蔡济阳堂代表蔡世雄、蔡杰积，访员陈岳渊、鲍文庆、李大日诸君，均被邀参加。首由主席黄瑞瑜君宣布欢迎旨趣，黄焕运君致欢迎词，余及英俊、美堂两兄均有演说，末由周辰君致词答谢毕，继续用餐。散会后，复驱车回华埠游览及休息。

三藩市

余等与圣塔索欢迎侨胞握别后，即搭十二时车直往三藩市（San Francisco）。一时二十五分抵达车站，其时鹄立车站附近迎接者，有大会各代表，因人多拥挤，不能入车站，而立在站外之华侨，男女老幼达三四千人；汽车三百余辆，中西乐队；西人方面亲到车站迎接者，有市长罗士（Rosi）及其书记付力沙，市议会参事加利架，市法庭衙官士戴架等均与余握手为礼。迨出站外，全侨均鼓掌欢呼。

中华音乐队奏乐，南侨学校鼓吹队奏国乐，车站外之汽车交通，因人多拥挤不能通过，迫得暂时停顿。余登欢迎车之第一号车，市长罗士坐左，市参事加利架坐右，余则坐中，由警车及南侨乐队为先导，其余侨胞汽车随后，由三街转入哥杰街，上都板街而至华埠。沿途中西人士环观者极众，均鼓掌欢呼，余则起立，挥帽致谢，有侨胞争近余所乘之车，沿途步行者。迨抵都板街，夹纪利街，由中华音乐队先导，中华学校、孔教学校、南侨学校、浸信会学校、圣玛利学校学生则排在板列街两边。余至时，各生齐声高呼欢迎，侨胞有由楼上将各色碎纸撒下者。车至中华会馆，余登二楼之骑楼，俾不得挤入会馆之侨胞可与余相见也。

欢迎车辆到齐后，即开欢迎会，由刘恢汉君充主席，宣布开会。余作简单演说毕，付力沙、加利架二氏相继发言，表示欢迎之意，散会后，即往沙宽士大旅店休息。

晚六时，举行公宴大会，因参加公宴人多，分杏香、醉月、新杏香、广东、远东、新上海六大酒楼，每楼均设五十余席。在未开始公宴之先，各酒楼及商店，均燃放瀑竹、响彻遐迩。是晚，华埠各团体、商店，均大放光明，如同白昼，街上中西人士，肩摩踵接，其热闹之状，有如我国之元旦。公宴时，由大会派定刘恢汉、何少汉、邝墀、陈文洽、周锦朝等君，导余分赴各酒楼与侨胞相见。

五日，上午有大会代表陪余出外拜访，先往市厅拜谒市长，市长亲自接见，引余至办公室坐谈，又同余至市参事议厅。其时，市参事正在开常会会议，见市长引余至，均起立致敬，参议长麦施喜宣布欢迎之意，市长介绍余与各参事逐一握手后，余用华语作简单演说，由英俊晃传译英语。余略谓此次得有机缘与美国名流共聚一堂，极为荣幸。廷锴在国内已闻人说，美国人士对中国极好感，今抵美国，所受美国人士之优礼招待，实有过于我前之所闻者，足见中美亲善，殊非虚言。忆当沪战之时，余接到美国人士愿为我国服务之函件数百封，尚来及一一答复，而沪战已过，深为抱歉。余此次所经各国，其对华态度，以美国为最亲善，余甚望中美友善，能久持不变，并希望诸君往游中国，再行相见云。

华侨社团机关甚多，余因时间关系，未能一一亲自拜访，只赴阳和、三邑、宁阳、肇庆、人和、冈州、崇正七大会馆，已尽一天光阴。

晚至德堂请宴，并赠银鼎。

六日，全体侨胞举行欢迎演讲大会于华埠游戏场，场上架搭讲台一大座，台前满砌生花，并以生花砌成"欢迎民族英雄蔡将军演讲大会"字样及种种标语，又装有播音机，使声音远近可闻。

是日虽值星期二，华埠除办、庄、行议决休业外，其余各业侨胞亦多请假赴会，计是日赴会人数逾万。全游戏场，两旁街道，地无余隙，四周楼宇，不论窗户、瓦面、火烛梯亦有多人。余与大会各职员依次坐定后，即行开会。主席刘恢汉君宣布理由，雷坚磐君宣读欢迎词，余报告淞沪抗日经过，历一小时半始已。演讲毕，即行赠指挥剑礼，全场肃立鼓掌，由主席刘恢汉君奉剑赠余，末由何少汉君致词答谢，散会后，余仍回中华会馆休息。

晚，济阳堂欢宴及赠金牌。

七日，各学校学生联合假大观茶园举行欢迎大会，参加者二千余人。首由山孖地奥大学代表黄照棠君宣布理由及致欢迎词后，即请余训词。余致词大意谓：淞沪抗日时，国内中、大学学生均奋勇帮助前线将士，其功绩实不可忘。余警告在座学生，际兹国家多难之秋，华侨学生责任尤为重大，应勤读书，爱祖国等语。末由加省大学学生孙正君致答词，散会后，殿以西餐，计参加人数一百二十余人，其临时加入者仍异常踊跃。

晚七时举行大巡行，各团体参加者更为踊跃。当时有警察乘电单车为前导，次为中美国旗，消防队则以汽车载大光射远灯，照耀街道，如同白昼；飞鹏航空学会则派出飞机由航空生阮宝等驾驶，飞翔于华埠空际，散放欢迎传单；参加巡行之色车多架，并有各种标语，甚为动目。巡行路程由中华总会馆门首起，沿士得顿街，下布律威街、转都板街，下扳街，转坚尼街，上昃臣街，转都板街，上华盛顿街，转委巴利街。是时，市长与余同登检阅台，检阅巡游队。各巡游队、各校学生，向检阅台前经过，均向余致敬礼，余亦一一点首回答。

晚，应人和会馆之欢宴，并蒙赠送金牌。

八日上午，中华学校开欢迎会。晚，华商总会欢宴大会，中西人士赴会者极多，十二时，始尽欢而散。

九日，下午一时应圣玛利中英文学校欢迎会之请，到校参观及向学生训话。当余抵校时，全体学生在校门外鼓掌欢迎，共同拍照后，即在该校操场开会。由教员赵华圣君赞礼，首奏乐，次全体学生向余行举手敬礼，次唱国歌、校歌，随由校长赵超常君宣布欢迎旨趣，教员雷锡泉君致欢迎词，请余训话。余即说睨教育救国之要义，勉励各生努力向学，备为国用。末由赞臣神父致词，并赠余金牌，散会后，复在该校接待室茶会。

晚，崇芷会馆设宴杏花楼，由陈秉初君主席，该会会员偕眷赴会者极多。陈秉闲君宣布开会宗旨后，余与刘恢汉、何少汉两君相继演讲，语意均集中在勉励团结抗日救国方面；旋由黄仲南方君致词答谢，席终后，有持纸笔索余题字者，余亦即席书赠。是晚，当事人均知余连日应酬劳顿，故仪节概从简单；通达人情，余尤感动。

十日，赴三邑学校欢迎会。

晚秉公总堂假杏花楼设宴，柬邀英俊、美堂、各会馆主席、大会各主任及各来宾作陪，赴会者百余人。筵席布西式耙齿形，鲜花点缀，备极雅致，宾主入座后，先行拍影，随由该堂总理何少汉君领导向余与来宾行相见礼，并宣布宴会旨趣。温学周君致如下之欢迎词："盖闻嵩岳灵秀，认降国家柱石；金门气爽，快睹民族英雄。我秉公堂同人等冠簪朋盍、星聚云联，谨于今日同临杏花楼，敬治薄酌，欢迎我蔡将军、谭师长、丘司令、麦秘书。窃维将军当淞沪驻节之日，正倭寇肆虐之时，倭寇毒比长蛇，贪如封豕，借劫夺三省之威，冀得陇而望蜀，乘我国内之纷争，故得寸而进尺。幸将军秉丹心救国之热诚，守土有责，立赤手抗日之决心，乱命推辞，上下一心，全军合德，仅凭二万孤军，抵御四倍强敌，指挥前线，督师闸北，卒使盐泽寒心，顿教野村丧胆。贼廷仓皇失措，三易其帅，倭将徬徨乏术，五增其兵。巨舰闭塞黄浦之江，不能攻吴淞之垒；飞机遮蔽白日之穹，不能破我轩下之壕。鏖战三十二日，歼敌数万名，世界为之震动，中外予以欢腾。足见将军智勇而绝伦，将士果敢而用命。斯时也，将军功丰德大，应受酬庸之赏；名高望重，当拜一等之勋。不意功愈大而召妒愈切，几罹陷害；名愈高而惹祸愈深，险遭冤诬。卒使不能安位，迫得飘然去国。所幸人心不死，直道犹存；历游各邦，到处欢迎开会；驾临藩市，莫不争睹丰仪；群伦爱戴，侨梓敬钦。孰意国贼闻耗，竟生妒嫉，嗾使属员论驳，欲盖衍尤。岂知恶愈弄而愈彰，名愈攻而愈大，跖犬吠尧却无伤于日月，蝼人沮孔，曷有毁于圣贤。矧念国难未平，将军毋轻解甲；顾以失地未复，将军勿可卸肩。今日本堂同人成仰高风，预饮黄龙之酒；群钦盛德，非开贺兰之筵。所幸将军大声疾呼，黄魂唤醒，将军尤须领导四百兆群众，内除国贼，则四百兆群众必追随将军，外拒强寇，务期失地收回共和恢复、措国家于磐石之安，登人民于衽席之上。此本堂同人欢迎将军之盛意也。谨此致词，希维俯纳，皈依稽首，永祝健康。秉公总堂同人敬献。"欢迎辞致毕，余与英俊、美堂、恢汉、肇询、展伯、九畴、君迪等相继演说，后由李有栋君答谢，旋即开筵畅饮，直至九时始散。

余到三藩市来，连日蒙侨胞各社团热烈招待，欢迎会也，欢宴会也，不特无日无之，且有一天而三五次者。自问以一在野军人而受侨胞宠爱若此，清夜自思，尚觉有愧。

三藩市亦名旧金山，华人统称为大埠，乃加利福尼亚省最重要商埠，美国太平洋岸第一良港也。港口名金门（Golden Gate），海港天然，巨舰可自由出入，东西横贯大陆之铁路，以此为西方终点。商业繁盛，人口亦众，从前均系西班牙人，华侨到后，刻苦经营，顿成繁荣城市。华人生活虽不恶，然因无团结精神，每易为敌人所乘，闻归国华侨所遗之商店，多不顶承于华人，而日人日见僭夺，此诚一可痛心之事也。

奥克兰

十一日晨八时，奥克兰（Oakland）欢迎筹备会派代表陈乐之、黄德清、余祖义诸君及张康人夫人亲到三藩市中华会馆欢迎余往奥克兰一行。三藩市欢迎大会主席刘恢汉、何少汉及各团体代表二十余人，同乘船浮渡到奥克兰码头时，侨胞男女学生、当地市长、文武官员等约千余人，汽车百余辆，已在码头相候。民用飞机，则飞翔空中，散掷花球，表示欢迎。余与各欢迎代表握手后，即乘汽车往华埠，所经市街，人物拥挤，幸有警察电单车为前导，始得通过。

下午二时，往水塘边公众演说堂开欢迎会。是日适值星期日，各界休业，故赴大会中西人士约三千余人，由陈乐之君主席，并致欢迎词，又马如荣博士再用英语致词，市长及余均有演说，末由李熊君致答谢，并赠余金牌。

晚五时半，假北京楼、泗海楼两处公宴，亦有市长及当地名流学者作陪，十二时散会后回大埠。

奥克兰人口三十余万，华侨约三千余人，地方风景清幽，后有高山，前临海湾，与三藩市遥遥相对，气候温和，最适宜于住宅。

瓦莱霍

十二日早九时，瓦莱霍（Vallojo）埠欢迎会代表方佩文、吴北海两君已到大埠中华会馆邀余往瓦莱霍一游。余乃偕刘恢汉君及各代表同往。十一时将到达时，已有男女侨胞乘车出数里外欢迎。正午，在该埠大旅店午餐，当地军政机关人员亦齐到作陪。

午后，蒙海军后方司令导余参观造船厂及各要塞。该司令对中国情形甚为熟识，其人和悦可亲，全无官僚气习。六时举行公宴，因地狭人众，拥挤异常，八时完毕，再开欢迎大会，十一时散会后，余仍返大埠休息。

瓦莱霍海港，可通太平洋，亦属加省一部，人口不多，华侨前有六七百人，今存者只百余人，多受佣于工场以求生。

再回三藩市

十三日早，往伯克利大学（Birkely University），与中国学生男女百余人讲话，并在校午餐。全校学生万余人，系加省最高学府，午后仍返大埠，晚应宪政党之宴。

十四日，参观海狗山一带炮台、兵营、飞机场等地方。

十五日午，致公堂开欢迎会，六时请宴。九时大埠学生联合宴会，十一时始毕。

十六日午后五时，三邑会馆请宴。八时，侨生抗日会假杏花楼茶会，到会男女童学生千余人，精神活泼，快乐非常。会场秩序虽不甚佳，而天真烂漫，反觉可爱，直至十一时，乃偕锦朝、文洽诸兄回旅店休息。

十七日上午休息，晚间，退伍华系军人会请宴。到会人物除华人外，尚有西人男女参加，极有兴趣。该会组织历史，据云，于一九一七年四月美国愤德国潜艇轰击之日趋严重，不得已对德宣战，当时，华人入美籍与在美土生者，到达服兵役年龄，均须入伍当兵。大战结束，所有陆军除留常备军若干外，余均遣散。遣散官兵即成立此会，政府对于残废官兵待遇优渥。

我国自鼎革以来，不知牺牲若干士兵生命，战死者则白骨暴山野，残废者则饥寒相交迫，流离辗转而死于沟壑，秉国钧者，谁肯顾念及之？最近东北义勇军，茹雪餐冰，与强敌抗，又谁肯捐其余沥，予以接济？十九路军淞沪抗日之残废士兵，政府不但毫无体恤，即民众自动捐款、建设机关以备收养者，且遭取缔，言念及此，谁不痛心！

斯托克顿

斯托克顿（Stoekton）欢迎筹委会派黄湘章、邝汉三、黄成、黄伟廉四君为代表，先一天到大埠迎接。十八日早七时，各代表偕余乘南太平洋特别专车起程，并请大埠何少汉、雷坚磐、周锦朝、司徒栋、李时镜、余檐中、陈文洽、欧永福、周敬、关睨华、欧阳官然、罗瑞庭、周贯之、黄钜正、刘根盛、甄杰、许济严、冯汝钧诸先生，又报界赵九畴、黄福、苏醒之、陈岳洲，加省大学代表黄新民、黄伟仁、李炳堂诸先生及方玉清、方玉琼两女士同行。

车将抵埠时，有高来、孙艺、陈锡三君及二西人分乘飞机五架，在空中欢迎，并掷下花球。当车抵站时，有中华会馆主席黄荣暖、副主席邝昌、书记邝光霭、西文书记熊锦湘及欢迎会全体职员，中华学校全体员生，团体代表有秉公堂马奇，萃胜公商会陈芳、林洪、林昂，萃英堂朱昌晃，保宴堂汤维庆、杨广进、高华、高登，中国学生会黄伟廉，美以美教会陈社昶，黄云山公所黄祝兴、黄经芳，溯源堂邝寅敬、邝敬运、雷宜衍、至考笃，亲公所陈象珊、陈关海、陈廷勋、陈源练，李氏公所李纯、李湘，至德公所周家汝，甯阳会馆黄远章、熊锦湘，甯侨公会马奇，龙冈亲义公所赵锦、张炳贵，斯托克顿市长、国防军团长、市经理、警察厅长、西商会会长、退伍军人会主席，计在站欢迎中西人士统有二千余人、汽车一百一十余辆。

余下车时，西乐队及中华女子乐队奏乐。黄荣暖、市长、军警人员均上前欢迎，黄远章君之女公子黄玉玲、黄玉欢两女士代表中华会馆献花，各中西报及新闻影画员争相摄影，其时鼓乐声，欢呼声，汽笛声，拍掌声，响彻遐迩。各欢迎代表排列成行，余与行相见礼后，即登第一号开面花车，市长及黄主席坐左右相伴，由车站直往文街，落恳打街，经山街，上华盛顿街，到中华会馆停车。余巡游路径均有警察车开道，余车之两旁有美国退伍军人八人侍卫，全路则由交通科黄登君指挥。

在中华会馆拍影后，即往市政厅拜见市长，市长及全体职官出迎。余与各人一一握手为礼，旋在市政厅开欢迎会，市长致欢迎词，略云本埠市民久望将军驾临，借光荣，本市长谨代表全体市民欢迎等语。余致谢词，由英俊兄翻译，别后再返中华会馆，参加欢迎会。由熊锦湘君宣布开会，主席黄荣暖致欢迎词，略谓今天蒙将军驾临，曷胜欣幸，本席代表本会及摩爹士度、老济地里士四埠华侨欢迎将军云。余乃致词曰："今次蒙各界侨胞费如许金钱，如是热烈欢迎，非常感激。但前次淞沪抗日未能成功，现在失地又未收复，忝蒙欢迎，益深惭愧。廷锴此次游遍欧美，所到各埠，均有华侨，各华侨均有家庭、有子女，所见各男女青年，莫不英伟异常，我国前途，必靠此辈。但余切望我海外可爱之男女青年留心中国语言文字，方有救国希望。我国文化，有数千年之悠久历史，为世界各国所钦仰。廷锴昨日曾到过某学校欢迎会，偶以中国历史地理问一小学生，彼均能一一致答，使余无限欣慰。诸位须知日本近数十年侵略中国，既用武力，复用文化，高丽、琉球、台湾，均有实证。余极望我海外侨胞指导子女，应以中文为主，西文为辅，将来成人，自能为国家效力。"末由黄远章君答谢，礼毕，偕各代表前往安乐心、广东楼茶会。该两楼并请全体华侨茶会，是日，所有侨胞到该两楼茶点者，一律免费，尤足见该两楼主人之热心矣。

是日下午二时，黄湘章君昆仲特在其大酒店设备午餐，各埠来宾，欢迎会职员及各侨胞领袖，均被邀作陪。席间，黄湘章君赠余大金牌一面，刻有"精神救国"四字。余接受后深致感谢，并顺谢淞沪抗日时黄君捐助巨资之盛意。再由黄君兄弟特赠五色花糕一个，余起立接受时，黄湘章君且以"将军救国，天下谋略奇功第一人"二句相赠，说毕散会。

晚七时，公宴于新公民大礼堂，堂上下两层，能容五千人，堂中配有方横二十尺之大生花牌一座，中配余像，上书"欢迎蔡廷锴将军"，下署"黄湘章兄弟敬赠"字样。闻该生花牌系由黄湘章昆仲出资七百余金专向大埠定造云。四座满布鲜花，台下有音乐队，中堂陈列宴席。是晚，西宾有加省省长代表，市长，教育长，军、政、警界共三十余人；侨胞一千二百余人。席间，由熊锦湘君用中西文宣布宴会旨趣，并由 K. W. G. 无线电台传播，随之介绍省长代表，市长及各界演说，余亦略讲中美亲善语，由英俊兄传译。市长又代表全市民众送余银鼎一座，以留纪念。继黄主席致欢迎词，最后由熊锦湘君答词，九时半散席，十时在大礼堂演戏，演毕，又举行男女交际跳舞大会，至一时始散。

十九日早九时四十五分钟，余往参观斯托克顿飞机场，中西人士随往者三百人，由华人飞行员高来及两西人飞行家，同时在空中表演飞行术。三机凌空万变，确为能手。是日陈锡、孙艺两君亦腾空表演。事毕，游览场中各新式飞机。十一时，会拜该地驻防军军团长，由该团长领导游观各军用品及车辆。十一时半，拜访各社团。

二时半，在市立大礼堂开演讲大会，中西男女致听者，虽大雨淋漓，仍达二千余人。由加省士丹达煤油公司报效安置扩声机，首由熊锦湘君宣布开会，请众起立，向余行一鞠躬礼，次由中华会馆主席黄荣暖君宣布理由，中文书记邝霭君致欢迎词，次请士作顿市长付冷纪氏致词，次由余演说，黄远章君致谢词，马如荣博士英文演说。副主席邝昌君代表中华会馆赠余金牌，又殷商黄远章、黄荣暖、邝昌、陈芳，四君赠余千里镜一个。摩爸士度埠华侨代表苏南山君宣读该埠之欢迎词，末由邝昌君致答词，至四时余始散会。

晚七时，至德公所以宗亲谊，假广东、安乐心两酒楼欢宴，与宴者有埠中各殷商及欢迎会职员，暨三藩市欢迎会职员等。席次，由吴介农君领众起立，向余及来宾行相见礼，随由蔡杰钰君宣布宴会宗旨，周光魂君致欢迎词，继请余演说。余乃以由家族团结而推及国族团结之义相勖勉，后由周家汝君代表该公所赠余金牌一面，直至十时始尽欢而散。

查斯托克顿埠人口仅五六万，侨胞约六七百，出产以生果为大宗。余到此备受欢迎，各团体及私人馈赠极多。最使余感激者，则为黄湘章君昆仲，除捐制七百余金之生花大横牌，负担欢迎会不敷之款二千余元，及设宴林肯旅馆为余洗尘外，又于私邸设一家庭聚餐。黄君知余将莅士作顿，请制饼大家黄均君制一大饼，名曰欢迎饼，闻该饼计用白糖三百五十磅，鸡蛋三千余只，装小电灯一百零三盏，仿华盛顿白宫式，内置台凳椅桌，高度六尺阔度四尺，非常美丽。余笑曰："吾侪观此饼，不必再游白宫矣。"又谓："黄府内竟能容白宫，诚趣闻也。"远章君导余参观其住宅，该宅正面向西，旁面向南，分上下两层为住所，下层分会客厅、厨房、餐厅、车房、花园等等，各式家私，甚为美丽，余入美以来，参观华人住宅，当推黄府为最华美安适也。

弗雷斯诺

二十日上午九时，与斯托克顿埠侨胞握别后，偕何少汉、周锦朝、麦英俊诸兄分乘弗雷斯诺（Fresno）派来欢迎飞机两架，十二时，到达弗雷斯诺珍打罐飞机场。在场欢迎者有市长利玛（Mayor Z. S. Loymel）及退伍军人会代表，市政厅要人，欢迎会职员数百人，汽车百余辆。首由曾汉源君之女公子曾瑞芬女士敬送生花，在中华会馆举行茶会，随后到该埠最宏伟之弗雷斯诺大旅店稍作休息，旋赴退伍军人会之午宴，被邀作陪者有华侨领袖三十余人，并有华女唱歌，华人音乐助兴。午餐后，往市政厅等处拜谒，以答谢该市欢迎之盛意毕，仍回弗雷斯诺大旅店休息。该旅馆事前留定四一六及四一八两间房为余住所，四一六号为客厅，四一八号则为卧室。客厅中有无线电收音机及大钢琴，卧室内有双榻，陈列均甚华丽，壁上悬有故省长罗夫照片。因该两室不轻租赁与人，专留为招待贵客之用，曩日罗夫省长曾数寓该室，故有其亲笔签名之照片在也。

是晚七时，举行巡游，参加者有音乐数部，其中一部则退伍军人会所报效者，又有花车一，上坐女王一名，宫女四名，系由中华公所选出。高慧清女士饰女王，廖凤蟾、苏琼、梁彩苏、曾瑞芬四女士则饰宫女，尤为特色。

八时，在白戏院开欢迎大会，并请余演讲。首由黄铨祥君赞礼，张少龄、周光男两君记录，欢迎会主席周光魂君宣布理由，由刘纯聪君传译英语，中华公所主席马春田君致欢迎词，弗雷斯诺埠市长里摩氏致欢迎词，由陈伯勋君传译华语。余之演词则由英俊兄翻译英语。各人致词毕，周光魂君代表大会馈赠金牌一面，上镌"国脉所系"四字，末由黄子熊及陈新才两君分别用中英语答谢来宾。散会后，即举行公宴，席位分设五酒楼，而以新上海楼为客席。该埠此次欢迎余之事项，与其他各埠不同，即西人方面极为热烈，大似中美人士不分畛域联合欢迎是也。兹举例证之：（一）初到时之午宴，系由美国退伍军人会作东道主；（二）该埠市政厅悬挂中美两国国旗，西人埠各街道之装饰，华人方面仅助五十元，其余费用数百元，概由西人方面支出；（三）弗雷斯诺大旅馆报效最上等客室，不收租金，又报效迎送之飞机两架，于此可以见之矣。

该埠人口仅三四万，华侨约四百余，中美人士感情融洽，出产以葡萄为大宗，华侨亦多业耕园，闻从前最旺，今衰落也。

是日兆琛兄作别，先赴澳洲归国。此时同伴者谭、丘已别，只余英俊兄一人而已。

贝克斯菲尔德

二十一日，早九时准备往贝克斯菲尔德（Bakersfield）。抵飞机场时，有飞机两架徐徐降下，视之乃贝克斯菲尔德代表乘飞机来此欢迎者。余乃偕与乘机飞往，十一时抵达，男女侨胞与当地市长已在机场候迎，下机后，直往中华公所与侨胞代表相见。

晚六时赴美国退伍军人会欢迎会，九时欢宴，到会与宴者极踊跃。

二十二日早，参观煤油井。参观完毕，乃与侨胞告别，十一时偕何少汉君同乘飞机返大埠。

贝克斯菲尔德地方不大，惟富煤油，华侨只三四百人，从前多业园艺，生活原颇不恶，今已衰落，至各煤油工场采煤油方法，前用人工，今则代以机器，工人生活大受打击。

大坑三埠

埃仑顿（Tsleton）、汪古鲁（alnut Grave）、洛居（Locke）三埠联合

欢迎会，于二十三日曾派代表李云熙、李骏发、谭维、陈才诸君，到三藩市接余入大坑三埠一行。二十四日早，从三藩市中华会馆起程，除余及英俊兄外，同行者尚有何少汉君及大会职员共十九人，分乘汽车八辆。到卜技利埠，即有省交通差乘单车沿途保护，正午抵埃仑顿埠。先有华人飞机师孙兆宁、陈锡诸君，驾飞机五架，在空中迎接，华侨及三埠学生则列队在华埠前欢迎。该埠市长架打拿，法官咸马顿及承法吏等，亦来欢迎。余下车与欢迎者一一握手为礼，有李瑞竹、李瑞松两女士前来献花，遂乘车入华埠，各店户均燃放爆竹，情形热烈。先到市政厅，次巡游华埠一周，同回中华学校拍照。拍照后，随往新中华楼茶会，由蔡盛杞君主席，余作简单演说，道谢欢迎盛意。

午后一时，往汪古鲁、洛居两小埠。两埠距埃仑顿仅十英里，欢迎情况亦极热烈。三时，即在洛居埠举行联合欢迎大会，讲台设有播音机，环立而听者千余人。首由李云熙君主席，简振兴君赞礼，三埠学生唱国歌及欢迎歌，主席致开会词后，陈南君致欢迎词云："盖闻崧生岳降，诞贤哲以为国家，古往今来，惟英雄能造时势。我第十九路军总指挥蔡将军颇牧名高，关岳望重，罗范公数万甲之才，抱孙子十三篇之略。当淞沪驻节之日，正倭寇来犯之时，而乃将军筹独运妙算遏宣，竭生平之英勇，洒一腔之热血，效张推阳之杀敌，秉文信国之丹心，躬提十九路军，歼敌淞沪，义声雷动，卒使鲲溟雾洗，鲸浪风恬，倭奴授首，卫我神州。彼其耿耿之精神，不啻以一身系国家之存亡者。天挺人豪，名寒贼胆，于是东南半壁，凭独力以支持，中外胪欢，共倾心而钦仰，无腹不鼓，有口皆碑。迩者将军壮游欧美，路出此间，侨梓扳辕，欢迎武穆，宾朋满座，宴饮平原，同人等瞻裘带之风，益思当年伟烈；志铭钟未尽，纪勋列笏难书：谨缀芜词，藉伸欢颂。颂曰：歼倭伟绩，邦家之光；冲锋杀贼，名震四方；收复失地，万民所望；愿公努力，勋立非常；将才端赖，国家以强。谨此致词，敬祝健康。旅美国加省洛居、汪古鲁、埃仑顿三埠全体华侨敬献。"陈君致词毕，主席请余演说，演毕，主席代表三埠侨胞赠余银盾一座，盾上刊有"抗日"二字及淞沪战区图，尤为特色。末由李彦圣君代表答谢，摄影后散会。

五时，对三埠联合之学校学生训话，六时回汪古鲁，赴三埠联合公宴。时共设五十余席，分设于南庭、明星、茶园三酒楼。公宴时，大放爆竹，盛极一时。欢迎会并租定布朗旅店全间，为余与大埠来宾下榻之所。是日，由西人摩连亚车公司及华侨欧阳寿全君报效汽车多架，供余及来宾之用，尤见热心。

晚洛居埠濂记请余食大坑鲜鱼粥，味尤甘美。十二时，二埠代表又将明日该埠欢迎秩序来告，此外索书者陆续不绝，直至夜二时始得就寝。

考特兰

二十五日，上午八时秉公堂请宴，十时半前往考特兰（Courtland）。汪古鲁、洛居两埠男女侨胞及学生列队欢送。十一时半，抵达考特兰，男女侨胞四百余人行前半里欢迎。正午举行欢迎大会及公宴。

考特兰亦属大坑诸小埠之一，华侨只四百余人，均以耕园为生，此次因余到，苦无公共场所，乃临时集资筑一木楼，为集会用。闻以后将用该木楼为中华公所所址，一举两得，办事人之聪明，令人钦佩。

萨克拉门托

是日下午三时，萨克拉门托（Sacramento）欢迎会派正主席雷宜锟，中华会馆主席邝瑶普，至德堂代表周德、周文诸君及周爱群女士乘专车七辆，偕尾利允（Mary Suille）代表同到考特兰邀余入萨克拉门托游历。三时三十五分起程，由考特兰学生队及音乐队欢送，考特兰各埠亦有车直送余往萨克拉门托。

四时，抵达萨克拉门托之十四街下车，市长、县长及各代表上前欢迎，各侨胞欢呼，余点头回礼，旋与市长登第一号花车，萨克拉门托消防局音乐队传导，中华、荟华、培华、尾利、允埠、正修各校学生队，美华学生军，退伍军人音乐队，该埠欢迎代表，活仑、扳仑两埠参加欢迎代表，及汽车二百辆，醒狮一部殿后。沿途中西人士鼓掌欢迎，华埠店户燃放爆竹。四时三十五分抵中华会馆，即于二楼平台开欢迎演讲会，用播音机传出街外。雷宜锠君致欢迎词后，市长士哥连（Scotland），县长比达定及余均有演说，至五时一刻，拍照散会，余乃返山纳伦大旅店（Hoatel Senator）休息。

是日，陈玉凤女士代表昌盛女会全体女界二十人，送余百色果一篮。中华学生献香花一束。雷养君送生花牌一面，中有"抗日英雄"四字。

晚七时，分在杏琼林、中国楼、中国茶园、新新酒楼四处欢宴，以杏琼林为客席，摆长桌，西餐，其余则中国菜，西宾赴宴者有省、市、县要人。席间，由陈以正君请中华会馆主席邝瑶普君宣布宴会宗旨，随请市长，西商会代表，尾利、允埠欢迎会代表林清德等演讲，均表示热烈欢迎之意，后请余演讲。余先致谢侨胞欢迎盛意，再陈中美亲善要义，希望中美永久携手等等。末由陈以正、邝瑶普二君及市长同余往其他酒楼谈话，至夜深十二时始毕会。余虽疲劳，然因盛情难却，不得不如此酬酢，市长系美人，不知有无感觉麻烦也。

二十六日，上午十时偕英俊兄及萨克拉门托欢迎会代表，至加省省长公署，拜会省长马利仁（Marrium）。省长迎余于办公室，互谈两国交谊，余面赞美国政治修明，民物丰阜，拜谢招待之盛意。言毕辞出，转往加省高等法院，由三法官迎接。主任法官甫伦言曰"中美两国通商；已历百年，中国人素重信用，故中美人士向来感情融洽"云。十时半，往萨克拉门托市政府拜会市长士哥连。市长早有预备，当余车抵市政府时，市长先在门前候迎，互谈数分钟，辞别。拜会萨克拉门托县长，县长在县议会欢迎，并由县参事招待，谈极欢畅。

十二时赴中华、美华、荟华、培华四校欢迎会，余到达时，各学生均排列肃立及奏乐欢迎，每校训话约半小时，大意均勉励学生勤学，并以匈牙利国民毋忘国耻之方法勖各生效尤。

下午二时，至德堂设宴于杏琼林，与宴者百数十人。吴东垣君代表该堂主席，余演讲家庭亲睦的必要，以相勉励。

五时半巡游，有学生音乐队、提灯队共十六队，各社团参加车辆百余辆；尾利允、板仑、活仑三埠亦来参加。由华埠中华会馆起程，经者街至九街花园散队。

七时，赴巴利沙大戏院演说会，萨克拉门托及各埠侨胞到者三千余人，座为之塞，台上满布生花，并置播音机一座。由邝文显君主席，用中英语宣布开会理由，雷宜锠君致大会欢迎词，邝瑶普君致中华会馆欢迎词，尾利允代表林正德君致尾利允埠侨众欢迎词，陈以正君赞礼，郭卫城君读祝词，邝光雷君读英文祝电，次市长及余演说，末由邝敬华君代表萨克拉门托华侨赠余钻石金章一面，尾利允代表黄伟民君代表该埠华侨赠余金牌一面，周煜夫人代表全体女界及女青年会赠余金盾一面。邓如山夫人用英语致词后散会。

晚十时，秉公堂假杏琼林酒家欢宴。

拍门小住

二十七日，偕大埠代表同返大埠。二十八日，天气稍冷，午后，准备迁往加拉宽街拍门暂寓。午餐后，锦朝兄驶车来搬行李，拍门旅邸月租一百九十元，有卧房二，客厅、餐厅、厨房各一，家私齐备，电灯、自来水、冷热汽管俱全。余以住此较住旅馆适宜，午后六时，已搬迁完妥，何少汉兄邀余外出晚餐。

二十九日，天气晴和。九时起身，与英俊兄谈，今天邝光林领事将以私人名义邀余往别处午餐，并有刘恢汉、林振生二君同往。十一时，副领事邝君即驶车来旅邸迎接，车行一小时到某餐馆用餐。餐毕，往程君（程天固先生之堂侄）处休息。约半小时后，参观菠萝罐头厂，厂中有华工六十余人，多有眷属，制造罐头方法，与我国上海、厦门、汕头等处之罐头公司无异。惟其资本比较雄厚，故各种设备较为完善耳。

三十日，为"清理积案"起见，决将台上侨胞索书白纸，逐一写完交回，以清手续而免愈积愈多，致写不胜写。晚五时，陈敦朴君设筵吉花楼宴余及邝领事、麦秘书及伍宪子、黄三德、司徒美堂、黄克勤诸君暨亲友百数十人，济济一堂，宾主甚为欢洽。酒数巡，陈君起立宣布理由，并祝在座诸君从心所欲，各达目的。

十二月一日，日间因无特别约会，仍在旅邸写字。晚八时，同源会设筵于该会礼堂，欢宴余及侨界领袖，赴宴者计二百余人，先行拍影，然后入席。主席林时镜君宣布理由，会长林华耀君演说，详述该会历史内容及"九·一八"至"一·二八"以来该会援助情形，历时二点余钟，余颇"通气"，知宾客之来，主要在吃而不在听，除作简单感谢外，不再多谈。刘恢汉、黄雨芝、刘展伯、赵笃明、刘根盛诸君均有演说，末由副会长冯汝钧答谢。十一时半，始尽欢而散。

二日，因连日应酬疲劳，日间在旅邸休息，晚应关炎燊君私人宴，礼节简单，更觉自由。

三日晚间，男青年会请宴，仪式单纯，宴毕，参观该会各部组织，儿童球戏，游泳，并观放映欢迎大会情形之画片。

四日，上午天气佳，偕锦朝兄出外散步。晚赴肇庆会馆宴，八时入席，席间，由周文培君主席致词，余亦作简单演说。

五、六两日，均在旅邸为侨胞题字，未曾外出。六日晚，应李君宴。

启秀兄于十月初旬在三藩市作别归国，七日早，接瑞人兄由香港来电，谓彼已安抵香港，因舟中感冒，现入医院云。余即电复，并转知各友好。晚，奥克兰周松先生请宴，即偕英俊兄同乘周先生来迎之汽车同往。七时入席，有周国梁兄及林君作陪，殊少繁文缛节，宴罢，为其公子题字。

周君系华人商界领袖，闻二十年前，资本尚未充裕，近十年因经营得法，大小支店竟扩充至四十余间，专营环球百货生意，与西人交易尤多云。其男女公子均精神活泼，和悦安详，有乃父风。

八日，接由纽约转来绍昌、绍辉二儿函件，言及伦敦天气终日乌天黑地，雨雪纷飞，市街积雪厚及三寸，又渠等已由何女士照料，入补习学校，内中并夹有绍基儿函，谓家中平安，香妹尚勤学，闽妹亦呀呀学呼爸爸矣等语，余均一一函复。

九日，上午十时往奥克兰中美学校参观，抵埠时，学生集合校前，表演军事术科，精神活泼，动作敏捷，后在该校礼堂开会，余即以勤求学问、勉为完人之语相勖励。该校系中美教会人士捐款创设，学生多系无告孤儿，收容于此以养以教者。午后，往明光女校参观，情形与中美学校相同。

十日早，嘱英俊兄先调查各埠船期，然后决定行径。余在旅馆检点函件各物，并接待宾客。

晚，大埠女青年会在该会新建会所之餐楼举行欢宴，余本拟今晚不讲话，奈主席邓祖荫夫人于宴会后，坚请余演说，余固辞不获，乃作三十分钟讲话如下："今晚，蒙各位女士赐以盛筵，又蒙开会欢迎，实不敢当。廷锴一介军人，学问浅薄，少时，吾母教我'凡属男儿，自当卫国'，我数十年来，未忘此语。自问入伍以来，爱国爱民，上海之战，虽未竟全功，亦使强寇尚知吾国尚有人，未可轻侮。我自出国至今，仍未忘杀敌卫国。国仇一日未报，我心一日不安，失地一日未复，我志一日不懈。廷锴此次出游欧美，第一要增长个人救国智识，第二要答谢沪战时海外侨胞以金钱物品帮助十九路军杀敌之盛意。我遍游欧美各地，男女青年均有良好体育，良好教育，使我生无限感想。吾人有良好体育，则可训练强健体魄，男子可以执枪杀贼，女子可为军事之助。沪战时，我军得妇女助力不少，如供给衣料，救伤，运输粮食种种，使士兵无饥寒之忧。其次良好教育，教育为人生事业根本，而母教尤为重要。故为妇女者，平日要教子弟何为国耻，何为国仇等等，使各有爱国心，则将来国土可复，国耻可雪，愿吾女界同胞共勉之。"余讲话毕，主席致赠生菊花一束，邝炳舜夫人致欢迎词，陈彩美女士唱歌，十二时散会。

十一日，上午九时，《中西日报》苏醒之君来晤，并袖出该报总理伍于衍君订明日请宴之帖，余以盛情艰却，只得答应。午后，《世界日报》陈岳洲君以白纸一大束，要余写字（以后一个月，无日不如是）。余几疑岳洲君为包办"挥春"之经纪人，贯之、文洽、俊聪诸君不肯岳洲君专利，亦相继效尤，互争生意，一笑！余除写字外，暇辄与文洽、锦朝、展伯、泽民诸君谈论国事，一述及中国政治腐败情形，每为扼腕叹息。

十二日，天气寒冷。余默坐沙发中，片刻忽入梦，英俊兄见余打睡，谓何不迟起一点，余答云："我养神耳，非真入梦也。"相与一笑。午后四时，醒之君已到，请即前往，余乃停笔，偕英俊、醒之两人前往报社，五时入席，宴毕，仍书字数十纸。

十三日，写字两小时，文洽、锦朝两君来寓伴谈，并同玩掷清朝升官图戏。晚，同出外游玩，九时回寓就寝。

十四日上午十时，厅内电话呜呜地响，余以为系朋友探访，执耳筒一闻，竟出余意料之外，盖打电话者，乃古巴欢迎大会主席林荣石君，自古巴驳接而来者也。余问以自古巴驳接到此，须费数十金，究为何事。彼谓昨日接余不到古巴电报后，侨胞大失所望，群情踊跃，咸要余一往云。余一面告以时间不许，无法分身，一面则多方安慰，盛情心领而已。午后，仍继续写字。

十五日早，醒之君来询余有意往各埠否，并云：加拿大方面有信敬请前往，要我转知等语。余答以自到美国来，厚扰侨胞，已觉不安，现身体疲乏，极须休养，往别埠否，刻未决定，又此间侨胞要余题字之纸，积叠如山，余书法虽劣，亦当写完，方清手续，故下午仍在旅邸写字，并无外出。晚，洗衣工会请宴。

十六日，黄德清君来约上午十一时午餐，餐毕，黄君自驶其私家车，载余等往游奥克兰各山水名胜，下午五时，始渡海回旅邸。晚，何少汉兄请观粤剧。

十七日，上午在旅邸写字百余幅。午后，偕文洽、锦朝两君散步海边，六时回寓。

十八日，天气晴好。早茶后，准备行装，将偕李云煦君往汪古鲁，下午四时起程，七时三十分即到斯托克顿（Stoekton），住黄湘章旅店。余本拟不惊扰黄君昆仲，奈旅店侍役泄漏消息，黄君等即来会晤，谈笑极为欢洽。

十九日，偕云煦君往探黄荣暖先生病。午后四时，仍赴汪古鲁，六时到达。余离三藩市来此，原拟避开一切应酬，但事实并不如此，各侨胞之请宴、题字，纷至叠来，与三藩市情形相似。

二十日，往周德园口，本系游玩打雀，不再扰人，惟周德君极豪爽，竟广集兄弟、伯叔及各国来宾百余人欢宴。晚七时，往考特兰对学生讲话，九时回洛居，十二时返汪古鲁旅店。该旅店无热气管设备，夜间风雨交作，薄毡两张未足御寒，终夜未一交睫。

二十一日，虽昨夜为寒气所袭，彻夜不眠，今天亦应早起，欧阳帝光君已驱车来。十时，偕云煦君往考特兰盛杞伯家午餐，餐毕，拍影，并写字百幅，晚仍大宴。六时，往中华学校对学生讲话。八时，回洛居振兴处晚餐。十二时，始回汪古鲁旅店。

二十二日，上午九时往陈少华先生处午宴。晚，连赴濂记等三次晚餐。

二十三日，天气晴好。九时同云煦、云燕两君外出照相，午赴周元标餐馆用餐，下午二时，起程返金门。路经考特兰，往与盛记伯辞别时，适彼于早晨大坑钓获鲈鱼两条，送余携归，并请余携蕉摄一相，以留纪念。

日来忙于酬酢，颇觉疲劳，正想设法休息，波特兰方面派雷家暖先生来言，该埠欢迎大会，已筹备完竣，必请余往，以慰众望。余以时间不许，未能抽身，盛情厚谊，只有心领而已。

波特兰（Porland）之行，既决取消，而古巴方面，复电报纷来恳请前往。余以"日间或能一往"电复，以安其心。实则古巴之行，久作罢论矣。

查得认贼作父之汪某，以余所到地方，均以抗日救国激励侨胞，认为对其媚日卖国政策有所不利，乃不惜含血喷人，捏构中伤，电令驻古巴公使转报古巴政府，诬余宣传共产，届时勿准登陆云云。余因时间关系，古巴之行，久作罢论，不往古巴，不特与余毫无妨碍，且系余本意，小人之谋，无往而不福君子，信然。

二十五日，天气晴和。早起徒步郊外，登三藩市最高之孖山，全埠风景，举目在望，太平洋亦可望见，精神为之一爽。十二时，始回旅邸午餐，及至，见台上函电甚多，阅之乃古巴、加拿大等处侨胞恳请往游之件也。余因归国心切，遂不得不一一谢绝矣。

午后天气骤变，寒暑表降低二十余度，锦朝诸友拟请外出，亦因寒气袭人作罢。

是日，系圣诞节，西人极为重视，教会中人固兴高采烈，即教外人亦乘时凑凑热闹。

二十六、二十七日两天，雨雪霏霏，株守旅邸，未曾外出。二十七日下午，云煦君由汪古鲁来，谓大坑各小埠，仍盼余前往。余谓由大坑回此，不及旬日，何故再往。彼谓因前日到大坑时，限于时间，仍有多人未曾一尽东道，于心殊不安，故亟盼将军再往耳。下午四时，往屋仑关翼生君家晚餐，九时仍回大埠。

二十八日，应周松先生约，赴某酒店午餐，移民局长及吴东垣、黄克勤诸君作陪。移民局长人极趣味，因好玩垒球，故始终以垒球最有兴趣为话柄，最后，询余何时往该局参观。余知移民局职责，专任检查外人入口是否遵照规定手续，常有不明手续之华人被拘局中，如往参观，将眼见无辜侨胞受辱，心实不忍，故决意不往。然该局长殷勤询问，当面拒绝，人情难过，不得已，含糊答应，及届时则又托故延误以了之。

午后回旅邸，写字百数十纸，最后一纸特书"杀尽卖国贼"五字。

二十九日，晨起在厅中散步，忽听电铃声响，以为必岳洲君，否则必锦朝、文洽两君无疑，开门一视，乃关翼生师奶，以食物多件及写字白纸来也。关师奶热心慈善，为侨胞中不可多得之人。五时，偕文洽君外出晚餐，九时回旅邸。

三十日，天色虽晴明，然极寒冷。本约锦朝诸兄往山那舍游玩，并洗硫磺水，率因寒风凛冽不果，只得在旅邸撬开暖气管，执笔写字而已。晚十一时，各友始散去。

三十一日，系一九三四年最后一天，早膳后读报章，载斯托克顿埠黄湘章先生因微恙入医院，割症已死。噩耗传来，殊深悲悼，除电慰其家属外，并准备挽联致吊。

余与黄君从前并未一面，此次到美，极荷优待，盛意隆情，令余深感。黄君曾云，渠来此间，已四十余年。初来时，刻苦工作，二十年前，即入佳境，华人在美创建伟大旅店者，只彼一人。闻黄湘章大旅店，在欧战后始落成，建筑费达三十余万美金云。

黄君今年六十六岁，素来热心国事，公益事业，尤乐倡导，此次物故，不特余个人失一好友，全埠侨众亦失一导师也。余自得黄君死耗后，终日抑郁、食不知味。晚上无聊，乃与锦朝、文洽、瑞庭诸君散步海外，以鉴赏除夕风光。

新　年

一九三五年元旦，预料当有一番热闹。八时起身，各侨胞领袖纷来恭贺新年。早膳后，偕锦朝、文洽、瑞庭诸君驱车巡行各市街，西人机关及商店均放假休息，华人则仍多照常营业，对西历元旦，多不注意。

午后，世雄叔邀往广源食新年饭，余问其过新历年抑过旧历年，彼答新历年亦过，旧历年亦过，新历年系照例，旧历年则更热闹耳。

我国自鼎革后，改用西历，但旧习惯仍未扫除，每届农历年，倍蓰热闹，一年过两次，亦新亦旧，腾笑全球。

余因侨胞索字者多，此次在美，复蒙各界侨胞竭诚招待，为普遍答谢计，亲书临别赠言一纸，制成电版，分赠各侨胞团体或个人，借资纪念。

四日九时，闻电话声，英俊兄起接，谓锦朝、文洽两君即来云。早茶完毕，两君已到，约下午四时同往斯托克顿送黄湘章出殡，各人准备小行李，五时起程，到奥克兰萧医生处改换大火车一辆，七时半始到斯托克顿，住湘章大旅店。丧家男女老少，哀痛异常，十一时，与锦朝君等往丧家，抚棺凭吊。

余别湘章先生，未及两周，黄君竟以割症致死，回想其生前乐善好施，见义勇为之精神，哲人虽萎，遗爱犹存也。

病魔来扰

五日晨起，嘱英俊兄购备花圈，下午送殡。午后，寒风袭人，步行十余街，因忘穿外褛，竟感受风寒，四时回旅店，乍冷乍热，知病魔光临矣。锦朝、文洽两君仍拟挽余往别小埠过宿，余坚次反对，乃改往汪古鲁李云煦君处稍留。云煦君人极侠义，见余等至，喜跃欲狂，强往二埠晚餐。餐毕已九时半，余因身体不适，不能久留，乃起程往大埠，抵达时，已夜深十二时矣。

六日起，因热度高，请世雄叔前来诊断，连日除服药外，均与毡褥为伍，虽以疾病谢见宾客，然侨胞以纸或布求题字者，仍陆续前来，台上又堆积如山矣。自忖若不逐渐办理，势将愈积愈多，更难清理，故有时勉强起床，并请泽民、岳州、文洽诸君拉纸写字。

十三日，病魔已去，颇思进食，惟医生云胃口虽佳，仍不宜食油滞之物，万一错食再病，更难调理。余素倔强，不听人言，此次因念旅居在外，保重身体，实为要着，医生所言，似应遵守，故每日仅进食面包两枚而已，此外各物，未敢稍一尝试。

十四日，身体已舒适，启窗外望，寒风凛冽，刺人肢骨，临镜自窥，觉清瘦许多，面毛已长半寸。是日开始食餐，狂吞大嚼，状类饿虎，逆料再过数日，当可恢复原状。

波特兰缘悭

十五日上午，蒙波特兰中华会馆主席巫理唐先生转来全体侨胞赠余金牌一面，继又接该埠秉公堂、保良堂赠余金牌一面，余足迹未到波特兰，而该埠侨胞乃以贵重金牌相赠，令余弥感。余不往波特兰一行，并无他意，只因波特兰与加拿大近。加拿大侨胞亦曾叠邀前往而婉谢者，今苟到波特兰，势不能不入加拿大。加拿大地方辽阔，华侨尤众，非三五阅月不可。刻归心甚急，英俊兄尤不能耐，波特兰之行，遂不能不作罢论，三数日中只在旅邸写字、读书、看报而已。

名　厨

十八日，在拍门旅邸，强文洽、锦朝诸君拉纸写字，午后，购备米、菜，岳洲君权作厨夫，虽非名师，然烹调各色，味道弥甘，食者成称赞，正所谓"自家闭门道喜"、"班主自称好戏"。餐毕，各友散去，又恰如粤谚所谓"有主归主，无主归庙"也。

旅邸挥毫

二十日起，一连四天气候严寒。侨胞知我不日离美归国，大埠有我信箱号数，寄丝绸、白布、白纸请余题字已不少，托友带来者亦甚多。日同除用餐外，唯有写字。余书法固劣，然因侨胞爱戴之诚，亦不计及工拙，有求必应也。

二十四日，寒风大雨，午后稍晴，即往海狗石海边散步。遥望太平洋，更觉归心似箭，偕锦朝、瑞庭、文洽诸兄往西班牙人所开之餐馆用餐，味虽不及我国餐馆所烹调者之美，但因好奇心动，来此游历者，每好一尝之。六时回旅邸，展伯、泽民诸兄已到，据云，临别赠言书分发不易，现请女职员四位帮同办理，须由八时至十二时始能完工云。

马里斯维尔

二十五日，准备往马里斯维尔（Marysville）。下午一时，邓操先生已驶车来接，三时半，偕文洽君等启行，经卜其利、委利贺等处，中途为车坏所阻，至七时半始到达。是晚，在邓操先生餐馆宴会，即席应侨胞要求，写字多幅，二时，始往旅店休息。

该埠华侨最先到，采金事业均华侨所有，前有华人三四千人，今仅存三百人，美人极感华侨功绩，在一古庙内有横匾，满勒华侨三千余人姓名其上，每年二月初二为该庙神诞，华侨舞龙燃炮，热烈庆祝。余问其何故如此迷信，则云华侨惯例如此，美人则借是以吸引游人，冀作一笔生意。

二十六日，邓操、邓玉山、陈文洽三君暨周月琼女士，约往距马里斯维尔二十哩之旧金山参观。到达时，蒙采金公司经理引导，解明采金方法，并云每沙泥一斗，只能淘出价值约六仙之金，因积少成多，每星期可共得金约值五万金元云。

出矿区后，往温泉洗硫磺水，泉旁有文字标明某泉之水能使人肥，某泉之水能使人白等字样，余以为此系欺人广告，不足置信。余曾试尝其水，颇类我国咸蛋之味。

温泉附近，风景佳丽，有酒店一，闻华侨周德等三人久充该酒店头手厨师云。

午后四时返二埠，道经邓新义君畜牧园。邓君养鸡、畜牧，颇具经验，八时，到杏琼林晚餐，餐毕同回旅店，闲谈至夜深始散。

二十七日上午，邓操先生、余亚娥、邝玉屏、林亚琼、周月琼诸女士前来邀余早餐，并游览附近风景佳胜。午餐后，余女士亲驶私家车送余往斯托克顿黄湘章旅店，彼等乃返二埠。晚餐，由黄远章昆仲招待。十二时应至德堂宴，宴毕，又赴黄湘章家安慰其夫人，并探视黄荣暖先生病。

痛定思痛

二十八日起床，远章、优章两君已到，是日系"一·二八"纪念日，回首前尘，愤抑不安。三藩市全体华侨开纪念会，坚嘱余是日正午须赴会演说，余以是日与余有特别关系，即偕文洽、玉山诸君，八时驱车前往，十一时到达。是日会场空气紧张，所有演说，均极沉痛，盖皆因国仇未报，而亲敌事实已充分表露，悲愤之余是日作如下之演说："主席，各界领袖，诸位男女侨胞，今日为'一·二八'纪念日。各位侨胞本抗日救国之志，特开此会，三年前之今日，就是日本帝国主义者侵略淞沪、惨杀我淞沪同胞之时，亦即我全国人民与十九路军将士，奋起抵抗日本帝国主义者之强暴行为之时。廷锴抚今追昔，异常悲痛。今蒙请廷锴到来演讲，但关于'一·二八'淞沪战争之经过，廷锴自抵美以来，对侨胞演讲多次，诸位皆已明白，无须赘词复述。今日所讲者，为'一·二八'以后至今三年间之事实，廷锴要作一简单之报告，俾侨胞明了不抵抗政策继续所结之果，然后可以寻出今后救亡之途径。今分三段叙述：由一九三二'一·二八'至一九三三'一·二八'周年纪念为第一段；由一九三三'一·二八'至一九三四两周年为第二段；由一九三四至一九三五今年三周年纪念为第三段。第一段'一·二八'之抗敌，经过三十余天，卒因后援不继，退守第二防线，其原因是南京汪政府等不抵抗主义所致。当时政府之军队，在江浙附近，可以调动者，尚有七八万人，若要援救淞沪，朝调兵而夕至，何以三十余天而不能调？其为有意不抵抗，有计划地向日帝国主义者屈服，陷十九路军于绝境，显而易知。故自退守第二防线之后，又不增兵反攻，而签立停战协定。此时南京政府，既无战守之策，外交唯依赖国联；然内政不修，战守乏策，国联亦不能助。侨胞试回忆'一·二八'以后，我国所谓政府之情况，不特无政府精神，乃至政府之形式亦无之。南京名为首都，而政府人员则逃往洛阳。蒋已下野，林主席则隐于庐山。故时而汉口会议，时而庐山会议，汪精卫又尝托病而遁走杭州，及后甚至带行政院院长职而出洋。广州与香港两地，亦隐然为政治之重心，政府常派人奔走其间。质言之，所谓中央，南京亦似，洛阳亦似，汉口亦似，庐山亦似，杭州亦似。所谓政府要人，则互相推诿，互相牵制，互相责难，互相规避，总不能精诚团结，决定战守大计，总不肯与人民合作，指示人民以救国大路。各省见中央如此，故对于中央命令亦置之不理。在此国难严重时期，山东、四川、贵州等省，仍不断地闹内战。曾一次像煞有介事地开所谓'国难会议'，集多数意见以应付国难，但又拒绝各名流之正当要求。四百余人之中，有二百余人要求集中各派人才，一致对外，然后乃肯赴会，南京当局竟不肯接纳，到开会时，仅得百余人出席。又，对于伪'满洲国'问题，更授国联以口实。庐山会议，决定愿欲置满洲于国际共管之下，其意欲借国联之力以抵制日本，岂知因此之故，国联调查团之报告书，遂不主张以满洲还我，国际又无力夺诸日本之手，结果遂不啻承认伪'满洲国'。满洲立国，则日本可用亡朝鲜之故智而并吞之矣。以上所述事实，皆由南京汪政府所造成。汪政府既不能团结，不能命令各省，不能集中人才，又不能运用外交，而日本则着着进取。伪'满洲国'成立之后，即预备夺取热河。十月间，热河情势已极紧张，汪仍冥然罔觉，不思防备以贯彻其不抵抗政策。且当热河至危急之时，汪仍派蒋作宾赴东京，献媚日本陆相荒木；吴铁城在上海极力禁止抵制日货及一切抗日运动。此时，造成对外媚日，对内排除异己之独裁政治，不惜以毒辣手段压迫异己，以巩固其私人势力，对于国家领土完全不顾。果至一九三三年"一·二八"一周年纪念时，日伪军队已夺取山海关，进迫热河，如入无人之境矣。此皆"一·二八"以后一年间之事实，斑斑可考者。第二段"一·二八"一周年纪念后，日伪军队进攻热河，汪政府既不预备抵抗于一年之前，亦不预备抵抗于六月之前，及至热河危急，仍不抵抗。三月间，热河完全失陷，日兵继续向万里长城进攻。当热河未失之前两月，日兵先攻取山海关，夺得万里长城之一角，热河陷而长城受敌之线益长，古北口与喜峰口尤为日兵集中进攻之点。其时，幸有东北军之王以哲部，旧晋军之商震部，旧西北军之宋哲元部，在长城各口抵抗，否则，日兵且直下平津矣。然而当时之汪政府，对于抵抗各军，不肯积极救援，复调兵数师北上，其用意不在对日抗战，实在监视东北军各军。果然，王、商、宋各军之结果与十九路军在淞沪时同其命运，而'塘沽协定'之签字，其惨酷且甚于'淞沪停战协定'万倍。'塘沽协定'之内容，系放弃东北四省及长城，乃至平津东北十余县，划为非武装区域，并闻附带密约，确为卖国协定也。热河失守后，政府即派大军到江西，以'剿共'为名，绝不谈起抗日之事，且严申诫令，谓有敢言抗日者加重惩处。于是，抗日之民气与抗日之军心，遂一落千丈，不能振作。汪精卫且发表告日本国民书，谓中日系同种同文，应共存共荣；又谓东三省必需中日提携，方可获互助之利益。夫当日寇深入，四省沦亡，全国痛心之时，汪精卫竟敢发此媚敌辱国之谬论，试问世界各国尚会重视我民族否？政府既放弃东北，同年六七月间，冯玉祥、吉鸿昌、方振武等在察哈尔组织人民抗日军，政府即发表惩办抗日者之言，向冯玉祥警告，冯不听，则约日本合力而夹攻之（请看《三民主义月刊》），卒至冯氏放弃军权而下野。方振武则在日汪夹攻之下失败。当汪与日本合力压迫冯玉祥时，李济深、陈铭枢曾致电诘责政府，谓不应助日本以消灭人民抗日军，竟被置诸不理。福建人民政府之组织，其原因实基于此；盖政府与日本既有密约，凡抗日军队，必当消灭，十九路军当然在必当消灭之列；与其坐待消灭，不如主张正义，伸张正气，使日人知我中国尚有不甘卖国之军人在也。由此观之，政府对日不抵抗之事实昭然若揭，'一·二八'周年以后，则更进一步，公然视抗日军队为仇敌，明目张胆，实行消灭，凡此亦皆属斑斑可考者也。第三段，自'一·二八'两周年纪念之后，抗日军队之未被消灭者，亦软化而不敢抵抗；有敢抵抗者，亦遭消灭，孙殿英其尾声也。孙氏自援热以来，驻长城一带，辛苦艰难，流离失所，终被消灭，全国军队至是无敢再言抗日者。汪政府遂明目张胆，完成其媚日放弃东北，复与日寇订施行新税则，特别减轻日货入口税，替敌人推销货物，打击国货，又与伪'满洲国'通车通邮，为承认伪'满洲国'之铁的事实。又顺从日本之要求，罢免颜惠庆、顾维钧、宋子文三人，因日本痛恶颜、顾两人在国联议席上攻击日本，痛恶宋子文向美国借款及与国联订技术合作之约，故每被政府警告，不许颜、顾办外交，不许宋子文掌财政。政府为贯彻其媚日政策故，唯唯听命，而不抵抗之张学良亦复归而重握军符。最近，察哈尔复被日伪侵入。消息传来，将二星期，未见政府有一些抗议之表示，惟任人宰割，今又拱手让与数城矣。相信不久整个察省，亦必落于敌人之手。敌人得寸进尺，绥远恐亦将不为我有。此皆'一·二八'两周年纪念后，南京汪政府媚日辱国之事实，又斑斑可考者也。综上三年来之事实观之，第一年，南京政府骨子里虽媚日，外表上尚说'长期抵抗'，虽妒忌抗日军队，尚未敢公然消灭之。至第二年，则连'长期抵抗'四字亦不敢说，且公然消灭抗日军队，是媚日工作，又进一步矣。至第三年，则公然减轻日货入口税，是不只禁止抵制日货，且代敌人倾销货物矣。又公然与伪满通车通邮，凡国际所认为不可者，自己反悍然行之而不知耻，似此认贼作父、羞辱国体之事实层出不穷，试问如此政府，对得起四万万同胞乎！廷错目击时艰，痛心已极！我大好河山，竟被二三汉奸国贼弄到如此田地，凡我热血同胞均不能忍受者！当此'一·二八'三周年纪念日，希望海外爱国侨胞，同心同德，反对卖国政府，讨伐媚日汉奸，联合一致，抗日救亡。若徒存希望政府之心，则未免自欺欺人，自误误国。且吾人之希望政府，亦已一年、二年，乃至三年矣。不特无效，且每况愈下，譬诸病者求某医治病，迭服其药，均觉罔效且变本加厉，症状愈深，体质愈弱，在此情况之下，尚笃信该庸医之能愈其病，而不知及早觉悟，立下决心，变换方针，另求良医，则必致断送性命而后已。故吾人当此生死存亡间，不容发之秋，仍为粉饰虚伪之言词所瞒骗，则亦唯有将国脉断送而后已。廷锴确信吾四万万同胞中，除利令智昏之一二汉奸外，皆不愿断送国脉者，救亡图存，人人有责，愿共勉之。"

卖国者杀

二十九日，十时起身，寒风凛冽，只得株守旅邸，要文洽、泽民两君为余拉纸作书。午后五时，应济阳公所宴。晚，赴《世界日报》作播音演讲。

三十日，早茶毕，各友赠送物品，嘱英俊兄逐一收拾，交谢泽民君另寄。余则偕锦朝兄乘车往华埠拟理发，途遇一不相识之人，他问余曰："你是否蔡将军？"余答："是。"他说："我现有五元交你带返作抗日之用。"又说："我素来反对南京政府之卖国行为。"余观其人颇强毅，爱国热诚充分表露，问其姓名，则曰："姓陆名军。"

三十一日，身体微觉不适，请世雄叔诊断。锦朝君驶车来，见余精神恍惚，劝余出郊外吸新鲜空气。余深以为然，乃下楼同乘车，出游一周而回。适昨日街上晤见之陆军已携纸来索余题字，余顺手执笔书"卖国者杀"四字应之，当时，在座诸友莫不毛发悚然，惟陆军本人则欢悦无比。是日，写字百余纸，语句均含救国意义。

内除汉奸

二月一日，早膳后，关翼生君及其夫人来晤，痛谈国家不幸事。别后，折回厅中，见各友寄来请余题字之白纸、丝布，又堆积如山矣。余以时间无多，迫得逐日办理以清手续。是日，特书"内除汉奸"四字赠某知友。

二日，上午十一时，锦朝、文洽两君已到，问余今日作何消遣，有乘车外游意否？余答以离别在即，公私事务，均须整理，拟不外出。下午，又约友来会，当留此相待。

三日，系我国农历除夕，华埠因历来习惯，仍要庆祝农历新年，并向地方警局领得元旦日燃烧爆竹允许，继因合胜堂与刘、关、张、赵四姓纠纷未了，当地官厅恐再借端生事，不准举行。六时后，即不准燃烧爆竹，警局且派大队武装警兵向华埠戒备，不许白人通过，情形严重，如临大敌。侨商无法结账，小生意尤为受亏，此固华侨派别纷歧，目眙伊戚，然亦祖国衰弱，无所保障，我国驻在地之外交官，平时不能融洽侨情，化其偏见，临时又不能排难解纷，其溺职之罪，尤不可恕。

四日，系我国农历元旦，华埠因戒严故，情景反较平时为冷淡。余则准备行装，检点行李，锦朝、文洽、瑞庭、泽民诸君亦在此作伴。午后，少汉、展伯、北海诸君亦相继过访，余等畅谈将来救国方法，应取途径，及处理临别赠言书事。结果，赠言书交托展伯、锦朝、文洽、翼生、北海、瑞庭、世汉、少汉、泽民、已原诸位负责处理。

余偕锦朝、文洽两君前往大中华观粤戏，谁料是日因华人休假，观众极为拥挤，余等到时，座位已满，乘兴而来，扫兴而归，诸友畅谈至深夜二时，始散去。余是夜因明早将离此他往，终夜未入梦。

别离大埠

五日，八时起身，尚未整容，而各好友已陆续到达，一面略与寒暄，一面收拾行李。余等乘周贯之君私家车直往中华会馆，九时半到达。先在会馆候送者已有欢迎大会主席何少汉、中华会馆总董邝墀及七大会馆主席吴东垣、陈韶信、李均和、周文培、陈敦朴、司徒俊聪、黄君殖暨人和会馆代表黄君、斯托克顿代表邝汉三诸先生，报界则有《中西报》总理及主笔苏醒之，《世界报》主笔伍宪子及袁擢英诸位，殷商周松夫妇、关翼生夫妇及商会主席刘展伯、谢泽民、余檐中诸位，共百余人，齐集茶会欢送。时由少汉君主席并致词，余亦起立作简单临别赠言，大意致谢此次在美备受欢迎之盛意，并以精诚团结，化除私见，共谋救国等相勖勉。

十一时起行，各界欢送汽车约四五十辆，均送至大埠三十号码头，余即登马利普沙船。十一时五十分钟，汽笛呜呜地响，仍有新闻记者及知友争相拍影，以留纪念。正午船即开行，在码头欢送侨胞仍抛纸花，扬手帕相送。文洽、锦朝、贯之、俊聪诸君且欲余舍搭船而乘飞机，至洛杉矶再转船者，其依依不舍之情，殊令人感激之至。

重游洛杉矶

六日，早七时，船到洛杉矶码头，谭继昌先生及其夫人陈如彭女士、张瑞芬女士三人已在码头鹄候。登陆后，有外国记者三人问余行止，余告以将取道南太平洋，经檀香山、澳洲、菲律宾归国。此后，仍本一贯主张，联合国内、海外同志，以民族精神，抗日救国而已。

随后，华埠中华会馆主席林瑞宗先生、抗日后援会主席朱守仁先生、至德堂主席吴树棠先生等十余人来迎，余再登陆往华埠休息，并午餐。餐毕返会馆，林、朱诸位已预备白纸数十张，强余作书，无法推诿，不得不再献丑矣。

下午五时，中华学校学生数十名前来会馆，请余训话。余即以力学救国及养成高尚人格之意以勖之。六时，赴至德堂欢送宴，宴罢，赴中华会馆辞行，八时半回船。九时半，谭继昌夫妇及张瑞芬女士携带物品来船相赠。

七日，早起办理致谢各方函件，文曰："贵埠别后，深以为念，廷锴于本月五日午，乘马利普沙船归国，沿途经檀香山、澳洲、悉尼、菲律宾等处，大约四月中旬，可以抵港。因行期匆匆，未能一一致谢，至为惭愧。海天茫茫，握手无期，仍望时赐南针，俾有遵循。国家多难，尚希珍重。"

又致各知友函云："舟中握别，感念依依。弟于六日晨抵洛杉矶，船未泊定，我华埠各界代表已齐集码头鹄候。人情难却，即登陆重游旧地，与洛杉矶侨胞作第二次之见面，尤有兴趣。"晚八时回船，十时启行，大约十一日可抵檀岛。及土人仅十余万，合共人口三十八万。美政府知檀岛为其争霸太平洋之根据地，所有军政大员，均由华盛顿特派主持，与其他地方不同。

气候平和，周年在寒暑表六十余度，青山绿水，不减我国江南春色。出产以糖为大宗，菠萝、鱼类次之，闻区区小岛，每年出产约三四千万金元云。

十二、十三两日俱在船中。因无应酬，故早眠早起，兴到则开卷看书，否则往游戏场运动。是日，英俊兄谓西洋报纸讥讽中国当局已自承认日本为远东霸主云，闻之发指。

十四、十五两日亦在海程中。惟天气炎热，与去年经印度洋无异。回忆一周前在洛杉矶时，寒风袭人，非厚褛不暖之情形，相去天壤也。舟中既无所事，天气又极炎热，只在甲板上散步，碧海穹苍，凉风习习，精神为之一振。十五日，于船上接到悉尼埠侨胞欢迎电报。

十六日，七时起床，太阳先由窗际射入，寒暑表已升至九十度，热气逼人，颇感不安。

帕果帕果

十一时，望见远处有高山，船则愈驶愈近，问之船中侍役，谓此乃帕果帕果（Pago Pago）海岛。午后一时，船已靠岸，医生检查搭客后，陆续上岸，余与英俊兄则在最后登陆游玩。

据云，该岛于四十年前仍系荷属，后美以重价收买，现归美领。美置总督一，海军兵站一，并有一无线电台。美海军退伍及受轻处分而流放于此者六七百人，俨如海军流放地，普通人极少，土人只万余，受总督管辖。

余为要明了该岛情况，着英俊兄用英语向一土人作如下之问答。问："你等识何种语言及文字？"答："本岛自有文字，然青年人多识英文。"问："你等知道地球上有中国乎？又，你等之种族是否与中国人种相似？"答："我等早知地球上有一中国，现此处尚有几位八十余岁之老人能讲中国话，我等人族确与中国人相似，所以我等大小男女见君等至，无限欢跃。闻日本侵略中国，现尚有打仗乎？"问："你等何以得知日本侵略中国？"答："我识英文，时常与西人谈话，所以知道。"问："岛上有日本人或中国人在此经商乎？"答："日本人全无，中国人则有一位，在此营酒吧及小旅店生意，可惜时间不够，不能引君等前往探访。"问："岛上生活如何？"答："本岛人民在未与外界交通以前，一切衣食均系自给，现知使用钱币以交易矣。"问："婚丧风俗如何？"答："婚姻事，有系自由结合，有系父母主张。至于丧事，尤为简单，人死后，普通均投诸海中。"问："岛上出产何物？"答："椰子及香蕉为最多，但只供本岛人民食用，并无运输出口。"余等问答至此，适有数美人来，不便再问下去。

该岛土人生活虽简单，然常见青年男女其服装亦极摩登者。码头附近有洋楼数十座，闻系美人所有，有坛一，土人音乐在此演奏。

距七里外有土人村，地方繁盛，有车可通。余等前往游玩，见有草屋一间，中有青年男女十余人表演土戏，听其音调，颇类我国琼州黎人；观其动作姿态，甚似表演风流情义。未开化之民族尚且如此，所谓文明之摩登男女，又何怪其以谈恋爱当充饥面包乎！

土人住所，异常简单：草屋一间，顶作圆形，四周编竹作壁，日则卷起，夜则放下；屋内无间隔，无桌椅，只以细石铺地，编竹为席；一家男女老少，无论大小多寡，均同处一屋；室内无厨房，以椰子、香蕉作饭。一日备妥三日或五日之食，如遇杀牲，则于屋外檐边掘地深尺余，置牲柴上，用火燃烧，食时或用手撕，或用刀切，对于鱼类，除用火烧熟外，尚有如我国南方边海居民之生食者。

土人甚有礼貌，见外人至，无论男女老少均扬手招呼。

船订五时开行，搭客登陆者，均应于四时半前返船。

罐头岛

十七日，天气晴和。起床后向窗外一望，只见海阔天空，阳光照人。余独坐厅中，以书作伴。十一时半，船中汽笛大鸣，出视，则船已到一小岛，名曰罐头（Cantin lsland）。据船役云，该岛只有土人数百，西人数名而已。从前土人嗜吃人，今已感化。岛上有邮政局一，可以寄信。俄倾有土人五名共划一小舟，载一小包前来。余观其人，亦与我华人相似，因船不停泊，无从登陆参观，只在船上用望远镜望，见岛上满布椰树及杂木而已。

船在太平洋中，每一日夜缩少一小时，现船行已半月，故十八日遂无形被取消矣。

飞臻岛

十九日晨，已望见英属之飞臻岛（Phiji Island）。九时，船即靠岸。余与英俊兄登岸后，即乘印度人之汽车，订明一小时租金一英镑半，约合华币十五元。全世界无如是之昂者。余等急于应用，况系千载一时，遂与订定。于是乘车漫游各街，到某街时，司机指某商店系华人所开。余令停车一探，见其店号名"振兴隆"，司理系粤之中山人郭某，自谓与永安公司之郭顺君系堂兄弟。彼此略寒暄后，仍驱车往附近游玩。所见山谷，多种芋子及杂粮，椰树尤多。当地土人，形状奇特，所居草屋，与南洋群岛之马来人相同。余等因雇车订明时间已逼，乃驶回街内，仍到振兴隆休息。时有一客来此，余问其姓名，则云姓郑。余又问此处有华侨若干，答谓千余人，在埠上者二三百人，余则散处各岛。余再问既有许多华侨，有无设置领事,则答彼系副领事。余连忙谓肉眼不识贵官,失礼,失礼。后郭、郑二人自谓郭系国民党支部主席,郑荣任副领事外,仍充党部执委兼书记,并云此次接到外交部长汪精卫三次来电,谓阁下经此,务须禁止侨民欢迎,并设法勿准登陆等语,环境困难,尚希原谅等语。余谓以主张抗日救国,获罪卖国汉奸,逃亡来此,不想侨胞欢迎,且大家均是国民,同在海外,又何必要人欢迎等语答之。正言谈间,有一姓谢侨胞前来该店,谓郭、郑曰:你等是官,不敢欢迎,我们侨胞则极敬仰蔡先生,必要欢迎,群情热烈,咸要欢迎蔡先生。现在粤东俱乐部开欢迎会,请蔡先生即与我前往等语。余即偕英俊兄随谢君同往,抵达时,见侨众百余人,已在此候迎矣。

休息片刻,即行开会,由谢君主席及宣布理由后,即请余演说。余即将淞沪抗日经过及汪政府卖国事实简单报告,侨胞咸磨拳擦掌,欲得汪某而甘心,午后二时散会。该岛侨胞精神,虽不及美洲,然公道自在人心,对余尚属敬仰,处暴力压迫之下,尚敢如此表示,未知汪政府及其走狗闻之,将作何感想也。

该岛系长方形,人口约二十万,土人形容丑怪甚于非洲黑人,男女装束无分别,食物更不讲究卫生。午后三时,往公园参观土人女伶演戏,指手划脚,不明所以。最奇特者,即以石板用火烧热,摆列数十块,各人均跣足踏过。厥后究其敢于如此之原因,谓距该埠数英里有一小岛,周年火山爆发,去年始熄,该岛土人时常践踏火山之石,积之既久,足底皮肉已失感觉,故不怕火热耳。

登陆时间因船行期所限,极为短促,岛上事物,无法考察。回船数分钟,有青年华侨三人来船拜访,彼等问我对于国家党派之意见。余爽直答谓:"余系在野军人,对于党派毫无成见,亦不攻击,但对于强暴外敌,卖国汉奸,则虽手无寸铁,亦欲奋起打倒之。究竟你们系何党何派?"彼等竟含糊以对。余问:"南京汪等对吗?"彼等摇头叹息,默然不答。继谓本埠侨胞均受包办式的国民党所压迫,自清党后,有国民党员二百余人,每人每年应纳党费二十先令,约合国币十余元;如欠缴党费者倘欲返祖国，领事馆即指为反动，不允代领出口纸。我辈因人心不齐，处此剥削与压迫之下，只有坐而待毙，今日得领先生教益，无限感激云。

五时，船将开行，振兴隆郭君来船晤面，余导入房中稍坐，彼见我台上有檀香山报纸及各种赠品，良心似觉难过。余知其意，乃为之解释曰："阁下切勿以他人赠我物品有所不安。君之环境，确有困难，且余系临时经此，望各心照。"时船笛已作第二次鸣，郭君乃辞去，船亦开行。

奥克兰

二十二日，上午八时，船抵英属新西兰（New Zoaland）之奥克兰埠（Auckland）。船将靠岸，有华侨代表黄咏沂君等十余人在码头迎接，余乃登陆，偕往埠中早膳。膳毕，乘车环游入埠，并参观公园、博物院。午后三时，赴侨胞欢迎会，到者三百余人。五时散会后，到各侨胞大商店参观，七时回船。八时，有侨胞数十人到码头欢送。

新西兰系英人的乐园，气候温和，最适宜于卫生。奥克兰居北岛（Northern Island）中部稍北之地峡中，濒好拉奇湾（Hauraki Culf），为境内第一大都会。港内水深，泊碇极便，华侨在埠内者三四百人，散居埠外务农者亦六七百人，近来，当地政府已禁止华人入口。土人只数万，性情懒惰，尚未开化。出产以羊毛、牛油为大宗。华侨生活，尚无若何困难，惟人数虽多，人心不一，中华公所亦无法使之团结为可惜耳。

悉　尼

船向澳洲驶去，二三日来，天气转凉。二十五日，晨九时将抵悉尼（Sydney），已见海口有小电船数艘，徐徐驶近，船面则挂起医生旗，有病人符号，各搭客均忧惧。俄顷，医生检查船已泊近，登船检查，疑病人系痘症，后经多方交涉，始准搭客上岸。

我悉尼华侨欢迎大会主席朱松庆、黄柱两先生，已乘最速小电船，靠近船旁，揭起欢迎旗帜，全船搭客，倚栏观望，掌声如雷。余受医生检查后，船主及移民局即饬役前来请余先下欢迎电船，护照免验。余乃与船主及同舟熟客握别，下电船，与朱、黄两位相见。略作寒暄，电船已到码头。中华总商会、要明、中山、四邑、致公堂、东增、三邑等会馆之代表，男女侨胞学生，新闻记者，照相公司等共约千人，汽车数十辆，在码头欢迎。余自科木瓜厘码头拾级登岸，朱主席介绍余与七大团体领袖握手，礼毕，即偕朱、黄两主席及欢迎代表等乘车往中华商会茶会。散会后，往澳洲大酒店休息。

晚七时，假唛魁大酒店五楼之奄布土大礼堂开欢迎大会。礼堂广大，可容一千五百人，全堂悬挂万国旗帜，华灯万盏，灿烂辉煌，鲜花满台，清香馥郁，铺陈得体，备极大观。原定八时开会，乃七时一刻侨胞赴会者已达数千人。余入座时，全场人众欢呼鼓掌，环绕台前，不肯散去者尤多，朱主席乃起立劝各归席，并谓蔡将军行将亲到各席慰问云云。众始散去。至是朱、黄两主席乃陪余巡视各席一周，即请七大团体代表登演讲台拍照，以留纪念。摄影既毕，主席宣布理由，并颂扬十九路军淞沪抗日之战功，代表侨众欢迎之诚意。继由黄柱副主席演说，谓彼来澳数十年，参加宴会不知几多，未有如是会人数之众，足见侨胞景仰之心意。余永根君致欢迎词后，余起立演说，略谓兄弟去年四月间，以私人名义出游欧美，考察军事、政治，藉广见闻，并顺便向我海外侨胞致谢其于淞沪抗日时，以物质协助十九路军之盛意。淞沪抗日无功，兄弟实深惭愧，今由美绕道澳洲归国，经过贵埠，蒙开会欢迎，得与众同胞聚首一堂，无限愉快。我国国势至此，若不从速合力拯救，将有亡国之惨痛等语。演说既毕，茶会随开。或饮或食，载笑载言，茗宴既毕，跳舞会遂开，音韵悠扬，舞衣拂座，直至十一时始尽欢而散。

二十六日起，一连十数日，日间除拜会宾客外，则与松庆君往游悉尼名胜，并参观煤矿，晚间，则赴各团体、各私人宴会。

墨尔本

三月九日，墨尔本（MelboUTne）华侨函电催促，是日下午七时，与英俊、松庆、永根三君同乘夜车前往，沿途各小埠华侨均在各车站欢迎。

十日正午，已抵墨尔本，欢迎大会主席麦锡祥、副主席陈瑞熙、陈礽休三君，男女侨胞数百人在车站欢迎。余与各欢迎侨胞见面后，即至中华公会茶会。后仍往旅店休息，各报社记者纷来探询。晚，中医公会请宴。

十一晚侨界公宴，十二晚举行欢迎会，会场在致公堂，规模宏伟，赴会侨胞七八百人，余演述上海抗日经过。十二日，偕刘荣立君等乘车往郊外游览，晚，致公堂请宴。

再回悉尼

十三日，下午五时，仍乘车回悉尼，十四日上午十一时到达。余为避免酬酢计，十五日，偕朱松庆君往离悉尼八十英里之域多利亚山（Mount Victoria）休息。域多利亚山系蓝山（Bluo Mts）之一部，为新南威尔斯（New South Wales）名胜。该山横亘数百英里，高约三千余尺，汽车、铁道均可通达，森林畅茂，天气清凉，风景幽美，游人云集。寒暑表在悉尼埠为八十度以上，在该山则降至四十余度，相距数十英里，而气候悬殊乃如是之大，可谓奇特矣。山上无论公私房屋，晚间必举火取暖。山多洞穴，洞内水清澈骨，土人过事宣传，谓若何胜致，借以吸引游人，其实除森林外，以余个人所见，实不及我国江西之庐山、广东之罗浮。若以山洞论，则还不及我粤肇属之七星岩，余等游览两日，仍回悉尼。

十九日，晚八时，侨胞知余将于翌日乘彰德轮他往，乃假座中华总商会开盛大欢送会，到会参加欢送者三四百人，座无隙地，故又借联新楼，另排座位，以利侨众。会场陈列鲜花果品，饼食凉水，点缀壮丽。八时半，余入座时，侨胞鼓掌欢呼，起立致敬，朱松庆君主席，致公总堂会长伍根君，殷商叶炳南、郭蕃昌、吴钊泉、谭连、蒋华、陈昊棣、关明、张富祥、郭洁修诸君，次第演说。主席请余训词，余乃作简单临别赠言："主席，各位领袖，诸位同胞，廷锴自欧美归国，道经贵埠，蒙诸位不弃，款此盛大茶筵，非常荣感。现在，中国险象已达极点，海外侨胞关怀祖国，情至殷切，愿在座诸君，同心同德，相爱相亲，联合一致，共谋救国。廷锴虽一介武夫，爱国微忱，始终不渝，无论何时，当可追随诸君之后，荷枪杀贼，愿共勉之。"余致词毕，主席代表各界侨胞赠余澳洲特产：鸵鸟蛋一双，土织羊毛毡一，以留纪念。

二十日，上午十时，偕朱松庆及蔡田两君同往中华商会与各社团代表辞别，即往彰德船，侨胞到码头欢送者数百人。

澳洲群岛，昔为英国放流犯之地，自一八五〇年发现金矿后，移民日众，版图日增，已成大不列颠帝国中重要属地之一。人口约六百余万，公共娱乐场所甚好，尤以悉尼为特色。境内以牧畜、矿产、农产为最大富源。绵羊之饲养，尤为他洲所不及，故羊毛出产，居世界第一位，而金之产额，则占全世界第二位。

全澳面积甚广，森林甚盛，荒地甚多，除沿海一带已开发外，中部均无人烟。海口甚重要，稍加整理，顿成天险。

华侨来此，云自清代咸丰年间。当时因发现金矿，风声所播，相继前来。当极盛时，与新西兰各岛合计约在六万人以上。自排华事起与禁止入口后，益以不景气影响，现存者不及一万五千，除老弱及土生之人晓中国语言者外，少壮者不及五千人，数十年之后，恐将无华侨形影矣。

华侨以园艺为主要职业，业中医者亦不少。据说，域多利亚一地已有中医生五十名，有岑福元君者为中医界之翘楚，闻求诊者日常百余人，不特华侨信仰，即西人之踵门求诊者亦极多。美利滨市内之陈连、刘富生两君，亦均为有名之中医生也。

布利斯班

离悉尼后，船行两日，风平浪静，水波不兴，二十二日上午，船即抵一小港，慢驶而入，十一时半已到布利斯班（Brisbane）。华侨欢迎大会主席袁荫祥先生、副主席李华立先生及代表数十人，已在码头候迎。登陆后，有西报记者来访。余示意英俊兄代为周旋，自己则与欢迎代表握手为礼，随乘车入埠内大酒店午餐。餐毕，大会各代表陪余往郊外游玩。五时欢宴，七时举行欢迎大会。到会者三百余人，余因时间关系，略述淞沪抗日事实而已。九时半散会，侨胞多人送余至码头。十时二十分，船又开行矣。

布利斯班亦澳洲联邦之一，为昆士兰（Queensland）首都，人口约三十余万，华侨于十年前全埠约有六七千人，最近本埠只存三百余，此外各小埠所存亦无多。从前华侨多以种蔗为生，近已为白人所夺，华人仅业园艺果店而已。

敦 士

二十五日，上午九时抵敦士埠（ToWnsille），欢迎代表陈锡全、易景新等数十人，乘船欢迎，余偕代表等登陆后，直往一大跳舞场茶点。有顷，侨胞亦假此开欢迎大会，主席介绍后，余因时间短促，略将年来国内当局措施及日本侵占我领土经过报告而已。下午，偕陈君等乘车到各街道参观，四时半回船。侨胞来码头欢送者百余人，五时，船即开行。

该埠海港太浅，且开辟城市只数十年，历史又短，故商业不甚发达，人口亦不多。闻十年前有华侨千余人，现仅存二百人左右，生活困苦，并无社团组织，惟对于祖国则极关怀云。

凯恩斯

二十六日早九时，船抵凯恩斯（Cairns）。早膳完毕后，华侨代表李瑞君等十余人，来船欢迎。余本无意烦扰侨胞，惟李君等情意甚殷，以人情难却，十时，乃偕登陆，往华埠一冷店（无人承租者）开会。到会华侨数十人，多系老弱无业者。余致谢盛意及作简单演说。茶会后，与李君同往街上观察侨胞商店及一般情况。

街上冷店触目皆是，青草遍地，腐物山积，在在显示该埠之冷淡。全埠人口仅一万余，华侨前有千人，现存百余，且老弱者占大多数。余恐再过十年，将无华侨踪迹。午后三时，船即开行。

是日，因船停泊极短，故对该埠并无特别考察，只见埠之四围俱系高山，平原山麓，则满种甘蔗而已。

有侨胞李君，送余最近港报二份，嘱余船中无事时一看。晚餐后，披报一阅，见国内重要新闻栏中有中日协定内容等字，亟细观之，则汪等媚日辱国之卖身契约也。录之如下："中日协定内容，据三月一日上海《字林西报》载称，中日合作条件，业已商定，其内容最重要者为：（一）中国政府须辞退思克德将军及其他德军事教官三百名，而另聘日教官三百名而代之，并聘日军官一千四百名以训练中国军队。（二）中国经济委员会须派日本人技术专家以代替现在的欧美专家及顾问。（三）完全清还或偿还一切中国欠日本之借款，如西原借款等。（四）完全取缔排日运动。（五）完全废除在中国各学校所用之排日教科书。（六）日本须借巨款与中国，维持中国应付现在之财政困难与危局。《字林西报》并谓以上各种，系由极可靠之中外方面探悉，六个月或九个月实行云。"此种比"二十一条"尤为惨酷之协定，汪等苟非丧心病狂，断不出此。近来，宁府已密令各地报社，禁止登载反日文字，则蛛丝马迹，不为无因。以堂堂中华，竟因一二金壬，整个让送与日本，其肉果足食乎。

珍珠岛

二十七日，天气稍热，沿途船行均靠近澳洲边境。翌日，午后到达珍珠岛（Thursday Island），亦名礼拜四岛。船泊碇后，有华侨曾林昭昆仲来船，邀余上岸到其商店茶点。茶话后，偕曾林雄君驱车赴郊外一游，并顺便参观欧战时建筑以防德舰袭击之炮台。因天气炎热，十一时回船。

珍珠岛面积甚小，人口只千余，以出产珍珠得名，业采珠者均系日本人。珍珠之外，尚有海参、鱼翅等之运销我国，全岛华侨只十数人而已。

三十日，上午九时，船经雀鸟岛（Bird Island），船主为娱悦搭客起见，特发炮数声，群雀一闻炮声，争相飞起，成群成阵，如云蔽日，确系美观。

是日，船上接菲律宾怡朗、马尼拉各埠拍来欢迎电报。二日，又接菲律宾欢迎大会代表王子敬、桂华山、许友超、于以同、吴半生诸君来电二封，备述筹备欢迎情形及届时欢迎秩序；同时亦接广东会馆，广东旅菲华侨二十八团体及致公堂等来电欢迎。

马尼拉

五日，下午四时余所乘彰德船已抵达菲律宾（Philipino Island）之马尼拉（Manila），靠泊五号码头。当船停泊浪堤时，已有粤籍华侨陈耀坤君亲驾飞机，凌空环飞，表示欢迎，并散发欢迎刊物。及船靠泊码头，欢迎大会主席陈三多、委员许友超、桂华山、王子敬、予以同、吴半生、广东会馆主席、东庆堂主席、二十七团体代表、中华商会、各途商会、洪门联合会、济阳公所、华人报界各领袖代表、男女侨胞学生，合共数千人，已在码头上候迎。吊桥放下后，先有华桥女士登轮献花，继由欢迎会代表及报界记者登轮欢迎。经女士献花后，入船内会客厅接见各团体代表及报界记者。时因人众，地方狭小，于略作应酬语后，即在轮上拍照。

登陆时，有华侨童子军维持秩序，侨胞鼓掌欢呼，余偕陈三多先生，乘特备欢迎花车赴东方俱乐部，略与各代表及记者谈话后，乃至大东旅社休息。晚上六时，访广东会馆及蔡济阳堂公所。七时，赴东方俱乐部筹委会晚餐。八时半，赴致公堂茶会。

六日晨，偕英俊、三多、宗符、友超、顺意、信宗诸君前往拜会代督海澄氏、市长波沙拉氏（Basale）及当地军政机关、华侨团体。午，《新中国报》《前驱日报》《新闻日报》《华侨商报》四大华字报社假大东旅社欢宴。晚七时，二十七大团体代表四百余人，在东方俱乐部露天公宴，有音乐助庆。当时，由陈三多先生主席，黄士琰君致欢迎词，随后余用粤语演说，请杨保璜君翻译厦语，余演词如下：

"主席，各界领袖，在座代表：廷锴此次归国过岷，既蒙贵埠侨胞热烈之欢迎，又承今晚各界代表盛大之宴会，廷锴引为万分荣幸，万分感激。但在感激之余，觉得万分惭愧。廷锴自思抗日既未成功，十九路军驻闽，又毫无建设，实为惭愧之至。廷锴一介武夫，语无伦次，但承主席之命，特将所知略与诸位谈谈，以资互相勉励。余此次出国原因，可分两点：一、因环境关系，自动下野，出国与海外各地侨胞相见，亲自答谢海外侨胞所予十九路军在'一·二八'之役的援助。二、余身为军人，读书无多，经验肤浅，乃乘机出国考察各国政治军事，增广见识。余于'一·二八'之役亲率十九路军抗日，蒙各地侨胞物质与精神之援助，殊觉万分感激。余以国外抗日团体尚多，而国内抗日军队仍大有人在，大家应继续'一·二八'时援助十九路军之精神，奖励此种团体，援助此种军队。际此国难临头，吾人应求生路，生路为何？即为继续抗日。因不抗日，即是死路！现在我国有一种走狗，以为中国无雄厚之金钱，无坚利之飞机、大炮、战舰等，不应贸然抗日，故意散布此种谬论，以冀消灭抗日之精神。吾人苟一误信，是无异自趋死路。我人试回忆沈阳事件，张学良奉命抱不抵抗主义，是不是因不抵抗而失去东三省呢？东三省系中国富庶之区，不抵抗而反拱手奉诸敌人，实为古今中外所罕闻。日本不因张学良之不抵抗，占领东三省即行罢手，反以中国为可欺，而积极侵略，故有进攻上海之事件发生。查上海为我国商业繁盛、交通发达之区，日本之攻沪，实有深远之企图。上海之战，不过为中华民族抗日开端之表现，十九路军即凭此种精神，以保守上海。无如南京汪政府一味实行不抵抗，日人更进而侵略华北，消灭吾义勇军，夺取我山海关，复向我热河进逼。热河得手后，复占我万里长城各要口，此皆不抵抗政策所结之果。万里长城为我国历史上重要遗物，亦为世界伟大工程之一，日本既占有之，又向我察哈尔、平津一带威逼。当时，蒋光鼐先生与廷锴痛政府失策，国将灭亡，乃通电要求宣布'塘沽协定'内容，汪等力加否认，且谓余等系受反动派之谣言所惑。但今日事实已一一认明，承认伪满通车通邮，减轻日货入口等'塘沽密约'之内容，次第实行。汪等此举，实为卖国。在余等发电质问'塘沽协定'内容后，南京汪政府竟指十九路军为反动派，积极布置军事，意图压抑而至扑灭此抗日部队。十九路军处此情势，惟有本人民要求，为民族自由独立计，在闽树立抗日救国之人民革命政权，以唤起全国上下之觉悟。当双方未有军事行动之前，汪政府竟以民众血汗捐购用以抵抗外敌之飞机，向我福州、泉州、漳州等处民众轰炸，两方面未开火而先行轰炸民众，此种暴行，为全世界所无。十九路军亦有飞机十数架，如不顾民众，不顾国家大体，亦可飞炸浙江、江西，向政府之军队施以报复。但十九路军不愿自相残杀，不特不派飞机乱炸，即陆军亦始终未与其他军队正式交锋，若云十九路军武力不及其他军队，不敢与较，则请问其他之部队武力能否与日本比较？十九路军既敢与日本抗战至月余之久，而不敢与其他军队一拼乎？余为保全国脉，保全闽省人民生命财产为念，故率领十九路军自动引退，并将兵士交与部属率领，以待分判。南京当局消灭十九路军之目的，专在讨好日人。十九路军之胜败，原属小事，兄弟个人之存亡，更不成问题，盖十九路军抗日救国之精神，依然存在。十九路军退出福建之秩序与军纪如何？中央军进驻福建之秩序与军纪又如何？社会自有公评，余不多赘。余希望海外同胞继续努力，对外要认清我们的敌人是日本帝国主义者，须坚持抵抗；对内要不分省界派别，团结一致，能以国家人民利益为前提者，我们四万万同胞应竭诚拥护之；如有媚敌卖国者，我们四万万同胞应坚决反对之。廷锴现虽失败，但尚在中年，十年以后，仍能荷枪杀敌。今晚拉杂谈谈，实无何种贡献，敬求原谅，并祝诸君及，全体侨胞健康。"

余到马尼拉以来，除被邀作团体集会外，不时有侨胞来晤，每因时间关系，未能一一把臂深谈，心殊歉仄，乃用书面在报章上发表谈话，以示公开而期普遍。书面谈话如下：

一、余此次周游各国之目的，一因世界风云日恶，吾国不幸，将为世界问题之焦点，吾人对于国际间之政治、经济、军事诸问题，不能不有所探讨与考察，以谋有所准备。二因淞沪抗日之役，我十九路军受华侨帮助特多，乘此机会代表十九路军致谢各地亲爱侨胞，同时也可明了华侨状况及其要求，他日若有机缘，或能为华侨服务。

二、各国经济情形，因货币政策之运用与军火业之勃兴，似较一二年为佳。然在此二点上，我人更可看出世界之危机日见尖锐化。因军火工业原非生产，货币政策，更是经济危机到最尖点的表现，独裁政治，是少数的要求与利益，以目前各国对军备之突飞猛进，第二次大战，实有一触即发之势。

三、在目前形势看来，德国问题在国际上似乎要占首要，然我们一考其内容，并不一定如此。目前欧洲情势，其所以如此紧急者，系因日、德、意之秘密协定有以致成，此亦日人得意之外交政策，在日政府之意，大可利用德、意，牵制欧美诸国不暇东顾，彼单独向中国进攻，独占中国。欧美诸国因日本之独占东四省，太平洋之均势，已为日人打破，此后野心，亦为欧美诸国所洞悉，故欧美诸国，现亦亟谋解决东欧、中欧、南欧及非洲诸问题，可以全力对付亚洲；欧洲问题解决后，中国问题立刻变成首要。

四、中国在各帝国主义者均势之下，所受痛苦，固然甚大，但若给日本独占，沦为朝鲜第二，其痛苦必更难言，所以目前的中国，惟有求独立与解放，才是自救之道。要求中国之独立，民族之解放，首先打倒目前最大之敌人日本，与日本在华代理人的汉奸政府。

五、菲岛华侨，对于宗国，素极热忱，商战海外，尤著勋功，如何应付此可怕之时局，自必有所筹谋。余初至此地，见我侨胞多属工、商二界，抛妻子，别父母，远走异域，志在如何裕家利国，无谓的政党之争，应绝对避免。须知为中国之民，凡有利吾国者，吾人当合全力以赴之；凡有害吾国者，吾人当合全力以排之，团结一致，不为一党之政策而有所偏争。如此，则可以避免许多不必有之纠纷，是华侨之幸，亦国家之幸也。

六、余回国后，必更坚抗日锄奸之心志，与吾国内外同胞，共赴国难，以挽国魂。

七日，上午九时，应马尼拉粤侨二十八团体欢迎大会。大会系假王彬街亚洲戏院举行，到会人数三千，后至者已无立足地，在院外伫听播音者，亦二千余人。当余偕大会委员吴国裘、雷荫村及英俊诸兄入座时，掌声雷动。就座后，司仪陈卓汉君，主席欧阳骥君宣布开会理由后，即请余演说。余起立叙述抗日及闽事之经过如下："主席，各位代表，男女侨胞：廷锴出国，不觉一载，行将回国，道经贵埠，蒙诸侨胞热烈招待，非常感激，现在同聚一堂，尤为荣幸。承主席命，着廷锴将抗日及闽事经过，向诸位报告，廷锴对此问题，各埠均有演述，本不欲再说，惟以主席有命不敢不从，谨将经过情形大略说说。中国人口，照满清时统计，约有四万万，土地则有三千余万方里，以此地大物博之国家而反为人鱼肉，宁不痛心！日本帝国主义者在前既占我琉球、台湾、朝鲜，'九·一八'后又占我东四省，心犹未足；'一·二八'时又想占我上海，长蛇封豕，得寸进尺。我十九路军自陇海战后，因不愿再参加内战，休养集训。'九·一八'时，本军得沈阳已失之电报后，军心愤激，向廷锴请愿，均欲前往东北与日贼一拼。廷锴把将士请求情形报告右翼总司令陈铭枢，由陈总司令转达军事当局。其时，宁、粤各有政府，十九路军建议，请宁、粤双方开诚合作，盖若不合作则不能抗日，不能抗日则惟有坐待灭亡。南京首先赞成，派陈铭枢、张溥泉、蔡元培三位为代表，负责磋商。粤方条件中有须将十九路军调至京沪一项，宁方接受，十九路军即开至京沪一带，举行四全大会时，廷锴为军人代表，忝在末席。当时，蒋总司令公开宣布，谓望代表精诚团结，及早组织强有力之政府，彼则率兵三十万坐镇北平，抵抗暴日，宁为玉碎，不愿作瓦全等语。廷锴以为蒋总司令是最高统帅，必不说谎，谁知蒋竟能言而不能行，政府改组后，孙科不能安于行政院院长之职，汪精卫又推病不肯入京，后获掌行政院之职，病即愈，亲日政权遂即成立。日本见中国亲日政权成立，益肆横暴，十九路军全体愤慨，皆愿改编为义勇军，调赴东北与日寇拼命。正改编中，日本竟派浪人在上海寻衅，向上海市长吴铁城提出五项要求，内有封闭《民国日报》，解散抗日团体，市长向日人道歉，十九路军退出二十公里，此后担保不能再有抗日事件发生，等等。政府一一答应。惟本军全体官兵均认本军系驻扎中国领土之淞沪，并非驻扎于日本境内，势不能接受日本之无理要求。后何部长应钦再请上海名流多人，要求本军撤退，本军为体念尊重民众公意，忍辱负重，遂于二十五日撤退，二十六日只存少数于上海。本军既因沪上民众名流之劝而撤退，乃系服从民意，并非惧怕日本。且想乘撤退之机，全体要求到东北去帮助马占山抵抗日寇，收复失地。二十七日，日帝国主义者又要求将上海主权交给他手。当时，闸北方面尚有十九路军七十八师区寿年部一团，新旧兵约共千名，该团团长张君嵩忽向余报告，谓日兵向闸北进攻，军警死伤不少。余不信，以十九路军已撤退，势不致有此事发生，但细听确有枪声，余不能不信，除命令该团长死守闸北外，一面向蒋总指挥光鼐报告。时蒋总指挥尚在病中，闻讯，即带病到龙华开军事会议。其对，军政部汉奸某责本军不应抗日，但余等以际此生死存亡，千钧一发时，不能接受任何不抵抗命令而停止抵抗。二十九日，得闸北张团长报告，谓我军以一千之众，败敌数千，俘虏数百，夺敌战车数十，此为第一次战争。又敌将盐泽，原看不起本军，且欲雪初败之耻，故联同敌将野村，并陆续增兵，于二月二日再次向本军进攻，我即令六十师全师加入抵抗。从二日起至十五日，敌军虽不断增调大兵，依然屡战屡败，此为第二次战争。十六日，敌将植田中将率领九、十、十一三师团约四万人抵沪，不向我政府交涉，直接向本军下最后通牒，谓本军未得政府许可，不应对日开战，限令退防，否则全军消灭等荒谬绝伦之语。时有某外国记者亦私劝本人及时退兵，彼谓以我方兵少械劣，对日本精悍之师无异以卵击石云。余答军人守土有责，虽敌军增至十万人，亦惟有这样抵抗，又反问该记者曰：'设日军无故攻进贵国，贵国军队亦撤退欤？'记者无言而退。当时，第五军亦自动加入我军左翼，协同作战，我方兵力现合计四万人，与敌苦战至三十余日。照外人批评，谓紧张情形不亚欧战。我军只以步枪及少数机关枪应战，敌方则空中有飞机，陆上有重炮，水上有战舰。但我前方有将士之热血，后方有民众之援助，结果擒敌营长，毙敌大佐，此为第三次战争。日见上海未易得手，复派日俄战争时名将白川率生力军二万至沪，余当时虽接得援助电报二三百封，但援军则没有一个，本军伤亡已有万余，第五军死伤亦大。敌则新增生力军二万，直入浏河。第五军因人少械劣不能守，我军遂形成被敌包围。乃开军事会议，各将领均认为全军须转进应战之必要，遂暂退第二防线，以待援反攻。本军虽屡战屡胜，唯后援不继而被迫撤退，殊觉可惜。以上均为淞沪抗日之事实。当时民众爱国热度，已达沸点，十九路军之能支撑月余者，皆得力于民众的物质及精神之援助，此为廷锴及全体将士所万分感激者。至于十九路军之枪械历史，乃廖仲恺先生给陈铭枢先生组军，仅七八百支外，余皆得于北伐时之军队及民众捐款所购置。本军自淞沪战后，环境恶劣，南京知我军得民众之捐助，将自正月至七月之军费，从每月一百万减为二十余万，七月后，始加至五十万。经多方筹划，得粤方协助二十万，宋子文先生私人补助十万，共八十万，全军将士始不致有冻馁之忧。民众捐助之款，本军用以购置枪械，以补缺乏及弥补南京克扣，故十九路军之枪械，实为民众之枪械，十九路军实为民众之军队。蒋总指挥光鼐自淞沪战后，不特未得政府奖励，反遭政府申斥，在苏州举行追悼十九路军抗日阵亡将士时，当场吐血，后即弃职而行，仅留书兄弟，内谓'中国前途无望，请兄努力'等语。蒋总指挥走后，兄弟本拟不予，但念尚有残余军队万余，均属抗日健儿，自问良心，弃之不忍。其时，南京当局又欲借刀杀人，调本军入赤势鸱张之福建。廷锴此时，进既不能，退又不可，不得已，率领残余部队入驻闽疆，西南政委会亦诸多援助，兄弟曾偕香军长往东莞劝蒋总指挥再出，蒋总指挥谓除各军联合一致抗日外，誓不再干，兄弟当时在口头上亦曾答应。当时，日本帝国主义者又进攻山海关，宁府仍无抵抗表示，西南各省将领乃开会议，决由广东、广西各抽一师，由兄弟充前敌司令，率往援助冯玉祥。不料事未果行，而'塘沽协定'已订妥，抗日部队遂行遣散，后据报'塘沽协定'中有种种卖国秘密条件，本军去电质问政府，将协定内容公布，谁料竟因此触犯当局之忌，立调十三师大兵入闽，以为消灭十九路军之张本。当时共军正进攻延平，本军请援于军事当局，竟谓何以不以抗日之精神'剿赤'。继又电兄弟云：'闻兄受西南政客包围，意存叛变，有则消弭之，如无，则请明日乘派来之飞机来京。'余等复电复当局，请汪等下野，以政权交还民众，共同抗日。当局更怒，即派飞机到闽省各重要地方轰炸无辜民众，兄弟不愿以武力解决政见之异同，致使同胞受战事之痛苦，再电询当局有无抗日诚意。如有，当立刻取消福建人民政府。当局不答，且加紧进兵闽北，节节进逼，兄弟不愿以自己枪弹杀自己人民，且本军系民众武力，故将十九路军自动交出，凡原属粤方者使归粤，属宁方者使归宁，惟勉其切勿参加内战而已。至是，兄弟遂自动下野出洋。南京汪政府不特不肯抗日，且聘日人为顾问，为教官，彻底卖国，我们如甘作亡国奴则不待言，如尚有人格，则应奋起抗日。兄弟希望诸位侨胞，精诚团结，共谋救国大业，不才如兄弟，当荷枪随君等之后也。"一晚，应广东会馆之宴。

碧 瑶

八日早，应碧瑶（Bagnio）华侨之请。六时，偕英俊、友超、冰如、以同、子敬、华山、半生、雨亭诸兄同乘飞机，八时到碧瑶飞机场。碧瑶华侨、中华商会主席罗善卿先生及梁寿玲、林炳子、伍斌时诸君共百余人列队欢迎，由梁秀彩、林复秀、林盘秀诸女士献花，乃乘专车往华盛纶酒店同早餐。九时半，由梁树能、梁翼云、林复秀，林盘秀、梁秀彩诸位导往金矿游览。午，金矿公司请宴。一时，参观军营及天文台。三时，全埠华侨假华盛纶酒店开盛大欢宴会，各华人商店均休业助庆，赴会华侨约四百余人，西人军政界参加者亦甚多。由罗善卿主席，林复秀、林盘秀、梁秀彩、梁活珠四女士献花，余演讲上海战事前后情形，并希望侨胞团结救国，务达自由平等之目的。次有菲军官三位演说。至五时，拍照散会。七时，罗善卿君假上海公宴，有商会全体会员作陪，九时乃散。

再回马尼拉

九日，上午十时三刻，由碧瑶乘机飞回马尼拉，十一时许到达。中午，赴国民党第二支部茶会，午后一时，应中国洪门联合会非分会之约，在乌毕拉哮士大戏院开会，该会属下有进步党、致公堂、秉公社、协和竞业社及竹林协义团等团体，会场装有无线电播音机，并有南洋中学童子军在场维持秩序。主席王金俊先生宣布开会理由，略谓蔡将军不惜生命与日军血战，为中华民族争光荣，为中华人民争人格，故值得我们欢迎。继请进步党、致公堂、协和竞业社、秉公社、竹林协义团各代表致欢迎词，并请余演说；余乃述洪门会组织之起因及宗旨，并勖以应振刷洪门会救国精神，起而与各国体联合一致，同负救国工作。余系用粤语演讲，由杨静桐君翻译闽语，后有各社团代表及来宾多人相继演说，末由王家宝君代表洪门会致谢词，五时始毕。

午后六时，该会假座新亚洲酒楼宴会，有各团体代表及报界作陪。八时半，应马尼拉华侨欢迎大会之请，在黎萨纪念场内之篮球场，举行公开演讲，由陈三多君主席，余将淞沪抗日经过情况详细演述，到场听众达二千余人。

怡 朗

十日，晨八时赴怡朗（Iloilo）。中华商会欢迎代表王子敬先生同乘飞机赴怡朗，十一时到达。各社团代表暨侨胞千余人，齐集飞机场欢迎。飞机着地时，群众拥挤，掌声雷动，先由华商学校女生杨秀英、杨秀美、孙佩兰、施敏治诸女士献花，余与各代表一一握手，并摄影纪念。后乘欢迎会所备专车，直至商会礼堂，与诸代表相见，并接见西报记者。午刻举行欢宴，宴毕，由蔡木山先生导往巴黎旅馆休息三时，在旅馆接见宾客，五时，探游华侨各团体，六时，赴济阳公所盛大之欢宴。当时，由蔡绍钦君主席致欢迎词后，请余演说，余即勖以须由家族团结，进而求国族团结，然后以整调民族力量，准备抗日救国。因该公所系蔡姓所组织，与余同姓氏，故特聘余为名誉主席。

晚八时半，在商会演讲，听众千余人，秩序异常整肃。先协义社国乐队奏乐，华商学生唱欢迎歌，次主席蔡木山君宣布开会理由，次施家玉君致欢迎词曰："伟哉将军，百粤英奇。半生戎马，战绩频垂。时当驻沪，拱卫京畿。何图外寇，狡逞猖披。神州历劫，虏骑奔驰。兵临城下，大局贴危。岂无谋士，主战者稀。岂无猛将，歼敌者谁。惟我将军，保土弗辞。以身许国，慷慨誓师。微君勇气，半壁安支。微君铁血，孰退岛夷。黄浦江畔，力竭声嘶。轰轰烈烈，一醒睡狮。忠心耿耿，天乎岂知。毅然解甲，海国栖迟。游历欧美，考察询咨。旌麾南指，翩然莅怡。同侨伺幸，得仰丰仪。欢迎爱戴，聊献芜词。"次中华商会赠余手杖一柄。郑士美、柯荣章、麦英俊诸君相继演说，发挥团结抗日之义，最后余用国语报告淞沪抗日及在闽独立经过，由王子敬先生翻译福建语，至十一时始散会。

十一日，上午十时偕商会主席蔡木山，委员吴国材、姚望铨、王子敬，协义社职员蔡长谟，广东会馆陈翼之先生往拜晤怡朗军政各机关，均蒙诚恳招待。十二时，赴广东会馆宴会。下午五时，在广东会馆演说。

晚七时，全体华侨在商会大礼堂公宴。赴宴男女侨胞二百余人，并有西宾参加，觥筹交错，盛极一时。主席蔡木山君演说，继吴国材君用英语介绍诸外宾姓名，旋请怡朗市长暨诸外宾相继演说，最后由余演说，王子敬先生翻译厦语。余演词大意，谓日本帝国主义者之野心，久与世人以共见，彼不但要侵略中国，且要侵略全世界。十九路军及中国民众之抗日，系为全世界和平之奋斗，华、菲感情素极亲善，此后宜更进一步之联络，以共御外侮。共谋世界和平，本人对菲律宾独立极表同情。盖独立后，华、菲两民族为求生存计，必能立在同一战线，以抗强敌等语。十时散会。

葛 布

十二日，上午八时往游怡朗各名胜。十一时，偕予敬、英俊两兄飞往葛布（Gebu），下午一时四十分到达。中、菲、欧、美人士二千人，汽车百余辆，此外尚有公共汽车、马车等均在机场候迎。余下机后，掌声如雷，震动天地，遂由总领队黄平洋先生偕特别警察为前导，步行至欢迎会之汽车，驶经拉服大道，直过葛布大街，转至远东俱乐部。时已二时，侨众亦随后而至，茶点后，拍照纪念，并对侨胞致谢欢迎盛意，学生趋前求题字者甚多，余为题字至四时始得休息。

晚七时举行宴会，外宾到者近百人，侨界约千人。余起立对外宾演说，请叶瑞德君译成英语。余演说大意，谓今晚得与葛布政界领袖、地方名流相见，非常荣幸，日本帝国主义者不断向邻国侵略，可说是东方的强盗，华人与菲人，同是酷爱和平，同是被侵略者，目标相同，处境相同，应互相联结，不受任何国人之侵略，亦不应侵略他人，以后如遇有外敌来侵之事，无论如何，抵抗而已。次宿务副省长马捞氏用英语演说，略谓华、菲同种，地又相邻，关系至深，菲岛行将独立，与中国关系将更密切，华、菲有如唇齿相依，自应共同抵抗外来之侵略，余深佩蔡将军抗日之精神，愿大家追随之云。继有那述周刊社代表亚维兰老示者用未西耶语演说，阐发华、菲应如何亲善之点，慷慨激昂，且谓菲人百分之四十有华人血统云。余再对侨胞演说，略谓余之自动退出闽省，完全为保护闽省人民生命财产计，宁府若再降日，余虽手无寸铁，决誓死反对到底。十时散会。

三回马尼拉

十三日，早六时再乘车到母赛机场，侨胞欢送者极多。六时半起飞，七时半到怡朗，八时乘原机返回马尼拉，十一时到达。下午五时，赴粤侨出入口帮工界联合会欢迎会。该会系菲律宾粤侨营出入口货者之总集团，对于社会慈善公益事业，素称热心，"一·二八"抗日之役，捐助军费，为数甚巨，并与马尼拉粤侨工商联合会共捐载货汽车两辆，送与十九路军供运输之用，此次因余归途经菲，认为难得机会，故在该会大礼堂举行欢迎大会。偕余同往者有陈三多、黎耀西、陈益三诸君，由该会执委会主席黎兆满君欢迎入座，到会男女八十余人，一齐起立，拍掌欢迎。遂由该会职员黎兆满、林瑞章、胡瑞南、梁文应、雷维级诸君之夫人亲自斟茶及进饼食与各来宾。

进茶点后，黎兆满君主席请余演讲，余略谓日来忙于酬酢，致身体偶感不适，不能作长时间演讲，只作简单谈话。刚才见各位女士出任招待，亲自斟茶后送饼食之服务精神，便回忆到在美国时，华侨女界出任大会主席及女学生在大庭广众中演说情形，觉得中国男女两界于社会服务，应站在平等地位，而有通力合作为国家之必要。女界责任既如此之重大，则家庭教育首当注意，应使儿女有礼貌，有礼貌然后知耻辱，知耻辱方能知爱国等语。

晚七时，中国国民党驻菲第二支部特假未市利果也横街平民剧社开欢迎会，到会男女数百人，多系第二支部党员。由黄海山先生主席，宣布理由，并简述该支部立场，略谓政府若真能为国为民为党而奋斗，当尽力拥护之，否则必反抗之云。继请余演讲，余因身体不适，先声明仅作简略谈话，略谓自民国八年至民国十三年，余即认识国民党之主张，乃参加革命运动。孙总理逝世后，党内分子遂形复杂，至今十余年来，其能本着总理遗教，继续党的精神埋头苦干者，依余所见，只有胡汉民先生一人。国民党改组后，廷锴即参加北伐及铲除军阀工作，直至民国二十三年。在此八九年中，拼命为国为党，结果感到失望，且有全功尽废之渗痛。民国十九年，所谓党国要人举动更为荒谬，无端禁押胡汉民先生，其原因至今尚未宣布，开世界未有之怪剧。夫因政见不同，而各组党团为国奋斗，此为各国常有之事，亦为民主共和政体之良好现象；至组织非法团体，造成独裁势力以欺骗民众，暗杀异己，造成社会恐怖者，则实为国家民众所不容也。廷锴为国家计，势难卸责，现在环境不佳，恕暂不能尽情向各位宣布，将来自有使各位明了之一日，今日只能以从前国民党员之资格，及国家兴亡匹夫有责之态度。简单地说：我们打开眼睛看看南京汪政府所劫持之国民党，是否是为国为民的国民党，总理以前在广州时，还未有统一广州之势力，即能与帝国主义者之炮舰作坚强抗御，今日宁府养兵二百余万，还束手不战，愿将整个东北拱手奉之敌人，真使人疾首痛心等语。散会后，假寰球酒家欢宴。

十四日晨，往内湖省之北桑寒瀑布游览。下午返回马尼拉，途经洛示挽牛社时，备受当地侨胞之欢迎。七时半，济阳柯蔡公所假大同俱乐部，举行盛大欢宴大会，有各团体、各商会、各报社记者作陪，并有音乐队助兴，参加欢宴者三百余人。餐罢，主席蔡顺意君宣布理由，蔡建安君致欢迎词。次主席将该公所特备之金质星章赠余，并请余演说，由杨静桐君翻译闽语。余述说华侨家庭教育之重要，最后谓中国文化，实较他国为佳，希望在座诸位，从速设法挽救子弟之不晓祖国文化者等语。

晚九时，赴中山学校演讲，校长欧阳骥君充主席。余起立作如下之演词："校长，各位先生，各位小朋友：今日，蒙贵校长请兄弟来贵校参观，见各位小朋友精神活泼，无限欢慰，刚才听贵校长报告'一·二八'

时，各位小朋友能够节省零用，日蓄一仙，汇寄上海慰劳十九路军事，此种爱国精神，令人钦佩。廷锴本属军人，如上军事堂，枪如何瞄准，或放射若干米达，大可有几点钟的演述，至说及教育，则非我所素长，不能有特殊的贡献，仅将遍游数洲所有对于华侨教育之感想，对各位小朋友讲讲。余出国时，先经南洋，因船期匆匆，无多认识。及至欧洲各国，则多大学学生；后到美国，见华侨学校林立；其他如夏威夷，澳洲，华侨教育亦称发达；即马尼拉一埠，华侨学校闻有十余间，总算兴盛。以余观察所及，华侨学生之爱国者占大多数，不知国家为何物者或亦有之。最可怪者，其父母则为中国人，其子女则绝口不说中国话，幼稚孩子如是，青年成人亦复如是，忖其用意，以为中国衰弱，讲中国话就是羞辱。此种见解，至为荒谬。虽知中国现代虽是衰弱，但以往四五千年之文化历史，何等灿烂，焉能数典忘祖，自毁家珍。余的意思，华侨子弟既因环境关系，非识外国语言不可，日间尽可学习外国文，晚间则应补习汉文，且每晚必须习足三小时。试想我们是中国人，不晓洋文尤可，若不识汉文，则大大不可。我们为要研究科学，沟通世界学问，苟有精力与时间，即遍读全世界文字，亦无不可，但要先把汉文弄好再说。否则，无论你外国文如何好，走回本国去，是无立足之地的。廷锴少年失学，并非自己懈读，亦非自己读不上手，实因家境困难，不允许我读。今各位小朋友，既有父母栽培，复有师长教导，应该拼命地读，刻苦自励，勿负此宝贵光阴。古人云'一寸光阴一寸金'，便是这个意思。至于读书有成，不限定求做官，尽可帮助父兄，扩充生意，或另图事业，以谋生存。既要做官，亦当做救国的官，切勿做卖国的官；做人民公仆的官，切勿做个人工具的官，这点意思，我与各位，都应共勉。最后，还有一句要紧的话，孙总理说'读书不忘救国'，现在我加上两字，便是'读书不忘抗日救国'，完了。"

十五日，上午偕王子敬、王雨亭两君前往参观《华侨商报》，与该报社同人合摄两影，蒙赠《淞沪抗日图画特刊》两集。下午六时，马尼拉东庆堂等二十八团体假东庆堂欢迎，并赠余金牌一面，当时由主席欧阳骥先生略述奉赠金牌之意义后，余乃起立致谢，并勖以同心协力，一致对外，又亲书"抗日救国"四字赠该二十八团体，以留纪念。

二十八团体大会退席后，又赴和胜堂欢迎会，该堂全体堂友均出席参加，情形极为热烈。

晚八时，善驾飞机之侨商陈耀坤君假新亚洲酒楼设欢宴，同席有梁植槐夫妇及中西来宾百余人，且有西乐队在场奏乐助庆。八时半入席，九时，主人陈耀坤君用英语致欢迎词，除诸多恭维外，并云此次宴会，系表示个人敬意及借此介绍席中中西朋友得有机会与余认识云。次请余演说，并由何永材君翻译英语。余演讲大意除称赞陈君伟大事业，及致谢设宴盛意外，并申述中、美、菲友谊之关系，彼此要尊重和平，为全世界谋幸福，尤其是民族间要互相亲爱，同心协助，以增进国际上之感情，使和平到底等语。十时散会。散会后，美、菲人士多携名片请余于片面题字者，余为题字至十余分钟之久，始告完竣。或谓西人索余题字系出于敬仰，果尔，余实未敢当受也。

巴西中华商会十六日举行欢迎会。

余决十七日离菲返国，侨胞各社团得知此项消息后，纷纷设宴欢送。柯蔡公所则订十六日上午九时茶会欢送，致公堂则定十一时设宴欢迎。下午六时，协和竞业社公宴，主席蔡长推君宣布欢宴意义后，即请余训话。余勉励该社同人应遵守洪门信条，发挥辛亥革命以前之精神，以信义忠勇救国。八时一刻，赴进步党总部之宴会，主席庄孙鳌君代表该党赠余金质纪念章，余敬谨接受后，并以精诚团结，共谋国是之语相勉励。

十七日，准备行装，下午二时，乘大公司之哥力芝总统船离菲返国。侨胞各社团代表及各好友到码头欢送者甚多，赠送菲律宾特产者尤多。

菲律宾位于南洋群岛之极北，合五群之三千大小岛屿而成。群岛均山岳起伏，火山尤多，虽少长大之河流，然雨量丰沛，地质肥沃。闻于十三世纪之初，已与中国交通，迨至十六世纪，华人来菲日众，乃教菲人以耕稼农作之术，菲人始由是牧畜时代而渐进于农业时代，日常生活，起居饮食，多效法华人。即法制风俗习惯，亦多与华人相同，日用器具尤多来自中国。菲律宾得有今日之繁荣，华侨之功，实不可没。

菲律宾原属西班牙，一八九八年美西战后，西割让之于美。现在岛中西班牙遗物，所在多有，即地方街名，至今亦多袭用西文者。美得菲律宾后，认为接近远东之重镇，即派文官一名为总督，各村镇乡制，则实行采取自治制，中央政厅设置委员会，美、菲各派四名组成之，办理立法事宜，近来力谋独立，美政府亦已批准其宪法矣。

菲律宾因土地生产力丰富，故农业极盛，而马尼拉麻、烟草、砂糖、椰子、芒果数种，尤为最大农产品。

华侨在菲律宾颇具力量，闽南人占大多数，生活尚无若何困苦。华侨社团虽多，彼此间尚无若何不得了之隔膜，而对外则颇能一致，爱国心尤极热烈也。

十九日，晨六时安抵香港。

回　顾

余自二十三年（1934年）四月十二日放洋至今年（1935年）四月十七日返国，为时一年零五天。时间可谓短促，然足迹所到则有：新加坡、槟城、锡兰、孟买、埃及、开罗、威尼斯、罗马、庞贝、米兰、日内瓦、维也纳、布达佩斯、布拉格、柏林、汉堡、哥本哈根、瑞典、阿姆斯特丹、鹿特丹、海牙、布鲁塞尔、滑铁卢、巴黎、伦敦、纽约、波士顿、费城、华盛顿、巴尔的摩、克里夫兰、芝加哥、底特律、圣安东尼奥、圣路易斯、堪萨斯城、洛杉矶、圣迭戈、圣塔索、三藩市、考特兰、委利贺、斐士那、贝克斯菲尔德、汪古鲁、洛居、埃仑顿、檀香山、帕果帕果、飞臻岛、奥克兰、悉尼、墨尔本、布利斯班、敦士、凯恩斯、珍珠岛、马尼拉、怡朗、碧瑶、葛布等六十三埠，计稽留美国一百六十天、澳洲三十天、意大利二十五天、法国二十三天、英国十八天、瑞士十四天、菲岛十二天为比较稍长外，余均三天、五天，或一天、半天而已。以如此短促时间，历散布欧、美、澳三大洲之数十大城，无异走马看花，且舟车往返，公私酬酢，考察时间至为有限，国际间军事、政治、经济诸问题，尚无若何深切之研究，殊为可惜耳。

余出国目的，一在致谢海外侨胞于淞沪抗日时热烈赞助之盛意，并顺便探询其生活状况；二在考察国际情势以为中国之借镜。此二目的，余固屡言之矣。余此次所经各地，甚蒙侨胞与当地官吏人士之热烈欢迎，且多溢美之誉，使余不胜感勉，"民族英雄"之高帽子，几如雪片飞来，受之钦，却之钦，计惟有于今后黾勉将事，以副爱我者之期望耳。

一、华侨方面

华侨足迹几遍全地球，而以南洋群岛与美洲为最多。星洲、庇能、菲律滨及美洲三数城市之繁荣，尤多赖华侨经营之力。逊清以后，中国衰弱既为外人所窥破，民国成立，因内争不息，国力断丧无余，国际地位每况愈下，海外侨胞在所谓"弱国无外交"底下，遂备受当地政府之苛待而无可告诉。近更受不景气之影响，生活益感困难，此为海外华侨普遍之险象而无庸自讳者。

华侨既感念祖国衰弱，失却外交后盾，备受种种不平等待遇之痛苦，于是爱国之观念与乎救国之主张，遂深切积极。余此次以平民资格出国考察，原不思得侨胞任何过于恭维之欢迎。余足迹所至，无论宁府事先电令其驻节外交官如何制止，侨胞之欢迎情况，反因禁止而益加热烈，且将宁府防范余之消息，常详举相告，且每次集会必要求余多讲宁府通敌卖国之事实。

彼等侨居海外，心地至为纯洁，态度至为光明，对于国内领袖，非有好恶存于其间，亦无庸有所偏袒，只知凡愿负起救国责任者，必竭诚拥护之，赞助之，虽牺牲金钱性命，亦所不惜。

华侨社团中有救国会、抗日后援会等，其组合宗旨已鲜明表露于名称者不必论，此外之洪门会、致公堂、宪政党、协义团、进步党、秉公社、安良堂、协胜堂、工联会种种，亦无一非为救国而组织之社团。即各埠市之中华商会或中华公所，名义上虽在联络侨胞感情，谋求侨商福利，而其实际亦为救国运动之总集团也。

辛亥革命以来，海外侨胞节衣缩食，竭诚输将之款，何止亿兆，革命事业之得有今日，侨胞之功，实不可没。独惜秉国者，除空言矜夸掩饰其欺诈外，从不置念万里外为国牺牲之侨胞，一任其流离转徙，至为痛心。

二、国际民性

国际方面，除苏俄不及前往，日本不愿前往，无所论列外，其余各国国民性，均有其特长之点。如德、意两国人民之整肃与服从领袖，法国文化之灿烂与爱国之忠诚，英国人民尊重法律与社会之调整，比、瑞、丹、荷等国国民之坚忍耐劳与质朴无华，美国人民之自由、和平、博爱，在在均足资吾人之借镜。

三、政治问题

欧美政制，虽各不同，而大概言之可分为三大潮流：一、意、德的独裁政治，二、英、法、美的民主政治，三、苏俄的共产政治。苏俄余未前往不谈外，至独裁政治、民主政治之代表国，则均有相当的检讨。

至实行民主政治之美、法、英等国，其可取之点尤多。法国人民信仰卢梭、孟德斯鸠、福禄特尔等之学说，崇尚自由，政党之组织极多。如普因赉（R. Poinoare）领导下富有国家主义色彩，主张共和政体之共和党（Lapodration RopubliOans）；赫里欧（E'Horriot）领导下主张女子参政，发展工商实业之急进社会党（La Parti Radical Socualist）；班乐卫（Paul Poinone）领导下主张信教自由，反对穷兵黩武之共和社会党（Republiean Socialist）；此外爱国同盟（LaLiquedes Patriotes）、青年共和党（La Jaune Ropubligne）、社会党（Socialist）、共产党（Communist）等，形形色色，应有尽有。虽各有其政治之主张，各致力于政治之竞争，以求得人民之信仰，然彼此都能遵守法律，绝无扰乱社会公安的情事发生。至敌对仇视，互相构陷种种不道德之行为，更未一见，此足为自私自利，怯于公敌，勇于私争之中国人之警惕也。英国虽尚有皇帝，然国家大事，均由内阁负责。内阁之组织，经下议院选举后，照例由英皇任命其多数党领袖为首相以组织之。其政治活动团体，有鲍尔温（Baldwin）之保守党（Conservatives），劳合佐治（Lloyd Georga）之自由党（Liberals），麦唐纳（Mcdonald）之工党（Laboritos），均勾心斗角，争夺政权，然其遵守法律之精神，实与法国无稍异。美国是许多民族组成之国家，其政治组合，除共和、民主两大党外，尚有美国社会党、社会劳动党、农民劳动党、禁酒党等。当其竞争选举，发表政见时，未尝无互相诋毁之处，惟选举结果露布后，其首先向胜方致贺者，每为反对党落选之领袖。此种公尔忘私，服从众意之精神，殊足令人羡慕。

欧美政制，不论独裁与民主，均以国家利益为前提，政治团体虽多，其谋求人民幸福之最终目的则一。平时无妨各致力于党团之活动，一遇国家对外事发生，则牺牲一党一派之成见，共同对外，未见有乘机排斥异己情事。此种"宁可亡党，不可亡国"的精神，大可作吾人之榜样。然吾国政治仍然动荡于封建残余势力底下，尚未上轨道。外侮日亟，压迫未已，非全国团结，化私为公，实行民治，公布宪法，将封建残余之恶势力廓而清之，则国难未已也。

四、经济问题

自世界工业革命以后，各国无不竭力发展机器，以增加生产，并从事掠夺市场，增其富力。抑只知生产，不顾社会需要，其流弊反致生产过剩，无补民生，因之影响，工厂倒闭，工人失业。社会不景气之险象，已弥漫全球，美之白银政策，英、法、德、日之故贬金价，且各努力于金融之斗争，冀以打开僵局，谋求经济复兴，此属资本主义末期趋于崩溃之必然现象，无足怪者。

五、军备问题

第一次世界大战结束后，称雄一时之德国，遭受极大之牺牲，与协约国签订"凡尔赛条约"，除海外领土尽失外，本国土地仍被割去25903平方公里，应付赔款总额一千三百二十万万马克，陆军不得超过十万人，此后不得再行征兵制，海军战舰以二十只为限，不得再用潜艇，莱茵河东岸和黑利哥兰岛炮台一律拆毁之，限制后，欧洲遂树立新的畸形的局面，形成十余年外表的世界和平。其实，列强的矛盾对立，何能因此一纸空文而永远消灭，故各运用机谋，用隐藏方式去增加军备，争夺市场，准备第二次大战，已成为公开的秘密矣。

自东方强盗的日本帝国主义者凭借武力，不讲公理，不顾公法，悍然破坏九国公约，侵占我东四省，国联会无制裁之能力，调查团报告书等于废纸以后，不特远东空气为之紧张，即欧美局势，亦感受激烈波动。西方饿虎之德意志，眼见国联之虚设，条约之失效，遂易其隐藏方式而为明显表示，力谋废止条约。所谓取消战债，撤废军备限制，恢复原有领土之呼声，无时不震入耳鼓。迨褐色疯杰希特勒挟着富有威胁性的爆弹，跳上政治舞台后，企图立即冲破铁闸，公然撕破"凡尔赛条约"，一面发表征兵计划，实行全国强迫军役制度，由仅准陆军十万人增至五十万，警察队十五万，挺进队及其他受过军事训练者约一百万，可即时动员人数约三百万。空军飞机则增至一千余架，海军则增至四十万吨；一面则要求取消"波兰走廊"，使德国普鲁士与德国本部连接，并声明德国东部边界，不是一成不变，改订捷克疆界，使捷克境内三百五十万人居住的土地归并德国，及德、奥经济合并等。以上种种惊人的动态，足使企图保存"凡尔赛条约"之列强，平时虽亦不无暗中增加军备者，一时亦已吓至手忙脚乱。除一面积极整军经武，加紧包围德国的阵线外，一面则对德表示让步，军需资源最丰富之萨尔（Saar），拱手奉还德国，并允许德国对于扩军有商量的余地。

所谓"凡尔赛条约"，乃战胜国之英、法、意、美、日等用以禁锢战败国之德、奥、匈的铁闸，德、奥等之甘于忍受，原非得已，协约国深知德国必有翻身之一日，故订约之墨迹未干而扩充军备之积极，亦何曾稍逊于德国。英之经营星洲军港与空防，美之经营檀香山、菲律宾，意之经营亚平宁山驻兵区，法于接近德国处之最新式要塞，均在德国未公然宣布废约以前即积极经营者。据《泰晤士报》的调查，谓法平时常备军六十万，可即时动员兵力约三百万，飞机三千架，海军五十五万吨位。英平时常备兵除印度兵不计外，有一十四万，可即时动员兵力三十八万，飞机一千三百余架，海军约一百二十五万吨位。意国平时常备兵四十五万，受过军事训练者四十六万，可即时动员兵力九十一万，飞机一千六百余架，海军约三十七万五千吨位。如此庞大武力，原非一时所能致，不待智者而后知，然则将用以自卫乎，抑用以侵略乎！

希特勒抛出惊人爆弹后，国际局势已由暗斗变为明争，战争恐怖大有一触即发之势。欧洲外交家遂乘时活跃，极纵横捭阖之能事，或谋联甲以制乙，或谋拉丙以抑丁，冀以外交手腕消弭杀机，但此蕴积已久必要发泄之战局，是否外交政策所能和缓，则非吾人所能逆料。

欧洲饿虎之德国与亚洲强盗之日本，其政策手段并无两样。德宣言废约扩军后，举世震骇，日本则引为同调。远东问题骤呈严重，日本利用欧洲列强正忙于对德，无暇东顾之际，大可依照第一次欧战时成案，单独向中国进攻，希图独占中国，实现田中计划。然则中国将为待宰之圈牢乎！抑乘时奋起，握住民族自卫的武器，本着民族生存的精神，与日本帝国主义者相周旋乎？是在吾全国民众之自择矣。

中国目前应走之路

或谓中国现在只有三条路可走：其一是走向东京，其二是走向日内瓦，其三是走向莫斯科。不幸，此三条路均有人走过。走东京者，想借日本势力维持其暂时地位；走日内瓦者，想借国联技术合作，来解救中国目前之危厄；走向莫斯科者，则想借苏联力量以制裁暴日。其实，国联之虚弱，公法之失效，久为有目共见。苏联之能否助华制日，仍须视其力量之是否充足与其自身利益之有无冲突以为断。至走向日本，则无异驱羊就虎，自取灭亡。前后二者均不可通，余者亦未易言，然则何者为吾目前应走之路确为急待解答之问题也。

发展国威，开拓疆土，为日本传统政策，不幸中国恰为其实施政策之唯一对象。吾人试一探讨中日数十年来的关系，自琉球、台湾、朝鲜、东四省以至华北，随处发觉人为刀俎、我为鱼肉的新旧创痕，同时更发觉所谓第三者又如何趁火打劫，或袖手旁观的铁般事实，我们所获得者只有斑斑血迹，千万白骨，所写成的几页国族耻辱历史而已。

当此创巨痛深，国脉垂危之际，除少数利令智昏之汉奸，甘心卖国之败类，继续干其认贼作父的无耻勾当外，尚有一般意志薄弱，不求振作之徒，眼见国势衰微，认为无法挽救，欷歔叹息，坐以待亡。卖国求荣者之肉固不足食，而抱消极态度者亦绝非办法，须知艰险必须挽救，只有中国人方能挽救中国之艰险。所有外交联络，国际合作，只可运用，未可专靠，故余以为目前中国应走之路，惟有"抗日"之一条大路，全国上下所应知者，则为：

捐除已往一切成见，摒弃自私、依赖、苟安、怯懦之心理。

集中全国人才力量，一致奋起团结作民族斗争。

游 罢 归 来

民国二十四年（1935 年）

　　是年四月十九日返抵香港。久别归来，一月之间均是应酬。吾妻已在香港新界新墟附近买得一二十亩田，并着手建一小房屋，但尚未竣工，我甚欲恢复我耕田的旧业，即搬往青山暂住。每日晨早，即往田间与农夫为伍，兴味极浓。那时敝履富贵，本已有陶渊明归去来兮之心情，唯时局日非，国难频仍，政治日见腐败，民生日见痛苦。李任潮、陈真如、蒋光鼐诸先生又不时来访，谈论国事，不胜唏嘘感慨，并拟组织民族革命同盟。我新从海外归来，对于今后政治行动，尚须一番考究，想起二十年来与我有深长历史的国民党，腐败不堪，令人厌恶。另组新党，又谈何容易！商谈再三，他们不断鼓励，彼此情谊日殷，大家政见渐相接近，各种革命条件互相分释明析。不久，李任潮先生就召集干部开会，决定组织民族革命大同盟，遂推定李济深、陈铭枢、蒋光鼐、蔡廷锴、徐谦、冯玉祥、方振武、陈友仁等为革命同盟最高干部，李为主席，每月费用均由李、陈、蒋、蔡四人担负。组织纲领最重要的目的在："推倒汉奸政府，树立人民政权，联合各党各派一致团结实行抗日。"同时，扩充《大众报》为宣传机构。除前十九路军存有三万公款挪买机器外，其余以我及蒋憬然入股最多。该报当时销售极大，民众极表同情，我每日早起必先看完《大众报》，然后做其他工作。时当夏令，我除在青山督理耕作外，必往海滩游水。初以未熟水性，不敢放胆，练习一月，泳术进步，兴味渐浓，以后日无间断，此种生活，对于身体甚有补益。秋令已过，冬稻稔熟，游泳停止，从事收获工作；收割完毕，又赶种蔬菜，以萝卜为大宗。吾妻隔日必来巡视田间，午后即返港。我则在此狩猎，日以为常，每日所获尤以斑雀为多，自觉打来之雀，其食味较买来之雀为佳，此乃心理之作用。打雀因须追捕伤雀，故运动较游泳更多用气力，但运动的辛苦，较用精神的苦不同，经过一夜疲劳后的休息，则身体格外舒畅。有时静听农夫唱山歌，有时又与儿童玩耍，吾妻有时笑我不该如此，我以为这不成问题，相信不特我如此，凡失意的军政大员也莫不如此。我此种生活，不过是旧调重弹，恢复三十年前的农家生活，颇觉痛快。

新历年已届，香港侨胞都是守旧，我嘱吾妻多备酒菜与工人团年。那时天气转冷，青山近海又无森林，海风凛烈，吾妻来请我返港，我本不愿，但她多方婉劝，乃偕她归去。我原为好动之人，郁居港中一厅两房之小室中，殊不耐烦，真不若在青山居住之淡泊明静，身心舒畅，故不久又思入青山与工人为友矣。

参加广西"六一"运动

民国二十五年（1936 年）

新历元旦后，在港住了一星期，觉无兴味，吾妻又送我返青山。她前建之小房屋不合我意，当时建筑费用甚廉，乃决心自己设计建洋房一间，着永泰公司邓玉庭来议价。结果以一万七千元包工包料，限四月完成，今后住的问题已可解决。

农历年关将近，农夫频频往来筹办过年物品，此乃数千年来之习惯，我们入乡从俗，虽不至张罗香宝蜡烛以祷拜神灵偶像，但食物等项则照例准备。旧历十二月二十八日，我返香港，二十年来均不在家与兄弟、妻子过旧历年，今年共聚一堂，全家欢天喜地，庆闹异常。元旦日除我食肉之外，全家人都是食斋。至十时，港中戚友眷属频来拜年，我怕麻烦，早饭后，即外出消遣，并往访民族革命同盟各工作人员，询问各部门工作发展情形及社会上一般之反响。所得各人报告结果，工作展开甚为顺利，各地军政当局亦甚注意，各地民众则多表同情加盟，尤以海外华侨更为热心踊跃。

翌日，返青山继续督工，并预备今春播种事宜。吾妻入来计划各种耕种事宜，我便拟返省一行，请某要人向当局征询意见，许我自由省港之间。据答复，竟婉词拒绝。我追问某要人曰："与他十年来公谊私情，均无过不去之处，南京政府尚且留余地，对我仍属客气，粤方偏向我为难，殊出我意料之外。"某要人答说："此乃环境关系。他又是近视眼，请你原谅。"如此情况，返省之行便作罢论。

返省返乡既已无望，只有从事农业以消时日。清明节届，乡人忙于扫墓，吾妻亦拟日间返乡。分袂之后，农作紧张，我家工人不够分配，雇人又不易，我即赤脚拉牛扒田。各工友见我甚纯熟，有一人问曰："总指挥，你犁田、扒田何以这样熟手，就是从前做过，隔了三十余年也会生疏。"我说："此种工作乃手脚气力功夫，凡有气力的人都可做。如果有饭吃，有屋住，就不会做工，此不是处世之道，我望你们在困苦之时不怨天不尤人，在得意之时也不应该忘掉失意之时。"春耕做完，我计划建的房屋快将落成了。我因嗜好运动，须有娱乐场所，方能寄托精神，故在门口附近添设小亭一座及球场、游水池、鱼塘等，至五月底完成。春天过去，夏天又来，气候转热，游泳生活又开始了。恨无伴游，不敢出海，有时虽有李世隆同游，而他的泳术亦不见佳，故不放心。当游兴正浓之际，广东当局借抗日为名，实行割据是实，反抗中央之迹象已现。他派范德星等来请我返粤协助，唯我早已知其底蕴，便向革命同盟最高干部提出会议详加讨论后，遂向粤当局提出各种合作条件，请其详细考虑答复，我们便可返粤协助一切。

范君说："请兄既往不究，仍请偕同往省商量，大家精诚团结，再为党国造福。"我说："尊意我心甚感激，且我现在手无寸铁，多我一人也无济于事，我决不敢牟然领教了。"范君见我如此表示，即辞别上省。不久，党国元老胡展堂先生暴病逝世于广州，西南党国要人大为震惊，我与蒋光鼐先生本与胡公有私交，拟往省吊唁，但恐环境不许，乃电慰胡先生家属。胡先生殡后，西南导师已失，为先发制人计，广东当局便树立军政府，陈伯南自任统帅，出兵湖南，名为北上抗日，其实欲扩充势力，威胁中央，争夺地盘。南京方面宣传说他勾结日本反抗中央，那时全国人心见其揭橥抗日，徒托空言，师出无名，又无革命宗旨，绝不表示任何同情，某要人便再派其亲信来港恳切求我上省。我表面与其敷衍，并照旧提出各种革命合作条件，请其采纳后，便可随时上广州协助一切。粤方便大加宣传，并于广州满贴"欢迎抗日民族英雄蔡廷锴"的标语及横额，以证明其并非勾结日本。许多朋友也以为我真上省，频来电话探我消息。不数天，粤局分裂，余军长汉谋倒戈，长衫客各寻出路，李师长扬敬挂印封金，飞天将军张司令北投，一时风声鹤唳，某要人弄得手忙脚乱，急逃下某国兵舰，借帝国主义庇护下逃难。想他割据广东，经营十载，养兵十余万，以为可长享其南粤王之福，不图变生肘腋，不战而溃，甚可惜也。

粤局解体后，京方派来粤负责之人物甚为骄横，大有十年前滇军入驻广东的"丢那妈，广东老子打来的"的豪气，人心惶惶，怨声载道。我粤人何辜受此荼毒，清夜自思，更觉非加强革命力量无以拯救人民。

粤局大致已定，南京拟乘时收拾广西，一面以军事力量迫其就范，一面宣传其投日，以去其人心。但桂方将领李、白等亦不示弱，励兵秣马，准备兵戎相见，先派李任仁来请我入桂，不久潘宜之又带李、白亲笔信来速驾。我虽与李、白无深长的结合，但素仰他人格高尚，道义深厚，且前十九路军六十师公积金数十万元已交桂当局成立谢鼎新团，亦为将来救国之用，因此复商诸革命同盟最高级干部会，提出入桂各种办法，并商妥入桂后一切行动与计划。余不计成败决心入桂，即召沈光汉、李盛宗、区寿年、谭启秀四人到来面商。谭、沈因另有任务未能同往，翌日偕区寿年、李盛宗等秘密下船。起碇后，出房门遇见陈维周亦同船，经三十小时，船抵西贡，有西人到来查问，见我数人均头等客，又无护照，似甚惊讶。后龙州督办署派员来接船，经过一番手续，才准登陆。午餐后，即雇汽车向河内前进，足行两昼夜始抵埠。因行车极苦，休息半天，整理行装，明晨始向镇南关进发。所经各地均属崇山峻岭，到达谅山附近，公路虽好，但迂迴弯曲，至十二时始抵埠。龙州督办覃连芳站队欢迎，与潘宜之、刘庐隐等共六七人在此午饭，覃君为桂中能文能武之将领，我与他相识之后，过从甚密，感情颇好。饭后，已下午二时，开始向南宁前进，覃君亦同车返龙州。甫抵崇明，倾盆大雨，又要渡河两次，虽然坐于车内，所有行李衣物亦尽淋湿。抵达南宁南岸，时已夕阳西下，李总司令德邻、黄主席旭初等均来迎接，总部派员招待于乐群社，白副总司令健生因事往柳州，夜深始回，良晤片刻，各人均见疲劳，遂暂别。自我入桂后，各方捏造广西联日之谣言已无形消散，但南京尚未放弃攻桂计划，而广西内部亦甚团结，终日整军经武，已有步兵十余万，同时重组十九路军，仍以我为总指挥，以翁照垣、区寿年、丘兆琛为师长，在郁林成立总指挥部及军官团部，以李盛宗为参谋长兼军官团训育主任，翁丘两师即开南路高雷钦廉，广西大军主力布置于浔梧、信贺等处。我为应付一切事机，仍在南宁，应付一切及处理各种进步事务。不久，全国舆论均鼓吹和平息争，以御外侮，南京政府亦以广西未易欺，知难而退。遂派陈辞修等先后入桂，与当局接洽。李、白总司令问我意见如何，我坦白地说："如果大家确有诚意和平，息争一致抗日，我极表同情。但未实行抗日以前，我个人为贯彻主张起见，即解除兵柄，返港休息。吾人为革命抗日而来，绝不会有做官之念。"经旬日时间，双方商洽已较接近，桂方派刘为章为代表先行赴粤接洽。结果中央派李德邻为广西绥靖主任，广西部队编为第五路军，我即向李、白总司令表示日间离桂。在未离桂以前，因素闻桂林山水甲天下，决往一游，乃与覃运芳君乘车同往。抵达该处，刘教育长士毅即集合军士干部教导队请我讲话，并开欢迎大会。每日除应酬外，均往游览风景。逗留三天，即与覃君返柳州，翌日返抵南宁。李已就绥靖主任职，并将军队编遣复员。我为十九路军官兵在桂善后计，即留下信一封，托邓世增转交李、白总司令，内谓如编成一师，请委翁照垣为师长，如编两师，则并委区寿年为师长，丘兆琛副之，李盛宗为教导队主任。如此决定后，于八月二十日乘车往郁林，着区师长、李盛宗准备结束。住数天，拟即乘车往广州湾返港，忽接李、白两公电云，翁照垣在廉北不听调遣，请我就近着其撤归南宁。我接电后，经多时之研究，始复电，并电知翁照垣、丘兆琛到安铺会晤。翌日，翁派代表钟锡刚迎接我前往安铺会晤，九时抵达，汤团长毅生派队来迎，休息约一小对，即在团部开谈话会。翁、丘表示请我返廉北师部，我说如为革命、为团体我无论如何牺牲，当从众意；若占据钦廉抵抗粤桂，则形势孤立，决难立足，请你们再三考虑。翁、丘便说，总之请总指挥返到合浦再谈。当时我想不去，又恐他们胡作乱为，搅出乱子，是以允他们同往合浦。抵达师部后，翁、丘态度不同，凡事吞吞吐吐，无爽直明显之表示，他的行动我也不知。十时，与钟喜焯返合浦医院休息，又嘱钟与翁、丘接洽，询其究竟作何主意。至天明，钟君叹一声大气，我问他何事，他默言无语，呆立想了十分钟后，始说："此次请总指挥来，好对不起。昨晚翁丘态度已改变了，仍难以言者……请总指挥及早离开合浦，较为高见。"我听完大笑一声说："钟君，翁君不赞同我主张，最多叫我离开，又何必生气？从他认我主张不对，亦不至危及我生命，若他不顾公谊私情，我一个人牺牲又何足惜。"二十五日早，翁亦不来见，我即带同卫士离开合浦，回安铺。至汤团部，汤团长见我行色仓惶，问我内容，我不便向其直说。后他问我随从，一切均已清楚，他说："翁、丘如此行动，使我不安，请总指挥放心，我全团随总指挥安全返玉林，官做不做没问题。"抵玉林后，即召区师长、李参谋长说明自赴合浦经过，并将经过情形电知李、白总司令，即乘车返梧州，同行者有云应霖、叶少泉等数人。抵梧州并往访李任潮先生，详谈各种经过情形。他说："干者自干，不干者离开，毫无关系。"我在梧住三四天，即偕云应霖搭船返香港，各随从卫士等即着其返罗定。抵港后，返家休息，见吾妻微笑冷语曰："你去广西三四个月，有益于国家及身心否？"我强词答曰："我事请你不必管。"他见我脸色不同，已无语。入桂数月，喧赫一时之广西"六一"运动便如此终结了。

返港时已秋凉，游泳非时，闲居无聊，决入青山恢复耕种工作。晚造稻已熟，看见门前一片大地，俨然满铺黄金。晚造收割工作，不若早造之忙，吾妻又来督理收割，我亦有时在田间帮工人打禾（即将割得禾稿之谷打下方桶），收割种菜完毕，每日除运动外，又往打雀，日中最少也有二三只斑雀携回佐膳。光阴如流水，转瞬又至阴历年底了。

重游南洋，爱妻逝世

民国二十六年（1937年）

　　阴历元旦过去，困居港中殊属苦闷，住数日，复入青山从事农业，有时与工人谈谈耕种方法，亦有兴趣，春耕将近，着各工人犁完田后，已届清明节，播种耕耘之后，又复无聊，静久思动，决往南洋一游，着王猷建筹办护照。

　　护照办妥，即嘱猷建兄定购船票。诸戚友知我日间远行，纷来饯别。二十六日早，猷建兄来说："已定得哥律芝船位，明晨启行。"是晚，我与妻谈及出国事，我说："此次重游南洋，系为避开一切环境，约年底可返。"她亦知我当时处境，便说："在此时期，离开这里到外面行行亦好。但我已怀孕六七个月，最好能在我分娩前回来。至于各儿女及家中一切事情，我会料理，你不用关心。"

　　二十七日晨，我往九龙码头搭船，吾妻怀孕行动不便，不能到船送行。旧同事袍泽如沈光汉、邓志才、刘占雄、叶少泉、陈福初等及港中朋友，百余人到来送船，道别祝福，一时颇为喧闹。不久，船上鸣钟，船要起锚了，始各各握别。船驶离码头，各友犹伫立岸上在送船人堆中，扬巾示意祝福，渐行渐远，我又与各友暂别了。

　　在船上，认识一位我国新任驻菲律宾总领事钱某，旅途中多一朋友，颇为高兴，与钱君虽属新识，也不十分隔阂。

　　二十九日上午，船抵菲律宾，侨胞各团体已在码头欢迎，下锚后，李清泉、薛芬士、许友超、王雨廷、王金俊、桂华山、于以同、吴半生、黎耀西、董冰如、王师亮、蔡顺意、蔡孝忍诸侨胞领袖都拥上船来，此种亲爱热诚，使我感激万分。我与迎接者招呼过后，即到某大俱乐部休息。用过午餐，便到大东旅社（我暂寓该旅社）。许多朋友都来探访，谈谈说说，时间特别快过，也感到有点疲倦。晚饭后，广东同乡陈耀坤和郑夫人自驾汽车，伴我游览夜景，至十一时，始返旅社。

为答谢各侨胞盛情，抵埠之翌晨，即往各团体拜访，整日无暇。各侨胞团体拟设盛大宴会为我洗尘，但我索性不喜应酬，而且如果今天赴某一团体的宴会，明天必不能推辞别一团体的邀约，否则，就极易引起轻彼重此的误会，所以对于这种宴会，我都加以婉却。

菲律宾位于热带，那时又值六月炎夏，天气特别热，虽在夜间亦不能眠。与猷建兄商谈，决赴碧瑶避暑。

六月二日，济阳公所备私家汽车派蔡士杰伴我赴碧瑶。午后抵达，下榻华盛顿酒店。该店乃华侨巨商台山人吴某所经营，设备颇为妥善。我甫卸行装，而侨胞团体梁翼云等已到来，相见甚欢。是晚，他们在该酒店为我设一个宴会，我无可推辞，只得领情尽欢。

碧瑶风景甚为美丽，气候温和。据云，一年间，最高温度仅华氏表七十余度。该地四十年前只有木屋数间，现在已大非昔比，建筑物林立，商业极繁荣，各金矿均以此地为中心，即每年避暑者，也有一二十万人。在碧瑶的商店和田园，以前十居其九为粤侨所经营，近日渐次衰落，土人及日人已蚕食过半。其失败原因固多，而侨胞之不能团结，也是失败原因之一。我国侨胞地方派别又甚多，因党务纷争甚烈，往往因小小事故即发生不可调协的意见，甚至不能见面，此种情形比国内尤甚。我曾企图以自己的诚恳劝免来消除各侨胞彼此的成见，团结起来，为商务奋斗，为祖国争光荣。当时侨胞虽接受我的诚意，可是后来故态复萌，诚堪慨叹。我细察日人旅此，不若我侨之多，但团结冒险奋斗精神，较之我侨胞实有天渊之别。我想五十年后当地商业，必为土人或日人蚕食净尽。

应酬两三天，往各地参观金矿场。我对矿务乃门外汉，不感兴味。但见穿山入洞，冒险取矿的工人，极为敬佩。所有各矿工均属土人，华侨绝少，终日汗流不停工作，有若泥鬼。据云，此种生活非土人莫属，若别地人做此苦工，不是染虐疾，就是受瘴气病。我漫游两天，复返碧瑶，或看书，或游山玩水，均有定时。这样休养了十余日，体力颇为增强。接家书，云家中各人均好，精神更为愉快。

不久，许友超、桂华山等来碧瑶相访，他们仅住两天，便又下山归去。越数日，沈光汉兄由港来电，云形势严重，请即返港。电文不甚详细，我想或是京中要人邀我等参加抗日，颇为疑虑。但我决心如果在中央未真正具体计划可令我参加抗日以前，我决暂不返国。各侨众亦抱此种见解。不几天，报载日寇有图我华北之势，同时沈光汉兄来电，所说亦同。我得此消息，内心纷扰，反感无聊，看书既不能入目，徘徊马路亦不能排除郁抑，甚至晚上也不能成眠，与猷建兄商讨，拟暂下山。"七七"早起，看中文报纸见大字标题："日寇侵华北"，而所载甚简，仅述卢沟桥事变大略，外国报纸所载亦同样简略。当时我心中更为忐忑，各外国记者纷纷来访，最使我为难者，就是问我何日返国。我当时尚无决心返国，因我尚未明了政府态度是决心抗日，抑或仍是妥协政策，万一华北成为局部问题，我之即日返国实毫无意义，不过徒劳往返而已。但我那时却快言快语，答以日内启程。各侨胞亦频来探访，亦多以何日返国相询，我答以一二日内下山，到大埠再定。

战事消息使我不宁，自己亦欲下山到大埠看看。七月十日，着猷建兄先行，十三日，我亦下山，返大埠马尼拉了。

在大埠所得消息，甚为纷纭。有说政府已决心抵抗，有说政府尚谋妥协，莫衷一是。侨胞爱国心重，闻政府实行抗战，机关团体或个人莫不欢喜若狂，准备捐款援助祖国。我在大埠住了数天，日寇方面虽向国际散布谣言，说南京政府已接受苛刻条件，华北驻军不抵抗而缴械。但战事仍在进行，似表示中央已放弃妥协政策，不若日敌之所谣传。自念国家有难，自己身为军人，仍逍遥海外，内心颇为惭愧。且全体侨胞亦敦促我早日回国，遂决心不再久留，着猷建兄订购船票。侨胞闻我回国，准备开会欢送。我在候船时期，每日分配时间往各方道谢。晚上，仍与陈耀坤及郑夫人驶车逛游各小埠。

二十日下午，乘济阳公所所派汽车赴码头。各侨胞已在码头列队致送，惟时已四时，正是开船钟点，遂不多说话，向各侨胞致敬握别。我踏上俄国皇后船，不一刻，船就驶离码头，我与菲岛又告别了。

这次重游菲律宾，时间虽不及两月，惟各种情景，使我发生无限感奋。我之游菲，原属休养性质，以少应酬和不烦扰为原则。谁料侨胞热诚挚爱，在"却之为不恭"的礼仪上，使我无法避免各种应酬。在亲爱的欢迎欢送者之前，我只有感谢。当我赴碧瑶居住时，济阳公所代我预为布置，父老的亲爱与无微不至的招待，使我极难为情。他们又为我付旅费房租，当时我加以拒绝，并嘱猷建兄再三拒绝，反受本家父老责备，我心虽不安，亦只有敬领盛情而已。

船出港口，大埠由模糊而消失，我回房稍歇。不久，船上摇铃，通知开餐，各搭客纷纷返房换穿礼服，显现英国船上的绅士派头。我因连日忙于应酬，颇感疲倦，餐毕即就寝。二十一日，起床后，即到船面散步。旭日已上三竿，各西人均游水为乐，我于游泳术虽不纯熟，但素性嗜好，因亦随兴。九时早餐，见头等客中大部均属红发绿眼高鼻的西人，感觉毫无兴味，只得终日在房中看书。二十二日晨，五时起床，打开船窗，香港山水已在望了。轮船徐徐驶入鲤鱼门，六时半，停泊九龙码头。我的儿女及一班朋友已在码头伫候，惟不见吾妻。我想或是因身体关系，未能到来，及抵家询问，始知她返罗定故乡。抵家甫卸行装，邓瑞人兄邀往外出午餐，餐后，随蒋憬然先生往浅水湾游水，至下午六时始返。蒋先生又请我往石塘嘴某酒家晚餐，作为洗尘。那时，正值大暑前后，天气异常酷热，我因食西瓜过量，那晚回去感周身不适，不久就发冷发热。

翌晨，病更厉害，吾妻在乡尚未返到，当时心绪，因无人料理极为不宁。后由启秀夫妇介绍医生到诊，诊后，医生说我病重，要打什么针，又要验血、验菌等。但我心中极安定，自信必非若何特别病症，医生若是小题大做，或因见我突然得病过于小心之故。我确信我自己是普通小毛病，我认为是过分的食滞所致。当时，自己决定停止食物清肠胃，医生每日仍来诊视，问我食药是否有效，我说极适合，病将愈了。其实医生治我的药，我仅在头一天食过一次。过了几天，我真复原了。由此，我更相信人们普通小毛病多因肠胃不清，是以我每次生病，都戒口清肠胃，三十年来都用此法，屡屡奏效。

我病既愈，吾妻亦由乡返抵港。她述说返乡一切情形及对乡中事如何处理，极为满意。我见她粗身胖体，仆仆行途，且面容憔悴，真使我怜惜，为她担忧，劝她入医院休养，她却不接纳，我亦不过于强逼。返港后，所得消息依然纷纭，政府似仍徘徊于抵抗和妥协之间。在港住着颇感无聊，遂入山居住，每日督饬工友整田园，下午则往游水。

那时敌寇日深，一日接宋子文来电，谓奉蒋公电话，请兄即来沪等语。沈光汉兄亦奉蒋公电召往京。获此，知中央确已决心抗日，我遂决心无条件入京，听候差遣。即召集尚居省港之旧属商谈，告以入京意义，并嘱此后应扫除以前所有成见，无论在朝在野，均应拥护中央抗战。各同事听后非常高兴，即着叶少泉订购船票。

八月七日，偕启秀、少泉搭总统船哥律芝号赴沪，同船有邹海滨先生。十日晨，船将入口，我即起床洗脸，穿好衣服，出船傍倚栏眺望，远见吴淞残破炮台，回忆"一·二八"战时情境，旧地重游，无限感慨。历代政府不注意国防，使我黄帝遗下之大好河山不能保守，殊堪痛恨。八时，船泊码头。上海各团体及杨啸天先生来接船。各相招呼后，即乘杨先生之私人汽车到杨公馆休息。杨先生招待甚殷，我非常感谢。

翌日，拜访上海各友，宋部长请晚餐。我应酬纷繁，不愿骚扰杨公馆，于十二日迁住陆文澜兄家。那时，时局日趋严重，华北军事不利，保定、天津已非我有，淞沪方面，敌我均纷纷调兵遣将，战事大有一触即发之势。是晚，略闻闸北方面有枪炮声。宋子文先生打电话给我，说前方已接触，蒋先生有电来，请兄即入京，该电已送兄处，不知已送到否等语。不久，该电送到，文为："宋部长转蔡贤初兄，久别甚念，请即来京共赴国难。"聊聊数语，颇显现团结御侮之意。是夜，闸北中山路汽车不得通过，我决翌日绝早离沪，即请文澜兄筹备一切。宋部长及杨司令啸天各派汽车一部来供使用。十三日晨，与文澜、光汉、启秀、少泉诸兄及随从等由龙华经嘉兴转苏州。到嘉兴时，拜访张向华先生，蒙招待午餐。餐后，继续向苏州前进。抵苏州时，遇阔别数年之良友戴孝悃兄，相见甚欢，同搭火车入京。下午九时，安抵南京，暂寓某旅社，由文澜兄代报到。

委员长知我到达，即召见，并请午餐。届时，我和光汉、启秀三人同赴陵园附近委员长住所，侍从主任钱慕尹招待引见，委员长在门前含笑握手，似甚欢慰。延入客厅坐定后，委员长把现状作简单训示。十二时进午餐，蒋夫人及外国顾问端纳同席餐罢，委员长问我愿住上海抑居南京，我答愿在京居住，他的随从速记员随即记录下我们的谈话。委员长即命侍从室为我找房子。正谈话间，闻有敌机来袭，我等即辞出，赴陵园观空战，结果击落敌机数架。警报解除，即返旅寓。每日分谒各当局及访友，晚上又免不了赴宴应酬。

照各方消息，南口正在混战，局势颇危，我军主力集中东战场，颇为得手，大有驱敌下黄浦江之势。我在旅社住了十余天，迁住程天固兄家，后来军委会指定沅江新村某号为我等住所，并派茶房、厨子、汽车等供使用，解决了食住问题，不再烦扰朋友了。

九月一日，委员长复召见，谈约二十分钟，对于我之责任问题，委员长以温和语气对我说："现在各方面带兵指挥官均已派定，现在委你为大本营特任参议官。你不可误会，以为参议官职是闲差，最好请你住在京中，随时得以咨询。"我即答说："军人服从为职志，在此时期，任何职务均可接受。"当时，候训人员甚多，钟数已到，我即一鞠躬向后转，乘车回寓。

在京已过半月，各方均应酬过，无所事事，每晨惟盼报纸早来，看看消息，有时与启秀兄往找程天固兄，或到邹公馆、沈公馆等处坐谈。九月十日，李任潮、陈真如、蒋憬然诸先生及邓世增兄由汉口来，我与启秀往下关迎接。不久，李显唐亦由汉口到来同住，朋友增多，时间较为易过。时光汉兄已因私务先返香港。自任潮、真如、憬然诸先生抵京后，叙谈的机会特别多。日前所组之民族革命大同盟，现在环境已改变，要求一致团结抗日之目的已达，吾人遂商议将之解散，以符一致抗日之旨。我在京闲居又觉无聊，拟赴沪游，交通上似甚困难，只得居京观战，日与显唐、启秀、少泉等弈棋消遣。但各人均属新手，我虽似略高一着，但亦无有计划的布局与行动，只以食棋子多少为胜。各友到访，观此情形，只有笑笑。后经朋友一度指导之后，各人始有进步。

那时，我未知因何，总觉得精神有点恍惚不安，朋友亦说我面色极为晦滞。十六日晚上，我更发生一种莫名其妙的困恼，终夜辗转不能眠，头与身体痒痛到天亮。我曾想起父亲死前的一日也曾有这样极怪现象，但我素不迷信，当时极不相信此现象会兆征发生不幸，可是自己神志确是极端不安。十七日下午六时，晚餐刚完，少泉与启秀等正在下棋，忽闻外面电话声。少泉出去看，回来时，我问有什么事，少泉答说："瑞人兄有电来。"那时我心若触电，已断定必非好事，电尚未译出，我说："噩耗已到，必是吾妻不幸。"各人均以我神经过敏，但我已回房，忍不住泪珠了。少泉即译电，一点钟后，各人都来我房，均垂头丧气。少泉将电给我看："少泉兄鉴，蔡夫人蕙芳今晨产后身亡，可否对贤初兄说，请兄与启秀诸兄考虑并安慰。瑞人猷建筱。"读电后，我万分悲痛，似魂不附体，毫无知觉。各人均对我安慰说："事已如此，悲痛何用，只有赶办善后事宜……。"当时我已毫无主意，只答说："应如何处理，请诸兄代我商办。"翌日，一面向军委会请假，一面由少泉兄购船票往汉口。下午，与少泉乘汽车往芜湖，是晚转轮赴汉口。在旅途中，我简直是昏迷不醒，到达何处，亦不清楚，一任少泉处置。在船上，当深夜时想到自己的不幸命运，想到不下十个失去慈母无知无识的幼稚儿女，自己得如何处置，更为痛苦。国难当中又遇此家庭变故，确属万分凄惨。抵达汉口后，暂寓某大旅社，少泉即往警备司令部交涉购买飞机票。翌晨六时，渡江到南湖机场乘机，七时起飞，往岳阳、长沙、耒阳、北江，十二时半，抵达香港。飞机刚降下，我拉开窗帘，已见一班朋友候接。此次返港，自然与平时不同。我固然颓丧，就是瑞人、光汉诸兄，也满面愁容。略谈数语，即乘车回寓。甫抵跑马地街口，仰见我家门前挂白，情更难禁，一下车，见我一班幼稚儿女及兄弟姊姆，跪在门庭悲声号哭，那时我的形体虽在，我的心实已死去了。我不能抑制自己的悲哀，也无力量支持自己的身体。这样经过约三十分钟，亲戚朋友始扶我往别处休息。当时愈想愈苦，自念娶妻三十余年，一旦长别，临危无一言一语遗下，家中的一切情形，自己一概不知，可为有生以来最悲痛的一日。吾妻之死，非死于病，乃死于过分的节约。吾妻平素节俭，分娩期近，不愿到医院生产而宁留在家中。分娩时，她着各稍长儿女外出，她产后点余钟，就不醒人事，欲救无及，遂一命归天。至今思之，犹觉悲痛。吾妻一生劳苦，结果如此，真令我意想不到。吾妻虽系一田间出身之乡下女子，但深知人情世故，对于家务处理，照顾儿女，与及人情客往，不特不要我关怀，即我自己的私事，也由她处理。极尽妇道，可当得起"贤妻良母"之誉。我的子孙后裔将来读至这里，应静默示敬数分钟，才算尽他的孝思。

我经过一度哀号之后，似乎稍减痛苦。那夜召集稍长儿女，查问吾妻生前死后经过情形，至午夜十二时，谭太请我暂往她家里休息，福初伴我同往。各友均欲以别开生面的谈笑来开我心怀。但情景这样悲惨，又怎能使我不痛，那晚终不成眠。晨早起来，与各儿女往东华义庄，一看吾妻灵柩。在家数日，触景神伤，头脑极为昏乱，坐卧不安，遂与三弟朝锴往青山农园休养。三弟素性好野游，日中食则归，饱则去，对园中事务，不问不理，每晚非过午夜不返。我每责以大义，冀望他悔过，无奈他置若罔闻，转瞬又故态复萌。三弟之若是不知自爱，亦由吾妻平日过于纵爱，待之太厚太恕。积习既深，欲一旦使他听训，诚非易事。我在青山静处十余天，精神稍为恢复，乃回香港。

那时，各方战事仍在进行，尤以东战场为最剧烈。自念妻的丧事已告段落，而国难未已，蛰居香港，非我所愿，乃决心早日返京，即着少泉订购飞机票。临行之前夜，召集二、三两弟及各子女谈话，对家中应做事情，嘱其从速处理。各弟及诸儿女，虽诺诺听话，但观他们形容，似不愿我离家中，尤以幼女绍庐、绍闽依依之情，更为可怜。

十月十五日，与少泉飞汉，照例拜访地方当局。本拟即日赴京，但适无轮船亦无飞机，不得已逗留一天。十六日正午，来一次空袭，无甚损失。十七日晨，乘水上飞机往芜湖，午抵达，机泊浮泡，启秀、显唐两兄及程秋莼小姐等已在码头候接。登陆后，与各人同进午餐，餐后稍游，就在芜湖住宿。翌晨，乘汽车返南京，正午抵达，各亲友均到慰问。环境改变，家中苦事，亦惟有以不了了之，只望抗战胜利，复我疆土，冀可稍慰。观各地战况，均无进展，东战场淞沪方面岌岌可危，青阳港、苏州、无锡等处均在放弃之列。观此情势，南京已无屏障，必难久守。在此严重情势之下，自念厕身军人，不能为国效死，惭愧万分。我虽义愤填膺，但自己乃一属官，任你如何焦急，亦无用武之地，只有痛心与叹息而已。不久，粤军加入东战场作战，那时我军在东战场陆续加入战斗序列者，不下六七十师之多，兵力对比超敌人数倍，但终不能制胜敌人，反为敌人各个击破。当时我并未参与战场，于战略、战术与指挥上是否满意所知极少，不敢妄作批评，但就被敌人各个击破一点看来，实显现战略上无统筹，与指挥上情形之复杂。所犯古今兵法之忌，实无可为讳。十一月初旬，我淞沪前线已有不支之消息，我国报纸亦公开登载了。

情形既如此，我等虽为属官，但应如何行动亦须请示一二。那时，极峰正在百忙中，若欲谒见，非早数日通知侍从室不可。我即通知侍从室，旋得通知书回复云"委座于本月十九日下午四时召见，贵官请依期到达"等语。

十九日，京中已成恐怖状态，我提前先到陵园张公馆访白健生先生，时间将到，即驱车往谒。惟天不从人愿，连日雨雪纷飞，马路泞滑，司机小心缓驶，抵达委员长驻跸地时，已过召见时十分钟，无妄之灾即由此而来。那天委员长规定召见各员，我为首，次张向华，三吴鼎昌，四潘宜之。我迟到而张君先来，遂先见张君，张君出，随从引我入见。委员长问我私事并安慰后，略谈军事情况，即嘱我先往汉口候命。他说："你已休养数年，等我到汉口命你带兵。"我既得主意，即辞出，到侍从室取我的雨衣。潘宜之兄嘱稍候，同回白先生处食晚饭，但我不耐烦，遂不允潘兄之请，自己先行。大难无可免，车出门口不远，正转弯下斜坡，在四方城附近，有第五兵站参谋长某君（后来我在桂任职时，才知是汤喜君，字子谷），乘一小汽车迎面而来，双方司机不慎，且马路甚滑，两车无法停止遂相撞。当时，我见两车愈驶愈近，即伸手拍司机的肩说："撞车呀！"怎知说时迟那时快，"砰"然一声，车头粉碎了。我左足挨近前座位，受暗撞膝盖骨全破碎，我昏倒车内。适马路宪兵及特务工作人员巡视到那里，始以电话请中央医院派十字大车载赴医院，由外科医生诊视，并将伤处照相。入夜不久，启秀、显唐两兄及程秋纯小姐闻讯到来照料。据照相员说，我左膝盖骨已裂为三。医生说，如果开刀，四星期可愈，如听其自然生复，恐时间太长，且无把握。我在痛苦之中，已毫无主意。启秀兄说，该医院在中央各大机关附近，空袭时料理困难，若迁入鼓楼美国医院，则较为便利。我见他们所虑不差，遂决定翌晨即迁。他们去后，我独自一人更为寂寞，且终夜发烧，痛苦异常，惟有渴望快些天亮。翌日，启秀兄等在晨光熹微中到来。他说："美国医院本无房间，幸得程秋纯小姐与该院相熟，已让得医生房一间，甚为妥当。"我闻此语，十分感谢与安慰。我与程君相交仅两月，所有在她可能做的事情，均尽力为我办到，处此危难之中，又如此照料，此情未知何日才可报答。八时许，美国医院派车来接，抵达病房，外科主任医生（美国人）即来诊视，见我左脚肿大如桶，他即着另一医生为我抽淤血，当时的痛苦实难以形容。经过手术之后，约一点钟，伤部稍为舒服，惟热度尚未稍退。

那时，京中各友知我遇险，均来慰问。李德邻先生到来探访，他嘱启秀兄将我移别地疗理。那时，我身上仅余数百元，如果移别地，非由香港寄款来不可，而当时东战场战事的颓势已无可挽回，南京危在旦夕，由港寄款，实来不及。德邻先生知我处此困境，即赠我三千金，我在该院留医两日，二十二日下午，市府派十字车载我往下关，搭招商局船赴汉口。时京中人心惶惶，秩序紊乱，所有关于船位及一切困难情形，均蒙市府社会局长陈剑如先生特别照料才能办妥，我十分感谢。时搭船人多，挤拥至水泄不通，抬我的帆布床又过长，转动极为不易，而且那时房间及船傍，已无立锥之地，幸船上大众均认识我，所以各种事情都能相就，终于经过一点多钟才抬入房间。四时，船开行西上，为照料我，市立医院除派医生一员外，并派两女护士，她们都是粤人，其中之一为旧属吴团长康南之妹，彼此认识，格外关心。此外同行的有谭、李、程各友及数随从，颇不寂寞。那时，我之热度已渐降，船上虽嘈杂，是晚亦能稍眠，惟脚不能动最不可耐，仰卧数天，觉肢体均似麻木，尤以大小解时更为讨厌。

翌晨，伤状无变化，颇自宽慰。船将抵安庆，忽闻空袭警报，搭客惊惶万状，船即靠近码头。我已是不能移动，惟有请护送我的各人员不可顾我，准备登陆藏避。我那时叹息自语："以前不死于前线枪林弹雨，今日必死于敌机之下了。"既不能动，只有听天由命而已。那天细雨蒙蒙，云层极低，闻说敌机到芜湖即折向东飞。得此消息，各搭客都称幸运。五时，船抵安庆，一部搭客登陆，约停泊半点钟，继续西驶。据船工云，将抵九江了，大约翌日下午六时可抵汉口。更深人静，我仍未入眠，伤部虽不若前几天之疼痛，心里却像时表一样不停地想来想去。想起自己的厄运如此，人生在世，确实无味。倘能医得左足复原，固属大幸，若果变成半残废，惟能返我故乡，度此残生，亦我所愿。

天已大白，船驶过九江，微雨翳雾，我心中祈望若果整日能有如此天时，则敌机不能来袭，行船可得平安。八时许，谭、李等来房慰问谭说："据船上人云：'汉口大小旅馆，均已住满。'住颇成问题。"李显唐则谓："如无旅馆，只有返我家住宿一宵，再行打算。"启秀等闻此似觉安心。十二时，船抵武穴，天候依然低云微雨，可断定无敌机来扰，搭客更为欢悦。我心亦安，午后稍眠。六时许，船抵汉口，搭客欢喜若狂，高呼中华民国万岁。可是，我之困难又到了，在下关上船时之情形，下船亦难避免。幸军委会已电汉口当局准备医院医生，得稍减困难。船泊近岸，当局已派官长及红十字车到接，送往天主堂医院留医，启秀兄等数人，则在某低级旅店租得一小房，自然狭窄不洁，但在困难期间，亦无可奈何。我在医院，所住房间颇为宽阔，但不允许有亲属人同房，至以为憾。我与该医院曾有过关系，当民国十六年秋北伐至开封，回师武汉时，我因环境不好，且有多少毛病，由王若谷君介绍入该院疗养。虽隔十年，医生及护士长尚能认识，因此他们特别关照。疗治我的医生乃英国人，对外科确有经验。诊视我足伤之后，他说："伤部可听由自身生机自然生回，若一星期内无效，则决开刀疗治。"可恨当时局势不许，南京已于前天沦陷，武汉亦动摇。香港各友均劝我返港医治，但我顾虑到若果时常搬动，于伤部实有妨碍，且屡易医生，似亦不宜。当时我实在委决不下。后来，启秀向当局请示，并与在汉各友商讨，均赞成我返港，遂决心离汉。惟当时在汉口购买飞机票极不容易，托汉口当局代购，亦一无办法，后接瑞人兄由港来电，云孙哲生先生包机赴汉，可准备乘该机返港。得此消息，颇为安慰，飞机票已无问题，如何上机，如何渡江，尤须妥为准备，乃商该院准备十字车往码头，并请省府工务局派运输车在南岸接驳，各种准备均有头绪，稍为放心。

十一月五日清晨，依计划渡江。抵南湖机场片刻，由港飞来的欧亚公司民航机已在空中翱翔，徐徐下降了。为恐敌机来袭，孙先生刚刚下机，我的朋友及机场人员，即赶速抬我上机，惟我之左足不能弯曲，无法坐在座位上，幸该公司人员特别恩惠，拆开一座位，将两位并为一位，予我以便利，后来亦不多收票价，使我至今念念在心，十分感谢。启秀同行照料，随从人员则乘粤汉车南返广州，显唐暂返其家，挚友程秋莼送我上机，依依不舍，终于流泪而别。八时三十分飞离武汉，下午二时安抵香港，降启德机场。沈光汉、邓瑞人诸兄及我的儿女已在候接，他们已预向养和医院接洽派十字车迎接，我下机亦十分困难，经各护士及各友诸多设法，终把我搬下放上十字车，车返养和医院。

港中各亲友知我归来，频来探望，有主张我请中医疗治。我想中医用草药医治，有时虽亦有灵效，但非科学，似无确切把握，且自己受伤部位不同，即使由西医医治，仍须是具有新时代科学的妙手医生始可收效，若由中医瞎撞，诚恐迁延时日，变成残废，反为不美。所以任由亲友如何劝告，自己仍决心由西医医治。我入院三日，该院李树培医生决定我之伤部听任自身生机自然生回，即以石膏将我左脚全敷，有若穿着长筒靴，敷后，我周身各部均不舒服，觉心焦舌燥。李医生安慰我，他说："一星期后可将所敷石膏除去，伤部及各部均能自然了。"那时，我只有遵从医生吩咐，即使自己有任何意见，亦只有舍弃。经过十余天，虽然所敷石膏方法不同，而破碎的膝盖骨生埋甚微，痛苦亦无稍减，医生虽云有进步，但我总得不到安慰。疗治了二十多天，痛苦虽稍减，但我试摩膝盖碎骨，依然未见生埋，心更怀疑。四星期后，李医生给我两枝扶手棍，我将棍夹在左右胁下，勉强可以作小孩一样学步。当我扶拐学行时，摇摇欲跌，我最幼的女儿桂香闽仔见这模样，笑说："爸爸，你是小孩子吗？现在正学行吗？"我有如老伯父气象，扬拐恐吓，她们却天真活泼，欢笑飞跑了。这种情形，虽可慰我一时寂寞，惟当晚上更深夜静时，不免胡意思想，脚伤不知何日可愈，亦不知将来残废至如何程度，因此失眠多于安眠，故身体日形消瘦。自念倘吾妻尚在，虽痛苦，亦不至有这样凄凉景况。

入养和医院已数周，伤部虽不若前之刺痛，但依然不能行动自如，静卧病床颇难度日，每天除看报外，无以消遣。想起孟子之道德学问，似与其他古人不同，对政治亦极有眼光，为我素所崇敬。从前乡间塾师只教认字，不解意义，我虽可记诵多少，尚未了了，即嘱绍昌儿购《孟子》上下两卷，得以在无聊时看读。自后每日执卷，愈读愈有味，颇易过日。一星期阅读，上下《孟子》均看完，又购一本《王安石变制》来看，极感兴趣。我国在中古时代有此经济政治大家，定有作为，恨其当时环境恶劣，左右助手又不能得力，以致新政无法推行，功败垂成，至为可惜。假使当时有英明之君，变制成功，政治上轨道，发展至今，我堂堂中华民族，虽不敢谓执世界牛耳，相信最低限度必可列入世界列强之一。可惜我国历朝忠臣名将很少能有良好结果，如文武全才的岳武穆，东周时越国的文种，前汉之韩信，后汉的马援，虽有匡复建国大功，皆不得结果而死，其他历代忠良之被害者，无朝不有，无朝不多。这种自损良才，实足自弱。所以现在我中国受外患，弄至国将不国，亦非无因。

留医月余，伤部已不刺痛，学行虽有多少进步，但膝盖碎骨，似未生合，行动时，只能把左脚直接拖，毫不能弯曲。李医生再为我照 X 光，看碎骨有无生合，据他说大有进步，我自己取初受伤时在南京所照的照片来比较，则不相上下。我想李医生之所谓进步者，不过安慰病人而已。将伤部再照 X 光之后，在院再休养一星期，依然一样，医生只嘱静养，亦不敷药。我见如此情形，住院与不住无大关系，且每日在院费用，头等房最底限度亦需港币二十多元，遂与医生商议，请求返家休养。医生同意，遂出院。住院三十六天，医院庶务开数来，房金、药费、手术费共一千六百余元。千余元医费，在我虽不谓多，若清淡人家，这大笔费用就要变产偿付了。出院时，医生吩咐，须雇请揉捏看护，每日揉捏伤部一次。我遵医嘱，每日继续揉捏，可是又过一星期，伤部依然如故。揉捏看护极有良心与经验。她说："蔡先生，你的伤部已经揉捏十天，似毫无起色。在平时，我替别位病人揉捏，是一天比一天进步，我想你的脚还须再想办法才好。"她并指示我到某医生处将伤部再照相检验，然后再请医生医治。我听她所说，正合我心。惟农历年关已到，在香港比国内更为热闹，只得再候数天，再行料理。除夕之日，勉强与儿女等在家所谓团年，但不见吾妻形影，饮食言语颇觉无味，是晚整夜不眠。十二时后，爆竹声不绝于耳，如此又度过一年，但我只望左脚早愈，将来不成残废就是三生有幸了。

倭寇侵粤，赴难受伤

民国二十七年（1938 年）

在农历元旦，我长大的儿女已受过新时代洗礼，一切旧习皆不惯例，惟各人家在此数日均属闲暇与娱乐，确有不免。所有顺德女工人烧香、拜佛、食斋，最为风行。我晨早起来，各女工欲要"利事"，故意来说："桂香姑，阿闽姑，来向老爷拜年啦!"我为使各人欢喜，不得不照例派利事。

过了年宵，揉捏看护介绍我到杜医生处用 X 光再照伤部。据杜医生诊断，他说："所伤膝盖骨，并未埋口，若不从速医治，恐稍迟会生变化，必至霉烂。"所说各件似均根据医理，我甚为着急，即请其介绍医生。但在香港医生规则，所有病人未得前医生的许可，不能另找新医生，新医生亦不允接受医治。这种手续，对我颇感麻烦。我再三请求，杜医生密对我说："香港外科医生，以的比医生（英国人）为最妙手，但你不要说是我介绍，最好请你的原医生写信介绍给的比医生，他必接受医治。"我得此消息，即依所说进行，请瑞人、少泉两兄转请李医生写介绍信。李医生与的比医生有师生之谊，与我亦多年朋友，彼此均能谅解，不费若何唇舌，即取得介绍信了。既得介绍信，即着刘文光之公子宝熙往的比医生处挂号，二月二十日，由刘公子宝熙及绍昌、绍辉两儿伴我至玛丽医院。的比医生诊视我伤部之后，他说："倘该症在初受伤时开刀，最多四星期可痊愈，现在你受伤已有三个月之久，就非有加倍时间不可。将来痊愈，可以弯曲到一百五十度至一百六十度之间，能跑步，断不致残废。"我闻此言语，十分安慰，十分感激。医生嘱咐二十二日入院。那天晚饭，我特别开胃。餐后，与儿女辈稍谈，十时就寝，亦能安眠。二十一日早起，嘱准备一切，当时颇怪在港各友在我返港时未能为我请得的比大医生医治。

二十二日晨八时，由绍昌儿驶车送我赴玛丽医院，住七楼特别房间，每天仅收费九元，食费在内，比头等旅馆尤为洁静舒适。十一时，的比医生即来诊视，并嘱看护于下午为我剃毛及洗身。当时我不知道剃毛及洗身是何用意，后来问得，始知所有需割症的病人，必须如此，倘不将毛剃光，万一微菌作怪，侵入伤口发作，就有性命之虞。看护既为我洗刷干净，只有听候医生开刀。是晚，医生着看护不许我食饭，只给我一碗鸡汤作晚餐。二十三日早，看护给我一碗牛奶。九时三十分，看护及助手推一病人看症用的睡床到门口，叫我起来，扶我上睡床，直推至割症室。闻西药气味，甚为难过，见室内各种器具，极为清洁整齐，我想不愧为大医院。不久，闻的比医生声音，各助手医生即令看护抬我过割症床，各人员排列在我床前，听候大医生入来，情形极为严肃。那时，我心中亦有些恐惧。大医生入来了，遂检查各种应用器械及药物，并驱逐所有闲人，即我的亲人也不得近。大医生先给我打针，继送一瓶药（或是哥罗方之类）到我鼻端，嘱我呼吸一次。这样，我就眼花花的一无所知了。及至醒来，见我儿女及看护均在我房间，我心里模糊不甚清楚。我问："又说我今天割症，为何至今尚未见来？"他们答说："症已割完了，经过亦好，请你安心。"不久，心里较为清醒，看看自己，见全身四肢都用绑带绑住，左脚周围是铁架用棉絮垫高，欲动不得，口干舌燥，欲吐不能。我体热已升至华氏一〇一度，极为难过。这时，始知我确已被开刀割治。据看护说，当时施手术约三点半钟始毕事，到四时我始醒，但是我一点也不知道，亦不感觉有如何痛苦。割后三日，我都是迷迷朦朦过去。后来看护告诉我，在这三日内我总是喃喃唱唱。我因割症时流血过多，极为疲弱。过了三日，热度已退，知觉亦恢复，被割之处已觉疼痛，自己既不能翻身，惟有终日呻吟。各亲友及我的儿女见此情形，亦不安心。割后第四天，大医生来换药，着看护用我所盖之白被罩遮住我眼。第七日换药，依然不许我看见。及至三月二日，来拆伤口线了，先将缝伤口线割断，用小钳钳出，疼痛异常，经半小时始完毕。换药后，的比医生安慰我，他说："今以后痛苦可日日减少，请你不要焦急，大约休养两个月，就可以出院了。"拆线后，我得见我之割口形状，由小腿中部割起，弯弯曲曲宛若蛇行，直割至臀部附近，约有三英尺长。后来我问大医生助手杨医生说："为何要这样割法？"杨医生说："你的症，如果不这样割就无法治疗。一你的膝盖骨已裂为三片，用猫肠线缝埋后，复将你本身不需用的筋，割取多少出来，敷在你的膝盖骨上排成'井'字，这样膝盖才能永久不变。"我听他解说，才知近代医学进步之速，如果我不经这次灾难，梦也梦不到。拆线之后，疼痛日减，身体稍能转动，比以前较为舒服，惟仍不能下床着地，大小解均在床上，极为讨厌。过一星期后，我依然不得着地，看护每天来揉捏一次。据说揉捏看护的工作与普通看护不同，在初学时已分科上课，所以她的揉捏手术，格外自然。我感觉该院设备及医生、看护等人员，比诸其他医院，实有天渊之别。

我的伤口日有进步，每晨除儿女等到来问候外，港中戚友亦日来谈天，已不若前之寂寞了。那时时局日趋恶劣，吾妻灵柩仍寄安香港义庄，颇不安心，与儿女商量，将吾妻灵柩运返故乡罗定安葬，儿女均极赞同。我即函知二弟达锴在乡筹备，着三弟朝锴及各儿女于三月中旬护送吾妻灵柩返乡。诸事清楚，死者固可瞑目，生者亦算尽其道了。葬事完毕，儿女返港，把在乡经过情形对我说："此次运母亲灵柩返乡安葬，本可省去旧习，不用多费金钱，就可把葬事完毕，不料外亲要如此要如彼，诸多阻难，以至超出原预算数倍以上。"我听女儿所说，极为愤怒。我想，那时正值日寇侵凌当中，凡事均需节约，况且吾妻死已半年，在港殓殡时，外亲各男女均有来港奠吊，今运柩回乡安葬，一般近亲远戚，竟借此诸多骚扰，殊为不合之极，平日所谓亲戚如此而已，至今我才明白透。此种恶习惯应该从速革除。

运葬事既已告段落，关于儿女教育，又须筹划。吾妻既没，昌儿须料理家务，辉儿在民大亦未毕业，两儿已无法再留学外国。那时基女已渐长，亦颇聪慧，但读书甚懒，为她的前途计，拟改变她的环境，遂决意送她往美国读书。当时基女意尚犹豫，后经我着她来医院训勉，她始决定赴美，且云不再推懒，即着昌、辉两儿代她向美领事领取护照及订购船票，并令她备办行装。到时，基女乘哥律芝船赴三藩市，惟她乃是初次出国，人地生疏，恐有不妥，遂去电周锦朝、关翼生、周崧、刘展伯诸先生予以照料，这样可以减少困难，自己亦可放心。

我留医月余，伤口已愈八九，惟仍未能行动，心中焦急万分。四月一日，的比大医生来诊视，谓受伤部位已恢复良好，即令助手及看护扶我下床站立十分钟。但我双足久未到地，一站起就感觉无力，只有颤震摇摇欲跌，站够十分钟之后，则叫我复返床休息。俟后，每日晨早规定由看护扶我下床站立十分钟，及用扶手棍在房内逐步学行，视痊愈的程度而增减学行的时间，与前之医院漫无限制有别。经过几天后，学行日有进步，医生嘱看护每日加多一次揉捏，并准我无限制地在本层楼自由行动。我久卧病床，今能自由行动，得见天日，心里极为安慰。同时，蒋光鼐先生因身体不适亦来该院休养，住在我隔邻房间，知己朋友每日谈天说地，颇足破寂寞解无聊。惟谈及国事，彼此都感到悲观，我们都认定情势若此，当局仍有成见，纵使我们出院后，环境亦不会许可我人有用武之地。蒋先生入院后，身体较前日好，我的足部虽然尚需休养，但当时食量日增，体力亦日强，自念断不致残废了。将来出院何往，只有到时观看时局如何演变，再行打算。自蒋先生来留医，来探访的亲友此去彼来，有若过江之鲫。因为我与蒋先生患难共事二十多年，所有彼此戚友，大都相熟，是以来访我的必探蒋先生，看蒋先生的亦必来望我，接踵相继，无或有间，几使我忘却病痛，可算是数月来最欢慰的时期。蒋先生住院四星期，已恢复健康，可以出院了。医院总是希望留院病人早日出院，在友谊上，我亦希望蒋先生早离医院，可是当蒋先生出院时，我确有点难过，情若不舍，因为此后我在医院又复返孤寂了。为解无聊，着绍昌购各种杂志送来阅读，颇可借以消磨时光。蒋先生去后，探病的虽稍减，而男女戚友亦时来访，三四天后，又复习惯，心里亦渐安定，惟盼早痊出院而已。

那时，我左足力量日渐增强，行动虽比以前更为活泼，但仅能弯曲四十度。医生另换方法以求增加左足弯度，嘱我每日行步级上下三四次，并施以机械方法，着我横坐床前，正排两脚，然后用绑带系铁磅挂于脚面，使之下垂，感觉疼痛时才除下。医生来诊症时，复施用手术用力将我左足屈曲。当时颇为疼痛，但自己盼望早日复原，是以每日除医生看护施用手术外，自己格外努力运动。当时我左足平均每日可多弯一度半至两度。的比大医生说再休养半月，就可出院了。我得此安慰，甚为欢心，更努力学行，进步甚快，已可由七楼步行至楼下，或上或落，都不觉如何辛苦，但仍须手扶栏杆，始敢上落梯级。再经数天练习，稍为放胆，虽不能恢复伤前之自然，亦可称行动自如了，心甚欢慰。星期日，绍昌儿驶车接我回罗便臣道家里休息，午后六时，仍返院居住。

住院行将两月，来访亲戚朋友很多，有一位印象很深，使我在记忆中无可除去。有一天，余南勋带一位前在粤军时曾为南路民军师长的吕某来访，我与吕某素无私交，接见时极为客气，不过作普通应酬而已，惟吕某的态度与谈话，极为亲爱，俨若知己。他说："蔡将军，我素来很仰慕你，你系抗日前辈，你的英勇，无人不佩服。现在国难时候，我恳望你的贵恙早日痊愈，领导弟去一致抗日……"我听他这一大堆好言好语，我只有报之以谦词。当时吕某极为欢笑，辞行时亦极有礼貌。这种普通应酬，我自然不放在心上，怎知不久在广州沦陷不及十天，吕某竟在日寇指挥下，活动于广州，为虎作伥，甘为敌人走狗，这种佛口蛇心、虚伪无耻之徒，我恨不得食其肉而寝其皮。观我国古今历史，亡我国者非敌人，乃中国人亡中国，此次抗战，假使没有大小汉奸，日寇安能这样猖獗！

我在玛丽医院留医已两月，伤部及割口均已告愈，左足亦可弯至一百三十余度，的比大医生即通知医院庶务，准我出院返家休养，但嘱我在每星期三、六上午十一时仍须来医院受诊。各种手续料理清楚，五月二十三日我就出院。住院六十三天，房金、药费、膳费等项九百余元，割症手术费六百元，共用一千五百余元，比诸其他医院实为便宜。当我离院时，所有料理我的医生、看护及杂役，都含笑送我到楼梯口，我很诚意表示由衷的感谢医生、看护的小心调理。绍昌儿驶车接我返家，各儿女见我痊愈出院，特别高兴，晚餐加菜，作为庆祝。我足伤幸愈，庆余残生，但见吾妻相片及各种遗物，不免又有睹物思人之感，颇感不快。绍庐女儿见我不欢，其眼眶已含泪欲滴。回忆一生多难，中年复遭丧妻磨折，幼小成群，家无主妇，全家似失重心，毫无快乐之感。晚上辗转寻思，终夜不能成眠。翌晨天刚晓，即起来，亦不洗脸就外出散步。钟翰华君来访，与谈国家及国际时事，钟君乃前超然报特约记者。我在"一·二八"淞沪抗战后返港时与他相识，后十九路军移驻福建，钟君随我入闽为随军记者。他并未在本军兼任何职责，但为人尚忠实努力，当时他的工作俨似我的随从秘书。十九路军解体，钟君复返港，志欲深造，我为资助使他往日本留学，毕业返国，仍仆仆省港间，做事比前更为活泼。我此次足伤入院，钟君来院慰问特多，语极诚恳，我家中大小事情，他有所知，必来帮助。钟君正年富力强，如遵正轨做去，前途无可限量。

出院后，我居家每日晨早，必作足部运动及柔软体操，因之食量增进，体力亦日强，颇足自慰。惟因居殖民地的香港，精神颇苦闷，即往青山居住，借田园以寄情。日中除运动外，就指点工人种菜、养猪。这种乡间生活，于我似较适宜，居住十余天，心里甚为舒服。惟战争新闻日予我以刺激，使我对国事总不能去怀。那时，报载日敌仍以主力西犯，华北津浦各线，均有激烈战争，同时敌方又放出和平空气，极为浓厚。当时我认为是敌方诡计，所谓和平，不过欲使我士气萎靡而已，和平必不可能。我为欲知各方消息，又返香港居住。可是回到香港，所得各方消息，依然一样模糊不清。每日除会客外，午后就与邓瑞人、梁贵典诸友往浅水湾游泳，恨我左足痊愈未久，仅可行动，未敢强用。从前我虽能游泳，今则不敢近没顶深处，变而为玩水了。那时正值炎暑，舍此实无以消永昼。若遇天雨不能外出，郁居家内就极感苦闷。我处此环境，心情极为恶劣，有若热锅上蚂蚁，不知如何是好的状态。自念抑郁度日，终非办法，乃决意离开香港以改变环境，我将此意告知在港好友，蒋光鼐先生说："如果你不耐烦在港居住，最好返罗定乡间休养。"其他友好亦极赞同。我复将返乡休养之意对各儿女略谈，彼等的意思亦无不可，我遂决意返乡，着绍昌儿为我购置各需用物品，准备行装。临别之前夜，我嘱咐绍昌、绍辉两儿料理家务，用功读书，对两小妹尤须痛爱，小心携带。我说话未完，两儿默默无语，似蕴藏无限痛苦，自是触景情伤，我亦不再多说，惟含悲返房。

六月十六日，下午与谭启秀夫妇乘广九车上省城，抵埠后，暂寓东亚酒店。久别广州，亦不见若何改变。十七日晨，往拜访军政当局，在陈福初家午餐。那晚，余总司令、香副总司令设宴招待，粤中军政要人均到，颇为热闹，至九时，始尽欢而散。余、香两先生约翌晨谈话。十八日上午十一时，我即往东山余公馆。余、香两先生及吴主席出延我入，谈及省防问题，我说："粤省乃我国精华，南中国唯一大城市所在，海外交通的重要门户，日敌迟早必来侵扰。时至今日，非团结全省人力物力，实不足以御强寇，现在省中军队有十余师，力量不算如何单薄，若在战略上先筹划准备，运筹得宜，敌若来犯，必可收良好战果。以我个人所见，东江方面，最为重要，加强惠州、淡水、宝安各据点的守备，以坚强主力安置增城，预备队则放在龙眼洞一带，至其他军事上不重要地带，不必太多顾虑，多生枝节。"他们似亦具同样意见，听我说后都说："所见不谋而合。"他们拟留我在省城居住，但我自己感觉身无职责，在省城久居似属无聊，且我原意暂返故乡休养，遂将返乡之意向他们表示，他们亦不勉强，我即辞行。吴铁城先生又拟请餐，我怕应酬，即当面婉却多谢。回到酒店，适李子云先生由乡到省，亦寓该酒店，遂同午餐。到省两天，各方应酬均已做到，无再留省城的必要，遂决翌日离省，并与福初兄商搭何船返乡。结果决定乘搭来往都省的利发拖渡，即以电话通知该船办房先留船位。我那时仅带使用数百元，返乡后居住久暂未定，遂又以电话通知绍昌儿汇千元返乡，以备不时之需。十九日上午八时，空袭警报，我们没有走避，亦无地可避，敌机在燕塘上空盘旋，无投弹。十时解除警报，我即令店伴开数结账，清楚后，与福初兄同往西濠口上利发渡船。

我与福初兄同是利发渡船的股东之一，所以船工、雇员对我们十分恭敬，开行时间都听凭我规定。我们上船后，该船买办黄云生来说："搭客均到齐，货物亦装载完毕，为预防敌机再来骚扰，不如将船开出南石头湾泊，听候潮水行驶，免至危险。"我同意他的提议，即着起锚驶往南石头湾停泊。那时天气酷热，搭客又拥挤，我住在办房里腾出的床位，员工们出与入极不舒畅。午后水涨，船即开行，途经西江。我久已不经西江，即上船顶眺望，以舒积闷。沿途夹河两岸，均是田园桑基，红熟的荔枝满挂在绿叶当中，一丛一丛遍布在基围与田园上，点缀了两岸风景。船抵容奇，太阳已将西坠，放射出金黄光线，映在红绿的树丛上，更为美丽。傍晚河风一阵一阵扑来，特别清凉，真是吹透心脾，我为之心旷神怡。当时福初兄拟早食晚餐，我说："天尚未晚，慢些未迟，我们不如在此看看晚景，多开眼界，饱下眼福，否则，我们又不知何日始有机会再看此地了。"福初兄并不反对我的意思，他微笑着说："我们广东亦如盘石，难道日寇就会来侵扰吗？"他说出这句话，似乎在安慰我，但一面却显出他自己的昧于国际大势与缺乏政治眼光。许多人以为福初兄的见识所以这样，都因为是读书少。我则认为不然。福初兄与我自幼缔交，共事三十年，我知之甚深。他与我同为贫农子弟，我受教育的时间，并不多于他，但我敢大胆说一句："他的常识，万不及我。"这并非不可解的神秘，实有显而易知的必然道理存在，即所谓"自我教育"，亦根源于人为的"人生目的"。福初兄是牢守着遗传下来的贫农旧思想，他一生致力于如何兴旺家业，如何造福子孙，他的人生目的既仅专注于狭小家庭，因此他对社会上各种事情——与他的家庭无直接关系的事情，自然就漠不关心、缺乏研究了。不能自我教育，即不能增进知识，实必然之理。我本不应在这里记下我对老友不客气的批评，但既属老友，自然不会责怪我，反而会因我的坦白，使我们的儿孙看到更增友爱与扩展他们的人生观。

太阳已深深沉入地平线，余晖亦消失，夜色弥漫了大地，我即下楼在办房晚餐。黄云生买办极为客气，满摆佳肴招待，惟天气炎热，餐时汗流如雨，颇为辛苦。餐毕，复上船顶乘凉，时月亮尚未升起，天上繁星闪闪，周围都昏暗，仅船窗放射出几条柔弱光线，没有几丈又消失在昏暗中。看不见的两岸，有时亦闪烁着几点村落灯光、渔火或萤火。我浸在此种清凉的夜景里，使我十分痛快。四周黑夜十分静寂，仅凭风送来前头小火轮的机械声与船行的水响，有时放一两声汽笛，划破这寂夜。可是当埋站时，却又喧闹嘈杂。疍女招客声："叫艇啦！埋街啦！"买夜食的叫卖声："鱼生粥，云吞面！"与及船上过货时的记数声，打成一片，似乎每一个人的呼喊都表示追求他们各自的生活。到站的搭客过艇了，货过完了，于是哨子尖叫，汽笛长鸣，船复开动，一切又复归沉寂。约十时，月亮出现，微光散漫空际，周围变成澄碧，两岸景物隐约可见。那时，我真是万虑全消。时表已指十二点，我才下楼睡眠，惟人声不时嘈杂，竟至天明亦不能入梦。

天甫晓，我起坐床上，推窗外看，船已抵三水，正候海关检查。数名腰扎红带的大汉，手执铁条，与两位神气十足、身穿洋服的关员，昂昂然由小艇爬上船来。这一帮人员一上船，就像老鼠一样到处乱钻，足足纷扰一点多钟，才检查完毕放行。关员走后，船即继续西航。天已大明，我索性起床，到船顶吸吸新鲜空气，两岸已有农夫频频来往。纵目远眺，山脉起伏，峰高千余尺，连绵不绝，形势极为雄壮。那是高明、高要、四会交界处的肇庆峡，西江的屏障，水陆的要津；峡分水峡、旱峡，旱峡在北岸，四围皆峦山，仅一通道达肇庆城，稍具军事学识的人都知道为兵争要地。八时抵后沥峡（即水峡）口，河床陡隘，水流湍急，夏秋水涨，更为汹涌，无论汽船民船，如果水手不纯熟不小心，会时有覆舟的惨剧；峡内两岸，悬崖峭壁，真有"一夫当关，万夫莫当"之势。约航一小时，才出峡口。船工到处招呼："埋肇庆拾行李！拾行李埋街！"赴肇庆的搭客都纷纷起床洗脸、检拾各自的行李。再一忽，肇庆塔已屹然显现了。

我从前在肇庆驻过数年，当地一切情形无不熟悉，虽相隔已久，亦无大改变。惟据各方人士说，肇城已无昔日之繁荣，商业种种都一落千丈，尤以南门河一带更为冷落不堪。

搭客上岸既毕，船即继续西航，过了黄岗税厂，肇城又为山峰所隐蔽。十时抵禄埠，夹河全属崇山峻岭，绝少见有行人。正午抵悦城，船工燃点香烛放纸炮，遥对江岸龙母庙顶礼。那时，正值所谓龙母诞期前后，省港及各大商埠之善男信女，拥拥着不避跋涉，不惜金钱，或搭客船，或催专船到来参拜，为数以万千计。在这二十世纪中，这种迷信风习，虽经一度破除迷信运动，终未能打破，执政诸公及留心政治的人士见此情形，未知感想如何了。我当时向福初兄开玩笑，我说："人人都争着上岸拜龙母，你为何不及早上去参拜呢？"他笑着说："我亦有此心，但时间来不及。"我说："可请船主通融。"他因知我故意取笑，但无可辩解，只说："待第二次再去。"我因为昨晚不眠，身体颇为疲倦，即返办房休息。朦胧间，闻船工呼喊："埋南江拾行李！"我突然而醒，推窗一看，船已经到南江口对岸塔脚，看看手表，时针正指三时半，我即着随从捡拾行李。船既停定，上岸到车站休息，乘商车至连滩，换乘小车往大湾。我到大湾，行李车尚未到，在口岸稍候。

由江口至大湾，仅一百华里，在从前未开公路时，只靠民船为交通工具，最快也要三四天才能到达，即使步行，亦需一天。公路完成之后，车辆虽劣旧，已将一天时间缩减为点半钟了。我离故乡十五年，那时，复观故乡景物，颇为快慰。由江口至大湾，除多了一条公路与几辆汽车外，都无改变。我想罗镜家乡也是依然如故。顷刻，随从黄新所管理的行李车已到，即雇夫搬运行李渡河。到南岸车站，曾县长和邑中绅商代表已在候迎，略事寒暄，即乘小车返罗城。抵牛岗墟，邑中各界在马路旁列队欢迎，我即下车答礼，便在纸炮声中通过从前是狭隘的街道，现在是宽阔的马路，直至位在南门的泷江医院休息。时已入夜，亦不作如何应酬，各界代表辞去后，我即就寝。因在船上一夜未眠，且船车劳顿，颇为疲倦，那晚格外熟睡，一觉至天亮。

离别罗城十余年，景物似乎改变了不少。六时起床，与三区同乡叶宴林、彭松如等出城郊散步。所见城庙内外各种建筑确属改变了，市容亦颇为整齐。据说，在此十余年当中，学校与交通有相当建设。的确，唯一的省立罗定中学已改为高中，另增设了县立乡师与泷水中学，小学也增至三百余所；交通方面，除通江口之公路外，有由罗定至泗沦，罗定至罗镜、太平、通信宜及罗定至围底通云浮各公路，都已完成。但对于生产建设，则仍付阙如，茧、茶、桂，都无起色。关于灌溉水利，毫无讲究，以致连年遭旱，禾稻失收，年间需由外输入大量谷米，才能维持。我想农村生产落后，又无工业调剂，农村经济已呈溃崩现象，若不设法建设水利与生产工业以补救，十年后真不堪设想。至于泷江医院，乃前十九路军同事对家乡的热爱，集腋成裘，捐助而成。创办未久，内容自然未能充实，但亦粗具规模，施药与留医颇多。那天早上，该院召开常务董事谈话会，邀我指导。开会时，常务董事把该院建成经过一切事宜对我述说。该院规模小，经费有限，幸各董事抱造福桑梓的心，对院务都能热心规划推进，不至十分困难。我听了述说经过之后，略对各董事说几句鼓励的话就散会。

久别故乡，那时我真有所谓归家心似箭的心理。早膳后，即着福初兄等准备返乡。惟城中各界及各父老已准备在那天下午四时会餐，若果推辞，未免辜负了他们一片热诚，变成不恭，只得稍抑归心，赴席应酬。六时宴罢，即乘福初兄的私家汽车离罗城，经素龙、罗平、牛路迳，汽车在夕阳下稻林中疾驰，经一小时抵罗镜。太阳已落山，市内绅、商、学各界在东墟尾列队欢迎。我即下车与诸父老见礼，步行返福初兄的万福楼暂住。一别十多年，罗镜已由肮脏墟集变为有马路的市场了。亲戚故旧来访的很多，应接不暇，极为纷扰。幸福初兄处事妥当，暗中示意诸父老暂别散去，我始得洗澡早点休息。

翌晨，福初夫人及罗湘云夫人等来慰问，谈及吾妻时，她们竟悲声饮泣，我更不能忍，眼泪夺眶而出。她见我这样情形，遂改变话题，但也不能遏抑我当时缅怀的情绪。她们是吾妻的密友，平时过从甚密，情谊极厚，所以常见着我谈到吾妻时，亦不免感触悲伤。当时，我们都不能抑制感情，黯然神伤，她们只得拭泪别去，我亦返房暂为休息，待恢复宁静之后，才起来食早粥。早粥后，上天棚观望。万福楼在罗镜算是最高的建筑物，在天棚纵目远眺，眼界为之一展。朝阳金黄光线投射在田中将熟禾稻上，反映成有如黄金世界，这种景物，我最欢爱。在东山庙前，有一山坟、一小亭屹立，我问二弟达锴，是否为父母坟场。二弟说："是。"当时，自己的儿时生活与父母的困苦情景又浮上心来，不免有点伤感。自念父母殁后至今三十余载，我只二十年前在家祭扫过父母坟墓，以后在生活奋斗途中，从未能归家向亲爱的父母坟墓致敬。今既归来，应即前往叩敬，着二弟购备花圈，九时与二弟步行同往父母坟前致敬。修理坟场，用款不少，但规划不甚当，且乡间工程亦粗陋，我不十分满意。那天适值墟期，四乡来赶墟的，络绎不绝，见我扫墓，许多人都走拢来围看。省墓毕，复返福初兄家早餐。午后，与达错弟返家，父老兄弟婶姆相见，极为欢悦。离家十多年，与父老和邻人久别，一旦归来无以致敬，着达错弟薄具酒菜宴请各叔伯婶姆及邻人以表征意。在家住了三四天，复往罗镜墟。我在墟上无房屋，福初兄夫妇邀我在他家里稍住，相知老友，亦不客气。

在罗镜墟住了一天，亲戚故旧时来相访。泷中招校长请我对学生讲话，我答应了。泷中创立未久，但经费拮据，惨淡经营，数年来无甚进展，据说后经招校长北恩整理，内容较前略好，经费亦不若前之困难，招校长伴我参观校舍后，即开会欢迎，请我训话。各教员学生已排队在操场站候，有秩序而严肃。我乃军人，对办学是门外汉，且毫无预备，自然不会有极适于青年的讲题。我踏上讲台时，真不知如何说起，终于临时想得几点："（一）国难期中，学生应加紧军事训练、艰苦奋斗，努力救国；（二）破除迷信，以科学为依归，改良各种生活习惯；（三）有国始有家，应突破狭隘的家庭观念，扩展为国族效劳；（四）踊跃从军，切勿逃避兵役；（五）谨守校规，服从教师训导；（六）研究三民主义，指导民众；（七）积极推进本邑生产建设。"我从这几点引伸发挥下去，讲有一点多钟，最后将自己引证："兄弟乃一贫农，又是行伍出身，以牺牲奋斗精神为国效力，得达到现在地位，希望诸君努力，前途必胜我万倍。"这几句话来结束，各学生很是兴奋。讲毕，招校长上台说几句表示答谢的话后，我即辞别。那晚，第三区署区长乃沛请餐，邀福初、湘云诸兄作陪，席中无生客，自不容客气拘谨了。

在罗镜故乡，各种人情均已做到，再无应酬麻烦。每日惟散步，有时与福初兄夫妇及罗太等玩玩小牌，以解烦闷。这样住了五六日，县城各界来函，云于七月一日开邑民大会欢迎我。那时公路尚未破坏，交通仍甚便利，乃与福初兄依期赴会，仍寓泷江医院。

会场在中山纪念亭，到会的人不少，除绅、商、学各界团体外，有全县乡长（因县府集中乡长训练）参加。我走上讲台，除说了几句表示谢意的话之外，我把自己离乡十余年的经过情形略为述说。偶然忆起罗郁两属争界事（在罗城隔河之塔脚，仅弹丸之地，双方都争为自己县属的地方，诉讼亘二十年，双方用去公款各数万元，仍未能解决，实罗郁两属最不幸的事。这种纠纷情形，实由于素执省政诸公的柔而不决所酿成，应负相当责任；而双方绅耆，借此县界问题而滥用公款，使两属民众分成界限，互相歧视，更为不合），遂把我的见解向大众公布。我说："罗郁两属，原属一家，实无彼此之分。今因塔脚弹丸一般的地方竟打官司至十多年，用去公款数万，几至于械斗。请大家想想，万一真个发生了械斗，自不免害及生命财产，谁可负责？且一发生了械斗，双方仇恨更深，两属民众原是交错相处，不幸一事，更会常常不断发生。长此下去，变成了岁无宁日，为祸之大，实不堪设想。所以，我请大家再想一想，这种于两属民众无关痛痒的县界，有无争执的价值？我现在对大家说一句，我热诚地企求，这种事，无论谁是谁非，都应该不了而了，及早妥为善后，始能造福桑梓，否则只有害民伤财而已。许多人以'荣誉'这名词来煽动争界，以为争界获胜是本邑最荣誉的事，为本邑胜过别县之表现。其实，这种是最愚蠢、最不名誉的事。除了上述的害民伤财之外，争界实显示邑人的无智与眼光狭小。现在国家民族已到极度危险的关头，我请大家打开中华民国的地图看看，已经变色到了若何程度，从前的朝鲜、琉球、台湾，最近的东四省、华北、长江等处，都被日敌侵占蹂躏，被不同民族的倭寇所宰割。我们若果仍不关怀国族的斗争，捐弃私嫌，团结起来，那只有坐待敌人的宰割与奴役。罗郁两属同是中华民国的领土，同属黄帝的子孙，政府划分罗郁，全是为了行政上便利的关系，地界的不清，只是行政上权限的纠纷，于民众福利实无碍。而且地界的不清，亦不单只罗郁两属，各省各县所在多有。据我上述的意见，我再重复说一句，希望双方在今日之后，应不再提起争界事，把私见除掉，听凭政府自由处置。把自己的力量贡献到国家民族斗争上，有钱出钱捐助给中央，有力出力上前线去杀敌，这样把私争变成公斗，把日敌赶出我国领土外，那才是最光荣的事。我的说话虽然拙劣，但是我的热诚却是由衷发出来的，我希望各位详为考虑。"我在一阵鼓掌声中完结了我的讲话，跟着就散会。我复返泷江医院休息。那晚，曾县长与各界联合请我晚餐。

谭启秀自南京伴我南返后，奉命负责编组西江方面自卫团。他那天由新兴回来，把该部编组情形对我述说。时各方战况不好，徐州、安庆、马当等重要据点，均已沦陷，九江亦危。以敌势之凶，恐不久武汉亦有大战。

在罗城应酬两三天，复与启秀、福初返罗镜。启秀未到过我龙岩故乡，在罗镜住两天，即邀他到我家往游帝瓮。唯他职务在身，不能久住，又要告别，我为静养起见，即搬往我最可爱的帝瓮避贤庐居住。每日观山玩水，有时散步到各村，与父老谈天说地，这种乡间生活极感欢快。时间飞快。秋风渐凉，不能再事玩水作乐了，遂迁返家。每日到廷小看小学生读书，或与谈话，他们天真活泼，极引人发生兴趣。

九月十一日，廷小行开学礼，我往对学生讲话，大旨与在泷中时所讲相同。该校乃我因感觉自己幼时受教育的困难，于民国十七年（1928 年）捐资建筑校舍，由家中出息拨出经费，每年最低限度亦需一千五百元。为救济贫家失学儿童，来校学生均不收费，创办至今，在高级小学毕业的已有百余人，成绩尚不差。惟学生二百余人，均是中等人家子弟，贫家子弟反占极少数，这与我苦心孤诣创办的原旨相反。贫家子弟何以不来读书，乃因父兄的顽固，他们不许子弟入学校，据他们的意见："学校只是读新书，儿童整天玩跳不认识字，虽不收学费，较不如联台十家同请一位八股先生，教读旧书，比入学校胜百倍，否则不如不读还好。"这种无智无识的落伍思想，不特耽误其自己的子弟，且阻碍社会教育的实施。执教育行政者，若不彻底取缔私塾与实施强迫教育，则儿童基础教育的不良，实影响全民族的进化。

有一日，乡人在廷小开会，各父老都到齐，我亦参加。我临时提出改良地方旧习、破除迷信的提议。如毁弃木偶、喃呒佬改业、取缔问仙等等，尤以改革丧事陋习为重要。譬如乡中有老人死亡，则全乡无论大小，都以送殡为借口，强人以饮食招待，居丧已属不幸，又格于习惯，不得不强为无限制的招待，每每因此倾家荡产，甚至鬻儿卖女，实为至惨；若不彻底改革，实乡中之不幸。我提议，今后乡间若有丧事，应以乡谊对丧家帮助，自审亲谊，每家由一二代表向丧家吊奠，不可强丧家招待饮食，就可减少丧家麻烦与使费。所提各点，各父老都赞成。后来，各乡立约奏行，远代恶习一旦废除，乡间青年和稍有智识者，莫不欢天喜地。我问："你们如是欢喜，为何不早日提倡废除？"他们说："父兄都慵懦无智，如何提倡？"当时为甚确信，要改进乡中事宜，需灌输智识，如能在教育方面推进，一班青年前途或有希望。

时间一天跟一天过去，我返乡已三个多月，对乡中各父老兄弟姊妹，虽无特别的事可安慰，但感情上很是融洽，对贫穷的亲戚故旧我都略为资助他谋生。各亲旧颇识大体，虽时来探访，亦不奢求。离乡十余年，往日亲旧，生活依然贫困，终日辛苦，竟至两餐稀粥亦不能维持，不特本乡如此，各地劳苦大众莫不如是。这实由于政治之不上轨道。所谓二十余年的革命政治，竟属如此，最为痛心，我亦属政府官员之一，似亦不能辞其咎。

有一天，曾县长打电话给我："武汉危急，本省东江方面，敌亦有登陆企图。"同时，我看省方报纸则大吹大擂，以大字登载："我方百般都有准备，敌人决不敢登陆。"这样宣传，在军政当局方面，或以为可以安定人心，但我的意见，却认这样是不能鼓励民气。因为对外作战，并不是单靠政府力量，须动员全民才能发生力量。如果对人民宣传敌人不敢登陆，无智的民众必信以为真，把抗敌之事全依赖政府，人民存着苟安的心理，醉生梦死，毫不紧张，不会将力量贡献给政府。人民无抵抗强敌的意志与准备，万一敌人果真登陆，那只有冰消瓦解。所以在宣传方面，实须改变方针，即使敌人不来，亦须把握时机放出警语，以刺激民众，正所谓用打精神针的方法来振奋人民的抗敌意志，使无敌之处，亦均能作对敌的准备，始可能达到全国总动员，才能抵抗强敌。我感觉到，我国自"九·一八"以来，无论对内对外，我国的宣传力都不够。对外，我且不论，以对内来说，我曾到过各省游览，在交通稍为不便的地方，除军政机关及学校外，一般人民对国家大事与抗战情形，都不明白。他们仍以为抗日战争与往常内战没有什么分别，所以他们完全缺乏民族意识。现在一般逃避兵役的，其原因固多，而对国事的不明白，唤不起他们的民族意识，也是原因之一。

十月十二日晨，曾县长转来省方密电："罗定曾县长转蔡贤初兄，日敌于佳晨在惠属澳头登陆，现派大军围攻中，希兄命驾来省，共商大计。何日启程，盼复。"该电由余汉谋、香翰屏、吴铁城三位先生署名。我接电后，即复电，云日间启程。时西江轮船均停驶，并请其即派小火轮一艘到南江口候用。我既决定往省，所有家中未了的事，则着达锴二弟料理。

十五日到罗镜，仍住福初兄家。时沈光汉来访之后返他的泗沦故乡，即以电话请县府通知他于翌日到罗城相晤。那晚，与罗镜各父老话别，并邀福初、湘云两兄同行。十六日午，与福初、湘云兄出罗定城，市中绅、商、学各界复在东墟尾列队欢送。我在行程悾偬中，只有感愧，路赠数言而别。五时抵城，曾县长、沈光汉及城中故旧，均到牛岗车站等候。我本拟邀光汉兄同行，但他云尚有私事未妥，我亦不强，与各人略谈国事及地方事，即与福初、湘云兄及随从等乘车往大湾，转车赴江口。抵江口时，已七时了，省当局派来的小火轮已到，惟柴炭用完，即着添补，并着购晚餐。十一时，火轮添补柴炭完毕，即启程东下。

在江口时，我曾以电话向罗定方面询情况，据答说："敌已占领博罗，增城危急。"当时我颇怀疑，以为敌人九日才在澳头登陆，我方在此线早有准备，相距数百里，数日之间，敌人安能若是之速？但消息由县府传来，未必全属谣言，我在半疑半信之中，只有待到肇庆再详细探听。怎知船经肇城，天犹未晓，舵工忘记停船，及天晓醒来，已抵后沥，虽不明白前线消息，亦只得继续东下。

天既光亮，我着派来接我的一班宪兵向空中警戒。船抵岛口，闻炸弹声在东方响个不停。不久，见敌机十余架在佛山方面盘旋，投下炸弹之后，复向东窜去。船到容奇，已是傍晚，即停船探听。地方人心惶惶，大有风声鹤唳之情景。至九时，仍探不到若何消息，只得令舵工缓缓向广州进发。

十八日晨，船抵碧江，见成千成万男女扶老携幼，在暗红的朝阳底下沿岸西行，情形极为狼狈。我即令停船，着福初、湘云两兄上岸到区署探听，并打电话到省方询问。不久，他们带着失望的神色回来说："省城电话已不通，据区署人员及逃难民众说'增城已失守，省城极混乱'，究不知是否属实。"那天天气晴朗，遥见敌机在省城方面盘旋，炮声隆隆，密而沉，无疑是在增城方面。电话既不通，又探不出确实内容，情势十分险恶，但不能因此而折返，三人商量结果，决继续向省城进发。

谁知不幸的灾难又光顾到我的身上来了。九时抵达陈村，由省会逃出的溃兵毫无纪律，一队一群地杂在民众里，沿着江岸向后走。一群一群的敌机，也沿着江岸向民众轰炸扫射。我即停船靠岸，急登陆躲避。时敌机正在我们头上盘旋，并降低至二三百尺高度来侦察，人们本已隐在甘蔗林，可是受不住敌机低空的声音所威胁，各以自己所隐藏的地方不安全，复逃出蔗林，似走头无路的老鼠一样，钻来钻去。跟着我的几位宪兵虽加以制止，可是愈喝他们愈乱跑。敌机发现目标，即掷下炸弹，继之以机关枪扫射，一时引擎声、炸弹声、机枪声震动了天空与大地，掩盖了民众的哀号。宪兵既不能制止我附近民众的乱窜，自己亦避无可避，只有听天由命。"啪"的一声，我已着了机枪子弹，在我右胁穿过，以为一定打破了我的肠脏，必死无疑。即搴起衣服来看，见子弹穿过皮肉，血溁溁下，痛极，细察，似无伤脏腑，若果再过一分，就没有希望了，可为不幸中之大幸。那时，我见伤非要害，心转平静。福初兄等见我受伤，即到街上找寻医生，可是无法找到，幸在溃兵队伍中找到一位营部的医官，才取得纱布及红药水，暂行止血。敷扎之后，宪兵扶我到他们认为较为安全的地方休息。敌机依然不停地任意轰炸与扫射，可怜的无辜民众，那天被屠杀的总以万千计。日寇竟不顾人道，以最残酷的手段，向我民众屠杀，这些血债不知何日偿还。

黄昏时候，太阳像染上了鲜血。敌机消声匿迹，也许他们在这时候，各自以其屠杀我同胞的多少向侪辈夸耀，可是，我们还悲惨地愤恨地在河岸坐着，默记这血债。福初、湘云等都走来围拢在我的旁边，一面安慰我，一面讨论我们的行程，前进抑或后退。我们虽然离省城这样近，但军事情势若此。那时我们的处境，真是欲进不能，欲退不得。遥望省城，那一团一团的浓烟，从早晨到黄昏，不停地继续喷发，俨然拉上一幅黑幕，由此实可以想象到省城的悲惨情状。我综合各种情景，前进是不可能了，事既如此，只有忍痛折返肇庆，打听消息及疗治创伤，再行打算。随从扶我返船，即着舵工转舵西返，天明返抵肇庆。为免空袭惊扰，就在南岸新兴江口，借砖窑一小房暂住。福初兄到肇城通知李专员磊夫，不久，李专员和公医院榻院长同来，略为慰问，即诊治。伤口经消毒敷药后，略减痛苦。对省城方面消息，李专员亦不甚清楚。

那时，敌机每日均来肇庆骚扰，我既因受伤不便行动，为安静疗治起见，遂迁往风湾居住。那地方在一高山麓，村庄不大，房屋甚少，照理敌机断不会注意，自己以为那是很安全的地方了。不料事情竟有凑巧，十月二十六日晨，敌机五架来袭，我的住所附近停着一艘江防处的浅水小兵轮，那敌机就在我们的上空盘旋，向这小兵轮轰炸，竟波及我所住的小地方。幸我当时机警，事前勉强跑出山头躲避，否则，不被炸死，亦受一大惊了。

省方情形日渐明了，据由省城逃出的难民说："此次敌入省城，我军并未抵抗。在二十日，尚未见敌人，我军政机关已跑完了，秩序非常混乱。二十一日，虽有少数敌兵到燕塘附近，尚未敢入城，那时，城内外遍是汉奸、流氓、土匪，纵火抢劫，满城都是火光，大概广州市会烧光了，我们就在那时逃出来。"那时我想着繁荣的广州——南中国唯一的大城市，交通的口岸，这样就断送在敌人手里，而且遭受如此可怕的劫运，心里十分难过。

二十七日，建设厅徐厅长景唐由江门方面到达肇城，他来访谈。他说："省军各部均退北江，余、香两先生已抵清远。"我听此消息，更为忧虑。军队均退北江，西江方面就无一兵一卒了，仅谭启秀所组之民众自卫团。那时谭虽立刻就地动员数百人据守前方，但那聊胜于无的装备，且未经训练的民众，即使具有若何爱国爱乡的热情，以及如何勇敢，以之抵抗挟着现代武器的兽兵，断不会有若何效果。若果敌人乘势来犯，那情形实不堪设想。那时人心惶惶，我虽不负有任何责任，但西江乃我故乡，且自己现居肇城，当此危殆关头，亦不得不尽自己所能的力量谋保桑梓。我一面发电报告中央，一面电请广西当局派兵援救，一面请启秀兄饬所部严守水旱峡口。广西方面接电即派一支队（约一团），由汪某率领来肇增防，人心始稍为安定。虽有此援助，而西江方面军事，仍无头绪。

接余总司令来电，嘱我和徐赓陶兄同往四会晤面。那时，肇城通四会公路，汽车尚可通行，我伤口虽未痊愈，但为国族前途计，亦不爱惜自己身体，不畏如何困难，忍痛于二十八日晚与赓陶兄乘车往四会，希望与余总司令会面之后，可获得今后抗战的具体计划。我们的汽车在黑暗中疾驰，惊醒许多卧在路旁的散兵（他们不能重入乡村，因为各乡每日已煮些稀粥和茶水摆在路旁，给他们和难民解渴充饥，这样，他们有了饮食就不再入乡村，疲倦时，就卧在路旁休息）。我们不时停车向散兵询问前方情形，但他们都答说："不知。"到达马房，我们的汽车为哨兵所喝止。我们停车询问，知是税警团张君嵩部在警戒。我们为行动秘密起见，只以省府及总部人员名义向步哨交涉，要求通过。可是警戒兵绝不通融，他说："上头命令不许任何车辆通过，实不能通融。"多方交涉均无效。后来他带我们见排哨长，为要通过，我不得不把真姓名告诉他。该员乃十九路军旧同事，他知是我，礼貌甚周，即带我往其连哨位置。我打电话给张君嵩。他把最近各方情况告诉我，并说余总司令早上已离四会往邕江。仅黄旭南先生与广东自卫团统委会在此。我们为欲知究竟，即决到会城一见旭南兄。不久，张君嵩派兵车来接，我们一时到会城，与张君嵩久别相见，甚为亲切。即请黄旭南兄来会，谈至四更。我们才向张、黄两兄辞别，折返肇城。我们星夜而来，怎知扑了一个空，不得要领而返。

我们抱着忧虑在肇庆住着，非常沉闷，时刻切盼与十二集团总部取得联络。不几天，驻琼岛之张军长予达兄，率兵一旅由琼经阳江抵达新兴。有此，西江防务可趋稳定。那时，我们的心里像放下了一块石头，轻松了许多。但防区辽阔，西江方面仍无切实负责者与指挥者，此为兵家最忌的事，幸那时与十二集团亦取得联络，当局请赓陶兄兼绥靖公署行署主任，指挥西江方面军事，我则被推举为广东自卫团统率委员之一，并推派为该会常务委员兼指挥西江南路团部。我受伤未痊，本不能负此责任，但恐人们不了解，误以为我嫌官小，骄不肯就，不得已勉为其难，即设部于新兴。那时，自卫团各部组织不十分健全，饷、械两缺，如果作战起来，实毫无把握。的确，任你有项羽之勇、韩信之才，也不能以未经训练乌合的民众、窳败的民间枪械，对那挟有近代犀利武器的强敌。事实如此，我真不知如何做法。惟国难已到如此地步，大敌当前，只有紧咬牙关凭精神与敌奋斗。

谭启秀的司令部原设在新兴。不久，驻在四会的省统委会亦迁来。那时，我的伤口已痊愈，公余时就与启秀往访旭南兄闲谈，工作虽困苦，亦不全如何寂寞。

阅各游击队报告，于组织上似都有了头绪，但实在内容仍未深知，乃乘前方战事粗定，往各部检阅。十一月六日，偕启秀及邱昌朝乘车先赴江门，下午出发，经开平单水口，至黄昏到达江门，范聚奎兄率所部在路口迎候。该部枪械虽均属步枪，但颇为良好，人员在精神上亦大有可观，照观察能即参加战斗者约有二千余，若再加整理确可战斗。观此情状，江门一隅略可放心。惟该埠乃粤省最繁荣商埠，交通便利，为四邑的总纽，商业比昔年发达。广州沦陷，该市人口更为增加，入夜电灯放亮，满街都是一对一对的红男绿女来来往往，非常拥挤，电影院、大戏院门前更是挤得水泄不通，妓院里的笑嘘声、歌声混合着音乐随处飘荡，俨若太平盛世，无半点抗战紧张精神，大有"商女不知亡国恨"之叹。

我严令范司令认真训练所属，防守江门。在江门逗留两天，启秀先返新兴，由聚奎伴我往台山检阅。为避免空袭，于九日上午四点钟与聚奎乘车经单水口往三埠。汉奸起了作用，那是天还未亮，敌机九架沿马路放下照明弹，找寻汽车轰炸，炸弹均落在马路旁。到单水口，只得停车休息，暂避其锋。七时，敌机逃去，我们复继续向三埠疾驰。到新昌，下车入新昌商会稍歇。正欲往看谭联甫先生的病，敌机十五架已向新昌扑来。商会在车站附近，我们避无可避，惟有跑出空地，卧下仰看敌机动作。见敌机均在马路上空穿来穿去，放了炸弹，又继之以机枪扫射，似是专注意汽车，如此足足骚扰一点多钟始行逃去。事后，查悉商店房屋无损，独炸毁了马路上几辆汽车。由此推测，我确信如果没有汉奸暗传消息，敌机断不会有这样行动。敌机两次追袭，而我们和所乘的汽车都安然无恙，差可自慰。敌机去后，我们即到荻海埠午餐。餐毕，偕余膺扬君同往台山，检阅余君所组之团队。枪械不甚良好，动作亦生疏，因为人员初来自田间，未经训练，枪械又属自卫，自然形式上、装备上都很劣。但他们热心为国的精神则甚为可嘉。当时，我热情地以爱国爱乡的说话向他们训勉，希冀增强他们的抗敌情绪，并着余君切实加紧训练。训话后，即返荻海，余君招待晚餐，邀省军池旅长同席。

翌日往阳江，行车须四点钟时间。汉奸又若是厉害。经过两次敌机袭击之后，这问题时常萦绕在我脑际，惟有力求自己行动的秘密。餐后，与聚奎往开平的赤坎埠，寄寓某旅馆。卸下行装，即往谭联甫司令部看看。那时谭患病留医乡间，司令部异常散漫，人员见我到来，形同木鸡，答非所问，直是风马牛的不相关。情形若此，责饬亦无用，了无兴趣，即返旅馆就寝，并不对旅馆稍泄我们翌日要走。可是，我上床之后，总不能成眠，到三点半钟，我叫起随从，检拾行李。四时，即向阳江进发，聚奎兄仍同行。到达那隆，天已拂晓，着停车，使司机略为休息。我对聚奎说："恐今日仍有敌机追来，我们到合山休息和进午餐，待午后入城较为安全。"聚奎亦以为然。到达合山，遇沙世祥，他在那里打猎，相见后，他略把阳江情形告诉我。早饭后无事，各人都午睡，至午后一时，阳江陈修爵司令派车来接。那天天气晴和，最利飞行，我见时间尚早，未即动程。时表的时针搭正两点，那时我想："这时敌机不来是不会再来了，早点进城也好。"即动身启行，陈部派来的汽车先行，我和聚奎同坐小车在中间，随从卫士坐大车在后，各车相距约一百米远，向阳江前进。不幸得很，当我们到达离城约十多华里之处，我见一个十二三岁的乡间小童，在公路旁边绑草皮，车到时，他站在路边，以手指天，摇摇摆摆，俨然一个交通警察的动作。我虽不听闻他在说什么，但我素关心天空，见此动作，即叫司机停车，话刚说出，敌机已到头上打圈了。绑草的小童大声叫："快走！"我和聚奎急跳下车，可是光光的荒岗野岭，不见草木，避无可避，那时已间不容发，不许思索，只得在离开汽车五六十步远的地方卧下，听命运摆布。不及一分钟，敌机投下炸弹数十枚，破片纷飞，我们已被尘土所掩埋。但我们的汽车，未为敌弹命中，敌机复以机关枪用燃烧弹扫射，终于把我们三辆汽车完全焚毁。敌机的袭击约有三十分钟。我们辗转在地上，注视着敌机的动作，我们虽然有着充分的战场经验与胆气，但那时也被这突然而来的无可抵抗的威胁所惊吓，恐慌占据了整个身心。唯一的盼望，就是敌机早些离去。敌机去了，我们爬起来，两人都像泥鬼一样，可是一点没有受伤，彼此握手，说几句恭喜话，即吹哨子集合随从。除一名卫士被石子弹损面部之外，其余都无恙，可谓幸运之极了。我们行近汽车看看，所有行李已和车皮同成灰烬，只剩些钢铁残骸。我们丧失了汽车，变成了无爪螃蟹，太阳又将陷山，天气转寒，我们真有"行不得也，哥哥"之叹。幸陈修爵和黄县长各派一架小汽车来接，才不至流落在荒寞。

六时抵达汤江城，在沙世祥家休息。那天阳江各界本欲开会欢迎我，但是上午阳江城亦被敌机光顾，为免张扬，开会之举即作罢论。那晚，陈、沙两君招待晚餐，黄县长、陈元咏、莫赤三、羌自沛等作陪。

羌君是我的旧属，我任福建绥靖主任时，他是我的机要秘书，人品极端正而有父风，在青年间为不可多得，如能修养再读书，前途是无可限量。

餐后，我们仍在沙公馆闲谈。我本拟应张司令炎的邀请，往电白茂名校阅他的部队，但是汉奸若是活动，似已预知我的行踪，且所乘汽车已遭焚毁，行李全失，变成了光蛋一个，因此南路之行不得不迟疑了。各人亦以为不可再赴电白茂名，我遂决意改变行程，秘密取道阳春返新兴。

我的行李既被焚失，汗衫、短裤也没有了，羌君赠我必需要的衣物。洗浴之后，我们仍继续谈天。十二时，我们即离阳江乘车返江门，陈修爵司令则送我至阳春。那时无行李，行动反觉方便，与各人道别后，即搭小电轮往麻汕。人多位少，人们互相紧挤，挤得几乎透不气来，好在行船仅两点多钟，只得稍为忍耐。我们抵麻汕登陆，天已放亮，阳春叶县长派一辆商车来接，这汽车可谓天下无双。到阳春城仅六十华里，在途中损坏数次，行车四点多钟，比步行虽稍快，较骑马则不及。交通工具如此劣败，诚可叹。车抵阳春城东门，叶县长及当地各界已在迎候，相见后，即到春江旅馆午膳。为预防敌机的骚扰，叫一小艇休息。晚赴余六吉之约，在艇晚餐，谈笑至深夜才散。

阳春城偏处一隅，毫无军事上价值，不料敌机亦来光顾，与阳江城同日被轰炸，投弹数十，死伤人民数百。我到春城之翌晨，上岸散步，见车站旅馆附近弹痕累累，败瓦颓垣。区区偏僻小地，亦遭受如此惨祸，足见日寇的残暴。

二十余年前，我曾到过阳春城，这一次算是旧地重游。可是阳春城已改变了，街道市面都不同了，我似乎是初到一新地方，没有一点景物可在旧记忆中找到。只有风俗习惯，仍然如旧，所有妇女们依然戴着竹织的覆盆形的帽，这种为避免男人们窥看自己颜容的习俗，并不因不便而为新潮流所冲破。

我这样随意所之地散步，不知不觉走遍了城厢内外，正欲返艇，却陡然来了空袭警报，我索性跑到石岩一游。至十二时，无敌机到扰，始缓步返艇。陈某犹酣睡未起，我想，染芙蓉癖的人对于日常工作非常妨害，倘人民不自悔戒，真不知贻误多少重要事务。那时已一点多钟，我早上既未食一点食物，肚里空空，我即不客气叫醒陈某，他伸下懒腰，打两个呵欠，才慢慢爬起来。午餐时已两时了，我像饿虎擒羊般饱食了这午餐之后，觉在阳春城久留无味，拟即搭商车赴春湾返新兴。但如此陈旧商车，业经一度领教，如再踏覆辙，在山谷途中发生障碍，又四无人烟，那是如何是好？自己心中盘算，拟坐民船，幸余六吉先生到来，他说："坐民船到春湾，最快也要两天，不如打电话给李省长（子云）派车来接，则又快又妥当。"我觉所说甚合理由，即打电话给李先生，他很欢喜，说翌日派车来接，我心里甚为安慰。那晚仍在艇上过夜。

我本拟在早餐后就离开阳春城，但天不从人愿，两日来都微风细雨，公路泥泞，车行极为困难，因此李省长所派来接我的汽车，至午后二时才到达。车到后，我即启程，陈、余两君及叶县长送我到对岸乘车。车离阳春城，经合水春湾，石山连县矗立，公路蜿蜒其间，风景的秀丽，不让广西的阳朔。

车抵天堂，天已昏黑。李先生在街口迎接，礼极周到。公路离李府还有六七里，李先生已着他家里的乘轿等候，遂乘轿至李府，抵达稍歇，即洗澡。李先生亲引我至客房，告诉我那是我晚上睡眠的地方，清洁幽雅，百般方便，我真可谓如登天堂（心情符合了地名。的确，我自返入内地，走遍了西江流域各城市，所住的处所能有若是清洁与家具完备者，实为第一次）。不久晚餐，餐后已是十时，李先生顾念到我乘车劳顿，不客气叫我早眠。我数天旅行，既为敌机骚扰，复多应酬，早起晚眠，颇觉疲倦，那晚住在这清静雅洁的地方，身心极为舒服，格外睡得甜密。

在李府一觉醒来，已是上午八时，即起床洗脸，穿好衣裳。李先生介绍我见客。那时，住他家里的人客，除胡毅生、李宝祥诸先生外，有食客二三百人，极为热闹。李先生性素任侠好客，在平时，他家里常有食客百数十人，自广州沦陷，所有与李先生稍有交情的人，都携家人逃到李先生家里，李先生对来投的朋友，是不论贫富，不分地位，都一视同仁，尽情招待，真可说是今之孟尝君。李先生原是我的旧上司，民国七年（1918年），我在他所属的肇军任排长，现在他对我若是诚恳优渥招待，实令我万分感愧。见客之后，李先生又带我参观他的大府。李府约占地百数十亩，两排三座落的旧式大屋之后，一座四层高的大洋房，新旧恰相对照。两旁复有两排兵房，是当日建筑给他的卫队居住的，约可容纳千人。面前一大花园，如茵的草地，满栽奇花异木，诚宏伟壮观之极，在西江内地不会再有第二所住寓能与它比拟。游罢，拟即返新兴城。但李先生却要我多住一天，他既若是挚诚，自己亦无特别要事，人情难却，只得留下。是晚，李先生复正式设宴款待，并邀梁临楷、胡毅生、李宝祥、温静溪诸先生作陪，尽欢而散。

我从各人谈话中，得知李先生在少年时无子，后来娶至第五妻，才连产数男。那时李先生已年六十，他的几位公子尚属幼稚，当他们出来见我时，个个都精乖伶俐，十分可爱，想他日亦非池中物。可是李先生头脑守旧，不肯跟潮流去做，对于他的儿子的教育，极端固执，不肯送他们入学校，宁可聘请一二陈腐的读书人做家庭教师，教导他的孩子。个人的思想个性，虽属难怪，但以自己个人违反时代的固执，不为后一代的孩子们设想，施以若是的教育，殊为可惜。

十一月十五日，游览附近风景，四围都是宏壮的高山，环着一块广阔的盘地，成一个篮形，因此人们叫这地方为"之所内峒"。虽无什么古迹，但这种天然的风景，却十分美丽，令人生爱。村落密布，人口算相当稠密，耕地的生产也可供给全峒人民的粮食，可是植黄烟的占耕地太多了，据说因为植烟比种田出息较多，这也难怪。

在李府住了两晚，人情算接受了，地方也游完了。自己虽没有特别要事，究竟还是负有职责，断不能再住下去，决心在那晚上返新兴城。晚饭后，即与李先生及他的来宾们告别，李先生对礼节毫不苟假，竟同坐轿送我到天堂墟。他本想再送我至河头，我再不许他这样拘执礼节，就在天堂墟握别。我乘车至河头墟，转乘民船，那时已九时了，即叫船工开行。月影朦胧，两岸高山，夹着一条狭隘河床，显得极其阴森。冬夜太冷了，我蛰伏在船仓内，既不能在船首当风眺望风景，索性钻入临时的床铺襄睡眠。船工们静静地一声不发地撑着，若果没有激流微喘，真是万籁俱寂。

十五日清晨，船抵新兴城。停泊处距城还有八里，我们起岸步行，走不远，遇启秀兄派来迎接的汽车，遂乘车返他的司令部，就在司令部午餐。稍休息，至午后返部，即打电话至肇庆与徐赓陶兄谈话，把出巡经过告诉他。他接电话第一句就说"恭喜我了"。张予达、黄任寰两君亦来慰问，坐谈约一小时，同往统委会晚餐，谈至更深。

我离新兴城仅十天，可是城中已改变了，大部变成瓦砾场。据说，当我离城出巡后两日，十余架敌机到来大肆轰炸，市民死伤了百多人。仅仅数百商店的县城，遭此惨炸，已不成为县城了。商民们还在瓦砾场上清理，商店多闭门暂停营业，形成荒寞恐怖的现象。无辜民众遭此惨祸，稍有血性的中国人民，都应抱报仇雪耻的决心，努力奋斗。

新兴位于西江南岸，与高要接壤，地方并不贫瘠，文化却不十分发达，旧思想与旧习惯仍普遍存在。民风极强悍，民国十五年（1926年）以前，粤省军政界中人，若以县为单位，新兴可算首屈一指。在省港经商者亦属不少，栽植花木似亦特长，省港各花园及私家花园的花匠多为新兴人。李、梁、叶、彭各姓，在新兴算是大姓，可是各大姓间，互相嫉视倾轧，在县中做成派别，几不可调和。

离城约二十里，有六祖寺。据地方人士说，六祖就在这寺附近村落的卢姓家诞生，县中人对之极为崇拜，几乎谁都能说出六祖的历史或几件轶事。我想新兴文化的低落，这崇拜六祖的迷信，也是原因之一。可是我与佛无缘，任他们口说莲花，亦不能打动我心，是以我并不追溯他的历史，即使他们述说，我也毫不会记忆。有一天，我往特务队训话，讲完话之后，没有什么事情，我就顺道到六祖寺一游。一座小小的土岗，满是林木，六祖寺就在这土岗上，建筑一若平常寺观，并不宏伟，风景却不俗。寺旁坟场，说是六祖先人的墓，乡人们又做出种种传说，达官贵人题字送匾额颂扬者不知凡几。寺内和尚不多，全属庸俗肮脏。据说该寺收入原极丰富，和尚颇众，后来政府把寺产没收，拨归办学，和尚只靠善男信女所施舍些微的香资糊口，怪可怜。

出巡归来之后，又经旬日，内部有福初兄协助，可不经心，外面各游击司令亦负专责。本地区无战事，我除看看各方情报外，每日只是和旭南、启秀、予达诸兄谈天，研讨敌情。自武汉跟着广州同时沦陷之后，日寇似乎正忙于所谓"扫荡战",不再作锐进。我们判断敌军暂时不深入,不过为清理占领区与休养士兵而已,待至准备完成,必定再作进扰。那时西江方面,除了予达兄所属一部正规军外,其余都是未经训练、装备窳劣的自卫团,若果敌人真来进攻,实无法应付。当敌人正停止进攻休息之际,我们若不事先准备,设法补救,不是坐以待毙吗?我即约旭南、予达两兄同往肇庆,与徐赓陶兄再作详细商讨。结果,我们把各种困难情形和计划联名向余总司令建议。可是他在新败之余,噤若寒蝉,所有事情都不敢施行,任你建议若何办法,他只复你"所见正是"四字便完了。所以我们虽有尽善尽美的计划,一切都变成了画饼。我们在此不生不死局面,每天在林公馆叙谈,都极懊丧。的确,我们虽欲与敌拼一个死活,可是新组的自卫团,连射击都未演习过,怎能强逼他们白白去牺牲。若果他们能听命,还可作一两次奇袭或短时间的战斗,但这种未经训练的人员,万一不战而溃,那时更不可收拾。我愈想愈感觉情景的可怖与处境的危险,但当局既不采纳建议,奈何不得。在肇住了数日,了无兴味,只得懊丧而返。

计划既不果行,自然没有事情可做,住在新兴城附近村落一小房屋中,沉闷而无聊。独自在田畴中散步,碰着老百姓时,就和他谈谈。我就是这样一天一天地捱着时间。有一天,福初到来,面色极其苍白,他一见着我,就说他的老母病重,要请假回家料理,我即批准他的假,并嘱他早去早回。福初的母亲已是年届古稀,当时我听说她病重,我想她是凶多吉少。果真不出我所料,当福初返家还在半途,他家里来电,说他母亲已仙逝了。他母亲平时勤俭,懿德可嘉,以我和福初的关系,她的遽然长别,情殊悲悼,我即去电吊唁,以尽世好之谊。

自福初返家后,部内大小事情,都需己亲自料理,即使极其琐屑的事,若非自己经手,都不能行,真使我麻烦讨厌了。拟令他员负责,可是成立伊始,各种都属草创,一时未得适当的人为我负责,诚属苦事。我知道这个机关是属于临时性质,预料不久必予裁撤,干这种麻烦苦闷的事,也不过是短短时期,只得忍受下去。

　　叶少泉、陈仲达由港归来，带有宋子文先生和在港各友的函件，都是平常的信息，无甚特别。我以为他们新自香港来，会多知一点各方情形，可是他们并不比我所知的更多。他们拟随我在新兴任事，但我既知这机关是临时，而且部内组织亦简单，事情不多，实无再用人的必要，即着人们返乡候我消息。绍辉儿来函云，欲在中山大学借读。但该校自搬到罗定后，是否在罗定开学尚属疑问，我恐耽误他的读书前途，是以索性着他与陈仲达经高州、赤坎，乘船返港，重回民大继续学业。

　　各战区战事依然沉寂。我闲住着，感到极其无聊，又拟再往南路一行。同时邓世增、张炎两司令又来电恳请，如果不去，似乎太使他们失望。即致电徐赓陶主任，向他借车。可是他复电说车辆缺乏，无法借出，既无交通工具，南路之行只得作罢。

　　事无可做，行又不得，处此不生不死的局面，可谓沉闷无聊至极。我虽然时刻想着军事上各种情形，计划着种种办法，可是愈想愈使我难堪。当我这种思想再不能发展的时候，我索性不再想下去，转换着想想自身的事情。尤其是在寂寞的时候，我时常会忆起住在福初家里的情景。一位娇小玲珑的女子，她是罗湘云先生的女公子，名字是西欧，她每天都到福初家里来看我。她用女性本能的温柔、悦耳的言词，不断慰问我，不知不觉间我已为这活泼可爱的女子所吸引着了。她的姿态举止，已在我心目中，一天天镌刻上一个不可磨灭的印象。在深更夜静睡不熟的时候，我曾尝到自己中年丧妻后所过寂寞的味儿，失了女性爱的苦闷，想着儿女已长大了，如果续娶年轻女子，似觉太难为情，年龄相当的却不容易找到。在这种胡意乱想中，我就自然会忆想到我的意中人罗女士了。辗转反侧，憧憬着求婚、结婚、婚后种种情景。这些甜美的幻象，自然地把睡魔驱去，我睁着眼直至天明。我一起床，就写信给罗女士，但未十分明了对方心情的我，不知如何写法，我除了写些各方军事消息之外，就写几句激励她的话，我说："多数女子，是为想做贤妻良母，对于国家大事，素来是不问不闻，我盼望你不是这种女子。"后来接到她的复信，除了对我的见解作一委婉的辩论外，就是普通的慰问，并没有明白表示一些爱慕之意，更没有谈到婚姻的话。可是，经过这次通信之后，我俩的情感循着时间的演进，如潮水般渐渐高涨起来了。结果有情人成了眷属，一年之后，我们在贵县结婚了。

我在新兴已有一个多月了。有一天，接到韶关的消息，说粤省府有改组之说，复接确实来电，谓吴（铁城）撤职，李（汉魂）上台，各厅长都有大更变，军事亦有调整。当时，我想西江南路方面，亦必另行派员负责，自己不如早自摆脱，返乡休养，即电呈当局请辞职。我想这机关不过是临时性质，可有可无，准与不准，无大关系，遂不候批复，即先行离部。一方面电福初即回部办理结束，另一方面着在部各员准备结束各手续。各事妥办之后，已是下午四时，我即乘汽车经云浮返罗定。

我本欲在云浮住宿一宵，顺便找陈副司令又山兄见面谈谈。陈在云浮极得地方民众信仰，我素钦仰他的德行，屡次都想和他谈谈，可惜没有机会。那次，他又适下乡公干，终于见不到，真可谓缘悭至极。陈既下乡，在云浮过夜成为无意义的事，虽已入黑，亦不得不继续驰返罗定。九时许，车抵素龙，曾县长、彭松如来接。但离城还有十多里，返罗镜虽较远，而食宿较为方便，遂决心不进城，直返罗镜。

世间不如意事十尚八九，这话似乎不能说全无根据。我正切盼着早点赶到罗镜，怎知汽车在黑夜中走在凹凸不平的公路上，经过数百里，抵牛路时，车轮爆破了。司机赶着掉换车轮已阻迟了半小时，抵罗镜已十一点多了。

我依然是寄住在福初兄家，福初夫妇依着习惯礼节来见我，并叩头，我只有安慰他们。

晨早起来，和福初同往公园民众教育馆散步。该公园和教育馆虽已开幕，但属举创，各种设备都无可观。即与福初商谈，拟各捐资若干，使扩展成为民众可游憩娱乐的地方。散步归来，即请区区长乃沛到来商谈，我们以为我们既已捐助相当款项，自无若何困难。区区长人颇努力，对于公益事业极为热心，必不辞劳苦。可是他听我说要继续扩展公园和民众教育馆，他就面有难色，他说："筹款甚为困难，除你两位外，其他所谓财主，对这种公益事，真是一毛不拔。"我见他若是说，我即捐助一千元，福初兄也捐出不相上下，他见我们突然捐了相当款项，他才允负责继续办理。这事既告段落，我着福初兄先返新兴，处理部内事情，我仍留居罗镜。

我在极无聊时，和陈太、罗太及我的意中人罗西欧玩玩雀牌，倒易过日。这样，在罗镜住了一个星期才返自己家里。

住在家里，没有事情可做，每天都往打猎。不过我不打猎已隔了数年了，两手拿鸟枪，不若从前那样纯熟活泼，想跑步追赶鸟类，是特别困难。可是，打猎是我一生中最嗜好的一种玩意，即便若何辛苦困难，并不会使我灰心。我这样天天打猎，乡间附近的鸟类渐渐减少，间中或有三两只，但是它总不使你接近，远远闻着人声，见着人影，就高飞远走了。那时，我想雀鸟若是精明，我们似不应把它灭绝，应保存它的生命。我这种偶尔的人道思想并不停留多久，就被现实所驱除了。因与日本各有各的领土，同是黄色种族的人类，依人道主义理应各守各的疆界安居乐业，可是日本奴视我民族，屡犯我疆土，残杀我同胞，大有消灭我种族之势。在人类尚且这样无人道的弱肉强食，对鸟兽来说人道主义，那简直是虚伪。

在乡间附近已无鸟可打，但是我打猎的兴味却未有减，即约同三五乡人，同往罗信交界处的黄豆坪、仆扶塘等处游猎。数日间，获鸟兽不少。归时，各人分执猎物，沿途唱着山歌或粤曲，得意的情状俨若大军凯旋。抵后，大家同嚼一顿才散去。这种乡间生活自然而愉快，真不愿意问外间事，若果这样在乡间生活一年半载，任你雄心万丈，也会消沉下去。

达锴二弟把数日收来的函电给我看，战事无甚变动，也没有特别事情。闲居无事，翻翻旧书，自然开卷有益。

新年来了，我离家中多年，乡间对于阳历新年，依然不感到什么兴趣。我着达锴备办多少食品。除夕那天，我们家里好像农历除夕一样，可是乡人们仍忙于冬耕和赶着到墟场做生意。他们见我们这样，均以为我们是好奇。元旦那天，我们做着庆祝，许多人都奇怪，问我在做什么事。

重 整 军 旅

民国二十八年（1939年）

元旦之翌日，陈福初、罗湘云两位太太带着一大帮小喽啰到来，明谓来拜年，实则故意来向我开玩笑。她们家里不特没有像农历年一样庆祝新年，就是除夕那天，她们也不加菜给工人。虽然如此，但她们到来也增加我家里热闹。她们在我家里住了一宵，到三日晨，我和她们一同赴罗镜。

徐赓陶兄来电，云接曲江张向华先生来电，着即转知我，说是委座要我即赴渝，并请我先到韶晤谈。我即复电，谓日间可动程。同时着达错弟来罗镜，嘱咐处理家中琐事。

六日，乘车至罗定，仍寄住泷江医院。曾县长和各界代表来见，商谈关于破路事。曾县长述说："上级督促破路，命令极严，复派军官巡视监督，他们说要先破坏官渡头桥梁，所以来向我先请示。"我想破路阻敌是一种办法，但是把自己后方的交通先破坏，似乎也不上算。即使认定在接近前线的道路是应该破坏，但也应该详细计划，审定情势，以军事眼光判定某路应破坏，某路应保存，断不能单以一纸命令，毫无分别，把所有道路一概破坏，若这样，未免是因噎废食。而且派出来巡视的军官，复倚势横行，作威作福，毫不以军事价值来观察，假使当地招待不周，就发起脾气，借着执行命令的官样文章，不分缓急先后，不论大小道路，都要立刻破坏。这样不独不能收破路的效果，反而增加我们军运交通的困难。罗定的公路除了通云浮、通南江，只这两段是接近前线，易受敌利用外，其他都无立刻破坏的必要。由罗定至泗沦和至罗镜两段，都以泗沦、罗镜为终点，毫不和他地连结。官渡头的桥梁离罗镜不远，实在绝对不需要破坏。而且这桥梁是我费了极大心血才建筑成功的，若果一经破坏，真是永远不能重建。曾县长复说："派来某参谋坚决要立刻破坏，若果我不遵命，恐会受责。"我听他这样述说，同时我认定这桥梁绝无破坏的必要，我决心保存这桥梁，我答应若果上级查办，我负责这阻止破坏的责任。这样，才保留这桥梁到现在，避免地方上无谓的损失。

七日午后，我坐民船顺流而下，八日晨抵达南江口。行署所派的小火轮已在等候，为避免空袭，到晚才航行。怎知那晚云雾蔽天，在都骑附近，司机不慎竟把轮驶上沙滩，搁住船头，搅来搅去，到天明也无法搅脱；雇土人帮同拽拖，也不成功。后值云浮师管区胡朝俊司令有一小轮由肇返云，经我乘轮搁浅处，我即商请借用，幸该轮管理人相就。如我所愿，我即搬过该轮，至下午五时才抵肇城。启秀和福初由新兴来晤，同寓于肇庆酒店。

与启秀、福初同往访赓陶兄，商谈行程路径。赓陶兄意见，以由西江经梧州、桂林转韶关为便利。大家都赞同，遂决定遵此路径。是晚，就在赓陶兄处晚餐。

关于我的行程准备，一切都麻烦了赓陶兄。车辆、船只由行署派出，一切准备妥当，十日下午离肇，偕启秀兄和他的秘书谭明昭同行。一艘浅水轮拖着两艘民船，民船载着两部汽车，十一日晨抵达界首。火轮机件略损，修理颇需时间，即着明昭登陆，借守军电话通知梧州梁指挥官涤俦，请他派小电轮来接。不久，梁指挥官和梧州警察局长卢英龙乘小电轮到来，我即偕启秀兄和明昭兄先行，嘱随从候小火轮修理妥当即开梧州。我午抵梧州，暂寄寓西亚酒店。梁指挥官和卢局长热诚设宴招待，对于行程上的准备，多蒙他们和西江江防处徐处长祖善关照，不致发生困难，我真的十分感谢。

在梧州休息一天，并添补途中需用各物。十三日继续西航，抵戎墟，火轮复损坏，许久，不能修复。我想即使修好，也难在这滩多水急的郁江行驶，遂着指挥部派来招待的副官打电话到梧州报告。梁指挥官即派一电轮来接替。电轮宽阔，机件良好，且有电灯，比诸行署火轮实有天渊之别，各随从见换乘这电轮，莫不喜形于色。涤俦兄对朋友可谓无微不至。我们打发交下伙食给行署火轮，嘱船工修复后即驶返肇庆，我们即继续西航。

十四日抵桂平，汽车无法上陆码头。幸梁指挥先电知驻浔黄指挥官学龄兄照料，黄指挥官已着他的士兵百余人，并雇码头工人数人，借用附近木板铺石级上，一面用大麻缆缚住汽船，约经点余钟时间，把两车拉上。若不是涤俦兄的预先通知与黄指挥官的多办法，就须到贵县才可登陆，真是费时失事。

黄指挥官字梦年，他可算是广西军队的中坚人物。为人极沉着且周密，十多年来，有时为友，有时为敌，隔别多年，又是相逢，异常欢洽。

我作客经过桂省，烦劳了各当地官员，虽属朋友，已是抱歉之极。那天拉车上岸，劳动了士兵们，我更过意不去。为酬劳他们的帮忙，着明昭犒赏他们以酒肉之资。

车既拉上岸，已三时，即和黄指挥官握别，乘车沿浔贵公路继续行程。公路平坦，车得疾驰，到贵县仅四时，拟赶到柳州住宿，取油之后不复停留。在黎塘附近，有某机关运输车一辆，在前头慢驶，我们为赶路，司机迭次响号请其让路，可是愈响号他，愈不理。马路虽很宽，他却愈靠右驶，特意为难。到马路更宽处，我的司机加开速率拟超越先行，当两车平行时，那运输车司机立心险恶，更把他的车驶向更右，我的小汽车受了这样威胁，被挤下田边。幸田坎不高未伤人，车受微损，双方停车。那司机竟无理先告状，执其驳壳手枪，声势汹汹，为难我的司机，虽多次解释，他仍作威作福。后启秀等的车赶到，那司机见我几个卫士带着手枪，他知情势不佳，才抱头鼠窜而去。

这场小风波耽误我半点钟行程，到宾阳已是傍晚了。继续进发，九时抵迁江，拟住宿，可是县城不近通路，第二天的路程又太远，恐怕运输车阻塞，车行更为困难，赶不到桂林。遂即渡江继续向柳州进发。抵大塘，已十一时了，司机行驶新路，极为疲倦，又冷又饿，若果再不休息，难免不发生危险。情形若此，我们不得不留在大塘过夜了。车站容不下我们，只得拍门叫开车站旁边的一间肮脏的小旅店，已经没有铺位，可是再找不到第二间，好在我们都带有铺盖，就向店主讨了些稻草，席地而眠。卫士们忙着向熟食担弄点食品充饥；冬夜的寒风虽砭着肌肤，极度的疲劳却使我们熟睡。

天明醒来，清晨更是寒冷，朝阳升起，我们继向柳州驶进。十时抵柳州，在乐群社休息并进早餐，餐毕，复遵桂柳公路疾驰。下午遇雨，公路泥泞，行驶较缓，汽车被泥浆染成像黄牛一样。六时抵桂林。桂林被日机轰炸后不久，各旅店都住满了人，七时还找不到住房。后来，幸得友人让出一房，几个人紧逼着都卧在地下。在大城市这样的住旅馆，我是破天荒第一次。

我到桂林第二天早上，赴行营谒见白主任和林参谋长。我把西江最近防务和一切情形向他们报告，坐谈约三十分钟，辞出往省府拜访黄主席旭初。那晚，白主任请晚餐。餐后，回旅店和启秀商赴韶。那时湘桂铁路尚未通车，只得仍乘汽车前往。林参谋发给我交通护照和二十罐汽油，各种准备妥当，十七日晨，偕启秀、明昭及两卫士分乘两汽车启程。

我们从湘桂公路进发，公路平坦良好，又无运输车挤拥，车行很舒服。在全州午餐后，继续向衡阳前进。离全州不远遇警报，宪兵不准我们汽车通过，我们驶进路旁林间，约躲避一小时。车抵衡阳，已近黄昏。我在桂林听说衡阳很是热闹，不易找得旅店住宿，遂不入衡阳，渡江再向耒阳进发。抵耒阳天已昏黑，找不到进城路口，车来车去耽搁了半点钟。进了城，旅店又多住满了客，后来才在一小旅店住下，捱过一夜。

十八日晨，我们继续向韶关前进。朝雾浓密，汽车的灯光照不到两丈，严霜凝结着像洒了粉一般，满是白色，我们两手都僵了。汽车慢慢地爬行，到朝阳升起，霜融了，雾也消失，才疾驰经郴州、宜漳，八时许，驶入广东地域了。

由我这几天旅行，我得了一个感觉，从公路我们可以看到，或者可以说推断广西、广东、湖南的政治的成就。在广西、湖南的公路，都平坦良好，可是一过宜漳，踏上广东地界，那就不同了。简直是初筑的路胚，在凹凸不平的路面上行车时，常把我们抛起和车顶相撞，讨厌极了。广东并不比广西、湖南穷，正相反，广东是南方最富的省份，器具、材料并不比别省缺乏，这种破烂的公路，实显示了过去政治的腐败。

十时许，我们已抵坪石。本可在坪石休息午餐，但是我想时候还早，过了九峰食饭未算怎迟。过了坪石，汽车全是在山岭上蜿蜒爬行，经过一点钟，依然是向上驶。那是狮子岭。下山的时候，路面狭窄仅可容一车通过，弯道多而且急促，一边是悬崖，一边是深渊。我从车窗眺望，不禁毛骨悚然，若果司机不小心，就很容易发生翻车的危险，掉下万丈深渊，那真是连骨头也找不回来。我在经过危险的几段，也被迫下车步行。那时，在天色晴和的冬季，车行还这样困难，若果在春夏天下雨时，真不知如何通过了。据说，开筑该路用去不少钱，但是开筑这样毫不计及安全的坏路，却冤枉极了。

我们在恐惧中度过了危险的狮子岭，到达九峰墟已一时许了。那天正值墟期，赶墟的乡人很拥挤，墟场比十年前不怎样改变。我们在熟食店饱食了午饭，嘱司机检查汽车机件，复继续出发，下午五时抵达曲江。

广州沦陷后，曲江屡遭敌机轰炸，市面改变了。随从人员都不熟悉情形，不知长官部位置，亦不知旅馆在哪里。我们的汽车无目的地在马路上缓驶，恰见有"第某行政区督察专员公署"横额，我即着停车询问。我一时又遗忘了谁做这区的专员，我只得把名片通传入去，片刻主人出来，专员是林友松先生，相见甚欢。他延我入，招待极为客气，在专署又值林雁峰。困难是解决了，林专员邀我们到公园晚餐，并邀我的同乡王旅长作华作陪。

韶关的旅店都住满了人客，我们找不到住宿，林雁峰介绍我们下艇过夜。行车两天，我们已极端疲倦，到艇即就寝。

到韶第二天早上，我和启秀往拜见了在韶军政当局张长官向华、李主席汉魂。正午，十二集团后方邓主任请午餐，晚，吴梧生总司令又在艇请晚餐。我以住艇不方便，遂迁返十二集团后方居住。那时余总司令、李先生驻在三华,我既到韶,也应到三华拜访。那晚,即决定和启秀赴三华。为避免空袭,上午三时即叫醒启秀,并带一卫士出发。可恨公路不平,天光大白仍未抵埠,将到三华,敌机九架来袭,在头上低飞打圈,我们即下车暂避。闻翁源方面炸弹声不绝。那时,我们在汽车附近,又恐踏在阳江覆辙,乃略为离开,向可隐蔽的地方藏身。不久敌机飞去,即步至十二集团总部,与余总司令幄奇兄晤谈,详述西江南路防务及团队结束情形。有顷,香翰屏君亦到,言及在粤部队补充各事,余、香均有难色。香君亦云:奉军事当局电召赴渝。旅途同伴均觉欣慰。午餐后,辞别回韶。吴奇伟君在艇请晚饭,九时席散,仍返十二集团后方歇宿。明日张代长官请我们午膳,即准备赴渝。因见来时粤段公路险阻难行,决带汽车两辆,搭火车至衡阳。午后五时,与香、谭等乘特别快车,韶间亲友,均至车站欢送。途中与香君闲谈,夜间经过各地,多不了了。翌晨八时抵衡阳,陈地球先生到站照料,遂同乘汽车至陈君苗圃早餐。陈君与我系初次晤面,然招待甚周,真有"萍水相逢,恨相见之晚"之感也。十一时告别,沿湘桂公路前进。香君索性好新奇物品,沿途所见路边小店,必停车采购所好,故途中逗留时间甚多。幸该路平坦易行,然到黄沙河时,已日落山头矣。稍憩再进,九时抵灵川。司机似觉疲劳,乃停车晚饭,卫士因食,忘看行李,致所有放在车尾之铺盖等物,均被窃匪盗去,当地警察追查不获。深夜十一时始达桂林,寓乐群社。翌日,与香君外游各名胜,适发空袭警报,即往南门外暂避。离郊外约十里,敌机已到桂林市空,盘旋片刻,即闻炸弹声响如雷,我与香君跑往石山边,与掘马蹄之土人笑谈乡村习俗。警报解除,即返旅邸休息。是晚,白主任请食饭,八时席散归来,周公谋、李天文两君引导我们到某湖边散步谈心,某君竟乘机他往,不告而行,深夜始回。翌晨见面,问其昨夜为何突然失踪,他笑口吟吟,得意洋洋说道:"被人绑票啦,哈哈……"八时,同往拜客。先访白先生,彼亦决定往渝,并嘱我们不要另购机票。我与香、谭决定同行,着明昭带同护士在桂等候。乃于二十四日早到白公馆齐集,九时,同随白先生乘机飞渝。十二时许抵重庆上空。是日云雾蔽天,盘旋约半点钟,始能降下。各要人均到机场欢迎，十二集团驻渝邓主任君毅接我等至其办事处暂寓。各人因乘机疲劳，略事休息，并以电话向委座侍从室报到。旋接通知，谓二十六日午后委员长召见。依时往见，除询问近来阅读何种书籍外，并对军事、外交各项多所指示，并说要我复出带兵。当时，我想我已离开队伍数年，带兵的困难甚多，本拟辞谢，又以国难当前，若不负责，实违背我的抗日一贯主张，宁可遭遇困难，断不可违背初衷，所以毅然答应。是晚，委座赐宴，人才济济。席散后，即与香君到某澡堂沐浴。浴毕回寓就寝，但念国难当前，遍地烽烟，壮志未酬，思潮如涌，直至天明始能入梦。

冬季的严寒天气使我染伤风病，终日咳嗽流鼻涕，医治亦无效果，十多天后，始渐痊愈。据人云，凡外处人初来重庆者必伤风，未知真否。香君不久亦患此症，比我更甚，想是与气候有关。我的伤风好了，照例拜访各首长，所以每天晚上都是饮宴应酬。不久，农历年关已到，军政机关虽已改行新历，但普通商民仍重农历，仍旧热闹过年。渝中各友每晚均在广东馆请客，酒醉后，各人迫我唱粤曲，我便不三不四地哼了几句，笑到各人肚皮欲裂。当时，李任公、罗君任亦在座。有一晚，友人刘为章君见我们热闹，他亦偕数友来唱京腔，歌音缭绕，响遏行云。乐则乐矣，但大丈夫当先天下之忧而忧，后天下之乐而乐，国难当头，如斯胡闹，至今思之犹觉惭愧。某日，梁寒操夫人对我说："现在内政部某医院服务的陈小姐，她说从前在美国与你相识，你在南京撞车受伤，亦甚挂念，现欲与你见面。"我一时竟想不起是哪一位陈小姐，后来查知为陈淑珠，其人品格道德均极可爱，前在美国学医，毕业回国，在上海卫生局服务，不久又往芜湖某教会医院充看护长。南京见面后，芜湖沦陷，即偕其六十余岁的老母逃难到汉口（亦有见面），我回香港，汉口又失守，她始跑到重庆。她对我非常敬爱，为我尽义务亦多，所以我即请她母女食饭，略表报答之意。她亦还席，双方友人作陪甚多。以后，日日均有见面，后由黎民任兄等介绍，拟与我订婚。我当时与彼确属情投意合，有心续弦，但她乃耶教徒，与我的宗教信仰不同，且我又急于南归，经过一度的考虑后，遂婉词与之周旋。在此无聊的客居中，适蒋光鼐先生由港到来，即与他往南岸游玩，游了半天归来，觉得无甚好处。有人说，南温泉极好，黄麟书先生亦住在彼处，即约同黎度公同往。黄先生出来招待，适国民大学校长吴鼎新亦到，邹海滨先生亦有别墅在此，彼此相见，畅谈甚欢。此地游客极众，车水马龙，状颇热闹。车到中站，筑有小溪，水甚深，最浅亦有数尺，乃改乘小艇往游。沿岸风景尚佳，惟温泉之水极不清洁，甚至放出臭气，令人难闻。其间店铺食馆，亦多不讲究卫生。游了两天，乃返重庆。然香君游兴又起，邀我往游歌乐山。所至均无好景，拟参观林主席的住宅，又闻无人看守，故即乘车返渝，白花了一天的光阴。斯时，适值林主席寿辰，蒙其赐宴，即与陈真如、蒋光鼐两先生赴宴。同席者有孙院长哲生及国府诸要人，席散，诸人均去，主席与陈、蒋及我均有私交，故留我等谈话，至十时始回。抵寓时，见桌上有函一封，拆阅后，乃侍从室送来委员长召见通知书。依期晋谒，委员长说：“拟派你回两广，仍以参议官暂兼某集团军副总司令。”又说，“你愿往湖南否？如往湖南，可发表一个单位。”我想一个单位就是集团之类。但我自知能力不如前，万一负责不来，更为不妥，所以仍请派回两广。听训约二十分钟，即辞回。是晚，何部长请晚餐，黄琪翔、阮肇昌诸先生同席。明日是“一·二八”纪念日，联合大学开会纪念，请我与陈真如先生到会。当时因环境关系，我所说的话不能随意发挥。但全场抗战情绪甚为紧张，由上午九时至下午二时始散会。是晚，冯焕章先生特请食饭，观其意似系慰劳我“一·二八”率师苦战之意。未就席之前，冯先生当众声明，要我坐首位。我因吴稚晖老先生及党国前辈均在此，确有不敢当之处。但冯先生态度诚恳，且说明白意义，乃勉遵其意就座。所食之餐均是自办，菜数虽少，但是中西合璧，甚为精致。九时回寓，再与香君往某处娱乐。

李德邻先生从前方归来，知我不久便要返桂林，便和白先生约我至潘公馆叙谈，促我早日南归，就任十六集团军副总司令新职。各元老也知我不久便要离渝，熊锦帆、邹海滨、孙哲生诸先生相继请食餐、叙谈。最后，陈真如先生、吕参军长请宴。委员长令我早回，乃于二月十一日晨乘欧亚机返桂，十一时抵达机场，仍返乐群社暂住。是日天气不佳，在机中沿途下望，只见白云，不见山水。回忆在渝多日，本有机会遍游各地名胜，以开眼界，怡悦胸怀，但因种种关系，致历史有名的成都、峨眉，亦未得往游，至以为恨。回桂后，十六集团总部成立伊始，夏总司令亦在桂，即往拜访。他已知我奉派共同工作，着我先到总部。我见总部人员正忙于筹备，前方又无特别情况，拟在桂林小住。适白主任由渝归来，着我到行营一谈。他说拟往各处检阅，先往十六集团，嘱我同行。遂于十五日早乘车至柳州驻一宵，即往贵县检阅一七○师及一三五师之一部。所有驻贵县部队统为贺副军长维珍指挥，集合于北郊飞机场，由白主任检阅训话后，即宣布我就任十六集团副总司令职，并命我对官兵讲话。我当时毫无准备，只有简单的训勉各人服从命令，恪守纪律，尽忠职务而已。检阅毕，白主任继往别处，我即乘车返迁江歇宿。十八日返桂林，接绍昌儿来函，谓绍南儿已夭亡，令我有丧明之痛，悲夫！舒勉斋兄见我如此，终日陪我往各处消闷。二十二日，陆参谋长荫楫来见，谓夏总司令嘱我两人先往贵县总部。我见闲居无聊，即于二十三日早与他同往。沿途车辆挤拥，黄昏后始抵柳州。闻总部设于黄莲附近。讵抵黄莲，始知已迁往山东石龙。二十四日午后，到达总部。见各种设备均无，甚至官长宿舍亦付阙如，我与陆参谋长认为此间确无设部条件，决令副官处在贵县附近另觅驻地，我即往贵县乐群社暂住。数天后，总部已设南山寺，地方虽不甚宽广，然清洁通爽，颇合卫生。陆参谋长请我返部，自是开始再事戎马生活矣。到部后，除例行公事外，各方情报均无特别，惟驻西江之六十四军邓龙光部系归本集团指挥，故决往视察联络。此时，适前请委之参议官、随从官区巨峰已到，即同往肇庆。临行并派谭光球为中校参谋，命其与白参谋前往四邑一带侦察。既抵肇，邓军长出见，适谭启秀、陈福初亦到。当时启秀已经我向战区请委其为西江挺进队司令，惟念其名义虽有，而人员、枪弹均须来自民间，不得不代其计划一切。驻了数天，各项略有头绪，即着启秀照议办理，我亦回乡一行。归至家，睹物思人，悼念亡妻，只觉苦闷，不见乐趣，自念非再组家庭不足以破此愁城。宿一宵，即往福初兄处暂住。闲暇无聊，则与陈太谈话，我说我非续娶不可，请你介绍。

我当时心中有意于罗西欧女士，拟请陈太介绍，但恐他父母若不同意，反失友谊，故未启齿。后请陈福康兄向罗太征求意见，得罗太答复说："我夫妇无问题，但得男女双方同意可矣。"当时，我即去函黎民任转知陈淑珠，前谈婚事作罢。同时进一步直接向西欧女士面谈，便中又得李植深夫人帮。西欧当时含糊相答，大约系少女面谈婚事，总有些畏羞之故。一日乘无别人，开诚与其接谈，并谓若果同意婚事，便可于最短期间结婚。她云："你返桂后，我再写信答复你。"遂携谭明昭乘民船出西江转轮返桂，至四月中旬，始抵贵县总部。夏总司令此时亦在部，但他仍兼绥署参谋长，不久又须返桂林，着我往南路各地巡视部署。遂于五月一日乘车抵郁林，贺副军长、李指挥官、欧县长等均来相见。翌晨，欧县长召集各界民众在郁林大戏院请我训话，但我毫无准备，只简单地用粤语阐述抗战意义而已。讲话完毕，即首途往陆川。是日天气炎热，公路、大路均经破坏，从前的康庄大道已变作蜀道难行，且该路系通广州湾要道，来往挑夫，摩肩络绎，倘遇敌机来袭，实属万分危险。公路破坏系上级命令，固当遵行。但仍须审度地势，利用地形，若盲目破坏，不特于抗战无补，反为阻碍自己交通。午后六时尚未抵陆川，人马均已疲乏，即在距陆二十里之米墟宿营。第三日抵良田，驻乡公所。该所附设中心小学，是晚，全体学生要求我训话，我概将抗敌情形向其布达，全体甚为动容。第四日抵乌石，独立第二团陆团长部驻防于此，即行检阅。该团官兵精神颇佳，内务亦有秩序。第五日抵石角，此乃粤、桂交界之处，中央及粤桂两省均设关卡于此，每年收入甚多。但教育落后，民风闭塞，默察由陆川至此约三百华里，山多田少，人烟稠密，民众谋食艰难。闻说广西当局有移民之议，未悉能否实行耳。第六日抵廉江城，早已电知邓世增、张炎两保安司令及地方县长来此开会，故将抵城时，邓司令及各界已在此迎候。是日驻廉江医院，即与各官长个别谈话，并询明对日抗战之各种准备及其程度。翌晨，与邓张等往郊外视察阵地。该城实无险可守，如敌来犯，惟有尽人事、尽责任而已。归来早膳，午后开军民大会，约数千人集合于南郊操场，我登台讲话约一小时。天公不作美，即下大雨，因未带雨衣，周身尽湿，归后身体似觉不适，即取热水洗澡，已无大碍。第八日，再召集各官长谈话，并指示其各种应注意事项。邓益能即返合浦，张炎即返遂溪，我与郑为楫往化县。行至距城约二十里地方，忽闻弹声隆隆，闻系敌机轰炸遂溪，被我团队击落一架。是日大雨，沿途泥泞难行，下午五时抵化，县长庞成率领团队迎接，进县府稍歇，即往各处游玩，并参观有名的化州橘红。据国医云，橘红为治咳灵药，树下有蒙石，亦为治咳药之一。七时回，食晚膳。庞县长乃我旧部，人忠耿而和蔼，他赠我正地道橘红，有时遇咳，服之似属有效。各界知我明日往高州，所以九时开联欢会，请我讲话。但是，讲来讲去都是这几句，团结啦，抗日啦，报仇雪耻啦，发奋图强啦等，训勉的话讲毕，已十一时矣。查化县民风纯朴，庞成在此任事，忠勤服务，深得地方民众拥戴。后来，不知因何使其灰心引退，殊可惜也。第九日往高州，与郑君及随从同行。抵北门，须渡河，忽想起一段军阀末路的历史：盖化县乃清时州治，三面环水，城墙高厚，在火器未进步时，实属险要之地。民国五年（1916年），龙济光与陆荣廷之争，高雷镇守使隆世儒失败渡此河，因流急落水而亡。行四十里，已抵南盛墟。早膳后，续向茂名进发，抵瓜棚附近，遇雨暂避。忆我民国初年经此，尚见有清末时建筑为编练新军用之庞大兵房，此时留心观察，只见荒地一片，连残垣断壁都无半点存在，真是沧海桑田，世事多变。问之路店主人，据云，该兵房未毁灭前，能驻兵数千，反正后，驻该处军队不特不加修理，反拆梁桷为炊，将砖瓦盗卖，所以二十年前即已崩毁无存矣。中国人无公德心以至于此，可叹可叹。雨过后，启程入城，各机关代表在南门外迎接，至专员公署住宿，次日仍在该处休息。陈任之、刘应时两县长及王茂权诸兄均由前方来见。下午，党政军学各界在中山纪念堂开会，照例请我演说。可惜普通民众不知因何不准参加，我亲见有些民众行近门口，想来听讲，唯警戒之兵即从事阻止，我当时又不便问明白，心里有点不高兴。后来查悉原因，乃系预防汉奸捣乱，故如此警戒森严。我以为对外战争，稍有血性的中国人断不会害我，早知如此，我必定准民众自由参加。散会后，与各界代表前往郊外巡视。回来，各团体联合欢宴，九时席散，与军政长官略谈至十时休息。决于次日经宝北路返桂。

十一日早起，各机关代表来送行，经西门过鉴江桥，因连日大雨，水涨至桥底，奔腾澎湃，煞是可观。行至正午，遇大雨，入一小村暂避，有一农妇见我们到达，即跑来跑去，寻猪觅鸡，看她情形，似系怕被我们的兵捉去。我问她是不是这个意思，她说："想你们贵军不致如此，但二十天前有军队经过，适我分娩，竟被捉去鸡鸭多只。"问她是何部队，识其军官姓名否？答云："丈夫去当征兵，家公、小叔入山斩柴，我不识字，又值分娩，且素怕官兵，焉能识他是何部队，更何敢问他军官姓名。"这种败类军人行同强盗，还配称革命军吗？其他守军纪的军人也被他玷辱尽了，可杀，可杀！雨停再进，因路滑难行，午后六时始达宝墟，驻乡公所内。所内无一职员，几经设法，始雇得六名挑夫。查宝墟乃粤桂交界之地，属茂名，人口虽多，但教育落后，乡保甲长均由土劣操纵，平日只知鱼肉乡民，绝不注意乡政，该县行政长官亦马马虎虎，鲜有认真整顿，政治如此，可胜浩叹。明晨七时，理整行装，即沿宝北大道进发。约行四十里，抵清湾墟，早膳后再进，步行爬过二千余尺的高山。该山只一狭隘的通路，形势险要。沿途均筑有工事，但工程简陋，若以御防敌寇，诚不足恃也。五时许，抵平政乡公所住宿。该区区长李明望乃李明瑞之弟，前在十九路军任职，知我到此，星夜赶来见面，畅叙甚欢，并集合其中心小学全体员生，请我讲话。我见其诚恳，故不计疲劳，对其讲话约一点钟，至十一时始安歇。十三日早，全集员生集合校门送行。是日阴晴，道路平坦，午后二时即抵隆盛墟，住区署。晚饭后尚早，即往墟外散步。查该墟为北流第二大墟，生意兴旺，兼有水道通北流，民船来往极多，故该处商民谋生较易。翌晨，启程返北流，午后一时抵达县府休候。总部派来迎接之大小车已到，是晚赶回贵县总部。

总计此次出巡，为时半月，所得观感，本不欲多所论列，惟念其中许多事实关系抗战甚大，故不得不将实情呈报当局。当时所见最腐败者，厥为征兵。查所征得壮丁，多是地方流氓、走差缆之徒，冒名顶替，一有机会即行逃跑。凡良好的壮丁，均以金钱买替避役。考其所以致此之原因，厥有两端：（一）民众智识低，国家观念薄弱，不知当兵系一种应尽义务及光荣事业；（二）征兵机关办理不善。凡征得壮丁送至部队，视同盗匪，在行动时均用绳索捆绑，种种虐待，我亲自看见者亦有几次，一般民众见之，岂不万分畏惧。其次，沿海各地走私之风甚盛，据情报，此种事实，出之正式军警者尚少，惟军政要人之亲属勾结土霸，恃势横行，以发国难财者，则甚普遍。政府虽时有命令查办，而奉令者，或碍于情面，或迫于势力，多属敷衍了事。私风既长，奸伪充斥，对抗战前途实有妨碍，非从严整饬，取缔不可。

二十一日，接绍昌儿由香港来函，谓得廖仲恺夫人及陈铭枢夫人的介绍，拟与叶笑花之女公子丽裳订婚，并征求我之意见。然我与叶君系多年朋友，若能成为姻亲，实最欣幸，当即去函表示满意，并着其早日结婚。惟我的续娶问题尚未解决，辗转思维，颇觉惆怅。正踌躇间，勤务兵送来一信，封面有罗缄二字，随手拆阅，乃罗西欧女士寄来，内述我俩婚事表示同意，但须稍缓时日。此时，数载抑郁一旦冰消瓦解，快乐无限。即执笔复函，略云我长儿绍昌，大约秋后结婚，我俩婚事提前举行，较为妥当。并嘱于七月以前来桂结婚。不久，接达锴弟来函，谓罗女士已答应。私心窃慰，每日仍埋头苦干，批阅公文。惟夏暑迫人，总部人多屋狭，颇感不便，即在寺边另搭木屋一所暂住，生活较前舒畅。惟潦水骤涨，南山至贵县县城，大小道路均被淹没，但不久水退，不致成灾，亦云幸矣。

两月来，各战区军事无大变动，惟国际方面变化极速，德国与苏联订立互不侵犯条约不及十天，即向波兰进攻。苏联亦乘人之危，与德国瓜分波兰。英法同时对德宣战，烽烟四起，世界从此多事，不知弄至如何地步了。夏总司令已回部，主持有人，我即趁闲往桂平一行。本拟入瑶区观察其内容，但须数日轿始能抵达，长途跋涉，又无同伴，故未果行。黄指挥官梦年代我在西山附近租得一小屋，气候与贵县南山相差不多，日游夜宿，如是三天，即返总部。得乡间来信，谓百物腾贵，二弟又拟于七月中与西欧女士同来。光阴荏苒，不觉间，已届仲秋天气。得福初来电，云达锴等已启程抵桂平，我即派车往接。七月二十二日，我与罗西欧女士举行婚礼。仪式甚简单，亲友同事均不知。在贵县住了两日，罗女士之亲属及达锴弟均须返乡，即派车送其到桂平，我俩则返南山寺木屋度蜜月。旋闻敌机狂炸梧州，伤亡甚多，预计达锴等行程当抵梧，即去电查询，得复，云已安返罗镜，始放心。不久，叶少泉由港经广州湾到来，港宅一切情形因得明瞻，三年挂念从此消除。暑天已过，秋气来临，天高气爽，敌机隔日必定来扰，但我们的天然防空洞——石山洞，坚如铁塔，绝无危险，惟贵县城厢内外居民被敌机残杀甚多，实属发指心寒。我们空防落后的国家，人民生命毫无保障，哀哉！

张司令炎由南路到来，他说："因环境恶劣，拟往曲江面向当局辞去兼职。"他是我旧部，青年有为，实不可多得之军官，但得志过早，年少气盛，容易开罪于人。我勉其苦干，不可被环境支配，彼又拟入陆大，有进退两难之意。夏总司令丁母忧，由桂林匆匆抵部，星夜赶回容县奔丧。查夏母李老太夫人年已八十有三，素来康健，忽尔病逝，夏君悲痛非常。亲友唁电雪片飞来，我亦亲率总部人员及继室西欧前往致吊。途中经过以产柚著名之沙田，二时抵达夏府，孝子、孝孙跪在门前，哭声震天，我亦洒下同情之泪。至孝堂行吊礼毕，请夏总座出坐谈，劝其节哀顺变，旋告别，返容城住宿，晚饭后已更深矣。查该县虽不是头等县，而交通发达，文化颇高，出洋人多，军政人亦不少，无论城市乡村，洋楼大屋，遍地皆是。明日返郁林，黄县长次轩赠我土产沙田柚甚多。适沈次云奉令来此侦察游击根据地，到来谈话，谈到风水、相命，津津有味，深信不疑。查沈君读书明理，乃陆大毕业生，与李任潮先生同学，军事学极有造诣。惟作事过于稳健，至今尚未任过少将以上实职，他自以为时运不济，我谓他如此迷信，岂有不落伍之理。然而他始终归咎命运，俗云"江山易改，秉性难移"，其此之谓乎。在郁住一宵，仍返贵县。接绍昌儿来信，云已择定九月某日结婚，但我身为将领，在此作战期中，断不能因此请假，只函知二、三两弟前往料理，并以达锴弟为主婚人，嘱其经茂名前往，一切仪式务求简单。

两月来，各方面军事十分沉寂，本拟往南宁一行，因夏君母丧未返，部内无人主持，故又终止。日中除批阅公事外，并无别事。光阴易过，达锴弟已由港归来，他将绍昌结婚经过及港宅情形详述，住了一宵，由明昭送其到桂平。十月三日桂绥署来电，谓李司令长官由前方归来召开会议，着兼程前往。得电后已夜间十时，即与明昭同往。将抵黎塘，所乘的汽车断了弹弓，无法修复，进退不能，即到黎塘打电话回总部，嘱其由宾阳车站派车来拖往修理。至天明稍修好，即启程，将到大塘附近，见前面一新车疾驰而来，原来系接我的，遂换乘该车抵柳州早膳，续向桂林前进。沿途无阻，下午二时到桂林，即晋谒李司令长官。翌日，德公在省府召集绥署上校以上、省府科长以上会议，由李长官将前方两年来军事经过报告，后由各地指挥报告，并讨论国民军训等提案。散会后，在乐群社叙餐。白主任由衡阳打电话与我，他说长沙会战胜利，着十六集团待机立功。六日，继续开会，通过整理人事经济等提案。是晚，黄主席请晚餐。七日，德公召集各将领个别谈话。下午往行营见林参谋长，承将各方面情况见告，约谈一点钟即回寓，着明昭等预备返贵县。八日早四时启行，八时抵榴江车站早餐，正午抵柳州，六时抵贵县。时适长女大妹与其夫陈仲达由港归来，述及港中家事近况。是晚，因乘车劳顿，早眠。翌晨，召集总部课长以上会议，将在绥署议决各案分别通知。又接白主任电话，着我们派兵一师往高雷游动，但未颁发正式命令，我不敢作主，即电请示，夏总司令亦未赞同，即将未便派兵前往的原因呈复行营，奉复电暂缓实行。仲达等已返乡，我的补述日记尚未作完，除办公散步外，继续日记工作，愈写愈有兴味，已经写至第九册了。

据张炎铣密电，谓敌舰十余艘在阳江海面游弋，企图未明。除电复注意外，并转报行营及曲江长官部。同日又接行营电，谓四战区将有新部署，限本集团于月底补充完毕，在原防候命。即转令各部照办。旬日后，忽接委员长俭电云：夏威调十一集团军总司令，遗缺即以该集团副总司令蔡廷锴接充，该副总司令遗缺即以韦云淞升充，仍兼三十一军军长。接电后，心中非常不快，拟电请收回成命，又恐不准，欲亲往向白主任面辞，惟夏君尚未返部，负责无人，又不能成行。至我不愿负责的原因，约为两大问题：（一）在该集团任事不久，指挥上未必如意；（二）勉强干去，恐有差池，至影响我平日声誉。且夏君久不返部，更令我有怀疑之处。十一月一日接行营电，战区各集团部署区分如下：余汉谋为北地区总指挥，所属十二集团及地方团队，由粤汉铁路以东至惠阳、淡水之线属该集团守备，并与第九集团联系。吴奇伟为东地区总指挥，所属第九集团及地方团队沿粤闽边境戒备，右翼与十二集团切实联络。李汉魂为西地区总指挥，所属三十五集团及地方团队沿西北岸至苍梧，及左翼沿粤汉铁道以西以南地区为其戒备。蔡廷锴为南地区总指挥，所属十六集团及地方团队沿西江南岸及沿海岸至防城一带戒备，并限本月真日以前接三十五集团六十四军之四邑江门一带防务。奉令后，因我尚未接总司令职务，故仍请示夏君办理，旋接复电，嘱照命令行动。本集团防区辽阔，遂令三十一军韦军长率苏祖馨、魏镇两师集中新兴、开平，并接六十四军防务，限于文日接防完毕。贺维珍师仍驻郁林，直接由总部指挥。四十六军仍在邕钦、廉熊戒备，势力不变。总部及直属部队仍驻贵县。观察本集团警备的态势，分为极东、极南两方面防区，倘一方战事发生，两方相距千余里，实不能首尾相应。但上级战略上规定如此，我们只有服从命令而已。事有凑巧，各部分防尚未抵达目的地，即据四十六军新十九师黄师长固报告："敌舰三四十艘纷纷驶近钦州、龙门及防城海面，形势严重，拟将兵力集结使用。"各方所报亦同。除转报行营及战区，请调三十一军回师增防外，并请夏总司令复任原职。十四日午后，何军长宣报告，敌已在防城、龙门、白沙等处以飞机掩护强行登陆，我黄师警戒部队正在激战中。情况如斯紧急，夏母李太夫人正在公祭出殡，总部幕僚多往容县未返。后有高级职员返部，据谈，谓系某人小题大做，敌人乃骚扰性质，何必如此慌张？我说敌既登陆，情势确有不同了。十五日早，接各方情报，敌我现在白沙、龙门等处混战中。午后，接行营命令，敌舰四十余艘，敌兵约一师团陆续登陆，我新十九师正在抵抗中，为指挥便利起见，夏威应复任十六集团军总司令，蔡廷锴总司令仍听命调用，三十一军着即兼程抵邕钦作战，夏总司令未返部前，所有邕钦部队即为韦副总司令指挥，应在南宁设指挥所，四十六军黎行恕师星夜赶赴吴墟。接电后，即请韦君即刻来贵县，并指定职员若干由韦君率领前往南宁。十六日早接黄固报告，白沙、龙门相继失守。该师分防太散，无法集结使用，钦城甚危，请派兵增援等语。除令其竭力支持外，韦军回师已抵容县，黄鹤龄为纵队指挥官，亦率独立一、二两团由水道陆续抵贵，开赴横县集中。十七日早何宣来电，钦城失陷，黄师退小董。夏、韦两君时已回部，我在十六集团之任务已解除，但尚未发表新职责，故以私人资格协助夏君部署一切，并将交卸情形呈报当局，准备往桂林候命。十八日晨，据报敌分路向邕钦路进扰，小董亦危。黄师兵力单薄，小董乃通南宁要冲，万一不守，邕江即被威胁，我各援军先头部队仅达贵县附近，倘黎师不能依时到达增防，则颓势已成矣。十九日据何军长电话，小董失守，黄师去向不明。据梁指挥官翰嵩报告，敌先头便衣队及骑兵二三百人已抵奇灵（小董北约四十里），何已率直属队往南岸永淳指挥，如我军主力不能集中使用，则南宁颓势无法挽回。二十日，敌约六七千人集中小董，先头已犯唐报。总部移往宾阳，夏君先行，我仍在南山寺后方代其处理各事。苏师到贵县后，即以汽车输送宾阳转运南宁，但车辆缺乏，每日只能运兵约两营，时机迫切，运输工具如此，焉能应付强敌！二十一日，敌分两路急进，一路窜吴墟，一路窜蒲庙。据报，敌人先头部队距邕仅三四十里，大有渡河之势。一七〇师不能照预定计划抵吴墟，改由永淳渡河转往南宁作战。二十二日早，南宁电话、电报不通，敌机数十架在邕江左右两岸大施轰炸，午后，据报敌大部已抵邕江南岸，一部向邕龙路窜去，南宁仍在我军手中。二十三日早往电报局探询消息，据永淳电报局通知，敌一部于二十二日黄昏在蒲庙渡河，今晨与我军在南宁近郊激战等语。贵县人心惶惶，大有"山雨欲来"之势。二十四日晨接委员长梗铨电，调夏威为十六集团军总司令，夏威应免十一集团军总司令职，调余为二十六集团军总司令，余应免十六集团军总司令职。调黄琪翔为十一集团军总司令，黄琪翔应免二十六集团军总司令职，并着各就职具报。午后接各方通报，南宁混战，溃兵已达横县。

　　想南宁今晚或明日必失守，总部人员大部已抵宾阳，决定与西欧、明昭等到宾阳，与夏君及总部人员辞别。行装备妥，即乘车抵宾阳，遍地溃兵，闻总部已搬往白岩。是晚，微雨兼天黑，车向上林公路驶去，十一时始到白岩。与夏君及重要人员相见，知南宁今午已失守，夏君形容憔悴，情势如此，除尽责外，余无别法。二十五日阴雨，韦世栋已从南宁归来，据说我军紊乱不堪，多数不战而退，各长官只有叹惜而已。十时，白主任等来授机宜，约一小时他往。他对我说，二十六集团在桂成立，将来推进南路，遂着西欧先往桂林暂住夏公馆。二十六日，敌我在三四塘对峙，夏君往晤白主任，回来对我说，总部须由我重新组织，故我决定明日赴桂林。是晚，夏君与我长谈两时，所谈多为今后作战计划。二十七日，敌军已占高峰隘，武鸣岌岌可危。本拟即往桂林，但公路桥梁已断，须候下午始能修复，正午，敌机分批炸宾阳，损失甚大。此次邑宁失败之速，真是料想不到。以我个人的经验观察，此次之战略部署，已断其必归失败。倘事前将十六集团主力集中邑钦，虽不敢谓必操胜算，但最低限度亦可压阻敌人，南宁亦不致十天内失守。然所以如此者，内容颇为复杂，我亦不愿多所论列。桥梁修好了，黄昏后偕明昭及随从等乘车往桂林，夏君及刘副参谋长亲送至马路，夏君并赠我用资甚厚。夏君对朋友甚好，我与他同事十月，凡事都开诚相见，故私交颇笃。辞别后，车抵宾阳城郊，见溃兵纷纷向各小路乱跑，行至邹墟附近，竟有武装溃兵拦截马路，喝令停车，幸有卫兵一班先行，否则被其骚扰矣。八时抵迁江，不知白主任驻地，即着县府派人导往，渡江北行约一公里许，至一石岩，白主任在一小房办公，左手执电话筒与各方通话，右手执笔写字，状甚忙碌。候其稍暇，即向其请示各事：（一）总部人员如何派用；（二）特务营枪械、服装如何筹备；（三）通讯事项；（四）卫生人员及药品；（五）接收关防及官章；（六）请予名义与张炎、黄质胜、黄业兴、王定华、苏廷有、张枚新等。以上各件，均由白主任亲函林参谋长蔚文请示军委会办理。

是晚，与白主任所谈各事均极重要，临行时，嘱我此后不可发表任何意见。他小心如此，想是因应环境耳。十时，向白主任辞别，登车继续夜行，心中筹思旧部星散，干部难于搜罗，结果只有请行营及绥署两方抽调一法。途中因车损坏，至深夜一时始抵柳州，本拟在乐群社开房，但该社门已闭，无人在内，迫得在骑楼下休息。当时天寒下雨，捱饥抵冷，候至天明，始继续前行，不料所乘旧坏汽车不久又须修理，午后七时始达桂林，寓乐群社。行装甫卸，即往行营谒林参谋长，所需各物均得其答允代办，谈约三十分钟，即返乐群社休息，二十九日晨，往绥署晤吕副参谋长镜秋，适他与老河口李德邻公通话，我顺便亦与德公略谈，并将南宁军事概况报告。白主任拟请委林少波为我集团参谋长，闵泽民副之，并兼参谋处长，以下人员，由我指定杨琮为副官处长、卢挺为参一课长，马志良为参二课长，陈克平为参三课长，潘浩然为副一课长，陈君达为副二课长，陈权为军法处长，陈联三为军医主任，黄志忍为机要室主任，谭明昭为中校秘书，王御之、陈济南为少将高级参谋。不久，派王皓明为政治部主任，人员大致已定，惟物资尚未有着。又往行营谒林参谋长蔚民，他云物品可依照十六集团军发给，惟机关枪及手枪均缺乏。午后，夏夫人明厚与继室西欧来谈，不久，十二集团军后方张主任静轩及旧部马良骥、陈心绿等来会。各友辞去，黄昏时，往林参谋长家食饭，俞飞鹏部长及钱宗泽总司令均同席。三十日，黄琪翔总司令已到桂相晤，议定明日在行营交接关防。乃着谭秘书拟定呈报就职电稿，并购置应用物品。午后，夏夫人请晚餐。

十二月一日早，与黄琪翔在行营交接关防，由林蔚民参谋长监视交接。适有警报，乃分别暂避，敌机十余架炸我机场。是晚，黄主席旭初请晚饭。二日早起避空袭两次，至二时始返旅社休息。查李默庵为本集团副总司令，故请其来桂共商军事。是日国际新闻，苏联上月三十日进兵芬兰，以海陆空军占领其军略要地。三日，终日往各方接洽。白主任催我早日组织完成，惟职员虽有，尚未开始办公，除小事由明昭办理外，其余均须我亲自出马，数日以来似觉疲劳。四日，接白主任电话，请我往迁江开会，未办之事，由本部林参谋长少波指示谭秘书办理。午后六时，与黄主席等赴柳州，五日转赴迁江，目的地到了，白主任在门前接车，各要人均住岩洞。午后，张长官、罗翼群、夏总司令先后均到。是晚，白主任、张长官与我作私人谈话，我向白、张两公请委南路各游击司令，均允所请，并拨谭启秀部归我指挥，调南路使用。六、七两日均在岩洞开会，先由白主任训话，大致乃述南宁会战经过及今后应如何努力驱逐敌人出境等语。在会议当中，均是讨论反攻敌人及准备粮食、交通等问题。会议完毕，于七日下午返柳州。八日上午警报，交通阻梗，晚饭后，张长官、罗委员均到，我即让房与罗君，起程返桂林。九日晨抵埠，晋谒林参谋长，各游击司令任命已办妥，本拟即出发，惟黄任物品未移交，又须向行营请示，真有"行不得也，哥哥"之叹。十日晨，拟率第一批人员先行，但委出的电务主任黄某托故辞职，又须另行物色。正午，白主任来电催责甚急，下午六时，乃率一部人员先行出发柳州，后方事已聘绥署谢处长赞吴为后方主任，其余人员则由林参谋长少波率领，限其十一日晨赶到石龙。

十一日晨八时，后批人员尚未有消息，适白主任返至柳州，查知本部尚未出发，极不满意，因此我与第一批人员先往石龙。电船已升火，据石龙打来电话，谓二批人员因车辆损坏，明晨方可望到石龙。是晚，我等在石龙乡公所宿营，十二日晨早起来，知第二批人员将抵柳州，至午后，人员陆续到达，但见各官长秩序紊乱，缺乏责任心，如此散漫，焉能治兵！十三日早人员到齐，乃乘船东下。是日天气晴和，恐敌机来扰，故令副官处派员轮值对空监视。并因本部成立伊始，乘便集合全体官兵在船训话，饬其（一）严守军纪与秩序；（二）遵守命令与时刻；（三）刻苦勤谨；（四）互相敬爱；（五）切戒烟赌。并明白宣示各职员倘有不法行为，被人告发，决按军法严惩。讲话完毕，时已正午，船抵武宣城，稍停，再向桂平前进。沿河滩多流急，两岸均是悬崖绝壁，午后四时抵桂平。杨处长琼、副官陈烈武，就近下船到差。六时，上驶至下湾墟宿营。十四日绝早启程，至八时遇警报，上岸暂避，林参谋长召集课长开部务会议。下午二时续航，六时抵贵县，暂不登陆，即派员往南山寺设营，以便明日进驻。十五日六时登陆，各人员正在安置中，旋奉命定巧日总攻击。战斗区分大略如下：北路总指挥徐庭瑶，西路总指挥夏威，东路总指挥蔡廷锴、叶肇副之，各部务于巧日就攻击位置。奉命后，决次日出发灵山，是晚着林参谋长准备。十六日晨七时出发，经瓦塘抵木格，宿营于乡公所。是日初次行军，各官兵均有倦容。查木格乃贵县富庶之区，尤以谷米出产最丰，人民纯朴，乡公所甚有权威，征集夫役较他乡易办。十七日晨六时，向百合前进，经木梓，下午一时抵桑桥，食粥并换夫，惟该乡公所前天已接通知，此时竟不负责，后经多方设法，耽误了三小时，始能成行，抵百合已入夜矣。是晚宿区署。该地属横县，区长姓陆，招待甚周。

晚饭毕，即与灵山县长通话，据其报告，敌人有犯陆屋企图，但本部尚未与前方部队取得联络，至堪焦虑。百合乃横灵交界之区，距灵山城一百二十华里，决定次日兼程赶到。十八日早三时出发，七时三十分抵石塘早膳，九时续向灵山进发，经平山，该区署备有茶粥，食完后已午后二时。该处距灵城仍有五十里，轿马疲劳，我即步行至佛子墟。因近来少行路，故足底已起水泡，不得已仍乘借来的瘦马一鞭一步地前进。幸道途平坦，六时行抵马鞍山。邓专员世增，梁县长汉耀、黄质胜、黄统才、陈炘荣、宁可风、宁克烈各司令、绅士等已在路口迎接。惟官兵落伍，随行者不及五人，体力如此，当系平日懒于锻炼之故。倘他日作战行军亦复如此，只有败亡耳。与各欢迎人员见面后，即进驻马鞍山岩洞。各职员夜深来到，晚饭后就寝。十九日晨，与前方四十六军军长及黄师长固、冯师长煌、秦师长镇等通电话，据报敌退守九龙墟及小董等地，邕钦路无变动。是日，接收四十六军及黄鹤龄纵队，午后召集南路各司令来谈话，并将委任印信及开办费用交其速返各地戍军。二十日，邓世增等到来辞行，午后着参谋处草拟进击邕钦路计划。我则带同林参谋长等出近郊侦察地形，黄昏后始回。结果，灵山附近地形平坦，前莫指挥所筑的所谓国防线工事用款数十万元，以之防匪尚不足恃，何况御敌，确系无险可守。惟观察佛子以东地区，处处均可设防。二十一日早起，散步归来，即核阅参谋处拟就之命令稿，经过一度的修改，即遵照行营颁布命令要旨，令四十六军及黄鹤龄纵队向邕钦线之敌攻击，并不时破坏其交通。总部仍驻灵山，派高级参谋王御之在四十六军部联络。二十二日，据四十六军报告，敌赶修邕钦公路，小董各处敌人无移动。我各友军集中尚未完毕，乃乘时将本部及游击人事整理。呈行营请委谭启秀为广东南路第一游击指挥官，仍兼第八游击司令，电其兼程来灵山。张炎为第七游击指挥官，仍兼第一游击司令。邓世增为第八区游击指挥官，张枚新副之。谭光球为特务营营长。又念钦廉宿将甚多，再请委杨鼎中、范德星、黄质文为军委会中将参议，均调本部服务。下午，接叶肇电话，该军一部已达永淳北岸。二十三日，各方情况无变化，早膳后，即率随从往前线侦察，并巡视各部。下午抵那龙墟宿营。查该墟未受战事影响前，生意甚盛，自南路战事发生，敌机往返轰炸，商店民房炸毁净尽，一片瓦砾，状极荒凉。二十四日晨，出发旧州，道路平坦，但两边均是高地。

午后三时抵埠，何军长率领军官到迎。是晚，在军部住宿，通知黄司令质胜来见。黄司令住于距旧州墟约二十里的双凤墟，我与彼知交最早，由兵目起至师长二十余年来，都是同一战线，隔别多年，一旦相见，所谈者多是过去之事，至夜深一时始眠。二十五日早，偕何、黄及其幕僚在旧州一带侦察阵地，正午归来稍憩，即与黄君往双凤墟。抵其家，黄夫人正忙于厨内。我与黄君固属老友，黄夫人乃罗定人，亦早相识，回忆其结婚至今，转瞬已三十年，绿叶成阴，子孙满堂，驹光易过，古语谓"人生如春梦"，诚然。查黄君虽由兵目升至师长，然人极忠厚俭朴，观他所住的旧式房屋，其建筑费不值四千元，比之其同乡官僚均高楼大厦，确有天渊之别。是日，请我大嚼其家乡菜。午后六时，仍回军部住宿。二十六日晨，往旧州附近检阅地方团队，午后，对军部直属队及巢团训话。该团官兵精神颇好，巢团长威乃湖南人，经诸战役成绩均冠各团。前线部署略有头绪，本拟往小董、陆屋等处侦察，忽接林参谋长电话，谓接有重要密电，非我回部不能解决。遂于二十七日晨启程返灵山，午后抵那隆宿营。该处因敌机惨炸，人民逃避一空，柴米均无法购买。下乡数里，着乡公所始买就，回来炊饭已入黑矣。倘大部行军，不携带食粮，万一遇有敌情，则危险甚大也。二十八日早饭后，即启程返部，午后抵达。休息片刻，林参谋长即交重要机密批阅，但内容并不十分紧要。盖乃上级转来某电，谓南路某要人受敌伪运动，企图破坏我抗战，其余均为训令式。如此密电，何得谓非我返部不能解决？二十九日早，敌机十余架由武利墟方面飞来，抵灵山后，向横县飞去，闻系炸宾阳。午后接行营来电，以官兵劳苦，元旦日各官佐、士兵每人犒赏猪肉四两、咸菜六两、糖二两，由各地方县府办理。三十日，据邓世增报告，敌运输舰六七艘满载军用品及骡马甚多，是晚抵龙门。想钦州方面乃敌出入孔道，非组织大规模的情报网，不能收事半功倍的战果。即派少校参谋刘明恩前往钦城组织情报网，并令邓世增派兵协助。抗战已经二十八个月了，以我们劣势的装备与优势的敌人相周旋，目前虽未能摧毁强敌，但已使世界人士认识我民族斗争的勇敢与果决，即日本帝国主义亦已领略我们威武不屈的精神。我四十八岁这一年的工作结束了，但日寇未灭，国家危机未除，人民痛苦未灭，我们的工作更要加紧，我们军民合作的精神更要发扬。同胞们，同志们，努力吧，期待明年胜利的来临。

振 旅 南 疆

民国二十九年（1940年）

　　二十九年（1940年）元旦，梁团长召集各民众团体在总部右侧旷地举行团拜及献旗典礼，仪式极为隆重。我受旗后，即向各界致谢，并报告最近敌情及国际形势。礼毕，散会。是日并委出覃琦为本部中校参谋。二日早出外打雀，八时归来。据钦县方面报告，敌舰两艘满载军用品正在起卸中。下午，接南山寺后方谭秘书明昭电话，谓谭启秀部李贵平中队已达贵县，其余正在阳江行动中。三日，天气晴和，早晨七时即有警报，敌机数十架分批袭南宁，午后一时解除警报。据四十六军报告，敌捕我邕钦良民数千赶修军路，苛刻异常，我军正向邕钦沿路袭击敌人等语。四日，敌情如旧。我各路大军集中尚未完毕，拟先将本集团暂区分为两纵队，以四十六军为左纵队，何宣为纵队指挥官，位置于旧州。黄鹤龄率部为右纵队，位置于那楼。着各部就攻击位置。未总攻以前，应派强有力之部队破坏邕钦公路，并阻滞敌人增援。五日，据邓世增报告，该部各游击司令编队极为顺利，约本月中可成立，听候点验，请发给编制表等语。本部人员补充已满，马鞍山洞小不敷应用，即派员往三海岩侦察驻地。据报，该岩可以设总部，但须修茸。午后接谭启秀由罗定来电，该部已抵罗城附近。即复电令其兼程来灵。六日，邕钦路敌情无变化。惟邕宁路情势甚紧，叶肇部已集中永淳北岸，一部进至鹅颈，已通知四十六军与其取联络。下午，接黄固师长电话，小董之敌今午四处骚扰，经我军及地方团队将其驱逐，已退窜小董；我伤亡数名。六日晨起，接我前线各侦探报告，龙州失守，敌运输舰数艘满载步兵用橡皮艇纷纷登陆，但番号未明。即转报上级及通知友军注意。是日，并迁总部至三海岩办公。下午接行营电令，着我东路军务须努力向邕钦路不时袭击及阻滞敌入增援。即转令何、黄各指挥官切实达成任务。但何、黄彼此未能融洽，各种任务均是观望不前。后白主任仍嘱黄必须直接归何指挥，黄极不满意。后黄卒辞去军职，调返桂平复任指挥官。此后，每日情况无大变化，惟本月中旬敌人确已增兵，每日均有运输舰满载敌兵抵钦州龙门、金鸡塘登陆。同时，邕柳公路双方大军混杂，据报敌人已占领七八塘，我历史上有名的天险——昆仑关亦受威胁。我军也积极准备反攻，各方军运频繁。但归东路指挥之六十六军尚未南渡，大约战略有变更。据叶肇通报，又奉命集结北岸暂不渡河。倘邕钦线不增加生力军，恐任务不容达到。后接行营命令，着十六集团军韦云淞部三十一军及四十六军统归我东路指挥，东西夹击敌人，限日截断邕钦路。我即令三十一军猛攻吴墟，四十六军猛攻奇灵唐报。东西两军均能依期占领目的地。但易攻难守，断绝敌人交通两日，敌即以陆空军炮兵向我反攻，我军伤亡颇大，即令其退回原阵地。"一·二八"八周年纪念到了，灵山各界在中山纪念堂开纪念会，请我参加。我即将敌犯上海历史及当时十九路军抗战情形，暨海内外同胞热情赞助经过大略报告。听众甚为肃穆动容。据地方人说，灵山民众对于公共集会颇为冷淡，此次与会人数之多、秩序之好，实为破天荒的一次。以我观察，人心未死，抗战大有可为。散会后已夜深十一时，即接省府南路行署主任罗翼群由茂名打来电话召开会议，商定为钦廉党政军学会议，以武利为会议地点，区长以上均须参加，限二月三日以前到达。谈至十二时始返部。

二月三日，邕钦敌情如前，惟昆仑关方面仍紧。七时，罗主任夫妇到达三海岩总部，略谈数语，即率谭秘书及随从等十余人与罗君同往武利。灵武相距九十里，午后四时抵达，驻于距墟约六里之某村。事前已通知该区长筹备会址，但到达后尚毫无准备甚至柴米亦深夜始购得，炊具又无，只借得一锅无盖，是晚竟食生饭。官兵见饭不熟，改为煮粥。我因行军疲倦，不食而寝。行政官不负责若此，政治腐败可知矣。

四日早七时开会，上午行开幕礼及收集提案，下午讨论，得决议案如下：（一）征集民枪若有损失如何赔偿案；（二）民食与军粮之准备案；（三）破坏敌伪后方案；（四）党政军学抗战工作之联系案；（五）各游击司令对行政官指挥权的限度案；（六）扩大宣传案；（七）地方团队子弹之补给及有功团丁之奖励案。至晚九时闭会，议决各案交由总部及行署修正分别实行。五日晨，接总部电话，知昆仑关方面战事激烈。遂与罗君话别，分道各返原防，入黑抵三海岩总部。据张炎来电，该部游击已编组三十二中队，请派人点验。即复电着其请示行营办理。六日，敌情无变动，惟钦州方面新到敌兵甚多，纷向南宁输送。接行营电令重新部署，东路总指挥蔡廷锴、邓龙光副之。南路总指挥夏威。西路总指挥甘丽初。北路总指挥徐庭瑶。叶肇为预备队总指挥。邓军正在输送，本集团部署早已完成。谭启秀部抵灵山，令在附近整编训练。七日晨八时，敌机分批炸灵城及旧州等处，无辜民众颇有伤亡。

行营来电，调广西民团六七千人为黄鹤龄指挥来破坏公路。但破路器材缺乏，且武器甚劣，又无秩序，收效极微。八日早，接四十六军电话，敌分两路向我旧州太平方面进犯，先头骑兵、便衣队到达那香及泗合坳附近，我前哨部队正在激战中等语。想该敌系掩护增援南宁，向我扫荡无疑。乃严令该军集结使用，以强有力之一部绕出那香敌后，包围而歼灭之。午后，接行营政治部电，派王浩明为该部政治特派员。九日晨，据报敌以空军掩护，向我泗合坳进犯。我巢团努力抵抗，惟那番失守，某高级官胆小如鼠，已逃至永淳附近。接永淳陈县长电话报告，冯师长失联络，已逃至中和墟。即着其通知该员从速回部。我以电话报告军事当局，他只说，他现在跑到什么地方，"这个坏东西"数语而已。我明知系其私人，任你如何呈报，断不会处分他，除非直接密报军委会，但又恐某要人袒护，反失友谊。十四日晨，泗合坳尚在我军掌握，敌约五六百人占据右端高地，即令秦师迂回那香，向敌包围，迅速解决。敌仍作困兽斗，围攻两日，敌以飞机抛下粮食，突围逃窜。敌人之坚强不屈令我佩服。惟究是我军无能，抑系敌确坚强？尚成问题耳。敌人既窜，我军恢复原有阵地，主力在太平旧州一带整理。据报敌人由广州抽调前来，数达三师团，后又增调近卫师团，大约总有十万人，决战在即。邓军一部已达贵县。十五日接行营电，我军已向昆仑关之敌进攻，略有进展，预料两天内可攻下。本路军除原有四十六军残部及谭启秀游击队外，编入本路战斗序列部队时有变更，调动频繁，指挥不能如意，任你有起剪颇牧之才，亦难开展。斯时除苦闷外，别无办法。十八日据各方情报，我军克服昆仑关，同时接十六集团军通报，龙州亦为我军占领。最近战局略有好转，如攻南宁得手，邕钦沿路之敌确无归路。惟恨临时归我指挥之某部，不特缺乏作战精神，并且毫无纪律。我当时已因感觉困难而消极，但念国难当前，未便遽卸仔肩，确有进退维谷之苦。二十日早接行营电，我军已占领九塘，掳获甚多。午后接钦州方面报告，敌新到运输舰满载炮兵、马匹，纷纷在金鸡登陆。钦城至龙门之轻便铁路正忙于敷设，沿路军用物品堆积如山，请派飞机轰炸等语。已转呈行营。二十二日接行营电，为指挥便利起见，本行营直接指挥各军由三月一日起由第四战区指挥。前线各军战况无变化，已成对峙胶着状态。邕钦路之敌运输繁忙。某日委员长到柳州某处，即打电话来慰问。他头一句"是蔡某吗？辛苦啦！"以后，则问邕钦线破路情形。我即将困难大略报告，他说困难有之，但无论如何要努力做到，多设地雷为要。不久，李任潮、陈辞修先生亦打电话来问情况。我照当时一般情况回答他。过了两三天，各方情况不佳了，昆仑关左右两翼激战甚烈。据那楼某区署报告，敌步骑联合兵队数约万人，在蒲庙亭子等处突向那楼而来，先头骑兵及便衣队已达距那楼二十里之某村，大有进犯那楼、永淳之势；我驻蒲庙独立团之一营众寡悬殊，已退至永淳附近等语。我急电呈行营，通报友军，并令四十六军以一师兵力经中和墟向永淳前进，截击敌人，仍以一部向那楼警戒，并令谭启秀部接陆屋青塘防务。二十四日，接行营电，情况略有变化，为东路军战斗序列之邓部某军应即经横县向黎塘兼程前进。我即通知王师照办。行营又派俄国顾问到来指导，我与他谈话，他所谈多不适合我们的战事环境需要。在此作战情况紧急中，又须派人照料，平添一种麻烦而已。杨参议鼎中派往桂林未返，林参谋长少波奉命赴渝开会，参谋处长闵某辞职尚未补缺，范参议德星、黄参议质文又须别往，总部高级幕僚星散，凡事都要我经手，就是最普通的例行公文，也要我亲自划行。身为一路指挥官，办事如此，其苦可知矣。后调副官处杨处长及高参陈济南分代职务。但两人均极生手，且意见不合，至于破裂，人事调整颇觉困难。二十六日，永淳失守，我军正在激战，午后接前方电话，敌向我猛烈攻击，冯师退守中和，敌乘夜以橡皮艇渡河北进。二十七日，接行营电令，昆仑关我敌已展开大战，着叶肇部即转移，向甘棠截击永淳北岸之敌。蔡集团之四十六军主力兼程渡横县河，向甘棠古辣急进，与叶部取东西夹击之效。午后据报，敌约七八千人渡河完毕，先头部队已窜至甘棠附近，我横永两属民团正在截击中。四十六军北渡后，我前线只有独立第一、二、三团与谭启秀部游击队，又须重新部署。仍以独立团各部为陆某指挥，接四十六军防务。谭部主力在青塘、陆屋不时向小董游击。总部仍在三海岩。并令独一团派兵一营收复永淳。二十八日，接四十六军报告，该军渡河完毕，向甘棠急进。又据横县县政府电话，敌昨晚黄昏已窜甘棠，辎重马匹甚多。查叶部由高田出甘棠仅五十华里，不知何故尚未抵达目的地。如古辣我无重兵据守，则宾阳后危矣。三月二日晨，接行营电，窜扰古辣之敌与李师激战，着就近通知邓、何各军分别向古辣急进。据报，古辣失陷，宾阳动摇。是日，敌机向我各阵地轰炸竟日，威胁甚大。三月一日早，据各方通知，敌一部窜抵宾阳，一部转向桂宾公路窜扰。我四十六军冯师已达甘棠，邓部甘师已达黎塘，与敌接触，倘不能扑灭该敌，我昆仑关大军殊为可虑。至邕钦线之敌，仍不断地运输。二日晨，得知各方情况不佳。自宾阳入敌手后，我昆仑关大军后路截断，不战而退。同时，上林、武鸣相继失守，各军损失甚大，若不从速收容整理，力图反攻，恐敌有乘虚窜扰柳州可能。自宾阳失陷后，各方电话、电报不通，除何、邓有通报外，其余不知消息。据报，敌有放弃宾阳模样。三日早，据四十六军报告，克服宾阳，敌已向昆仑关方面溃退，我军正在追击中。午后，接叶部参谋长郭某电话，谓其某师抵达甘棠，并向我问情况。我将各方情况对其略述，他云叶某行踪不明，拟将某师带至某处候命，但念叶总司令南京突围之勇，南岳会议被誉为标准军人，今迭次临危不前，未知他内心作何感想。四日接行营电，据报敌已溃退，南宁我大军向敌蹑尾追击，着各军从速整理，四十六军即回师南岸，归还蔡集团建制。午后，接杜军长聿明通报，该军一部已克服昆仑关，发现敌荒谬标语，谓"击溃蒋军三十余师，我皇军已璧还宾阳、昆仑关各地"等语。此种宣传虽属可恶，但此次桂南会战，我军确有三十师之众，数目三倍于敌，除缺乏空军外，其他配备不亚于敌。而敌竟能攻城夺地，纵横驰骤，可见我民族牺牲精神确不如人。再就战略论，依我管见有如下批评：（一）大军会战，后方预备队太少，使敌得乘我后方空虚抄袭宾阳。（二）在战术言，能攻则攻，不能攻则守，守不得则退，此次会战似犯不知相机进退的毛病。（三）自宾阳失陷后，我大军紊乱异常，不能作有秩序的转进，向宾阳之敌夹击，故一溃即不可收拾，使敌人不费一弹即占领邕宾路。（四）各高级司令部联系不密，毫无协同精神，且缺乏坚定决心。我这种批评，或者会开罪长官与朋友，只以抗战事业来日方长，不得不照实直书，以备将来参考耳。五日，据报敌已退五塘，守南宁近郊，大部纷纷集中邕江南岸，企图未明。又据钦县谍报长刘明恩急报，昨今两日敌运输舰三十余艘停泊钦县龙门附近，舰上并无敌军。午后据谭启秀报告，敌以大量运输车由南宁满载敌兵抵钦县，即步行至金鸡塘下橡皮艇，驶往龙门登运输舰。依此情况判断，想系敌以扫荡战目的已达，乃将增援部队复员之故。但我四十六军尚未完全抵达，只有令谭部向邕钦路袭击敌人。又接战区命令，略谓敌大部纷向邕江南岸溃退，一部已达钦县，我军为达歼灭该敌之目的，派吴奇伟为兵团司令，蔡、邓两集团归其指挥，限灰日集中完毕，成梯形配备，准备攻击位置。奉令后，即召集各参谋讨论进击敌人之部署。研究结果，咸以师旅位置命令已有规定，指挥官不便变更，只有转令照办而已。六日以后，敌人每日均退兵，南下至钦县登轮他驶。总计经邕钦路撤退者约五万人，据报系集结琼州海口。是日接战区通知，委员长于某日召集师长训话及开会。但本部参谋长往重庆开会未返，总部须我主持，故战区命我不必出席。后接委员长手令，对于参加桂南会战将领，自总司令

460

以下，因作战不力而受处分者甚多，尤以标准军人受罚最重。十一日，吴副长官带同参谋长张守愚到来，同时邓剑泉因丁父忧回籍，亦顺到磋商作战计划。结果，二十六集团全部在那香、青塘之线向敌攻击，邓部以一师在旧州、陆屋、沙坪之线，遵照战区命令成梯形配备。但号称两集团，仅得四师残部，处处均无主力，且指挥官太多。照我个人的见解，归一个军长指挥俾有余裕。兵力如此部署，真不知上级企图。倘因人事及指挥权问题，则二十六集团暂为某人指挥亦无不可，上级往往如是，想来系为将领面子计也。十一日，本集团分两路向邕钦敌人总攻击，四十六军何宣部向奇灵唐报之敌进攻，谭启秀、苏廷有、陆竹鹏各部统归谭指挥，向小董、牛岗方面前进，独立各团在太平附近为预备队，总部指挥所推进那隆。午后接前方报告，我军已占领奇灵，断绝敌归路，谭部在小董激战，略有进展。十二日早，敌向我军反攻均不逞。据那楼黄质胜司令报告，敌约七八千人在蒲庙附近集中，其先头骑兵已窜抵刘墟等语。即持报当局，想敌系欲反扫荡，迂回包围我作战大军无疑。午后，前方战事无变化，入黑，由蒲庙犯刘墟之敌大部已达刘墟，即令四十六军派队向那楼警戒。十三日接前方报告，今晨敌向我反攻甚烈，刘墟之敌分两路犯中和墟及平朗，大有窜犯沙坪模样。午后七时，奉兵团命令，敌有迂回沙坪包围灵山企图，着四十六军应陆续向灵山以东地区转进，六十四军候四十六军通过后，陆续撤退，沿公路以东地区为蔡集团，以西地区为邓集团。奉令后，即令四十六军向旧州，谭部向陆屋转进。十四日晨，敌正面已窜抵那香、青塘，与我何、谭各部掩护队激战。平朗之敌抵沙坪，已与邓部警戒队接触。午后何宣报告，该部主力已抵旧州，谭部亦抵陆屋、灵城等处，人心恐慌，入夜，更为紊乱。十五日晨，敌犯沙坪、旧州、陆屋，激战竟日。入夜，何军一部抵龙山，谭部抵三隆，各部秩序紊乱异常。十六日晨七时，沙坪、旧州、三隆均有激战，正午电话不通，甚为焦急。兵团总部已退石塘，黄昏战况更紧，至深夜，接陆团长电话，沙坪、旧州失守，三隆亦危，谭启秀部已向南撤退，何军已抵茅针。即派员带令着何军集中平山，谭部应在武利附近收容。十七日四时，接秦师长由新墟来电话，谓仅率一营抵此。

即命其陆续收容。拂晓，那隆方面枪炮声甚密，且愈逼愈近，吴奇伟兵团长即令我及早离开灵山，我即以有一分力量仍须镇定答之。七时，敌机分批不停狂炸，至十时，敌骑兵便衣队已抵三海岩对面河岸，向我总部攻击。我遂带同一部人员先行，三十分钟后，总部全部人员撤退。我至距城三里之马鞍山休息，到县府已无人烟，遗落粮食军用品甚多，既不运走，又不破坏，籍寇兵而赍盗粮，地方当局如此，可怒亦复可惜。午后二时，敌已攻入三海岩总部，此时与前方部队已无联络，只有含泪忍痛步行。敌机沿途追炸，入黑抵平山，又值天雨，行军最难，是晚将情况报告兵团长吴奇伟。他着我是夜兼程往石塘。我答以尚未与前方部队联络，拟明晨始返。他又说高佬太负责了。此时，忽在电话中闻得某师某团副报告："吴长官，我团伤亡过多，今晚即时撤退。"吴即严令该团掩护蔡集团通过后始能撤退，否则以军法从事。我听了半点钟，该团副仍然支吾以对，其实，该团早已奉兵团命令开到灵山归本部指挥，但始终未见该团报到，视命令为儿戏，且敢向高级指挥官在电话中抗命，殊属胆大妄为。是夜三时，仍不能与前方部队联络，平南墟、佛子墟两处机关枪及大炮声竟夜不绝，即向乐民转进。十七早七时到达，与吴总司令在路口相晤，略谈半点钟。他说，照现在情势，只有收容整理后再作第二步计划，并着本部相机退至城隍。话毕，他即往百合。我总部移那进村，派各参谋四处联络，特务营仍在平山警戒收容。至晚，情况不明，何、谭两部尚无报告。夜深，始接何军长无线电，谓该部已抵大墟。该地甚僻小，十万分之地图亦无注明。后问土人，始知在平山西侧十余里，即派员与其联络，并令其转进乐民石塘集合整理，待命反攻。十八日晨，据前方平山梁参谋振友报告，谓敌已逼平山，同时闻机枪声甚密。至八时，平山非我有矣。即偕参谋谭琦、秘书谭明昭等先行，其余人员及特务营由杨处长率领，相机向寨墟转进。本拟在寨墟收容，惟敌仍向石塘进犯，且乐民后方各部弹药，因无夫抢运，先行焚毁，大炮声、子弹声大作，因此影响，乃改变转进城隍墟。入夜，各职员先后抵达，但秩序甚乱。十九日，据特务营谭营长光球报告，敌便衣搜索队窜抵苏村附近停止，石塘、乐民仍在我营警戒中等语。

午后，接谭启秀报告，该部已抵福旺，即令其进驻寨墟。四十六军何军长率领混杂部队抵百合，即令其到城隍集合。但该军两师长已独自逃往博白，此种举动，若果是前十九路军的将领如此，我虽不责他，他也会自杀了。想现在的环境大非昔比，为维持友谊，只叫他从速归队罢了。二十日晨，敌情无变化，石塘、乐民秩序已恢复，各部正在收容整理，惟政治工作队因分子复杂着即裁撤。二十一、二十二两日，各部收容成绩颇好，据报损失甚微。午后情报，敌人有退窜模样，奉命派兵一旅追击，即令四十六军以强有力之一部，向平山、灵山进击，谭启秀部即兼程趋三合出那隆，断绝敌人归路。上级命令如是，但何军长宣借词有病。该部某处长与本部卢课长说，奉令收容，尚未整理又须出发，下级确有不满，此事出于主管人意思，抑或该处长擅作主张不得而知。我见情形若此，一面将命令转下，该军能否实行，我不理他，一面呈请军事当局免去总司令职，将四十六军归还建制，并请现即暂归吴总司令指挥。二十三日，据报灵山、武利等处之敌已向陆屋溃窜，我谭部已抵三合，黄炳钿团已达平山。

正午何军长来谈，并赠我香烟。我将呈委员长电给他看（电内大致谓司令部太多，报告延缓），正谈笑间，敌机十余架炸莲塘，距城隍仅十里。二十五日接谭启秀来电，我友军黄团克复灵山，我李少白支队已抵新墟与黄团联络，敌沿公路向陆屋等处退窜。午后，接杨鼎中参议电话，谓已返抵贵县。二十六日接委员长电，谓敌乘汪伪政府成立之初，必向四战区攻击，着各部从速准备。现值西江潦水暂涨尤当注意，并令四十六军向灵山推进。午后，谢东山、叶少泉两君抵部。二十七日，陈济南高参与杨处长因意见不合，互相攻讦甚烈，陈高参辞职照准，所有例行公文由谭秘书核阅判行，并呈请委派黄祖轩为中校参谋，陈杰为少校参谋。即以叶少泉为贵县后方办事处主任，谢东山为副官处上校副处长，人事稍为整理，所有笨重行李辎重概搬往十万大山安置，派军法处陈处长同往处理，后又搬北流岩洞。三十一日，总部人员先批及特务营先行出发，午后，接战区命令四十六军集结横县北岸。转令照办。又接谭启秀报告，敌已退窜钦县，沿途奸淫掳掠，无所不为，又以耕牛被劫最多。四月一日，总部出发。是日气候平和，午后二时抵乐民，仍驻那进村。黄质胜司令解来敌俘山村中次等数名，嫌疑汉奸五名，轻重机枪四支，步枪数杆；又龙门乡解来抢匪三名。据敌俘供称，系工兵独立大队，在旧州被我游击队击散，在山中被俘，至其他部队番号，因系入队未久，所以不知。来犯灵之敌，约三旅团，有二万左右等语。由本部卢、马两课长终日以善言诱其详供其他军情，但该俘均含糊以对，始终未说一句真实话。可知敌国国民教育及军训与我们国家比较，真有天渊之别。二日，敌情无变化，贵县各界慰劳队携酒肉来慰劳，并献旗。我除勉以军民合作外，并介绍其参观俘虏，同时着叶主任押解俘虏往贵县。午后开部务会议，认为关于交通、通讯各事应予注意。五日清明，乃扫墓节，晨早，致祭阵亡将士及死难同胞，并训勉官兵努力为国报仇雪耻，以尽军人天职。六日晨，据报黄业兴部军纪废弛，令邓世增从速整顿，否则遣散。后黄辞职，即以该部副司令陈欣荣升充。灵山等处已恢复原有阵地，自念环境困难，再呈请免去总司令职务，但当局又批复不准。七日，呈请调四十六军归还十六集团军建制，同时接战区命令，编组突击队、便衣队、快速队等，袭击邕钦路之敌。惟正规军已他调，只有遵命部署，准日内再往灵山设总部。十一日午后抵灵，仍驻三海岩。旧地重游，见沿途村庄一片荒凉，举目凄然，总部旧址已成遍地瓦砾，非经修葺，不能宿营。

是晚露营岩边，不胜今昔之感。十一日，接韦军长通报，敌犯上思，激战甚烈，大有再犯龙州之势。午后，邓世增转解来苏廷有部俘获敌兵内岛吉郎。该兵体格魁梧，据供曾在中学毕业，新来桂南参战。十二日，呈请委卢挺为参谋处代处长，覃绮为参谋处第一课长，并令其出席柳州会议。午后接绥署电，各独立团残破不堪，着调桂平柳州整理。忽接密报，上尉副官曹某有走私嫌疑，令副官处扣留查办。十三日接行营电，令林少波调行营中将高级参谋，委雷醒南为本部参谋长，新旧两员均在途中，暂着杨参议鼎中权理参谋长职务。查林去雷来的原因，系林与某军长素来意见不合，言语上几至冲突，经我向某巨公报告，故即调整。十五日，敌仍向我韦军威迫，我韦军损失甚大。十六日战区转来委座令，着九十三师调灵山为蔡集团使用，奉令后，即令该部在旧州、沙坪、陆嘉一带布防。该师实力充足，师长吕国铨学力甚好，乃青年有为之人。副师长彭佐熙乃我旧部，他当团长时，回罗定召集前十九路军将领甚多，甘军长任师长时，训练有素，此次抗战以来，立功不少。各总司令奉命每旬必须亲自检阅所属部队一次，因此，我先到陆嘉村检阅该师直属队及李有尚团。该团精神甚好，吕、彭正副师长礼貌亦周。驻宿一宵，旋往检阅某团，团长某已忘姓名，副团长梁天荣，该团即为彭副师长以前在罗定成立之团，其官长十居八九系罗定人。检阅后，各级官长纷纷到我住所查问家乡情形。第三天，到那隆茶子岭谭启秀指挥部，并着苏司令廷有、李副司令品三到来谈话。苏乃军人，人所共知。李乃钦县唯一公正绅士，家资富有，自钦县沦陷，所有生意、田舍均蒙损失，家人离散，其本人已六十余岁，当环境最险恶之时，即将自置枪械百余杆，集合子弟刻苦杀敌，且谈吐之间毫无怨言，令我钦佩至极。倘中国能人人如此，国家早已强盛矣。黄昏，对谭部直属及李支队训话约两点钟，无衣无食的官兵皆能忍耐静听，殊属难得。是晚，宿谭部。第四日早，起程返部，适雷雨交作，行约十里，马失前蹄，将我翻下刚耙之水田，满身泥泞，幸无损伤，惟行李已先行，迫得向卫士借衣服穿换，又短又细。正午返抵三海岩，雷参谋长已到差。据各方面报告，敌窜宁明，龙州危急，有威胁越南之意。至国际方面，欧洲时局严重，纳粹魔王希特勒以闪电战占领挪威后，并迅即攻陷荷兰、比利时，迂回包围英法联军，英军不战而退回三岛，号称世界一等强国，拥有三百万有名陆军守着坚固的马奇诺阵线的法国，不及四十天，全军被俘，国亦破亡。可谓惨矣！法兰西亡国的原因甚多，读过法国的悲剧杂志的当能明白。我从前到过法国，见他党派复杂，人民耽于逸乐，且压迫弱小民族，无微不至。荷兰人对弱小民族也是一样残忍，到过越南及荷印者，必会同情我的话。同时，英国也向日本屈膝了，试看他最近竟徇日本要求封闭滇缅路，以为可得一时苟安，但不久霹雳一声，日敌实行南进，日军分数路进驻越南。欧洲第一次大战守凡尔登赫赫有名的法国大将贝当将军，竟投诚希特勒，甘作傀儡，对于日军进占越南，当然噤若寒蝉，不敢令守军抵抗。敌入越后，即有放弃南宁企图。两月以来，国内国外大事约略如此。本集团军奉命改编为粤桂边区总司令部，我见环境不良，呈请免去新职，俾资调养。奉复不准，又再呈辞亦不准，欲三次坚辞，又恐当局以为我借此要挟，在国家风雨飘摇之际，不得不勉为其难，本"做一日和尚撞一日钟"之精神，尽我所能去做而已。此时，日寇已入越南，大有侵我昆明之势。我中央大军调动频繁，为我指挥之九十三师，正在邑钦路与敌激战，又奉命调武鸣归建制。我除南路游击队外，已成无兵总司令了。在此强敌压境、孤掌难鸣之下，立功固属不能，坐视又觉不忍，乃去电白健公，请其代向军事当局说项，准我解职，他复电慰勉。但我以为我纵不欲走也有人想我走，能快走更好。某要人或无此心，但其左右志在报复，总之，前十九路军一班将领，均是他眼中钉。如张炎，两年来治军治政，成绩斐然，大得民众拥护，而奸狡之徒竟无风起浪，逼他辞职，我为高雷数百万生命财产计，仍请保留其游击指挥官职，或调来邑钦前线杀敌，亦不允许。暗中某军阀竟未经通知，即派兵往我防地欲缴张部枪械，我为正义，向其质问，则复电说派兵往某处，乃镇压反动，如贵部有兵调至该处增防亦可。彼明知我部无兵可调，而该地区又无敌情，乃砌词搪塞，卑鄙若是，路人皆见了。张炎之职既不能保，该部又奉命为某专员兼师区司令改编，又假"民枪民有"的口号，令将民枪发还于民。然后张炎报告，少数民枪已发还于民，其余枪械均属各官兵自行携来成立，如果总部不能收容，唯有自动遣散等语。后来与十九路军将领作难之徒，放出含血喷人的卑污毒辣手段，谓张炎部不听命令，上山为匪。其实，张部不特遵命遣散，且遣散之日官兵聚会痛饮，高唱《义勇军进行曲》。遣散后，某要人之爪牙又放其狗屁，谓前十九路军于革命时代屡次打败我军，早已立心报复，不料日寇压境，中枢复其兵权，今被我们消灭，目的已达矣等语，但你放屁尽管放屁，前十九路军的精神，永远不死，永远在青史留名。十九路军的将领，不在争权，不在做官，在保持革命的人格！

　　我就新职已经月余，总觉无聊，适战区派华民治君来考察各游击部队工作，我即将各种困难情形告诉他，并说："我辞职已六七次，均蒙慰留，长官部又不替我转呈，我去志坚决，确无恋栈之念。张长官是我以前和现在的长官，他极爽直，必会谅解我，请你代我转达，若果仍不准我辞职，请其恕我逃官之罪。"查华君乃张之戚友，想我一番诚恳的要求，必定会代我转达。并书亲笔函交其带上，内容如下："长官钧鉴：错隶属蚜蠓，滥总师干，本拟尽忠职务，以图报于万一。唯心与愿违，自负责以来，毫无建树。迭次呈请免去总司令一职，未蒙邀准。际兹大敌当前，本不敢再有所求，但处境之悲苦，想我公早已深知，不必多赘。万恳准予辞职，俾我早卸仔肩，不胜盼切之至。未尽之言，请华君返去代达。"华君返去一星期，张公有电来了，电内大致说兄辞职坚决，殊为可惜，今已转请委座核办，是否能准，听候批复，但未准以前，仍希努力杀敌为要等语。我想我的危难将脱离了，若不知难而退，必有身败名裂之虞，现只有放开心怀从公，使内部人员一概不知。但吾继室已颇知，恐其泄露出去，官兵心理必定摇动，着其严守秘密。瞬间，又过两周，接战区转来委座某电：蔡总司令廷错辞职照准，另候任用。粤桂边区总司令部应即裁撤，粤南地区防务，着第四战区派员负责。奉令后，周身舒畅，所谓无官一身轻矣。即请示当局，本部负责至九月终，并请军政部发给遣散费与处置特务营、各部游击事宜。旋得复电，该部特务营及各部游击队为邓龙光部补充及指挥，派朱晖日在灵山设指挥所。据前方报告，南宁敌人陆续入越，龙州亦有放弃消息，轻便铁路已拆至钦县城，小董之敌辎重亦在搬运中。敌占越南后，邑钦已非军略要地，想敌因兵力不敷分配及战略计，必放弃邑钦无疑。我部结束准备妥当，遂于九月十五日呈报，不接收各方公文，午后，并参加灵山各界欢送大会及献旗。

　　十六日，除少数人员留守灵山，并催石工在穿镜岩凿"振旅南疆"四字，留作纪念，即返民乐后方。谭启秀送行十里，观其形容甚为憔悴。深夜抵埠，据杨处长报告，请军政部发给遣散费一事，尚未有复电，不知如何解决。但我早有准备，在运输节省项下存有一笔款项，规定除派川资官每人五十元、士兵十元外，其余均照阶级均派。各官兵均欢喜若狂，齐说："总司令剩余的夫费全数公开者，自当差以来，此乃系第一次。"各种办理妥当了，二十一日，全体官兵每人出资数角请我食饭，并请我临别赠言。我见官兵一番诚意，遂往聚餐，并对他们讲话，略谓："（一）我辞职的原因系各种环境所逼，详细情形恕不宣布；（二）各官兵共患难一年有余，一旦分离，伤感无限，望各人不论在朝在野，应以抗敌建国为职志，安分守己，切不可灰心与堕落；（三）养成高尚人格，至死不变；（四）分别在即，望各位沿途注意军纪与秩序。"话毕，正夜晚十二时，未了之事，着杨参议、谭秘书办理，决定先由陆路返乡，全体官兵在草地欢送，即与继室西欧及唐璋副官、荣锴弟并卫士一班，经城隍鹊桥北流，休息一天。该县长王纬芳极力照料与招待。后经灵山墟（容县属），梁朝玑君老太爷请食午餐，客气非常，并派梁乡长（朝玑弟）护送。抵黎村，适容县黄县长次轩丁母忧返乡，诚恳留宿，招待甚周。明日经粤之信宜白咸口，分三日抵故乡——罗镜，各界民众在西墟尾迎接。是晚，宿福初兄处。连日天气酷热，行军甚苦。在乡每日均是应酬，至十月三十日，接绍昌儿来电云：绍辉二嫂二十九日生一男，请定名。即复函慰勉，并定我的长孙名为醒民。在乡居住月余，感觉无聊，连报纸、消息也断绝了，遂决定往桂林休养。于十一日在罗镜，与继室及陈福初夫妇、罗夫人、叶少泉、陈仲达等乘民船抵罗定。住了两日，均是应酬，并捐助泷江医院建筑传染病室国币二千元。为避免麻烦，即雇民船与继室、明昭、唐璋等八人往南江。到都城，同德公司邓经理请食饭后，即搭船往梧州。梁专员朝玑、卢局长英龙、李达潮先生等均请宴，耽搁数天，即雇民船两艘，以一艘载李任潮、黎民任夫人、梁专员等，以电船拖民船送至大利口握别，乃转向溯抚江而上，行了六天，始抵平乐。桂林办公厅即派大小汽车三辆来接，是晚七时抵桂林，在李公馆晚饭后，住乐群社。因人员过多，费用甚大，即由徐雨三先生介绍，在城外园背村祝胜里二十五号之三，租得工人住的劣木屋一间暂住。诸事已告一段落，新历年将到，我奉令回任军事委员会特任参议官，虽是饭桶，亦只有接受而已。新年到了，照例过年，回忆我自"七七"事变发生，入京奉委军职，已三年有余。此三年来的奋斗，虽然无功，但扪心自问，实无愧对国家民族之处。知我者谓我心忧，不知我者，问我辞官不做是何求，一言以蔽之曰：环境不良耳。

逍 遥 桂 林

民国三十年（1941 年）

　　元旦过后，各方应酬已完，忽接次男绍辉来电云：一嫂叶氏于二十九年十一月二十七日产一男，遵父前函，名为觉民等语。正与继室西欧在欢慰中，又接长男绍昌飞邮说，觉民出世数天病危，心中反为不安。两天后复接来信，谓病已减，约三五天可复原，但入医院用去数百金。得此消息心始怡然。一生好动之我，困居桂林，无一使我发生兴趣，每日晨起，除体力运动外，即无事可做。而桂林天气在冬去春来之间，均是雾霾蔽天，细雨如绵，虽欲外出访友，然路上泥泞没胫，几至不能行动。人谓桂林山水甲天下，以我个人观感，不外有几百座枯燥的黑石山和一条清湍的漓江河流而已，如此的山水在广西极多。广东的西阳、云浮、肇庆等处亦遍地皆是，何以桂林如此有名，其他各地则寂然无闻呢？想必系封建时代士大夫集中于此，暖衣饱食，无可消遣，终日吟咏，随意品题，与此山水有缘，所以成名亦未可知。但历史的大名，虽然如此，但到过桂林之人，每有名不副实之感。最近省府迁返桂林，且因抗战影响，各地富商巨贾多逃避来此，昔日如常冷淡的一个城市，已一变而为极繁荣的省会了。文化提高，交通发达，军政机关又集中于此，确为西南重镇之一。此间四周石山均有岩洞，以避空袭，诚属天然。我以为"桂林空防甲天下"则是事实，但有美中不足之处，厥为近城之岩洞均为机关及要人占住，甚至中山公园亦戒备森严，普通民众能享受便利者寥寥无几。我卸职后，瞬经两月，困居桂林，颇觉苦闷，胡思乱想，毫无主意，且念寇深未已，我又因环境关

470

系未能尽情肆意，痛挥鲁阳之戈，挞彼倭奴，每抚髀兴叹，不胜懊恨。虽自抗战军兴以来，我曾参加作战已数年，唯日受掣肘，无所施展，然已竭尽心力，自问无愧。今在休养期间，无聊中乃忆起家人儿女辈均寄居香港，三年余未得见面，故乘暇与继室西欧于一月十九日晚乘中航民用机飞港。启程时，由军委会办公厅黎副处长民任兄派车亲送我到机场，同机者有梁华盛之封翁等。九时半起飞，但因有雾，俯首下望，俨然一片雪景，约十二时抵达香港，降落启德机场。检拾行李，已失去皮箱，查觅半点钟之久，尚无着落。时已更深，又忘记家中电话号码，即乘的士车过海后，打电话与蒋光鼐先生公馆，请其转知我家人在门前守候。故甫抵闸门，绍昌儿已牵着一只狼狗在门前候迎。甫入厅中，次媳李氏即来问候。行装甫卸，即询幼女桂香、绍闽两人，彼正在梦中惊醒，香女稍长，似较生性，惟闽女年幼，且隔别多年，未免娇羞。时已夜深，即嘱各人安眠。翌晨七时起来，出外散步，绍昌往接长媳及孙觉民归来。因两媳归门之后，我均未见过，拟照俗例奉茶叩首，但此种旧习惯，我认为应予废除，故只受其茶及一鞠躬礼而已。早餐后，着昌儿驶车往青山一行。抵达芳园门口，见绍辉儿在马路看书。我之房屋本有两座，甚为宽阔，除留一间小工人屋为绍辉儿读书及工人住宿外，其余均租予国民大学办学，辉儿亦在该大学肄业。稍事休息，即往外巡视。此地乃前妻彭惠芳经营数载，耗尽心血，始有此成绩，经我栽下之树木亦已长大成荫，睹景伤情，能不慨然！吾妻中年与我长别，思念往事，悲痛无限。幸得子孝媳贤，幼女乖巧，继室亦贤淑，故于悲痛之中略得安慰。午后，即着工人网塘鱼数尾，计得十余斤，携返香港佐餐。返港第二日早，绍昌即将在港数年来家中情形逐一报告。长媳处理家务，亦将一切收支部据交来查阅。儿媳处理各事极有条理，我数年牵挂，从此开怀矣。午后检视各物，除我衣服外，无不是前妻遗一之物，在一家团圆快慰中，又有睹物思人之感。第三日早起，与继室往九龙拜访叶笑花姻家及廖夫人、陈真如夫人、邓瑞人兄等。是晚，邓瑞人、梁贯典、林子浩、欧阳惜白、翁桂清联同请往大同食饭。第四日，往粉岭拜访李道明亲家。查李君为商界巨子，待人接物诚恳有礼。茶点后，游观其花园，其间花木甚多，牡丹、海棠、玫瑰等花正在开放，艳丽可爱，所豢山禽野兽又极为驯服，游人行近，则举首张翼，状极可爱，唯恨时间不多，未能一一领略。乃辞别李君，经大埔拜访李福林先生。抵其果园门口，已见其在果园内，下车相见，谈笑甚欢。他说："贤初哥，许久不见，你的身体似觉肥了好多。你这几年均极辛苦，今晚在我处屈驾一晚，好吗？"我谢谢他的盛情，他拿出其新种的新会橙赠我大啖，味甜而清，确是可口。李先生口含旱竹烟筒，不失当年豪侠风度。导我参观其果园，指示种植方法，领益不少。日已西沉，即向李君握手辞别，回抵香港，已七时矣。此后，每日均有应酬，港中亲友及旧日同袍如沈光汉、张炎、邓志才等，均来采访。我为谈话方便计，即请各亲友到家中食饭。旧历年到了，香港侨胞旧习甚深，由团年日起，直至初七，爆竹之声日夜不绝。年宵当中，仍旧拜年，亲友间互请新年饭，足闹至正月十几始停。我念假期无多，乃请钟华翰兄早定飞机位，定期二月十日飞南雄。行期未届，乃乘暇拜访陈友仁先生。阔别多年之老友，一旦见面，欢喜若狂，他不能说国语，由陈某翻译，所谈国际大势甚有见解，与我理想相同。查陈先生前与我们合作，失败后重游欧洲，"七七"事变发生，乃返国以示团结，但终不得当局谅解，至以为憾。约谈一点钟，即辞，返忌笠街十八号味庐，与瑞人、陈策、季典、翊强等游戏。是晚，江筱昌兄弟在安澜俱乐部请宴，沈以甘、戴孝悃等同席。翌晚，戴先生亦在此请客。七日拜访孙夫人宋庆龄先生，由陈显旋引见，得其指导，获益不少，并拟请看新电影片《独裁者》，内容系描写欧洲两大独裁魔王希特勒及墨索里尼二人者，赐饮酒一杯。茶点后，我见其伤风，遂叩别回寓。返港月余，日中生活极无意义，决心早返内地，乃乘暇处理家务，着昌、辉两儿到来面谈，拟将家人搬往广州湾暂住。绍辉儿在国民大学快将毕业，请求返内地入军校，我即函请桂林中央军校第六分校黄主任杰收容，并着辉儿于二月中旬乘机飞桂。至搬家之事，本已托张光中在广州湾租得洋楼一间（闻有花园），但绍昌儿面说，搬往广州湾不若搬返故乡更好。此种见解固属合理，但言外之音，实有不愿搬之意。当时，国际风云尚未十分紧张，想日寇不敢遽向英美开火，故于犹豫不决之间，遂对昌儿说，不搬也罢，即以电话通知光中兄，退去租定之屋。倘我当时有决心确定搬家，则不致后来遭受港战惊险及破产矣。香港每年在旧历正二月之间，必多雨雾，虽已购得南雄机票，然飞机起航不能定期，十天之内跑往机场两次，均不能起飞。直至三月五日十时，始得与继室罗氏乘中航港雄机起飞，同机者有翁照垣等。约十二时抵南雄，省府郑梓南先生到场照料，午餐完毕，乘小汽车返抵曲江，已下午六时矣。暂寓互励社。翌晨，拜会各军政当局，正午蒋憬公请餐，晚间余幄奇长官在艇请食饭，席间各友谈笑甚欢，且极诙谐。七日晨，各旧友已知我来，到访者极众。正午郑丰兄请餐。因应酬繁忙，且连日细雨纷纷，虽欲出门访友，亦有行不得之叹，乃与继室商量，不如早返桂林较为安乐。行程已决，即订购车票，向各亲友道别。六时乘粤汉车，各友好均到车站送行。车抵乐昌，探头向外观望，只见一团漆黑，以后行经何处，已不能辨别矣。九时就寝，虽有卧铺，因车行动荡，深夜未能入睡。至拂晓，车经末阳，约七时许抵衡阳南站。贸易局派励吾兄来接车，同到西门贸易局休息，方人矩夫人诚恳招待。早餐后，即往郊外避空袭，午后三时始回，方夫人又准备晚餐。五时三十分，由邓副主任励吾兄等送往湘桂车站，七时开车（是晚乘车情形与昨晚同），九日晨八时抵桂林南站。黎民任兄来接车，九时返抵祝胜里之木屋矣。计离桂林约两月，各物价已涨一倍。闲居无事，日唯打猎及从事园艺，以养身心，有时养鸡饲鸭，以陶性情。光阴如驰，转瞬已到夏天。在这初夏，正愁炎威，而桂林天气竟有不同，连日暴风大雨，已成水患，城厢内外一片汪洋，俨如泽国，所居木屋，几为浮起，水满床底，正所谓不得越雷池半步。所营的园艺，被冯夷光顾数日，一扫而空。最可痛者，西瓜将熟，一经水浸，太阳一照，即时爆裂，其未成熟之瓜数百个，连苗尽萎，尤为可惜。水既告退，屋之内外，泥泞如酱，半月尚未干爽，起居饮食均感不便。有生以来，水患之苦诚为第一次也。苦闷之余，策杖四出。突然一个霹雳，德国魔王于六月二十日对苏宣战，分数路向苏边入寇，以闪电战势，如摧枯拉朽，不两月已北至列宁格勒，中至斯莫棱斯克，东南至乌克兰。因此英法海峡，由紧张而至松懈。睹此世界战争必然延长，吾人身虽在野，亦惟默祝我国胜利，复我疆土。再思来桂数月，事无一成，总部结束半年之久，犹未将情形向张向公当面报告，不如乘暇往柳州一行。乃于六月二十七日乘火车赴柳，二十八日早抵达北站，长官部派黄处长叶南乘车来接，住立鱼峰乐群社，安置行李，即进谒张向公，并将总部结束情形面告。午餐后回寓休息。二十九日，全日访友，是晚，应罗定同乡会沈鸿文等之宴，下午九时始归来。余数年来，经过柳州不知凡几，但戎马倥偬，均来停留，以故同乡来请，只有推却，更不知同乡有若干人。惟此次同乡会请，同乡代表开十席。据鸿文兄谈，正式商店有二十余间，人数不下千人云。惟念吾邑乃穷乡僻壤，人多地窄，生活艰难，入桂谋生者，数以万计，黄季宽先生常笑我"罗定人侵略广西"。我问他怎么样侵略，他说："罗定人年头担一小杠红绒线及膏丹丸散来，年尾则牵十余头大水牛或其他值钱品物返去，实不是侵略吗？"不特季宽为言，其他普通人亦说："韩江、兴宁、西江、罗定都能刻苦耐劳，会做小生意"，此说，大多数人所承认。但此种刻苦，人尽可做，惟地理环境不同，此皆不得已而外出谋生，亦可谓富有冒险性也。是晚，席间互有劝勉，宾主尽欢。三十日早，沈君约往参观其农场，场在北岸距柳州约四十华里，于是由浮桥头乘小艇进发，滩多水湍，至午始达。该场面积约七八百亩，地多平坦，缺乏水源，仅能种甘蔗、花生、烟叶，诚美中不足，更以资本薄弱，一本旧式做作，难期发展，闻每年生产，仅能维持工人。其经理乃土人，一若故使失败有并吞攫夺之态。午饭后，往各地遥望，洪荒无涯，吾人欲领一幄，据云均有地主，无可下手。即下艇返柳，抵达时，南北两岸的灯火，已萤萤耀全市矣。七月一日，蒙尹专员承刚邀，乘其小车往观沙塘大农场及柳城牧马场。七时启程，约行一点钟车坏，距柳城二十里，此地四无居人，满目荒凉，司机极力修理无效，进退维谷，不得已，与尹君步行十五里，往大塘乡公所打电话借车。余久不徒步，并以时当酷暑，颇觉困苦，所幸不久沙塘农场派车来接，始免此危。既抵该场，司理人即导往参观各种改良的种子，所有树苗无不生气勃勃，所栽松杉两项，不知凡几，恨时间短少，需往牧马场，即事休憩，享我西瓜，爽口清甜。据云，该场仅十余年的历史，获此成绩，自觉庆幸。因为从前是一片荒地，今一变而为肥沃之土，生产将来无限，可说是"人生物"。一言以蔽之，事由人为耳。时间不早，辞别起程，下午两点至柳城。县府已准备午餐，饭后，即往郊游，县府准备小艇，即往牧马场。四时到达，龚场长杰元同往参观。马房有大小马匹约三百头，其种类有蒙古、阿拉伯、广西等混合，规模虽不宏伟，然其秩序整然，龙君诚可钦佩。但草场虽阔，可惜茅草多而肥草少。据龙君说，拟扩大种草，因经费有限，此时尚谈不到。说刚完，适报牝牡构精，亦请参看。两马交完，由技师向牡马取回四分之三之精液，以手术将之注射三牝，手续极简。嘻，现在科学如此进步，畜类既能若是，人类得无可以仿效。因以问技师，据说，某国正在试验，此件倘若成功，无庸男子多劳；寡妇无事再醮，亦有子女矣。既而夕阳在山，晚膳后，即返柳城。乘夜回柳州，八时抵达。在柳州盘玩十天，于六日晨乘车返桂林。数日，仍觉郁郁不安，除我夫妇及辉儿在桂外，其余子女均在港，万一日寇与英美破裂，香港必入敌手，因此函催次媳李氏携长孙来桂暂住，倘有事发生，亦可减少绍昌儿之负担。次媳李氏接函后，遵于八月中旬，携长孙乘机到来，余心稍觉安然。暑天已过，夜晚的秋风转凉，国难严重至此，吾人实无丝毫娱乐之兴趣。闲暇无事，每晨驰往郊外打鸟。闻得隔别多年的老友黄骚，已由港至桂，旋即往访，见面甚欢，即约定时间同往观其农场。此时，因蒋委员长至桂林，长沙告急，即请黄改期另约。而白健生先生亦由渝归来，即往进谒。适逢贺贵严先生亦在座，遂将欲见蒋委员长之意请其代达，后由蒋委员长电话约我到第六军校晤会，并同阅兵。阅毕，在私人谈话中，嘱至南岳开会。十月十一日，同李主任专车启程同往，十二日晨抵衡阳西站，即往南岳，各高级将领集中于此。十三日晨行开幕礼，以后每日开会，所拟各项，均是检讨过去失败原因，每日均由蒋委员长训话，直至二十一日晨闭幕。是晚，蒋委员长请各将领十余人晚餐。在未食饭前，由蒋委员长先后训话，有数语令吾人最为感动者。他说："有几句对你们高级将领勉励。今午，有长沙醴陵县长到来报告，此次敌人来犯，一般现象与前不同。因为我们军纪不好，以致人民生厌，前次敌人来时，民众帮忙甚热，此次敌距十里，无知民众竟竖白旗前往欢迎。照这看来，国家将危了。你们为将领，为带兵官，为政工人员，究竟负什么责任？大家想一想。湖南乃民族性最强者，尚且如此，其他省份如何？不要我说，你们亦深知。倘国家不幸而亡，我只有牺牲，但你们及你们子子孙孙要做敌人牛马奴隶。你们今后如何振奋？就是要遵此次开会所得教训，重新去做，去研究，恢复你们的荣誉才是。"我们听了这几句话，差不多食饭都不能下咽。二十二日，蒋委员长召集将领个别谈话，问我生活如何，看什么书？你想担任什么工作？我说因体力关系，无能力担任何种工作，此时只有养晦而已。二十三日，散会，各将领皆分道扬镳，惟粤各将领抵衡阳，由余幄奇、李伯豪在广东银行招待。晚饭后，粤将返粤，桂将返桂，余亦于二十四日早抵桂林。计此次会期十余天，食住虽有着落，但身体不自由，睡眠不足，极感疲倦。近月来，敌犯长沙后，无甚动向。惟德军逼莫斯科，列宁格勒亦危，倘两大城有失，整个欧洲大局又不知变到如何田地？我们局外人，惟有取静观态度，隔岸观火而已。黄骚君返柳，邀我明日同行，我以天气转寒，准备携带棉褛以为旅行之用。十一月二十五日晚，与黄乘火车往柳州，二十六日晨抵达，仍住柳州乐群社。二十七日，乘小车至鸡勒，搭运江渡，下午即至其农场。该场与运江斜对面，相距仅十里。连日寒风透骨，雪气逼人，故不出门。至二十九日天晴，即与黄君乘马观其农场。内有分场三个，面积约数千亩之多，所植桐树约五十万株，其他植物亦不少，就榨油出息亦可维持工人生活。惟近日桐油因时局影响，不能出口，价低，以至亏本甚巨。在此逗留数天，终日与黄君谈笑，说到国家大事，黄君则奋慨异常。盖黄君生长于檀香山，留学欧美，早入同盟会，孙中山先生极为倚重。归国后，在粤历长兵工厂，为环境所逼，转而经商，及提倡实业。二十九日，同黄君辞别，返柳州，晋谒张向公。他十二分诚恳，请入其长官部居住，并饬差役将我行李搬去。我以军纪森严，出入不自由，坚却辞谢，返沈鸿文的铺子均和暂住。在长官部所得消息，日寇一面派其爪牙来栖去美游说，一面又集合大军约七八个师团，集中越南北坼等要隘，吾人判断其必有企图。三十日晚，乘车返桂林，即飞函绍昌，着其将家人暂搬澳门，倘一时未能租屋，可安置在沈光汉、邓志才家。十二月五日，接其复函，似暂不搬，万一有事，与妹妹乘飞机来桂等语。我复去函着其即搬，但函刚发出，日寇竟不顾国际信义，于七日晚向英美不宣而战，向香港、檀香山、南洋群岛一带岛屿进攻。各处消息断绝，凡有眷属在港者均感不安。事实如此，吾人只有听天由命而已。

二十五日，香港沦陷，家人究竟如何，尚无消息。有说平民死伤数万，余心颇为焦急。在忧虑中，只有多方探听香港实在情形。至一月元旦，各亲友都来贺年，仍未接得港中消息，心烦意乱，回拜友人亦懒。九日午，忽接李任公电话，说陈伯南已抵梧州，来电通知一般朋友家人，他说在港各家家人均平安，请转知贤初等语。得此消息，心始释然，并即电知乡下家人。数日，又接徐赓陶兄电，说任、憬、贤诸位在港家人安全抵惠州，已派徐东来照料，心更安慰。接绍昌儿由河源来电，说日间可抵曲江，请派人带款接济，即着唐璋往曲江，于一月二十五日抵达桂林。此时正在严寒期间，各人逃出，均衣衫褴褛，形容憔悴，状极可怜。遂为各人简单添置衣物，并决定下月送两幼女返乡读书。光阴易过，转眼旧历年关又到，吾国数千年的习惯至今仍未能彻底改革，可叹！梁专员朝玑老友因黎民任返梧，得知我近日苦况，竟将其桂林花街之屋函请吾居住。遂于元月初七搬进，家人得此安居，狂喜。

云 贵 之 游

民国三十一年（1942 年）

新年无事，照例访友，兴味虽淡，但以家人安全归来，心情颇慰。在此快慰当中，忽接黄骚子耀展来函，内云其父亲于某日病故，如何善后，请为示谕等语。噩耗传来，歔欷者再，即复函安慰，着其节哀顺变，因财治丧。但思十余年老友一旦长别，感慨殊深。念黄君平日最讲卫生，起居饮食亦有规定，身体强健，何以一病不起，岂是大数有定耶！抑亦误服药石有以致之？俯首沉思，不得其解。夫人生在世，不过百年，正如白驹过隙，在此数十年中，往往逆意事多，顺意事少，出乎意料之外者更难预计。每见世人枉作千年之计，其结果有如始皇之作万里长城，自以为皇座万世，不知亡秦者非胡人，乃胡亥也。因此，我以为吾人未死以前，凡事应为社会着想，不可自私自利，徒为儿孙作马牛。旧历年宵已过，新历三月又来。

一日，由桂林雇一小民船，偕绍昌、绍庐、绍闽各儿女，经抚河返乡。十时启程，又因检查直至午后一时始向东行。临行，有同乡陈龙宇及其继室、媳妇等到定桂门河边送行，三点钟至大墟。六时停轮于兴平，距阳朔尚远，沿途风景甚佳，水鸟纷飞，均向滩头觅食，恨未带鸟枪，殊为可惜。

二日晨启程，正午已抵阳朔，沿途风景更为秀丽。绍昌辄将手影机摄影，但惜未能登陆盘玩。是晚八时，抵平乐停船。计前后经过三次，均未上岸游览，只见该城之外型，究竟内容如何，至今懵然。想是与该城无缘相见。

三日早，又经各机关检查。七时，关卡员司尚未起床，船驶近募厂，诸多留难，再三将前检查证件出示，仍然色厉瞋目大摆架子，似想放行，又故意宕延。自念余官虽非显赫，但仍是中央一个将官，有何可查？我尚如此，其他商民受难可知。我国积弱，病根固深，然自推倒满奴至今，民国已三十有余年，因何政治不上轨道，就是这班倚着地位作威作福的贪污虫使然。据船夫云，今日如果你先生不亲自向某关卡交涉，今晚船就不能启行，除非暗中通贿，可无问题。我大胆批评一句，抗战胜利后政治不改革，仍任由贪污者作威作福下去，必弄到亡国为止。这天竟被耽误至十点半钟始能启行，能不令人愤恨？行十里，经长滩大峡，又适天气骤暖，变吹大南风，迎船吹来，虽有数名船夫工作，亦不能使船前进。有时船被风吹反倒行，午后船尚未出峡，谅今晚定不能抵昭平。至下午六时停船，在黄村度夜。

四日晨，继续东驶，十二时抵昭平。补充食物后，仍续开行，至五时半停船。是日吹北风，船行无阻，两岸山清水秀，俨如初春气象，沿江新鲜海鱼极多，以青鳞鱼之味为最鲜甜，我们有机会大嚼一顿。

五日早启程，即日抵达马江。因午后倾盆大雨，篷面流水，衣物尽湿，且寒风凛冽，尤为可怕，整夜不能眠，只日夜坐于船中不动一步，所经何处地方、景物如何概不知之。

六日早起，据船夫云，今日可抵梧州。天气稍晴，即出船头观望，经达京南。该墟与马江相对望，忆民国十八年（1929 年）行军经此，并驻马江墟十余天，至今情景如昔，惟屈指算来，已经十有三年。当年革命内争，出生入死，究竟为什么，思之仍有余痛。是晚抵大利口，关卡老爷们已收工，梧城在望，不得到达，求关卡老爷们通融。据其属下员说，老爷已往梧州。吾人亦莫奈之何，惟有叹气，又要在漏雨之小民船再宿一晚。

七日早七时半，关卡已办公，经过手续后，即驶往梧州。幸军警检查处提前放行，十时抵梧，泊于抚河口。食饭后，急到中南筏，向王韵笙兄订船位，幸西江船公司好友甚多，三时即搭肇庆渡。船主招待甚厚，除请晚餐外，船脚也不收。三时半，鸣笛向下关驶去，尚待检查，至五时始放行。船抵鸡笼秒，即开足马力，约经二十余分钟到界首，此乃粤桂交界之地。七时抵都城，船泊码头，人客上落络绎不绝，惟观地方情形，与别埠似有不同，如艇家之多，各种食物应有尽有，更有疍家妹之叫喊"鱼生粥"，"叫艇过夜啦"，种种色色，令人寻味。八时继行，至十一时抵德庆。该城虽系县城所在地，仍不及都城商埠之热闹。十二时抵南江口，乃吾邑交通孔道，公路未破坏以前，本属甚为旺盛，迩来除商民来往外，出入口货大非昔比。我们下驳艇时，已深更夜静，即到电轮休息。步上梯口，船内客满，已无立锥之地。船主通融，即让办房给我歇息，不过所谓办房，亦仅堪容膝耳。天将大白，船即开行，七时抵古篷，即出船旁吸新鲜空气。遥望墟内，仍见我民国八年（1919年）在肇军任排长时驻兵之所——李家祠。

八日，正午十二时抵连滩，登陆后，连滩警局长前来照料，到某酒店进午餐。在谈话间，又想起我二十年前在此练兵之时，有地保邱火照其人，茶楼人云，彼仍在，我即请其到来见面。但邱已龙钟潦倒，两目已盲，询其近来景况，彼答不堪问，自两目盲后已为乞丐，滚滚珠泪随声而下，尤为可怜。恨我此时正在逆境，除接济其若干外，亦爱莫能助，尤觉惭愧。查邱当日在该埠时亦稍有地位，其族中亦颇多富翁，何以弄到今日的地步，原因固多，惟政治不良，至影响其谋生亦有关系。午后乘轿，抵大湾渡河，沿途泥泞，尚距城十八里，唯已届黄昏，正百鸟归巢之时，入黑抵牛岗庙。堂弟荣锴在此听候，我即下轿，行数步，陈副军长荣光，王县长公宪，绅商及戚友数十人，在此迎候。是晚，假谭启秀公馆暂寓。

九日，在罗城休息，并往各处访友。午后，与陈副军长及其夫人、叶处长少泉夫妇往郊外游玩。

十日晨，即偕湘云五叔及少泉兄夫妇数人返罗镜。三时抵官渡头，作较久休息，观看我十年前心血所造成的铁桥，见其工程尚甚坚固。在三年前，县府奉令破坏公路时，决将桥炸毁，幸当时适我在西江指挥军事，极力阻止，并负责必要时然后破坏，故能保存。倘当时我不在此间，相信定受其破坏，则今后五十年内，能否再能重建，实成问题。五时，已达目的地，陈福初兄及泷中学生已在东墟口迎接，是晚，即在腾庐暂住。

十一日早，返龙岩故乡。以无所事事，即在邻村闲谈世故，并嘱达锴弟将数年内家中情形与绍昌儿面谈。

十五日是春分节。早膳完毕，即与各父老兄弟前往马鞍山扫祖墓。计我为国家服务，历二十年，未得拜扫祖茔，今反在国难期间，竟能归来扫墓，实非我之本意，不过为环境使然。叩祭完毕，与父老叔侄聚集一堂，并坐同食，有饮有笑，愉快至极。

十六日，乘暇扫我私家祖墓，为节省时间与费用起见，即日分途祭扫，先往罗镜拜扫父母墓，然后到文屋背拜扫祖父墓坟。上午九时，即回至廷锴小学休息，巡视一周，即顺到原配彭氏惠芳坟墓。追念当日恩爱，今竟黄土一抔，长埋白骨，不胜唏吁。邀邻近父老到来便饭。是日，我因扫墓有所感伤，故整夜不眠。在乡休息仅数日，各方面消息断绝，新闻报纸须十日内始得到达，我国交通如此，诚属可叹。乡居生活寂寥，实无兴趣，遂决意雇民船一艘出罗城，往谭启秀家。适陈章副军长亦由乡出来相晤，本拟同往南江口，但他因事不果。

四月九日午，由罗搭客艇沿江而下，于十日晚抵南江口。同船搭客约百余人，十分挤拥，且春夏之交，天气颇酷热，汗流如雨，亦为苦事。十二时，肇梧渡来，即转渡西上，至封川江口即停驶避空袭，午后，三时抵梧州下关，得海关人员照料，得先行登岸之便利，到西宁酒店暂寓。洗澡后，已五时许，而所搭之渡尚未见泊岸。据客人说，检查机关有五处之多，往往入黑都不能查完，也常有之。交通上有此麻烦，唯我国如此。我曾遍游欧美，亦未见有如此者。

十三日下午七时，继搭渡往桂平，到达戎墟，船即停驶。

十四日晨，继续西上，沿途所见亦无特殊记录，惟水急滩多，戎墟以西均是石河，沿河两岸以石标志甚多，俨如石塔。恨河床太低，除河边城市可能遥望外，陆上地方如何，则不能见矣。

十五日，午后抵桂平（即浔州），即寓西湖酒店。其店乃蔡岳生私人所有，店主人知我到来，亲至招待，并赠我土产甚多，深更，即电知继妻西欧来柳州相接。

十六日下午八时，即搭柳桂渡往柳州。是日，连天阴雨，航行极缓，是晚在武宣停泊。

十七日，午后六时抵石龙，无车搭。

十八日早，即到石龙车站候车，时间尚早，即到小食店食早粥。数年来未曾尝此平民滋味，遂一连进两碗。即交国币拾元，侍役找还三元。我细想，未发生战事前，每碗粥价最多二毫，可见食品已超过十倍有余了。八时即登车，查该车平时只坐十五人，今载三十二人，已超过一倍，你挤我拥，有如榨油木尖紧迫在一起。公司老板招待我，与司机并坐，虽狭小反觉自在如意，亦不致如车中搭客紧迫之苦。十一时抵柳州，寄寓乐群旅社。绍昌儿与唐漳即往河北均和候车，午餐后，即打长途电话与继妻，询其因何不来柳州相接，她说因孙儿觉民有肺炎病甚危，今日似觉较好。据医生云，今明日病状无甚变动，即可逐日痊愈等语。因此心中甚为不快，即嘱其妥为料理。

在柳区过半月之久，感无兴趣，于五月三日乘车返桂林。是日为农历三月十九日，是我诞辰。觉民孙病虽愈，惟体质仍属瘦弱，不数日，长孙醒民又患疾，据医生诊断，亦是肺炎，经十余天的调理，亦不见效，即送其往七星岩省立医院留医，病日渐痊愈。近来医学大进步，尤以小儿肺炎一症为证，至从前所用敷肺膏及注射，今则以用新式（一）Sulfathiazolo；（二）Sulfanilawide；（三）Prontoail（德国药）；（四）Sulfapysadina（德国药），最为收效。但有三种之多，随便择用。但须照年龄大小服用，大人每服四次，每次服一粒；小孩每次半粒，服之无不见效。此次因两孙病用去巨款，正在困危之际，有此意外支出，心殊感惊恐。夏天将尽，初秋来临，桂林天气反常，且夏天雨多，晴时则极热，若一遇下雨，则一雨成秋，晚上亦须盖棉被，稍不慎，最易伤风。凡新入桂居住的人，亦因气候不调而至疾病者，屡屡有之。来来国内战事无大变化，惟南洋各岛均为敌寇侵陷，自新加坡被占后，敌又全力侵缅甸，今仰光已失守，想全缅不久即非大英帝国所有。果不及两月，即全陷敌手。国际路线已断，今后外国接济甚为可虑。吾人救国有心，请缨无路，我虽在野之身，然忧国忧民未敢后人。观察国际形势，此次战争似非短期间可解决，惟我国抗战五年，已出尽九牛二虎之力，至今为最后挣扎，但数年来政治不满民意，实成问题。以物价方面论，较战前超出十倍，人民生活甚苦，而贪污之人反借政治力量发国难财，有时上级虽知，亦不过一纸训令查办而已。被查办者，若是亲戚或相好，则又官官相卫，不了了之。如此黑暗政治，有财势者，杀人放火都可赦免；无财势背景者，任你过去功绩如何伟大，偶有些差池，则立即身败名裂。革命军兴以来，十有余年，为何弄至政治腐败如此，无他，"上下交征利"而已。

八月一日，达错弟由乡来，即询乡间生活如何？我家十余口搬返家，可能一一饱否？他答，家内虽无大生意，大家能刻苦，总可支持。

九月十一日，桂民孙女出世，母女均平安。惟正在我环境最劣之时期，且其父母又是由港逃难来桂林，故特命其乳名为桂林妹，书名为桂民，以为纪念。她出世未及一月，甚活泼，各家人特痛爱之。光阴似箭，转瞬间桂民孙女已满月。但年来我的性情仍属修养不够，每因小事而发牢骚者，不知若干次，长此不改，对于身体大有妨害。忽接香港李亲家道及沈光汉君等来函云：我在港存储保险箱之金器首饰等，大部分已取回变卖，约得港币数万元，请处置。读完信后，心中似觉愉快，即召昌、辉两儿来谈。我为两儿将来独立生活及创造事业起见，即对其面提出两项办法：（一）香港得回之款，集中由父主持家计生活；（二）分配你两兄弟自己独立生活。以上两项，由儿择一。结果同意第二项办法，除交绍庐、绍闻两女各国币一万元作为读书费外，其余我分毫不取，概交两儿作为今后谋生资本。并对其声明，以后我不负责彼等之生活费，如房租、电灯费用亦须照派。

十月十一日，乘桂民孙女弥月之日，家内团聚一餐。

十二日，各行自食。我所以这样的处置，缘因儿媳处世不知节俭，不特如此，就是其私人所用的工人，在同食之时，所有柴米油盐无一不浪费。但及独立生活后就骤然不同了，不特儿媳知节约，连工人也知检点。回忆在桂年余如在囚狱。乘冬初尚未大寒之时，决心往云贵一游，顺便往重庆，将我任二十六集团军总司令内未了之手续面报当局，请其批销，以清手续。现值天色晴和，嘱继室准备我旅行的简单服装。亲友亦知我不久远游，接柳州均和、沈鸿文兄来信，内云渠有小车改为烧木炭，拟开往昆明，请搭其车前往。即复函多谢，诸事已妥。

十月二十九日晨，偕随从唐漳搭日车往柳州。是早适警报，至十时始能启程。抵柳北站已入黑，谭启秀、钟贻荢兄等来站接车。当时搭客挤拥，且站灯不明，双方相遇不易，徘徊约半点多钟，始能相遇，同到均和暂寓。

三十日，往南岸进谒张向华先生后，因身体略有不适，早眠。

十一月一日晨起，身体已舒畅，正在太阳光芒四射之时，乘空气新鲜，跑往中山公园散步，鉴赏园中动植物。但见各动物笼中都是空空如也。不特无物可观，而笼内的污秽，堆积如山，臭气薰天。以花木而论，木确成林，花只有残枝，就是合时的菊花，因无人料理，尚未开放，幸桂花树甚多，为该园之特色。是晨，来游男女甚众，油头少年、摩登小姐们居大半数，款款而行，载笑载言，有的手执一书坐在石凳而看，有的交头接耳，互诉情衷。当时我缓步漫游，了无目的，游罢而归。

二日，准备行装，并请余海湛兄向某公疏通，请借汽油。午后，接黄和春电话，云汽油已允借，但某公说，因何不直白向其请领，须要处罚，云云。但我当时确知汽油来源缺乏，黑市亦昂贵，因私事而借，实不敢开口。

三日晨七时，即登钟贻荢的小汽车。各种准备完毕，携随从唐漳等启程，即驶至浮桥，到达乐群社前面第一检查站停车，经过一点钟手续，尚未放行。下车问其何故，始知驶车人执照略有不合，幸检查人员对我尚有些人情，否则不能放行。到达大塘，已十一时，即补充水炭，继向宜山公路行进。下午二时到达怀远。沿途车行顺利，午后，续向金城江进发，照例检查，某站长与我略相识，并向我行礼，手续完后，即将车驾往距十公里休息，细密检查车辆机件有无变动。继行七时到达河池歇宿。是日，经过柳宜、河怀各属，公路虽属平坦，但黔桂路通车至金城江公路车行甚少，路基久不修，坐足一日车，头如晕浪，倘身体不强健，必有毛病。庆怀两属均是山县，沿途所见俱是深山峻岭，一片少树木无水源的枯燥荒山荒地。九时，晚餐就寝。

四日晨起，各人自往食早粥，七时半启程。约行二公里，车厢流水，修来修去均无效，不得已，开倒车返河池，雇人修理，至八时半始开行。距城约数里，俱是崇山峻岭，公路狭小，倘司机精神稍不注意，坐车人的生命诚甚危险。十一时，抵南丹暂停，补充炭水，各人亦下车。查南丹乃广西最贫瘠之县，在未通车以前，简直等于吾粤一小村。据路边店人谈，从前割猪宰牛，都要先行向各山村传锣，或预贴街招两日，然后有人光顾。自通车以来，较前繁盛十倍以上云。午后一时，到鹿寨午饭，此埠乃通贵州孔道，与独山交界之处，近来商业亦极繁盛，银行、洋庄俱皆设有，由柳州所经行二百余公里，以该埠为冠。据商人说，鸦片未禁以前，云贵两省鸦片每年在此销售，交易甚巨，桂当局亦以此为利薮。三时，续往独山，车行数公里，已到黔桂分界之地。近代达官贵人多勒石于此，大书而特书，琳琅满目。车过陡坡，由高而下，行数十公里，仍属斜行十五度。四点余钟，因下暴雨，车行极缓，人视线不及十公尺，情景如此，沿途均无见闻，约七时抵独山城，旅居华侨旅社。余香先生亦已到达，他住招待所。行装稍卸，韩主任汉英即派副官来招待，并请至某酒店晚餐，至十时回寓就寝。至夜深一点钟，尚未入眠，跳虱又光顾，臭虫频频来犯，周身不适，痛痒非常，不得已起来与之周旋，但房中之灯光如豆，待翻开被窝，在咸臭的棉枕下，蒙蒙地看见一群臭虫如蚁附膻，毛骨悚然，结果使我避之三舍，将我所带小毡铺在地板而睡，稍觉安眠。约两小时，臭虫相继绕道迂回而来再犯，但我已早有准备，故侵袭之势稍杀，不若以前之甚。似卧不卧之间，捱至时表六时，即嘱司机打火。

五日晨，暴雨复大，各人自动食餐，将起程，惟天气严寒，车头冰冷，发火不着，人推车约一小时，始能燃着，向贵阳进发。经过余香旅社门口，他们还未起程，我们的车年龄较我还老，恐不可靠，故我先行启程，十一时到达都匀午饭，至午后二时，尚未见余香消息。我们见时间尚早，继续行程。恨可厌的天公，下雨不停，沿途泥泞，车行不便，倘若司机不慎，时有生命的危殆。三时，已抵贵定县城，停车补炭水，即打电话返独山，查问余香有无动身，因电话机败坏，声细微不明，以至不知如何，但往贵阳还有百余公里，路途崎岖，决心在该处歇宿一晚。即着唐璋等觅旅社住宿，找来寻去，大小旅店均人满。当时微雨纷风，露天度夜也不可能，即到广东人经营之安乐旅社，请其账房让一床位，终于交涉无效。但天无绝人之路，适有军政部补训二团李营长纯成及其全营官长均在此住宿，知我无处歇宿，即迎面而来，向我行一礼。他说："请总司令到我房间住。"我则询其姓名，他说是李纯成，并说明现任职务，又说"一·二八"淞沪抗日时，任军校野战炮连排长，拨归我指挥等语。李君诚恳如此，我亦不客气，即着各随从卸下车上行李，暂行安置在其所让房间，他即与营副及连长来请我讲话。据李君云，全营官兵徒手步行往贵阳，转乘车往昆明，飞往印度训练新炮。接物待人如李君者，实难得，虽然在短期受过我指挥，隔别十年，且当时又未直接往来，今已腾达，仍能记忆当时之关系，此种厚道真使我佩服钦敬。回想从前归我指挥的部队甚多，能如李君者则甚少。所以孔子云："十室之邑，必有忠信。"李君可谓忠信之人矣。是晚，较住旅店更为清洁，臭虫毒物不见来犯，由十时睡眠至天明，均得安然，尤为庆幸。

六日晨起，即食早粥，七时启程，李营长率其官长等送至城门，经龙里，十一时已抵贵阳城。三日内，由河池起程，经鹿寨、马场坪、贵阳三度的检查，关卡老爷们对我亦算有相当敬意。沿途所见均是大山隘路，除两旁的红树作为点缀外，亦无所谓风景可言。该树俗人名谓青蜓树，春茂冬落，但至叶将脱枝时转为淡红，故名之曰红叶树。公路上，商运之马队往来不绝，其马极驯服，行进有序，并有两骑为首，背竖大旗一面，头顶均插上红缨及铜铃一串，浩浩荡荡，威风凛凛，每队总有十余匹以上，领导而行，在后者均听前头之指挥命令，进则进，停则停，行列甚整齐。每日行动总有三次休息，休息时，马夫即卸马装，各马则自行给养，稍有秩序不齐，主子即以鞭挞之。又见其腰背皮烂出骨，鲜血淋漓，如此虐待畜生，毫无怜惜，殊属可恶。我们到了贵阳，即往棉花街贵阳招待所，决定次日在此休息，即嘱各随从洗衣裳。午饭完毕，则有前十九路军总部秘书萧蔚民君来访，他现任中央通讯社贵阳分社主任。我们初到黔境，人地生疏，一切事宜均由萧君代劳。查萧君为粤兴宁人，待人接物诚属恳切，在此任职已有六年。午后，吴主席鼎昌及防空学校冯处长、市长何辑五等来会。据吴主席谈，余幄奇在独山因病未启程，已派车及医生前往照料，我们为友者殊觉不安，又知余君素来嗜酒，大约系因酒过量所累，亦未可料。是晚，萧君请宴，并有赵副军长公武夫妇，测量总局长黄思基同席，十时散席，归来就寝。是夜，所住地方幽雅，陈设亦佳，我多年不住高等旅店，是夜睡眠甚为舒适。

七日晨起，萧君到来，同往拜友完毕，即赴花溪游玩风景，并参观防空学校修械室，冯处长则在此招待午餐。查花溪距贵阳城仅十里，前乃苗人所居的根据地，至今苗人亦不少，唯已开化，现贵筑县府设在此，开辟仅六七年，焕然一新了，有西式公园之称。达官富人多在此建别墅，凡来往贵阳的游客，莫不以一游该处为快。在贵州省有此新辟之胜地，亦算点缀。目下各小山树木茂盛，花溪之水亦筑成湖了。再过三五年，或可称谓小西湖，将来引动游客，鉴赏更多。午后归来，稍见疲倦，是晚，冯处长派人送汽油一罐到来，甚为感谢。是晚，广东同乡请餐。

八日早九时，萧君及防空学校裘科长育英来请，并同往南郊该校参观。由冯处长引导参观备课室及仪器标本，并由各主管部门人员逐一说明，殊感兴味。后乃到大操场参观各机炮及探照灯演习，所见员生均精神奕奕，操作纯熟。裘君并一一为我介绍，请我讲话。但我事前未加准备，确有"二十四史不知从何讲起"之感，遂亦勉强应酬几句。略谓"中国抗战已达五年，胜利在望，各员生均是优秀分子，对于军事及各种科学均已有深刻研究，惟科学无穷，日新月异，敬望诸君精益求精，在英明领袖领导及黄教育长训育下，向科学方面迈进，不特抗战是赖，而建国亦是赖焉"等语。查该校乃前辈袁祖铭时代所建，能容一旅驻兵，规模甚大，地方亦佳。午后一时返寓，见杜军长由桂来，乃同住于此。据云，余君得病未瘳，我心殊感不快，与萧君略谈后，决定明日赴昆明。是晚，萧君于某酒楼请用晚膳。

九日晨，汽车修理完竣，十时启程，萧君等来送行。车抵西门外时，即受第一关检查，耽搁半小时，乃向安顺公路前进。十公里后，汽车又告熄火，于是一面修理，一面午餐，历一小时许，继续前进。三时到达安顺，杜军长亦同时抵此，乃下榻于大时代旅店。查该县乃黔西富庶县分，距贵阳仅八十余公里，沿途所见，地方辽阔，水田亦多，人口繁众，生产亦丰，第以树木森林，尚付阙如，诚美中不足，殊为可惜。

十日，本拟晨早起程，其奈残旧之车又发不着火，将之推至街头，复至街尾，火始复燃，然各人已汗流浃背矣，内中至感悒愤。十时，车抵黄果树，距镇宁城约二十公里。素闻此地风景佳丽，即命停车一饱眼福。四面高山环绕，居高临下，有天然瀑布，水势汹涌，水花四溢，为该处最精彩者。而所谓黄果树也者，仅有名无实，固无黄果，亦无其树，即其他杂树，亦属寥寥，诚属滑稽之至。究因如何得名，吾人以旅途匆匆，无暇深究，颇引为憾。唯以此地险要，军阀混战势所必争，十五年前，滇黔两军曾鏖战于此，黔军首要周西成，因恃悍勇，而亲擎"周"号五色大旗向前冲杀，至以阵亡云。吾等遂即驱车向前，约三十里许，抵关岭，距城仅数里，商店多设在山陵，商埠规模虽不算宏伟，然商业方面尚似模似样，关卡林立，检查颇严密。午饭后，向安南（晴隆县）启行，黄昏抵普安，是日行程仅百余公里，车路凹凸不平，弯曲尤多，行车五天，其险要以今天为甚。沿途但见少数土苗茅屋，三五村民出没其间，状甚贫苦，状非笔墨所可形容。是日所经，凡三县城，据土人云，每县城厢内外商户不及千，吾等曾拟广西河池、南丹两县最小，但与今之普安诸县相较，真有"大巫小巫"之感矣。是晚，因无正式旅店，仅在小菜馆租得三个床位，污秽不堪，臭虫犹活跃异常，加以冬令夜长，虽将自带毡被铺用，然终夜辗转不能成寐。

十一日，绝早起程，抵盘江时，适有高车一辆迎面驰来，将过铁桥，我车即止。临江远眺，两面高山夹溪，湍流殊急，再越两大山，抵盘县城已十一时矣。两广人于此谋生者颇众，"丢那妈"之音不绝于耳。是晚，预算到曲靖住宿，但事与愿违，车胎爆数次，下午八时始达平彝。是日行程未及一百五十里，所见所闻大致如昨。

十二日，有军车一辆停于门前，据云，乃开往曲靖者，为减少我车重量计，遂命钟贻鄂、许之伟二人及其行李转乘军车，我即先行半点钟，满拟后此可顺利抵达昆明，孰料未及十里，而车又生毛病矣，又经修理，正午经沾益，三时抵曲靖，停车检查。时统制局苏局长特来关照，因车胎损坏及时间关系，是晚遂歇此地。入夜，刘县长应福来访，并贻赠土产甚多。是日天气晴朗，且道路平坦，本极宜行车，奈为劣车所误，致耽延时日，殊可憾也。曲靖为前清时代府城，亦为滇东各县之冠，现渝昆铁路已通车至此，将来商务发达可期。惟现值抗战期间，军民混杂，发国难财及经营投机事业者颇众。但城厢内外毫无卫生设备可言，而往来军民亦随处便溺，街头巷尾臭气薰天。余饭后如厕，侍役乃引至一旷地，既无遮栏，亦无瓦盖，掘以泥穴七八所，一如"周代劳田制"，此时已有数人捷足先登，男女混杂，诚不知人间有羞耻事。我乃回步远至郊外。返来后，询诸侍役，此旅舍究为何人经营，据云是本地财阀，闻建筑费用去达百余万元之巨，规模甚称宏伟，惜未建筑落成而已开张营业，足见业主之爱财如命矣。滇省乃我国边陲之区，现下抗战力量大部集中于此，交通甚便，诸色人等无不以此为来往孔道，但卫生及各种设备如此窳腐，国誉攸关，未审有司者之感想又如何。

十三日早起，刘县长及苏局长即来送行，钟、许等仍搭军车。至九时，汽车始能燃，遂与送者握别。经马龙、奕隆、白龙桥、大板桥、杨林等地，午后四时抵昆，在东门外统制局休息，苏局长及该局职员照料，殊感殷渥，并在云南招待所预定住房及派宪兵护送。抵旅社稍憩，杜军长及其参谋长李奇中、曹副官长振芳、蒋兵站总监等来访，并备晚宴。后与曹君约定明日拜谒龙云主席。是晚十时，钟贻鄂始到达，住宿尚未有着，逼得同住一房。意谓此旅社乃昆明独一无二之大旅舍，装置殊形堂皇，堪与粤沪大酒店相媲美，臭虫一事，任何人都可在意料中消失，岂知夜深仍未入梦，结果，仍须转卧楼板始达天明。

十四日早，隔别多年好友宋希濂、甘丽初、孟敏、张耀明、傅正模等来晤。下午四时，与曹副官长驱车拜会龙主席，畅谈半小时，拟辞行。但龙公谈锋正强，并将其历来政绩对我详述，我亦略述滇军在十八年（1929年）入桂时之英勇进退一般情形为谈话资料，彼更感高兴。临别时，龙主席即着其副官吴玉琨招待我住宿于其招待所。查龙主滇政已历十年，因该省素居特殊地位及陋习关系，其政绩若何，尚毁誉参半，特以该省封建色彩过深，政务推进颇感吃力。我与他事前并未谋面，只因我前充福建绥靖主任时，他曾派代表携带书信往来耳，现彼已大权在握而我已失势，他仍款我以上宾，私衷尤觉惭愧。龙性情好侠，且举止大方，虽有不良嗜好，然在革命过程中，亦为不可多得之人才。此非诣媚奉承，实就事论事耳。忆前曾与我同阶级，或甚至低我阶级者，现以时势关系，多已飞黄腾达，但仍能与我往来如昔者，有几人欤？"患难见知交，日久知人心"，昔日同寅每于晤面之际，仅不过点点头耳，"人情冷暖，世态炎凉"，殊堪浩叹。返抵旅社，时已黄昏，虽副官驱车来接我，因约友人翌日来此晤谈，故推延未往。是晚无应酬，赴大利被服厂何亮生处歇宿，尚觉安然入梦。

十五日晨，旧袍泽林冠英、刘家驹到访。林君现任兵站分监，生活尚可勉强支持。林君去后，同乡黄公度与彭程同来，而彭君乃刚由陆大毕业者，不久仍返第六军服务，年少英俊，如能从科学方面求进展，将来事业正未可限量。黄君乃乡邑巨商，惟近来兄弟不睦，闻已成讼，殊可惜耳。正午，甘军长丽初请餐。归来时，省府吴副官已来搬行李往省府招待所（崇仁街愉园）。因连日应酬，殊感疲倦，午睡起来，环游该园一周，地方颇为幽雅，房舍乃宫殿式，筑有花园，房舍设置甚适宜，且清洁。晚餐后即就寝。龙云已派宪兵来护，吾以此非必要，屡嘱吴副官将宪兵撤去，渠亦不以为然，安乐窝之休息，竟因此而扫兴矣。

十六日晨，散步花园。世界鸦鹊及鹰鸟之多，莫以昆明为甚，终日在屋顶上飞来飞去，声音嘈杂，闻之生厌。尤以鹰鸟，据动物家言，鹰乃雀中之王，其声哀厉，无怪引人憎厌。正午，参谋团丘高参渊及张元良等来访。午后，与甘军长往访隔别达十余载之老友刘震寰先生，见面谈笑，仍不失当年飒爽英姿。其时云南大绅黄子衡君亦在座，欢笑中黄君即提议往欧州餐室食法兰西餐，深夜始散。

十七日，早餐后与何亮生君到郊外散步。正午，宋希濂先生在冠生园请宴，席中有黄九龄、金汉鼎、甘丽初、刘震寰诸友。金君在北伐时晤面，至今一旦聚首，欢欣莫可名状，散席后，同返愉园畅谈。他将出身前因后果尽情吐露，津津有味。是晚，陈总监由孟副监敏主持请客，而杜军长亦同时在某洋行设宴，一日应酬三次，大有"随处作客"之感。

十八日，接龙主席帖，是晚在威远街公馆晚宴，有杜甘军长及省府张、陆、龚各厅长同席。

十九日上午，参谋团丘高参亲来接往西山游玩。在团部稍憩，即参观各寺观佛像，工程伟大，佛爷大大小小总在千个以上，我非佛教中人，且与佛无缘，故不感兴趣。惟风景甚佳，面临昆明湖，周年四季气候温和，达官贵人多建别墅于此。湖中鱼类甚多，临湖鸟瞰，茫无际涯，惟环湖未种树木，殊煞风景耳。正午，在参谋团部午餐，同席者有杜甘军长及孟副监，军政部办事处马主任崇六人作主席。餐后，赴黄子蘅家休息。

二十日早餐后，马主任偕叶宝初驱车来，约游郊外风景。先往参观金殿。所谓金殿者也，乃以古铜建筑之一座古寺，该寺乃明末吴三桂爱人陈圆圆所建行宫。据道士说，当时因火灾关系，地仅留石阶一块，余无遗迹可稽。风景尚不恶，惟寺内年久失修，复以迩来士兵生活困难，时见结队伐树为柴，殊可惜耳。距金殿十余里，为黑龙潭，为昆明历史名胜。树木葱郁，风景幽雅绝伦，现当局辟为公园，潭水清澈，游鱼亦多。闻明末布衣文士薛尔望先生不服匈奴，举家殉节于此，大义凛然，使入凭吊欷歔。往前行，为一古寺，现亦改为公园，园中有唐梅宋柏古树各一枝，叶虽枯脱，然尚能发蕊，其余茶花亦多，且已开放，红白交错，快人心脾。正午，在马公馆午饭，稍事休息，再游大观楼。此乃昆市公共娱乐场所，来往客人多聚于此。园中有高等旅店，园中央建唐冥赓遗像一座，并乘骏马，马上英姿，威武无比，以大理石所建，殊见精彩。园内并有山禽野兽，花卉虽少，惟条理井然，大有可观之处，惜其地方面积太少，有人论杭州西湖莫及。四时，即返招待所，适国防委员会党政工作考察专员朱启后、萧弘毅等到来同寓，略谈时事，晚餐后，各人因疲劳早眠。

二十一日，报载路透社消息，美日海军大战所罗门群岛，日寇大败，英美同时在北非阿尔及尔登陆，法海军部长达尔朗表示愿与盟军合作。数月来沉闷经告打破，聆此消息，至深鼓舞。中午，候车往温泉，计八时才达距安宁城十里之温泉。是晚，由李四平先生特别款待晚宴。李君乃龙主席的姻亲，早由龙通知其准备，晚餐既毕，即同往温泉洗澡，其水池陈设极华丽，惟尚未开幕，将来准备设浴室兼旅馆，样式与建筑尤为雅丽。各人下池十分钟，因水过沸，渐觉难受，以黄子薷君身体肥胖更不适宜，起来即呕吐，转至不醒人事，大家惊急万分，摩其手，脉搏极微，气色苍白，整身冰冻，此间又无西医生注射，致使我们大家手忙脚乱，不知可措。黄君亲家胡文山也居住于此，即请其到来商量，亦无法可施，各人在此面面相觑，束手无策，惟有听其自然。经一小时，微闻黄君似有呻吟之声，已能言语，即雇人抬其返胡家调理。我们返李府，亦不能眠，心里耿耿，时刻听黄君病状。查黄君素来血压过高，且体胖，时有血管爆裂之虞云。

二十二日早，即往探望黄君病状，见已复健康，大家甚慰。我虽疲劳，仍继鼓起勇气，再与翁、叶、邱三君往曹溪参观唐代刺史李北海碑。结果，仍使吾人失望，只见有碑石一块，乃系四川文人翁某学习李北海帖的，然此处地方风景天然美丽，近年来官僚商贾多建洋房别墅于此，登高一视，各建筑物均属近代化了。九时归来，又与翁、叶往浴温泉，大家提心吊胆，不敢太久，约二十分钟起来，即返李府午餐。下午，返西山黄子薷处休息。

二十三日早起，各人往城郊有名的翠湖游玩。

二十四日，上午参观五华山等处，风景不佳，空走一场，以至一身臭汗。归来洗澡后，即往何亮生兄家处便饭，只黄公度作陪。但所食的菜式均是何夫人自己烹饪，甚有家乡风味，到昆明十余日，以今餐为最适意。

二十五日，身体略有不适，不外出，为各乡亲题字。

二十六日正午，两广同乡会请宴。晚间，龙继曾（即龙主席第三公子）请客，我为席首，用法国餐，高兴非常。宴会完毕，并请我到云社看京戏。据不负责任者说，龙公子乃某帮首领，为人好侠仗义，前几年曾充过团长，云社就是他所提倡，与一班有产阶级的票友组合而成等语。是晚，龙公子粉墨登场，饰汉北王，歌舞超群，其出台时，鼓掌声如雷，极得观众满意。是晚同座者，有富滇银行缪行长、李警务处长，都认他技艺巧妙超群。

二十七日，往各亲友处辞行。是晚，李处长请宴。

二十八日晨，早起即挥书信十余函，向各军政商各亲友道谢。午后，又往省府向龙主席辞行。归来，闻中航机入黑可达，饭后，即嘱唐副官奖赏宪兵侍役。至七时半，省府派李科长锟、绥署参谋长甘方到来，送往机场。八时抵达，办事人员尚未见来，又无星火之光，伸手不见掌，几成黑暗世界。至九时三十分，天空微闻机声，愈响愈近，不久，机场四处火光如白昼。瞬间，机即降下，各检查员纷纷向人检查行李。但各检查员对我极客气，不特不查，且招呼妥当。登机后，又见老友金汉鼎同机，便不感寂寞。十时二十分起航，在昆环绕一周，即向东北飞去。是晚云雾蔽天，抵达川滇边境，空气不足，时高时低，因此两足似觉酸软。十二时三十分重庆在望，旧地重逢，我心甚悦，由窗瞭望，见灯光萤萤，心更愉快。抵机场时，已过午夜一时，事前虽通知邓君毅兄，但深更夜静，在寒风微雨下交通极感不便，且邓君又不知我何时抵达，以至亲爱好友亦不能来迎接。后来据邓君云，二十九日早，电始到。当时在机场站内四顾无人，多数人客亦是如此。后来，金先生到来，邀我同往河边请轿到其亲友处，拟却之，而自己又不知往何处好，想旅店深夜觅房又不易，心中志忐间，金先说请不必犹疑，才决定。即乘狭小的竹轿，到大溪沟五十一号毓蒙联华公司，经理人周志杰、张楚玉先生。查张、周二君乃是金先生的好友，当时我不带被盖，周君等相让，令我极难过，因种种刺激，致不能入眠。

二十九日早起，即向金先生等辞行。但周先生格外客气，已备早餐，又拟辞行，他仍留午餐，竟以正规的请客招待，令我尤为赧颜，高情厚谊，未悉何日报答。午后二时，向金、周二君等握别，并雇轿送我到保育院街五十四号邓君毅住宅。适邓君不在家，由其同住王启后先生送到胜利大厦，邓君已代留有房，适余幄奇、香翰屏、司徒美堂等亦在此住，心中殊感兴趣。连日均访友拜客，又须一番应酬。最特别就是梁寒操先生宴请由香港逃难归来到渝的重要人物，如孙哲公夫妇等数十人，各友人欢欣非常，餐毕，即由牧师率领读圣经，并由各人及各小姐轮唱戏曲助兴，尤以跛足陈策先生唱蛇利仔鸡及琼州土戏为最特色。后来各友也追我要唱，四面包围，不能推辞，在无可奈何之时，只有放厚面皮，唱几句不淡不成无板无调的粤曲，在各友照例鼓掌声中，面皮更觉厚了。至夜深散会。在此留恋十余天，除因事须要面报蒋总裁、何部长外，其余各要人都是在宴会场中拜见，惟隔别已数年的旧上官陈铭枢先生，每日都在广东酒家或请食餐，或饮茶，时加指导，确领益不少。但其住南岸，交通不便，至十二月十一日在盐务总办缪秋杰处午餐，陈先生亲带我到其家住一夜，彼此谈笑，仍不失当年的亲切。惟吾人回忆昔年为国家民族奋斗，虽不敢言有何功勋，陈先生领导吾人出生入死，以良心而论，当有相当劳绩。进一步而言，吾人在闽因不满当局而起革命，亦为国家民族，以退一步而言，吾人在闽因不满当局而起革命，亦为国家民族，只有公敌而无私仇，试问现在京中要人亦有前与当局采取对立者，现在彼此均为抗战而团结入京，赞助中枢，何以对彼等则厚，对陈先生则薄，未免过于狭隘偏祖。吾人不在权位之想，关于革命失败，亦毫无追悔，不过不平则鸣，乃人理之常情。是日，我本决定坐飞机返桂，后因余先生邀请我同车返，准明日启程，已将旅社房金等清结，并请余先生次日早上在南岸海棠溪车站会合。是晚终夜不眠，与陈先生作长夜之谈。

十二月十二日早，由陈夫人备早餐，陈先生、吴履逊君坐轿送我到海棠溪车站，候立九时尚未见余先生车来。我心甚急，又不知日期有变更否，故请陈先生先行返去，我与吴履逊君仍返过海到胜利大厦。据云，因是早雾大，不能渡江。至十一时余君夫妇、香翰屏、汪醒吾及我等同乘一小车到达綦江休息，午饭由余买两尾新鲜大鱼大嚼一餐。惟恨香君又照从前的一套，每停车必邀同往行街，见有食物如花生、糖果之类，必定光顾。因食杂物太多，肚已饱，到正式食饭，最美味的菜肴亦不开胃。午餐后，继续行程，黄昏抵东溪住宿。查綦江乃属四川，乃川黔交界之县，惟河流浅狭，水道直流，重庆与扬子江合流，河之左右两岸均是高山，近来种植水果，甚形发达。举头观望，满山柑橙，遍地红黄，天然美丽，俨似画景。农夫正在山中摘果，观其老幼无不口笑涔涔，可惜溪水不深，狭小的民船勉强驶至东溪松坎而尽。我们到东溪后，各人都因食午饭过迟，肚子尚不见消化，与香、汪等照例往街四处观望。到九时，各食一碗净面，便作晚饭，十时，返旅舍就寝。尚未入睡，老鼠结队而来，好似大军出阵一般，跳虱星夜来扰。就以老鼠胆量最大，起来燃着油灯，数次将其驱逐。但鼠也有它的游击战术，我一动及以手拷床，它则隐藏，不久又来骚扰，好似你进它退、你退它进的怪状。起来燃着灯，以灯为警戒，它竟将生油灯盏的油芯全部拖去，以致警戒线消失。到了三更夜静，灯火既灭，鼠和跳虱更从中作祟，那时，确无奈它何，任其所欲为，直到天明。

十三日早起，即唤侍役倒水洗脸，检查毛巾，已被鼠破坏如网巾了，洗脸的香皂亦已失踪。脸巾破坏，臭气难堪，无皂洗刷，又不能耐，不得已将小巾仔作脸巾用。八时启程，经松坎，正午抵桐梓，即在桐荫别墅（兵工厂）休息。钟厂长道锡则在此招待。午饭后，由钟厂长及上官鲁青各办事员等引导我们参观兵工厂所造出的新式步枪及轻重机枪，较以前确有进步。参观旧厂后，又观钟厂长最近计划设新厂于岩洞，该厂就将落成，洞内里宽约有三十亩，高五六十英尺，经钟君精细计划，将来全世界的岩洞或以该洞为独占鳌头。现前后两洞口能通大小汽车外，另凿一直径，隧道亦已通车，将来利用水电，将可足该厂之用。该洞天然生成，独立在半山，空气通爽，春夏天亦无潮湿之虞，空袭亦可保险，洞内除建各房舍外，仍可容约二千人工作。据钟君云，建设该厂前后仅用去国币一百余万元，今已成功八九。此种大的成就，乃钟君计划周详，谁敢谓国中无人才耶？以我眼光视之，凡事成功，都是事在人耳。是晚，钟厂长请宴，并由厂中工友演粤剧、京剧两种，尤以办事员上官先生唱一支《五郎探母》助庆，更为精彩。十一时散戏，返别墅休息。该处幽静异常，设备亦好，旅行月余，以此晚睡眠为最安乐。查该厂乃粤石井兵工厂搬来，各办事员及工友以粤人为多，现在厂附近已成广东村了，所见儿童亦不少，倘将来无特别变迁，黔省的粤人以此为繁盛。

十五日早，本拟启程，但钟已备早餐，又请影相馆来拍照，并赠吾地道茅台酒。至九时，与钟某握别，继续行程，正午到遵义。往步专学校参观，并由该校招待午餐，又赠最近各种新兵书。午后二时，经乌江扎佐，五时达贵阳，仍住招待所。梦想不到我又重游旧地矣。由渝到贵阳之公路，除经高山略为险阻外，较黔滇公路之崎岖，则有天渊之别。我重抵贵阳，因各级机关都已应酬过，现因余香关系，有时亦作陪。但久不会晤的陈淑殊女士，于十六日来相访，并同往其福建同乡会，与华侨巨头张振裕先生会谈，并请我约余香等食饭。我因最敬佩陈母，彼此隔别多年，则与陈女士同往探望。午后归来，大夏大学两广同学会则派代表到来，约我们明日到其学校讲话。惟余香已他往，恐其深夜始能归来，即请其先行回去，并答其代达。是夜无聊，与萧蔚民兄往某戏院看厉家班，十二时始回。

十七日晨早，与蔚民兄参观博物馆、图书馆及玻璃厂，规模虽不大，各种陈列亦井井有条。午后，大夏大学两广同学会代表黄森裕、石君等到来请我们去讲话，惟余香已往参观某射击场，已将其情由对其说知，人情难却，我即与其同往。该校在城西北郊外，规模亦见宏伟。抵达校门，各学生结队迎接。因校长往渝，其教育主任带往参观校内各部分，然后由两广学生代表带往某课堂开会，照例要我讲话，因他们都是知识分子，心中确有些不快，惟骑虎难下，即以军人本色，对其互相勉励，说得好不好，为另一问题。最后，便将我出来为社会服务三十余年情形，简单述及，作为训勉他们的根据，并祝他们前途远大云云。讲话完毕，由学生代表黄森裕、石君等答词。散会之后，由其社会研究部主任带引至该部，参观贵州各苗系种族标本及习俗。据该主任说，贵州全省民族复杂，除汉族所占平均约十分之六外，其余都是各种苗族，以炉山县一县苗之种类有东苗、仡佬、红仡佬、木佬苗、瑶人、红苗、黑苗、紫姜苗、青苗、长裙苗、短裙苗及其他苗、瑶、黎种甚多。据说言语习俗各有不同，近城市者多数汉化，惟不与汉通婚，性情强悍，在清末前后有作乱。查苗系各种族，乃大同小异，择居湘桂边境为最繁盛之区，倘地方当局善为开化，汉苗之分不久可以消灭。上项情形，因未获深刻研究，详细情景，须看贵州社会研究部出版书可以明了。恨当时时间不多，即向其社会研究部主管人辞别，又赠我苗系各种书画。甫出校门，马路上的电灯已大放光明，返抵旅舍，即随余香往食晚餐，又往厉家班看戏，夜深而回。

十九日，早餐后继续南下，是晚住独山，由第四分校韩主任平夷招待。但气候转寒，雨雪纷飞，车行极感困难，沿途情景均无可记，晚饭就寝。

二十日晨早，仍然雾雨蔽天，各人归心似箭，继续行程，正午抵南丹午餐。余君因卫士行李大车尚未见有开车消息，见其形容稍有焦闷。至午后二时开车，五时三十分已到金城江，旅寓于黔桂铁路招待所。地方幽雅，是晚格外安眠。本日由独山至此，不外二百余公里，所经鹿寨、南丹、河池各城市，略见人烟外，其余所见公路两侧均属无人之境，道路狭小，倘司机不慎，时有危殆之虞。是日，因天气关系，亦无记载。惟到南丹午饭之时，香君素来嗜好乡下风味，即呼侍役以薄片猪肉炒生蒜，初次一碟有蒜少肉多之嫌，令其再炒一碟，亦与前同。香君略有生气，嘱其再炒，以肉少蒜多为妙，但第三次蒜更少。香君不服，即骂侍役一顿，后自己单人直入厨内，问其厨师何故。他说："对不起，蒜早已完了。"香君责其完了就完了，何不早说？笑涔涔返来，乃一件滑稽之事。公路已算行完，大约次日可乘火车返柳桂，俗语云"年三晚四"，想吾家人已望穿秋水。

二十一日，起床特别迟滞，九时早餐。据汪醒吾君说，火车已抵鹿寨，午后始能到此。开车时间尚有待，则与香君外出散步。他照例见物则购，以花生为目的。查该处在公路铁路未通车以前，乃一片荒凉之地，现在大非昔比，商业种种繁杂异常，惟人烟稠密，对于卫生大不讲求，随处大小便，凡人行经横街小巷，莫不掩鼻而过。我国人的懒性，至今毫无进步，负地方责者，亦属如是，与欧美及其他国家，真不可同日而语。午后，余君卫士车已到达，于五时乘专车返桂林。抵柳州稍停，张向华先生到来与余君会谈，吾人亦在座。彼此乃商及南路治安事宜，约谈一小时，即开行，各人就寝。

二十二日，约八时抵桂林南站。余君后方友人均到接车，我即向余香等辞别，乘黎民任兄坐的汽车回桂花街本寓。见各家人尚未起床，令我不大高兴，明知我将返家，尚且如此躲懒，若我离家一年半载，各人懒性至如何程度，更不堪想象。此次在渝拟乘飞机返桂，但余君邀请同行，沿途蒙其招待，深为感激。自我滇黔之游，首尾两月，所得观感，格外愉快。恨由二十八年（1939年）至今屡欲往成都一行，均不果，或者与该处无缘，亦为憾事。今年之光阴，尚有一星期，想亦无可作为了。忆念国事，真有不堪回首之叹，但环境又使我困守于此，惟有存心养性，希望胜利早日来临，明年胜过今年，心中虽苦恼，亦以此自慰耳。瞬间新历年晚将到，军政学各机关均打扫衙门，各报也登载元旦庆祝的秩序，惟商民正在积极谋其过农历生活之资料。时吾人站在不官不民，盲从多数人，亦无所谓过新旧之年。我返桂林后，各友知我返来，连日都来探访，车出马入，应接不暇。人问我到云贵所得观感如何，我只答一个"好"字。又问外间传说我重整军旅，往印度或在云南指挥军务，是否确实，我则答所传太不近情理，并反驳他，倘我想做官的话，桂南敌人退出后，就会不辞职，何以到今日再起炉灶？如果确实，乃我太矛盾了。要知吾人处在恶劣环境之下，是不许你有一演身手的机会的，就是表面许某职，亦不过多备一个饭桶，仍不能施展其才，使其无用武之地，此种甜酸苦辣，我曾领教过了。自抗战军兴，大声疾呼要团结一致对外，口号是如此，但骨子里无时不在戒心，会令我们真能效死耶？"前事不忘后事之师"，务望各位此时切不可妄想再作为人利用之念，但来日方长，又不可遽尔灰心，如时机许可，再与各位共聚，亦不为晚。我说之意思，想诸友定当明白。我最后再赠友一言，官做不做乃平常之事，惟各位都在我部下任过官职，我重要之言，就是要做人不做官。做人的方法，本无他，凡事要有诚字，有了诚字，必有人格。有了人格，人人可以尊重，否则人格破产，任你有天大的本事，亦不会取大多数人的信仰。所以我嘱诸友尊重自己人格，亦不外上述意思，想诸友亦不会以我言为迂。

二十七日，余香等乘车返曲江，是夜，与继室西欧到南站送行。吾人无物致送，他到来亦无请其食餐，生计压迫至此，惟有请其心照。但我自己养有嫩鸡，只由继妻送两只交其在车上做菜，物虽小，而情殷，想余香亦不以我为孤寒。

二十八日，终日访友，返来接二弟来信，家中各人均安，并将我乡中所存的什物逐一报来，亦已了然。但此次远道归来，最不如意之事，莫如长男绍昌未得我同意，竟抗命辞去科长之职。是晚，将其面斥，仍支吾以答，又谓衙门的黑暗惨于强盗，为清白计不得不早离开。此种辩护，我亦不大相信。以我推测，无毅力，无目的，自幼至长成，都是骄矜；乘惯汽车，住惯洋房，环境突然变迁，作事无兴趣，则千真万确，何必辩护？不长进至此，惟有浩叹耳。

三十一日乃今年最后的一日，闲暇无事，晚饭后与继室出街，所见各军政及收税机关均搭牌额，大书面特书"恭祝元旦"，灯光辉煌，俨似太平盛世的气象。但我所感太不痛快，就是敌人仍盘踞我国，土地一日未复，均不能诱动我的心情，但恨有心报国，效力无路耳。我们行街亦无物可购，东走西行，所见省港入内地相识朋友极多，行到各处，都听闻粤音口语，至十时始回。本年尚有三点钟时刻，我理想的一切已付之东流，惟有放开心怀，听候明年愉快生活的来临。

困 苦 之 年

民国三十二年（1943 年）

元旦日早起，见天气晴和，并微闻纸炮声。洗脸后，照常运动，往河边吸新鲜空气。举头东望，朝阳初升，放射着殷红色的光辉，有时和白云掩映，美丽无比。当太阳逐渐升高，大地一片蓬蓬勃勃，表现着有无限的新生希望。是日天气虽好，但正当冬至前后，此间非雪即霜，时已七时有半，百鸟似尚未出巢觅食。如此寒天，我亦觉冷气阵阵侵来，乃在堤岸跑步，跑至出汗，遂脱去外衣，坐在石板上行日光浴，甚为舒适。贫苦的男女洗衣挑水，愈来愈多，我本坐在环珠洞石山脚下小路旁石板上，恐妨碍交通，故提前返寓。行至半途，忽闻空中"鹊鹊""英英"之声，甚为悲惨，抬头一看，乃一群鸦鹊与一队鹰隼在二百尺上空搏斗，上撞下喙，左冲右突，双方不肯示弱。有时某一方势孤，对方则以数只向前追逐，但其同群，见其被对方追逐，乃立刻公派三五只援助，一场空中恶战洋洋大观，及后两方愈战愈远，乃举步而回。想百鸟之所以斗争，不外是种族之歧视，为求同种生存。我中华民族被日寇侵略而奋起抗战，六年苦斗，亦无非为争生存耳。食粥后，往东镇路李公馆贺年，归至寓中，已高朋满座，多系生死与共之良友，照例大家讲几句好话，恕我糖果欠奉，好烟不设，只有清茶一盅，土烟任卷而已。首批未去，二批又来，坐椅固属不够，即茶杯亦发生问题，我虽懒于应酬，然来者均具好意，不得不诚恳招待也。

二日早起，照常跑步及柔软体操，人客虽有来访，已不如昨日之多。

午饭后在家无聊，往七星岩东边打雀，行了几个山坡，未见鸟面，查其原因，乃系因柴贵，所有树木均为驻军斩伐净尽，鸟无可栖而高飞远走耳。跑了三点多钟，劳而无获。时已五点，距家仍有十里，乃无精打采地经木龙洞过江归来。晚餐后，颇觉疲劳，遂入梦乡。

三日晨起，风云大变，天地暗淡，北风凛烈，华氏寒暑表已降至四十五度。本拟在家休息，但念连日各亲友均来贺年，若不回拜，诚恐说我不恭。故于食完早粥后，穿其最合时的西装，戴我"咸淳年"的毡帽，昂昂然摇曳两腿，挺直脊梁，随意之所之，遇友在家，则寒暄数语，否即以咭片一张留下，便算人情。跑足五个钟头，两腿不争气，似觉有点疲倦。此时在丽泽门外，距家尚有十里，不得不雇黄包车代劳，出了八洋代价，竟因马路不平，返抵门前下车，仅行数步，即觉头晕，周身骨肉酸痛。自此之后，若无要事，不敢再坐黄包车矣。

四日早起，天气严寒，念及唐璋在昆明久久不返，其中必有缘故，即函询柳州沈鸿文，请其查明见复。后接其来信，因车坏烂致耽误时日云云。但我心仍甚牵挂，返桂转瞬又经半月，我性好劳动，但恨无事可做。我想做的，如拉车、掌柜等工作，不特环境不许，就是我真去做，也必遭人拒绝，处此逆境，惟有忍耐。每日恢复小规模的养鸡、锄地、种菜等工作，亦乃苦中之乐也。

十五日，觉两周来无甚大事可记。国内战局，亦甚沉闷，惟北非战局稍见紧张。午后，接沈鸿文君来函，谓唐璋、钟贻蓦等九日返抵柳州，只说唐有病，其他并未顾及，令我十分怀疑。即去函请其将所存生活费寄一部来桂，暂济目前之急。函去数日，不见答复，想其间必有不妥之处，当时欲出柳州查其究竟。吾妻说："他们都是亲爱朋友，想不致有其他问题。"因为我亦不疑有他，遂再寄两函，结果延至二十七日始接复函，略谓唐璋在昆明因赌失败，已透支国币拾万元，除扣抵外，仍欠八达公司肆万零伍百元，唐璋已于二十三日搭船返罗定云云。接此信后，即对吾妻说：唐之不肖，早在意料中，但念交款于沈鸿文之时，钟贻蓦不在其列，且唐与钟交游亦少，何以遽信唐以巨款？退一步言，就算认唐系我私人，一时误信，铸成大错，何以抵柳州十余天之久？沈、钟未将唐璋取款事实通知而放唐走，无乃太过糊涂，即函责其处置不对。钟又来函说唐系我方私人，唐取款，应由我方负责赔偿，言语支吾，太不成说话了。惟款在沈、钟二人手，沈乃好友，钟虽反目，为息事宁人与维持友谊起见，即由我拟定三项办法，请其考虑答复：一、沈鸿文组织公司，将资本交钟贻萼往昆明营业，事前未将金钱经理责任对钟切实言明，致钟不慎交款于唐。沈组公司应负赔偿唐骗款一份。二、钟贻萼受沈鸿文之付托，未得沈及唐之主管人同意，擅自交款于唐，固已不合，返抵柳州十余天，又不对沈及唐之主管人说明，而任唐逃脱，咎有攸归，亦应赔偿一份。三、唐乃蔡方私人，为减轻上两项之负担，蔡方亦赔偿一份。旋得沈君函复请照办，钟当时亦答允。后又来函，云公司之份，要沈负担。想钟、唐返抵柳州与沈如何计议，对我隐瞒，只有彼三人自知。我此次受双重的损失，最为不幸。但念沈、钟均是同乡，谁是谁非均不计较，此后用人又多一种教训矣。新历年瞬间已过，农历年关又将来临，乡间农人男男女女结队而来沽其土产，买其年货。想彼等一年辛苦，仅得新年三五天快活。而国土沦陷，倭奴未灭，陷区的同胞在敌寇铁蹄下受苦，未能解救出来，我想大后方的民众似不应尽情快乐也。

闲居无聊，兹将我牧畜种植的经验拉杂谈谈，俾我家人将来参考。先从养鸡说起。鸡乃六畜之一，是家庭中佐膳上品。但穷苦民众能养不能食。想我在童年时代，母亲每年最少得鸡二三十头，除清明扫墓及过年两日各杀一鸡外，其余均携往罗镜墟出售。每次售得几角洋银，以之换盐油各物归来。当我十一岁之时，母亲着我携鸡去卖，可恶的鸡栏买手大秤秤入，细秤秤出，将我两只肥鸡秤少半斤，交银强携而去。我不服，与其纠缠，赶墟之人围观如堵。对方恼羞成怒，竟揾我两掌，观众咸抱不平，适父亲的朋友张十八叔撞见，问起缘由，遂将买手还赐两掌，将鸡再秤，多补半斤之价。俗语云，商人不得入忠臣庙，信不谬矣。鸡如在野，就是野鸡（与上海四马路的不同）。我回忆驻军琼州时，与黄强打雀，该岛野鸡甚多，不时在马路及草地上觅食。我初以为人养家鸡，不敢开枪，黄君从远跑来，大声叫着："蔡师长！你面前野鸡咁多，何不开枪？"我行近细看，更似家鸡，观其动静，交尾觅食，全无异状。黄君又喊："打啦！"刚将枪瞄准，野公鸡即"啼"的一声飞起，我将双筒鸟枪连射两发，命中一雌一雄，拾起一看，与家鸡确无分别。以问黄君，据答家鸡就是野鸡，经先人捉来畜养驯服，就变家鸡，你若不信，将野鸡蛋与家鸡孵出，即成家鸡云。我始知凡野兽山禽，经人畜养，便可驯服。至于家中养鸡，最忌发瘟。我童年时，母亲见鸡发瘟，即命我往买鞭炮、硫磺置鸡屋处，以火烧之，打扫干净，鸡瘟果然停止。母亲说，硫磺、鞭炮可辟邪，鸡鬼自然速走。当时我亦信以为真，及我长大之后，始知硫磺、鞭炮均为杀菌之剂，用之见效。除菌之外，鸡最忌西风与鸡屋湿润，故须避免西风及最少每星期清洁鸡屋一次。鸡之饲料，以米糠和粥为主，每日喂二至三次，食饱之后，须将残余之食料收起，否则食无定时，难发育，易生病。最好三五日间，能有虫类或鱼腥和糠喂一次，则快大异常。但蚯蚓不可被其食过量，否则极易疴痢也。养鸭方法，鸭亦有家鸭、野鸭之分，在我国因未注意保护动物，故少见野鸭，若在欧美则大不相同。我在一九三四年环游欧美时，动物园中，山禽野兽，无美不备，至于野鸭、野鸽均在野塘或破楼地点为巢，动见千百，晨早而出，日落而归，俨然家禽。有时游人买些粟类掷于地上，则结队而来，可见野鸭亦易驯服，且易长大，在雏时十天内，以生米碎饱之，后以半生米饭饲至一月以后，即可喂谷，能有鱼、虾、蚯蚓、田螺、田蛙之类食之则更佳。普通六十余天可杀之佐膳。鸭虽熟水性，但幼时极怕雨淋，更怕西风，防护之法，除避风雨外，鸭薮亦须干净，最好于雏时以辣了草为薮，可少毛病。养鸽方法，鸽有天鸽、地鸽之分。天鸽可以飞天，性情灵敏，可以带信，军中大有可用。地鸽蠢笨，只在屋内随食随疴，污秽不堪，令人憎厌。鸽好素食，眼力甚为犀利，俗人讥人势利曰"白鸽眼"，即此意也。其饲料以绿豆、三角麦为佳，次则谷或糙米，每月须以盐和食料喂一次。有人说，鸽子附旺不附衰，以我观之，实无其事，或者因主人饲养不适而逃去不返者，则常有之。如饲养得法，出雏后六个月，可以生蛋，每年最少有十数，总有二十只鸽子。老鸽将生蛋之际，夫妇爱情甚笃，互相喙嘴，俨然人类的接吻。有此动作之后，三两日即交尾，不久生蛋一个，隔两日再生一个，即行分工合作，夫妇轮流孵卵。约二十天，雏出世，又轮流饲雏，再二十余天，雏即拍翼学飞。老鸽见其羽毛丰满能自立，即行脱薮，驱其子自行觅食，毫不姑息，老妇再行生蛋。在薮时，其长大之鸽子不许行近。两年来，我见鸽之行动甚有感触，欧美人之家庭组织，有类鸽子。我中国之家庭，父兄操持家计，终身为儿孙作马牛，甚至计及千年万载后十代百代儿孙之享受，此种人之头脑，实不如鸽子，可笑亦复可怜。养猪之法，猪亦有家猪与野猪之别。野猪又名山猪，其行动穷凶极恶，皮坚骨大，门牙甚长，行走如箭，力大无穷，肉味甚美，但猎取极难，倘无好射手及良犬，则打猎之人亦颇危险也。家猪虽由野猪养驯，但因食料不同，行动减少，形已略变，性亦至蠢。中国人每骂人曰猪，实最刻薄。盖猪除食、睡、疴外，一事不能做，养大之后，亦一无所用，唯有任人烹宰，供人口腹，是最蠢最贱之物也。猪之主要养料为糟、糠、米，有时附以杂粮及盐硝，以清其肠胃。养牛之法，牛有沙牛、水牛之分。沙牛毛短而密，性耐热。水牛体较大，毛疏长，好游水，食料均以草为主。在耕作时，亦有喂以粥或番薯者。生在中国之动物，南方以牛，北方以骡马为最苦，终日替人耕作负物，不得一饱，稍为懒慢，鞭挞随之，老则宰杀，食其肉，制其皮骨为肥料，亦惨矣。以上各项牧畜方法，乃我养家畜之经验，想与科学家之见解，或有不同，但原则上总不致大谬耳。

一月二十五日，蒋中君来，见我景况不佳，他极关怀，以后每月接济我若干费用，情深款款，旧部之中，亦难得也。

三月二日，晨起料理家事后，出街跑跑，见壁报上消息，盟军已攻占北非突尼斯，德意残敌已退崩角，预料三五日内可全数肃清。非洲战事可算告一段落。惟苏联要求英美在欧洲开辟第二战场，未知何日始能实现，倘战局延长，亚洲战争亦难结束，我国痛苦更甚。

三月十日，接曲江各同乡会来函称，广东东江、潮梅、海陆丰、惠来及西江四邑灾情极重，各地哀鸿遍野，每日饿死以千百计。又接友人私函，所述情形大致相同，更谓有人食人之惨。阳江、四邑、潮梅等处每石谷价高至国币六千至一万元。留桂同乡会即电请粤当局将征实存谷七十万担，先行救济，将来以粮还粮，但无结果，反说吾等危言耸听，又派某厅长到桂解释，谓灾情并不重，并谓中枢不准报灾。明明灾情惨重，而言语及措施若此，不知是何居心！

四月一日，邓世增兄由合浦来桂休养，同时廖夫人何香凝女士与其媳、孙等亦从香港逃难远来，经曲江来桂，住于邓君处。据谈，其子承志被捕，拟往渝请有力者缓颊，后因某人挡架不许，故仍居桂林云。近观《大公报》内有陶然由惠州寄来一稿，其题为《粤东粮荒目击记》，内容如下："这次粤东的粮荒，首先在海丰发生。今年二月，谷子杂粮价格即行飞涨了。许多饥民流离失所，有的逃荒惠阳，有的逃嘉属（梅县）等处。到三月中旬，惠阳的粮荒也发生了，相继延及紫金、博罗、东莞、河源、五华以及潮梅等地。现在的灾荒最惨者，乃是惠阳、海陆丰和宝安沿海县分，其余离海愈远的地区灾情比较轻。现在就笔者亲眼所见的惠阳灾情，报告一下灾情成因。查此次粮荒发生的原因，主要有四点：（一）民国三十年（1941年）敌寇为封锁港韶交通线，强占惠阳沿海三区地方，沦陷的农业，有七成为停顿状态。（二）沿海两三年来时有敌舰出没抢劫而去，有些败类趁火打劫及在内地收买食粮偷运出口资敌，几乎天天有所闻。（三）去年上下造收成不佳，今年春尽无雨，万里田畴焦燥如石，除有水源可灌溉之一二成可分秧外，其余无法耕种。（四）这里的各属对于粮食的管理惯用的办法，甲处的粮价高涨了，乙处不准出口，甚至县与县、乡与乡之间，也是这样。地方当局，只求堵塞，不求调节，因此粮价动荡，对于社会生活影响愈厉害了。一句话说来，今日闹成灾荒的原因，是缺乏储粮与调节。粮价飞涨，是在三月下旬，有好多民族败类与敌人相勾结，敌人故意在大鹏湾和大亚湾出了高价收买我粮食，并以布匹棉纱换取。自二月至三月底，内地谷价已涨至五倍，民众已无购买力，不得已以杂粮充饥，杂粮也高价了。又不能坐而待毙，初则食残余杂粮充饥，继则以树皮草根捱命。惊人高利贷，现在农村中最通行，借贷利率是一千元两石（司码称），又要产业抵押，现今一千元仅能买谷四十斤。地方政府亦无主意。但各地区的粮荒已经爆发了，要根本救济是很困难。"自这篇消息发表后，即有该报读者李华投书该报，题为《天灾人祸各半》，内容如下："编辑先生，阅三日贵报《粤东粮荒目击记》，觉得有两点值得指出来商榷：第一，陶然先生说粤东粮荒的成因，根本原因予储粮缺乏，其次是调节欠和，分配不均，但储粮缺乏是不是根本原因呢？似乎还须考虑一下。首先，我们要问粤东是否有粮可储，如果事实无可储之粮，则'储粮缺乏'便空洞不着实际。如果粤东有可储之粮，那么为什么又会造成'储粮缺乏'的现象呢？政府便应该追究人为的原因加以根治。过去粤省每年乏粮一千二百万石，战后珠江产米区沦于敌手，内地粮产虽略有增加，但亦难以补此损失，故每年仍要靠湘、赣、桂接济。我们晓得湘每年余粮约有五百万担，赣只有三百万担，只一部分济粤，至桂米虽有少数济粤，益以粤东去年的天灾，实难以有大批储粮。但并非说政府能事先准备，也全无粮可储。譬如在食盐官运实施之前，粤当局若能和湘、赣当局事先商定购粮运盐办法，恐怕灾情不至今日的惨状。且一直到三四月间，整千整万的灾民无以为生了，而黑夜走私米粮的事情时有所闻。一般舆论的见解，都认为粤灾成因，天灾人祸各占其半，笼统地把根本原因归到'储粮缺乏'，这未免使读者模糊了事实真相。而且陶然先生完全忽略了百万侨眷因侨汇断绝而哀哀无告和食盐官运对粤、赣米盐互市的影响，也是一个最大疏忽。第二，粤东这一地区，原包括惠、潮、嘉二十五县，惠属东江流域与韩江流域的潮梅，倚肩接背，陶然先生虽说滨海的灾情最惨，但他却只写了惠属宝安各地，这与前次贵报登载的岭东流民图，同有偏颇不全之感。粤东灾情，因各县灾民多迁徙赣南、闽西，络绎不绝于兴宁、筠门岭一带，故对灾情实况，在该处最能耳闻目击其全景。今陶然先生所寄的只限于惠属一隅。以之代表粤东，诚恐读者反因之轻视粤东灾情，故笔者谨以粤东一小民之资格，提出上列两点为该文补充，以供先生及读者参考。"所以是非曲直，公道自在人心。今春粤东、粤西的灾情惨重，确属无可讳言，但政府不特毫不矜恤，且对奔走呼救批评政府措施不当的人，会加上"反动""汉奸""共党"的头衔，如此看来，政府看待人民，真是狗也不如。无怪日寇侵略香港时，某要人太太小姐包飞机逃走，男女工人行李及几只狼狗都尽行带走，而国内有地位的人——如方振武等亲至机场向某太太哭诉哀求，亦不许附搭。当时舆论哗然，皆说中国人不如狗，诚笑话也。

春去夏来，中国人望天吃饭，现在已农历四月，天公尚未下雨，倘再过一星期仍不下雨，则春耕无望，天灾人祸，重叠而来，人民痛苦不堪问矣。顷接阳江友人来电，每担米涨价七八千元，东江、潮梅亦涨四五千元之多。粤人为国牺牲，本应有的责任，但因政治不良而至饿死，情殊可悯。倘当局稍有良心，亟应从速救济，否则灾情愈扩愈大，将何以自处？查吾粤自抗战以来，政治腐败，贪污之风空前未有，勒榨民众，包庇烟赌，吞税走私，无所不为。我想二十几个行省中，任何一省都无若是黑暗。至鸦片一项，为国际所公禁，我国原定民国三十年（1941年）禁绝，今年已是民国三十二年（1943年）了，据福建新报登载，民政厅发表禁烟统计，自三十一年（1942年）六月起至本年四月底止，各地缉获烟犯人数计二千一百人，处死刑者一百二十二人，无期徒刑者五十六人，有期徒刑一千余人；又三十一年（1942年）发现种烟地区，计有建瓯、政和、南平、安溪、屏南、云霄、诏安、华安、宁化、古田、福鼎、永吉、长乐、闽侯、拓洋等十五县，计有种烟面积一千三百六十八亩；三十二年度（1943年）春季发现烟苗县区，计有南平、南安、永泰、水口、漳平、同安、建瓯、尤溪、长泰、安溪、周墩等十一县区，种烟面积一千三百余亩，业经分别惩处云。查福建为滨海省份，闽侯又为省会所在地，交通发达，中外共睹的地方尚且如此，其他偏僻省份及素来种烟之区，更不知成何世界！如此看来，徒有禁烟之名，而无禁烟之实。溯自禁烟以来，因犯禁令而被处死及无期徒刑者，以数十万计，何以鸦片不能禁绝呢？考其原因，厥为有力大员不能以身作则，所谓上有好者，下必有甚焉。何以见之？我不得不举一件事实来证明。自倭寇南侵，西南各省为因应战时交通，铁路、公路自二十九年（1940年）起交通颇称便利，竟有沪滨某大土豪勾结赤坎某土豪向当局献媚，竟准其由西边省区收买大宗鸦片（以数千担计），源源由车输送，并派陆军警察武装护送，以某部封条将鸦片封好，并通令各省转令各级切实保护。经过湘、桂、赣，因不得地方同意，不敢推销，一部运抵奉水，竟为有力当局将其鸦片及护送人员扣留。某大土豪禀报财神，转报其主子，但事关犯法，至尊亦无可如何，乃别开生面，下一圣旨与当局，谓近来你政绩甚好，着你不可理外间闲事，钦此。当局奉旨后，也留一些余地，除将鸦片焚烧外，护送人员一概释放。查该当局者做事颇具朝气，乃青年有为之才，政绩甚佳，敢作敢为，颇得时人同情。惟不幸吾粤两年来天灾人祸，已苦不堪言，此次运来亡国灭种之鸦片毒物，又在粤推销，粤民何辜，遭此荼毒！乃地方首要，反借此为发财机会，竟敢公开收受，坐地分肥，派某厅长哥哥何某主持，将千余担鸦片运往连县某岩洞坐销。据说巡抚方面分得七十余担，每担一千两。总督方面，是否分得，只有他自知。最近推销到西江南路，由驻军护送，亦分得若干。近接罗定来信，说近来大宗鸦片运来本邑推销，据主持人谓经政府许可，未悉是否鸦片又行公卖等语。所谓禁烟者如斯，我想有史以来亦无如今之黑暗。法律只能罪罚小民，不能拘束官吏，真是俗语所云："官府随处可打锣，小民摇铃也不许。"我此番说话，乃善意的批评，绝非攻讦个人，可叹此事人尽皆知，而舆论界竟噤若寒蝉，无半句批评，诚莫测高深也。

五月初旬，天降甘霖，耕种有水，农人狂喜异常。但美中不足者，下雨太多，连续十余日平天大雨。旱灾方去，水灾又来，生在中国听天吃饭之人，真是苦极了。

五月二十五日，漓江水涨，东西两岸均成泽国。东镇洲嘴六合路等处，一般贫苦民房茅屋几浸没顶，六畜什物损失净尽。是日午后雨稍晴，即往环珠洞河岸观水，波涛起伏，状若黄龙，家私什物，源源由上流漂流而下。俄见浮尸数具，随波逐浪，无人敢捞。据报章登载，今年春间旱灾，江南各省均甚普遍，此项水患，闽粤等省亦属不免。据说一隅之地，水患之惨，打破空前纪录。我国连年以来，不是闹旱便是闹水，甚至黄河泛滥，中原千百万人受灾，也无人抢救。我在童年时代，听父老对孩子讲故事说："古时有个大禹见洪水横流，百姓流离失所，便积极从事治水工作，九年之久，三过其门而不入，后来做了天子，天下太平，爱民若子。"我虽是孩童，听了也很佩服大禹的为人，时至今日，执政诸公年年都说提倡水利，可是只见雷响，不见下雨。安得大禹复生，疏九河，杜水患，救四万万同胞于水深火热之中而登之衽席之上哉！水灾讲完，又来谈谈粤东的盐运。查岭东人口稠密，田少人多，除出洋谋生及有田可耕者外，均以肩挑负贩为活。自食盐"官运官办"之后，因办理不善，除盐主被勒榨外，交通亦因驿运垄断，大受影响。担夫工资，又借官运之名，重重克扣，因此盐田荒废，运盐贫民无盐可担，纵有亦因工资减低，整日挑运不得一饱。至于养家更谈不到，于是亢悍者，铤而走险；守分者，转之沟壑。严重若是，负地方责者，仍以吾人之呼救批评为攻讦，殊失民主国家接受批评的精神。今日《大公报》社论"美国副总统华莱士指责商长琼斯利用金钱势力，以复兴公司地位阻碍经济作战部之势力，斥为官僚政治之最恶劣表现。"这件事的是非曲直，姑置不论，我们对于美国政治家这种坦白纠错的作风，实在觉得可佩。天下没有绝对理想的制度，也不会有尽如人意的政治，但最可怕是清议消沉，舆论缄默，大家唯唯诺诺，或闭口结舌，政治便绝对不会有进步。民主政治的可贵，就在集思广益，大家负责批评，虚心检讨，来鞭挞政治的改进。在这次大战中，英美可说已真正做到举国一致的境地，但民众对于政府依然任从批评，政府同僚间，也决不碍于情面规避督责。他们全国拥护罗斯福总统和邱吉尔首相，但对于他们的政策言论，照样率直检讨。因为"政治是众人之事"，只有众人参与讨论，才能发生真正的力量。我们的古圣先哲都奖励人改过，而不期望人无过，因为过失是任何人无法避免的，"过而能改，善莫大焉"。但要改过，先要有闻过的雅量，换言之，就是要有接受批评的襟度，"闻过则喜"是我们古来立身从政的高度修养。颜先衷曰："闻谤而怒者，谗之渐也；见谀而喜，佞之媒也。若虚心受言，闻过内省，谗言何自而入哉！"我们讲到历史上的盛世，必称汉唐，汉唐政治的奠立，始于汉文帝、唐太宗。汉文帝奖励民众批评政治，特严令废止诽谤之罪。他说："古之治天下，朝有进善之旌、诽谤之木，所以通治道而来谏者也。今法有诽谤妖言之罪，是使众臣不敢尽情而上。无由闻过也，将何以来远方之贤良，其除之民，或祝诅上以相约而后相谩，吏以为大逆，其以他言，吏又以为诽谤，此细民之愚无知抵死。朕甚不取。自今以来，有犯此者勿听治。"他那种求治若渴、奖励批评的精神，实足令后人取法。唐太宗制谏官随宰相入阁议事，故历史称当时为言无不尽。谏议大夫如王珪、魏征都能铮铮直谏，太宗亦无不虚怀接受。他说："未能受谏，安能谏人。"有一次太宗问魏征："隋炀帝文辞奥博，是尧舜非桀纣，行事何其相反？"魏征曰："恃其隽才，骄矜自困。"王船山曰："夫人主之怙过也，有以高居自逸而拒谏者矣，有以凭势力凌人而拒谏者矣，然而忠直之士，卓然不挠，虽斥窜诛责而不恤。"盛唐政治的清明，就是因为唐太宗有接受批评的襟度，魏征等有戆直敢言的勇气。国父建国大纲，融合中外政治之长，倡导五权宪法，讲到弹劾权，他说："古代君王时代的专管弹劾的官，象唐朝谏议大夫和清朝御史之责，就是遇到君王有过，也可冒死直谏，这种御史都是耿直得很，风骨凛然。譬如广州广雅书院里面，有一间十先生祠，那就是祭祀清朝谏臣的，有张之洞的额'抗风轩'三个字，这三个字的意思，就是说谏臣有风骨，能抗君王，可见从前设御史台官，原是一种好的制度，中国从前的弹劾权，是很好的制度，宪法里是不可少的。"我们看到华莱士以副总统的地位，对同僚这样严词质责，可以想见美国政治的风气和美国政治家的素养。当然，任何批评讥弹都要发于公正负责的态度，而不应夹杂私人的恩怨；相反的，也不能因为私人的情感而对于应说的话噤若寒蝉。李九我《宋贤事汇》载："王文正公每荐寇公准，而寇数短公。一日真宗谓公曰：'卿虽称准，准不称卿，何也？'公曰：'臣在位久阙失多，准对陛下无隐，益见其忠直，此臣所以重准耳。'"这一段故事，很可以和华莱士的批评精神相互发明，足见要求政治的清明，政治家接受批评的气度，和勇于批评的精神都是必要的因素。我看完此段文章之后，发生许多感想，回忆当年我的修养诸多不够，风度诸多不好，唯有

一片愚诚，得人愿宥而已。再观民国执政人物，有无做到上述标准，现虽
未至盖棺论定之时，但以我感觉，大有一代不如一代之势。最近，广西因
政治消沉，黄主席旭初便说："要革新政治风气。"其他各省亦有同样要
求，唯吾粤独异。某人执政五年以来，江河日下，贪污之风驰名遐迩，去
年至今，人祸天灾视若罔闻，人民请愿，置之不理。有人请其设法救济灾
民，则谓为故意攻讦，甚至一手提拔之靠山，见其对粤人太苛，请其放弃
政权，重穿军服，竟敢说："辞职不甘，只有撤职……"恶言跋扈，世上
难见。此种事实，最高当局亦未尝不知，但以某人与汪有莫逆之交，恐一
旦将其撤职，反而投伪，故暂保存其禄位。粤人之遭殃，不知何日止境，
痛哉粤人！

《潮梅的哀诉》，这是桂林《大公报》登载甄凯由岭东寄来的消息，
节录如下："跟着河南大灾这一支在千多年前迁居潮梅的中原民众，也和
其祖籍一样遭受悲惨的厄运。去年两造的风灾、水灾，再加上人祸及贪官
污吏与土豪的勒榨，而今春久旱无雨，更使粤东一千余万生灵全陷于死亡
的边际。韩江的沙滩躺着无算饿死的僵尸，无人种植龟裂的田野，在地理
上的轮廓，潮梅十五具，今乃粤第六行政区的辖境，形势险要，山多田
少，素来缺米之区，人口繁盛，往南洋谋生者，以数百万计，教育很发
达，以梅县冠，现在都是嗷嗷待哺的哀鸿，往昔的繁华，已成历史的春
梦。由曲江乘木炭车东行四日，约四百公里，便是兴宁。该城系交通枢
纽，香港未沦陷前，各处商贾均以此为中心站，高跟卷发摩登的脂粉香气
散播于各城中。可是记者这次重来，看见这小小山城已经变得这样的凄
凉，车抵城廓，便见结队许多难民，扶老携幼，带着烂被包，手拿破碎，
散布在路旁，或卧或坐。城内的工商业店户，十居八九已关闭。街头街尾
除了难民成群结队以外，少见行人。在偏僻的小巷，是粪溺及没掩埋的尸
体，发出一阵阵的臭气。负地方责者，又不知作何感想。现据一般估计，
兴宁城已有难民三四万人，一月来逃往江西各边境者，已有三十万以上。
在昔日的梅江，有电轮行驶其间，现在河底已变色，一片粉白的沙滩，只
有汩汩流出的如自来水管流着的水。饿到垂死的灾民，往往匍匐水流之

处，以求饮此河水，苟延残喘，死后尸身竟躺在水流边，因此影响各地饮水，也发生问题。记者目击许多灾民，全身发肿，不忍注视。我问起他的时候，都气息奄奄地说，从今年二月间便食草根了。在家乡揭阳，已经一个多月没有粒米啖饭，草根也要一二元一斤，年纪老的人吃了不消化，躺在屋内不能走动，年轻的人只得丢了家人一路挖食草根，逃走去了。现在父母饿死了，恐怕也无人埋葬。说到这里，他们酸泪双流，记者也禁不住为之掬一把同情之泪。问起他们领赈粥的情形，他们都说，领得粥的只是一部分人，还要年轻力大的才行。最初来到兴宁，善心富家人还肯施残饭冷粥，现在灾民多了，本地也有好多灾民，所以不易得食了。最后，他们说家乡是死路一条，卖了家财，上江西的，都退了回来，何况我们光身汉，死也死在兴宁了。兴宁本是潮梅中心的县份，现在米价每百市斤已增涨至五六千元，各墟市都闹着抢米潮，不论一升八斗都会被拦路的灾民检查了去。这情形发展下去，恐怕米粮要完全断绝，而本地灾民，过去是手工业及担运夫农民者，往往聚集百十人去富户打饥荒单，有的乘机抢掠……边区司令部虽然一度不合法的枪决了不少抢米灾民，但毕竟还是地方上棘手无策。喜欢噪叫的鸦雀们，近来寂静无声，是必也因荒逃走了。记者往梅县走了一次，目见的灾民更是令人触目惊心。由程江桥一带，恰如死窟，住着一大群潮属灾民在那里，除了触鼻臭气之外，只有一片绝望的号泣与宛转呻吟。听说松口（梅县属最富最广大的市镇华侨区）华侨的眷属，她们一年来就没接到丈夫的汇款，从去冬起，富有之家便靠变卖家私及衣物过活。更有数十万各县贫穷的侨眷妇女，仆仆粤、赣道上，她们成为调剂粤、赣盐粮的挑运夫。

可是，自今年春食盐官运后，黑幕重重，影响她们都失了业，甚至不少因为生活被迫着，忍辱含垢去出卖肉体。过去为人欣羡的侨眷，而今都是最悲惨的不幸者。为政当局，只有欺骗，不知如何心肠。尽管灾民每天整千的饿死已经到了最后的挣扎，兴宁的报纸仍载有奸徒勾结军政人员武装运米资敌的消息。由山城经水口到留隍前线，只有三日的路程，据确报，两担米可与敌人换一条棉纱（价值七万元）。山城舆论发出最低喟叹了。那些丧心病狂的不肖之徒，为了追求七八倍的厚利，便不惜依恃势力祸国殃民，因此舆论发出了喟叹。

许多人都说天灾害人是无可奈何的事，但今日何日，岂容人祸再荼毒生灵！《时事日报》也写了一篇社论：《其身不正则令不行》，山城枪决了不少抢米犯，但枪决走私犯及囤积犯的事却少见闻，结果走私猖獗，大大的激起舆情的骚动。城头上开始出现不平则鸣的标语。士绅们集议组织乡团，用人民的武装去防止走私，果然米价便由一百元二斤跌至二斤半，这不能不说是民众的力量。中国政治上普遍久远的现象，不能如人民意。本来潮梅灾情，不是偶然的发生，去年的风灾、水灾、蝗灾，桂林报纸上便曾经用大字标题登载过，省当局亦经派省委吴乃宪往潮梅视察，归来亦向首要报告。而今年二月间，揭阳灾民已食草根了，仍征缴勒迫了上千余石谷子，三月并催收公债。地方当局为其地位与官要紧，殊不惜灾民饿死，以勒榨之资尽行献媚。现在虽有中央增拨大宗粤省征实余粮七十万石救灾，但七十万石的谷子要用人员辗成米，非一月后不可了的事，而且省政府规定余粮平粜的价格，照市价七五折，一斗米亦要一二百元，一般灾民未免有望洋兴叹之感吧！救灾是件急政，潮梅的灾民已饿死成千累万，若不切实去救济，恐怕比豫灾还要悲惨。今天挣扎在饥饿线上的人，正喁喁望着救济，仍望社会上一秉人类同情慷慨解囊，救救在水深火热中的潮梅千百万的灾胞。

我们读了此篇灾情的消息，真使我们同情与悲愤，可是旅外各省粤人，四出呼号，竟不得粤当局的谅解，反说我们有意向其攻讦，悲哉粤人！最近旅外粤人已发起救人自救了，重庆粤籍党政首要及同乡，已热烈筹款救济，并推梁寒操、林翼中两先生先行带赈款一千万元南归，昨已抵桂林。梁先生反客为主，假座电政局梁局长达常处邀请旅桂同乡晚餐，并征求各同乡救灾意见，结果各同乡认为应急行救济。为治标计，请梁先生亲往东江潮梅一带调查灾情。梁、林两君允前往，梁君又说为避免各方怀疑，抵达曲江，决不接受任何人招待。梁君去后约一月时间，路经东江、兴宁、梅县转海陆丰、惠来，普宁等属返抵桂林，与各同乡面谈，略谓：

"此次奉陪都各长官及同乡的使命，返粤救济灾民，返抵桂林又得各同乡协助指导，甚为快慰。本人在未出发以前，对于灾情预想，不致有如各方所报者之严重，可是此行目击灾情，实超过本人在重庆及在桂林所闻各同乡的所言之外。现先从韶关说起。我以为曲江乃省府所在地，必无灾情可言，但有一日往离城约十里飞机场附近散步，有两名警察不准通过，后来交涉准行，约数十步，已见饿死的灾民僵尸数具，尚未掩埋，并有奄奄待毙的饥民十余人。即向警察盘问究竟。警察说：'我们不大清楚，但知死者，因规定埋葬费仅五元，无人肯来埋葬。至将死的灾民，昨天早晨，闻中央派有人来曲江调查灾情，省府就令警察局将街头街尾的灾民一概拘到这里，已经两日，水都无饮了，只有待毙。我系奉命警戒，本不许人看的，但官长到此，请你交我名片一张，免我长官责难。'诚如警士所云，当局不过为掩人耳目，竟出此残忍手段，使各处逃来的难民，生无食，死无葬，稍有天良，不应有此举动。兄弟不忍坐视，即将身上所带小款，分给未死的，每人一百元，已死的给费埋葬。在曲江住了数天，即沿公路经连平至兴梅转惠来、海陆丰，沿途灾民结队而行，马路两旁僵尸甚多，老幼在途中行将饿死者亦不少。查各地饿死人数，惠来十二万，陆丰八万，海丰五万，普宁二万，揭阳、潮安等县因近沦陷区，不知确数，统计各属（西江不在内）已饿死约五十万人。在饿病中无医无食行将就死者，约二十余万人。返往闽、赣、湘已登记者五十万人。岭东大约如此。西江四邑方面只台山一县，饿死者约占人口十分之三。广府以顺德为最惨，全县人口约六十万，除逃出二成外，生存者已不及半数。仍望各旅外同乡各尽所能，设法救济，兄弟必将灾情报告中央，请其速行切实赈济。"梁先生乃中央特派来粤调查大吏，所言必无偏袒。可叹粤人自抗战以来，死于敌人枪炮炸弹者固属不少，而死于政治不良者数目尤大。苦哉粤人，吾人虽有同情血心，恨无救助之力，尚希执政诸公，改变作风，大发慈悲，拯我粤民，乃我所馨香祷告者也。

盟军自北非胜利后，继向意大利国门西西里岛登陆，极为顺利，该岛战事不久即可结束。陆军自夏季向苏联由奥累尔向莫斯科进攻失败后，即被苏军反攻，奥累尔已被攻破，卞尔科夫亦危在旦夕，倘顿内次河盆地不守，恐叱咤风云不可一世之希特勒从此崩溃。以我观之，苏军可于今年底把德军驱出国门，未审英美方面用何策略消灭希特勒耳。

"营养问题"。七月十九日路透电，英帝国农业及营养专家鲍德臭尔爵士向世界贸易同盟演讲称：战前在英美两国最富庶国家，尚有三分之一的人民未能获得适当食品，现时吾人对此三分之一人民之儿童所供给营养之适于健康标准程度，将日见提高，与富家儿童无异，彼等之身长将可加高约四寸。又说，在格拉斯哥学校中战时营养已显示良好效果，各儿童较战前标准比较身长又增加半寸至四分之三寸。从他所说，可见英国宣战四年，对于人民及其儿童的营养甚为注意，确值得我们佩服与借鉴。但在中国方面，一般营养与健康的问题，实令人担忧。现分战前与战后言之：战前，中国人口号称四万万五千万，以农立国，有四千余年悠久的历史与文化，但一般人的生活与健康，确实太差；其他边荒的地方不要说，就是古来最繁荣的中原之地河南省人民的生活，也不如已经亡国的南洋马来亚人。试看豫西仍有多数人民还是"穴居野处"，一年之中，除年节有餐白米饭或上等面及少量肉类食品外，简直长年过着非人的生活。民国十九年（1930年），我们在新郑以西行军宿营之时，官兵时有犒赏，杀猪杀鸡，贫民围观，欣羡不置。我见他们可怜，常常分他肉食。我们都是露营，每餐官兵食余的残饭骨渣弃于地上，一般贫苦大众男女老幼，成群前来争食。当时我们的官兵便有一句口号："在此封王亦非愿，战事结束决南归。"河南称为富庶之省，尚且如此，其他贫瘠之区，更不堪言矣。再就南方广东言，广东人民营养比较好，此为人所公认，但大家所知者，乃广府及各大城市耳，其实东西北三江及南路一带中等家庭仍然食粥，医药卫生全无讲求，营养健康两无可言。"七·七"以后，我国因战事影响，物价高涨至数百倍，青菜食盐每斤也要十余元，洋货价值可想而知。除少数贪官污吏及发国难财者能有高度享受外，其余一般民众都被迫走上了饥饿线上，今年广东一省就饿死百十万人。甚至在前线浴血抗战的士兵，也食不饱，衣不足。总而言之，今日国人健康已普遍衰退，究其原因，由于物

515

价高涨者半，由于政治不良者亦半。若长此下去，种族体力日弱，后代子孙何以担负建国的大业，特书此，以促关心民族前途者的注意。

西西里战事已告结束，英美盟军正准备向意国本土进攻。试看希特勒、墨索里尼如何应付。东线又在溃败，我想年底苏军即可收复失地，未悉中华破碎河山何日得复完整耳。八月一日，报载国府林主席于昨晚七时逝世，消息传来，举国哀悼。我与何香凝、梁寒操、林翼中、邓世增诸先生同去电慰唁其家属。回忆十年前陈真如、蒋憬然两先生与林主席往来甚密，当时由陈先生介绍我与相见，二十年（1931年）冬"九·一八"事变发生，宁、粤合作，由陈先生提议由京中要人请林出代主席，我常与他见面，并得其教训甚多。他在任十有一年，正值国家多难之秋，待人和平，持躬俭朴，任政清廉。我还记得在上海时，到其官邸拜谒，适其出街坐黄包车回来，见面礼貌甚周。有一友人向其求官，林主席答曰："如果我能找官你做，我就不会有主席做。"此语虽近笑话，但含意甚深。林主席虽死，而他一生的德行事功，永远不会磨灭。我希望我国世世代代有此元首。林主席逝世后，国民政府组织法已修改，与从前不同三点，就是主席职权扩大，兼海陆空军大元帅，直接统率海陆空军。

八月五日，接平乐王县长皓明来信，约往游玩。本拟与林梓浩先生同往参观八步矿务，顺到平乐，后林因事不往。查王君前在二十六集团军总部任政治部主任，同事虽不久，但见其青年有为，办事勇敢果决，我极爱之，及总部结束同返桂林，见面日多，情感愈厚，由同事而成为知交朋友。我今年在夏秋之间食饭也发生问题，彼见我困难若此，竟以自己节约之资，救我困涸，本不应收受，惟感其亲到诚恳相赠，乃受之。

我的处境已陆续有人知道，前十九路军将领，除区寿年误会以为我有款向我借贷外，其余均深知。前师长沈光汉即来函慰问，并嘱其堂侄沈鸿文于柳州均和铺出售后送给我国币二万元（均和光汉占五分之一股）。我知彼由澳门返回乡间，均和收入无多，决不收受，但沈鸿文坚要汇来，不受又恐光汉误会，故受之，然亦觉难过。

"商女不知亡国恨！"我来桂是休养，不是求官或有其他企图，屈指

算来已两年半，念国家民族到了今日的生死关头，不是复兴就是灭亡，有
识之士莫不伤时忧国。不图我左邻的一个住客，竟于八月十一、十二两
晚，邀集大帮交际花，大开音乐跳舞会，由九时起一直闹至次日早七时，
饮酒高歌，通宵达旦，令我欲眠不得。本拟掷石警告，或以电话报警干
涉，但一想起我的修养不够，忽由无名火高三千丈中降至冰点了。乃发了
国难财的不知耻之徒，反洋洋得意，当时街坊舆论华然，咸骂其商女不知
亡国恨。不数日，其屋主孙某返来（当日因公外出），我为留他面子，不
向他警告。但有一天晨早出外散步，与右邻苏厅长希洵见面，谈起左邻终
夜跳舞之事，他亦极忿怒，想苏君已向孙某谈及彼屋住客荒唐之事，闻孙
某亦极不满。自此以后，除隔天大请其喽啰外，笙歌的声音已不复闻矣。

八月二十五日，意大利法西斯党魁墨索里尼被迫下野，盟军已开始在
意大利靴尖地带登陆成功。查墨氏在第一次欧洲大战结束后，组织法西斯
党，不久进兵罗马，出任首相，总揽大权二十有一年，与英国争地中海霸
权，侵占阿比西尼亚，气焰不可一世。其实意大利是一个先天不足的国
家，民族性又不甚强，一败于希腊，再败于北非，不得不乞希特勒派兵援
助，故墨氏之声威一落千丈，凡事均须听命于希特勒。最近盟军攻入其本
土，竟一筹莫展，九月八日，意即宣布无条件投降，意皇任命巴多格里奥
组阁，并拘捕法西斯党人，墨索里尼亦作阶下囚（后逃脱）。回忆一九三
二年我抵罗马与彼见面时何等夸耀，今乃如此下场，我国要人想效法西斯
之所为者，不知作如何感想耳。

十五日，接启秀来电，汇来一万元，希收等语，但该款不知转交何
人，姑予收存。后接其来信云，系送我作食饭之用。查启秀穷鬼，人所共
知，在此艰难困苦当中，尚能照顾旧人，令我感愧交集，拟原璧归赵，又
恐其误会，正在两难之中，又接其来函，情词恳切，乃受之。

十八日，张炎、陶星海、戴朝恩、李月恒诸君来桂，戴、陶两君赠我
海味甚多。又接沈光汉交黄灿基带一函，云现正在建屋，未暇来桂，送来
羊毛袜两对，即复函致谢。

十九日，接绍庐儿来信，谓已考入罗中高中一年班，请其继母多购算

学书籍、仪器等寄回。经罗氏照购寄回外，并函嘱其勤勉读书。

二十八日，接王县长来信，云已调职宜山，双十节前后交代，并请我往平乐一行。但念彼正忙于交代工作，不能伴我游玩，故复函不去。

十月十日，双十节，桂林办公厅及省府联合庆祝，并招待外宾、中西文武官员百余人，聚会于省府礼堂。我亦被邀作陪，穿起军服，佩带青天白日勋章与一等宝鼎勋章。谢莽佩带航空荣誉章，其余我国官员多不见佩带。美国来宾，多数在我游芝加哥时已经相识，见面相谈甚欢，并赠我照片，至午后二时散会。

十八日，路透电，美国务卿赫尔和英外交部长艾登到莫斯科与苏外长莫洛托夫举行谈判，结果完满，并邀请我国驻苏大使傅秉常共同签订关于普遍安全的宣言，其中规定："一、四国要对轴心国家作战到底；二、应根据平等原则，早日建立一普遍的国际组织；三、四国将随时会商，以维持国际和平与安全。"以上三项原则乃空头支票，况且又是三强外长会议秘而不宣，会议结束后，始拉我国大使签一空泛的宣言，不过系顾全我国面子。倘诚心与我国合作，何不邀我驻苏大使参加开会，但我国当局则大吹大擂，三岁孩童也知是一幕骗局。

十一月二日，见连日天气晴和，终日在家种菜、养鸭，甚觉无聊，乃应林炳南、黄绍安两君之邀，往游大墟，同行者有石祥麟、伍太、陈太等。上午九时，由潘家巷税运行起程，出定桂桥下乘民船顺流东下，由绍安在船招待午餐，正午抵达目的地。是日天气反常，虽在冬天，亦见炎热。登陆后，由西而东行约二里，即到巨利号休息。是晚，由秦芳萱先生兄弟招待，并留在该店住宿，并请看桂剧《三气周瑜》，演来甚有精彩。诸友均感兴趣，独林炳南呆若木鸡，以为其不识剧情，但观其神态，似另有想头。

三日晨，往墟外散步，游览附近风景并去打猎。行了十里，鸦雀无声，高兴而去，扫兴而回。午饭，由周先生请。周君之侄系吾儿绍辉同学，在第六分校任教官，偕同绍辉返来招待，大排筵席，各友均说自到桂林以来，以这一餐为最大餐。周老先生年高德邵，面如关羽，精神之好莫可言状。查彼系大墟之富翁，乐善好施，年中散财不少。观其家庭中兄弟叔侄和蔼异常，内务卫生极有条理，不愧大家规范。又查大墟系临桂县属第一商场，土产甚丰，每逢墟期，杀猪、宰牛均数十头，惟街长仅二里，街道狭小而背水，往来民船多至难数。是晚，秦芳萱君请宴，并请林虎老师同席。查秦君尚有高年尊翁在乡中，距墟约十里，未能晤面，据黄绍安君说，秦家亦富翁之一。四日晨早饭后，即乘轿经马路返桂林，所有川资各费，均由黄绍安个人招待。

七日，田光萱君与周志彬女士结婚，临时请我为介绍人，李济深为证婚人。田君本与我无渊源，此种任务乃林炳南所介绍，因系好事，我亦不却。是日，与继室到场，介绍人照例要演说、介绍经过，我不知从何处说起。我说："我的差事，乃林炳南所介绍，田、周两位恋爱的经过，只有他夫妇心知。我的介绍人头衔，不过是盖章而已。"礼毕，食其一餐而回。

十一日，接张炎来信，内云盐务无利可图，已结束。闻公经济不敷，兹由私人在交通银行汇上国币二万元，恳查收应用，区区小款，幸勿见却等语。自念时运不济，到了今日的困境，时承旧属朋友接济，本不应收受，惟已到了山穷水尽的境地，乃忍痛受之，复函致谢。

二十一日，阅报，罗斯福、邱吉尔、蒋介石三巨头在开罗会议，结果发表声明如下："三国军事方面人员关于今后对日作战计划，已获得一致意见。我三大盟国决心以不松弛之压力，从海陆空军各方面加之残暴之日人，此项压力，已在增长之中。我三大盟国此项进行战争之目的，在于制止及惩罚日本之侵略，三国决不为自己图利，亦无拓展领土野心意思。三国之宗旨在剥夺日本自一九一四年自从世界大战开始后，在太平洋上所夺得或占领之一切岛屿，在使日本所窃取中国之领土如东北四省、台湾、澎湖群岛等归还中国，其他日本以武力侵占攫取之土地，亦务将日卒驱逐出境。我三大盟国稔知朝鲜人民所受之奴隶待遇，决定在相当时期，使朝鲜自由独立，并与其他对日作战之联合国目标一致。我三大盟国将坚忍进行其重大而长期之战争，以获日本无条件投降。"以上的声明，确符我们全国的期望，但是否兑现，请拭目俟之。

二十八日下午五时，次媳李氏分娩一女，母女均平安。我们全家都是逃难到此，去年长媳所生之女，呼名桂民，现在次媳所生之女，呼名林民，以永志逃难桂林之苦。

十二月一日，绍昌儿由曲江返此数日，即往宜山见王皓县长。王君拟留其办农林，昌不愿就，又函荐其往粤建设厅郑厅长处，并函魏育怀兄请其照料。闻拟委其在权衡量处一职员亦不接受，未知真意若何。

二日早，往办公厅与舒宗鎏、黎民任兄座谈，并观其收日寇播音。据舒、黎两君说，办公厅已奉命结束，有家室之职员真有坐毙之叹。

三日，天气转寒，无事可作。翻看旧《大公报》，见读者投函一栏，有署名丽华者，投一稿题目《职业妇女的痛苦》，很有意义，兹录如下："编辑先生：我是一个受过高等教育的女子，因为家境贫寒，父母早丧，很早就投入社会的洪流，中学教员、家庭教师、机关职员等，我都干过。因为我尚未结婚，虽然生得不漂亮，然而到处被一般男子纠缠着，幸而理智压抑情感，也还健全地在人海中浮沉着，挣扎了几年的自由生命。过去的遭遇与面对着目前的一切，使我这微弱的心灵几乎破碎了。在我们中国社会里，人欲横流，到处充满淫乐风气，一个职业妇女假如看不透这种情形，实在处处荆棘。在以男子为中心的现社会，一个找寻职业的妇女，无疑是找男性帮忙，能出于真正同情，站在友谊的立场，而没有其他企图的人，简直是凤毛麟角。我们去找那些道貌岸然的寻求职业的时候，他们往往把时间拖长下去，今日请食饭，明晚又谓去看电影，一张一张的百元钞票，现出来在你面前闪耀着。他们认定女子大都是崇拜金钱，无疑是想拿着金钱来打动人心。有时请你吃饭，偏偏要在黄昏后而准备看第二场电影，大都在十点钟以后下场。这个时候，他有机会对你说太晚了，别回去吧，我有好多话要对你说呢。那时你只有痛哭而返，而职业的希望也便烟消云散了。还有职业侥幸找到后，他们便随着一步一步地进攻，倘若你不甘打扰而拒绝的话，那他立还眼色，说你办事马虎，不忠职务，把你开除了。因为我不甘丧尽天良，出卖灵魂，作我心不愿做的事，过去在某机关及在某地充教员，不能迎合主管者的要求，结果就把职位丢却。我现在失业很久了，我不敢再去哀求这类饱暖思淫欲的人。幸得不少出于真正同情的朋友给以食宿的地方，尚不致于曝骨街头。但我所遭遇的前后都是一样，我想也有不少女同志一样的遭遇到吧！我以血泪写出来，请关心社会的注意。丽华上。六月七日于桂林。"读了这篇文章之后，我虽然是男性，也极表同情与矜恤，这种黑暗，以政界尤其是税收机关为最普遍而猖狂。我敢说一句，中国社会不良，人所共见，而女子中能有丽华的骨气，出污泥而不染者，亦属少数。

五日，应吕方子之邀，与李任潮先生等数十人前往横山参观陈榕门宏谋先生故乡及祭墓。查宏谋先生乃前清雍、乾时代政治家及大文豪，任宰相兼工部尚书，其孙陈继昌三元及第。陈榕门于服官时政务之余，并纂有五种遗规等书，今桂省当局为纪念起见，于数日前在先生故里创办榕门中学，已经开始建筑校舍。十时，抵榕门先生墓园，由陈后裔乃贤导往祭墓，由李任潮先生主祭。祭后参观墓地，周围碑碣林立，内有一碑并镌有满洲文，均系乾隆三十六年立。墓前左右，小山环绕，并有小溪，举目远望，甚为开朗。十二时到横山村，陈先生故居已成一片荒园，仅存之门楼亦于去年失火烧毁，现只见颓垣断壁而已。其旁为陈氏家祠，其中御书楼，亦被烧去，仅余乾隆御碑数方，五种遗规木刻版，藏之楼头宗祠内。外翰林、进士、举人匾额甚多，尤以陈继昌之功名特色，有一匾书"四元及第"。我以前只知"三元及第"未闻有一"四元及第"，后有人说，陈继昌考秀才亦是案首（第一名），合秀解会状，所以称"四元及第"。陈继昌如是之科名，由唐至清代乾隆间，只有十三人。但今观其村内后裔不昌，大有今非昔比之叹。

九日，天气骤变，寒风逼人。是早起来，穿衣甚少，中午食饭，口不知味，头似觉痛，想系伤风。午眠起来，以热水洗澡，后再睡，入夜即觉舒适，亦云幸矣。

十日早起，精神活泼，气候虽寒，仍往河岸散步。举目四顾，见百树枯枝，草木如此，人老何如！我近居都市中，虽不如达官贵人终日坐汽车、住暖房，今日请客、明日接官那样阔绰，而日中粗饭两餐，尚可维持，亦算万幸。可惜前方数百万浴血抗战的将士，衣不暖，食不饱，后方坐汽车、住洋楼、入戏院的人，不知作何感想。

十二日，天气转暖。早起即往办公厅访友，探询各方情报。无甚特殊，惟英美盟军在意大利登陆，占领那不勒斯后，毫无进展，罗马在望已经两月。盟军果再按兵不前，欧洲战事难望早日结束。但东战场德军节节败退，苏军已克复聂伯河东岸各大城市，倘英美能与苏军切实合作，东西夹攻，则扑灭希特勒亦非难事。然各国均各自为计，勾心斗角，延长纳粹的生命。国际间的矛盾变化莫测，我记得罗君任（文干）先生"一·二八"后，在南京外交部对我说："你们打打，外交就有办法。番鬼佬不讲道义，不顾人格，专计利害，如于有利，不惜卖友的。"罗君已逝世多年，但此语至今我不能忘怀。假使盟国方面不自计利害，以这庞大的人力物力，联同对侵略者作总攻击，我相信轴心国家早已崩溃了，何致我们今日仍避难桂林！

十四日，天气好，晨起无事，见台上残旧书信、字纸堆积如山，乃逐一检查，有用者存，无用者毁。

十五日，本拟往柳州访友，但因经济不充，向人乞怜又非我愿，与继室西欧商量，咸以在家为高，故未成行。又念行营办公厅就快结束，付托黎民任兄代领军委会之薪俸，由七月份至今尚未寄到，虽为国难薪，领到亦无济于事，而其中经理人黑幕重重，着实可怒。我曾记得前十九路军设办事处于南京，派黄和春为主任，我到南京时，他对我说："办事处月中用款本不多，唯每月应酬费支出甚巨。若不应酬，诚恐月中军饷难领，甚至推下三五月不定，此种无形损失，将来如何出支，请总指挥示意。"内幕如此，只有忍气，每月耗费若干，着其暗中报告，实报实销而已。到现在所谓军需独立内幕如何不敢遽下断语，但我微薄之薪俸，都不按月清发，其他饷项可想而知。

今年因环境关系，全年困处桂林，若不得友人接济及厉行节约，想早已断炊，幸今年已告一段落。念来日方长，国际战争未审何日方能结束，本拟年底返乡就食，惟昌、辉两儿尚未能自立，必须待其获得枝栖后，始带其眷属返乡安置。至昌儿人品虽好，但做事无决心，不知稼穑之艰难，亦为憾事。明年一嫂愿返乡否，尚属疑问。

二十日，接达锴来信云："今年收成平稳，惟百物腾贵，猪牛鱼肉每斤百元之度，花生油每斤一百二十元，乡中生活与城市亦相差不远，幸家人全年平安。"我想我们仍属旧式大家庭，全家二十余口，个个都是消费者，无一真正生产之人，所以我常告诫家中青年，必须刻苦自勉，才可以立做人做事的根基，否则养成骄奢，创业不足，败事有余。试看古今无论乡村城市贵族富翁之子女，初出茅庐，气焰万丈，社会情形，一概不知，以为承其父业，可演阔绰，充其小姐少爷之派头，花费无度，即由阔少而变堕落，人格破产，不齿于人。此种事实，我可举例证之。查我们粤省广州西关在晚清时代富翁之多，为全省之冠，迄今数十年间，已一落千丈。民国初年，我往省闻说一班富翁之后裔，正在出卖大屋及家私台椅，再过十余年，竟至男盗女娼，自作之孽固无可怨，但做人父母或家长者，对于家庭教育未加注意，亦不能辞其咎。语云"富贵如浮云"，明乎此，即当刻苦自励，纵不成功，亦不失为佳子弟。

二十五日，晨起即往定桂门林炳南君处坐谈，渠约我及黄绍安在三五日内再往大墟逛逛，日期拟在元旦，我已答允，并约同舒宗鎏、李民欣、李卓波等同往。约谈一小时辞出，即到电政局梁局长式恒处探余海湛先生。余君由柳州来此，见面仍不失当年在武汉政治部时之谐笑。据一般朋友说，余君一生最怕老婆，我与余夫人相处少，未敢批评，唯一班朋友见余君面，均以惧内一事向其大开玩笑，余君亦以季常自承，坦白无伪，此乃余君好处。

新历年关在即，我也跑往各街市看看各货行情。洋杂及农产品价目比去年增加一倍半，照商场方面观察，还说有起无跌，到农历年关，又不知贵到如何地步。现在距旧年晚尚有一个多月的时光，一般商人正忙于生财之道，倘时运亨通，乘风破浪，前途尚有无限希望，否则须留待明年再图发展矣。

各机关均频频扫除污秽，牌楼亦已开始盖搭，想元旦元宵之期，又有一番热闹。惟我似官非官的人，到了今日的困境，可谓前无出路，后有家累，俗语说得好："捱得苦中苦，方为人上人。"唯有放开怀抱，与家人共享苦中之乐。现在手上已无储蓄，只着继室备办简单的食物过新年。今年事业已算终结，我大呼着："三十三年（1944年）胜利返广州。"

逃难返故乡

民国三十三年（1944 年）

　　元旦早起，在桂文武官员及友好多来贺年，粗茶土烟，照例敬奉，唯近因景况不佳，已将工人辞去，所有招待工作均由吾夫妻经手。想二十余年来，元旦无工人使唤者，以今年为第一次。至十一时，人客较少，乃嘱吾妻在家招待，我即往东镇路向曾追随十余年之旧长官李任潮先生道贺，顺到拜见黄主席旭初。正午归来家中，人客仍属满座，至下午二时始进餐。省府是晚宴请盟友及中外宾客，以美国安姆斯将军为主客，黄旭初为主席，英美领事及甘介侯并我等作陪。中西人士聚首一堂，谈笑甚欢。宴毕，为应酬盟友起见，并请大帮摩登小姐太太与红鬓绿眼大跳其舞。余乃门外汉，站在舞厅旁见习十分钟助兴，因无趣味，即向主人辞别而回。二日晨，天气颇佳，以无事可做，即往郊外散步游玩。此时乃农历十二月，一般劳苦大众及小贩商人均肩挑背负，熙来攘往，希望于最短期间能赚取多少金钱，以为度岁之资。念吾已放开担竿二三十年，现在担固不能，即徒手每日行六七十里，亦非练习数天不可，回首前尘，不胜今昔之感。元旦前后，每晚均有应酬。自思去年至今，总是食他人之餐，若不还请，似属不恭，幸请客者多属军政要人及税收机关，多食他几餐，亦不为过。两个月前在同乡会聚餐之时，李扬敬先生曾说过一句笑话，流亡在桂林的广东高等同乡仿佛火车上的臭虫，专食来往客。李君说此，系因近来余、李、张、薛等大官到桂时，均请宴在桂林一班旧友之故。

　　物价飞涨，无职业的流亡者日益痛苦，而一般显要及发国难财的半官商人，任你政府如何限制消费，而各酒楼公馆，都是日夜大排筵席，一食万金，绝无半点国难气象。贫与富、幸与不幸相差何若是之远也。元旦热闹瞬将一旬，各机关已假满，照常办公，行营办公厅结束仅一旬，已门庭冷落车马稀矣。一班低级官员来往穿插，好似走投无路。此时充任小职员，虽无好处，然尚有两餐饮食，一旦失去职业，出处无期，不知归宿何处，想其内心亦必徬徨凄苦。查被遣散的军官，多数受过严格军事训练，其中陆大及军校毕业生亦不少。世界各国在战时每觉人员不敷，中国抗战六年，军官亦令投闲置散，实不符总理人尽其材之旨。我亦是被摈弃之军人，尝观战国史，秦国良将白起病，秦王稷使王陵伐赵，攻邯郸，少利，起病愈，稷仍令白领军，辞不行。后赵乞魏，以无忌率军来救，邯郸之围已解，赵反败为胜。秦攻赵，白起预测不利，故不愿行，后秦王侦悉，怒起，强起之，或杀亦不可，乃免起为士伍，迁居僻处。起自愧不值，遂自杀。古今历代帝王，除唐太宗能爱将爱民外，其余都是狡兔死，走狗烹。余虽不能自比白起，但念半生戎马，三十余年来，对内对外，转战南北，无时不为国族而奋斗，因不阿谀，不奉承，不拍马，结果亦被摈弃，与行营办公厅的人员同一遭遇。但我要效张子房遁迹高蹈，断不愿步白起的自杀后尘，因为这是最愚蠢的事。

元旦以来，天气寒冻，雾雨纷纷，马路上泥泞混了煤炭，行路甚不方便。黄包车夫对广东人索价之高，俨若广州市双门的卖古董商人之对金山客一样。北风凛烈，无事不出门，亦是抵制黄包车的办法。转瞬农历年又到，遂买些新鲜肉类及杂物，拟请徐赓陶、陆文澜两先生到来团年。是晚，适张向华先生已请徐，惟有陆君前来。我夫妇与陆仅三人，准备的米酒大肉至初几尚未吃完。农历年关，商民因历史上的习惯，格外高兴。年初二午，徐赓陶君亦在川菜馆请餐，我又做了"车上的臭虫"。徐君往印受训，因候飞机行期未定，在此无聊，终日竹战，我亦作陪。三年不玩此道之我，因战术生疏，竟至一败涂地，有时继室代劳，稍挽危局，然终以我之手术不灵，连战一旬，亦不能收复失地。"一·二八"十二周年纪念又到，是日，东坡酒楼老板刘少庄特别为我请餐，而黄旭初主席亦同时设宴，着继室赴刘老板之席，我则往黄公馆。是日乃十九路军在沪开始抗战纪念日，悼念当日死难将士，食不甘味。最可恼者，从前规定纪念，今年已取消了。语云"是非曲直，公道自在人心。"试看美国前亚洲舰队总司令颜露尔对沪战纪念谈话，认"一·二八"为"日寇崩溃起点"。重庆二十七日中央社电，据美国新闻处讯，华盛顿二十六日电："前美国亚洲舰队总司令颜露尔评论上海'一·二八'十二周年纪念日之重要意义有数端：（一）为日本进攻东北之后果，便知目前世界大战系日本开其端；（二）为日本军部之行动缺乏统制之明证；（三）为中国十九路军第一次与日本军作战，并击败日军于战场，'一·二八'亦为日军官愚庸之象征。彼等轻视对方之实力，并忽略日军之突击将引致全中国爱国情绪信心之涌起，未来历史家，将能以此上海第一次事变作为日本帝国崩溃之起点。"我们读了颜露尔这段重要的言论，引起了无限的悲哀与沉痛。想同一抗战阶段，既由"七·七"在卢沟桥揭开序幕，则随时随地都有战争，若每一地区的战事开始都有纪念日，岂不是一年三百六十日中，日日都是纪念日吗？所以我以为既有"七·七"，就不应更有"八·一三"。今对于"八·一三"则在新闻上大吹大擂，对于第一次的"一·二八"上海英勇抗战，反取消纪念，殊令人难解。未知是否当代要人想把十九路军的抗战功勋完全湮没，但十九路军的精神，永不会磨灭，并且会随着时间日益光大，而深印人心。我望十九路军袍泽努力奋斗，争取最后胜利，保持十九路军的光荣。

传闻已久之蒋委员长来桂，已于二月十八日抵达，迎送之事，我本疏懒，但我乃军委会属员，知而不迎恐招物议，因此附搭李主任车前往。十时到达二塘机场，文武大员云集，车水马龙，盛极一时。据机场人云，蒋委员长驾机仅抵湘西，仍须一小时始能抵埠。是日天气严寒，雨雪纷飞，久候无聊，白健生先生提议，往机库参观美国各种飞机。至十一时，西北方略闻机声，愈响愈近，旋见机于千余尺高空向机场徐徐飞来，各大员即在机场分前后两行站立，由宪五团刘团长伟为临时指挥官，飞机降落，即下"立正"口令，并向元首致敬。各先到随从向机旁护卫。元首偕夫人同下机，向欢迎者还礼，毕即乘小车往宜山庙驻跸。沿途警卫森严，经过街市，巡警不准商民在旁观望。各大员送抵驻跸，与随从主任林蔚、侍卫长余济时等略为寒暄，即各辞归。计与蒋委员长同来者，有政治部长张文白、林蔚、余济时等共二十余人，并有一少年穿绒长衫、带鼻烟式时髦毡帽，下机时笑容可掬，与夫人极亲近。当时我们不知是谁家公子，后始查知系赫赫要人孔部长之女公子二小姐，女扮男装，我未知其用意。蒋委员长在桂驻了一天，即往南岳开会，检讨湘西会战之得失，商决士兵之副食费，我幸未奉通知参加。盖南岳乃冰天雪地之所，我冬衣不足，若须冒寒前往，必苦不堪言也。会议一星期完毕，蒋委员长回桂一日，即飞渝，我因不知其行止，故未送行。

讨厌的桂林天气，每年冬春之交，不是风就是雨，终日雾霾蔽天。流亡无业之人，日常生活只有睡觉、食饭、拉屎三事而已，有时想出街访友，又怕马路上污秽，有如霉肉臭酱，因此人来访我者多，我访人者少。知我者谓我怕走，不知我者谓我薄情矣。

近忆去年粤灾惨重，当局未能加以防止与救济，乃致陈诚一函如下："辞修我公惠鉴：重庆违教，深以为念。本拟早修书致候，惟我公行旌靡定，故未如愿，敬希原谅。顷得劲军兄来桂面谈，我公在军书傍午之际，仍能注意故人，爱友之诚，深感五中耳。吾粤不幸去年天灾人祸，四邑、东江、潮梅一带灾民，每日饥饿而死者不知万千百计，逃难闽、赣、湘边待死者数十万人，逃往途中，无衣无食，终日在于死亡线上而待毙，尤以东江、陆丰、惠来有史以来无今日的惨状。省政当局事前对上均是掩饰，关于灾难，则毫无准备，殊可叹也。我公素关怀粤民，今年又是农历闰四月，仍请我公转饬粤当局，及早注意，以免有蹈去年覆辙，俾得三千余万粤民早登衽席，粤民幸甚！"蒙其复函，谓已通知粤当局注意等语。

俗语云："饿雀有飞来虫，饿蛤有蛙跳洞。"真是天不绝人之路，在农历年关，我的困境已到山穷水尽的地步了，想不到钟华翰君着黄坡君带款来救济。兹录来函，以为纪念："贤公赐鉴：久违训示，时切萦思，因地址册散失，未能修书奉候，至深怅惘。旧岁年底，在新昌曾由邮政汇业储金局汇上桂香姑及令孙糖果费五千元，想已妥收。此两年来，因有友经商澳门、三埠间，晚随同奔走两地，虽无善状足陈，尚可勉强维持生活。家母现住开平鹤洲谊女处，舍妹工作于陪都，晚在过着只身漂泊生涯中。每念我公培植大德，不禁神驰左右，黄坡兄适有桂林之行，特托带呈国币一万元，聊奉烟卷之费，区区之意，敬恳晒纳为幸！桂香姑想已入读中学，昌、辉两兄如何？二叔、晚叔是否仍居罗定？介眉兄近址何处？凡均在念中。甚盼见示。肃此。并颂春禧。太太前烦代问好。晚钟翰华。三十三年二月六日敬上。"黄坡君到来，谈及沦陷区内容及与钟合作经过，并交此函及国币一万元，我谢钟君诚意，请其转达。回忆"一·二八"后，由前线南归香港，与钟、黄两君同时相识，不久便成好友。当时钟君乃一青年，充香港超然报记者，与关楚璞君甚有关系，后来钟君为十九路军随军记者，同往福建任事，极精明，臂助甚多。至十九路军失败返港，我亦流亡海外，以钟君英俊可爱，资助其往东洋留学。我于民国二十四年（1935年）游历归来，彼亦由日回国相见，彼说新闻学尚未毕业，乃助其再往就读。毕业后返国，任广东银行职员，兼办《探海灯》小报，仆仆省港间，不时来我家中，照料各事。世态炎凉，人情冷暖，能如钟君之念旧者，有几人哉！黄坡君乃香港枪店老板，生平好侠，我在新界时，常同往打猎，人极诚恳，亦为难友。

近来天气仍寒，无聊之间，则与陈道行君同往区芳浦、李扬敬两先生处叙谈。拟将同乡会植庭楼楼上布置为同乡聚谈之所，并通知李民欣、徐思忠两君转达同乡会诸同乡，亦甚为赞成，定名为同乡会联谊会，各会员先收基金国币一千元，并选出陈道行为监事，陈龙宇为理事，吕藻铭为书记长，定期开幕，各种布置，焕然一新。又区、李两君提及白健生老太夫人马氏今年九十大寿，各方纷纷祝贺，吾等未知以送何种礼物为宜。众议送他物不大方，不如送寿屏为得体，但作文写文均有斟酌之必要，公推陈道行君请人作文。陈君则请李崧甫老先生捉笔，一面电托湖南友人代购寿屏。寿文作好，交邓青阳、陆幼刚等先生参酌，各人均认这篇文章不甚满意，决定送其笔金一万伍千元后，另请吕灿铭拟稿，由邓、李、陆过目，均认为满意，请区芳浦君篆写。此次白花了一万五千元笔金，乃广东人惯于客气，有才不自见之故。

三月十一日早，接黎民任兄电话，谓蒋副长官光鼐已到，并由其后方主任张静轩嘱舒勉斋兄转知，到美丽川菜馆会面，并食午饭。我与蒋先生隔别多年，忽得把晤，心殊痛快。渠之环境，名义上较我为高，而权责不属，亦不过系一虚衔。惟他素淡视名利，最高当局迭次征求其出执粤政，始终不允屈就，其人格之高尚于此可见。查蒋公专为白母马老太夫人祝寿而来，日期未到，甚为得闲，即往丽狮路十二集团军办事处，与其消遣，终日谈天说地，虽在艰苦困穷之中，亦极有兴趣。宣传已久之何总长应钦到了，我略知其来，而未知其确期，因此无从迎接。当今猛人行踪之秘密与警卫之森严，有过于昔日之皇帝。

盖古代圣君巡狩，全国人均知之，驾幸各地，普通人民有时可见圣容，目下显要到某一地，不特不使人知，经过地方，兵威森严，如临大敌，无知民众偶入警戒线一步，宪警即喝神喝鬼，倘遇神经衰弱之徒，必被其吓至魄散魂销，想其所以如此者，必系怕民众加害。试看美总统罗斯福及英首相邱吉尔，均能亲近民众，与民同乐，而民众亦敬之爱之。我国政治黑暗，官僚压迫民众，民众恨之刺骨，所以怕民众。政治如此，殊可痛也。

十五日，下午七时，到前办公厅见何总长，略谈北伐前后故事。渠特别问一句，现在之黄琪翔是不是从前陈炯明部下在东江与我们打仗之黄琪翔。我答不是，现在之黄琪翔乃系民国十二年沈鸿英之黄镇邦部将，驻守肇庆，被我军攻破后，由张向华先生招呼过来，同时与我在第一师充营长。谈话完毕，同食晚餐，并共往白公馆向白母马老太夫人预祝。是晚，汽车如长蛇阵，东镇路一带大街小巷挤得水泄不通。进入头门，鸣炮致贺，见东西两廊以及临时以篷盖搭之花厅，寿屏礼物挂满四壁，铺毡结彩，堂皇异常，弦歌酒宴，高官满座，接杯举筋，欢喜若狂，大家闺秀，往来如织。何总长此次来桂，系代表国府向白母祝寿，对于旧友旧部，甚为亲爱，观其神态，似已改变作风。九时开宴，十一时散席而回。

十六日，为白母马老太夫人寿诞，本拟与同送寿礼之人同往，但因各人住址过于分散，未能集合，乃于七时半到蒋光鼐先生处，因其有车，于八时同往祝寿。车抵镇路口，即不能再行，人山人海，挤拥异常，乃徒步到达白府门前，招待员引入休息室暂坐片刻，即由蒋先生带领前往花厅，向马太夫人肖像行三鞠躬礼。礼毕，承赐寿面一碗，寿包一个，各散而回。闻祝寿秩序，先亲属，次国府代表，其余随来随祝，党政军学各机关团体鱼贯而来，至下午六时始完。本规定宴客时间为下午四时起，因祝寿人数过多，故延至五时半始入席。我虽是一个穷汉军人，执事人（或主人）仍编我夫妇为上宾在第一厅与各要人同席。是日因酒席太多，地方辽阔，编定之人客座位，有时无从寻觅，故甲客座位，乙客亦坐，甚至因觅座位不到，不食而走者亦有之。九时席散，所有宾客皆请往大众戏院观北桂两剧团，戏场节目：（一）《打金鼓》（即郭子仪祝寿），（二）《四郎探母》，（三）《莺莺饯别》。何总长因多年未看此剧，是晚亦观至十一时始散。后闻白府此次祝寿，筹备一月之久。大宴三日，小宴不计其数，总计费用已耗千余万元巨资，打破中国有史以来的新纪录。现在当局提倡节约，且前方将士浴血抗战尚食薄衣单，寿礼如此隆重奢华，是否合理，我不敢批评。但闻白府用款，系得最高当局允许及赠祝寿金，是否属实，亦不敢臆测。

十八日晚，何总长在军政部办事处大宴党政军各机关主要人员及空军盟友，我亦被邀请，并为本席之代主席。我席除我与空军队长钟君外，余均为西人。我绝不懂外国文，言语不通，无可应酬，只有举杯先饮，请盟友干杯而已。吾老矣，无能为也矣，致意一般青年，在读书之时，须注意研究外国文，虽不必能窥其堂奥，但普通应酬必须学得。盖此后交通发达，中西接触必多，总有时用得着也。顷接白府祝寿谢函，照录如下："敬启者：春回大地，瑞溢高堂；拜荷嘉言，渥施殊宠。善颂善祷，高文争八代之雄；寿世寿人，盛意胜百朋之锡。琳琅满壁，蓬壁增辉。崇勋、崇禧惭无树立，莫报劬劳，欣开东阁之筵，欢承萱室。愿借南山之酒，还祝莱台，并献纪章，聊中谢悃，肃修寸简，只颂勋安。白崇勋、崇禧谨启。"

十九日，接宜山王县长来信，约往宜山一行。兹将来函录下："总座钧鉴：敬肃者，此次来省，因军粮问题，忙乱不堪，故临行不及拜辞。回县后，又须赶办三百余万军粮，兹尚拼命赶办中，能否完成使命，尚无把握也。而征兵又急如星火，但基层人员不健全，殊感焦灼，虽然如此，想竭力从事，未有不可突破之难关耳。此间春意已浓，遍地绿色、白龙洞、南山寺游人活动，甚盼我公来此小住，行前请电告，职当往柳迎迓。际此难得又闲之时，到乡一游，实有意义也。肃此敬请。钧安。夫人并此叩安。王皓明。三月十四日。"

二十一日，午后三时，蒋憬然先生搭直通车返曲江。是早八时，即往丽狮路送行。正午，李崧甫先生请午饭，我亦被邀作陪，同乘车往木龙洞李公馆。同席有张向公、黄琪翔夫妇。饭毕，又同车往乐群社休息，因车误点，至五时蒋公始向各友辞行。送车时，因雨，只得黎民任夫妇、张静轩及我夫妇与蒋公握别。汽笛呜呜，列车徐徐向东驶出。我夫妇附乘黎君之车归来，已万家灯火矣。

二十三日，接张向公随从彭副官电话，谓今晚张长官乘专车赴柳，如搭车，请八时半齐集南站。我决心往柳宜一游，即嘱继室检备简单行李，并带旅费四千元，与省行翰主任平夷依时同到车站，张公亦到。同车者有夏雨花、韦世栋、黄梦年等，各均有家室同行。二十四日五时，抵柳北站长官部，何副官处长来接车。自翰君到桂，我未能招待，而我游独山，翰则大摆酒宴，深感不安。抵达柳州，本拟往友人处住宿，但张长官不许，嘱往长官部宾馆居住。车抵驻地，前十九路军袍泽张励、黄和春、何民任、李植生等均来探访。稍憩，何处长派廖副官在此招待，如无应酬则在宾馆食餐。何处长、邓立予、麦仲衡时来作陪。宾馆地方幽雅，食宿便利，人谓张向公犹太一变而做大阔佬，殊出我意料之外。住了数日，因时有过江应酬，觉得不便，即向张公辞别，到沈鸿文君商店住宿。此次蒙长官部诸友不时关照请宴，殊为感谢。到柳仅一星期，许爱周、张炎、覃连芳、陈安吉、沈鸿文等先生，均轮流赐我大宴，终日破费，令我永感不忘。

三十一日晨，搭车往宜山。陈安吉、沈鸿文兄等送我到城南车站，并蒙兵站赠我车票。未上车之先，以为今日必孤寂，不期安放行李后，即遇前"一·二八"之役，帮助我军之同事罗次启君。罗君贵州人，现充黔桂铁路特别党部执行委员，兼柳南段党务督导委员，阔别十二年，忽得相见，欣喜异常。罗君重提"一·二八"经过，双方大为感触。

在车上，深觉我国所办公司业务均是有头无尾。如粤汉及其他以前办之铁路暨招商局之船务，均腐败不堪，究其原因，厥为负责者不能大公无私、认真从事之过。黔桂路乃抗战后三年始开工建筑，现已通车至贵州都匀，约五百余公里，车上办事人员，与其他各路确有不同之处。如车内卫生清洁，待客彬彬有礼。至侍役一项，湘桂路车上的茶房，由衡阳到桂林下车，赏赐一百元，仍向先生请"高升"，迹近勒索。在黔桂路之侍役，虽赏其茶钱，亦不收受，而招呼则特别妥当。两路均系公营，而优劣相差若是之远，当然是人的问题了。由柳城南站起点，向北沿宜江边直上，在交通未发达之时，由柳到宜，步行最快也需三日。是日天有雾雨，所经各站，只略见枯燥的几座石山，村庄墟市，亦属寥寥。车经东西洛之时，一片平坦，荒地无涯，想象无水之故，最近闻洛寿渠已筑成，快将放水，倘水利发达，将来宜山民众定可丰衣足食。十二时，遥望将抵县城，同车之友，皆大欢喜。我因无随从，自己亦执拾小行李，罗君特予关照。车缓驰进月台，王县长及团体代表已到站欢迎，由王县长介绍与各代表握手，稍歇，即乘农民银行包车到县府。茶点后，各代表即散去。是晚，王县长请宴。

三月一日早起，天气略晴，应黔桂工程局长侯家源之请，由宜山车站长派车来接，到车站转乘花车前往九龙潭（现改称九龙庄），距城约十华里。到达之时，侯君已率各职工人员来接。是日，该路开职工教育会议，出席职工及来宾约五六百人。九时开幕，侯君为主席，宣布开会理由，后由赞礼员请我讲话，我不得已以粤戏的道白音调，略说几句。略谓此次廷错来宜山，得与诸君相见，又得到来参加贵路职工教育会议，非常荣幸。

贵路自开始兴筑到今，仅两年的短短时间，已直通至贵州都匀，此种伟大的成就，乃侯局长的精神、学问能克服一切困难所致，亦为各职工同心协力的成果。今后科学发展，日进千里，望各贤达在侯局长领导之下，专心研究科学，技能上精益求精，使中国科学技术之水准，能与欧美并驾齐驱，是所厚望，并祝诸君成功云。开会完毕，侯局长邀请各界代表午餐后，即往参观该路农场。未抗战前，昔日之九龙潭乃一片荒凉无人烟之地。今改为九龙庄了，各工友的住宅，大约有二三百家，房屋简朴，人口不下千人，地方清洁。办有学校，专为工友儿女读书而设。该处工友多数为北方人，无家可归，生活良苦。在农场无意中邂逅，遇着隔别十年的曾宪尧君。"九·一八"事变时，曾君在复旦大学读书，当时见东北不三日而沦陷，倭寇压迫日甚一日，乃倡议抗日，向各大学运动组织学生救国义勇队，赤手空拳，终日与各同志向民众宣传。那时，日寇得寸进尺，竟向淞沪当局威胁，情势甚形紧张，曾君更加奋勇，联合大学生向政府请愿，抗日当局敷衍了之，暗中则屈膝向日求和。我十九路军奉令卫戍京沪，惟有忍辱服从。二月二十七日，当局与敌签了屈辱条约，命本军撤离淞沪三十公里，以为敌无可挑衅。是日，宪兵来接十九路防务，当局以为可高枕无忧矣。但敌人素不守信义，条约变作废纸。霹雳一声，是晚九时，敌即向我后卫闸北张君嵩团进攻，造成"一·二八"首次武装抗日之役。曾宪尧君更扩大宣传，将学生义勇宣传队改为学生义勇军，由曾君率领，领得枪械，直接为十九路军指挥，加入前线作战，勇敢异常，凡事助力不少。至战事结束，遣散返学，各学生与本军甚为相得，我军调闽，各生均来送行。此次与曾君把晤，渠仍将从前经过大谈一场。他说当日有一件最惨痛的事，至今不能忘怀，恐总指挥亦不知。自十九路军入闽，各同学即返原校，不旬日放假，我往上海，竟被当局暗中逮捕入狱。当时实不知其所指，后被审讯，谓我系共党活动分子，拟置之死地。幸家兄曾养甫向各方面求请营救，始得释放，仍不准在国内自由。迫不得已，放洋到意大利留学。至"七·七"事变归国，家兄虽任部长，亦不求当局一官半职，去年年底，由乡间来此，得侯局长之介绍，在此办一小农场云。查曾君热诚为国，不特不得政府奖励，反被捕入狱，是非颠倒，摧残青年，良堪慨叹。与曾君谈约时许，即返侯局长处，辞行返城，下午三时抵埠。

二日早，偕县长往各机关拜客，并邀同党部书记长李耀东及各界首要十余人，同往参观白龙洞。南山寺即建在洞口，寺内有大小佛像，唯日久失修，已经破败，且岩顶数石动摇，去年已堕一块，将寺压倒一部。遍观全貌，无甚佳景。最特色者，乃太平天国翼王石达开入川时到此，或有停留石岩，刻有翼王诗一首，但不是亲笔，亦无可取之处。举目远瞩，见宜山城设于河旁城外，民居寥寥无几，但有小黑石围绕城池。据土人云，该城系铁链锁孤舟。王县长谓现在宜山城厢内外，总共人口约一万四千人左右，号称头等县份。比之广东的县场，真不可同日而语。游罢回来休息。是晚，宜山各界在党部公宴，以李耀东为主席。

三日早七时，宜山各界纪念周及月会，邀请讲话，情殷意诚，不得不去。抵达戏院，团体、学生、民众共千余人已集合等候，由临时主席李耀东发口令，行相见礼，即行纪念周，并由主席介绍向大众讲话。兹将讲词节要录下："党政军学商各社团，各来宾，各民众同胞：今天是宜山各界联合纪念周及月会，蒙各界邀请来参加，很是光荣，也很兴奋。但主席要兄弟演讲，兄弟是一个学问浅陋的军人，素无演讲的天才，实不知从何处说起。今天初与诸君相见，仅有简单的几句话提出来与诸君共勉。各位同胞，我们自'七·七'事变倭寇犯境，至今已七年有余，宜山处在大后方，各同胞虽然未能普遍地上前线去杀敌，但在后方的生产建设，动员人力物力，为国奋斗，确实已做到有钱出钱，有力出力，此种对国家的伟大贡献与功绩，永远不能磨灭。现在胜利在望，但党国前途，障碍尚多，况且敌人仍未被逐出国境，我们非再硬干苦干，难期抗建事业的成功。究应如何干法，各位前辈都是党国干城，必定胸有成竹，无待廷锴赘言。惟我青年学生同志们，大家要知道，为什么我们堂堂中华大国，土地广大，人口众多，物产丰富，何以几百年来都受倭寇侵略？兄弟敢大胆说一句，其主因就系教育失败。何以见得？我所见的近代欧美列强及敌国，都是以工业科学为建国的基础，科学由教育而产生，所以凡创造一切事物，都跟学问而演进。你们青年，就是国家将来的柱石，现在读书之时，在校应时时刻刻听你们师长的教训，在家应接受家长的指示，努力研究，且学问无止境，有了心得，还要精益求精。青年们能人人如此，抗建事业必能成功的。最后，还有一句最要紧的话，就是有了天大学问，还要有立己立人的道德。道德即是人格，没有人格，便是禽兽。大家知道，现在为虎作伥、引狼入室、借寇自重的，是何等样人，汪精卫何尝无学问，因为他不顾人格，便会为虎作伥，出卖国家，遗臭万年。廷锴今日的话，说得不好，尤其是有许多不应讲而讲，耽误了大众很多时间，请诸君原宥，并祝诸君健康。"是日，宜山兵站线区司令牛月村，副司令吉福星、陈自雄假县府请宴，各界首要作陪，至九时散席。查姓牛的南方人甚少，而姓马的则特多，牛、马均是六畜之一，未明其以此为姓之来由。牛司令之言行甚爽直，他说，在二十五岁前在山西任排长之时，无所不为，嫖、赌、饮、吹，四症皆备，甚至食白面、红丸、海洛因等毒物。那时人亦不似，鬼亦不成，后来自省，决心拼死戒绝。戒时足睡了十天，屎滚尿流，口涎不停，冷汗如雨，几乎气绝。我的同事看见如此危险，嘱我逐渐戒除，倘操之太急，会有性命之虞。我以死自决，足睡了四五天，亦不知饿，有时饮少少开水，以后逐渐食少少软性食物，过了十天之后，闻及毒味即怕，且要作呕，知是成功了，心甚欢快。家中及友人闻之，仍不深信。自二十五岁戒绝之后，至今无论大小应酬，虽至爱亲朋，亦不敢陪酒一杯，云云。现牛君已年四十，身长体胖，一言一行，斩钉截铁，举止大方，毫无官僚习气。俗语云"浪子回头金不换"，信不我欺，人人做事能有此决心，前途必大放光明也。

四日早，向宜山各界辞别。午饭后，侯局长即派车到来，并偕同王县长及各代表到车站牛司令处候车。十一时，车站鸣钟，遂与牛及各代表握别。火车已徐徐开入月台，余与王县长即行上车，别矣宜山。未几，车向东行。是日天朗气清，抵柳时，本拟与王县长同往参观洛寿渠工程，盖平时非晴天不能抵达目的地故也。据王君说，该渠工程颇大，刻已竣工，准于本月十四日举行开幕礼，请余多留数日云云。余以心情不适，未遽应允。十二时三十分，车抵洛西，目睹筑成水渠，似桥非桥，长约千余公尺，心境洒然。渠水乃经桥面以过，据云该渠可灌输稻田三万余亩，年中稻谷生产，可增多十万余石。返柳车中，遇罗次启君，彼此谈笑，甚觉相得。午后五时，车抵城南站，罗君即招待往其办公室，休息片刻，遂一同过江访沈鸿文君，并留余等用晚膳后，陈君道行来访，谈至深夜始眠。

五日晨，与王县长至公园散步，顺道并访陈道行君。陈君住伍先生公馆，素业商，香港陷后，即逃难来柳。初次见面，礼貌极周，前曾在柳创办金号。是晚，在公馆欢宴宾客。

六日早起，与王县长往南岸谒张长官。十时归来午饭，下午访在柳各友好。是晚，张公宴金襄凡校长，邀余等作陪。以陈安吉君亦于同晚假沈君寓所请客，第以地址一南一北，分身乏术，余乃赴张公之宴，而王君则代表往陈君处应酬。张公之宴到者寥寥，张公金先生、麦仲衡、广东省银行周主任等，酒量极大，你一杯我一盏，觥筹交错，愈饮愈兴。但我未饮先醉，三杯茅台后，已觉精神恍惚，乃离席坐于竹床，不久已劏羊（醉后呕吐之别称），朦胧中，尚觉彼等大饮特饮，结果六人均酩酊大醉。散席后，各人摇曳不前，遂派车送返河北。车抵住宅时，各人仍昏迷不醒，一一如病猫，状甚可笑。

八日，清明节，本邑同乡扫墓极热闹。我上午嘱伴磨墨，大还字债，是晚分三处食餐，大饮大酌。各同乡川流不息，熙熙攘攘，吹打弹唱，应有尽有。余与王君赴同乡会友昌行彭煜发晚膳，同乡拥挤不堪。席散后，偕同关仁甫老先生及其公子特夫、球王谭江柏往观粤剧觉先声班，所演剧目为王昭君之上半节，尚堪过目，但下半节进贡昭君时，薛觉先反串饰昭君，男扮女装，殊感肉麻。喧噪一时的粤觉先声剧团尚且如此，则其他粤剧之落后可知矣。若不切实改良刷新，必有淘汰之一日，尚望粤伶大觉大悟，每排一剧，必须专心研究，无论古今剧情，必须注重道德，且具有教育之意义，方能裨益社会，受人欢迎。否则，如马师曾之流，专演烂仔戏，剧情下流，诲盗诲淫，适足贻害社会，有识之士观之，莫不作三日呕也。

　　九日早饭后，偕王君往伍公馆访覃武德、何世礼、陆满、张炎、黄昭、陈道行、伍千里诸友。拟联合欢宴张长官，聊报张公昨日逼醉之仇，并商讨席间各种应酬方法，俾得依计而行，所谈结果尚称完备，即发帖，于十日晚设宴于覃公馆。

　　十日，王君返宜山，余亦定翌日返桂。时适招北思返自贵阳，见面甚欢。招君前虽在乡任泷水中学校长，人极聪明，学识颇深，惟性情略躁，若能稍自检点，将来殊有可为。是晚六时，人马即已齐集覃公馆，张长官昂然而入，眼如铜铃，微微一笑。他说："你们今晚请客，九主一宾，是何意义？看来情势似有不佳，是否先行开过会来的？"何世礼漫然应之："并无其事，且我们均为长官部属，安敢对长官有不敬之理。"当时，我们极担心张公洞悉我们计策，果尔，则未知如何应付。入席后，张公说："我今晚不饮酒。"我们则异口同声说："长官饮不饮，悉从尊意，但我们大家饮。"张公又说："如果大家要饮，则由我指导。"于是他便将我们分三组，每组每人饮一杯，如有一人或二人不饮者，须该组负责饮完，各组如此。酒至半酣时，我们似有失败不支之势，幸而何、覃两君竭尽九牛二虎之力，代替我们不能饮之友军，向前冲锋。形势已略好转，而陈道行君已经避席外出，吐完复来，共同支持此紧张局面，愈闹愈凶。此时张公似有醉意，遂往小便，回来后，其神情已欠宁。何君低声说："各位不能饮酒之友军，亦应向前冲锋。"张公素知我闻酒即醉，亦鼓起勇气上前向其致敬一杯，一口气吞下，次则轮至张炎，道行等亦与余同一步骤。在座友军，谁甘名落孙山，而张公素性亦不肯示弱，越饮越多，最后胜利终属于我。张公已醉得乱七八糟，口中喃喃作唱，走近火炉旁边，手舞足蹈，其余各人亦颇具醉意，怪状百出，惟无张公之甚。诸友目击张醉，无不得意洋洋，遂嘱彭副官小心服侍长官回去，各人恰似戏台上战胜归来之小武一样，放大喉咙来一句道白："得胜回朝！"这样你一声，我一句，怪态百出，殊形可笑。

　　十一日，起即检拾行李，午后九时计往北站搭车。送车者有陈道行、王在诚、沈鸿文诸君。抵站时，因无头二等车票可购，乃往兵站蔡司令处请其设法。蔡君琼州人，相识甚久，当蒙赐我车票一张。十时三十分，与送车者一一握别，车即北发。车中遇苏新由大湾来，彼此交谈，不觉寂寞。是日天气温和，时间准确，午后七时抵南站，万家灯火，闪耀如昼。苏君即着工人送余行李入街，转乘黄包车往桂花街。归来不见继室，房门紧闭，不得其门而入。二嫂说："继奶与翁许已往车站接车矣。"斯时，肚子已空空如也，转入厨房巡视一周，尚有冷饭菜汁，权作晚餐。约一小时许，继室归来说："据车站云，柳州所来日车，非八时不能到站。"而我所搭之车，竟提前到达，殊属幸运之至。

十二日（即农历三月十九日），乃我生日。即请乡中知己陈龙字、沈荫泉、彭公善、吴继初、蒋中及家人等照例食饭。但忆昔年则有宗叔蔡鉴堂到来同餐，鉴堂叔不幸前月去世，食饭之时，我甚感触，人生如寄，悲叹不已。是日，继室对我特别恭敬，一举一动无不小心翼翼。大约家庭习惯，凡遇生日之人，必合其全日欢喜，想继室之意亦不外如此也。

十三日，陈、沈、吴、彭诸友亦送一席菜来。是晚，家人等同聚餐。陈君等年年今日都是破费，深感谢之。二十二日，观《大公报》所载两广监察使刘侯武出巡粤省归来发表谈话，兹录之："此行先赴四邑等地视察。民政方面：各县人口调查尚未完竣，人事制度未能确立，故行政一般均未上轨道。其中英德、新兴、开平、高明等县长到任较久，故政绩较胜他县，尤以英德一县，佐治人员经铨叙者达十分之九以上，最为难得。各县田赋处之待遇颇不平衡，县府秘书之薪津尚不及田赋处工役一名为多，故一般公务员均钻谋田管处及收税局工作，此点亟应调整。监狱方面：皆因管理不善，犯人死亡颇多，殊堪痛心。且狱内烟、赌甚盛，本人亲拿获数案，如此欲求政治修明，何异缘木求鱼。财政方面：各县财政均极紊乱，且贪污者比比皆是，至食糖转卖利益，英德一县每年产糖十二万担，年征收专卖利益只得七十余万元。火柴价格，由每盒起至十二元不等，且无专卖印花之火柴遍地皆是，有专卖印花者不过十之一二，其余均是驻厂员受贿放私买私。此项舞弊，为各厂商、驻厂员、税吏、查缉所通同一气者，故粤近流行民谣云：'饱死县官，恨死专员，饿死委员，怒死主席。'

其谣乃针对实际而产生。教育方面：各县中除高要外，其余均有进步。各县教育经费年有增加，学童亦有增多，并提高教师待遇，培养优良师资，各县均在举办中，凡此种种最为可喜。建设方面：粤省府规定水利为建设之中心工作，故高要区十三围已在动工兴筑，其他县份小型水利亦各在努力。惟冬耕除云浮外，均是失收，损失甚重。民生状况苦不堪言，穷人一日不做工，即告饿死，因病无力求医死亡者，触目皆是。台山育婴院中收容育婴甚多。且确中美合办之教养院，在二千贫苦难童中，挑取体力强壮者三百名入院教养，其余均施粥救济，盟国间此种伟大友情，弥足珍贵。三埠亦有教养院一所，专门收容台山贫苦难童。农民银行在粤举办农村贷款，数额太少，获益不多，所幸第一与第三区督察专员黄秉勋等，均能忠勤职守，事属难能。高六分院院长傅圣严，检察官区玉书，办理诉讼，无一件积压，为所有司法官吏中不可多得之良好模范。台山法院检察处，去年押死人犯数十名，受理案件七八个月而不办，本人已面令该院首席检察官邝朝屏从速处理，如再糊涂，即呈请严予惩戒。"闻刘氏等一行，此次所到各地拒绝招待，有数县于刘氏莅止时，张贴欢迎标语，均经刘氏严予制止，诫勿浪费。又是日该报社论，题为《粤政兴革》，论曰："两广监察使刘侯武氏，近出巡粤省英德等十二县。据谈此行观感，各县人口调查尚未完竣，人事制度未能确立，故行政一般未能上轨道。各县财政紊乱，贪污中饱者比比皆是。专卖事业，舞弊尤多；司法方面，管理不善。在全国讲求政治的今天，这些现象，很值得我们注意。这些现象，当然并非粤省所独有，今日全国各省除少数省份或少数地区外，具有类似情况的必不在少，如果出巡的大员，都是刘氏那样严正清明，肯本良心，尽职责，而不以'印象甚佳'敷衍了事，则早应时时加以明白揭发，督促改进。粤省在战时处境本有特殊困难，沿海一部分土地沦陷，海岸被敌封锁，南洋华侨断绝联系，粮食不足自给，再加以旱灾频仍，在战前为富庶的粤省，现在比较起称贫瘠的省份来还要困难。在这样困难的情形下，施政受到不良影响，自势所难免。然而这些困难，虽非人力所易克服，但亦有不少系由人谋不臧所造成。过去粤省政治，随国内政潮的起伏，大半时间系在动荡不安中。历任当局或又未尽苦干，但事粉饰，不敢根本改善。抗战展开后，西南各省政治均有相当进步，而粤省则步步落后。一方面则有百万人民死于去年灾荒，今年面对饥寒者至少尚有数十万，人力损失巨大；另一方面则地方政治诸待整饬，人事不良，不特未能减轻人民痛苦，反使困难增重。听了'饱死县官，恨死专员，饿死委员，怒死主席'的民谣，不能不令人对粤政前途表示无限关切。迩来粤省当局求治甚殷，对外交通便利，旅外人民众多，其发展另有特色。战时既遭遇若干困难，战后自可徐图恢复，目前之计，首在抚辑灾黎，清明地方政治，增加生产，培养元气，元气保全以后，不愁不能发展。分别言之：（一）侨务发展，应有长久之计划。当前侨汇之鼓励，侨胞之安抚，侨贷之发放，均应认真努力。南路北江等县尚多可耕而未耕之地，即台山等沿海各县，亦可筑围，以往粤省谷种改良颇具成绩，独未能普遍推广，倘能尽力增加耕地，推广科学，改良方法，粮食不足的现象，多少可以减除。粤省制纸、制糖等工业，本为粤省战时经济的支柱，但生产反日见减低，这都应该改善，竭力协助生产者解决他们所面对的困难问题，先将原有之工业办好，更讲求其他新建树，然后人力财力不虑虚耗。（二）地方政治的改进，我们一贯主张'平实'两字，只要平凡努力，切合实用，不求急功，不求近效，便不致虚伪成风，粉饰相尚。各县实行新县制，进行户口调查，土地测量，普及教育，地方治安，公共卫生等，无一非平凡而艰巨的工作，执行者如不确实认真从事，徒以表册报告塞责，则新县徒有其表，于事何裨！当然这必须有健全的人事，始克有济。（三）人事不健全，系全国上下各机关共同的问题，同时也是中国数千年讲人治礼治不成功而留下的恶果，但解决之道亦非不可求。大家发挥法治精神，不徇私情，放弃面子，尤其在上者以身作则，以尊法守法为光荣，以犯法枉法为耻辱，日积月累，自可风行草偃。全省各级官吏任用审慎，任用之后，不轻调动，假以时间，责其后效，政绩必有可观。刘侯武氏以为英德、新兴、开平、高要各县长到任较久，政绩较胜他县，尤以英德县佐治人员经铨叙达十分之九以上，最为难得，可见其中的道理。解决人事问题，除设法培养之外，最要紧是绳之以法，上下遵法守纪，一切官吏的行为，自可纳入常轨。至于如何防止轨外行动，只有加强监察督率的力量。（四）监督方面，各上级机关必须加强执行，台山法院检察处去年押死人犯数十名，受理案件积压七八个月而不办，竟未见上级机关追究，促其改善，直到刘氏出巡始被警告，岂非监督过于疏忽。各地官吏假公济私、贪污舞弊，甚或勾结地方恶劣势力走私图利，加重粮荒，时有所闻，负责监督不能谓已尽责。我们以前论及改善基层政治时，迭曾主张各级民意机关实行民选，建立民众监察力量，罗致地方公正人士参加政治，以促地方政治的改善，此点现在看来仍属迫切。最后我们还要指出欲求政治改革，必须勤求民隐，公开讨论，切勿讳疾忌医，徒慕虚荣。时下国内政治的大病，正在不能综覈名实，虚伪掩饰。老实说，国内各地政治真正能做到清明的还不多，大家但能虚心求治，不怕暴露弱点，努力改善政治，风气一转，前途便自能进步了。"我读了刘氏这段谈话及《大公报》社论，所得观感，惟有惭愧。自念身为军人三十余年，爱国有心，为国无方，生为粤人，无补粤事，真是愧死，未知手握大权之徒，只知暴敛，不识是何居心？

四月一日，观各方情报，中原烽烟再起，敌兵南犯中原，郑州危急，陇海、平汉两路紧张异常。观其来势，必犯平汉线。十日，敌西犯洛阳，南犯汝南，想不久两路不为我有，余虽在野，亦有切肤之痛。五月十六日，接秦镇师长来信，内容上半段乃客套语，其余均是迷信之言，尤以评论算命特多。余素不信命，渠所恭维，置之一笑。我想彼失意人到了极无聊之时，或以此为开心，亦未可料。秦君随余相处未久，不时追念旧上官，可谓笃念旧谊，而当局弃之，殊觉不平。洛阳失守了，敌打通平汉路目的已达。查河南省面积甚广，人口三千余万，我中央大军四五十师，不堪敌人一击而溃，养兵若是之多，而战绩如此，负责军事大员，有何颜面见江东父老耶？闻敌犯中原，兵力甚薄，而势如破竹，系因我驻军平日勒榨人民，未得军民合作之故。平汉线既失守，湘北突然紧张，新墙河被敌攻陷，长沙告急。三年来敌屡犯长，均不得逞。我长沙守将便得意骄矜，自夸三捷，有失闻胜勿骄之戒，不意此次竟为敌以少数兵力进攻而即失陷，可惜。敌寇南下，曲江、桂林同时惊动，湖南方面下令疏散，桂林亦然。

五月十二日，好友黄远夫人带其女公子到来，悲声饮泣，说因黄君尚在美国，为广西方面联络及筹款开辟农场，许久无款寄返。兹政府下令疏散，毫无积蓄，一家数口徬徨无计，请将军函知黄主席及王逊志厅长借款若干，候黄远寄款返来，定当如数归还等语。我即将情形函知王厅长，以为黄君系奉桂当局命出使美洲联络华侨，公谊私情不会令我及黄夫人难过。谁料十七日早黄夫人来说，王厅长面也不见，令其门房工人答复无钱可借云。查王某与黄远曾在港同事多年，黄君家人困难如此，且有我写之信，内有一句"黄君不还，则由廷锴人格担保归还"之痛切陈词，而所请借者只系一万元，合战前不过数十元，竟然碰了个大钉子，我也不识趣丢了脸。为挽回脸子起见，宁可自己节衣缩食，借其国币三千元，安慰其归去。

十九日阅报，长沙危急，闻不及三天，为敌攻破；衡阳被围，有长驱直犯耒阳之势。闻我军有三十师之众，不堪敌人一击。我上面说过，竟不出骄敌必败之义。旬日来桂林大疏散，船只车辆甚形缺乏，车站河旁，人山人海。我们亦须准备，与继室商量，子媳孙不下十余人，未知走往何处去。且绍昌夫妇等尚在曲江，接其来信，谓即返桂林。但一嫂分娩在即，舟车挤拥，更属危险，万一车路梗塞，只有令其向连阳方面到平乐相会，较为安全。惟念手中经济拮据，全靠友人及旧同袍接济，借贷到手后，决定携媳孙东下，返原籍罗定老巢，遂向当局雇船。讵桂林各报馆纷纷出号外，尤以《广西日报》大吹大播，谓韦将军接薛长官某电，衡阳之敌溃退长沙，岳阳亦有溃退模样，桂林及各大小城市燃放爆竹，俨如庆祝新年，热闹了一星期始止。查敌人正在补充，不进不退，我方以为敌亦是前之扫荡战，成功后必退出，故先报捷，此种虚伪是否出于当局，不敢断定，其实反失民众信心。据友人由长沙逃难到桂林者谈，长沙十八日失守，我军损失甚重，号称"铁军"之第四军，除官长逃出外，几乎全军覆没。岳麓山美国之新式大炮六七十门皆遗弃。闻美国人在此充教官者亦被俘去，其他军民损失屈指难算云。不久，第四军长张得能调渝查办，闻已正法。"铁军"之结果如此，良堪浩叹。六月三日，有现充长沙粤省行办事处主任之旧袍泽云大琦到来，面述长沙退出情形，与上述大致相同。云君在漳州时随军，不久派充龙岩农民银行经理，隔别十余年，仍念旧主，到来恭恭敬敬，并赠礼物，深感谢之。数日内战事双方无进展，敌人扩大外围，衡阳仍属包围战。衡阳万一不守，将来敌人是否南下，此时不敢判定，不如趁此时机稍见安定的时候，先嘱二嫂搭友人之船往平乐。二十日早，嘱继室送二嫂及八姨并孙等到埠头。又适天不造美，倾盆大雨，遂叫板车输送到象鼻山河边，下余宪光友人之船。竟有同时友人介绍来搭之同乡，不许二嫂等下船，并令搬开行李，无可奈何，继室偕二嫂归来，衣衫湿透，出门之艰苦无可形容。

二十二日，大雨不停，冒雨出街访友，到罗翼群、胡文灿两先生处访问消息。适罗君决飞重庆，定有一小船允相让。该船系胡君包办，胡君亦同意。即返家，嘱继室明日下船，随同邓、胡两公乘船东下，并由桂林省行李经理卓波介绍周老板，相让平乐街谦和店二楼住宿。二十三日早，大雨不停，检拾行李，决由继室带同二嫂先行。我因系军人，暂留桂，待到最后关头始走，较为好看。下午二时，行李下完，继室来电话辞行，心甚愉快。我一人在桂，食无时候，睡无安处，有时在粤昌隆陈龙宇处，有时则在粤省行，打扰友人，心中亦有不安。二十八日，接继室西欧来函，内云：二十五下午安抵平乐，住谦和店二楼，该处经理李进修，得其主人周老板信，招待甚好，适农历端午节，并请餐云。接此信后，家人已安置妥当，惟绍昌消息隔绝，美中尚嫌不足，但忧亦无益，不如放开心怀。二十九日，早、午两餐均是个人打游击，午后，往白公馆探问消息。据白健生公谈，敌虽围攻衡阳，但不积极，敌将来向何处窜扰，殊难推测。本省各城市仍须疏散，正在发动民众组织地方团队云。我住广西已经三年，地方人士、军政界等内容大略知之，在民国二十五年（1936年）前，确系上下一心，硬干苦干，社会上无不恭维。惟抗战军兴，数年以来，所谓广西精神一变而成贪污渊薮。以桂林城而论，从前要人极简朴，不特出无车，几乎住无屋，近今骤然不同了。住必高楼大厦，婚丧、祝寿等事，每次总要花去数百万元。最近某要人祝寿，费去数千万元，惊动全国，中央亦派大员道贺，每年因其私人之事，不知食尽老百姓多少脂膏汗血。上级如此，地方何乐而不为？又闻有吕姓某某，在十年前乃一穷光蛋，现在官亦不甚高，竟富甲桂林，人称他为"吕半城"，即桂林财产彼居其半之意。大小官吏发国难财之风与粤相伯仲矣。

七月三日，衡阳战事无变化，适广行有车往八步，即附搭往平乐八步一行。抵平乐，探视家人，午饭后，继往八步，下午五时抵达。旅社有人满之患，后由李新俊专员亲自出马，始寻得一小小房间。是晚，由八步广东分行请晚餐，邓青阳、王若周、王应余、李泽霖、舒宗鎏、李卓波等同席。是日因乘车疲倦，席散即眠。四日早，由李专员派车偕李泽霖君等同往各矿区、各厂参观，正午，在某锡厂黄厂长（黄孟宽偩）处午饭。午后，参观水电厂，规模宏伟，机械设于岩洞，空袭无虑。据说电力过多，市面乡村，不能销纳，甚为可惜。又说在矿区最兴盛之时，尚可勉强支持，现在各厂停工者十居八九，用电家户数目寥寥，倘政府不能改善，八步工业大有一落千丈之势云。是晚，李专员请餐，一班逃难之友，如柳亚子、李文澜等先生，均得见面。五日，仍留八步，是日在附近游览，李专员及一班亲友邀我举家同住于此。我念人口众多，依赖亲友接济，亦非善法，决心再返桂林，观察战局如何，再定行止。六日早，辞别诸友，偕李卓波等兄乘广东行车返桂林。十一时抵平乐，稍停，偕继室罗氏同返桂。是晚宿粤昌隆，终夜警报，睡眠甚少。

七日，早起即返桂花街旧住屋，见李耀国仍住该处，张香池因船无着，亦滞于此。查两君都因经济问题不能解决，亦属可怜。但见该屋乃梁朝玑赐我所住两年有期，一旦离开，心感难舍。巡视四周，见屋内外污秽满地，花园里青草一片，所种瓜菜亦被草遮掩，已养三年的白鸽及鸡母带子，无人饲养，见我行近，则飞来走去，意似向主人觅食。但当时已交饲料于李君，大约因时局烦恼，无心顾及，亦意料中事。与张、李两君话别，即往广行与李卓波君共午饭，谈及晚上警报，李君请吾夫妇搬往其东镇路之住宅，免致终夜不安。我感李君诚意，是晚，即迁李公馆暂住，由李君派工人料理，各事方便。

八日午餐后，与继室同往萧步云公馆，同时往陈秋波处，与未疏散各友见面，入夜始归。观看报章，前方战事无变化，惟在桂林留恋，亦见无聊，与继室商谈，不如早往平乐，等候绍昌儿消息，再行东下。

十日早，往东镇路李公馆拜见李任潮先生，并询其行止，他说敌未过黄沙河全州附近，决不轻易离开桂林，彼之态度令我钦佩。午后，偕继室同往各友人处辞行。十一日，适广东省行有车往八步，即向李卓波君辞行，乘其运输车往平乐。天时晴朗，沿途无阻，十一点钟抵平乐车站，与继室雇小艇先拜访吴子裳先生，寒暄后，即到龙潭酒店租一小房安置行李，即返谦和。天气酷热，见辉儿及次媳李氏姊妹、醒民、林民两孙等各抱怀中，安慰其数语，即食午饭。在平乐约十天，有时与前省长张一气谈天说地，每天除应酬外，均由吴子裳君及其夫人杜得英女士热情招待，旅店宿费亦争先支给，可谓无微不至。自思与吴君知交未久，余又在失意之时，得此雪中送炭，令我喜出望外，深情厚谊，未知报答何日，别时有依依之感。十八日下午，接八步电话，绍昌儿已抵此，即请广行办事处转知其来讲话，不久昌儿在电话说，彼夫妇及觉民等均安全抵达，并说一嫂在七月二日分娩得一男，母子平安。得此佳音，心甚快慰。查一嫂在乐昌逃难时分娩，为纪念起见，命其名为乐民。

十九日午后，绍昌夫妇等安抵平乐，一家团圆，较任何时期为安心。休息数天，拟在本月尾旬返故乡罗定。

二十日晨起，即返谦和，携醒、觉、桂三孙儿到平乐公园游玩。在世界娱乐园中，以该园为最狭小，转眼布望，均是墙壁，总面积不及二百平方尺，所谓公园者如此，中国的建设真是腾笑外国人。

二十一日，早起无聊，再往城外北山。四处瞻望，均系崇山峻岭。据土人说，抚河各县山多田少，平乐除东区外，亦是山地，但县属虽小，已算好县云。游兴尽，即返谦和，请李进修经理代雇民船，指定到梧州。为明了时局真相起见，特向各方探听消息，谓敌大部滞留于湘江两侧，余判其必另有企图，当局正在调兵遣将，不知如何应付。

二十二日，李进修君说，船已雇妥，船费一万三千元，订明开到梧州，大约可容纳十二三人云。即到下关看船，虽不宽阔，而吾人在逃难之中，但求有船坐，即已满意，即返家着各人准备，三两日内启程。各方面知我不久离开，纷纷请我夫妇食饭，是日接李扬敬、区芳浦两先生来信，内云已安抵梧州，拟往罗定暂寓，请着谭启秀兄妥为关照，闻胡文灿先生亦已往罗。

二十四日午，着民船先载笨重行李，入夜完毕。吴子裳夫妇又对我夫妇饯别，并大请陪客，我亦乘机向各友辞别。至夜深，始尽欢而散。

二十五日晨起，吴君准备早餐，七时半下船，适醒民孙有微病，稍为耽搁，各亲友齐集下关码头送行，各友赠物甚多，尤以吴子裳夫妇特别客气。九时，与各友握别，起碇东下，适值大暑前后，坐于不高不低之民船舱上，焗如蒸笼，各人都汗流如注，行了五天，船始达梧州。到达大利口（梧州入口处），船夫借词关卡不准通过，在此湾泊，不得已，与粤昌隆陈龙宇君雇艇往梧州城。埋街不久，由周局长演明定艇乘凉，刚刚到达，第一次警报已发出，拟雇艇返原船，到达水上警察分所暂避空袭，上岸到石阶行不十步，敌炸弹已下对岸河边，距我立足之处仅二百公尺，破片虽未近身，亦受一小惊也。解除警报已十一时，又不知原船所在地，真是"江西人打死马骝，回不得去"，静坐半点钟，决返梧租艇过夜。

八月一日早起，即雇艇往大利口寻原船。昨晚，继室亦与二嫂等来城，幸中途折返，未受惊吓，亦云幸矣。寻获原船，即由警兵饬船夫开下梧州停于警所附近。偕陈龙宇君拜访梁专员涤俦，并诚恳致谢其借住桂林之屋。正谈话间，有不速之客来会，余不识其姓名，请他进来，乃陈仲英君带同谢炳南君到来面谈。当时亦不知其来意，彼说，彼有新下水船新日月号处女航，可送我返南江口，用浅水电船返入罗定等语。我谢其盛意，辞别梁专员，偕陈桂等回船。正午，航政局长周演明请餐。诚恐谢君船不可靠，仍请利发渡费韵笙定船位。是晚，谢炳南到来，慷慨地说船已准备，并请晚餐，且包定两艇明日午饭。

一日，乃第三男孙乐民满月之日，适在逃难途中，亦有友人请餐，家人闻有专船返去，亦喜形于色，提早上街购物。十二时，谢炳南君亲来艇请餐。食毕，即驶其新日月到民船搬行李过船，各友齐集中南筏栏巷，即驶船近与友握别。向下关照例报关，各关主管知系我坐船，并无货物，不检查即放行。船向东驶，水潦涨，快如箭，过鸡笼洲，即到界首，乃粤桂交界之地。沿途风平浪静，水极湍急，行三点余钟，德庆在望，南江口之塔亦已看见，六时半已埋南江口，即停驶。晚餐后，即搬往民船过晚，适罗定江水亦涨，仍由新日月拖至逍遥口，再用小电船拖至连滩。各客上岸后，即以电船单送本家人返罗定。因水浅，入黑始达罗定城。谢炳南君乃大湾人，船抵其门口，即返其家。余见谢君重义好侠，诚恐他不收船费，密示意继室西欧交国币二万元作为犒赏大小火船工人之用，谢君竟不收受，多方致意，始收四千元，交大小轮各二千元。自启程日至罗定，均由谢君料理给养。余与谢君初次相识，如此大破费，永久不忘。电船泊停，即上神滩庙前，适秋雨夜暗，无火寸步难行，后谭明昭、叶维硕及家中来人等携火来接，即到海威店休息。旅馆人满，返至家乡住宿仍发生问题，余夫妇即搬往泷江医院暂住，其余儿媳等即住海威店，姐丈区彩卿亦住于此，零碎事务仍请照料。不肖三弟朝锴素不务正业，一变而为无业流氓了，自我返抵罗城，除来见面一次外，即不见踪迹。俗语说"打虎不如亲兄弟"，乃是说兄弟最能共患难之意，但我逃难返此，不见任何兄弟叔侄关照，而朋友中，如吴子裳、谢炳南两君等，则照料无微不至，我以为"打虎不如亲朋友"，更为贴切。我又记得俗语有句"有酒有肉多兄弟，急难何曾见一人"，语虽俚俗，但甚是实情。返城数天，关县长玉廷、陈议长小京、谭启秀、黄达材等连日分别请餐，并得与李扬敬、区芳浦、胡文灿、丁徐诸友会晤。

近阅报章，欧洲盟军已在域多利海峡德国海岸瑟堡一带登陆成功，苏军亦已占领波兰边境，罗马尼亚已入苏军掌握，倘苏军能与英美切实合作，东西夹击，想不久希特勒就会倒台。东亚方面，倭寇虽凶，亦孤掌难鸣，必归失败也。

　　近来默察罗定社会政治，确实令人愤慨。官吏贪污之风诚属空前。自西江上下游奉令疏散，罗城人满之患，各机关后方搬来亦不少，竟有驻都城税警某团后方派一小副官带兵两名，借名来罗设营，胆敢到离城数里的松茜地方勒收行水，凡罗太地方之船只来往，每船勒收数千元，稍不如意，即将全船货物抢掠变卖。地方党政及民意机关置之不理，后各船家及商人蔡家寿到来面诉，我即请军政负责人来查问，请县长关玉廷限他即日将抢去各货物交还原主，否则电请上级当局严办。幸各人尚能遵照办理。此事自揭穿后，勒索官及各勒收行水机关星夜走散。民间疾苦如此，痛心之极，其他类似事件，实笔不胜书。

　　秋雨不停，道路难行，罗定至太平车仍通，拟候天气稍佳，即乘车返乡，行李则寄船载返，较为便利。谁知日候一日，直至二十二日，尚因路烂不能行车，迫得于二十三日雇轿八乘与家人妇孺坐，余与两儿则乘马返我罗镜龙岩故乡。沿途泥泞没胫，轿夫行进艰难，到太平墟已五点钟，距家仍有十二里，入晚八时始抵家，兄弟姊母倚门悬望，已秋水望穿了。返家数日，安置妥家人，即往罗镜墟暂住于长女绍芬处。有时到乡戚家，与少泉、次明诸兄谈天，稍作消遣也。

　　据报敌人破衡阳，永州危急，西江敌亦有西犯模样。据新兴来电，敌大部已窜鹤山沙坪，开平、新兴已开始疏散，防军力薄，军事当局不知作何打算。在镜十天，因不耐烦，即与继室返乡稍住。数日后，忽接叶少泉兄转来李扬敬、谭启秀两君寄来急信，说敌人陷新兴，云浮亦危，希即来城共商应付等语。余自摆脱总司令职，凡军政事概不过问，当将此意托来使转知李、谭。

　　九月十四日晚，接李扬敬电话，谓敌人先头部队已抵罗云边区之托垌，有犯罗定之势，请以罗定三十余万生命为重，请即准备罗镜武装民众应付云。余因时机迫切，不得已于十五日早往罗镜，召集十乡长及士绅到四区公所开会，结果：（一）公推廷锴为十乡临时团队总指挥；（二）临时武装团队粮食，由地方乡仓及县仓库借拨；（三）临时团队副食费，由十乡及罗镜太平分界各墟负责，向罗定广东省行借国币三十万元。

十八日，据报敌人便衣队一部已窜扰平塘附近，为应付地方治安起见，即饬知各乡常备队于十九日集合罗镜墟新街口训话，勉其驱逐倭寇，保卫家乡。二十日，据报敌人先头队已入平塘，有向河仔口连滩进犯模样。二十二日，敌已犯连滩，据报，敌后续部队大部亦抵平塘。

二十三日，我下命令要旨如下：（一）据确报，敌伪约万余人于昨二十二日已抵罗定城附近；（二）我谭指挥官启秀所部正与敌在围底、素龙等处激战中；（三）本区乡各团队为迎击敌人及策应谭部消灭该敌计，团队区分如下：（甲）派陈次云为右翼指挥，彭启鸾副之，率领友平四乡各团队，于二十四日拂晓前占领荔枝根垌尾金属迳一带阵地，并派一部占领金属半迳，严密警戒。（乙）派覃香为左翼团队指挥，张展鸾副之，率领罗镜水摆分界各乡团队，于二十四日拂晓占领官渡头一带阵地，派出一部在大汶塘严密警戒，左翼与新榕谭部联络，右翼与太平各团队联络；镜南乡团队为总预备队，直接归本参议官指挥，应占领石狮庙登花社古调坡九仔窑之线，策应各方；罗镜墟商团警察归关区长指挥，不时梭巡市面。（丙）罗镜市面应紧急疏散。（丁）余在罗镜墟腾庐。

二十四日早，接谭部及朱县长报告，敌昨日大队已窜陷罗城，我团队以众寡悬殊，退守生江墟，候机反攻。二十五日早，据临时谍报队队长叶维斯报告，敌约万人经围底窜县城。二十六日，三十五集团军副总司令朱晖日率残部百余人由泗纶抵镜，本市绅耆到乐墟迎接，情形甚为狼狈。问其行动及处置，亦不说实。二十七日早，敌情无变化。朱去，邓龙光总司令随到，其狼狈情形与朱相同。本人招待其在叶少泉处住宿，所谈军情甚略。二十八日，敌人一部似有西窜模样。邓去，谭启秀来镜，商谈应付敌人问题。二十九日，据报敌人大部西窜，即着谭启秀准备追击。

三十日，敌退出罗定城，谭启秀部进驻，并擒获奸伪多人。敌去后，百般均待善后。十月二日，由王专员仁宇、朱县长江召集罗党政军会议，结果：（一）团队应留若干，（二）枪械及谷之筹借法，（三）经敌蹂躏之各区乡救济法。其他议决尚多，但非重要。出席者有中委李扬敬、区芳浦、胡文灿及王仁宇、黄鹤龄、朱江及余等三百余人。闭会后，于十日乘车返镜，即将第三区团队复员。团队成立日期参差不齐，但本区人民不及一星期，如拟武装听命，诚属难能可贵，不敢言功于国，然使地方安定，秩序整然，已无愧矣。复员事办妥，即返乡休养。据报有不肖乡人竟在罗信边区种鸦片，非严惩不足以绝地方深祸。于三十三年（1944年）十二月十八日致函朱县长江，王区长润，原文如下："宪民县长王润区办长勋鉴：迳启者，际兹时局不宁之际，近查县属罗镜南乡罗信交界河表、牛尾河、黄狗坪、黄藤、林洞、行界、中伙、泗纶、古杭、新榕、茜塘等处，有不肖之徒，勾结资本家，私种鸦片，殊属胆大妄为，若不及早铲除，祸害地方无穷。兹查鸦片尚未成熟，希即通知信直县府，协同派得力密探查确后，派队铲除，仍将铲除情形，随时见复，以凭转报军委会。"

近阅报章，盟军占领巴黎后，进展神速，现已攻下比利时、卢森堡等要区。但国际情势虽好，我国失地日广，未知何日始能还我河山耳。今年逃难返乡，虽仍受经济上之压迫，但一家平安团圆度岁，深感庆幸，今年之笔记亦告结束，祈想明年返省港度岁也。

困守家乡

民国三十四年（1945 年）

　　1945 年元旦与昔年在桂更属不同。乡中人多不知新历元旦日期，全乡除本宅推行新历外，其余各商户若向其提起新历月日，多瞠目无所对，文化水准之低，真是可怜了。仍有一等愚夫愚妇说蔡家今日贴门联热闹异常，不知何故等语。此日，我即放开烦恼，全日与家人共同在家娱乐。上午李扬敬、区芳浦、余佶闲、曾如柏、张军长玉麟夫人及旧属叶少泉、陈福初友人等均来家拜年，并请诸位便餐。人客去了，自念去秋由桂返来，一切食用等项，概由二弟达锴料理，家庭人口过多，各种均有未便。我本身儿女在桂时，本已给其方便自立，但考察其内容，返家后，已无隔宿之粮。为彻底安置其生活及明了家庭起见，我份之田产及一切物业均立田丘簿据，交绍昌、辉收执，以免将来与二弟达锴有所误会。兹将发给家庭训条序言如下："家庭之兴衰，在于家长之训育子弟是否有方和子弟是否遵守家法为断，故欲子弟之优良，非从家庭教育着手不可。所谓家教者，即教子有义方之谓，倘儿孙不肖，家有黄金满柜，腰缠百万，不难一夕而空也。廷锴出身贫寒，父母早丧，家无隔宿之粮，当时之苦，确非笔墨所能以形容。然不能因此束手而待毙，不得已向外谋发展，均非如意，乃决心从军，积三十余年之功勋，竟由兵卒擢升至军长、福建绥靖主任、总指挥、总司令及握兵十余万人，绥靖数千里，并非有何本领。无他，凭自己人格、道德、忠勇不断奋斗而成功。兹为本绍义堂儿孙立德业起见，凡属本堂儿孙，应留心切记，毋负廷锴之愿望是幸。"

　　家事处理清楚，元旦亦已过了。无聊的时候，往墟一游，近阅报章，载张光中兄（即张炎）在南路有异动，又未知真实情况如何。但查张素来年少气盛，未审是否受何方指使与挑动，如环境不好，亦应脱离异地休养，何必与人争雄？倘成为事实，必弄至身败名裂耳。闻庞成亦被波及，死于非命，不明不白，未免可惜。生在乱世之秋，真是人命如草芥。不久，张炎逃至广西玉林，被当地扣留，当局命处死刑，呜呼痛哉！内中黑幕重重，我亦不敢遽然批评，但是非曲直自在一般民众心目中，后必有水落石出之日，惟有一哭而已！接张炎十二月十五日由吴川来信，记录如下："贤公钧座：柳州告别，各返故乡，本应早修书问安，惟途中耽误时日，恳请原宥，惟敝乡近敌咫尺，拟派人送坤廉（张妻）及小孩往贵乡居住，仍请在罗镜租一间小屋便妥。炎奉张长官令往南路视察，前友人对炎极不满意，四周均是敌人，又不知逃往何处耳。天寒岁暮诸维珍重，方便恳南针时赐，俾有遵循为幸。旧属张炎。十二月十五日敬上。"又乱想到光中共患难十余年，自解甲后，彼的学问道德本已增进，因何不慎而至身败名裂？你的友人莫不为你悲痛。吾人对你有心挽救而回天乏术，殊堪痛心，但你死者已安，惟生者将来不知死所矣，再为你一哭，呜呼痛哉。又接任公由其家乡来信，抄录如下："贤初兄勋鉴：弟原拟回家小住，方抵梧州，敌已由西江下游及怀集方面向梧州进扰，不得已，暂避山中。而在桂所预定之住地，今成泡影。然避难而纯属消极，难亦未易避了，故只得号召乡人，联合自卫，以冀保存于万一。惜乎，平日少准备，终至任敌人蹂躏，乡中人民，痛定思痛，自卫之心坚决。早拟派人前来联络，道途阻梗，迟至今日，只着君慈兄顺便代达。至西江上游敌情，亦请其面告一切。专此即颂勋绥。弟李济深上。十一月十六日于大山坡本宅。"张炎自被扣押后，余与其有旧同袍之谊，为尽友谊之情，应极力援救，即电呈委员长，原文如下："急，曲江余长官幄奇兄勋鉴，密请转委员长蒋钧鉴：据报载，张炎在吴、化、廉有不轨行动，真相未明；惟敌犯西江时，经张长官派张炎返南路视察，后并委其为某指挥官，因地区未划分，不就。查张炎向与负地方责者不睦，未知如何成水火，请派员彻查为幸。职蔡廷锴子梗。"该电是否有效不敢确定，但公私友谊，均已尽矣。同时，又接三十五集团军朱副总司令及省府南路行署主任胡铭藻同来函，内云："贤初吾兄……旬来吴川奸党假借张炎名义，四处活动，势颇猖獗，此种奸党，善于引诱，防范稍有疏忽，势将燎原。近据报告及谭启秀、朱宪民两兄到信晤谈，知奸匪有占取罗属罗太、金鸡一带为武装活动区域，而以罗定城为策基地之企图。而罗属思想左倾分子如曾某、邬某、陈某、谭某（姑讳其名）等颇为活跃，亟应注意防范。素仰吾兄爱护党国，不遗余力，务希随时协助军政当局，予以适切之措置。如查曾等确属奸匪分子，即予以断然处置，勿稍姑息，以免扰乱地方，危及党国，不胜盼祷。地方情形如何，并恳勿吝惠教为荷。专此敬请台祺。朱晖日、胡铭藻。"接此信后，除曾某不相识外，其余均是受过大学教育的青年，尤其谭某曾留学日本，在民国十四年（1925年）奉派为罗定县党部筹备特派员，罗定之有党务发展，乃经其手开创者，亦曾任十九路军师政治部主任，现在是否在县，尚待确查。惟本县自倭寇犯境至今，数月未见有何左倾形迹，该函又云奸党假张炎名义四处活动，措词虽与曾某等无关，但影射于前十九路军旧袍泽甚大，其用意卑鄙毒辣，实小人之尤。惟事实胜于雄辩，将来总有水落石出之一日耳。

二月一日，接罗定谭启秀电话，李济深先生出游，一行十余人已抵郁林，旬内经茂名来罗定返乡等语。此间天气严寒，据老人云，六十年来最冷是今年。草木已枯，冬耕无望，生活日高，无气力，无生产之人，不知又作何打算。余一家十余口，两男虽已自立，但家虽有若干恒产，不能自给，不久，又将要我维持矣。光阴易过，瞬间农历年又来临，农商频频催债还款，所见家乡邻里，数十年来，贫者自贫，富者如故，一年三百六十天，农夫无日得安闲，生活之苦，难以形容。吾人日中粗茶淡饭，暂可度活，但邻里的生活，目不忍睹。农历十二月二十八日，与继室同返乡居住，除夕之日，亦不大兴趣。惟打破家中积俗，破除迷信，在农历元旦日屠狗请友大嚼一餐，家中善男信女敢怪而不敢言何。

十一日早，潘宗英到来，说太平陈次云子失枪误杀其妻张氏毙命，其外家乃罗庆大塘张族之女，拟扩大向法院起诉。陈次云已神智昏迷无所措，请援助云。余不谙误杀人何等罪，一面请其转达次云，一面向其外家婉言道歉，一面令次云子向法院自首，案件则易解决。后来办理结果，陈次云遵照手续办，已花去三十余万元，事已终结，倘无胆识，一班恶势力则乘机敲榨矣。又接罗定电话，李济深先生已抵信宜，约三五日可抵罗镜，各界已准备欢迎，想抵达又有一番热闹。

　　二十日，李先生已到，西墟尾已搭牌楼一座。是日，党、政、军、学、商各界在西墟尾迎接。午后五时抵达，军乐奏悠悠，李先生即下轿与欢迎者握手，到达民教馆休息。是日各界公宴李先生及其随员舒宗鎏、尹时中、狄超白、胡希明、彭泽湘及其公子沛金，宴毕，即往叶少泉家暂住。二十二日午，由余请餐。下午，各界在泷中操场开欢迎会，由师区叶副司令充临时主席。兹将李先生演词略记如下："罗镜各界官长父老兄弟姐妹们：济深前月由乡经广西边境玉林到茂名、信宜抵达贵处，蒙各界招待，至深感谢。此次出行之目的，无他，系转换空气。但我有一个感想对各位略述：济深去年由桂林疏散至梧州，不久家乡亦属沦陷，就是敝乡大坡山亦经一度浩劫。身为中国人，确系死无葬身之地。但各位须知，此种浩劫非人民无用或敌人强悍，以我见，完全系地方政府只知剥削，不知领导人民自卫自治。负责军事者，亦只知保全实力，不抵抗而溃退。平日文武官员横征暴敛，无所不为，致使弄到今日之大患。仍有一件至为显见之事，济深确系痛心疾首，附带简单向各位报告。就是济深在桂林办公厅任职时，军政机关怎样呢？真系无恶不作，有势者假如所需一块地或一间屋铺，不经手续，即要拆就拆，要让就让，倘若你不允或有怨言，你的性命都难保。甚至要你一块地时，就以石灰为标记，你有抵抗，即命军警拘拿。今日官吏的横行，我想历史古今无所闻耳。诸如此类甚多，非短时间可以讲完。至罗镜地方，济深所闻，从前未到过，我理想中以为很普通的地方，但今日我所见，确与理想骤然不同。又据地方人谈，在前清时代，武人最盛，文人亦不少；民国以后，如我的朋友蔡廷锴将军亦出生于此。此种民风纯厚，以及才能济济，非一朝一夕能产生。我所知各才能人物都是在奋斗得来，如蔡将军在军人中，不是济深恭维，无论革命对内对外都立了不少功勋，全世界无不景仰。国家前途障碍尚多，希望各青年仍须继续努力去做，不可中途灰心为是。现在胜利在望，务请坚忍抵抗到底，姑勿论政府所颁布的政令兑不兑现，我们应照抗建纲领实施，达成我们自治自卫的任务，并祝诸君康健。"

李先生乃我们旧上司，本人已准备假少泉屋为其洗尘，李先生答应在此逗留三天，各界则合同分配请宴。

二十三日，随同任公前往云沙陈福初处探访，区、李先生请午餐。餐后，即到龙岩本宅增光，并参观帝瓮瀑布，日已西堕，即返罗镜。

二十四日早餐毕，八时，余与区、李等随同任公往淇湾乘民船往罗城。船经马垏双喉，任公所见水滩奇形险要、船工的技术、风景的美丽，欢慰异常。抵古榄墟，船稍停泊，午餐后，续开船，三时抵生江墟。因水道仍有三十里，登陆步行。谭启秀、朱江县长已派定人马迎接，六时抵达平南市。各机关团体均在公路欢迎，任公住谭公馆，各随员住泷江医院，各机关团体连日请宴，余陪足十天，因乡中扫祖墓，余即向任公辞别返罗镜。

三月十二日，接谭启秀电话，任公返原籍梧州大坡山，率税警吴营护行，抵广平墟，竟被奸人行刺，幸发觉过早，奸人无所施技，亦不幸中之大幸等语。查任公德行在国内人所共知，此次出行，在言论上或有抨击，小丑而出此卑鄙下策，乃意中事。闻凶手被擒，所供乃苍梧本地人，受令指使云。

彭泽湘将返渝复命，特书数函交其带去，兹将函略录如下："委座钧鉴：职由桂林疏散返乡居住，情形业经去年酉寒代电陈报。本有初旬，李院长偕泽湘兄来罗，出示钧谕，着职随同李院长到渝听候训诲，本拟遵命就道，惟目前绕道赴渝，需时四十天，而地方秩序欠佳，旅途甚感困难，拟交通稍便，即行首途，区区私衷，伏乞鉴察。职自念时局艰险，若能此时抵渝，听候驰策，俾得报国之机，实为至幸。但当时路途阻隔之时，虽伏处草野，亦决不敢偷安。自西江南路失陷后，奸伪异党日形猖獗，职借钧座德威，协助地方人士，以参议官名义，尚可镇压一切，非敢召劳，聊以报钧座之知遇于万一耳。总之职今后之行动，有钧座之命令，赴汤蹈火，在所不辞，否则，亦当尽绵薄协助地方当局，使三罗地区，不至受奸伪异党之蹂躏。至关于地方情况，泽湘兄知之甚详，已请其代陈一切，但危机之深，有不忍言者，望钧座垂察焉。肃此敬叩钧安。"致宋院长等信，大略相同。任公到罗二十余天，各界招待热烈，惟环境恶劣，一班好事之徒乘机挑拨，谣言纷纷，则谓李济深在罗成立政府等无稽之中伤，事实俱在，真不值识者一笑。吾人与李先生有旧上司之谊，行动举止当会知之，所以造谣者无计可施，只有在广平墟弄出卑鄙手段行刺李先生矣。

四月二日是清明，除绍辉儿在军中不能返来扫墓外，其余一堂济济，前往拜扫我曾祖及祖父坟墓。但我曾祖至我父乃三代单传，在三十年前，我父亲所生我兄弟三人，仍属四丁；二十余年的光景，则子孙满堂前往致祭。我父亲一生奔劳，虽不幸在中年逝世，倘其灵魂有感，从此而安慰矣。

四月二十日，报载美国罗斯福总统因脑充血急症病故。罗乃第二次世界同盟国战争的领袖，噩耗传来，盟国人民惋惜震惊，惟欧洲战事进展神速，且美国系民主国家，否则影响战事甚大。

去年冬及今春严寒，据老人言五十年来所未见。所有冬耕以及树木均被雪大哥无情冻死，晚造因旱，稻谷失收，冬耕无望，春耕缺雨，观各农家眉头紧皱。在乡无聊，则与继室往罗城，暂寓于撷园谭启秀处。住已月余，日中无事，唯多看各种书报。据各方情报，敌人退出南宁，有放弃广西之势。

五月十二日，离开罗城，与张玉麟夫人往船埠探刘创荣太太，在此闹了五天。刘太太知我嗜狗肉，特购定一狗，到第二日将狗杀之，请了数位狗客作陪，一餐食未完，即归我所有。我个人独享，食了三天，食得完满；一生食狗之多，乃第一次。连日均有娱乐，所住之环境极佳，适值广州大学搬迁到此，谭教务长维汉亦属老友，每日均有应酬。但我家乡与船埠仅四十华里，除追随我的旧部能认识外，其余父老素不相往来，相识者甚少耳。惟刘创荣母亲年将一百（问其本年九十二岁），体力仍健，平日好善乐施，地方人对其极敬爱。

十五日，离开船埠，刘创荣太太陈惠芬送我一程，即到其府上，与九十二岁高龄老太太辞行。老人即带我们参观其内外，所说言语举动，态度大方。渠所生身下共计七八十人，有福之人格外不同，谈笑完毕，即当我是小孩子，送往门外，有依依不舍之情景耳。离开刘屋，我们三人即乘轿经沙蓠、牛路径口、大汶塘及我心血所建造之官渡头桥，则在桥边粥店休息。乡人采薪来往不绝，在谈笑间仍念念不忘，当是善举。午刻返抵罗镜，仍住绍芬长女处。

五月二十一日，看报载苏美各盟军已攻近柏林，希特勒已自杀。遗嘱由海军大将杜尼兹负责收拾残败之德军、组织政府，大势已去，不及一星期总崩溃，接受无条件投降。昔日欲称霸主欧洲，气概英雄不可一世之希特勒，于今何在？欧洲战事结束，惟可惜德国第一次世界大战，仅距二十余年，国力始恢复，一旦而被希魔牺牲，我亦为之扼腕叹惜。

六月十六日，晨早与继室返乡。是日乃农历五月五日，为端午节，乡人习惯包粽等类敬神。但迭次问其因何事，彼答，乃旧习，其他不知。我当时对其解释，在古时有楚国大夫屈原，系一忠臣，楚王不听谏，返抵湖南汨罗江，投水自尽。全国人民见其忠，以五日为其纪念，并包粽投下水喂鱼，免鱼食其尸体，并吊敬屈原之意，因此年年有此节日。乡人听了，亦有动容之感。是日，长、次媳均在家准备做节。在家数日，整理田园。观本造稻苗生长甚佳，五谷丰登，将来农民必定愉快。

二十一日，乃罗镜墟期，与继室同往罗镜。接谭启秀兄转来张长官江杰电称："文灿兄带来电函敬悉，任公决偕我兄入都事，先经泽湘兄详报，不胜欣愉，当即电请任公来驾，并请辞修兄转请委座，汇发旅费兼顾早日成行。此次泽湘兄等旅途安靖，似乘时赴渝，并饬税警一营护送，另有弟暨旭初见派员迎接，所有一切，候任公与兄驾到后细谈。光中之事，殊出意外，挽救不及，至憾事，专复。张发奎，江。朱晖日转。"

七月一日，工人翁许来报，明日雇工割禾。午后，即与继室返乡。观察田间，禾稻丰稔异常，各乡邻农人则说，有禾苗之田，可什足收成，但无人力，插苗较迟，只有六成收获。我们今年初耕田，全靠雇工，计算起来，除种子、工钱、粪料，确无可划算。惟不耕，全年只收数十担租，一家十余口，更不可支持。旦夕思虑，只恨家人均属新青年，刚从学校出来，未能知稼穑之艰难者。观察各家人之态度，并无有感觉所谓困难，凡事毫无预算，只知使钱，亦不知老人操苦。倘若战事拖延三五年，我想惟有束手而待饿死，到那时，始知懒惰而有此报，追悔莫及。务望家中人看至此，应提心吊胆，咬紧牙根去做，士农工商均要学习。俗语云：富时须有"志"，穷时须有"气"。所谓志气者，即富而不骄，穷亦能刻苦向前去做之谓也。

四日，有美国大型轰炸机一架，因机件损坏，迫降双角，机师安全返罗镜住，各界招待，并赠我降落伞一张为纪念。收割完毕，李扬敬先生接电须往重庆，问我有无文件呈蒋委员长，即草简单函交其带去。函文如下："委座钧鉴：敬禀者，前托泽湘兄带呈寸禀，谅邀鉴察。职本拟随同李委员赴渝听候训诲，适因身体微病，致未如愿，恳乞恕罪。嗣身体复原，再行首途。至西江南路情形，统请李委员报告，肃此敬叩起居。七月十日于罗定罗镜墟。"致陈辞修函亦甚简略。

接罗定各界函请，因谭启秀部团队给养无着，请我与区芳浦先生同往城开会。但当时所知各地仍有烟赌，不大满意，即转知其能禁绝烟赌，则团队一切经费可在开会解决。我与区先生所谈，地方当局亦同意，故于十二日与区先生搭张瑞贵夫人眷船赴城，继室西欧同行。抵达后，为避免麻烦，即住泷江医院，空气通爽，起居饮食甚为方便。

十三日早，在县参议会开会，所得结果完满，兹择记大略如下：

（一）实行禁绝烟赌；（二）团队粮在田赋，去年附加未足额，应请县府追收；（三）团队副食费，应加强三罗运输公司收入，仍照三罗团队规定分配；（四）土匪在新兴边境甚炽，于前几天抢劫春湾省银行等数千万，为保障三罗治安起见，函请启秀部集中罗阳、金鸡一带布防。

以上所拟均得地方人同情。同时，中央有降落伞队约三百余人，为美国人指挥。美人军纪甚坏，终日饮酒行凶，随便放枪，赤身行街，时有捣乱行为。在城住有十余天，接李委员钦甫由玉林来信，内容因李任潮先生有关时局，促其渝事之态度通知，特记载如下：

"贤初吾兄勋鉴：上月十四日，抵大坡山，休息一天，曾与任公谈两次，伊的见解与在罗城时相同。弟则劝其早日起程，或先到岑溪住，免被人家继续造谣中伤。承允秋凉后起程，届时仍须一番敦促也。二十四日到玉林，剑泉兄已于二十一日到玉林组织总部，向华、道中、警魂三位先生亦于二十五日到玉林，相见甚欢。十七日乘车到南宁，寓向华先生公馆内，连日与诸友谈话。甘丽初兄任第二方面军参谋长，冯次琪任总参议，麦仲衡任秘书长，曾举直任南宁警备司令，龚汉贤、黄和春、张冀之先后由百色来，夏煦苍兄昨午亦到此。向华、煦苍两先生曾询兄起居，弟则逢人便代候也。谨将重要者报告一二：（甲）某党召集全国代表大会，决对本党采猛攻政府，此点深值得吾人加紧戒备；（乙）某党在广州甚活跃，闻敌有必要时，将广州交给某接收；（丙）某国出兵问题，闻有可能性，且看事实来证明；（丁）在短期内，我军决攻广州湾、梧州各地，至攻打广州时间问题，大家都望在今年新历年底以前打回来云；（戊）关于策动敌伪反正问题，据向华先生云已有办法颁布，只须他们在我军攻击某一地点以前反正，便可承认，否则缴械。至收编敌后民军一事，自可给予名义云，其他名义，则此间不能发表；（己）一入桂境，凡遇熟人，即问罗定情形，即问任公近况，一若罗定系一块不祥之地，当经详细说明过去及现在各种事实，友人始得明白，于是乎，又知惟恐天下不乱，大有人在了。弟原拟候一二日飞昆明转渝，因何总长今日可到，故决与之见面然后起程，年来舍下寄居罗邑，诸事承兄及启秀、少泉、福初诸兄照料，至为铭感。此次应召赴渝，为时谅需三月方可回去，更盼诸兄对于舍下各人，加以维护，为千万祷，余容到渝后详报。专此顺颂勋安。弟李扬敬拜启。（民国）三十四年七月二十四日于玉林。"李君自粤军第一师同事以来，至今二十有余年。在军人生活之时，交谈甚少。在抗战期间，伊由湖南归来桂林，继则疏散到罗定本乡，彼此常往来，至今成为挚友。渠的学问道德，深为佩服。此次赴渝，临行之时，对其家人及友人关心颇切，伊之老母年将八耋，况且李君素来孝心，行一步均效古之孟忠的态度。惟李君年已半百，尚未有子，老人家抱男孙心切，但天不造美，至以为憾。我想伊母子均是慈孝不可多得之人，迟早必有所赐耳。

八月一日，报载美军攻占冲绳，双方损失甚大。日寇虽凶，以财力科学与美国比较，则小巫见大巫；又美军以空军为主力，专破坏日军各交通工具，据报日寇海军已一溃不振。

八月八日，美空军昨已用原子炸弹炸其广岛，死伤数十万人，该岛横直二十公里内，均被烧净尽，日天皇及国民全国均入恐怖状态。

八日下午，美降伞队接得播音，苏联对日宣战，即出兵东北，日本天皇准备接受波茨坦宣言（即无条件投降之可能）。全城军民狂欢至夜深，手枪、机枪、鞭炮之声不绝于耳。九、十、十一连三日捷报消息频频而来，各界狂欢；步枪、鞭炮声亦如前。

十二日早，各街巷标语贴满街衢："日本已接受盟国波茨坦宣言，无条件投降，包括日军侵占我国一切土地。"

十三日，我中枢连日开会忙，全国军民喜形于色，留罗各义民即有筹备返乡之势。

十四日，国际电台播音，待日本天皇签字投降日，即系盟国胜利日，各国均已筹备庆祝。

十五日，国际新闻电，我国派总长何应钦接受日本投降事宜。美国派麦克阿瑟为接受日本天皇投降事宜。英国派巴顿爵士接受日本在南洋各岛日军投降事宜。但我国战区辽阔，环境复杂，北方共军正在发展之时，将来又不知如何善后耳。

十七日，我外交部公布中苏条约内容，大略择要记载如下：

（一）准外蒙独立（表面人民投票，其实苏联早已支持）；（二）东三省（即满州）、长春（即中东）各铁路中苏合办管理，人员各半，以三十年为限，期满无偿归还中国；（三）大连、旅顺租与苏联为军港，亦以三十年为限，行政人员各半，但苏联派主任官，中国副之；（四）苏联无意干涉中国内政，在互惠原则下，互相协助之，其他诸如此类条件甚多，但所立第一、二、三各条是否平等，三岁孩童可以明白。吾人有见及此，旧之不平等条约取销，墨迹未干，新要求之不平等条约又来。东北各省乃我中国领土之一部，自甲午中日战争后，日本已野心勃勃，要求辽东半岛，后经帝俄反对而敛手。但其野心未忘，时欲吞并，因各帝国分赃未平，且美华盛顿有九国公约稍为约束，时机尚未成熟，迨至民国二十年（1931年）秋"九·一八"事变，日寇军阀竟不宣而战，侵占东北全部，得寸进尺，继续扩大，进犯上海，至有"一·二八"之战。后犯华北长城等要冲，迫我中枢签订所谓《何梅协定》（即日寇梅津、我国军政部长何应钦），东北、华北被占，得意忘形。未几又变本加厉妄想鲸吞，又来大举进犯，至有"七·七"事变，演变而为全面战争，结果经八年长期抗战，才换到今日胜利的成果。

二十日，致函德义、菁莪两局内容："迳启者，查两局自民国以来，所有产业与租务收入，每年用途不当，全邑人民哗言不绝。最近愈弄愈凶，竟以牌位选举代表，以少数人为所欲为，为分赃事互相掠夺，互想分肥，不顾前人创设善举之苦心，殊堪痛恨。须知前人创设之两局，专为培植邑人青年读书而设，所有基金租务，均是乡人善心乐助及地方政府拨充而成，今竟为少数人把持自肥，邑中人士再不能容忍，非从速改革，不足以平邑人之语言。用特函通告，务希贵会限期召集邑中绅士开会，应如何兴革，当由众议解决是幸，此致德、菁两局。蔡廷锴。民国三十四年（1945年）八月二十日。"

二十一日，绍昌儿由乡到城，准备返省港料理寄居。此间敌人接受无条件投降，洋货以及土产、谷米等百物跌价半倍，如复员顺利，仍有低跌可能。

二十七日，刘栋材师长兼司令在罗城招待文化各界及士绅茶会，并请我讲话。当时亦无准备，不知从何说起，惟刘作主席所讲的题材，均是征役及教育，我根据所讲，从简补充几句。我说关于教育问题，本是门外汉，实无话可说，惟近来所知，各方报道新闻认定系教育失败，不特普通教育失败，就是军事学教育，又何尝不失败。我举一个例来说，普通教育失败之原因，未能将国家民族的利害灌输于普遍学生民众，所以此次对外战事，关于兵役召集发生不良的印象，甚至避兵役、逃兵、卖兵、买兵捉兵种种怪现象，我想全世界所无，倘若有国族思想之青年，国家有难，全国国民均有义务服兵役，所以说教育失败者，已显明而易见。甚至军事教育亦认为失败，诚看我国的将领及士兵平时的吹牛，但与敌国将兵、各战役的比较，敌方兵力一团，我们要一师配备与其作战，就是装备平等，作战起来，结果仍是我们败溃。此种失败，亦是教育不如人之故。我仍补述几句实实在在的话，近年来，我考查我的儿女，无论在大学与中学毕业，成绩甚劣，但均有毕业证件文凭，大约都是教师做人情赏脸子，不然，不及格又何能毕业？在此敷衍复杂环境，或者为师者有作用未可料，但吾人事前并未向具讨人情，至于女学问低劣，而能毕业，极不满意，刻薄地说，就是为师者，不特欺骗学生，对其家长亦属欺骗。我说的是否谎言，请负责教师良心自问，或有获罪于文化界亦请谅之。

三十日，美盟军统帅麦克阿瑟乘主力舰米苏里号抵日本海岛东京湾，准备日内接受日本天皇投降。国际与盟国有关的国家均准备庆祝胜利，我国陆军总司令何应钦亦准备日内飞南京，接受日军投降。

九月二日，日本正式接受盟国无条件投降，派出外相重光葵到美主力舰米苏里号上签降书。接受投降者，美国总帅麦克阿瑟。盟国宣布定是日为胜利日。东西战事已结束，我国军事委员会蒋委员长同时对全国人民在胜利后宣布开放言论结社自由，豁免田赋，实行民生主义，提高人民生活，发展轻重工业。倘有不肖军政人员阳奉阴违，如有贪污，一经查出，以军法从事。此乃简单择录，如能兑现，我国从此踏进富强之道矣，姑听之。但我国抗战八年，人力、物力损失甚大，全国工业可说破产，非以全国上下群策群力，团结一致，不足以言建国，万一仍有内战发生，则国族前途万劫不复耳。

四日，绍昌儿搭船赴肇庆转船赴省，临行时，嘱其沿途小心注意，并交其致张向华、李钦甫先生函各件。函中内容，系请其照料。

六日，本邑召集开会：（一）本邑所办与上级政府无关各件，限本月十五日以前结束（即三罗运输公司）；（二）集结队应即分县陆续复员；（三）函知县府切实严禁鸦片及赌博；（四）各乡借出自卫枪支应即发还。

八日，美运输机一架在城盘旋，降低至二百尺，在水母湾抛下大宗军需物品，所有城厢内外人民，扶老携幼，人山人海，踊跃前往参观。抛下每一包物品均有五色降落伞，人民少见多怪，引为奇观。现在各国科学之进步，我国与之比较，不知相差几千万里。降落伞已发明数十年，在美国无论军用民用飞机早已普通，在我国则以为一件奇事。惟当今显要，时以自夸自大，以为自己了不得，其实推倒满清至今三十余年，有何建树，明眼人当可了然矣。光阴易过，到城月余，各事均已完竣，不久又须返广州，决定返乡，摒挡一切。遂于十二日启程返乡，将应带的服装、物品等分别捡齐，不应带之物交与二叔夫妇安置。诸事办妥，于十七日往罗镜墟暂住。但赴省川资仍成问题，与继室商酌，即将绍义堂谷麦等亏本出沽，集中起来仅得二十余万元。若我两夫妇先行，川资足可够用，倘举家行动，则微乎其微耳。

二十日早起，工人由乡来说，绍庐女昨日已由城返家。问其返家何故，则说不知。后来才知其任意时常逃学，但曾记其在童年时天真可爱，读书最勤，凡亲戚故旧均有赞赏。不料愈大愈娇，愈学愈懒，不知稼穑之艰难，更不知父母养教之苦心，使钱如粪土，二世祖的行为暴露日甚。念其今年仅十七岁，已读高中三年级，仍望其悔过。古语云，知过必改，回头是岸，亡羊补牢，未为晚也。

二十三日，起程往城，绍芬、绍庐女亦同往。午后抵达，寓龙宫酒店。惟旅途困顿不适，晚餐后就寝。恨住客嘈杂，喧哗大笑，终夜不绝，欲寝复醒，屡为所扰。中国人不守秩序，有识之士实堪浩叹。

二十四日早，各故旧到来会谈。谭启秀兄又请搬入其撷园住宿，在犹疑不决之间，先行推辞。正午，与继室往平民食堂午餐，每人每餐国币七十元，菜蔬虽薄，勉强可饱。

二十五日早，来访之人愈来愈多，房无立锥之处，启秀已派当差到来搬行李。倘固执不搬，亦恐误会，遂迁入撷园。一日接德、菁两局通知，准予本月三十日召集全属名流士绅开会解决两局今后各问题。

三十日正午，士绅齐集两局。午饭后，由两局主任董事张楚伯为会临时主席，宣布理由，即讨论提案。通过决议，略记如下：甲、（一）由牌位作选举代表改为本县人士曾任正式文官委任，武官上校以上，得为本局当然委员；（二）照旧六区，每区每届选代表一人为委员，其资格曾任乡长或大学及同等学历与高中毕业生，善长仁翁等为合格；（三）代表选出后，由代表会雇请一人为经理，选派委员一人，常驻局为监察。乙、本局每年收入租谷，分配办学如下：照旧六区，每区每年拨办学租谷三百石，拨大学及同等奖学金八百石，拨泷江医院一百五十石，拨高等师范一百石，拨县立中学一百石，所余若干，作为本局其他公用。两局数十年之恶习已除，一旦而公开办学，基础已固，全邑青年读书有着，不久将来文化水准必提高矣。

十月三日，发觉县府不肖之职员勒索大南江电轮，舆论激昂，民众哗言，即请梁麟县长到机关询问，梁则答查查，面红耳热，无词以对。区芳浦先生以大义责其即日将勒索机关撤销，惩办不肖职员。查被勒诈之电轮，每开行一次最少四万元，民船每艘六七千元不等。罗定城经敌人一度蹂躏，敌退后乃西江上游交通枢纽，商业繁盛，正当胜利公布后交通恢复，惟县府依然胆敢公开贪污勒诈，殊属胆大妄为。吾人为铲除此种腐败苛政，即鸣鼓而攻之，以为胜利后改良政治之先声。

五日，各友往省心急，召集各主要人到撷园开座谈会，决定往省日期及计所需民船若干艘，经费大约多少等事项。

六日，接李厅长钦甫来电，已准备火船两艘，约十七日由省启程，约二十日前抵达南江口，即转知各友准备等语。七日，绍辉儿先往省。

八日，接绍昌来信，已返广州，文德东路十一号屋已取回修理，家私什物亦已有若干准备。香港屋本月起收得若干租金，家中伙食勉强尚可维持云云。

九日，即函知二弟达锴，着其准备杉板二十副，厚床板十副，松柴炭等若干，米两担，并转知一、二嫂，由罗镜雇船由二弟护送来城，限本月十六日以前抵达罗定城神滩庙前面停泊。

十二日，接达锴弟来信，所嘱办理各事，立即准备，约十七日早可抵罗定，请勿念。在城各亲友故旧知我不久离开罗定，连日均有应酬。

十三日，接绍辉由肇庆来信说，肇庆以下沿途均有散兵土匪抢劫，来时须要小心戒备。现查省城秩序紊乱，绍庐等仍须在罗定读书为妥等语。

十五日早，往郊外散步，所见青苗缺乏水分，高地稻苗已枯，低洼之田亦已龟裂，若一星期无雨，则附城五十里内旱灾又成。查去年全年无收获，今年又如此，久旱成灾，我罗三十余万人民，兵燹之后又遭天灾了。负地方责者，未审有注意否。

十七日，达锴弟带同家人十余，乘罗镜民船抵达，并带米粮、杉板等杂物甚多。据一、二嫂说，家口谷等一概平沽，仅得八九万元云。观察家人各个心理，往省心切，全不计及其他问题。青年无经验，头脑简单，明知省城秩序无恢复，沿途治安不好，若不审慎行动，途中发生变故，悔之莫及，反为不美。因此警告家人，凡事须小心考虑周详而行，切不可躁急为是。

十八日，准备行装，将行李搬下船。午后，向各亲友辞别，是晚，各界在浮绿仙酒馆公宴。

十九日晨七时，各亲友均在神滩庙埠头下船，各机关团体均在该处鸣炮欢送。我们往省之民船，一共十七艘，浩浩荡荡一齐起锚东行，逃难来罗各好友站在船头，向欢送各团体及挚友均各扬巾而别。午后五时抵大湾，因后续船尚未见追来，即停泊于此，约一时，继续开行。诚恐距离过远，距大湾约六七里，即湾泊过夜。同泊该处有叶少泉，彼亦是罗镜船，轻而快，闻途中各大民船均有搁浅。

二十日早，六时起程，九时抵龙归山，十一时抵宋桂滩，午后三时抵连滩。各家人均上岸游行购物，候至五时始见各船陆续抵达。我与叶少泉船为前锋，五时继续行驶，是晚停泊虎丘山。该处乃三罗胜景之一，平时多人往游，但我二十年前也曾到往参观，亦不见有何佳景。二十一日早，七时开行，各友船亦陆续追上，八时抵龙岩，与我家乡同地名。距约三里是逍遥口，在清末民初时，土匪在此出没，凡船只往来非缴纳行水不能通过，近来安靖，商旅较前方便。十二时抵古蓬墟，船主戴木水及家人等上岸购柴。区首席检察官玉书乘船亦追到。该墟历史悠久，民国八年（1919年），我当排长时在该墟驻扎，当时沿江土匪甚炽，在两个月内均被我军剿平，该处商民不时颂扬。民国二十七年（1938年），余由省返乡休养，经过在此休息，有一老叟年约六十余岁，仍叫一声："蔡排长，你在边处返来呀？"我则答："由省城返来。"其他较中年的男女则说，你因何叫人做排长，明明蔡将军，早数年前已当十九路军总指挥及福建绥靖主任，现闻又升总司令，你叫人太无礼云云。余即对双方解释，陈老伯叫我蔡排长，我极欢喜，因为我当排长时，在此驻防与其相熟，他比我年高，就是叫我蔡廷锴更合理。因渠不知我行踪，亦不知官制如何称呼，请大家原谅老人为是。各船人马已返齐，即嘱船工开行。沿江两岸有少数人家外，其余均是连绵崇山峻岭，三十年前乃土匪巢薮。行约一点余钟，抵达思约，看见西江拖渡数艘沉没在此。有一艘乃利发渡，我乃股东之一，但开办十余年，本息全无，查办理不善，迫于前月退出股份。闻该批渡恐为资敌，因入江藏避，但天不从人愿，被盟机侦察，反被轰炸而至沉没，亦云惨矣。南江口在望，距思约两湾之水，小地名就叫贵记仓。所见山水人物，如艇家之口音与接近大江边地方骤然不同了。各船男女客均出船头观望。下午三点钟已达南江口，不出过江口之小孩或工人，心里已为大江边往来火船"夺夺"之声所吸引着。艇家一味叫人坐艇，五个乖孙你一句我一声问亚爷，用手指着几只船得意哪，哄了一个钟头。李厅长扬敬派李威及二艘火船拖两大木渡船，到来迎接其母亲及各友。但同行区芳浦、李扬敬、胡文灿、谭启秀、余佶闲等先生船重搁浅，尚未抵达。是晚，在江口船住宿，并与李威君规定行船秩序。二十二日，与区玉书上岸观察敌人占领时遗迹。江口墟乃弹丸之地，迭接情报，敌人只有一排或一班，敌所到之处，无不构筑防御工事要点，如我们残旧兵器攻击，确实不易。在此观望绕行一周，向罗定江视察，我们同行之船源源而来，区、谭等船亦到，决定下午五时起锚东下，抵达肇庆再定行止。余乘罗镜戴木水之船，旧而细小，即搬上大木渡船内，与叶少泉分半。我们一家大小、工人二十余口挤在一起。是晚，星夜不眠，坐亦无处可坐，乘船之苦，乃破天荒第一次。夜深三点将天明，问船工抵达何地，他答将到肇庆。不用脑之人，已陆续醒眠，继室则起床让我睡眠。但不久天光大白，人烟嘈杂，事实上不容许我休息。区芳浦、谭启秀等即来邀余登陆，不得不提起精神上岸，去见地方主人。抵达马路口，即与余佶闲君相遇，即邀我们同往其大府休息并参观。其建筑物被敌机落两个炸弹，屋顶、凉亭被炸去，幸建筑坚固，不致牵及其他部分，亦为幸运之极。参观完毕，偕余君同往见陈文督察专员，适他往省，再去县府找覃县长元超，蒙其在凉亭招待，并请其指示行径。据各方面说，沿江到省，帮匪甚多，在马口以东晚间不能行船，云云。即由覃县长请往省渡船的主持到来协商，结果，由渠派一通声气之人同行，万一有事，即令其前往接洽。我方则商定，倘有事发生，即派陈裴然带我及谭启秀的咭片与其商洽。各人认为可行，但我是否能挡杀，在乎人事。我一生处世，为公为私均以诚待人，或者人赏面不致扰我亦有之。谈话完满，余佶闲君即请我们到其府上午餐，专嚼肇庆最地道有名大鲤鱼，最为开胃。区芳浦食量最多，我则次之，其他友人食得饮得均各津津有味，人人都说甚好，食完，余君又赠我鲤鱼数尾，各家均得同享。是晚，覃县长请宴，亦是鱼酌。全日食鱼，我问区芳浦先生是否有饱否？他答，今日似饱。九时三十分散席，各友向覃辞谢，携眷下船，准明早三时启程，抵贝水墟天光。二十三日早七时，抵马口墟。观察两边岸上毫无动态，安心行驶，抵古劳，沿途风平浪静，午后往船观望，已到余在三十年前当兵驻所之猪头山。该山民国初年龙济光时代设行营于此，办理善后，今则孤山一座，树木斩伐无存，大煞风景。三十余年之光阴，真可谓沧海桑田耳。抵达该处附近，船即向西北驶入顺德境，下午三时，已看见县城之山头飞鹅岭。四时达容奇。据船工带水说，如船驶莲花山，仍须十个钟头，倘走捷径，亦须今晚九时到省。但人口检查太多，可否今晚在此停泊？因此，则与区、谭商谈，决定在此停船较妥。船已下锚，各家人纷纷上岸购物。我六十四军一部在此驻扎，李振中团长来船会晤。据李谈，日军约一团在此投降缴械，轻重物品亦多。但见李团长谈吐自如，身体魁梧，英年可爱，又无骄傲气象，勉慰其前程，彼即登陆。吾人今晚在此过夜，可以高枕无忧矣。二十四日早，六时开行，约九时到市桥。船经外海，已望见虎门等处。十二时，抵达莲花山，即转省河，该处即是珠江口岸。不久抵黄埔。民国十二年（1924年），孙中山先生在此创办军官学校，养成军人不少，北伐成功，干部多出身于此。迨后，则改为中央军校。午后三时，羊城在望，各友船男女小孩皆大欢喜，四时则泊海军码头。余仲祺、黄和春、王皓明、刘富南兄及绍昌、辉儿等，均在码头候迎，即与余等握手言欢。李扬敬君亦来迎其母，满面笑容，观其形色，有不可思议之愉快。与各友即步行返文德路十一号。该屋乃我二十年前之住所，屋主谭达明租与吾妻彭氏，不久以八千元相让。住了两年，搬住天香街，该屋出租于人。广州失陷后被汉奸占据。此次绍昌儿先来省收回，亦不致破坏。人多屋小，本不能居，但此时环境如此，亦无可奈何。幸家私什物均购备若干，在乡间带若干来，否则购置更觉头痛。是晚，九时始得晚膳。

二十五日，午后即检查我们的屋宇。天香街二十二号被伪府占住，残破不堪。竹丝岗三马路一号之一及第三号，失陷后被敌占据，光复后便被新一军占驻，所见屋内外光窗、玻璃、楼梯均被拆尽，电灯、水、厕、房间亦被破坏不堪。徐家巷芒果树街房屋九间，片瓦无存，地址亦须契据对照，始能认出。

二十七、二十八、二十九三日应酬忙，连日均蒙张向华、罗卓英、黄范一等党国要人请宴。

三十日，即与绍昌儿、许木海、亚生弟数人，前往河南瑞宝围，追究田耕陈甜兄弟耕我们之围田数年不纳租。十时抵达，看见该围数百株荔枝树已斩伐清光，因此痛心异常，即责陈甜兄弟因何弄至如此，他说乃奸伪之行为。据地方人说，奸伪斩伐一部，陈甜兄弟亦斩伐一部。但念在乱世之秋，损失势所难免，稍略责备，着其将各果木从速种回，并另订租约，即回瑞宝市午茶。适李大同君到来，共谈在桂林经过，彼此甚欢。本我请其茶点，但他素好重义，彼反做主人。午后即回，抵家已万家灯火耀耀照着矣。

十一月一日，再与绍昌儿等往小港寻田耕亚牛，但寻来访去，均不得要领。上岸前往查问土人，则有农夫说，你们访亚牛，但亚牛已去世两年，有其子洪全即锰鸡，住小港口寮仔云。即回头到福善围查访，即指对面即是锰鸡所住地方，又即往问约五十余的老媪。她即反问，你是何人，我们直对其说是田主蔡某，亚牛之子往何处，即请其返来。老媪一面招呼茶，并令少女去叫其父亲洪全归来，即讲六七年内的经过，所言每一句不是叹气，就是悲哀，观其动态，恐我们追究六七年内的旧租。在此乱世之下，凡贫苦农人，不无可怜，当即慰勉其苦，旧租暂不追究，今年秋冬季收获平均分配就是。亚全夫婶由哀怜一变而欢喜，即嘱其所得的稻，听候通知处理。即叫艇返回，上岸时，因肚子内作反，即嘱绍昌同往双门底饮茶。每人食点心甜品，正所谓一盅两件，另每人食面一小碗，统计已二千多元，沽当时谷价已值一担半。抗战八年间，浪费用款之巨乃第一次。

二日，观阅报章，共党首领毛泽东已抵重庆，据其发表谈话，乃奉蒋电邀共商国是。我国胜利已位列四强之一，高帽已笠于头上。军政党要正在大饮胜利的酒，洋洋得意，高谈阔论，真可谓不可一世之骄傲。我以为高帽虽戴起，仍看当局今后是否能达到真正民主政治而定。法兰西于一九三九年被纳粹希特勒以闪电战，不及一月将全国占领。法国素称最强之陆军，并筑有马其诺千里坚固防线，竟一败涂地，国土任从纳粹蹂躏。幸北非洲属地仍有残余若干陆军，海军大将达尔朗又拟利用英美接济，集中海军于地中海，重振旗鼓，但内部意见分歧，竟被异党行刺，幸得少壮派军人陆军少将戴高乐得英国之援助，召集残余官兵三两万人，在地中海属地叙利亚、黎巴嫩等属地竖立法国旗，进一步夺取北非属地政权，与英美切实取得地位与合作，英美军亦以此为进攻欧洲大陆踏脚石，不久进攻，击溃德、意军于东非及地中海各岛屿。戴高乐之声望日隆。不久，美国大军于一九四四年冬在域多利海峡登陆，德军大败。戴高乐不失时机率残军乘英美之余威，收复失地，重新组织联合政府，并扩充法军力量，与联盟军进攻德军残部。至一九四五年春夏间，联盟军已将德国全部占领，欧洲战事已告终，法国已恢复自由。国际舆论又称法兰西加入五强之一。戴高乐之功勋彪炳寰宇，但戴的言论及其所属，毫无表露骄傲气象。当时法国内部确有纷争，戴则极诚谦让，即由各党派竞选联合政府，仍以戴为元首。不久选举总统，戴当然被选出。后因党派争斗激烈，但戴为爱护国家体面，选得总统而不就职，均得全国人民与国际同情。以我们眼光，戴高乐与西班牙的佛朗哥两相比较，真有天渊之别。查戴不恋栈政治舞台，对人民表示说复国任务目的已达，应以国民在野之身为国家休养生息。吾人所观世界史页，乃戴高乐最为伟大，我们党国要人，对法兰西之戴高乐又不知作何感想。至于我国本身今后政治前途实成问题，我曾自己假设比拟，如果我设身处地当蒋委员长的地位，便有如下的处置办法：把政权公开，对大家说，你们各党派要纷争，不外系政权，我即召集一个全国性有学问道德地位的名流及各党各派的首脑切切实实开一个大会，解决一切纷争，结束一党专政，实行还政于民，自动宣布下野。如全国人民仍拥护，则负责建设新中国，倘能做到这一点，历史更为伟大。至共党方面，在抗战期间亦尽不少责任，政府已承认他系一大政党，国府亦电邀共党首领毛泽东到渝共商国是，将来成果如何，不敢盲目测度。但我以为，毛泽东亦应有现代政治家风度，应体恤全国人民抗战八年的苦痛，为国以诚，和平协商，互相忍让，立即冻结解放区之一切军事政治之特殊行动，以国族前途为第一，不计任何成败，亲至国府所在地促使成立新政府。倘有如此伟大做法，将来千秋万世，留名青史。

二十三日，旧同袍陈权军法处长到省，即来坐谈。据说，现任海丰田赋处副处长，拟辞职另寻别路，已拟定致罗卓英主席函一封，请介绍其任县长，姑且签名，是否能有效，未有把握。同时前二十六集团军政治部主任王皓明亦到此。据谈，张发奎先生已介绍其任县长，函已交民政厅李扬敬，将及一月，又无召见与下文，亦请帮忙。

二十五日晚，张长官向华在沙面公馆请餐。乘时即问张司令长官，王皓明事有无下文，渠即快语答"主席，厅长均在此，向其询问便知"。我即将王皓明履历纸交李扬敬厅长，闻第二天已召见一次，王又来说，态度未十分诚恳等语。

二十九日，王皓明到来，将活动经过略谈，县长缺粥少僧多，谋县长及专员不知千百计，再求我亲笔信致罗卓英主席。不得已，将恳切的措词及其经历写好，交王皓明亲自带去面见，能否容纳，亦看王之命运而已。

十二月二日晨早，陈权、王皓明两人即到来，满面欢容。他们说，昨日罗主席召见，态度甚好，陈权拟委罗定，王皓明委南海云云。观彼两人目的已达，心里怡然痛快，稍坐，兴辞而出。

五日，看报章省务会议，王皓明已派南海县长，陈权派罗定。故彼两人到来更为笑容，即客气向我道谢，即勉其数语，最要的莫如人事，现值民穷财尽，为地方负责者，应以身作则，凡事以公对人，以诚对上，不阿谀，对下不克扣，脚踏实地去做。总之良心无愧，勇于负责，养成自己为良好的官吏，请两位依此原则硬干，必定成功。陈权又请致函罗定各界，俾其办事容易开展，兹将致函择要抄录如下："本县绅耆父老昆弟暨前十九路军同袍均鉴：查二十年来，吾邑县政，除林鸿飞县长任内稍有建树外，余多因循苟且，敷衍塞责，甚至贪污枉法，渎职殃民，建设事业，绝无可言。近更变本加厉，烟赌遍地，贿赂公行，层出不穷，且教育落后，交通阻梗，天灾迭至，民不聊生。廷锴迩来休养乡园，耳闻目击，忧邑事之颓败，悯同乡之痛苦，往者不究，来者当追，现经省府当局派旧日同袍陈权出长本邑。查陈君职守俱佳，随余任事多年，知之有素，此次来掌县篆，纯为廓清积弊，整理庶政，为地方谋建设，为人民谋幸福，非为升官发财计也。望我全邑父老昆弟与旧日同袍，应各守岗位，督促地方政府，议审邑中利弊，何者应兴，何者应革，条陈意见，贡献计划。并应同德同心，共赴事功，慎勿各图私利，不顾大局，更勿滥荐私人，滥包词讼，致愒政事，败坏政风。兹乘陈县长莅任伊始，将管见所及，列举于下，务望体念时艰，力求成效：（一）讲求水利，增加生产——为政之道，首在养民。吾邑粮食，素感不足，加以连年灾旱，禾稻失收，粮价飞涨，民不聊生。自应多筑水塘，多置水机，增设水陂，密造农林，以兴水利；改良稻种，讲究施肥，开辟荒地，多种杂粮，以增生产，双管齐下，民食自足。此为邑人所应注意者一也。（二）根绝烟赌，厉行禁政——烟赌之害，尽人皆知，丧志弱种，费时失事，败德损财，窝盗养奸，必须执法严绳，彻底铲除，绝不许徇情庇纵，姑息贻患。抑更有说者，凡我旧袍泽及地方人民，尤应以身作则，切身自爱，万不可恃强行险，自犯刑章，莫再为本邑人之奇耻大辱，与本邑人共勉。此为本邑人所应注意者二也。（三）振兴教育，提高文化——本邑文盲过多，学生程度低落，此为铁的事实。欲减少文盲，宜多办学校；欲提高程度，须改善管教，故应筹集教育经费基金，慎选学校师资，实为对症下药之举，对于中心小学整理，尤当格外严厉。其余如多设图书馆，充实精神食粮，亦为急不容缓之事。此为邑人所应注意者三也。（四）整理乡村，促进自治——县为自治单位，不久就将实现，而乡镇乃自治之基层，此种组织不健全，则政令无由推行，治安无由巩固。故对于乡镇，必须加以调整，各级负责人员，尤应慎重遴选，切实训练，切实督导，并予以经济上之待遇，政治上之保障，使其有操守，有能力，有恒心，以从事地方建设。此为邑人所应注意者四也。（五）修筑道路，发展交通——本县公路，于战时奉令破坏，客旅商运均感不便，当兹抗战已告胜利，建国工作积极开展之际，亟宜赶速修复增筑，以利交通。其办法或请款，或征工，或集股，均赖地方人士协助与踊跃，始克宏收成效。此为邑人应注意者五也。（六）破除迷信，改良风俗——所有酬神、建醮之资及寺庙、神会之产，均应拨作教育经费或卫生设备之用，对于婚丧礼祭，尤宜提倡节俭，对于学术及社会风气，更应力戒萎靡浮夸，养成笃实力行之习尚。此为邑人所应注意者六也。（七）整理税捐，充裕财政——财政为庶政之母，而县收税入为自治财政之唯一源泉。吾人站在民众立场，应有监督、纠正贪污之义务。近闻县中税捐，明委暗成，或以多报少，解库税款十无五六，阻碍县政建设，削弱行政效能，莫此为甚。亡羊补牢，亟应公开整理，使民意及自治机关随时稽核、检举，务令涓滴为公，取之于民，用之于民，方期政治修明，人心悦服。此为邑人所应注意者七也。（八）训练干部，整理警政——县府建设，端赖干部，而县行政干部训练所，为培养全县各级干部之唯一机关。现经请罗主席派邑人李丽生为本县训练所教育长，主持训练事宜，甚望地方人士多予匡助，俾能完成作育新干部，建设新罗定之使命。至于治安等事项，亦应切实整理，愿各同乡自爱自重，勿以身试法。此应请邑人注意者八也。以上所举八端，均为吾邑急不容缓之要政，凡我全邑父老昆弟与前十九路军旧袍泽，务请以身作则，领导各界协助政府，兴利除弊，俾收事半功倍之效，将来桑梓建设有成，合邑民众均拜君等之赐，愿共勉之。本邑连年天灾人祸，去年又被敌蹂躏，负地方责任之官僚，只知勒诈，人民生死，殊不关心。今陈权奉令宰治，查其人品诚实可靠，最低限度要求其不致贪污，人民得安居乐业，生息休养，我邑人民三生有幸矣。"

七日早，即往百子路视察修理房屋。所见各住宅均被军队占据，楼房木板、玻璃等物亦被不肖军人偷卖净尽。余不忍睹，归来即将各种情形建议于军政当局：（一）军队军纪废弛，应调离市区，并应迅将占住之民房发还人民管业（东山住宅区，多数系华侨房产，尤应格外留意）。（二）军、政、党、警各机关占住民房数目亦不少，亟应请查明除敌伪之产业外，迅予发还人民管业。查广州市自光复后，因战乱而避居各地之人相率归来，但归来后，房屋被军政机关或公务员占住，请求发还，多不得要领，不少对政府发生怨言，并深受抗战后流离失所之痛苦。（三）现在税收机关，为求简化手续，类多试行估税办法，因无确实之征收规程，纳税者只有照被估定之税率纳税，不容抗辩，若遇不肖之征收员含混，而狡猾商人则更可钩通作弊，政府人民均受其苦。（四）航政局原为验船发照主管机关，只有每年一度检验与换照。但广州该局于每次每船开行之前，必要查验许可，始获启行，其中验船发照，固须缴纳例外巨费，即每次开行亦必极尽留难，致交通窒碍，并增重行旅负担，其公行贿赂之事迹真，确无人不知。现各江大小轮船，确有因苛索而停业之势，应请将该局予以调整。（五）水上警察俨如水贼，凡各江竹木排以及大小船出入口，借检查为名，实行受贿勒索，应请主管人彻查。（六）广州公安局，对治安既无把握，抢劫之案日有数起，而对人民则苛扰备致。凡旅客入口，搬运行李，无往而不需索，尤其对住宅请领迁入证，每索缴证费至数万元。如义勇警察经费、消防经费、警察服装费、洁净费等，无不向人民强行摊派，阖市人民怨声载道。以上所见，当局是否接纳，亦属疑问，惟查贪污之风，以及发胜利财的种种，真是罄竹难书，现在所指，乃一部分耳。

十二日，接二弟达错来信，内云：今年因雨水不匀，且受风灾，禾稻失收，稍合时收割最高六成，否则二三成不等，附城三四十里亢旱，全无收成，明年饥荒，不知如何是好，我家所有应收之谷，不及十分之一等语。但古语说，大兵之后必有凶年，是否应验，不久可见。目下广州市一隅百物渐涨，谷米较前两月超过两倍以上，倘当局不设法补救，明年春夏必有饿莩之虞。

十五日早，即与在省旧袍泽谭启秀、叶少泉、陈任之、何民任、魏育怀、华兆东、翁桂清等十余人，前往十九路军坟场扫墓。抵达后，所见为国捐躯勇士坟墓碑多数被人偷去，墓地狮子及士兵铜像均被汉奸、匪徒偷去净尽，其他的建筑物无一幸免，还有搬不去之大石碑，亦被日本寇兵将"抗日"两字破坏。我国之地痞，不知国家是何物，竟出于最下等的偷窃，乃意中事。惟日本未战败以前，号称强国，竟亦出此狭隘手段，将私人坟墓破坏，今日本亡国，亦非无因也。诸同袍行礼完毕，观察各处，各人心里均有愤慨，将来如何重修，再行决定。

十七日，观看报章，省参议会开会，请党政军及各机关要人报告。张发奎司令长官发表演说，略抄录如下：渠说日本无条件投降后，即奉命接收广州方面日军投降事宜，先派张励为前进指挥所，带同职员、宪兵等十余人乘飞机到广州。谁知张励不久生病，派来的人员竟然贪污起来，所谓追随十余年心腹部下如此，真是料想不到。我带兵三十余年，不如今日之败坏，我不是三手六脚，真可谓儿子亦不能相信，但我检讨我自己不贪污就是云云。但张先生素来带兵最严，尽人皆知，惟抗战胜利之今日，部属不体谅长官，亦云苦矣。

二十日早起，天气稍寒，但四个多月均不降雨，地方冬耕以及人民卫生大有妨害。早粥后，即往东山百子路视察房屋，仍属被军人占据，在旁边观察，门窗、水管、电线等均被不肖军人偷窃净尽，屋内之门及楼梯亦被拆去。据守屋人报告，敌人占据时，大部完好，后来经三次之驻军，屋内一切什物，均为军人在夜间偷去出卖，若不设法制止，亦等于废屋云。关于军人占据民房，早已力竭声嘶，群情激昂，均未获军政当局怜悯。我今站在民众立场，任你说出莲花，当会被人白眼，恶势力如此，惟有一叹而已。

二十一日早，陈权县长到来辞行。乘时请其留意本邑人民疾苦，关于水利交通，尤须急切治理。顷接乡人来信，现在烟赌林立，仍请将包庇者严办，倘系廷锴家人以及姻亲犯法，请以罪加一等，一秉至公，勿枉勿纵，务切望实救救罗定，不特廷锴个人之幸，乃三十余万民之厚望。陈县长听了我说了此话，诺诺应之，将来是否能实践做去，殊难逆料。陈君辞去，蔡熹君继入，查彼亦是省府县训毕业，经已任过从化县长，人品诚实，与家人时时往来。彼说当局有派其往海南岛消息，人地生疏，不甚适宜，请致函罗秘书长为雄，最好派在西江南路。人情难却，即函交其带去，是否发生效力，乃看蔡熹官运亨通如何耳。

二十三日，谭启秀与谢炯南到来谈天，拟创办西江轮船务，邀我入股。我则答本钱哪里来，况且我与启秀都是外行。谢君以微笑答曰，总之不至烦扰，他意即系要我入红股。我意凡经商损益无把握，只有推却。谢君亦不以为然，稍谈即辞出。谭启秀则说谢君邀我入股，乃系人事有关云。

二十四日，报载美国派马歇尔元帅为驻华特使，调处中国国共两党纷争事宜。查关于我国内政事，本经前美驻华大使赫尔利调处失败，回美国大放厥词，攻击其政府，引动国际视听。不久，在众议会辩护失败，今再派马来华，又不知如何结果。至我国内政不修，以至纷乱，今要外国人来调处，稍有国家人格，都会深知乃一奇耻大辱，未审执大权诸公又作何感想。

二十五日，接蒋庸辅兄来信，说已携带家人由广西昭平返抵中山小杭晚市街暂寓。在桂林逃至昭平途中，敌已占梧州，前无去路，后有敌追，当时困于悲境，今得生还，亦不幸中之幸。另有一件关于钧座（彼前在总部任职，今仍称旧属）返罗定之后，好乱者造谣中伤，说李济深已到罗定组织政府等荒谬之吠影吠声等语。我即复其信，造谣中伤，毫无根据，今已大白，事实胜于雄辩，此种专做谣之徒，是必系拜希特勒之门徒，故意惟恐天下不乱而出此卑鄙手段，但于我无损丝毫，枉作小人耳。仍望有暇来惠一行，特复。

二十六日，晨早出门访友。年关在即，所有良友亲戚故旧都是眼眉皱皱，甲说房屋未收回，乙说房屋未被占据，百孔千窗，瓦片无存（即被破坏，乃加孔窗，故称百孔千窗。又该屋系瓦盖，将瓦木偷拆去净尽，故瓦片无存之滑稽词），幸有一小屋前系工人住，迫于时势，于前月搬返暂住。日间确鸡犬无声，黄衣恤衫大汉穿插频仍，深夜则与鬼为伍，有时枪声不绝，又不知驻军见贼或是见鬼。有一处放枪，其他驻军继而响应，如此看看，目前都是兵鬼世界云。是日午后，与继室步行至东沙路探访区芳浦、谭启秀两先生。留食饭已入黑，区、谭则恐吓说今晚确不能返去，就算破屋茅房，务请屈驾一晚，否则沿途兵与鬼太多，不能通过。有一晚我在十时返来，经东门外路口，就有兵匪不分大汉数人，手执美国快枪以射击姿势相对，可得我机警，我说我系穷老百姓，我的茅寮就在前面山岗，请你老哥将你的枪口向日本鬼，不可对我们老百姓，因说服了他，依然安全回到，所以请你不要返去等语。查广州收复经有数月，关于治安事宜，毫无保障，在夜晚九时以前，往来商民裹足不前，市内如此，郊外更不堪问。东沙路以及东山一带，俨然鬼门关，在夜间，任你有何商官及坐汽车阶级，到头一关时，喝神喝鬼，"停止检查！""夜深往哪里？"李扬敬厅长说，已尝多次味道。倘若无事，夜间出街访友，命如草莽，所以区、谭两君留我们过夜，亦非无因也。

二十七日，早起即往百子路观察房屋，但马路旁第一号之一，始终仍属军队占据，诸多向其主管官交涉无效，不如亲自往见其军官。是日，因穿残旧的棉长衫，甫抵距门口二十尺，守卫的大汉声势汹汹："你来这里做甚么?"继续又大喝声:"找哪个?"即以美国新式自动枪作预备放姿势相向。我即答:"我们是房东。"他又喝:"不准你来!"我又答:"我们要看看房子。"在争执之间,楼上有一位似医官即下来问明情由,似亦认识我是屋主,我即乘时将该兵责其数语。我说:我从军时,你们仍在你母亲卵巢,今日对我尚且如此,对其他民众更不堪问了。那个医官稍明大体,即将卫兵责备之后,对我亦谦恭。查所占之驻军乃军政部学兵总队重迫击炮营医务所,与其生气亦属不值,但见屋内玻璃、木门等又偷去若干。正午归来,即以代电呈报行营,请其勒令发还。兹将代电记录如下:"广州行营军事委员会委员长、行营主任张钧鉴:窃廷锴厕身军人三十余年,隶属麾下最久,凡属军人无时不以钧座谆谆告诫,严守纪律为主。去年秋,国土重光,廷锴携眷返省,拟搬返竹丝岗三马路一号之一本宅居住,不料被新一军入驻,交涉取回。不三日,复被不肖军政部学兵总队重迫击炮营医务所占据。廷锴亦属军人,诚恐扰乱清听,未便呈请钧座,饬令其迁出交还,迭次以军事参议官名义请其交还修理,讵竟怒气冲天,绝不讲理。此种无法无天的军队,古今以来世所罕见。卒之忍辱至本月中旬,炮兵队已他调,于即日又有新一军教导总队强入占住,向其交涉仍无效果。廷锴房屋尚且如此,其他百姓之屋可想而知矣。素知钧座治军最严,不得已,遵照钧座在省参议会训话'如系民居无仓库之屋,军人霸占,倘有商民报告,即可令其立即滚蛋',根据事实,敢请钧座饬令新一军教导总队交还,俾得早日修理居住,实为德便。谨电呈察,伏候示遵。军事参议官蔡廷锴叩亥感。"

二十八日,天色晴朗,早晨起来心绪不宁,家中人口过多,入不敷出,生活已发生问题。终日彷徨,无所措手,与别离罗定故乡之理想相隔一大洲洋之遥。我们全国上下团结一致,抵抗强敌得到胜利,总可从此休养生息,但返羊城已有三个月,有屋不能住,无钱不得行,有钱亦不得行,各报终日大声疾呼并讥讽:"电灯不明,马路不平,自来水不清。"有时自来水亦停。现在广州居住的市民,有钱者亦惧,无钱者亦苦,处此恶劣环境之下,我看只有权力世界而矣。

二十九日，即往西关访梁少衡、邓瑞人两君，彼此相谈，甚有兴趣。不久，李卓贤、沈以甘两君亦到。少衡君是晚请餐，至十一时始回。惟饮酒过量，终夜不眠，胡思乱想，又想到我们"七·七"事变瞬间已经八年，辛酸苦辣、沐雨栉风均能度过。现胜利年庆祝已在目前，我们站在老百姓所见的印象，如十字街头、破庙、破屋、骑楼底下等的难民千千万万不分昼夜，大呼喊救命，当局者未见设法安置，只闻雷响，未见下雨，痛哉难民。

三十日，因昨晚失眠，上午十时始起床。看见月份牌明日就是岁末了，我们还有甚么想象，不过我们在岁暮又在迎新之际，使人油然发生重大的感想。我国经由八年之抗战，数年积弱一旦得到解放，列为四强之一，得此国际地位，此乃千载之机会，但是希望我国的胜利年永远巩固存在，因此愿望明年以后，全国能统一团结，建设新时代的国家，真正立于国际平等地位，实为我中华民国全体民众的迫切要求。但事实适相反。自胜利后至今已四月有余，一切政治均未上轨道，且官僚贪污之风变本加厉，有甚于未抗战之前，军人蛮横有甚于军阀之时代。使一般民众大失所望，反加强过着悲哀苦闷的生活，得不到丝毫安宁。广州市十时以后，便枪声卜卜，已返抵广州的商民，无日无时不在惊恐中过活。

三十一日，今日是三十四年（1945年）最后的一日，明日就是胜利年。此种胜利确有前因后果在。自"九·一八"事变，日本帝国主义不顾国际公法，无故侵占我东北，我当局忍辱不抵抗，数日间，东北版图全部变色。日本军阀贪求无厌，以为中国可欺，于民国二十一年（1932年）"一·二八"之夜，竟在我最繁荣之上海，攻击我国驻防淞沪的十九路军以及惨杀上海一带群众。我十九路军守土有责，起而抵抗，敌寇逞其新式的装备以为胜算必操，殊不知我军民愈战愈勇，前仆后继，以血肉抵抗敌人的飞机、大炮，剧战三十余日，使敌三易其帅。所以"一·二八"之血战，我军民商业虽牺牲甚大，但所得代价就是唤醒了我中华民族一致抗日的精神，同时奠定了其抗日必胜的决心，使日本帝国主义者得以一个最大的教训。诚如美国海军远东司令颜露尔在一九四二年"一·二八"纪念日演说"是日系日本帝国主义败亡的开端"。这就是我国抗战胜利的前因。民国二十六年（1937年）"七·七"卢沟桥事变，日本帝国主义军阀以为我中华民族可欺，侵占东四省尚未足，不断向我华北侵略。我全国人民不分派别督促政府，实行抗战。日寇虽凶悍，侵至黄河、长江、珠江流域，我全国军民仍以不屈不挠的精神抵抗到底。那时，日本帝国主义气势更焰，竟不顾国际信义，于民国三十年（1941年）十一月八日偷袭美国珍珠港，扩大战祸，因此其必然失败的命运渐由欧洲轴心失败而注定。故我们抗战了八年，虽受尽了几许艰苦，但俗言云"受得苦中苦，必有乐中乐"，这就是我国抗战胜利后果。年穷岁晚还有几个钟头，马齿又增一年，本书第二集就在此结束。

后　记

这本自传要付印了，朋友们都主张我在书后再写几句话。

这是一本不大成样的东西，但我相信是忠实地写出了自己这样多年来简单的生活情形，和自己心中想说的话。

我的一生经历，大半是在军旅间过的，也可以说是在中国最多变的几十年间过的。这其间，我看见清廷腐败政权的没落和崩溃，看见民初时政局的混乱，以后的北伐、内战、日寇侵略、无抵抗政府的丧权辱国、抗战，而至于胜利后的种种情形。

今天的中国，形势虽然比从前不同了，但是整个国家民族所面临的危机还是很大。这个长大到三十五个年头的孩子，在历尽了各种惊险困顿生活后，又走到大团结和大分裂的十字路口了。这是中国人民的不幸，也是全世界和平力量的不幸。今天，全世界和平民主人士都在关心着中国的和平、团结。中国人更加关心着。不过，以我个人的意见，今天的中国人对于自己的命运实不应只限于关心而已。

我希望这部不成样的书，给读者先生读到了，能有助于大家从中国革命历史过程中，找到一条达到今日和平、民主、团结的道路。

蔡　廷　锴

中华民国三十五年（1946年）八月于香港

责任编辑：王世勇

图书在版编目（CIP）数据

蔡廷锴自传/蔡廷锴 著. —北京：人民出版社，2020.6
ISBN 978－7－01－021961－5

Ⅰ．①蔡… Ⅱ．①蔡… Ⅲ．①蔡廷锴（1892—1968）-自传 Ⅳ．①K825.2

中国版本图书馆 CIP 数据核字（2020）第 043548 号

蔡廷锴自传
CAITINGKAI ZIZHUAN

蔡廷锴　著

人民出版社 出版发行
（100706　北京市东城区隆福寺街 99 号）

北京盛通印刷股份有限公司印刷　新华书店经销

2020 年 6 月第 1 版　2020 年 6 月北京第 1 次印刷
开本：710 毫米×1000 毫米 1/16　印张：37
字数：544 千字

ISBN 978－7－01－021961－5　定价：168.00 元（上、下）

邮购地址 100706　北京市东城区隆福寺街 99 号
人民东方图书销售中心　电话（010）65250042　65289539